# 后盾

上

安徽师范大学出版社

·芜湖·

**图书在版编目(CIP)数据**

后盾 / 车家智著. — 芜湖：安徽师范大学出版社，2018.7（2019.5重印）
ISBN 978-7-5676-3177-9

Ⅰ. ①后… Ⅱ. ①车… Ⅲ. ①长篇小说－中国－当代 Ⅳ. ①I247.5

中国版本图书馆CIP数据核字(2017)第235225号

**后盾（全二册）**　　车家智◎著
HOU DUN

责任编辑：胡志立
装帧设计：丁奕奕
出版发行：安徽师范大学出版社
　　　　　芜湖市九华南路189号安徽师范大学花津校区
网　　址：http://www.ahnupress.com/
发 行 部：0553-3883578　5910327　5910310(传真)
印　　刷：虎彩印艺股份有限公司
版　　次：2018年7月第1版
印　　次：2019年5月第2次印刷
规　　格：700 mm×1000 mm　1/16
印　　张：50.5
字　　数：818千字
书　　号：ISBN 978-7-5676-3177-9
定　　价：128.00元(全二册)

# 前　言

长篇小说《后盾》主要描写在抗日战争、解放战争时期，中国共产党领导的新四军江北支队后勤工作者，在条件艰苦、局势多变、斗争残酷的形势下，深入国民党统治区和日寇占领区，出生入死，为部队筹集资金和战争物资，支持和保障正面战场斗争的故事。

当时，新四军贯彻党中央“向南巩固，向北发展”的战略方针，从皖南军部抽调三百多名军政干部与皖中地方游击队结合，组成了新四军江北支队。由于国民党军队、日本侵略军和汪伪军队对新四军实行经济封锁和军事清剿，江北支队一度处于无资金、无粮食、无弹药、无药品的绝境。部队不仅不能生存发展，而且随时都有被消灭的危险。为了打破封锁，壮大队伍，支队成立了后勤保障部，选调一团团长蔡虹同志为部长。在党组织的领导和革命群众的帮助下，蔡虹同志深入民间宣传抗日，筹款筹粮，开展敌后税收工作，保障部队的供给；潜入敌占区购买枪支弹药、药品、布匹和各种物资，开办贸易商店，搞活商品流通，打破敌人的经济封锁；招商引资，创办企业，开办银行，发行货币，壮大部队的经济实力；购买军火，建立兵工厂，发展党组织，建立地下武装；策反日军和国民党军队起义，配合解放军渡江作战；等等。他做了大量而卓越的工作，为促进抗日战争和解放战争的胜利，做出了重要的历史性的贡献。

主人公蔡虹是上海某大学学生，为了抗日参加了新四军。凭着对党对人民的赤胆忠心和对敌人的刻骨仇恨，他作战勇敢，屡建战功。改任后勤部长后，他深入敌后，与国民党军阀、特务、日本侵略者、汪伪汉奸，以及湖匪、地痞流氓等各色人物斗智斗勇。他负伤、被捕、经受了酷刑和生死考验，表现出一个共产党人、新四军战士坚贞不屈、舍身赴义、视死如归的大无畏革命精神和高超的斗争智慧。

本篇小说第一次展示在战争年代，后勤保障工作的极端重要性和对战争胜利所起到的巨大支撑作用；第一次展示战时军队的后勤工作所面临的复杂社会环境和严酷的斗争形势；第一次全面反映新四军后勤工作者鲜为人知的工作方式和斗争业绩；第一次反映在历史大变革、大动荡时期，社会各种政治力量的博弈、各色人物的奋争，以及他们的内心情感、道路选择和前途命运。

谨以此书，献给中国人民解放军建军九十周年，献给中国人民抗日战争胜利七十二周年，献给为抗日战争和解放战争胜利做出巨大贡献的新四军后勤工作者！

车家智

2017年7月于芜湖

# 目录

## ·上·

·下·

# 一、血染灵山

一九三八年冬天，中国共产党领导下的皖南新四军，根据党中央“向南巩固，向北发展”的战略方针，奉命组成了一支三百多人的小分队，北渡长江，和共产党皖中地区地方游击队结合，组建一支两千多人的抗日队伍，名称叫“新四军江北支队”，计划在长江以北和焦湖以南地区开展抗日游击战争，建立革命根据地。

这支队伍由政委曾世雄和支队长谭天木率领。为了不被敌人发觉，他们利用黑夜的掩护，分期分批渡江。皖中地区地方游击队则分散行动，悄悄向长江边结集。经过半个多月时间，两支队伍顺利地在长江北岸会师，宣告新四军江北支队正式成立，然后连夜向预定的地点临江县白茅山一带进发。

从结集地的长江北岸到白茅山驻地，虽然只有一百多华里路程，但是途中要经过日寇占领区和国民党统治区，行动非常危险。部队只好白天在山林里休息，夜晚在小路上行军，尽可能地隐蔽行动。由于当地老百姓对共产党、新四军不了解、不欢迎，甚至怀有敌意，新四军得不到老百姓的帮助和掩护，行动很快被驻焦县城里的日伪军发觉。焦县日军头目中队长广本中佐和汪伪焦县维持会长张金水立即带领一千多日伪军追赶过来。新四军虽然巧妙周旋，仍然未能甩掉尾随而来的追兵。为了不暴露支队转移的目的地，为了阻止敌人的进攻，支队决定与敌人打上一仗。战场选在一座叫做灵山的小山冈上，支队在山下的丛林里搭起了临时作战指挥所，拉起了电话线。谭天木命令一团团长蔡虹和二团团长蒋锋带领五百名战士在山上阻截敌人，其他人则继续向白茅山行进。

蔡虹和蒋锋都是新四军优秀的指挥员，从皖南渡江过来的，他们知道此次战斗责任重大，如果不能有效地阻止敌人进攻，就无法保护支队司令部和全体指战员的安全，支队就不能按计划在江北立足。无论付出多大的代价，他们都要坚守住灵山，打退敌人的进攻。可是，就他们的实力而言，要想守住阵地，谈何容易？日伪军一千多人，装备精良，弹药充足。而蔡虹和蒋锋带领的一团和二团五百名战士，总共才有一百来条美制卡宾枪，一百多条汉阳刀，其他都是长矛大刀。武器不足，弹药更是奇缺，战斗之前，每人发三颗子弹，子弹袋里用木头塞子塞满，做了伪装。

灵山只有一百多米高，山势也不徒，只有到了山顶，才有二十来米高的陡峭山脊。新四军就在山顶上挖了战壕。山上没有大树，只有一些茅草，夹杂着一个个磨盘大的石头。从山上俯视山下，一览无余；同样，从山下往山上望，也是毫无遮掩。战斗从早晨坚持到下午，战士们十分顽强，打退了敌人一次又一次进攻，但是由于弹药不足，不能大量地杀伤敌人。敌人却凭着武器和人员的绝对优势，疯狂向山上进攻，枪声不断，子弹纷飞。新四军战士个个衣服破烂，灰头土脸，大家冒着弹雨，尽量让敌人靠近，用心地向敌人射击，瞄准一个打一个，不浪费一颗子弹。有的战士向山下扔手榴弹，没有手榴弹的就向敌人扔石头。

日军指挥官广本是一个粗黑的矮子，天生一脸恶相。他手里拿着东洋刀站在山下，凭借着望远镜指挥战斗。汪伪汉奸张金水提着手枪站在他的身旁。他们的身边还有两条军犬、几辆军车和几十匹战马。

山上枪声不绝，烟尘滚滚。在广本的望远镜视野所及的山坡上，日军小队长田村少佐张牙舞爪地指挥着日本兵冲锋，他是那种身材瘦小但狂妄自大的日本人。伪军小队长司空生跟随在他的身边，一边卖力地督促部下进攻，一边观察着田村的动静，生怕无意中恼了主子。

山势越来越陡，离山顶越来越近，日军卖力冲锋，伪军却畏畏缩缩。田村不停地骂着司空生：“混蛋，你的部队，怕死地干活。”

司空生诚惶诚恐地说：“是，太君，我的枪毙他们。”他向伪军挥挥手中的枪：“上，给我上！谁要是不上，枪毙。”对一个蜷缩在石头下面的伪军狠狠地踢了一脚，骂道：“怕死鬼，老子毙了你。”那个伪军只好冒着危险向山上爬。其他伪军也赶紧随着日本士兵向前移动。

枪声十分激烈，手榴弹的爆炸声震耳欲聋，飞起的土石弥漫在战场上。有几个日本兵和伪军被子弹击中，倒了下去。田村用脚踢了踢，看看是不是真的死了。一面用日本话大声命令：“冲，都给我冲！”大片的敌人冒着硝烟向山上爬，敌人的机枪、步枪不停地向山头扫射作为掩护，日伪军靠子弹壮胆，他们有的是子弹。

新四军的情形却越来越糟。敌人越来越近，子弹越来越少，手榴弹也没有几个了。关键时刻，一些战士的枪不响了，他们拨开枪栓，看看枪膛，没有了子弹。他们把背在身上的子弹带解下来，从中一个个地掏，想找到一两颗子弹，但却只有些木头塞子，他们气愤地把它们扔到地上。没有子弹的战士越来越多。枪声也越来越稀，最后都不响了。战士们一边从子弹袋里往外掏木头塞子，一边骂：“他娘的，没有子弹，叫我怎么打鬼子！”扔手榴弹的战士也停了下来，他到处找手榴弹，却找不到。

“团长，快叫后勤送子弹来！”

“快叫后勤送手榴弹来！”

战士们焦急地朝山下看去，敌人越来越近。情况十分危急，战士们举起大石块朝敌人砸过去。

团长蔡虹一手提着手枪，一手握着望远镜从战壕的另一头匆匆朝这边走来，他身材稍高，虽然灰头土脸，却仍然看得出他那勃勃英姿。他迅速操起电话机手柄使劲摇了摇，拿起话筒喊：“喂，司令部吗？我是蔡虹。我们这里已经没有子弹，手榴弹也没有了。快跟支队长说，让后勤赶快送上来。对，快送子弹、手榴弹来！”

这时，在离阵地不远的支队司令部临时指挥所里，支队领导和参谋干事七八个人坐在石块或土基上。他们的头上，是临时用芦席和树枝支撑的棚顶。面前一张可以折叠的小桌，上面放着支队的唯一宝贝：一台从军部带来的收发报机。两座电话机放在石头上，电线从棚底下的草地上牵进来。面对求援电话，支队长谭天木急得来回转，政委曾世雄坐在一旁拼命地抽旱烟，电话员一手握着电话筒站在那里不知所措。

“支队长，蔡团长电话，阵地上已经没子弹了，要求送子弹去。”他终于对谭天木说。

谭天木停下脚步看了看电话员，没好气地说："送子弹？笑话，有子弹早就送上去了，还等他们要？"

谭天木中等身材，眉目清秀，是知识分子出身。参加革命前他是上海的一个中学的教师，性格相当率直。是啊，谁不知道眼下最缺的是子弹，有子弹还要他们说吗？

这时另一个电话铃响了，电话员拿起话筒，里面的声音很大，满屋子的人都能听见，"怎么搞的嘛，没有子弹怎么打仗？"听声音就知道是二团的蒋锋团长。蒋锋脾气暴，说话不怕得罪人，连对支队长、政委都敢发火。但他打仗是把好手，会指挥，敢拼命，在战争时期，这是十分难得的优点，所以大家都让着他。谭天木想去接电话，但想一想放弃了，因为接电话解决不了蒋锋提出的问题，无非是争吵几句而已。他朝电话员摆摆手，电话员将电话挂上了。

曾世雄知道情况严重，他终于忍不住问："二团也没有子弹了？"两个阵地上都没有了子弹，这仗还怎么打？他身为政委，分管后勤保障工作，此刻心情可想而知。他是农民出身，身材稍矮，壮壮实实，长期担任领导干部的锻炼，使他变得沉稳、坚强而有计谋。但此时他束手无策，虽然他并不相信鬼神，但在此时，也只好在心里暗暗祈求菩萨保佑，听凭命运的摆布。

指挥部里的空气紧张而沉闷，大家都不说话。这时一个皮肤白皙，身材稍胖，没有胡子，长得像一个胖姑娘似的干事郑天佐看看大家说："我说他们就知道向司令部要子弹。没有子弹，应该从敌人手里夺嘛。"

这话说得并没错，但此时却严重脱离实际，大家向他投以不满的目光。郑天佐是知识分子出身，从小养尊处优，没有多少实践经验，参加革命后学了个半懂不通的理论，就拿它来指导实践。经常发表几句准真理式言论，却解决不了当前的实际问题。谁都想从敌人手里夺武器，但前提是要打败敌人才行。没有武器弹药就打不败敌人，还能谈从敌人手里夺取武器吗？

远处的枪炮声，战士们杀敌的呐喊声一阵阵传来。人们低头沉默着，司令部临时指挥所里静得像坟地。只有郑天佐像是很忙碌的样子，不停地走来走去，一会儿找纸笔，一会儿找墨水。

战壕里，蔡虹无奈地放下了话筒。战士们失望地看着他，蔡虹心情沉重地朝山下看去。敌人仍然漫山遍野地往山上爬，已经接近战壕了。关键时刻到了，蔡虹郑重地对战友们说：“同志们，司令部没有子弹，没有手榴弹，什么也没有。但是我们不能后退，为了保卫支队司令部，为了保存江北支队这刚刚点燃的火种，我们只有和敌人拼了。”

战士们庄严宣誓：“放心吧，团长，我们决不让司令部受危险，决不丢中国人的脸，决不丢新四军的脸！子弹打光了，手榴弹没有了，但是我们有大刀，有石头，继续与敌人战斗，直到生命的最后一刻。”

新四军的枪声全停下了，向敌人抛出去的只有石头。田村一见，哈哈大笑，举起东洋刀叫道：“共军没有子弹啦，冲上去啊！”司空生也叫道：“兄弟们，为皇军立功的时候到啦，冲啊！”日伪军顿时精神百倍，一阵呐喊，蜂拥而上。

蔡虹和战士们拨出刺刀，有的举起大刀，有的高举石块，呐喊着跳出战壕，冲向敌人，和日伪军厮杀在一起。蔡虹用刺刀接连挑死几个日本兵，日本兵见他能战，好几个围住了他。他毫无惧色，两眼喷射出仇恨的火焰，逼得敌人连连后退。蔡虹瞅准了一个，一刺刀刺个穿胸。一名战士举起大刀向一个日本兵砍去，日本兵惨叫一声倒下。但是这名战士被另一个日本兵刺中，倒在血泊中。另一名战士用石头砸向敌人，在手中没有武器的情况下，和敌人抱在一起，滚下山去……

山后面的支队临时指挥所里，曾世雄、谭天木、参谋、干事和电话员，都坐在地上低着头。电话铃一声紧一声地响着。远方的枪炮声像暴风骤雨。战士们血肉拼搏的呐喊声一浪高过一浪。可以想象那种血肉横飞的场景。终于，电话铃不再响了，枪炮声也渐渐停了，呐喊声也沉寂了。曾世雄看了看手表，又看了看谭天木。大家都低着头，心情十分沉重，像世界的末日已经降临。只有郑天佐仍然走来走去，搬弄着文件什么的。他好像总有忙不完的事。

战场上，战斗结束了，被炮火烧焦的树枝上冒着青烟，破碎的军旗在寒风中摇曳，山坡上遗尸枕藉，其中有日寇、伪军的，也有新四军战士的。尸体纠缠在一起，场面十分惨烈。这就是新四军江北支队成立后与日伪军的第一场战斗，这是一场遭遇战。灵山，成了新四军江北支队惨痛的记忆，也从此成为江北新四军烈士们安息的陵园。

当天晚上，支队全部撤出，转移到了白茅山。

白茅山没有山，只是一座大村庄。这个村庄地处焦湖南面云屏山区的南麓，是一个面朝圩区、背靠山区的好地方。村子大，房屋也多，正好可以用于驻军。听说新四军来了，当地几家豪门富户逃走了，留下了许多大房子和几座高大宽敞的祠堂。支队司令部办公室和直属机关就分别设在两座大祠堂里，各部队按编制分散住在各个农家腾出的房子里，房子不够，就住到邻近几个村庄，有不少人住进村民的牛棚里。人喧马叫地折腾了一夜，部队总算安顿下来了。

第二天是休息。第三天下午，支队召开了中层以上干部会议。

在支队司令部办公室兼会议室的那座大祠堂里，大堂正中并排放着两张大方桌，四边六条长凳，大家围桌而坐，没有凳子的就搬块石头坐在两边，也有的席地而坐。支队长谭天木和政委曾世雄坐在上首正中，谭天木主持会议，曾世雄握着他那很少离手的旱烟袋抽着烟。大家一言不发，心情十分沉重。

谭天木通报战斗情况："灵山阻截战总体上是一场胜利的战斗，阻住了敌人的追赶，打退了敌人的进攻，保护了大部队安全转移，顺利到达目的地。但是这又是一次十分悲壮、惨烈、痛心的战斗，我们去了五百名战士，却损失了四百多名，多数是从皖南过来的精锐。大部队的安全是同志们用鲜血和生命换来的。我们要认真总结一下这次战斗的得失，分析一下当前的形势，大家有什么意见和建议说出来，我们好研究。"

大家你看看我，我看看你，都有一肚子的话，但不知从何说起。

蔡虹下了战场连衣服都没有换，他一身褴褛，浑身血污地坐在石头上。沉默了一刻，他终于情绪激动地说："这次战斗虽然我们守住了阵地，打退了敌人，支队长说是一场胜利的战斗，那是鼓励，是安慰；但我认为这是一场非常失败的战斗，教训真是太惨痛了。失败的根本原因，是我们缺乏后勤保障，枪支少，子弹供应不上，无法大量地杀伤敌人。打鬼子、打汉奸，光有牺牲精神不行，要有武器啊，要有弹药啊！没有武器上战场，那不是上战场，是让同志们去送死。出发的时候，我们每人发三颗子弹。子弹袋里面，用木头塞子塞满了冒充子弹。这只能骗骗土匪，跟日本鬼子打，能这样干吗?”

蒋锋也是一身灰污坐在石头上，他火气十足地接上来说：“我们一个团发了几杆破枪？有的枪栓拉不动，有的子弹在枪膛里炸。就是这样的枪，许多战士还没有。上战场要的是大刀、长矛、石头。日本人用机枪把我们的人当成肉靶子，再多的人也不够他们扫的。把人的生命当儿戏，这样仗我是没法打下去了。谁有能耐谁打，我不打了，我当不了这个团长!”

蔡虹痛苦地说：“这哪是在打仗，是让同志们去喂绞肉机。多好的战士，多好的同志啊，就这么一个个地倒下去了。我们拉起这支队伍容易吗？我们对不起他们啊，我们对不起他们的父母亲人哪!”他用双手捂着脸，禁不住放声大哭起来。

不少人都跟着抹眼泪。

郑天佐坐在政委身边，手边是一本笔记本和一支钢笔。他平静地看着大家说：“要革命就会有牺牲。打一次仗，牺牲几个同志，就这么哭哭啼啼的，像个新四军指挥员吗？没有好枪，没有子弹，我们就不打鬼子，就不上战场，就不抗日了?”

蔡虹愤怒地说：“你这是什么话，我说不抗日了吗？我说不上战场了吗？这不是摆问题总结得失吗？你站着说话不腰疼。要说上战场，你到战场上试试。”

郑天佐慷慨激昂地说：“如果工作需要，我也会上战场的。革命战士要具备处变不惊、不屈不挠、大无畏的牺牲精神。不应该发牢骚、哭鼻子。”

蒋锋腾地站起，对着郑天佐吼道：“你这是怎么说话的。我们发牢骚、哭鼻子是怕死吗？是为自己吗？是为我们牺牲的战士。那种对战士没有感情，对战友们的牺牲麻木不仁、无动于衷的人……”

曾世雄抬手制止了他们。

大道理解决不了当前的实际问题，而发牢骚，哭鼻子，争吵，又能解决问题吗？大家议论纷纷，都说干革命、打鬼子，谁怕死了？吃苦受累又算得了什么？可是上战场没有武器，没有后勤保障，这叫人怎么干？国民政府号召全民抗战，号召支援前线，为什么不给我们发给养，发枪支弹药？有的甚至说，没有武器，没有给养，就不应该建立这支队伍，建立起来让鬼子吃掉，这不是把人命当儿戏吗？还不如把队伍解散了打游击去。但又有人反对，说拉起个队伍不容易，既然拉起来了，就应该坚持下去，一旦分散，就更危险。争论的结果：支队应该向上级反映当前困难，要尽快地把后勤保障工作搞上去。

待到大家的牢骚发得差不多了，谭天木说："同志们心情激动、痛苦、发牢骚，有道理，情有可原，我们领导和你们不是一样感同身受吗？不一样痛苦吗？大家说来说去两条意见：一条是对国民政府不满，再有一条就是对支队后勤工作有意见。至于国民政府嘛，你们再不满，他们也不会改变，因为国民政府是国民党领导的政府，他们就是要限制我们共产党军队的发展，怎么会向我们发饷，发武器？更何况我们江北支队是个黑户头，国民政府不承认我们的编制，支队后勤保障只有靠我们自己解决。现在我们支队刚刚成立，后勤工作做得不好，我们领导要做检讨。但是后勤组他们做了大量的工作，他们筹款、筹粮，买武器、买物资、买药品，安排大家的生活，尽了最大的努力。我们白手起家，一无所有啊！谁不想多买些枪支弹药？没有钱啊。再说我们所处的环境又十分险恶，敌人对我们围追堵截，层层封锁，我们就是有钱，到哪里买？就是能买得到，怎么运来？"

大家面面相觑。

曾世雄磕磕烟袋，心事重重地对大家说："同志们，支队长说总体上我们是打了胜仗，是不想让大家泄气，我们也知道这是败仗。不仅你们痛心，我们也痛心，没有后勤保障，不仅你们有意见，我们也有意见。从皖南过来，我们也想多带一些武器弹药，可是军部那边也是捉襟见肘，十分困难。当时我们想，过了江再说吧。可是过了江才知道，我们原先的想法太乐观了，情况比我们预想的要困难十倍。我们现在不仅仅是打败仗的问题，甚至是我们这支队伍能否生存下去的大问题。"他停了停继续说："目前我们不仅没有枪支弹药，连吃饭都成了问题。我们来到江北，想尽快在老百姓中间扎根，建立根据地，可是江北老百姓对共产党、新四军不了解不欢迎，甚至反对我们进驻。老百姓听信敌人的谣言，说我们共产党共产共妻，长毛土匪，洪水猛兽，处处提防着我们。我们所在的地方，是江北农民大刀会活动区，大刀会有十几万人，遍布几个县，是很有组织性、很有群众基础的农民武装。他们对我们很不友好。听说我们来了，大刀会在我们的周围划了一条封锁线，把我们圈起来，不允许我们穿越，日夜站岗，限制我们行动。我们现在的处境非常危险：西北面是国民党统治区，东南面是日本人占领区。国民党对我们封锁，日本鬼子对我们剿杀，老百姓又对我们限制，你说我们怎么办？”

大家都低着头。

曾世雄停了停继续说：“昨天，我们把情况向军部作了汇报。鉴于我们的处境，军部要求我们暂时不要急于发展，要精兵简政渡过难关。我们支队党委研究认为，精兵简政就更加危险了。队伍一精简，经费的压力固然是小了，可人少了，力量弱了，不仅不能打鬼子，还容易被日伪军吃掉。我们要生存发展，不仅不能精兵简政，而且要扩编，要壮大实力，只有这样才能打鬼子，才能赢得老百姓的拥护，才能建立革命根据地。但是我们现在，一没有钱，二没有粮，三没有弹药，两手空空，怎么扩编，怎么发展？”

谭天木补充说：“政委讲的都是实情。其实我们跟你们一样，后勤保障跟不上，我们同样十分着急，我们也知道，打仗要有物质保障。我们有革命意志，但是没有武器不行；我们需要增加人力，但是没有物质保障增加不了；天佐同志说，从敌人手里夺武器，我也是这样想啊！可是你手里没有武器，你仗打不胜，怎么个夺法？一句话，我们支队现在最缺的是后勤保障，后勤保障工作是我们支队的生命线。”

大家不约而同地看看郑天佐。郑天佐面无表情。

大家议论，造成当前这个局面，既不能说支队领导没能耐，也不能说后勤组的同志们不努力，是条件、环境因素决定的。情况清楚了，认识统一了，可是今后怎么办？会议开了半天，什么问题也解决不了。

曾世雄让其他人散会离开，支队的党委委员留下来继续开会。

# 二、临危受命

深夜，蔡虹带着战士们悄悄来到灵山，他们把牺牲的战友们的遗体收集起来，建起了一座公墓，墓前竖一座巨大的石碑，上面镌刻着十一个大字：新四军江北支队烈士之墓。背面刻着每一个牺牲战士的姓名。做好这一切之后，蔡虹心情仍然不能平静。他让战士们先回去，他独自一人坐在墓前的石头上，他要陪一陪失去的战友们。夜幕沉沉，晚风习习，草木沙沙，好像战友在向他倾诉。

蔡虹的心情十分沉重，他点上一支烟，战斗的场景在他的眼前挥之不去：

战场上硝烟弥漫，日伪军漫山遍野地向山上爬来，机枪向山上扫射。战士们的枪卡了壳，手从子弹袋里掏出来的却是木头塞子。战士们用石头向敌人砸过去。日伪军已逼近阵地。田村狂叫：共军没有子弹啦，冲上去啊！战士们拨出刺刀跃出战壕，扑向敌人，与敌人搏斗在一起。一片凄厉的呐喊。硝烟未尽，战场上横陈着战友们的尸体。夜幕降临，蔡虹满身血污，衣衫褴褛，步履踉跄，手里拿着带血的刺刀，痛苦地注视着战友们的尸体……

曾世雄政委的话在他耳边响起："我们现在不仅仅是打败仗的问题，甚至是我们这支队伍能否生存下去的大问题。目前，我们不仅没有枪支弹药，连吃饭都成了问题。"谭天木支队长的话："打仗要有物质保障。我们有革命意志，但是没有武器不行；我们需要增加人力，但是没有物质保障增加不了……一句话，我们支队现在最缺的是后勤保障，后勤保障工作是我们支队的生命线。"

夜深人静，寒风袭来，蔡虹毫无知觉，他沉浸在痛苦的思念之中。突然，一只大手搭在他的肩膀上。蔡虹扭头一看，是政委。曾世雄在他身边坐了下来。

曾世雄是开完会议后赶过来的，在刚刚结束的支队党委会议上，中心议题是分析新四军江北支队当前所处的严峻形势，着重讨论加强支队的后勤保障工作。

曾世雄在会议上提议组建江北支队“后勤保障工作部”，选调最得力的领导干部担任后勤保障部部长，尽快把后勤保障抓起来。曾世雄的话得到大家的一致赞同。但是谁来当这个后勤部长呢？按照以往的经验，政委一旦提出一个问题，他的头脑里就有了明确的答案。这个后勤部长会是谁呢，大家等着曾世雄往下说。

谭天木是个急性子，心直口快。“我完全赞成政委的意见，选一个好的后勤部长是关键，但这个后勤部长选谁？”

曾世雄深思熟虑地说：“蔡虹。”声音虽轻，但在座的人为之一震。

“什么？”谭天木大吃一惊，这太出乎他的意料。他怔怔地看着曾世雄：“让蔡虹当后勤部长，您没说错吧？”

曾世雄坚定地说：“没有说错，就是蔡虹。”

蔡虹是谭天木的爱将，军事上的得力助手。调蔡虹当后勤保障部部长，这对负责军事方面的谭天木来说，无论如何不能接受。他右手用力一挥，像是把曾世雄的意见挡回去似的，大声说：“蔡虹，不行！”

“为什么不行？”曾世雄反问他。

“蔡虹是一团团长，是支队最优秀的指挥员，他带的可是主力团。”

“主力团团长也可以换人嘛，优秀的指挥员就不能搞后勤了？我们就是要选最优秀的干部搞后勤工作。”

谭天木问：“政委同志，您怎么想到让蔡虹同志当后勤部长？蔡虹是打仗的好手，让他当后勤部长，是不是太屈才了？”

“我不认为蔡虹当后勤部长是屈才。”曾世雄说，“我们现在的后勤部长工作不仅特别重要，而且还特别困难，特别艰险，一般的人当不了，只有让蔡虹来当了。”

“我不赞成。”谭天木不满地使出撒手锏，“蔡虹是我的得力助手，你把他搞走，我这个支队长也干不了了。”

“你支队长干得了干不了那是你的事。”曾世雄却不为所动，“这个后勤部长，我是选定了。”

谭天木说：“你选蔡虹搞后勤，至少事前应该跟我商量一下。”

“这就是在和你商量嘛。”曾世雄说，“特殊情况，也会有意外吧？再说让大家参加共同商量，不是更好嘛！”其实这是曾世雄的小手腕，他知道，调蔡虹当后勤部长，谭天木肯定不会同意，事先同他商量准是通不过，倒不如直接拿到党委的会议上，少数服从多数来决定。到这个时候，谭天木就是反对，也无能为力了。这是曾世雄当党委书记多年的经验：不太重要的事情，先商量再决定；特别重要的事情，先决定再商量。

但是，这种做法引起了谭天木的强烈不满，情绪异常激动，他和曾世雄争了起来。两人你来我往，各不相让。支队长和政委这样针锋相对地争吵，还是第一次，委员们都吃惊地看着他们，一时不好表态。

谭天木知道曾世雄的脾性，一旦想好了的事情他会坚持到底，况且任用干部又是政委的权力，吵了一阵，谭天木的态度明显软下来了，“我的政委呀，你说前方与后方，哪个最重要？最得力的干部应该放在哪儿，你是搞干部工作的，你心里最清楚。为什么我们常说：‘一切为了前线？’”

曾世雄显然是有思想准备的，他回答说：“‘一切为了前线’这话自然不错，做好后勤保障工作，就是更好地为前线。前方与后方，是一个战场的两个方面，都很重要，缺一不可。就我们目前的处境而言，没有一个坚强的后勤保障，我们不仅仗打不赢，连我们的生存都有问题，我们的一切计划全都落空，队伍不仅不能发展，而且还有被消灭的危险。”

谭天木懂得这个道理，也知道当前后勤工作的重要性。曾世雄不是不懂军事的重要，不是不知道蔡虹是一员优秀的战场指挥员，如果不是被迫无奈，他也不会做出这个决定。但是谭天木舍不得蔡虹离开他，他用祈求的口吻说：“你说的我都懂，我也知道当前后勤工作特别重要，但是你把蔡虹调走了，我依靠谁去？”

曾世雄耐心地解释：“支队长同志，在我们的部队里，能打仗的指挥官有的是，比如说，让蒋锋同志当一团团长，再提拔一个当二团团长，好的干部还是在于我们培养、提拔嘛。”

谭天木找到了反击的机会，问：“难道就不能培养一个后勤部长？”

曾世雄深切地说：“天木同志，在当前这个复杂的环境下，能搞好后勤的干部难选呀！我们的后勤工作，是在没有根据地、没有经费保障、没有供应渠道的情况下搞后勤。是要到敌占区去搞钱、搞粮、搞物资，要同社会各阶层和各色各样的人打交道，要冲破各种艰难险阻、刀光剑影，经受种种的生死考验。没有一个得力的人行吗？蔡虹同志革命意志坚强，社会知识丰富，懂经济工作，思维敏捷，应变能力强。他是大学生，懂英语、日语，外交工作又是他的特长。他又是上海人，他的父亲是教授，他从小生活在上层社会，他的同学、亲戚、朋友，多在上层社会工作，有着良好的社会关系。这样的干部，我们在短期内能培养出来吗？他蔡虹不当后勤部长，难道让我们这些识不得几个大字的泥腿子去搞外交，去当后勤部长？如果你能找出第二个像蔡虹这样的人来，我就换人。”

谭天木沉默了，他实在想不出比蔡虹更好的人选。这时电话铃响了，谭天木去接电话，是蒋锋打来的，电话里的声音很大：“后勤干部是搞什么的吃的？要枪没有，要子弹没有，我们现在连饭也吃不上了！”

谭天木发火：“你发什么牢骚？现在谁有本事把枪炮子弹弄来，把粮食弄来，把钱弄来，谁才有资格讲话。敌人封锁得像铁桶一样，你难道不知道？你们只知道冲我们发火，我们又向谁发火去？”

“那就等着让敌人消灭吧！”蒋锋啪地挂断了电话。

谭天木回到原位，叹道：“现在火气都大得很，都冲我们发火，我们又冲谁发火去？”

“大家的心情都一样，急嘛。”曾世雄说。

这时，郑天佐插话：“我们的不少干部，正是在困难的情况下沉不住气，看不到美好的前途和光明的未来，缺乏战胜困难的毅力和勇气。”

谭天木一肚子火气正好没处出，他对着郑天佐吼道：“做你的记录，这个地方没有你说的。尽说那些不解决实际问题的大话、空话。”

郑天佐满脸通红，不再说话了。

最后，曾世雄问大家：“调蔡虹同志搞后勤工作，大家有没有意见？”

大家稀稀落落地回答：“没有意见。”

曾世雄转过头问："支队长呢？"

谭天木扭头抽烟，心中赌着气，不予回答。

"好，没有意见，就这样定了。"曾世雄当场拍板。

谭天木甩掉烟头说："蔡虹同志本人能同意吗？他会怎么想呢？"说着转身离开会场。

曾世雄看着谭天木离去的背影说："这是党委的决定，我来找他谈。"

灵山脚下，曾世雄和蔡虹都沉默着。时间仿佛凝固了，只有寒风匆匆走过，枯萎的山茅草起伏着。曾世雄递给蔡虹一支烟，自己也抽一支——没有用他那不离手的烟袋——他用火柴给自己点着，又给蔡虹点。蔡虹接过去自己点了。

曾世雄把火柴放进口袋，和蔼地问："还想着战友们？"

蔡虹叹了一口气说："怎么会忘记他们呢？这都是一个个鲜活的生命，就这样，不到半个小时工夫，就没有了。"他说这话时，眼睛看着前面山坡上的茅草，茅草一人多高，在微风的吹拂下晃动着身躯，像一个个附着牺牲战友们的灵魂。

曾世雄点点头深情地说："是啊，同志们牺牲了，谁心里不难过。可是光难过不行啊，我们要想办法走出困境，想办法壮大自己，想办法战胜敌人。只有战胜敌人，夺取革命的胜利，才能为同志们报仇，才能告慰于九泉之下的战友们呀！"

又是一阵沉默。"蔡虹同志，你认为，我们支队今后工作的重点应该放在哪里？"曾世雄问。

蔡虹想了一想，坦诚地说："政委，我认为，我们支队今后要更加重视后勤保障工作，要抽调得力的同志去从事后勤保障工作，古人言'兵马未动，粮草先行'啊！"

蔡虹的话正对曾世雄的路子，曾世雄说："对呀，你跟我们支队党委想到一块儿来了。后勤工作确实太重要了，太紧迫了。可是，搞后勤工作不是一件容易的事，一般人是不能胜任的。军部后勤工作，是叶挺军长亲自抓，向国民党要军饷、要武器，到香港筹款，到敌占区买药品，哪一件不是叶军长亲自去？蒋介石嘲笑叶将军成了新四军的后勤部长。为什么，就是因为这项工作重要、复杂、艰难。我们现在是在日伪占领区和国民党统治区中间求得生存，在他们的严密封锁下，搞钱，搞粮，搞枪炮子弹，没有过人的胆识和本领，没有不怕风险、不怕牺牲的精神，是完不成这项艰巨的任务的。”

“是啊，我们的处境艰难而险恶，后勤工作确是难上加难。”蔡虹深有同感，“但再难的工作不能没有人搞呀。不搞好后勤工作，我们就必死无疑。”

“你讲的一点不错。但是后勤工作又是个出力不讨好、出工不见效的工作，不如在战场上杀敌，既痛快又见功绩。”曾世雄步步深入。

蔡虹表示理解，他说：“战场上的功绩，与后勤工作者的努力是分不开的，革命者不能为个人争功，而要为整个革命事业争功，个人要服从大局的需要。”

“蔡虹同志说得真好。‘革命者不能为个人争功，要为整个革命事业争功，个人要服从大局的需要。’”曾世雄连忙附和，“你这样一说，我调遣干部也有了底气。蔡虹同志，你给我们推荐一下，谁当这个后勤部长最合适?”

蔡虹想了一想说：“一时还真难找到这样合适的人选。”

“其实，这个合适的人选是有的，就看他愿意不愿意担当这个重任了。”

蔡虹看着曾世雄问：“谁?”

曾世雄将手搭在蔡虹的肩膀上说：“远在天边，近在眼前，就是你呀，蔡虹同志。”

“我?!”蔡虹吃惊地站了起来。因为他没想到支队会把一个重要的军事指挥员、一团团长派去搞后勤工作。

曾世雄也站了起来，说：“是啊，支队党委已经做出决定，成立支队后勤保障工作部，让你担任后勤保障工作部部长。”

“我不行!”蔡虹坚决地表示。他下意识地往前急走，好像要摆脱政委的纠缠。

曾世雄追了上来：“你怎么不行? 我们认为你最合适。”

“不，政委，我从上海来参加新四军，是为了亲临前线，真刀真枪地杀日本鬼子，为我父母亲报仇。叫我搞后勤工作，我想不通，也接受不了。”他独自抽一支烟，靠在一棵树上，眼睛看着前方。

曾世雄站在他的身边，观察着他的情绪。

蔡虹的脑海里浮现出一幕悲伤的往事：

蔡虹出生在上海，父亲是上海圣约翰大学教授，他也在圣约翰大学读书。他有一个幸福的家庭和美好的前程，但是，一九三七年八月十三日这一天，彻底改变了他的命运。

这一天像往常一样，在大上海林立的高楼下，人流如潮。虽然日本进犯上海的消息已经传了很久，但人们还是照样地工作、学习、购物和旅游。黄浦江上，一艘艘巨轮飘扬着各国旗帜，给上海增添了异样的风景。

形势内紧外松，消息灵通的圣约翰大学已经停课，蔡虹的父亲决定带领全家到乡下躲避一时，以观局势。那天正是八月十三日，一大早父亲就把家中的金银细软装了四大包，父母各提一包，蔡虹提了两包，叫了两辆黄包车，急匆匆地出了门。

就在他们走到苏州河桥边时，突然，天空响起尖厉的呼啸声，印着太阳旗的日本军用飞机列队而过，丢下了一颗颗罪恶的炸弹。炸弹落处，烟柱腾起，爆炸声震耳欲聋，此起彼伏。街上的人们慌不择路，四处奔逃，哭叫声一片。突然，一颗炮弹落在马路边，随着一声巨响，尘土冲天而起，遮住了人们的视线。等到尘土落下，马路上已是一个巨大的弹坑，被炸倒的行人，有的肢体不全地挂在树上，更多的是被尘土和气浪冲倒在地，身体埋在尘土之中。

蔡虹乘坐的黄包车倒在地上，他从地上爬起来，发现前面的车子已经散了架，他的父母倒在血泊中。“爸爸，妈妈!”蔡虹惊叫着扑了上去，但是，他的父母伤势太重，肢体不全，离他而去了。蔡虹抚摸着双亲血肉模糊的身体，眼看着天空中印着太阳旗的日本飞机，他悲痛欲绝，下定了杀敌报仇的决心。

这时，有一个绅士模样、戴着金丝眼镜的中年人坐着黄包车过来，他看了看悲惨的场景，下了车来，对站在身边惊慌失措的众人说：“快快帮助料理一下。”众人立刻忙了起来。他们把蔡先生夫妇的遗体抬上了黄包车，帮助着向前推去。中年人走到蔡虹身边，拍了拍他的肩膀，“小伙子，节制悲痛，让我们记住仇恨吧。”他递给蔡虹一张名片，说：“有困难去找我。”然后坐着黄包车离去了。

蔡虹看了一下名片，上面有三个字：萧叔安。这位绅士模样的中年人，就是共产党在上海的地下党组织负责人潘汉年。

几天后，蔡虹根据名片上的地址找到了潘汉年住处。他上前敲门，一个老年妇女开门看了看他，警惕地问："你找谁?"

蔡虹说："我找萧先生。"

"这里没有'萧先生'，你找错了人家。"老妇摇摇头。

蔡虹很失望地对她说："这是萧先生留给我的名片，我是照上面的地址找来的。"

她不识字，接过名片，神情狐疑地看了看，不能辨别是真是假。

这时，在这所房子的楼上，有一个中年人透过窗户向下探看，他就是潘汉年。因为地下工作的需要，对来访者须谨慎对待。蔡虹正要离去，听到楼上的声音："谁来找我呀?"随着楼梯的声响，潘汉年走了下来。

蔡虹喜出望外："萧先生。"

潘汉年对老妇说："王妈，自己人。"王妈放松了戒备。

潘汉年带着蔡虹上楼，到了自己的办公室。潘汉年让蔡虹坐下，亲自为蔡虹沏上茶。由于天热，还递上一只芭蕉扇，坐下来关切地问他："父母后事安排好了?"

蔡虹悲戚地说："运到乡下安葬了。"

潘汉年说："七七事变，日本进攻华北；八一三，日本进犯上海，当前我们每一个中国人面临的选择，是战斗到底，还是投降当亡国奴。"

"当然要战斗到底，一定要报仇雪恨，把日本鬼子赶出中国去。"蔡虹坚定地说。

"你说得对。打算今后怎么办?"潘汉年问。

"我想上前线打鬼子，为父母报仇。"

"好。"潘汉年十分赞同，"我就是从事打鬼子工作的，我会帮助你的。不过，你先在我这里待一段时间，帮我做点事，等到有机会，我派人送你上前线。"

蔡虹信赖地看着对方，点点头，问："先生，怎么称呼您哪?"

"我对外的职业，是大学里的兼职教师，你就叫我萧老师吧。"

从此，蔡虹在潘汉年办公室里帮助誊写文件，接客送信，工作了一年多。这期间，蔡虹在潘汉年的帮助下，学习了革命理论，树立了人生理想，由潘汉年介绍，加入了中国共产党。

第二年冬季的一天，蔡虹正在办公室整理文件，只见潘汉年兴冲冲地从外面回来，摘下礼帽，解开围巾，对蔡虹说："蔡虹同志，你不是要到前线打鬼子吗？现在机会来了。"

"什么机会？"

"国共合作，共产党领导的南方游击队整编成国民革命军新编第四军，简称叫'新四军'，于汉口成立，叶挺为军长，项英为政委。现在正向皖南挺进。皖南离此不远，你可以去参加新四军了。"

"太好了，什么时候可以动身？"蔡虹十分高兴。

"不用急，新四军初创，十分困难，我正在动员一批工人、学生、医务人员、汽车司机、机械师和无线电技术人员去参加新四军，为新四军壮大力量。还要为新四军准备一批军用物资运过去，你做好思想准备，等着我的通知吧。"

"老师，你真是为新四军想得周到啊！"蔡虹感叹。

一天晚上，潘汉年办公室里电话铃响，潘汉年拿起电话，听到一个声音："老师，都准备好了，今晚动身。"

"好，我马上来。"潘汉年满意地点点头，转身对蔡虹说："蔡虹同志，你今天晚上可以去参加革命队伍了。我们已组织了二百多个人到皖南新四军军部工作，你就和他们一道。吃过饭，我带你去。"一边说一边整理文件。蔡虹十分兴奋，他急忙整理好他所经手的文件。

晚饭后，潘汉年带着蔡虹坐着黄包车，来到一个储煤场。只见二十几辆运煤卡车都装满了煤，一字儿排在院子里，每辆煤车上坐着十来个人，有的穿着短衣，有的穿着长袍，工人、知识分子都有。见潘汉年到来，一位穿着长袍、带着长围巾的中年负责人迎上来握手。他就是现在的新四军江北支队支队长谭天木。

潘汉年问："都准备好了吗？"

"都准备好了。军用物资都装在车上，上面盖着煤，遇到鬼子，就说给发电厂送煤去。"谭天木回答。

“很好。”潘汉年又问，“来了多少人?”

“一共二百三十八人。”

潘汉年指着蔡虹说：“我还给你增加一个。这是蔡虹同志，大学生，我的办公室秘书。”

“蔡虹同志，我们热烈欢迎。”谭天木热情地说。

谭天木又对潘汉年说：“蔡虹同志走了，老师办公室不是缺人手了吗?”

“蔡虹同志要求上前线杀敌，我们应该支持他。”潘汉年说。

谭天木看看蔡虹修长的个子，帅气十足，十分喜欢，说：“好啊，大学生，有这样的觉悟，到新四军可以大有作为啊。”他催蔡虹说，“上车吧，委屈一点，脱下长袍，不要怕脏，暂时坐到煤上。”

“没关系。”蔡虹转身与潘汉年握手说，“老师再见。”然后把长袍脱了，挽在胳膊上，爬上了煤车。

谭天木与驾驶员用防雨帆布把车上的人员盖起来，捆扎好。

潘汉年交代：“出了日军占领区，就把煤卸下来，轻装上阵，出发吧。”

谭天木答应着，与潘汉年握手告别，然后坐进驾驶室，关上车门，从门窗里说：“老师再见。”

“有困难派人来上海找我。”潘汉年一再嘱咐。

“知道了。”谭天木应着。卡车开着大灯，出了煤场大门，上了路。

回忆到这里，蔡虹自言自语地说：“就这样，我和谭天木同志一行二百三十九人，冲破重重关卡，来到皖南新四军军部，受到叶军长、项政委的热烈欢迎。组织上先后让我担任排长、连长，我们和日本鬼子打了几仗，都胜了，我升任营长。中央指示向江北发展，我和谭天木同志等三百多人被派来江北工作，谭天木同志担任支队长，我担任一团团长。”他看看曾世雄说，“是不是我打了一次败仗，组织上就小看我了?”

曾世雄笑了：“嗨，你怎么这样想呢？支队长不是说了？你们打的不是败仗，是胜仗嘛。就是打了败仗，也不是你的责任，是我们江北支队后勤工作跟不上，‘巧妇难为无米之炊’嘛，责任应在我们领导啊！你在军部多次与日寇作战，不都是打胜了吗。叶军长特意将你的情况向我作了介绍。但是，我们当前的后勤工作比打仗更重要，是我们生存和发展的重要保证。刚才你还说抽调得力的干部搞后勤工作，说‘兵马未动，粮草先行’，还说‘革命者不能为个人争功，要为整个革命事业争功，个人要服从大局的需要。’怎么，一说让你当后勤部长，你的理论就变了？”

蔡虹转身对曾世雄说：“政委，道理我都懂，后勤工作的重要性我也深有体会。但是，支队党委要考虑一下我的特殊情况，我的心灵所受的伤痛。我要报仇，我要在战场上直接与敌人厮杀。”

曾世雄强调说：“后勤也是战场呀。你觉得搞后勤工作就安全吗，就不和敌人生死搏斗吗？这里也是刀光剑影，出生入死呀，经不起生死考验的人还干不了这个呢！”

蔡虹不说话。话说到这个份上，曾世雄严肃地说：“蔡虹同志，你是老党员，是领导干部，我跟你说话就不客气了。支队党委已经做出决定，这是不能更改的，你想得通也罢，想不通也罢，都要坚决执行，没有商量的余地。你看着办吧。”

蔡虹望着政委：“支队长他怎么说？”

曾世雄看着蔡虹，心想，我早料到了，他会让支队长帮他说话。曾世雄说：“支队长他同意了。”

蔡虹对支队长的“同意”感到很意外：“他——也同意了？”

曾世雄说：“是啊，支队长舍不得让你离开第一线，去搞后勤工作。你能征善战，是他手下的一员虎将，得力的助手，你们一团是支队的主力。可是，支队长他也知道，当前我们最重要、最紧迫的是什么，是后勤保障。你说，支队长他是明白人，能不同意吗？”

蔡虹突然扭头大踏步地往前走去，他要当面问问支队长，他怎么就能轻易答应让我离开战斗第一线？他只顾往前走，把政委丢在后面一大截。

曾世雄看着蔡虹远去的背影，知道他是去找谭天木去了。他完全理解蔡虹此刻的心情。

夜里，在谭天木的住处，蔡虹和谭天木坐在床前的小桌旁抽着烟，室内烟雾缭绕，地下的烟蒂到处都是，他们谈了很久。

谭天木说：“我当然不同意你去搞后勤，不同意你离开战斗部队，不同意你离开我。但是，我没有办法，支队也没有办法，你知道当前我们支队的处境，这是唯一的选择。”他叹了一口气。

蔡虹最后表态：“那就算了，我服从支队党委的决定。但对于能否做好后勤保障工作，心里还是没有底。”

谭天木安慰说：“尽力干吧。当前环境这么恶劣，谁也不能打保票，谁也不能预测未来。有困难我们会帮助你的，遇上打鬼子的机会，我们还是欢迎你来参加战斗。”

“有支队长这句话，我心里还好受一些。”蔡虹说，“将来打大仗，可千万不能忘记我啊！我一定要上战场啊！”

谭天木表态：“这我可以向你保证，只要打大仗，一定有你的份。”

这时东方已白，几缕光亮从门缝里射进来。突然，门被推开，曾世雄大笑着跨了进来问：“蔡虹同志，我说得不错吧？支队党委会议的决定，支队长是同意的。怎么样，谈好了吧？”

蔡虹和谭天木都站了起来。蔡虹说：“政委，我服从党委会议的决定，只是这心里一时还调整不过来。”

曾世雄笑了：“那我可不管你，你自己调整好了。来，我带你到后勤组去，宣布支队后勤部成立。搞后勤的同志们正急于和后勤部长见面呢。”

蔡虹看了看谭天木，谭天木说：“你就去上任吧。”

蔡虹随着政委来到后勤组办公室，只见门外并排站着二十几个干部战士，看到政委和蔡虹走过来，为首的上前行了一个军礼，大声说：“报告政委、部长，后勤组全体同志已经集合完毕，请指示。”他是原后勤组组长郑云泽，一个沉稳而壮实的中年人。

曾世雄宣布：“经支队党委研究决定，从今天起，支队后勤组升格为后勤部，由蔡虹同志担任后勤部长。后勤部下设四个工作组，一是经费组，由蔡虹同志兼组长；二是装备组，由郑云泽同志任组长；三是生活组，由何力全同志任组长；四是医疗组，由李三火同志任组长。现在请蔡虹同志讲话。大家鼓掌。”

蔡虹没有思想准备，他摆摆手说：“我没有什么说的，毕竟刚刚上任，还不知道后勤保障工作从何抓起，以后再说吧。”大家笑了。

曾世雄指示：“蔡虹同志从领导一千多人的部队，变成了领导二十几个人的后勤保障部，不能太委屈啦。新部长上任要有新气象，你们要找一处比较大一些的房子，给部长办公，挂上后勤保障工作部的牌子。”

蔡虹笑道：“政委，你把我放到后勤保障部是来当官、摆阔的吗？”

“形式决定内容。”曾世雄认真地说，“这说明支队党委对后勤保障工作的重视，也说明你们肩上的担子重啊。”

蔡虹觉得鸭子已经被赶上了架了，他说：“感谢支队党委的重视和支持。我们只有干好后勤保障工作，才能不辜负支队党委的重托和支队全体指战员的期望，大家说是不是？”

众人齐声说：“是！”

曾世雄听了很满意，直到这时，他一颗心才放了下来。

这时，通讯员急匆匆地跑过来报告说：“政委，支队长请您过去，有要事商量。”

曾世雄说：“好，我马上过去。”他对蔡虹说：“我已经把你送到单位，我该走了。支队长来叫我，一定又是军情紧急了。”

“是不是又要打仗？”蔡虹问，“如果是打仗，叫人通知我一声。”

曾世雄说：“你还是多考虑考虑后勤工作吧，打仗的事，今后你就别操心了。”说着风风火火地离去。

“什么，打仗的事叫我别操心？”蔡虹心中有一种被冷落的感觉，就好比一个篮球场上的中锋，突然叫他不要上场，只负责看管衣服、送茶倒水什么的，心中有种说不出的滋味。

# 三、严师择徒

曾世雄来到祠堂里的支队办公室，谭天木正怒气冲冲地等在那里。几个参谋干事也站在那里。曾世雄问："老谭，有什么重要情况，是不是鬼子来了?"

谭天木气愤地说："鬼子倒没有来，是'友军'在搞摩擦。"

"嘀，他们想怎么样?'人不犯我，我不犯人，人若犯我，我必犯人'，这是你支队长的事嘛，你下命令好了!"曾世雄由于落实了后勤部长这事，心情特别高兴，说话底气很足。

谭天木看着曾世雄说："政委，这不是打仗的事。可是这比打仗还复杂；不是我的事，而是你政委的事。"

"你这么说我倒真不明白，究竟是什么事?"曾世雄急切地问。

谭天木这才说："刚才军部打来电话，说孙夫人领导的香港'保卫中国同盟'，为新四军买了五百支美式卡宾枪和十万发子弹，从香港运到武汉，又从武汉顺长江运往皖南新四军军部。军部决定将这批武器发给我们江北支队。"

"那好啊，这不是喜事吗?我们正缺这个，又没有钱买，你还生什么气呢?"曾世雄高兴起来。又问："国民党在捣乱是吧?"

"是啊!"谭天木说，"这批枪支弹药从武汉运来的途中，经过皖南的江东县，被国民党上官云相的部队扣留了。"

"什么?他们给扣留了，岂有此理，这可是孙夫人给新四军买的。"

"是啊，"谭天木说，"叶军长几次打电话给第三战区司令长官顾祝同，并派人与上官云相交涉，要求归还。但是顾祝同装聋卖哑，上官云相就是不给。”

“这一定是蒋介石的旨意。你说怎么办？”曾世雄客气起来，好像新四军的大事历来都由谭天木做主似的。谭天木知道，这是曾世雄为缓和两人为后勤部长人选所产生的不快的一种姿态。

“我想，既然这批武器是分配给我们的，我们应该派人去交涉，把它要回来。”谭天木还是那种有话直说的作风。

曾世雄冷静一想，泄了气：“叶军长都要不回来，我们又有什么办法？”

“所以说这事有难度呀。”谭天木说，“但是这五百支枪、十万发子弹实在太诱人了，给扣住了，我们能这么认了吗？”

“是啊，我们咽不下这口气啊！”曾世雄也有同感。

谭天木说：“我看，还是请蔡虹同志来商量吧，听听他的意见。”

这一下提醒了曾世雄：“是呀，看来这事该让他这个后勤部长操心了。”他吩咐：“通讯员，去把蔡虹同志请来。”

不一会儿，蔡虹随通讯员来到。

曾世雄一见蔡虹，急切地说：“蔡虹同志，你的任务来了。”

“什么任务？不是说打仗与我无关吗？”蔡虹开玩笑说。

曾世雄一摆手说：“哎，这不是打仗的事，是后勤保障方面的事。我问你，现在有五百支美式卡宾枪，十万发子弹，你想不想去拿？”

“有这等好事，谁不想去拿？五百支枪，可以装备一个团，我们的实力就大大增强了。”蔡虹不敢相信，按照军队的正常编制，五百支枪只能装备半个团，但是从新四军目前缺枪少弹的情况看，如果有五百支美国卡宾枪，就是一个实力很强的团了。

“看你高兴的。”曾世雄使了激将法，“可是，我的后勤部长同志，那是隔壁人家锅里的鸡汤，闻到吃不到。”

“怎么讲？”

“这枪支和子弹是孙夫人为新四军从香港买来的，军部分配给我们支队的。武器在转运途中，经过江东县，被国民党部队扣下去了。”

“他们凭什么扣留？是谁干的事？”蔡虹愤然。

谭天木说：“据说是上官云相部队的独立团扣的，团长叫孙俊杰。”

“那他一定得到上级的指示，才敢这么干。”蔡虹分析。

曾世雄点点头："是呀，不然他没有这么大的胆子。再说，国民党军队有美国大老板支援，不愁没有枪炮子弹，他又何必没事找事呢。"

谭天木说："孙俊杰属于国民党军队中的顽固派，还真不好缠呢。"

"当然是，不是顽固派能干出这种事吗？" 曾世雄补充道。

蔡虹想了想说："孙俊杰？这个人的名字我听说过，好像也是上海圣约翰大学的学生，我的一个女同学和他有亲戚关系。我来找找这个女同学，让她走走关系试试。"

"有门儿。"曾世雄笑道，转脸向谭天木，"支队长，你看，我的后勤部长选对了吧？"

谭天木也笑了："那很好，蔡虹同志，你的女同学在哪儿？"

"她是中江市人。"

"中江市，那更好，不就在江对面吗？"谭天木说。

"是啊，我到中江去一下，找一下她，看看她的态度，最好是请她陪我一起去找孙俊杰。"

曾世雄问："你的女同学政治倾向怎么样？"

"她是中江市大资本家吴富梓的独生女儿。"蔡虹继续说，"她曾在圣约翰大学读书。在上海时，由于她父亲的关系，她与上海上层人物有广泛的接触。孙夫人对她的聪明美貌十分常识，收她为干女儿。"

曾世雄惊喜："了不得，有来头。这样的人参加革命就好了。"

"可是她的父亲虽然是个进步人士，却不让女儿参与政治。她受父亲的家训，不得不回到老家中江，继承她父亲的事业。"

曾世雄看了看蔡虹："我再问一句，你和这个女同学关系怎样？"

"应该说不错，当时我们一起搞过学生运动，抵制日货，反内战，反独裁，在学校里有较多的交往。"蔡虹说。

"说明她的思想比较进步，和你的关系也不错，她有帮助我们的可能，你要尽量做工作。"曾世雄说。

蔡虹点头。

曾世雄想了想，交代说："当然，这件事情难度很大，孙俊杰既然奉命扣留我们的枪支，没有上级同意，他不敢把枪支给我们的，所以我们能要回来的概率很小。死马当活马医吧，我们不放弃努力就是了。"

谭天木补充说："我主张去要枪友，但我也要提醒你，这风险很大。你去中江市，那是鬼子占领区，一定要注意安全。到国民党部队也一样，他们是友军也是敌军。可以说，说翻脸就翻脸。武器固然重要，生命安全更重要，知道吧？"

蔡虹说："请首长放心，我会注意的。不过我至少要两个得力的助手。"

"那当然要带几个助手。"曾世雄说，"这事由我亲自来办。"

"政委亲自为我挑选助手，那真是担当不起呀！"蔡虹说，"不过，我对助手的要求高啊！"

"当然要选最强的。能文能武，忠诚无畏，吃苦耐劳。"谭天木说。

曾世雄说："我从全支队的战士中，给你精选。政治思想上要把关，要经得起摔打，经得住各种复杂环境和生死考验。"

"如果找不到如意的，我把我的警卫员让给你。"谭天木慷慨地说。

曾世雄手一挥："哪有找不到的？我们新四军素质高的多得很，这事包在我身上。"

蔡虹敬礼："那就谢谢首长的重视和关心了。"

第二天，蔡虹在后勤部正和各组长们研究工作，曾世雄兴冲冲地从外面跨进门来大声说："蔡虹同志，我给你选了两个人。"他手一挥，一男一女两个战士站到蔡虹面前。蔡虹也站了起来。

两个战士并排立正向蔡虹行礼。男战士响亮地说："报告首长，战士赵强前来报到。"

女战士更是高八度，大声说："报告首长，战士俞珍前来报到。"

蔡虹还了礼，认真审视两个战士：男战士赵强中等个子，长得比较壮实。蔡虹有意用手捏了捏赵强的胳膊，又使劲摇了摇。赵强肌肉发达，胳膊有力，岿然不动。蔡虹基本满意。

赵强看出蔡虹的表情，脸上洋溢着兴奋和自豪。

蔡虹再看看女战士俞珍：身材瘦小，扎着两股长辫，军衣穿得松松垮垮，十六七岁的样子。蔡虹皱起了眉头，心想：政委真是开玩笑，弄这么一个半大的孩子来凑数，而且还是一个女的。

俞珍注意到蔡虹的表情，红着脸，心里忐忑不安。

蔡虹对曾世雄说："政委，你怎么给挑一个女的呀？"

"怎么，女同志不好吗？"曾世雄反问。

俞珍生怕部长选不中自己，大声说："什么女的不女的？首长，您可不能重男轻女啊。首长分配任务，我保证能够完成，请首长放心。"

看来，这是个小炮筒子，敢说敢为，与她那瘦小的身子不大相称，蔡虹有些意外。

曾世雄说："蔡虹同志，可别小看了俞珍同志，她虽然才十七岁，可已经是老战士了。政治素质过硬，聪明能干，能吃苦耐劳。"

但蔡虹还是不满意，他摇摇头说："我不是这个意思，我是说，一个女同志，出门不方便。"

"蔡虹啊，怎么不方便？我看你呀，是封建思想作怪啊。"曾世雄批评道，"革命需要女同志，有时候，女同志办事才方便呢。"

蔡虹仍然不表态。

俞珍赶紧说："首长，女同志和男同志一样干革命。除了我是女的没法改变之外，今后您有什么不满意的，我都可以改，保证让领导满意。"

蔡虹冷冷地说："我不满意的地方多着呐！"他又指着她的两根小辫子，"仅这两条辫子，就不行。"

不料俞珍认真地说："那就剪掉它。"说着从桌上拿起一把剪刀，咔嚓咔嚓两声，两条长辫落到了手上。大家连忙制止，已经来不及了。

赵强惋惜并带有调侃的口气说："可惜，两条多么漂亮的辫子，长这么长也不容易啊！"

因为俞珍还没有到"女大十八变"的年龄，所以辫子黄黄细细的，不算漂亮，也不算长。众人都笑了。

曾世雄说："你看，人家小俞同志的决心多大！"

俞珍望着蔡虹问："首长，您还有什么不满意的？"

蔡虹脸色仍然不开，欲言又止："以后再说吧。"

"'以后再说'，什么意思？"俞珍不解。

曾世雄望着俞珍说："嗨，这就是答应收留你了嘛！小鬼！"

大家又笑了。俞珍对蔡虹的不冷不热的态度很不满意，她翻翻白眼。赵强则显得自鸣得意的样子。俞珍不服气地白了他一眼。

曾世雄见大局已定，就说：“蔡虹同志，你们先休整几天，互相熟悉熟悉，再把后勤保障部的工作安排一下，准备出发。”

虽然一时接受了政委的安排，但蔡虹还是很不称心。他想：早知政委选来这么两个人，还不如自己去选。敌后工作情况特殊，没有很得力的助手是不行的。眼前的二位，叫他心里实在没底。赵强的体格还说得过去，但在实践中能否胜任工作，执行各种复杂的任务？他心中没底。俞珍呢，一看样子就不行：体格弱小，还是个女的，经不得摔打。

蔡虹打定主意不要俞珍，所以在态度上对俞珍冷淡。遇到事情，尽量为难她，好让她知难而退。比如走路，这本是经常的活动，可蔡虹故意走得飞快，丝毫不考虑俞珍是个女性。如果俞珍跟不上，落在后面，他就可以以体能不够为由，将俞珍退还给政委。这天到农村调查，蔡虹一口气走了二十多华里不回头，赵强和俞珍只好疾步跟上。到达目的地蔡虹回头一看，赵强、俞珍跟得很紧，半步不落。经过几次恶练，蔡虹发现这个小丫头还真能拖。蔡虹心中暗暗吃惊。

不仅如此，这个小丫头情绪一直很高，不时问这问那，看得出她心直口快，性格要强，对事认真，有很高的工作积极性。

俞珍问：“首长，我们什么时候动身？”

蔡虹有意冷落她，头也不回，只顾自己疾走，并带着一副不耐烦的口气道：“别叫‘首长’。”

赵强和俞珍都是本土游击战士，过去就很熟悉，所以他们之间说话随便些，赵强用老大哥的口吻对俞珍说：“到敌占区，就不能叫首长了。”

俞珍不服气：“就你懂得多，现在是敌占区吗？”

“那也要养成习惯呀。”赵强强调。

“你打算叫首长什么？”俞珍问。

赵强自作聪明地说：“我现在叫部长，到了敌占区叫老板。”

俞珍马上说：“我现在就叫他老板。”她追上去几步对蔡虹说：“老板，我们什么时候动身？”

蔡虹看了看这个撵着不放、天不怕地不怕的小姑娘，说：“你急什么？”

“不急？我们要赶紧去搞枪支，部队等着用哪！”俞珍说。

蔡虹一边走，一边回头看看对方说："等着用也没有办法。这次去敌占区，情况复杂，我们要做好充分的准备，不然，不仅完不成任务，还会造成不必要的牺牲。"

俞珍不知高低，把那还不大成熟的胸脯一挺："我已经做好了充分的准备！"

蔡虹看看这个充满革命激情的小姑娘，故意冷笑一声："充分的准备？还差得远呢！"

俞珍、赵强面面相觑，摸不着头脑。

蔡虹停下来问他们："这次我们到中江，首先要通过敌人的一道道封锁线，一道道检查站，遇到敌人的盘查，你们说，我们怎么过去？"

俞珍想了一想说："那就扮成工人、农民、商人，混过去呗。"

蔡虹问："你们自己想想，你们是像工人、农民还是商人呢？"

赵强抓着头皮："这，我倒没想过。"

"没想过可不行啊，要把自己的角色定好。"蔡虹说。

"要说我嘛，只能像个农民。"赵强说。

"我也像个农民。"俞珍附和。

"都是农民吗？"蔡虹问。

俞珍看了看蔡虹说："老板，您不像，你可以扮作教书先生或者生意人什么的。"

"对，我们就是您的跟班。"赵强建议。

蔡虹说："做教书先生要知道教书先生的行话，做生意人也要知道生意的行情，就是跟班，也会跟班的语言。如果不做准备，敌人一问就会露馅，他们就会怀疑我们的身份，事情就会弄砸。"

俞珍、赵强信服地点点头。

蔡虹又说："长江风急浪高，我们同敌人周旋，免不了要操船，要浮水，要泅渡，你们会吗？"

这一下赵强来了劲，"报告老板，我会浮水，过长江没有问题。"

蔡虹问："小俞呢？"

俞珍无奈地摇摇头。

蔡虹这一下抓到了俞珍的弱点，严肃地说："不会不行。我们不仅要会浮水、泅水，必要时还要同敌人在水上作战，没有很好的水性是不行的！”

赵强得意地说：“是啊！”他看看俞珍，那意思是：看来我是合格了，你怎么办？

俞珍很不服气：“不会游泳不能学吗？”

“还有，擒拿格斗，舞枪弄棍，你们练过吗？武功怎么样，枪法准不准？”蔡虹问。

赵强拍拍胸脯：“部长，擒拿格斗我练过，打枪也练过。”

俞珍鼓起勇气说：“同敌人搏斗，我不怕，打枪也不怕。”

蔡虹扑哧一笑：“不是不怕，要比他们强，要打得准，打得狠，要战胜敌人。”

赵强、俞珍齐声说：“没问题，我们一定努力，请首长放心。”

蔡虹立即制止：“怎么又叫‘首长’？”

赵强连忙改口：“是，部长。”

俞珍这一下抢到前头：“是，老板。”

蔡虹继续大步往前走。

俞珍追上去说：“老板，您说怎么准备吧，我们听您的安排。”

赵强也说：“是啊，老板您发话。”

蔡虹站住了，看了看俞珍，还真不好说出要赶她回原单位的话，于是严肃地对他们说：“听着，从明天起，我们一起早起练功夫，做准备，一个星期后动身去中江。”

赵强、俞珍敬礼：“是！”

蔡虹又补充一句：“要是谁的功夫练不好，到时我也不说你们，你们就主动告辞回原单位。”

赵强和俞珍交换一下眼色，齐声说：“知道了！”

# 四、“恋爱契约”

听说俞珍调到后勤部，即将和蔡虹、赵强赴敌占区工作的消息，有一个人很是不爽，他就是那个长得像胖姑娘的政工干事郑天佐。他目前正一心一意追求着俞珍。晚上，郑天佐来到俞珍的宿舍，他隔着窗子小声喊：“俞珍同志，俞珍同志。”

对于郑天佐的来访，俞珍内心是不欢迎的。郑天佐虽然长得像个姑娘，但他毕竟是个男人，经常来往，容易引起人们的误解。再说，郑天佐得寸进尺，还要和她谈情说爱。俞珍不喜欢郑天佐的长相和为人处世的做派，他心中的白马王子不是郑天佐。所以她对郑天佐态度冷淡，对他的多次示爱均予以婉言拒绝。

但是郑天佐仍不死心。在他看来，俞珍作为一个穷苦的孩子，一个没有多少文化的普通女战士，自己与她相比，无论是个人条件还是在军队中的地位，都是处于绝对优势的。俞珍有什么？无非是脸蛋长得漂亮一点，他追求她是看得起她。只要自己坚持不懈，“火到猪头烂”，俞珍自然会屈从于自己的。

郑天佐来时，俞珍在房间里洗衣服，听到郑天佐的声音，她不冷不热地说：“郑干事，进来吧。”

郑天佐推门进屋，见俞珍从脚盆里把衣服拧干放到一边，然后端一只凳子递过来。屋子很小，只容下一张床，一张小桌，一只破凳子。部队里女战士少，俞珍的条件算是不错的。郑天佐坐着凳子，俞珍坐在床上。

室内的气氛几分冷淡，又有些尴尬。郑天佐没话找话。他看了看俞珍，关切地问：“你怎么把辫子剪了？”

俞珍懒懒地回答："工作变动，我调到了后勤保障部。"

"我知道。"郑天佐说，"事先政委跟我说了，调令也是从我手里发出的嘛。我是说，到后勤部工作，就把辫子剪掉了？"

"工作需要呗。"俞珍说。

"是不是蔡虹要求的？"郑天佐问。

"是我自己剪的。"

郑天佐想了想说："俞珍同志，我觉得你搞后勤很不合适。"

"为什么不合适？"俞珍不解地问。

"你是一个女同志，和男同志到敌占区工作，方便吗？"

"那有什么不方便的？"俞珍装作不解。

"离开大部队，长期工作在外，我真为你担心啊！"

"谢谢，你的担心是多余的。"

"我是担心你去敌占区很危险。"郑天佐作了补充。

俞珍断然说："危险怕什么？危险就不工作了？"

郑天佐见无法说下去，就换了一个话题，问："你们这次去的主要任务是什么？"

"到国民党军队里要一批武器回来。"俞珍随口回答。

郑天佐哂笑："与虎谋皮，你们能从国民党军队那里要到武器？"

"这批武器是孙夫人给新四军买的，被国民党军队扣留了。我们去要，有充分的理由。"

郑天佐摇摇头："你们真是傻瓜。人家既然扣留，就不会给你们，你们能要回来？国民党就是怕共产党搞武装，怕新四军发展，他们怎么可能把武器给新四军呢？再说，新四军在江北支队本身没有编制，发展队伍，购买枪支更是非法的，国民党不会容忍你们这样做。所以你们这次去，肯定是徒劳无功的。"

俞珍对郑天佐说话口气十分不满，她质问郑天佐："什么叫非法，什么叫合法？新四军发展队伍，打日本鬼子，是非法的吗？"

郑天佐强调："打日本也要在国民政府军事委员会统一领导下进行，不能自行其是。扩编、买武器，岂不是有扩大武装、抢占地盘之嫌？"

"不是'嫌'的问题，我们就是要扩大武装，抢占地盘嘛。"俞珍争辩，

"按照你的意思，我们成立江北支队是非法的，没有必要的了?"

郑天佐连忙说："我不是这个意思。我是说，从国民党的角度上讲，他们不允许我们这样做，因而你们要武器是要不到的。"

"明知要不到，我们也要去要，总不能眼睁睁地看人家把我们的武器拿去了，不吭一声吧!"

"我不和你抬杠。你们要到要不到枪支，是次要的；你的人身安全才是我所要考虑的。"

"请你放心，跟着蔡部长出差，不会有问题的。"

"看来你很相信蔡虹。"

"当然，蔡虹是个了不起的人。我虽然过去没有和他接触过，但我早就听人说：一团团长蔡虹，上海大学生，懂几国语言，能打仗，懂经济，会外交，是一个难得的人才。"俞珍坦诚地说。

郑天佐冷笑一声："我看你呀，搞成个人崇拜了。"

"有点个人崇拜，有什么不好?"

"每一个人都有长处和短处。蔡虹是个知识分子，不假，可是知识分子没有工农干部政治上可靠。"

"那可不一定。知识分子政治上不一定不可靠，工农干部不一定都可靠。你不也是一个知识分子吗? 难道你就不可靠?"

"哪里，哪里。"郑天佐连忙认输。

"革命还是靠知识分子领导。我自己没有文化，就相信知识，崇拜知识分子。"俞珍发表自己的观点。

"俞珍同志，我看你通过学文化，理论水平越来越高，我都说不过你了。还是不抬杠了，说说我们自己的事吧。"

"我们有什么事?"俞珍不解地问。

"哎，俞珍同志，你是装糊涂吧。我对你的感情你应该明白。我们之间的同志关系难道不能更深入一层吗? 那样，我们也好互相帮助，共同进步啊。"

说到这里，俞珍只好再次表明态度，她郑重地说："郑天佐同志，首先我感谢你看得起我。你知道，我是个苦孩子，能有今天，全靠共产党，全靠新四军，我希望得到首长和同志们的关心。但是，我年龄还小，需要学习和锻炼，暂时还不能考虑个人问题。至于结婚，那就更不用谈了。”

郑天佐显得十分耐心，他说：“暂时不考虑婚姻问题，我也没有意见，但我觉得我们把关系敲定下来，对我们双方都会有好处。”

“敲定下来，你说是什么意思？”

“就是我们两人确定恋爱关系。”

“我说了，我现在不想谈恋爱。”

“过几年再谈也行，但是你能不能向我表个态，不再和别人谈恋爱呢？”

“我不能向你表这个态，我也不存在和别人谈恋爱的事。”

“你的意思是，不想和我建立恋爱关系？”郑天佐逼问。

“这种口头契约式的‘恋爱关系’，好像使我想起了当童养媳的时候，这是绝对不行的。我现在不想属于任何人。”俞珍生气了。

考虑到俞珍有过当童养媳的不愉快经历，郑天佐连忙表示歉意，“对不起，我伤害了你的自尊心。”

俞珍下了逐客令：“时间不早了，我要休息了。”

“好吧，那我走了。你们什么时候动身，我来送你。”

“不需要。你忙你的事。”

郑天佐只好出门。外面是漆黑的夜，伸手不见五指。

郑天佐迟迟疑疑地说：“俞珍同志，我还要和你说一句话。”

“有什么话你就说吧。”俞珍站在门边回答。

不料郑天佐从黑暗中逼近俞珍，一把抱住她就亲吻起来。俞珍腾出右手，一个嘴巴子打过去，然后“嘭”地关上了门。

郑天佐摸了摸被打的脸，自语说：“好厉害的丫头。”他调整一下情绪，伏在门边说：“俞珍同志，对不起，我实在太爱你了，请你谅解。”

俞珍关上窗帘不再理他。

郑天佐只好捂着脸悻悻地走了，嘴里却说：“等着瞧吧，你能逃脱得了我的手心？”

春天悄悄地降临江北大地，清晨的树林里，杨柳吐翠，野草抽芽，从远处可以看见一片嫩绿。空气清新，部队指战员一大早就跑步做操去了。曾世雄拿着一本书，靠在大树上看着。

郑天佐跑步过来，凑到曾世雄身边说：“政委，您一大早就出来读书?”

曾世雄合上书本说：“我文化程度太低，得抓紧时间学点文化呀。”

郑天佐故意惊讶地说：“政委，您的文化程度还低?”

“怎么不低?”曾世雄说，“我是农民娃子出身，没读过书。参加革命以后才学了一点文化。组织上不断给我压担子，不学文化不能适应工作呀。”

“您这是高标准。”郑天佐说，“其实我认为，干革命，文化程度高低是次要的，重要的是出身好，有革命精神。我觉得在我们新四军，那些文化程度高的知识分子倒不少，但是，就革命的坚定性而言，还是文化程度低的同志可靠。党叫干啥就干啥，没有什么思前顾后的。政委您说是不是?”

曾世雄不赞同，他说：“天佐同志，你不能这么说，你有这种思想对革命是有害的。干革命，没有文化怎么行？出身好坏，文化程度高低，与革命的坚定性不能画等号。我们党的中央领导人，多数都是出身小资产阶级和民族资产阶级家庭，受过良好的教育，都是知识分子嘛。”

郑天佐急忙改口：“那是，那是。我说的是极少数人。”

“极少数同志一时表现出革命的摇摆性，也允许他们有一个锻炼、改造和提高的过程。在革命队伍里，人与人之间是有差异的，我们要团结一切可以团结的力量共同战斗。就是对国民党和民主党派人士，我们还搞统一战线嘛。”曾世雄说。

“是啊，政委说的完全正确，当前是一切服从统一战线嘛。”郑天佐赔笑着说。

他们并排着继续往前走。

郑天佐想了想又说：“政委，支队党委任命蔡虹同志为后勤部长，确实是非常正确的。”

曾世雄不无得意地说：“你们也认为正确吗？这是我特地选定的。支队长开始还不同意呢。后勤部长不好选啊！除了蔡虹同志，我看很少有人能胜任这项工作，因为当前后勤工作难啊！主要在‘白区’‘黑区’搞我们需要的各种物资，没有三头六臂不行。”

郑天佐冷笑道：“蔡虹同志是天生在白区工作的材料。”

曾世雄觉得话中有话，扭头看着他：“这话怎么讲?”

郑天佐解释道：“我觉得他的家庭出身，他所受的教育，他的生活习惯，很容易融入敌人的上流社会。”

“是啊，这确是我选中他的一个重要原因。”

郑天佐谗言道：“他的情感和作风，有许多与工农干部格格不入。”

“怎么个格格不入？”曾世雄奇怪地看着他。

“比如他讲究穿戴，爱整洁，爱看书，爱听音乐，爱照相，爱下围棋，还说外语，等等。”郑天佐说。

“这怎么叫作‘格格不入’呢？”曾世雄不无批评地说，“他是知识分子，从小受到良好的教育，知识丰富，兴趣广泛，有良好的生活习惯，良好的个人修养，值得我们工农分子学习呀。再说，一个人的生活习惯不同，并不影响追求革命事业嘛，并不妨碍大家走到一起干革命嘛。叶军长的生活习惯也和大家不太一样，可是也不妨碍他成为一个坚定的革命者呀！”

郑天佐连忙改口：“那是，那是。”

这时树林中传来呐喊声，只见蔡虹、赵强和俞珍在树林里练擒拿格斗。蔡虹先与赵强练，蔡虹几次把赵强撂倒，赵强十分顽强，蔡虹也不客气。俞珍在一边观战，跃跃欲试。

郑天佐嘀咕：“蔡虹在搞什么名堂？”

曾世雄说：“他们在练擒拿格斗。”

曾世雄继续往前走，郑天佐留下来窥视。

这时蔡虹与俞珍练。蔡虹毫不留情，几次把俞珍摔倒，俞珍不屈不挠，站起来继续与之格斗。

郑天佐看了一会儿，心里很不是滋味，摇摇头走了。

第二天早晨，部队照例进行晨练，一队战士在树林中跑步，他们有的背枪，有的扛着长矛、大刀。

蔡虹则带着赵强、俞珍练手枪射击。

前方山坡下，有一排稻草人在移动，蔡虹举枪射击，稻草人应声而倒。移动的稻草人越来越快，蔡虹百发百中，赵强、俞珍齐声喝彩。

接着赵强、俞珍练射击。蔡虹先给他俩讲解要领，纠正动作。赵强举枪射击，枪法也不错，但速度快了，不是个个稻草人都能击中。

轮到俞珍射击，枪法也不错，只是比赵强差些。即使这样，赵强已对俞珍刮目相看了，称赞说：“小俞，有两下子。”

但是蔡虹很不满意，上前纠正俞珍抓手枪的动作，提醒她注意移动目标的提前量，对每一个细节都提出了严格的要求。

接着赵强、俞珍双双射击。在蔡虹的帮助下，他俩枪法越来越准，没被打中的稻草人，渐渐少了。

跑步的战士们停了下来，领队的宣布散开休息。战士们有的靠在树上，有的席地而坐，羡慕地看着蔡虹他们练枪。于是议论开了：

“嘿，他们用实弹练射击，真过瘾。”

“我们的子弹这么紧张，这太浪费了吧。”

“那一定是经过批准的，工作需要呗。”

这时蔡虹给赵强、俞珍再次示范。他一枪一个，飞速运动的稻草人应声而倒。有时只听到一声枪响，却同时倒下几个稻草人。点射速度之快，连眼睛和耳朵也难以分辨，一旁观看的战士们齐声喝彩。

有的战士问：“他是谁?”

其他战士摇摇头：“不知道。”

领队的说：“他就是一团团长蔡虹。”

“原来是蔡团长，怪不得枪法这么准。”

众人不再议论，都在全神贯注地欣赏着蔡虹的枪法。大家连声叫好，每一枪都牵动着战士们的心。

这天下午，气温转暖，蔡虹带着赵强、俞珍来到河边学习游泳。

蔡虹首先脱衣下水，赵强胸有成竹地跟着蔡虹下了水。俞珍站在岸上干着急。赵强在水中看着俞珍着急的样子，哈哈大笑。

蔡虹高声说：“小俞，别急，我们先试试水深，马上就来教你。”

赵强叫道：“练游泳很简单，只要不怕死，跳下去呛几口水就会了。”

俞珍脱下外衣，真的不顾一切地向水里跳去。蔡虹、赵强吃惊地大叫：“小俞，小俞!”

俞珍在水中扑腾，挣扎，情况危急。

蔡虹、赵强赶紧游过去救她。水面上漂出一绺黑发，蔡虹眼疾手快，伸手抓住，把俞珍托出水面。蔡虹、赵强共同把俞珍拖到岸边。

俞珍呛了不少河水。蔡虹把俞珍抱起来，让面部朝下，将她的肚皮担在自己的大腿上，一面用手轻轻拍打着她的背脊。俞珍口中吐出大量的河水。

恰在此时，郑天佐带着政工干部陈枫从河边经过。当他听说俞珍落水的事，急忙赶了过来，急切地问："怎么回事？"

"小俞溺水了。"赵强说。

郑天佐大叫道："俞珍同志，俞珍同志。"

蔡虹说："不要紧，已经脱离了危险。"他把俞珍放到草地上。

"赶快送到卫生所。"郑天佐欲抱起俞珍。

"不能动。"蔡虹制止。

郑天佐责备道："蔡虹，你们真是胡来，把人溺成这个样子，还不让送卫生所。"

蔡虹厌恶地说："请你不要管。"

郑天佐指责蔡虹："不要我管，你们把人淹死了要负责任。我要向政委报告。"

蔡虹不理他，吩咐赵强："快去找件衣服给她换上。"赵强急匆匆地去了。

过一会儿，俞珍睁开眼，看到蔡虹在她身边，就问："我这是在哪儿？"

蔡虹说："我们在练游泳，你跳到河里去了。"

郑天佐说："俞珍同志，你差一点被淹死了，这么严重的后果，我要向政委汇报。"

俞珍没有回应，她想一想天真地问蔡虹："我会游泳了吗？"

蔡虹笑了："你怎么会游泳？你太莽撞，差一点淹死了。"

"这么说，我还没有学会游泳？"

蔡虹安慰她："学游泳要慢慢来，不要性急。"

俞珍翻身坐起来："那我还得下去。"说着又往河里跑去。

蔡虹大吃一惊，阻止道："不能下去。"

郑天佐也叫道："不能下去，俞珍同志！"

"不下去怎么能学会游泳？"俞珍不顾一切地向前冲去。

蔡虹追上来："不能蛮干啊！"但是俞珍已经下了水。蔡虹拗不过她，只好陪她下水。郑天佐看着发愣。

这时赵强拿了几件衣服赶来。蔡虹在水里喊：“赵强，下来。”赵强把衣服放在河边，也下了水。

蔡虹、赵强一起来教俞珍。这回蔡虹用手托着俞珍的腹部，让她学习狗爬式。赵强哈哈直乐。蔡虹说：“先别看这样子不雅，只有先学会狗爬式，让自己浮起来，心里有了底，才能学习其他动作。”

郑天佐站在岸上，实在看不下去，气愤地扭头走了。

郑天佐和陈枫急匆匆来到曾世雄办公室，曾世雄正在看文件，郑天佐报告说：“政委，蔡虹他们差一点出大事了。”

曾世雄抬起头，问：“怎么了？”

“蔡虹带着赵强和俞珍同志在河里游泳。俞珍不会游，差一点淹死了。”

“蔡虹是怎么搞的？”

“蔡虹他——”郑天佐顿了顿说，“政委，我认为，俞珍同志不适合在后勤部工作。”

“是这样吗？他们现在怎么样？”

“还在游泳。”

曾世雄放心了：“这么说，小俞同志没事了。”

郑天佐想了想说：“政委，我不懂他们为什么要练游泳。”

“到中江去工作，不会游泳怎么行？要过长江的。”

“那女战士也要练游泳？”

“女战士当然也要学会游泳，江水可不分男女。”

郑天佐终于大着胆子说：“政委，你没有看见刚才蔡虹那个样子，把俞珍同志抱在怀里——游。”

曾世雄笑了：“抱在怀里怎么游？天佐同志，嫉妒心可要不得。”

“我倒没有什么，只是同志们都看不惯。”郑天佐故意说。

曾世雄饶有兴趣地问：“你是不是对小俞同志有些意思？”

郑天佐脸红了。

曾世雄说：“有意思也不要紧的嘛，你看中了谁，到时候我会给你做主的。”

郑天佐连忙说："谢谢政委，谢谢党的关心！"

"不过，现在还不是时候。"曾世雄警告说，"你们都还年轻，要把精力用在工作上，用在革命事业上，不要在俞珍身上打主意，以免影响她的工作。"

"是，是。"郑天佐连连点头。

"小俞同志到后勤部，是工作的需要，游泳也是工作需要。"

"我明白。"郑天佐表态，"我一定按党的要求做，正确对待个人问题，服从党的安排。"

曾世雄满意地笑了。

河边，蔡虹、赵强、俞珍仍在游泳，俞珍离开了蔡虹的扶持，游向远处去了。

蔡虹一边游泳一边喊："小俞，你是我教游泳进步最快的徒弟。"

俞珍调皮地说："老板，我们就这样一直游到中江去啊！"

赵强一边游，一边哈哈大笑。他是个乐天派。

# 五、初闯中江

经过一个星期的准备，蔡虹向曾世雄辞行。

曾世雄问："都准备好了？"

"都准备好了。"蔡虹响亮地回答，"我们已经租好了小船，乘着黑夜渡江。"

曾世雄提醒："日伪对江面封锁得很严。"

"我们做好了准备，到时候实在过不去，就潜水。"

"你们游泳练过关了？"

"政委，您怎么知道的？"

曾世雄笑笑说："我还能不知道？你们的一举一动都有人向我报告。"

"是吗？没有汇报我们的坏话吧？"蔡虹很吃惊。

"汇报坏话我不听。汇报好话我才有兴趣。"

"这说明组织对我们信任嘛。"

"赵强和俞珍两位同志还满意吧？"

"怎么说呢，现在还不能过早地下结论。"

"这是我亲自为你挑的，认真负责，百里挑一，你要是不满意，那我可是没辙啰。"

"还没有经过实战考验嘛。"

"对，对部下就是要严格要求，要经过实战考验。"曾世雄表示赞同。

蔡虹认真地说："政委，这次可不比寻常哪！我们到了敌占区，可能会遇到各种各样的情况，同各种各样的敌人打交道。"

"小赵和小俞都能胜任，他们都是好样的。"曾世雄肯定地说，"苦出身，经过了各种复杂和恶劣环境的考验，是千锤百炼的人民战士，你就放心好了。”

“我是相信政委的话，不然，像俞珍这样的女同志，我是一定不会要的。”蔡虹说。

曾世雄用手拍拍蔡虹的肩膀说：“蔡虹同志，不要轻视女同志的作用，等你和她在一起工作了一段时间后，再来评价她吧。也许将来我要把她调走，你还不想放呢。”

两人大笑起来。

曾世雄又说：“蔡虹同志，你这次去敌占区，不仅是去搞一批枪支，而且要有在敌占区做长期工作的思想准备，也许将来你的大部分时间都要在敌占区工作，你知道吗？”

“这个问题我考虑过了，已经做好了这方面的思想准备，因为我们后勤方面的很多工作，离不开敌占区。”

“你去之后，我会通知中江地下党组织协助你的工作。”

“这就太好了！我们工作起来就更有信心了。”

“党组织寄希望于你这次的成功，同志们在等着你雪中送炭呢！”

“请首长放心，请战友们放心，为了革命事业，为了打败日本鬼子，蔡虹甘愿赴汤蹈火，一定不会辜负党和人民的期望！”蔡虹郑重地说。

曾世雄握着蔡虹的手：“我们相信你！”

出发的那天，他们在蔡虹的宿舍里乔装打扮：蔡虹穿一件长衫，扮成商人模样；赵强扮成伙计；俞珍扮成蔡虹的妻子，手里提着一个小包，拿着一把雨伞。

打扮停当，蔡虹看了又看，觉得不妥。他说：“小俞，你不能这么打扮。你这么年轻，我这么老，不般配嘛！”

俞珍不满地说：“什么般配不般配？您觉得您老了吗？您才二十六岁。”

“那也相差十来岁啊。”

俞珍脱口而出：“那算什么？”说着脸腾地红了，扭过头去。

赵强看看蔡虹，又看看俞珍说：“老板，我看您不老，很般配。就是老夫少妇，也是正常现象。”

“就是嘛。”俞珍调皮地注意看蔡虹的反应。

蔡虹也有些不好意思：“我不是开玩笑，是真这么感觉。小俞，你还是换一下妆。”

俞珍不情愿地说：“换什么妆，再换，也是一个女的，难道还变成了男人不成!”

蔡虹想了想说：“对，就搞个女扮男妆，小俞，你试试看。”

“也好，就做一回假小子。”她问蔡虹，“这头发还剪不剪了?”

“已经剪得很短了嘛。”赵强说。

“不要你插嘴。”俞珍喝道。

蔡虹说：“不剪也行，用一个帽子盖住。”

“我去找个帽子来。”赵强去了。

俞珍见赵强离去，大胆地朝蔡虹嫣然一笑。蔡虹脸上毫无反应，俞珍很是失望。

赵强来了，找到了一顶纱线编的黑色套头帽。

俞珍嗔怪道：“赵强，你怎么找来这样的帽子，这是农民早上拾粪用的，丑死人了!”

赵强说：“农民只有这个，哪有什么好帽子。”

俞珍只好戴上，蔡虹看一看倒也不太丑，像个放羊娃。蔡虹、赵强笑了。

俞珍急切地问：“丑不丑吗?”有点撒娇的味道。

赵强说：“真是个假小子。”

“行，就这样。”蔡虹说。

三人背起行李出发了。

黑夜的田野里虫声唧唧，一条小路延伸到河边，三人的脚步声打破了黑夜的宁静。河边有一条小船停在那里。蔡虹、俞珍上船，赵强解缆，把船推离岸，然后跳上船。俞珍、赵强划起了双桨，蔡虹掌舵。小船沿着河道向前行进，河水泛着微白的光。

行不多远，蔡虹发现岸上有一小堆稻草，急令停船靠岸。俞珍、赵强感到奇怪。

小船靠向岸边，蔡虹说："带点稻草捆子上船。"他们上了岸，每人背几个稻草捆子放到船上。小船继续前进。

俞珍忍不住问："老板，我们带稻草捆子干什么？在船上做饭吗？"

"又没有锅，做什么饭？"赵强说。

蔡虹问："你们听说诸葛亮草船借箭的故事吗？"

俞珍摇摇头："不知道。"

赵强想了想问："您是说，用稻草捆子挡敌人的子弹？"

"对，敌人如果打枪，我们还能用这个对付一阵子。"蔡虹说。

"老板，您想得真周到。"俞珍赞叹。

小船到了江口，宽阔的江面就在眼前。天很黑，江面很宽，风呼呼地吹，浪很大，小船激烈地颠簸起来。俞珍、赵强用力划桨，小船冲向风浪中，在滚滚波涛中飞驰而去。

黑暗的江面上，鬼子军舰上的探照灯不停地向江面扫视。小船渐渐从黑暗中划来。不一会就进入探照灯的照程之内。灯光在人的头上、脸上扫过去，他们低头躲着，继续前进。灯光过后，江面更加黑暗。不一会儿，探照灯又朝江面扫了过来。蔡虹他们再次躲过。行了一程，敌人的探照灯第三次扫过来。这一回，敌人发现了小船。有人大声喝道："谁？"

蔡虹他们不予理睬，小船躲着灯光，迅速向南岸驶来。

"江上有船，江上有船！""不许动，举起手来！"伪军喊了起来，日本兵跟着狂叫，蔡虹、赵强、俞珍迅速划船，与敌人抢时间。

"哒哒哒。"子弹朝小船射击。

蔡虹他们急忙竖起稻草捆挡住射来的子弹，一边用力划船。小船冒着弹雨勇往直前。探照灯炽亮的光束，集中对着小船。子弹更加密集，稻草被打得茎叶纷飞。小船急速前进。

日军和汪伪军叫嚷着，有的打着探照灯跟踪着小船，有的端着枪在甲板上奔跑，向小船射击。

小船继续前进了几十米，情况危急。蔡虹一声命令："下水！"三人敏捷地跳下水，手扶着船帮，用船身挡着射来的子弹。密集的子弹射向小船，在水上溅起一片水花。小船冒着弹雨前进。由于水流的作用，小船顺流而下，很快接近了南岸。

船上的日本兵和伪军叫嚷着下船，沿着江岸朝下游奔去，同时用冲锋枪向小船扫射，探照灯死死盯住小船。突然，小船失去了控制，顺流而下。日本兵和伪军朝着小船漂流的方向追去。

敌人汽艇上的探照灯仍在江面上扫视，小船已漂出了探照灯的射程，黑乎乎的江面上不见人影。日伪军叫喊着追着小船向下游跑去，越跑越远了。

过了一会儿，日军汽艇上的探照灯也熄了，江面恢复了平静。

突然，江岸边一声水响，蔡虹从水里冒出头来。接着赵强、俞珍也冒出头来。

俞珍叹一声："哎呀，憋死我了。"

赵强自豪地说："这长江不就过来了吗?"

"小声点。"蔡虹连忙叮嘱。

这时探照灯又照射过来，三人连忙躲入水中。

江面上重归平静，日本汽艇上的探照灯反复照了几遍，没有发现新的目标，熄灯了。

蔡虹、赵强、俞珍再次冒出水面。他们匆匆上岸，悄悄翻越江堤，向一个村庄走去。在农民的家里，他们烘干了衣服，稍事休息，第二天向中江市而去。

中江市是安徽长江南岸的一座中心城市，也是一座古老商埠，向来十分繁华。纵横交错的城中街道，房屋多是老式的徽派建筑，间或有红砖红瓦的洋房和竖着十字架的天主教堂。满街商铺林立、摊点毗连，小吃铺随处可见，是中江街头的特色。街上人来人往，熙熙攘攘，不时见到一小队日本宪兵列队通过。三三两两的汪伪警察在街上监视着行人，要饭的穷人、无依无靠的老人流浪在街头，衣衫破烂的报童在叫卖着。

突然一阵呵斥声，一个汪伪警察不知为什么突然暴打一个穷人，其他警察在一边观看。

俞珍被警察的暴行激怒，手在掏枪。蔡虹连忙用手制止，说："走。"三人继续往前走，一边冷眼观察着街上的一切。

在一所破旧的二层楼房门前，挂着"战地第二十七慰安所"的牌子。

慰安所门前四五十个日本士兵排着队，他们衣冠不整，前挤后拥，不成队形。有几个鬼子在叫骂："他娘的，怎么这么慢？进去了就不想出来了？"

"这帮混蛋，一辈子没尝过女人？"

"畜生，等你们出来，看我怎么收拾你们！"

有的鬼子急得直哭，用手捂着肚子，好像肚子痛要上茅房一样，说些谁也听不懂的日本话。

这时，几个日本兵从慰安所里出来，一边走，一边系着裤带。几个火气大的鬼子上前指责他们行动太慢，工夫太长。对方不服，于是他们就厮打了起来，其他鬼子赶忙向前拥挤，场面一片混乱。负责维持秩序的日本宪兵上前拉架。有的干脆用枪托使劲揣他们，好不容易才把他们拉开。日本兵的头上和脸上流着血。

那边，几个日本兵猴急地冲进了慰安所。

慰安所内，一大间简陋的房间，地上铺着稻草，上面躺着十几个头发纷乱的女人，几个日本兵疯了似的号叫着朝她们扑过去。女人在惊叫，挣扎。男人在狂笑，发泄。

蔡虹和赵强、俞珍他们继续往前走。他们来到一个检查站，那里站着几个日本宪兵和汪伪警察。蔡虹他们互相递一下眼色。赵强在前面，俞珍跟着，蔡虹最后。三人随着行人排着队朝检查站走去。

赵强满不在乎地往前走。一个警察头目拦住问："干什么的？"

赵强回答说："混饭吃的。"

"混饭吃。吃哪一行饭？"

"当伙计，吃江湖饭。"

"不老实。你是哪里人？"

"乡下人。"

"哪个乡？"

"小洲乡。"

"哪个小洲乡？"

"江东县小洲乡。"

"你不是江东的，你是江北的？"

"凭什么这么说？"

“凭你的口音。”

“老家在江北，怎么，这不对吗?”

警察头目想一想也对，这一带江北人很多。他问：“当伙计几年啦?”

“好几年啦，从鬼子没来那年。”

“什么?” 警察头目大声呵斥问：“有‘良民证’吗?”

“你说的是这个玩意儿?”赵强掏出“良民证”。

警察头目看了看，没有发现什么破绽。后面的人朝前挤，也不好再问下去。在赵强身上搜了一下，翻翻他的包。

俞珍故意往前挤，以转移警察的视线。警察头目只好放过赵强，拦住了俞珍。

“干什么的?”

“当伙计的。”

他看着赵强问：“你们是一起的?”

“一起的。”赵强说。

“有‘良民证’吗?”

俞珍拿出“良民证” 。警察头目看俞珍瘦小的样子，不过是一个半大的孩子，觉得在她身上也问不出什么，只在她身上摸摸。

俞珍嚷道：“你怎么乱摸?”

“摸摸怕什么？一身痒痒肉，像个女人似的。”警察和日本宪兵都笑了。

蔡虹往前挤，警察头目放过俞珍，拦住了他，问：“干什么的。”

“能干什么？做生意呗。”蔡虹回答。

“做生意?”警察头目上下打量着说：“做什么生意?”

“做粮食生意。”

“做粮食生意？我看你是做枪炮生意的吧?”警察头目诈道。

蔡虹笑了：“做枪炮生意，那是你们长官做的。咱们老百姓做得了吗?”

“你胡说!”

“我不是胡说。你们当官的确实有做枪炮生意的。”蔡虹认真地说。

警察头目看了看蔡虹，不想深入这个话题。问：“你有‘良民证’吗?”

蔡虹掏出“良民证”。

警察头目看了看蔡虹的“良民证”。

另一个警察悄声说："头儿，我看这个人不像做生意的，走路的姿势像个军人。"

警察头目重新审视了蔡虹："让我看看你的手。"

蔡虹把手伸过去。

警察头目突然说："你不是做生意的，你是拿枪的。"

他这一说，其他几个警察同时围过来。

蔡虹笑了："我是拿枪的，可是现在不拿枪了。"

"你是新四军?"

"太小看我了，我是中央军。"

鬼子和警察们立刻掏出枪，如临大敌。蔡虹大笑道："别紧张，我现在不当中央军了，改做生意了。"

"谁能证明?"

"你们不是给我发了'良民证'吗? 再说你们中江市维持会会长王正奎可以证明。他是我的老朋友、老校友。我当中央军的时候，他还是我的部下呢。南京沦陷后，他跟着日本人升了官，我也跟着日本人发了点财。不信，你打个电话问问。"

警察头目冷笑说："好，我给王会长打个电话，让他来证实你的身份。要不是王会长的朋友，你糊弄警察是要坐牢的。"

"好啊。"蔡虹微笑着点了一支烟，自信地说："我还想会会老朋友呢! 不过，他自从给日本人做事，就开始回避我这个老朋友。"

这时一直站在一边观察的另一个警察上前悄声对头目说："头儿，咱们可不能冒冒失失地给王会长打电话，说不定讨不着好。看样子，这个人不像是新四军土八路，倒像是跑大码头的。"

警察头目眼珠子转了转，赔笑脸说："哦，我想起来了，王会长到南京开会去了，等他回来，我会向他禀告，让他请您吃饭。"说着向蔡虹挥手放行。

"好，你说我就在中江城里，随时都可以相约，拜托了。"蔡虹说。

三人继续往前走。

突然，街上的行人骚动起来，有几个农民惊恐万状地奔跑而过。

接着有三个汪伪警察追了过来，他们撞翻了几个摊铺，人们惊恐地向两边回避。赵强问街上行人：“出了什么事？”

“抓壮丁。”

蔡虹他们站住了，听到前方响起了枪声。不一会，三个警察押着六七个面黄肌瘦、神情沮丧的农民走了过来。农民胳膊上捆着绳子，绳子连成一串。

街上行人驻足观看。赵强怒不可遏，他轻声对蔡虹说：“老板，我们把他们救下来。”

俞珍义愤填膺：“干掉这几个狗汉奸。”

蔡虹也打定了主意。他轻声说：“救下农民可以，但不能打死警察，以防引起大的麻烦，注意配合。”

这时，警察押着农民从对面走过来。

蔡虹突然上前一步，大声向前面的一个农民说：“表弟呀，你这是怎么啦？你家里还有六十岁老母，你怎么能去当兵呢？”

农民先是一怔，但立刻明白了，也哭着说：“表哥，您救救我吧！”

赵强、俞珍也上前，每人拦着一个警察说：“老总啊，你们行行好，不能把他们带走哇！”

“去去去，你们是什么人？当心连你们一起抓。”警察小头目不耐烦地说。

蔡虹上前用左手抓住小头目的肩膀一拉，小头目的身体旋转了九十度，蔡虹就势用胳膊箍住他的脖子，右手从袖子里掏出手枪。一根枪管顶住警察小头目的腰部，命令道：“放人，不然我就毙了你！”

小头目翻翻眼说：“你，你胆子不小。”

“胆子小了敢来闯中江城？”

“你是什么人？”

“你说什么人，就是什么人。”

小头目害怕了：“你是——新四军？”

“你猜对了。”

小头目大惊失色，语不成声：“啊，啊，四——四爷，您老好，我——对不起！”

"少废话，放人。"

这时，赵强、俞珍每人制服一个警察。赵强把警察的胳膊拧住，抵在墙边，俞珍用一只膝盖把警察压在地上，同时向农民大声叫道："快跑!"

农民被这突如其来的情景惊呆了，等听到俞珍的喊声才清醒过来，他们撒开腿跑开了。

前面的街道拐了一个弯，农民逃到一个杂货店铺里。店员们一边用菜刀帮农民割掉胳膊上的绳子，一边说："赶快回家去吧，这年头世道乱得很，无事还是少出门为好。"农民松了绑，从另一条街道逃走了。

蔡虹见农民已逃脱，命令赵强、俞珍："撤!"

他们放开警察，拿起行李，迅速钻进人群之中。人群顿时大乱，三人跑得无影无踪。

小头目发现已经脱险，这才大叫："抓新四军!"一面朝天开枪以壮胆，一面带着两个警察追了过去。

不一会儿，街上警报声大作，日本宪兵、汪伪警察跑步集合。口哨声、脚步声、口令声此起彼伏。全城戒严，老百姓吓得东躲西藏。

蔡虹他们躲过警察，绕了几条街道，朝着中江最大的饭店"望江楼大酒店"走去。三人刚刚进门，身后的大街上已经禁止行人通行。

望江楼大酒店宽敞的大厅里面，开着七八桌酒席，人声嘈杂。伙计在吆喝："喂，上菜了，当心啦!"

一个小伙计见有客人，一面说"楼上请"，一面领着他们上了二楼。

二楼有五六张桌子，伙计指着一张靠窗子的方桌，三人坐下。这时街上警报声由远及近，店里的顾客一齐到窗前向下探看。

大家看了一会儿，回到原位坐下。这时一个顾客匆匆上楼来说："城里发现了新四军。"

大家惊问："新四军进了中江城?"

"是啊，在警察手里抢走了六七个壮丁。"

众人赞叹："新四军真是艺高胆大。"

赵强、俞珍走到窗前向下看。街上五步一岗，十步一哨，戒备森严。赵强对蔡虹说："老板，敌人可能要来搜查，我们必须离开这里。"

“不能走，街上戒备森严，我们一走动，就会引起怀疑。”蔡虹摇摇头。

“他们要是上来，我们就干掉他们。”俞珍摸了摸别在身上的手枪。

蔡虹示意：“别动。”

“那我们怎么办？等着他们来？”俞珍问。

“别急，我们找掌柜的想办法。”蔡虹说。

“找掌柜的？”

“对。”蔡虹压低声音说，“掌柜的是我们地下党员。”

赵强、俞珍惊喜地说：“那太好了！”

这时伙计过来，一边擦桌子一边问：“先生，用点什么？”

蔡虹示意俞珍点菜。俞珍问：“有河豚吗？”

伙计说：“有，正是河豚上市的时候，俗话说‘冒死吃河豚’，河豚可是有剧毒的。”

俞珍不屑地说：“有毒怕什么？我们就是要吃有毒的。”

“好，先生有胆量吃，我们就给你们做。烧河豚是我们店里的绝活，不仅保证安全，味道又做得好，诸位吃河豚算是找对地方了。”

赵强问：“有什么好酒？”

“有‘中江大曲’”

“来一斤。”

“好嘞。”伙计说着转身去了。

街上的嘈杂声越来越大。一队队的日本宪兵和汪伪警察冲进一家家店铺里搜查。楼下又设了一道卡，几个汪伪警察在搜查过往行人。

赵强起身到窗边向下观看。他回到桌边对蔡虹说：“老板，警察马上就要到这里。”

俞珍起身：“我去找掌柜的去。”

“不行！”蔡虹制止，“我们今儿是第一次见面，互相还不认识，如果弄错了人，暴露了我们的身份，是很危险的；再说你冒冒失失地去找他，会引起别人的怀疑，暴露了对方地下党的身份。”

“那怎么办？”

蔡虹胸有成竹地说：“别急，我们有暗号，如果对不上，我们就走。”

赵强、俞珍点点头。

这时伙计过来上菜，并打开了带来的一瓶中江大曲，说：“各位，先吃着，河豚马上就好。”。

蔡虹说：“伙计，请给我多拿两双筷子。”

“好嘞。”伙计答应着去了。

赵强打开酒瓶，给每一个人的酒杯倒上酒，三人拿起筷子开始吃菜、喝酒。

伙计递上来两双筷子，蔡虹很随意地把两双筷子并排放到一只空碗上面。

# 六、吴家父女

楼下，几个警察冲进大门。正是刚才被蔡虹他们制服的那三个家伙。

只听小头目喝道：“都不许动，我们要检查。”

众人一片惊慌，都坐着不敢动，饭厅里鸦雀无声。

警察一个一个地搜查，一是看相貌，二是搜身，看有没有带武器。楼上的顾客已经听到楼下的动静，大家越发不安起来。赵强、俞珍眼睛看着蔡虹。

蔡虹不慌不忙地在桌子下面捡起一只铁钉，放到菜碗里，搅拌了一下，突然，他装作十分生气的样子高声叫道：“伙计，把你们掌柜的叫来。”

伙计走过来问：“先生，有事吗？”

“你看看，这是什么？”蔡虹指着菜碗里的铁钉说。

伙计吃惊地说：“这，菜里面怎么会有钉子？”

“这样的菜也叫人吃，卡死人要偿命的。”俞珍说。

伙计很是为难：“先生，很难相信，这菜里面怎么会有这么大的钉子。”

“你这什么话？难道这钉子是我们带来的？”赵强斥道。

“我也没有说是你们带的。”伙计解释，“要不，我给您换个菜。”

“换菜，就这么容易？”俞珍发火，“这桌菜不仅不能收钱，客人生病了，你们还要负责。”

“先生，不给钱，我可做不了主哇。”伙计无奈地说。

蔡虹喝道：“叫你们掌柜的来。”

“快去快去！”俞珍催着。

伙计匆匆去了。不一会儿，掌柜的随伙计过来。他是一个高大壮实的汉子，看起来很有城府。掌柜上来问："先生怎么啦?"

蔡虹指着放有四只筷子的碗说："你说这个怎么办吧?"

掌柜的看了看四只平放的筷子，眼睛顿时一亮，看了看蔡虹他们说："先生，要相信我们望江楼，我们的厨房里是很卫生的。"

赵强问："这菜里的钉子是怎么来的?"

"我也不好说这钉子怎么来的。"掌柜看看左右说，"先生，我带你们到后面看看。"

蔡虹站起来对赵强、俞珍说："好，我们去看看，讨个说法。"

掌柜的一边走一边说："你们亲眼看看，就会相信我们望江楼大酒店的卫生了。"

在走廊的拐弯处，掌柜的看看周围没人，用暗号问："板凳腿带来了?"

蔡虹说："带来了。"

"是桃木的还是梨木的?"

"是桃木的。"

掌柜的高兴地问："请问您是——"

"我是蔡虹。"

掌柜的和蔡虹握手说："哎呀，您就是蔡部长，我是朱世贵。"

蔡虹激动地说："世贵同志!"

朱世贵也激动："这次蔡部长亲自过江，一定有重要任务吧? 组织上已经通知我，要我协助你们的工作，有什么事，您就吩咐吧。"

"保持联系。"蔡虹说，"我们这次来，主要是到吴府上有点事。"

朱世贵点点头："哦。"

蔡虹告诉他："刚才，我们在街上救了几个农民壮丁，警察抓新四军，是冲着我们来的，我们要躲避一下。"

这时听到楼梯响，朱世贵说："跟我来。"他们进了厨房。

伪警察到了二楼餐厅。顾客更加惊慌。小头目喝道："都不许动! 这里谁是新四军? 自己站出来，免得老子动手。"

无人回答。

小头目下令："搜查!"警察在餐厅搜查了一遍，他们来到蔡虹他们坐过的餐桌。这时伙计正好把烧好的河豚端上桌。小头目问："这桌上吃饭的人呢?”

伙计故意装作不知:“奇怪,刚才还在这儿。”

众顾客都知道蔡虹他们的去向,但都不敢作声。

小头目说:“菜没吃就走了,怕是新四军吧?”

伙计结结巴巴地说:“不知道。”

“妈的,一问三不知,窝藏新四军,老子毙了你!”

伙计拖着哭腔说:“谁敢哪!”

两个警察见到河豚,禁不住诱惑,坐下吃了起来,边吃边说:“好,河豚烧得好!”小头目见两个警察坐着不走,就在一个警察的头上打一巴掌说:“还吃,走!”警察恋恋不舍地放下筷子,离开了。

厨房里,蔡虹他们穿着工作服和厨师们在一起忙碌着。警察四下里翻看了一遍,没有发现非厨房工作人员。

小头目还不死心,十分认真地搜查起来,然后逐个看看厨师们的脸。他走到一个个子稍高、低头切菜的厨师身边,突然大声说:“把脸转过来给我看看。”

这正是蔡虹。蔡虹若无其事地把头转向他,眼睛睥了一下警察小头目。

小头目熟悉这两道目光,不禁打了个寒战:“是你——就是你,你是新四军。”

蔡虹平静地说:“不,我不是。”

小头目咆哮起来:“你不是?你还说你不是?”叫其他警察:“快缴他的枪。”两个警察在蔡虹身上摸,并没有发现枪。

蔡虹转向小头目说:“不错,你的眼力很好,警察先生,我是冒充过新四军,那是为了不让我的表弟给日本鬼子当炮灰。”

“你身上带枪是怎么回事?”

“就是这个。”

小头目往后一闪,却见蔡虹手里拿着一根锅铲柄。小头目傻眼了。他心中疑惑,难道真是这个锅铲柄把我吓住了?

这时朱世贵上前对小头目说:“老总,他真的不是新四军,他是我的厨师,在这里干了多年了。他看到他家表弟给带走了,一时急了,就——”

小头目冷笑道:“你好大的胆,竟敢冒充新四军,带走!到警察署里说去，既然你冒充新四军作乱，就让你尝尝进警察署是什么个滋味。”

朱世贵上前替蔡虹求情说：“老总，行行好，放他一马，都是中国人嘛，能抬手就抬抬手，他是一时糊涂，家里还有老婆孩子靠他养活呢。”一边说，一边朝小头目的腰里塞了几块大洋。

赵强说：“是啊，都是中国人嘛，将来还不知道这世道会怎么样呢。”

“现在做人，都要为自己将来留个后路啊。”俞珍也帮腔。

小头目摸了摸腰里大洋，自找台阶下说：“谁他妈当差不是为了老婆孩子？”又指着蔡虹说：“下次可别让我撞到你。”

朱世贵上前赔笑道：“下次他再也不敢了。”

小头目带着警察走了。蔡虹脱下工作服，对朱世贵说：“掌柜的，你我无亲无故，今天这么冒险救了我们，这大恩大德，叫我们怎么报答啊！”

朱世贵说：“这有什么，都是中国人嘛，咱们不能眼看着中国人在日本人和汉奸面前吃亏呀，是不是啊。你们不也是冒险救了老百姓吗？”

众厨师都说：“是啊！”

朱世贵送蔡虹他们到门口。临别，朱世贵低声说：“有什么事就通知我。”

蔡虹点头，三人离去。

蔡虹他们来到中江市大资本家吴富梓的府第。吴府是一幢欧式洋房，坐落在市中心的一座小花园中，一座拱形园门临街。吴富梓经营电、煤炭、纺织、大米加工等产业，是中江市最大的资本家，市工商业协会会长。

蔡虹他们来到吴府门前，门卫兼管家吴盛把他们拦住。蔡虹说明了来意，吴盛先给吴梦远小姐打电话。

吴盛说：“小姐，这里有一位先生，说是您的同学，要来找您。”

吴小姐正在楼上的闺房里看书，接到电话问：“那位先生是谁呀？”

吴盛说不上来，蔡虹接过电话说：“梦远，我是文然，特来看你。”

吴梦远一听到蔡虹的声音，满脸生辉，高兴地说：“哦，是文然哪，你快进来！”她连忙站起来，穿上见客的礼服，略作打扮，下楼迎客。

蔡虹他们进入吴府，通过庭院，走进宽敞的客厅。

吴梦远小姐穿着一身洁白带花边的连衣裙，从楼梯上下来，带着甜甜的微笑，说："蔡先生，什么风把您给吹来啦?"

蔡虹和吴梦远彼此直呼其名惯了，对吴梦远叫他"蔡先生"觉得别扭。他说："梦远，我该叫你吴小姐啦?"

吴梦远不好意思地笑了，她把手伸给了蔡虹，两人握了一下。吴梦远指着沙发说："请坐。"

众人在沙发上坐下，周妈给他们沏上茶。吴梦远看着蔡虹说："文然，好几年不见，你现在怎么这个打扮？在做生意啦？我听说你到抗日前线去了?"

蔡虹说："是呀，我是在抗日前线呀！我参加了新四军，穿这身衣服来看你，是为了行动方便。"

"你参加了新四军?"吴梦远有些意外，"我只听人说你抗日去了，却不知道你在哪里。"

"我是为了抗日才参加新四军的。开始在泾县云岭，后来到了江北，新四军江北支队。"蔡虹说。

"啊，你为什么不参加中央军?"吴梦远问，"我表哥俊杰参加了中央军，他现在驻在江东县。如果你参加了中央军，你们就是同事、战友了。"

蔡虹点了点头："听说过孙先生的情况，中央军、新四军都是国民政府领导下的抗日队伍嘛。"

"只要为了抗日，不管参加什么军队都是一样的，你说是不是?"吴梦远发了感慨，"要不是我父亲把我留在家里，大学毕业后，我也参军抗日去了。不是在国民党的军队，就是在共产党的军队。"

"你现在参加也不迟呀。"蔡虹说，"参加新四军吧，那样，我们就可以并肩作战啦!"

赵强和俞珍互相看了看。俞珍不由得摇摇头，那意思是：这样的资本家小姐也能参加新四军?

吴梦远说："不行啊，我父亲年纪大了，他创下的家业，要有人继承，我是他的独生女儿呀!"

"可以理解。"蔡虹点点头，"你们办实业、开工厂，既是振兴民族经济，也可以发挥抗日作用嘛。"

吴梦远看着蔡虹说："我真羡慕你，自己能做自己的主，想到哪里就到哪里，想干什么就干什么。”又问：“你在新四军干什么呢？”

“搞后勤嘛。”

“搞后勤？”

赵强见他们关系不一般，就说：“首长是我们的后勤部长。”

“哦，当部长啦。”吴梦远笑了，半开玩笑说，“升得挺快呀！”

“什么部长不部长的，都是为了抗日嘛。”蔡虹说，“新四军江北支队是新建的部队，我们的部队没有给养。粮食、武器和一切战斗物资，都要靠自己筹措。国民党不仅不发，还对我们实行封锁，日本人和伪军又到处围剿我们，我们的处境十分困难，不搞好后勤保障工作，我们就支持不下去了。”

吴梦远不解地说：“既然新四军是国民政府的军队，国民党为什么不发给养呢？这叫你们怎么抗日？这不公平嘛！”

“是啊，不公平的事多呐。”蔡虹说，“因为我们是共产党的军队嘛。”

“国共矛盾，根深蒂固啊！”吴梦远感叹。又问：“你们怎么来的？日本人封锁江面，街上到处设卡盘查。”

“那倒不怕。”蔡虹说，“无非是费点周折。在我们自己的国家里，日本人限制不了我们。”

“你们要多加小心啊！”

“谢谢你的关心。”蔡虹说，“梦远，我这次来，是要请你帮忙呢。”

“要我帮助你们？”吴梦远很诧异。

“当然。”

“你说吧，只要我能做到。”

“是这样，现在我们抗日前线正缺少武器弹药。孙夫人领导的香港‘保卫中国同盟’给新四军买了一批武器，由孙夫人亲自从香港运到武汉，再由武汉顺江而下，准备运往新四军江北支队。但是在转运途中，被上官云相手下的人扣留了。”

“他们扣留你们的枪支干什么？”

“国民党意图很明白，就是限制共产党、新四军的发展。他们这样做，高兴的是日本人，是汉奸汪精卫。”

“是啊，可是我能做什么呢？”吴梦远深表同情。

“扣留我们武器弹药的，就是国民党第三战区上官云相部独立团，团长就是你的表哥孙俊杰。”

“俊杰，原来是他，他怎么干这种事呢?”

“他这样做，当然是受上级的指派。但是孙夫人很是气愤。”

“我表哥啊，他就是这个毛病，做事没有原则，政治上见风使舵，利益上有奶就是娘。”吴梦远也不满地说。

“这是亲者痛、仇者快的事哟!”蔡虹进一步说。

吴梦远愤而站起来说：“孙夫人是我干妈，我来打电话给我表哥，问他为什么扣我干妈买的枪支，要他赶快放行。”说着就要去打电话。

蔡虹朝她摆摆手：“梦远，这不是简单的事，他不会轻易在电话里答应你的，除非你亲自陪我们走一趟，你就说孙夫人的指示，让他放行。否则他是不会放行的，要是放了，他在上官云相那里也不好交代。”

“我先打电话请示一下我干妈。”吴梦远上楼去了。

赵强看着吴梦远上楼，感叹说：“吴小姐真能通天啊!”

俞珍却撇撇嘴：“哼，要是我，才不会来求她呢!”

“为什么?”赵强问。

“一个资产阶级小姐，我看不惯。”

“看不惯归看不惯，人家还是支持抗日嘛。”

“支持抗日，为什么劝老板参加中央军?”

蔡虹说：“小俞，你不能这样理解。”

俞珍仍不服气的样子。这时吴梦远走下楼梯说：“我干妈同意了。好吧，明天我陪你们走一趟。”

这时吴盛来报：“老爷回来了。”

门外汽车喇叭响，吴富梓下车，进门，屋里人都站起来。吴梦远上去接住父亲的礼帽和文明棍。吴盛帮助脱下西服外套，都挂在墙上。

吴梦远说：“爸，文然来了。”

蔡虹喊：“吴伯伯。”

“哦，文然来啦?”吴富梓看看蔡虹，“好像有很大变化嘛，人也长得壮实了。”

“是吗，吴伯伯?”

吴富梓开玩笑地说："你四五年没有来，把我和梦远忘记了吧。"

"没有呀，吴伯伯，这不是来看您来了？"

吴富梓坐到沙发上说："来了好啊！瞧你这身打扮，在哪里做事？"

"抗战啊！"

"抗战？"

吴梦远轻声地说："爸，文然参加了新四军。"

吴富梓一愣："参加了新四军？"

屋里短暂的沉默。吴富梓问蔡虹："从泾县云岭来？"

"不，从江北来。"

"江北？"

"对，新四军江北支队。"

"江北新四军有多少人？"

"已有两千多人，一个师的建制。"

吴梦远说："爸，文然现在是新四军的后勤部长！"

吴富梓没有表示赞许，他看看蔡虹，又仔细打量着赵强、俞珍。

蔡虹说："他们是我的同事，小赵、小俞。"

赵强、俞珍齐声喊："吴伯伯好。"

吴富梓示意都坐下。

吴梦远见父亲有话不想说，为避免尴尬，就说："吃饭吧。"

"好，吃饭。"吴富梓领着客人进餐厅就座。

饭后，吴富梓特意把女儿叫到自己的书房兼卧室。吴富梓对女儿说："梦远，文然这次来，你能感觉到他身上的变化吗？"

"爸，你是指哪一方面？"

"他参加了新四军，还当了后勤部长。"吴富梓话中有话。

"是有很大的变化，他们天天跟着鬼子打仗嘛。"吴梦远天真地回答。

"蒋委员长要求'行人靠右走'，看来文然走到左边去了。"

"您是说，他跟了共产党走了？"

"不是吗？新四军是共产党的队伍。"

"那不是一样吗？"吴梦远说，"现在国共合作，建立抗日民族统一战线，据说还要成立联合政府呢，新四军也是国民革命军嘛。”

吴富梓说：“八路军、新四军，名义上都是国民革命军，但实际上不一样。国共两党表面上联合起来，共同抗日，但暗地里却互不信任，一有机会就刀兵相见。新四军是国共两党共同生产的怪胎，从成立那天起，国民党就不喜欢他，表面上承认，实际上是不承认的。日本人和汪精卫，就更视他们为眼中钉。这支队伍被日本人和国民党军队压迫在皖南一块小地方，动弹不得。新四军为了生存，在皖中、苏北又各开辟了一小块根据地。但那都是黑户头，没人发饷，没人发枪，被日本人赶得到处跑，国民党也对他们限制、堵截。新四军在这样的环境下，随时都有被消灭的危险，不是被日本人消灭，就是被国民党消灭。文然跟新四军走到一起，将来的前途堪忧啊!”

“新四军是抗日的军队，国民党应以民族大局为重，一视同仁。为什么不给他们枪支弹药，不给他们粮饷，为什么要限制他们发展呢？中国人就是窝里斗，家里不和外人欺。如果国共两党共同抗日，不搞窝里斗，日本人也不会占领大半个中国。”吴梦远发起了牢骚。

“国共两党的关系很复杂，谁是谁非，老百姓岂能说得清楚？文然抗日我支持，我是担心他卷入了国共两党的政治纷争中去，于国家命运，于自己前途，都是不利呀!”

“爸，当前抗日是国家大事。文然既然参加抗日，不是参加国民党，就是参加共产党。再说国民党抗日不力，我对他们也不满意。”

“国民党是抗日不力，可是共产党力量弱小，抗日力量很有限。连苏联都认为，只有国民党才是抗日的主力军。从目前情况看，抗日还得依靠国民党的领导，这算是正道。”

“共产党虽然弱小，但如果大家都参加八路军、新四军，共产党的力量不就强大了吗？到时候不就是正道吗?”

“我也希望共产党强大起来，中国出一个比国民党好的政党来领导。但那是希望渺茫，除非中国再出一个太阳。”吴富梓不想再说下去了，他去床边休息。

“爸，文然要我陪他们到江东去一下。”

吴富梓回头问：“去做什么?”

“去找俊杰。”

“找俊杰?”

“干妈帮助新四军从香港买了一批武器，从武汉转运来被俊杰扣留了。”

“孙夫人转运的东西他也敢扣留？那一定是顾祝同、上官云相叫他干的，这里面情况多复杂!”吴富梓感叹。

“不就是为了限制新四军的发展吗?”

“你要是去了，不是也卷入政治旋涡里去了吗?”

“我可不管那么多，我只是按照干妈的要求去做的，我刚才和干妈通了电话，她是支持我的。”

吴富梓思考一番说：“你去吧。瞅机会劝劝文然，离开新四军那个是非之地，危险之地。到我这里做做实业，实业也能救国嘛。”他又走到女儿面前说：“文然是很优秀的青年，能干，人品也好，能让他做我的女婿，经管我这份家业，我就满意了。”

吴梦远不好意思地说：“爸，此事不可强求，顺其自然吧。”

# 七、亦友亦敌

早晨的阳光照在出城的大路上，大路两边，田野里油菜和麦苗正在发棵，闲冬的水田像一块块明镜倒映着天上的云彩，静静地等待着春耕的到来，景色如画。如果没有日本鬼子的炮楼，谁也不知道这是在沦陷区。

吴梦远坐着一顶由两人抬的轻便小轿出了城门。蔡虹跟着轿子行走，一边陪吴梦远说话。赵强、俞珍走在前面。

俞珍不时地回头看着蔡、吴两人，感觉他俩关系非同一般。谈话投机，感情融洽，从他们的体貌、学识和修养等方面看，两人的确是很般配的一对。特别是吴小姐，对蔡虹那种情深意切的神态，任何人都能看得出来，何况俞珍更是个敏感的女子。因此，她对蔡虹和吴梦远的关系既羡慕又嫉妒。

俞珍的举止引起了吴梦远的注意。吴梦远同样是个敏感的女人，但她向来深藏不露，宽厚待人。她发现俞珍在看蔡虹的眼神里，有一种崇敬、信赖和依恋的情感，既是部下又似情人。吴梦远问蔡虹："前面那个小个子是个女孩子吧?"

"你看出来了?"蔡虹不予否认。

"女扮男装，只能骗得了男人，骗不了女人。"

"骗过男人就行了，这年头兵荒马乱的。"

吴梦远莞尔一笑："为什么带个女孩子，怕在外面寂寞吧?"

蔡虹也笑了："这是组织上安排，工作需要。"

"组织上想得真周到。"

"看你想到哪儿去了，有些工作，女同志去办方便些。"

吴梦远不再说下去，她表示理解。她说："有机会真想到你们新四军去看看。"

"好啊，欢迎！"蔡虹说，"不过我们那里生活很清苦，居无定所，风餐露宿，走东闯西，你要是去得不凑巧，可能找不到我在哪儿。"

吴梦远关心地问："很辛苦吧？"

"当然。战争年代嘛。不只是辛苦，是生与死的搏斗！"

"我想不到你会到新四军那边去，你为什么不去参加中央军呢？"

"中央军抗战不积极，和日本人关系暧昧，国民政府腐败盛行，不关心人民疾苦，我对他们完全失望了。"

"国民党里面也有忧国忧民之人，中央军里也有抗日的热血将士，你说是不是？"

"当然。"蔡虹承认，"正因为这样，我们党才制定了抗日民族统一战线，尽可能地团结一切可以团结的力量，促使国民党与我们共同抗日。"

"现在日本人在中国很得势，中央军抵抗不了他们的进攻，节节败退，全国的半壁河山都建立了伪政权，你们那么弱小的力量能打败日本人吗？"

"我们现在考虑的问题，不是成败得失、个人安危，而是民族大义。日本人在我们的国家屠杀人民，我们就是再弱小，再困难，再危险，也要战斗下去，岂能做亡国奴而苟活呢？"

"文然，你这种为国为民、不顾个人安危的精神，我是很钦佩的。"吴梦远赞叹，但她又说："战争不是短期可以结束的，你就不想一想个人的问题？"

"什么问题？"

"比如，成立一个家庭。"

蔡虹叹了一口气，说："谁不想呢？国之不立，无以为家啊！自从我父母遇难，我就发誓，一天不赶走日本鬼子，我就不会成家。"

吴梦远莞尔一笑。

这时，到了一个日伪检查站。大路边上建立起一个碉堡，拦路设了木栅栏，开了一个大门，几个日本兵和伪军站在门口。

一个伪军高声喊："站住，干什么的？"

赵强、俞珍走上前回答："我们是走亲戚的。"

“到什么地方去?”

“去江东。”

“有良民证吗?”

“有。”蔡虹把“良民证”递了上去，“都是一起的。”

“轿子里面是谁?”伪兵问。

“是我们家小姐。”

“哦，花姑娘的。”两个鬼子兴奋起来，急着朝轿子走去。

赵强、俞珍握住别在身上的手枪，盯住鬼子，防止发生意外。面对鬼子伪军的拦阻，吴梦远不亢不卑地递上名片：“看看这个。”

鬼子看看名片，看不懂，交给了伪军。

伪军看了后，态度立刻恭敬起来：“哦，是吴府的大小姐。”

吴梦远盯着鬼子兵轻蔑地问：“你们不认识我?”

鬼子兵茫然地摇摇头。

伪兵讨好地说：“认识，认识。吉野队长和王会长到贵府喝酒，我在门外守卫过。”

“你们吉野队长和王会长的酒量都不小!”

“是啊，他们每次到贵府都是大醉而归。”

“既然是熟人，那就放行吧。”吴梦远说。

伪兵用不太熟练的日语向鬼子兵请示，意思是：“她是吴会长家的小姐，吴会长是吉野大佐的好朋友。”

鬼子兵会意，用生硬的汉语说：“小姐请!”

伪兵说：“请!”并且献媚说：“沿途可要当心哪!”

“谢谢关照!”吴梦远说。

赵强、俞珍这才放下了心。几个人继续朝前走。

蔡虹对吴梦远说：“你们跟鬼子汉奸混得很熟呀。”

“没有办法。”吴梦远叹道，“中江市是日本鬼子的天下，我父亲为了保存这一份家业，只好硬着头皮与鬼子、汉奸周旋。我作为他的独生女儿，偶尔也不得不抛头露面。好在我父亲朋友多，名气大，鬼子汉奸也想利用我们这块招牌，装点他们的所谓‘王道乐土’，所以还不会轻易动我们。”

“是啊，伯父也是不容易啊。”蔡虹感叹。

大家继续往前走。过了一会儿，吴梦远说："文然，跟你说句心里话，我很担心你的前途。你退出军界到中江市来吧，我父亲年纪大了，正需要有人帮助他，他只相信你。我毕竟是个女孩子，你不能帮他一下吗？"

蔡虹表态："等赶走了日本鬼子，我一定来帮助吴伯伯。"

"哪一年才能把日本鬼子赶出去？"

"我想，要不了几年。"

"你有这个把握？"

"应该是这样。"

"但愿如此吧，我们就等着这一天了。"吴梦远一语双关地说。

经过半天的行程，他们来到国民党中央军驻江东县某独立团团部所在地。这个团驻扎在一座小山边，距中江市不过二十几华里。地理位置十分好，进可以攻打中江城，退可以转入皖南山区。日本军队占领中江以后，为了消除国民党军队对中江的威胁，曾经几次向独立团发动进攻。双方一经接触，独立团就退到山里面去了。过了一段时间，他们又回来了。日本人没有捞到多大的便宜，倒是兴师动众，疲惫不堪。不久日本对国民党政府由军事进攻转为政治诱降，双方的战斗越来越少，以至于相安无事，这就是抗日战争中国战场上的一个奇特现象。

独立团团部门前有两个士兵持枪站岗，一见来人，就大声喝道："站住，你们是干什么的？"

俞珍哼了一声："可恶，和日伪军一个腔调。"

"当兵的对老百姓都是这样。"赵强上前说，"我们是找你们孙团长的。"

"找孙团长，你们是什么人？"

蔡虹扶吴梦远下轿。吴梦远说："我是他的亲戚。"

"亲戚？对不起，孙团长不在团部。"

"他到哪儿去了？"

"不知道。"

"不知道不能去问一下吗？"吴梦远不悦道，"我们大老远的来了，难道让我们空跑一趟？"

"不知道就是不知道，叫我到哪儿去问？"

俞珍斥道："你们对待孙团长的亲戚就是这个态度？你们要是不找，到时候孙团长回来，有你们好果子吃吗？”

赵强也发火：“你们要是误了事，可要吃处分了。”

士兵见两个随从如此气势，有些害怕了。这时士兵乙轻声对士兵甲说：“兄弟，团长不是在家吗？”

“团长打过招呼，来人一律不见，就说不在家。”

“说不准真是团长的亲戚，咱们犯不着得罪她。”

士兵甲犹豫了，问：“你们真是孙团长的亲戚？”

吴梦远说：“这亲戚还能假冒？”

俞珍命令：“快去找来。”

士兵甲对乙说：“你站在这里看着，我去看看孙团长在不在家。”转身朝院子里跑去。

四个人站在门口。赵强对士兵乙说：“孙团长的亲戚来了，你们就这么给站着，连一条凳子都不拿，团长来了你们不是找骂吗，想不想当差了？”

士兵乙连声道：“是，是。”连忙从屋里搬来一只条凳。赵强请吴梦远和蔡虹坐下。

不一会儿，孙俊杰随士兵甲从里面出来。孙俊杰穿着一身军装，个子不高，人很魁梧，双眼明亮而狡黠。一见吴梦远，高兴地说：“梦远，你怎么来啦？真是喜从天降啊！”

吴梦远说：“你升了官就不好见啦，士兵挡驾不让见。”

“这是我打的招呼，来人一律不见。”孙俊杰说，“我们驻在这里，老百姓整天找麻烦，真是应付不了啊。”

吴梦远说：“大概是侵害老百姓的事做多了吧？”

“哪里哪里，我们都是为老百姓做好事。” 孙俊杰连忙否认。

吴梦远指着蔡虹说：“俊杰，我给你介绍一个人，这是我的大学同学，蔡虹，蔡文然先生。”

孙俊杰愣了一下，强装笑脸说：“好。蔡先生也是上海圣约翰大学的？我们虽然不是一个系，但我们是校友哇，欢迎，欢迎！”与蔡虹握手。

蔡虹也热情地说：“孙团长，久仰，久仰啊！”说完，他指着赵强、俞珍对孙俊杰说：“这是我的战友。”

“战友？”孙俊杰有些疑惑，没有和他俩握手，只说：“请进，都请进。”

士兵改变了态度，都肃立敬礼。

孙俊杰一面殷勤地搀扶着吴梦远进了院子，一面说："你们是怎么来的，沿途关卡这么多，很危险的。"

"危险怕什么。听说你在这儿当团长，很神气，特来看看，表示祝贺，再危险也得来一趟呀。"吴梦远说。

孙俊杰受宠若惊："感谢表妹一片深情啊！我有什么神气的？带兵打仗，抗日救国嘛！整天忙得要死。"

吴梦远明知故问道："最近你们打了多少鬼子呀？"

"我们现在是驻守待命。"

"日本鬼子进攻中国已经好几年了，你们还在驻守待命？等鬼子把中国全占领了再进攻吗？"

"哎呀，吴大小姐，你又跟我抬杠了。"孙俊杰解释道，"作为军人，一切都要听从上级的统一指挥呀。上级命我们在这里驻防，就是为了阻止敌人西进，要是没有我们在这里，日本人早就打到重庆了。"

吴梦远嘲笑道："看来'驻守待命'比打仗还管用，你们功劳真不小啊！"

他们来到客厅。孙俊杰招呼大家坐下。营长余克勤和孙俊杰的堂弟——连长孙俊海进来。孙俊杰给大家作了介绍。余克勤和蔡虹握手。孙俊海给大家沏茶。

孙俊杰说："这是顾长官送给我的浙江龙井茶，我是留着招待贵客的。"

"好，那就感谢款待了。"蔡虹说。

吴梦远说："俊杰啊，我再补充介绍，我的同学蔡虹，现在是新四军江北支队的后勤部部长。"

听说蔡虹是新四军，孙俊杰着实吃了一惊，他不禁脱口而出："啊，新四军？"当场的气氛顿时凝固了，那边余克勤反应更为强烈，他下意识地摸着腰间的手枪，毫不掩饰他的敌意和警惕之态。

吴梦远问："怎么，新四军你们不欢迎？新四军也是国民革命军嘛！"

孙俊杰很不自在地说："没，没有。"

蔡虹大方地向孙俊杰拱拱手说："此次蔡某特来拜会孙团长。"

孙俊杰尴尬地说："欢迎蔡部长驾到。"他很不满意地看看吴梦远，怪她不该把新四军带到这里。但他很快调整了情绪，表现出一种居高临下的冷傲态度，说："蔡部长军务繁忙，怎么有空到敝军看看？不怕你们的上司说你有通敌嫌疑吗？"

蔡虹说："孙团长这话就说得奇怪了。新四军与贵军不都是蒋委员长领导下的抗日军队吗？我们到这里来会会友军，本是正常交往，怎么会有通敌嫌疑呢？只有把新四军当作敌人看待，才会有这种想法，我们的上司绝对不会有这种想法。我们来这里不会给孙团长带来不便吧？"

孙俊杰又尴尬地笑着说："没有没有，咱们现在不是一家人吗？"

"哎，这就对了嘛。"

孙俊杰问："请问蔡部长，贵军现在什么地方驻守啊？"

"敝军现在江北一带。"

"哦，原来你们是江北新四军？"

"是啊。"

"江北新四军有多少人？"

"新四军江北支队刚刚成立。" 蔡虹不正面回答。

孙俊杰挑衅说："蔡部长，据我所知，政府并没有命令在江北建立新四军呀，也没有授予江北新四军的番号，你们这个支队是怎么建立起来的？"

"新四军建立江北支队，是根据蒋委员长关于全民抗战的指示，由人民群众自觉组织起来的，其目的是为了动员全国民众，拿起武器，把日本侵略者赶出中国去。请问孙团长，这有什么不对吗？"蔡虹从容应对。

孙俊杰冷笑："这样说来，你们倒是抗日的一支不可缺少的力量啰。请问蔡部长，贵支队成立起来，消灭了多少日本侵略者呀？"

"孙团长，我据实相告，新四军江北支队刚刚创建，目前太弱了。但是不久，我们这支队伍一定会壮大起来，一定会在打败日本的战场上，发挥重要的作用。"蔡虹反问，"请问孙团长，贵军这样强大，怎么还不去攻打中江城，把日本人赶出去，还在这里等什么呢？"

孙俊杰再次尴尬地笑着。吴梦远笑着对孙俊杰说："俊杰呀，古人云，'君子不可与嬉，寡人自取病耳'，蔡先生是很雄辩的人。好了，不要斗嘴了，俊杰，蔡部长这次是有事来找你。"

"哦，蔡部长有何赐教？"

蔡虹郑重地说："孙团长，孙夫人领导的香港'保卫中国同盟'为新四军买了一批枪支弹药，由孙夫人从武汉转运过来，在长江上被你的部下收存在这里。这可是抗日物资呀，前线正缺枪炮子弹，请你们放行好不好？"

孙俊杰装糊涂："香港'保卫中国同盟'为你们新四军买武器？我倒没听说过，有这样的事？他们应给中国革命军买武器，由中央革命军事委员会统一分配，怎么会单独为你们新四军买武器呢？这不符合逻辑吧？"

蔡虹说："新四军江北支队是新成立的队伍，国民政府军事委员会没有给我们发放武器、粮饷，我们的武器弹药、粮食、经费，全靠我们自己筹措，靠全国各界人士捐赠，这一点你不清楚？"

"国民政府军事委员会发放武器装备和军饷，都是按照军队的建制发放，你们新四军有多少建制，有多少人，为什么要那么多的武器？就你们江北这个支队，根本就是个黑户头，能发给你们武器军饷吗？你们是在违规建制，秘密扩编，扩大地盘，另有企图，中央能允许你们这样为所欲为吗？"

"孙团长，"蔡虹郑重地说，"本来我是来找你办事的，有些话不想说，吴小姐也叫我们不要争论，既然你孙团长讲到这里，我就不得不申辩几句：按照你们的说法，好像新四军扩充队伍，壮大抗日力量，倒是有罪了。好像你们不发给我们武器、粮饷，让日本人肆无忌惮地杀害我们的同胞，杀害我们的抗日志士，杀害我们新四军战士倒是对的了？蒋委员长要求地无分南北，人无分老幼，都有抗日救国之责任，新四军要奔赴前线抗日，不扩充实力行吗？老百姓要参加新四军，不接收行吗？日本人占领我们的土地不收复行吗？这怎么叫'另有企图'呢？"

吴梦远插上来说："俊杰，我认为国民党这种做法不对，当前民众抗日热情，你们不支持，处处加以限制，这是亲者痛、仇者快的事啊！你作为一个中国军人，连这起码的是非都分不清？明明是新四军的武器，你为什么要把它扣下来呢？你们的军队不缺武器啊。"

蔡虹恳切地说："我希望孙团长从一个有良心的中国人的立场出发，把收留我们的枪支弹药还给我们。"

"武器我们是收留在这儿，"孙俊杰说，"但根据国民军事委员会的命令，这武器弹药是战争物资，要经过军事委员会统一分配，起码要经过

第三战区司令部统一分配，把武器分给最需要的地方，不能直接给你们新四军。”

蔡虹严正地说：“我重申，这是‘香港保国同盟’专门为我们新四军买的，发货单上明确注明运抵新四军军部，不存在统一分配的问题，你们中央军从美国人那里运来那么多的精良武器，为什么不统一分配？为什么不分一点给新四军？”

吴梦远不客气地说：“俊杰，我干妈亲自转运的战争物资，你也敢扣？真是胆子不小啊！我来的时候和干妈通了电话，她要求你立即放行，否则她要亲自去找蒋委员长。”

孙俊杰尴尬地说：“我这也是执行上面的命令。我怎么敢自行决定呢？”

吴梦远发火道：“你就眼睛盯着上面。我干妈的命令不是上面的命令？”

孙俊海出来解围：“吃饭吧，边吃边谈。”

大家来到后院操场，几个士兵正在打篮球。

蔡虹说：“孙团长，你们这里的条件不错，还有篮球场嘛。”

孙俊杰问：“蔡部长喜欢打篮球？”

“当然啰。”吴梦远说，“蔡先生在大学里可是篮球健将呀。”

“好啊，那就上场打几球。” 孙俊杰也来了兴致。

“我们来一场篮球友谊赛。”蔡虹说。

孙俊杰命令：“俊海，你带几个人过去参加蔡部长那边，我们赛一场。”说着脱掉军装。

蔡虹、赵强也脱掉外套，俞珍站在一边。

篮球赛在紧张地进行，蔡虹一记漂亮的扣球赢得一片掌声。球场上气氛很热烈，表面上看，双方的感情十分融洽。

吴梦远一面欣赏着蔡虹的球技，一边注意站在球场边的俞珍。俞珍看蔡虹打球，都看入了迷。吴梦远想，小姑娘长得不错，虽然还未成熟，但是看得出是个美人胚子。蔡虹和她天天在一起工作，他们的关系是什么样子呢？想到这里她不禁泛起了醋意吗，少顷又笑自己太敏感，太小家子气了。表哥孙俊杰，一直在追求自己，可自己就是看不上他，偏偏就中意蔡虹。表哥的心思明明白白，蔡虹的心思捉摸不透，要是表哥有蔡虹的样子，那就好了。

孙俊杰玩得十分开心，余克勤在一旁虎视眈眈地看着。

一场球赛结束，孙俊杰带着大家到餐厅吃饭。饭桌上气氛十分热烈。孙俊杰说："我表妹难得来一趟军营，蔡部长他们更是稀客，军营条件差，大家有什么就吃什么，不要客气啊。"

蔡虹说："孙团长，说句不怕见笑的话，我们新四军连饭都吃不上，今天我可要大快朵颐了。"

"蔡部长，你要是真吃不上饭，就到国军这边干嘛。"孙俊杰说。

"仅仅我一个人来可不行啊。要来，我们江北支队都要来呀，那你们可就承受不起了。"蔡虹说。

饭后，孙俊杰把吴梦远叫到书房里说话。孙俊杰埋怨道："梦远，你怎么把新四军带到我这里来了？要是上面知道了，我怎么解释？你不是给我找麻烦吗？"

"是你自己找的麻烦。"吴梦远说，"谁叫你把新四军的武器扣留下来？你扣人家武器，人家不来找你吗？"

"这事与你有什么相干？你犯不着掺和进来。"孙俊杰嗔道。

"怎么与我不相干？"吴梦远坚持说，"其一，这关系到团结抗日的大事，你们扣留人家的武器是在搞摩擦，这有利于抗战吗？其二，这关系到你的政治声誉。你做的这件事如果报纸上捅出去，你孙俊杰就要受到国人的唾骂，你将来的政治前途就会葬送，你知道吗？"

孙俊杰不以为然地说："我看啊，其他都是假的，你为了帮助你这个同学倒是真的。"

"你说对了，这是其三。"吴梦远说，"你执行我干妈的命令，放行吧！"

"这我要请示上头，不能擅自放行。"孙俊杰坚持。

吴梦远生气地说："我不管你是不是请示上头，我今天既然来了，你就一定要放行。在大是大非面前，你难道就一点没有政治头脑，没有一点民族大义！"停了一下，她站起来："孙夫人的话你不听，也不给我的面子。那好吧，你讨好你的上司，升你的官去吧，我走了。我从此没有你这个表哥，以后你不要再见我了。"

孙俊杰连忙说："别，表妹，别生气，我有难处，让我再考虑考虑。"

此时，蔡虹、赵强和俞珍坐在客厅里休息。突然，余克勤带着十几个士兵，手持长短枪闯了进来，叫道："别动，把武器交出来！"

赵强、俞珍立刻拔枪在手，双方对峙着。赵强大声说："军人以丢枪为耻辱，如果谁胆敢来收缴我们的枪，我就叫他脑袋开花，不信你们试试。"

俞珍指着门外一棵树上的鸟窝说："如果谁夺我的枪，我就叫他的脑袋跟那个鸟窝一样。""叭"的一枪，鸟窝应声落地。

大家看得呆了。有人情不自禁地赞叹："好枪法！"

这时孙俊海急忙进来对余克勤说："营长，蔡部长他们是客人，我们不能这样对待他们。"

余克勤稍有顾虑，大声说："谁也不许动，你们不缴枪，是走不了的。"

这时，孙俊杰和吴梦远闻声走过来。

吴梦远质问："俊杰，你们这是在干什么？就这样对待我的客人。"

孙俊杰连忙说："哦，误会误会。弟兄们不要动手，新四军是我们的友军嘛，到我们这里来，是客人嘛，怎么能够这样对待他们呢？"他走向蔡虹："蔡部长，不要惊慌，不要惊慌。"

蔡虹泰然自若地坐在那里没有动，他说："我一点都不惊慌。我倒要看看，你们余营长有多大的能耐。但是我又想，余营长的能耐，还是让他用在打鬼子的战场上吧，所以我今天还是把他的脑袋暂时留在他的脖子上。"

余克勤听到蔡虹的奚落正要发作，孙俊杰走到他面前命令："都把枪放下！"余克勤只得收了枪。

赵强、俞珍也收了枪。

孙俊杰大声说："新四军是我们战场上的战友。此次蔡部长来，是为了前些日子那一批武器的事，弟兄们，你们说，那些武器弹药，我们放不放行啊？"

"不行，武器不能给他们。"余克勤大声说。

孙俊杰笑着说："大家都说武器不能放，但是，你们认识这位吴小姐吗？吴小姐是孙夫人的干女儿，此次吴小姐带来孙夫人的指示，你们说，这叫我怎么办，放不放行？"

众官兵哑然。

孙俊杰说："没有办法，只有放行了。"他转身向孙俊海："俊海，你去办吧。"

孙俊海招呼："蔡部长，跟我来。"

蔡虹向孙俊杰道声感谢，握过手，带着赵强、俞珍离去。

到了武器仓库，打开库门。蔡虹对孙俊海说："孙连长，请给我们准备一条船，派几个士兵帮助搬一下。"

"好，我马上去安排。"孙俊海说。

孙俊海走后，蔡虹他们看着仓库里堆满了武器、弹药，既惊讶又羡慕。

俞珍说："国民党军队有这么多武器弹药，放着不打鬼子，还扣我们的武器，真是太不像话了。"

赵强说："能多拿就多拿一点。"

不一会儿孙俊海来了，还带来了十几个士兵。大家一捆一捆、一箱一箱将枪支弹药往小河边的船上运。

孙俊海见蔡虹也来搬运，十分惊奇，对蔡虹说："蔡部长，你怎么亲自搬运？"

赵强说："在我们新四军，长官和士兵一样干活。"

"那和官兵没区别了？"

"新四军没有官兵的差别，都是战友、同志。"

"那样的话，长官说话还有人听？"

"怎么没人听？长官的威信更高了。"

孙俊海想了想说："真是不可思议。赶明儿，我到新四军去看看。"

蔡虹说："那欢迎！"因见孙俊海做事倒很实在，就问："孙连长是孙团长的弟兄？"

"团长是我堂兄。"

"跟孙团长几年啦？"

"三年。"

"以前干什么呢？"

"以前在学校读书，日本人打进来，书没法念了，就到堂兄这里来谋个差事。"

“当前国家正是用人之际，投身抗战是对的。”蔡虹肯定他的行动。

“可是，我们在这里驻扎三年了，一仗也没的打，不知什么原因。我总觉得，生活不像我想象的那样。”

“是吗?”蔡虹说，“现在中国的政治局势十分复杂，各种组织复杂，人也复杂。但有一点不复杂，就是我们为国为民的理想和信念。只有确立了正确的理想和信念，才能把握自己，才能不会迷失方向，你说对不对?”

“蔡部长说得全对，我很佩服您。”

枪弹装好了，蔡虹与孙俊海握手话别，蔡虹说：“以后多联系。”

孙俊海见蔡部长这样的大官对自己平等相待，和蔼可亲，十分激动。说：“蔡部长走好，以后一定去请教。”

临别，蔡虹对孙俊海说：“我就不再去向孙团长告别了，请带个信，向他表示感谢，后会有期。”

孙俊海也说：“后会有期。”

# 八、芦荡枪声

上了船，蔡虹对赵强、俞珍说：“快，把船划到中流，顺水而下，尽快进入长江。”

赵强、俞珍拼命划船，小船飞速前进。

赵强问：“老板，孙俊杰一开始态度顽固，我估计他不会放行，后来怎么突然转变了？”

“还不是吴小姐有面子，人家是表哥表妹啊。” 俞珍接上去说。

“孙俊杰难道不怕顾祝同、上官云相吗？”

蔡虹说：“孙俊杰之所以放行，首先是碍于吴小姐的面子，再说又有孙夫人的指示，但我担心孙俊杰不会爽快地让我们把武器拿走。吴小姐一走，他肯定要变卦，余克勤也一定要捣鬼，所以我们来不及向孙俊杰面辞，赶快走，越快越好。”

几个人拼命划船，小船飞快行驶。

孙俊杰正和吴梦远在说话，孙俊海来报告：“货已装好，蔡部长要我代他向团长辞行，说非常感谢，他们走了。”

孙俊杰感到有些意外，说：“这么快？”

吴梦远听说蔡虹走了，也起身告辞。

“怎么刚来就要走呢？”孙俊杰挽留。

“我要在天黑前赶回去。”

“不想在军营住一晚，感受一下军营生活？”

“我爸爸还在家等我呢。”

“你在我这里，姑父应该是放心的。”

“我家里有事。”

“唉——好吧，既然你一定要回去，那也不好勉强，我送你一程，你等一下。”孙俊杰说完，转身去了办公室。

余克勤迎上来问：“团长，把武器给新四军拿走了，上面知道了怎么交代?”

孙俊杰冷笑：“傻瓜，你以为我会心甘情愿地把武器给他们带走？我只不过给我表妹一个虚假的人情。我现在去送我表妹，你带人去把武器夺回来。以后我表妹知道了，我就说是部下干的，我不知道。”又问：“蔡虹现在到哪儿了?”

余克勤说：“孙连长给他弄了一条小船，他们现在正在河道里划着哩。”

“一只载重的小船，能走多远？去把它追回来。”

“是!”余克勤大喜，“我说孙团长怎么这么干脆，原来是在表妹面前虚晃一枪，明白了，来人，跟老子去追新四军!”

安排好了对蔡虹的追劫，孙俊杰回到吴梦远身边，他若无其事地陪着吴梦远出了军营。大路上，吴梦远坐着轿子往回走。孙俊杰骑着马，带着几个随从护送。他走在轿子边，一边走，一边和吴梦远说话。

孙俊杰说：“梦远，蔡虹这个人你要离他远点。”

吴梦远故作不懂：“又怎么啦?”

“那还用多解释，他是共产党嘛。”

“你又来了，共产党怎么啦，现在不是国共合作了吗?”

“那是表面上，但在骨子里，国民党和共产党是合作不好的。不是你死，就是我活。”

吴梦远责备说：“你们国民党有这种思想，难怪老是跟新四军过不去。”

孙俊杰说：“上面有旨意，最近可能要对新四军采取行动。”

“什么行动?”

孙俊杰马鞭一扬：“消灭他们!”

“消灭他们?”

“对，先把皖南的新四军总部端掉，然后再收拾江北、苏北的新四军，

蔡虹他们的日子不会太长，你等着瞧吧。“

吴梦远怒目而视：“什么，你们国民党的心思不是在打鬼子，而是在算计新四军？你们这些当官的、拿枪的，吃了人民的粮食，穿了人民的衣服，却不为人民保家卫国，热衷于争权夺利，搞内耗、打内战，国家四分五裂，外国人在中国烧杀淫掠，真是可耻啊！”

“那也没有办法，上级命令，我们只能服从。”孙俊杰淡定地说。

“那你打算怎么办？”吴梦远问，“在国破家亡的年代，你没有是非标准，没有立身准则，上面叫干什么就干什么？”

孙俊杰笑了：“什么叫是非标准，什么叫立身准则？物竞天择，适者生存，这就是我的是非标准，就是我的立身准则。国破家亡又有什么可怕的，乱世才能出英雄呀！”

“我看你呀，骨子里就是一个政治流氓。我不要你送了，你给我回去，我永远也不愿再见到你。”吴梦远发火了，说着催轿夫快行。

孙俊杰忙从后面追上来说：“梦远，梦远，说着玩儿的，你别生气呀！”

看着吴梦远一言不发，越走越远，孙俊杰无奈地叹着气，想：表妹就是这个脾气，遇事认真。给自己出了这么大的难题。她不只是帮助新四军，更是在帮助蔡虹。他看得出，表妹对蔡虹很有意思。表妹啊，蔡虹是个共党分子，你怎么能向着他呢？你太糊涂了！

河边，余克勤带人在奔跑，一边跑一边喊：“停住，停住，蔡部长，我们团长有话跟您说。”

河里，蔡虹他们拼命划船，顺水而下。

“再不停船，我们就开枪啦！”余克勤见喊不停就朝小船开枪，但射程太远，精确度不高。

蔡虹他们不理，越划越快。

岸边停着一只小船，余克勤也不问是谁的船，拔锚开船就走。几个坐在棚子里的船主连忙出来喊：“怎么动我们的船？”

“别啰唆，我们追新四军。”

几个士兵奋力划桨，两只船在波浪中追逐。由于蔡虹他们的船是重载，行速明显慢些，后面的船是空船，行速自然快些。眼看两船的距离越来越近，情况十分危急。余克勤蹲在船上朝蔡虹他们开枪。

蔡虹的船已进入长江。由于长江水急，船在水流的冲击下，速度突然加快，两船相距远了。不一会儿，余克勤他们的船也进入了长江，冲进激流中，速度也加快了。眼看要被余克勤追上，蔡虹急忙把小船划进了长江北岸的大片芦苇荡里。

余克勤的小船也向芦苇荡里插了进去。由于芦苇滞住了小船，蔡虹他们行船的速度慢了下来了。余克勤的小船也被芦苇滞在那里，行动迟缓。双方在芦苇荡的青纱帐里捉起了迷藏。

余克勤一面朝蔡虹他们开枪，一面大叫："蔡虹，你们投降吧。"

赵强说："姓余的，中国人不打中国人，有本事到战场上打鬼子去。"

余克勤大笑："你们今天不把武器留下，就别想走出芦苇荡。"

赵强警告："余克勤，你要是再打枪，我们就不客气了。"

余克勤很得意地说："把枪丢下，否则你们就没命了。"

"给他们一点厉害看看。"俞珍迅速从船上抽出一支步枪，装上子弹，喊道："余克勤，当心你的脑袋。"话音刚落，打掉了余克勤的大盖帽。

余克勤连忙从水中把大盖帽抓住重新戴到头上。身边的士兵不敢打枪，他们害怕了。余克勤恼羞成怒，又打过来几枪。

赵强说："余克勤，你太不识好歹，我再警告你。"他伸手接过俞珍手里的步枪，又把余克勤的大盖帽打落水中。

余克勤连忙去捞大盖帽，但是大盖帽飘走了。

其他士兵趴在船上再也不敢动了。

余克勤大叫："放下武器，你们走不了了。"

双方在芦苇荡里僵持着，谁也走不了，只是隔着芦苇盲目地打枪。

这时，在中江市的日军指挥部，大队长吉野大佐正伏在桌子上写毛笔字。他身材魁梧，一脸横肉，一副老谋深算的样子。他背后的墙上贴着一幅大字："共存共荣"，乃是吉野手笔。他正在写的字是："以夷制夷"。写好之后，招呼副官松井中佐观看。

松井是一个瘦高个子的日本军官，此时他正在踱步、抽烟。他看了看字幅说："大佐君，您对中国人的思想文化研究颇深。但不知道您写这'以夷制夷’是什么意思，据下官所知，这是中国人抵制外国人的一种谋略。”

吉野点点头：“对。我是把它拿过来，取其以中国人制中国人之意。”

“有意思。”松井说，“在日本军人中，恐怕只有大佐君您有这样的思维。以中国人制中国人，难道我们日本人就不能制中国人吗？”

“具体地说，是由日本人制中国的统治者，由中国统治者制中国人，这样会更加有利，更加有效。”吉野说。

“我们现在扶植汪精卫，诱降蒋介石，是不是出于这种考虑？”

“是出于这种考虑，可是我们做得很不够。”

“大佐君，您对中国很有研究，我想请教，中国民族的最大特点是什么？”

“这个问题不是一句话可以概括的，我要说的是了解中国民族的最大特点，首先必须研究中国人的思维方式。”

“中国人的思维方式？”

“对，而要研究中国人的思维方式，必须研究中国人的思想文化。”

“思想文化？”

“研究中国人的思想文化，了解中国人的思维方式，才能真正了解中国人，最终征服中国人，管制中国人。”

“大佐君，中国人的思想文化是什么，思维方式又是什么？”

“中国以儒家思想文化为主流，其集中体现在《论语》《孟子》和‘程朱理学’。”他顺手拍拍放在桌子边上的几本中国旧书。

“那么中国人的思维方式又是什么呢？”

“有两条，一是强调以等级观念为核心的封建礼教，二是强调以忍让求安为信条的人生哲学。”

“这就是中国人的思维方式？”

“对。”

“它有什么后果？”

“他会扼杀人的尊严和创造性，摧毁人的反抗和牺牲精神。思想上没有创造性，精神上忍让求安，才导致中国的落后和软弱可欺。”

“可是，中国是一个伟大的民族，创造过汉、唐盛世。那个时候中国比日本强大得多。”

“那只是一个农业文明，谈不上强大。”

“成吉思汗打到欧洲，不也说明中国人的强悍、可怕？”

“成吉思汗是蒙古人，他先打到欧洲，然后再打中国的。虽然现在蒙古人成了中国民族的一部分，但是他们被中国人同化了。我所说的中国人，主要还是指中国的汉族人，他们占中国人口的百分之九十几。”

“中国的汉族人？汉族在古代也出现过能攻善战的将军和所向无敌的军队。”

“我承认，中国有能人，中国有血性男儿，中国人不是劣等民族。我是说他们长期以来受封建社会制度制约和儒家思想的熏陶，精神和才智施展不开，扭曲变形了，就像他们女人的小脚一样。”

“大佐君，您是不是说中国的思想文化有问题，它是一种积弱的文化，中国人在这种积弱文化的熏陶下滋生出一种安于现状、苟且偷安的思维方式？以致国家萎靡不振，软弱可欺？”

“完全可以这么说。”

“中国这种积弱的思想文化是从什么时候开始的？”

“自从汉代董仲舒罢黜百家，独尊儒术，中国就一代不如一代。唐代初年，儒道式微，有一个昙花一现的强盛，后来就不行了。中国周边的国家，凡是学习中国封建社会制度和思想伦理的，没有一个不走下坡路的。最明显的是大金帝国，当时非常强大，统治了中国整个北方，由于改行中国统治制度和思想伦理，国家很快衰弱了下来，被元朝所取代。日本学习中国也深受其害，直至日本转向学习西方，进行革新，才振作起来。”

“这样一个不好的东西，中国人为什么不抛弃它呢？”

“这种思想文化和思维方式对统治者有利，所以统治者欢迎它。这种思想文化和思维方式可以维持一个短暂的繁荣，但是后来就每况愈下，我研究发现，中国的每个王朝历史都是一个金字塔形。”

“金字塔形？这个比喻很新鲜。”

“当一个王朝初创时期，各方面都有些生气，这是打基础。一旦基础建立，进入常态，就像金字塔一样，一层比一层小，直至最后衰亡。”

“中国的积弱，对日本不是有利吗？”

“当然有利了。日本有了中国这个邻国，是日本最大的福分。”

“怎么讲?”

“你看看中国地图和日本国地图,”他指着墙上地图说,“中国像一片桑叶,而日本像一只蚕虫,正是这片桑叶养育着蚕虫啊。”

“有意思。吉野君,看来日本人进攻中国,完全符合自然法则了。”

“对。五百多年来,特别是近一百多年来,日本与中国的外交史,就是一部日本步步进逼、中国步步退让的历史。日本因侵略中国而致富,中国因花钱买安而致贫,中国是世界上最好的唐僧肉。蒙古人曾吃了几百年,满洲人也吃了几百年,现在轮到我们日本人来吃了。现在日本不打中国打谁?日本不吃中国吃谁?”

“大佐君的一番话,真使我茅塞顿开。我常常想,中国这么一个古老的国家,怎么这么落后;这么一个有着广阔土地的国家,怎么这么贫穷;这么一个人口众多的大国,怎么这么不堪一击。我初来中国,常常夜里做噩梦,梦见中国人像潮水一样涌来砍杀我们。醒来一看,恰恰相反,不是中国人在杀我们,而是我们在杀中国人,许多中国人还在边上观看呢。”

“你知道在一边观看的中国人心里想着什么吗?”

“一定是恨透了日本人,想报复,想反抗。”

“不是,有你这种想法的人只是极少数。大多数中国人想的是,谢谢日本人,他们今天不杀我了,我比今天被杀的那些人强多了,我至少还可以多活一天,应该知足了。”

吉野、松井哈哈大笑。

松井问:“大佐君,您对中国历史上出现像杨家将、岳飞那样的英雄,怎么解释?”

吉野说:“这些只是少数人,形不成主流。”

“这太深奥,我还是不太理解。”

“不理解吗?看看现实吧,中国人天天都喊‘抗日,抗日’,但是真正抗日的有多少?日本军队一到,他们就跑了。他们真正卖力的不是抗日,是打内战。你可以发现,战场上跑得最快的,在中央都很吃香,而真心抗日的,却得不到支持,被造谣中伤,被排挤,被打击,下场悲惨。我预计,中国将有一大批亲日派,即中国人所说的汉奸,继汪先生之后,投向大日本帝国的怀抱。”

“大佐君，以上就是您‘以夷治夷’思维的根据？”

“对，中国统治者对外软弱，对内却严酷，他们有一套儒家思想和封建礼教约束老百姓，而老百姓也已经形成习惯，不用中国人管中国人，你无法把这个国家控制好，这一点，元朝和清朝都为我们提供了好的经验。”

“大佐君，您最后的结论是什么？”

“如果没有外力干预，日本统治中国，一定会成功。日本将成为继满洲人之后第三个统治中国的民族。这就是我研究中国历史得出的最后结论。”

“大佐君，您对中国的研究既深刻又有独到的见解，我用中国人的话说，真是钦佩之至，五体投地。”

突然，远处传来几声清脆的枪声。两个人同时抬起头来。

吉野问：“哪里打枪？”

松井走到窗前朝江面上察看。对岸的芦苇荡里，有几缕青烟在上空飘动。

“砰，砰……”又是几枪。

宪兵队长龟田急匆匆跑了进来：“报告大佐君，长江对岸的芦苇荡里响起了枪声。”

吉野问：“你知道是谁在打枪吗？”

“好像是——中国军队。”

“废话！我就不知道是中国军队？我是问你谁和谁打？”

“不知道！”

“中国的军队多得很，国民党、共产党，国民党内部的派系，还有土匪，地方保安团。他们在民族危亡的时刻，也还是忘不了内斗。”

松井说：“大佐君，我学到了一句中国古话，叫‘坐山观虎斗’，反正是中国人在互相残杀，别管他们。”

吉野摇摇头说：“不，中国有句古话叫‘卧榻之旁岂容他人酣睡’。长江控制在我们手里，怎么能让他们在此横行呢？龟田君，你去看看。”

龟田“咳！”一声，转身去了。

吉野重新写他的毛笔字。

龟田带着一队日本兵跑步来到江边，江边停着几艘汽艇。他们迅速解开缆绳跳上船，机器一阵轰鸣，汽艇转头，迅速驶向长江对面。

芦苇荡里，蔡虹和余克勤双方对峙，互相打枪。

余克勤见日本人来了，讨好地喊：“太君，这里有新四军。”

“哒哒哒”，日本人不分青红皂白，机枪一阵扫射。

余克勤的肩上中弹。他捂着肩膀骂道：“妈的巴子，说是我们打新四军他们会帮忙的，这些日本鬼子真不知好歹！”

“哒哒哒”，日本人又是一阵扫射。

国民党士兵忍无可忍进行还击，双方交火。蔡虹他们也与日本人交火。

余克勤慌忙命令士兵：“撤，快撤。”他们划船迅速逃离了芦苇荡。

日本人见逃了一只船，就集中对付蔡虹他们，机枪朝这边扫来。

蔡虹举起了手枪，一枪打倒站在甲板上的一名日本兵。紧接着，俞珍、赵强一枪一个，又打倒了两个日本兵。

日本兵顿时失去了嚣张气焰，龟缩到驾驶室边，朝这边开枪。

蔡虹他们跳下水，与日本人展开了激战。

天色渐渐暗了，日本汽艇上打开了探照灯。

蔡虹眼看无法脱身，只好命令：“沉船。”

“沉船？”俞珍不解。

“对，我们无法将船划走，只有沉船。”

“枪支怎么办？”赵强问。

“明天找人来打捞。”

三人一用力，船倾向一边，船进水，沉了。他们随即潜入水底，不见了踪影。

探照灯在沉船的水面上扫射，枪弹在水上溅起了阵阵水花。日本鬼子打了一阵子枪，听不到枪声还击。他们用探照灯在芦苇荡里面扫视了几遍，芦苇荡里空空的，寂然无声，连船也不见了。他们又开船来回巡视了几趟，也没有发现什么，只好回中江去了。

# 九、夜进袁庄

蔡虹、俞珍、赵强从水里冒出来，三人疲倦地爬上岸，浑身透湿，手里提着手枪。他们把手枪插在腰间，一屁股坐在地上。面对黑茫茫的芦苇荡和江面发愁。

俞珍问："老板，眼下怎么办？"

"怎么办，回部队找人来捞枪呗。"赵强说。

蔡虹想了想："不行。这儿离部队有一百多华里路，又是敌占区，到处都是鬼子炮楼、伪军的巡逻队，我们走不了多远就会被他们发现。部队也不可能开到这儿捞枪，如果被敌人发现，将我们包围起来，整个部队都有被消灭的危险。"

"那我们就自己捞吧。"俞珍说。

"那也不行。这么多枪支弹药，我们自己捞，得要好几天的时间，会被敌人发现的。再说，敌人封锁江面，封锁道路，我们就是捞起来，也无法运走，就等于捞起来送给敌人。"

"那怎么办？枪支带不走，我们自己又不能捞，这不是白忙活了吗？"

"别急，我们想办法。"蔡虹站起来说，"我们还是要依靠老百姓的帮助。"他们沿着江堤往前走。

"依靠老百姓？"赵强心中没底，"这个地方的老百姓对我们不了解，不配合，他们能帮我们捞枪吗？说不定还会给鬼子、国民党通风报信呢。"

"是啊。"俞珍也觉得不靠谱，"老百姓知道了，消息就传出去了，敌人就会来，我们还能走得了吗？"

蔡虹说："我说的老百姓，是包括一些有正义感的地主。我们去找地主想办法。”

“找地主?”俞珍更是不放心，“地主一般都以国民党为靠山，或者投靠日本人，他们能帮助咱们新四军?”

蔡虹解释说：“我们找比较开明的、有正义感的、同情革命的地主，这样的地主还是有的。我们向他们宣传抗日，宣传革命，请他们帮助我们。”

“我们去哪里找这样的好地主?”赵强叹道。

“听说这个地方有一个大地主叫袁绍先，比较开明，日本人来了，他拒绝与日本人合作，对国民党腐败政府也十分不满，人很正派，在老百姓中声誉较好，我们找他去。”

“袁绍先?”赵强想起来了，“他的弟弟在国民党做大官，他的两个儿子都在国外读书，他的势力可大哪！仅他家里的保安队就有三十多条枪。”

“这样的大地主是我们革命的对象，他能帮助我们?”俞珍表示异议。

“试试看吧。”蔡虹说，“他在国民党那边有势力没有关系，我们现在是国共合作时期，也可以合作嘛。他有社会地位，有经济实力，有私人武装，在地方上说话算数，只要他答应帮助我们，事情就好办了。”

“如果袁绍先拒绝帮助我们怎么办?”赵强不放心。

“这完全有可能。我们要尽量做工作，虽然没有多大把握，但目前我们没有其他出路，只有走这条道。”

“要是袁绍先用私家武装对付我们，我们打不打?”俞珍问。

“只要我们不把他们逼急，他们一般不会和我们作对的。”

“那为什么?”

“因为地主是本地人，他们有家庭，有房产，有田地，顾虑较多，一般情况下，不敢轻举妄动。新四军目前虽然很弱，但对付个把地主，还是绰绰有余，所以地主不敢得罪新四军。当然，也有当场反抗的，这是例外。所以我们既要诚心诚意和他们交朋友，又要特别警惕，防止发生意外。”

赵强点点头：“老板说得有道理，看来我们对地主要区别对待，对思想进步的地主，要接纳要团结。”

俞珍补充说：“你讲得不全面，还要千万小心，防止发生意外。”

袁庄是一个很大的村庄，其中的袁家大院，围墙很高，四周都有瞭望台，从远处可以看到围墙里面嵯峨的屋顶。

此时是夜深人静，大地主袁绍先被枪声惊醒，靠在床上抽鸦片。他身材稍高，面目清癯，蓄着一把花白的胡子，有几分仙风道骨气概。家人袁福在一旁服侍。

袁绍先问袁福："不打枪了？"

"老爷，不打枪了，估计是中央军与日本人撞上了。"

袁绍先想了想说："我觉得不太像。中央军和日本人打，不会这么快就结束，有点像新四军和日本人打。"

"老爷，只有桂系到过这里，还没听说新四军来过。"

"新四军江北支队刚刚成立。他们昼伏夜出，哪里不能去？我听枪声比较稀，就像是新四军。新四军子弹金贵，总是一枪一枪地打。"

"是呀。"袁福觉得有理，"新四军虽说人少枪差，但他们不怕鬼子，敢夜里摸鬼子炮楼。听说有个团长叫蔡虹，枪打得好准，一个人能对付几十个鬼子。"

"我也听说过蔡虹这个人，能文能武。听说前次日本人在灵山，就是被蔡虹打败的。"袁绍先说，"新四军里面有能人啊！"

"老爷，您睡吧。我去把门关上。"袁福端着玻璃套子灯来到堂间，把灯放到桌子上，打开大门朝外面看了一看，听了一听，然后关上大门，用一根木杠子顶住门，把灯吹熄了。

但是，黑暗中，袁绍先又在叫他过去。

袁福赶紧走过去："老爷，什么事？"

"我担心新四军到我家里来。"

"老爷，我去把老七他们叫起来，做好准备。如果新四军不上门，就让他们过去，咱们井水不犯河水。如果新四军上门找麻烦，我们就不客气。"

袁绍先摇摇头："不能用对付土匪的办法对付新四军。"

"老爷，您说怎么办？"

"对新四军，只能来软的，能应付过去就应付过去。"

"这年头，这军那军，来了都是要钱。日本鬼子、汪伪军来了要钱，国民党桂系来了要钱，新四军来了不是也要钱吗？"袁福自作聪明地说。

"他们若是要钱，就给他们好了。说我不在家。"袁绍先吩咐。

“老爷，您说个数。”

“上次江匪来了，给他们多少？”

“五百块大洋。”

“湖匪呢？”

“也是五百块大洋。”

“国民党桂系呢？”

“给桂系多些，一千块大洋。”

“这次如果新四军来了，也是这个数。”

“要是他们不满足怎么办？”

“你就说等我回来再给。”

袁福双手合一：“阿弥陀佛，求菩萨保佑，千万别让新四军来哟！”

袁绍先说：“你到后面跟老七他们说，叫他们警醒点，防止今天晚上有事。到时候，实在打发不了，听我的咳嗽行动。”

“是，老爷，我这就去打招呼。”

在库房里的地铺上，睡着三十几个自卫队员，墙边靠着三十几杆枪，墙上挂着几十套衣服，这是袁绍先的私人武装。为首的从被子里露出个雪亮的光头，他就是袁老七。

袁福走到袁老七的头边唤：“老七，老七。”

袁老七扭着光头问：“什么事？”

袁福说：“听到枪声了吗？老爷说，今晚可能有事，叫你们警醒点，有情况以老爷的咳嗽为号。”

袁老七支起上身：“土匪来了？”

“谁知道，也许是新四军。”

“新四军？”袁老七起身穿衣，嘴里命令，“都把衣服穿起来！”

三十几个自卫队员滚的滚，爬的爬，都打着呵欠，起来穿衣。

一个队员说：“真遭罪，我刚刚睡着。”

“睡个屁，”袁老七骂道，“没听到枪声吗？”

袁老七对其中的几个队员说：“你们几个，到瞭望台上看着，有动静鸣枪为号，我带着大伙儿马上就来。”

几个队员答应着，穿上衣，系好裤子，拎着枪去了。

江边大堤上，蔡虹他们朝袁庄走来。

“这就是袁庄，好大好气派啊。”赵强感叹。

“这个村上富人不少，在临江县城和中江市里面做官、做实业的也有好几个。”蔡虹说。

突然，赵强发现袁家大院的瞭望台上有人影走动。

“有人戒备，看样子他们听到了枪声。”赵强说。

“我们能进庄吗？”俞珍问。

“不能进也得进。”蔡虹下定了决心。

“如果他们向我们开枪，我们能不能反击？”

“他们不会蓦然开枪，不到万不得已，我们也不能开枪。”

俞珍和赵强互相看看，都做好了战斗的准备。

蔡虹大踏步朝袁庄走去，赵强、俞珍跟了上去。突然，瞭望台上自卫队员大喝一声：“谁？”同时拉响了枪闩。

蔡虹他们继续往前走，根本不理会。

自卫队员大声制止：“站住！”但蔡虹他们并不放慢脚步。

“当！”的一枪，自卫队员朝天开枪示警。

这时，从大门里冲出来三十几个自卫队员，一起将枪口对着蔡虹他们三个人：“哪里来的，不许动！”

蔡虹哈哈大笑道：“我第一次来袁庄就受到这样的礼遇？”

自卫队员愣着，不知道蔡虹是什么来头。袁老七走过来问：“你们是什么人？”

蔡虹说：“我是来找袁先生的，有要事商量。”

“你胡说，哪有深更半夜登门的，不是土匪就是强盗。弟兄们，把他们抓起来。”

“且慢。”蔡虹说，“我把话说清楚。既然袁先生的手下对我不客气，我也就不考虑失礼了。你们要抓我，请上来吧，我倒要看看你们几个人能不能抓住我。”

袁老七心想，听说新四军个个有功夫，我今天倒要见识见识。“你们几个，上!”

自卫队员们上前来擒蔡虹。赵强、俞珍一左一右护着蔡虹。

蔡虹对赵强、俞珍说：“你们站到一边去，我一个人来。”赵强、俞珍只好闪到一边。

首先四个自卫队员上前来斗蔡虹，蔡虹指东打西，指南打北，眨眼工夫，四个人倒在地上动弹不得。

袁老七傻了，大叫一声：“再上。”

又上来四个人，一阵折腾，也都躺在地上叫苦。

袁老七大怒，拉开了枪闩，自卫队员们持枪对着蔡虹。后面几个自卫队员手里拿着手电筒照着蔡虹。

蔡虹笑着说：“今天这个欢迎仪式倒很特别，先是比武艺，再来就是比枪法了。好，请拿手电筒的弟兄们把手电筒举高一点，我今天要给大家一个见面礼。”

拿手电筒的队员果然不由自主地把手电举高了。

只见蔡虹将手枪一挥，一连几发子弹早已射出，几个手电筒的灯光应声而灭。自卫队员齐声惊呼：“啊，好枪法!”

袁老七呆若木鸡。

蔡虹问：“还有什么其他招数？如果没有，该让我去会见袁先生了。”

“你们真的是新四军?”袁老七问。

“不见袁先生，我们不会告诉你。”

“你们不说明身份，我们怎么能带你们去见我家老爷?”

“我们有重要事情与袁先生商量，这事不能让外人知道，如果你不愿带我们去，肯定是要误事。你想，要不是时间紧急，我们会深更半夜来找袁先生吗?”

袁老七觉得有理。他说：“我可以带你去，但是为了我们老爷的安全，你们要把手枪丢下来?”

“我一个人随你去。”蔡虹把枪丢给了赵强。

赵强、俞珍见蔡虹赤手空拳进去了，不大放心，也要随着进去，但是自卫队员们不让他们前进一步。赵强、俞珍只好作罢。

这时，袁绍先靠在床上，仍然睁着两眼没有睡。他先听到一声枪响，接着又听到几声，他估计是自卫队员和对方接上了火，他急忙对袁福说："袁福，快去看看，老七他们怎么了。"

袁福匆忙出门，看见袁老七带着蔡虹走过来了，他迎上去问："老七，是怎么回事？"

袁老七说："这个人要见老爷。"

袁福埋怨道："老七你糊涂了，老爷昨天就出了门，他没有回来呀。"

袁老七连忙改口："哦，我想起来了，老爷不在家。"

"袁先生在家的，我已经闻到鸦片烟的味道了。"蔡虹肯定地说。

袁福十分吃惊，于是问："你是谁？"

"我有要事和袁先生商量，不见袁先生，我不能说，请你们谅解。"

袁福只好把蔡虹引进了一座四合院子里，院子里有一张石桌和四个石凳。此时月照中天，院子里树影稀疏，明亮而幽静。

袁福示意袁老七离开，又对蔡虹说："我是老爷身边的人，这里没有其他人了，老爷确实不在家。您有什么事就跟我说吧，有什么要求，都可以讲。"

蔡虹看看袁福说："好吧。我听说袁先生是个爱国、有正义感的乡绅，所以我们今天有要事请求他的帮助，希望袁先生伸出援助之手。"

"先生您是……"

"我们是新四军，我叫蔡虹。"

袁福十分吃惊："哦，原来您就是新四军的蔡团长。"

"对，正是鄙人。"

这时，袁绍先已经起身穿戴好了，他从柜子里取出珍藏的一支德国造的手枪，提在手里以防不测。他通过走廊里的屏风，观察着来人和袁福说话，听到蔡虹的名字，他为之一震。

就听袁福说："真是贵人到此，请坐请坐！"

"别客气。"蔡虹坐了下来。

袁福说："蔡团长，我们老爷一向对新四军很友好，对您也已久仰，一直没有机会去拜访。蔡团长今日驾到，老爷不在，我替老爷做主，献上些许薄礼，聊作慰劳，请蔡团长笑纳，改日老爷定会登门拜访。"他从屋里拿出一个包裹，打开之后，递给蔡虹，里面是白灿灿的大洋。

蔡虹摆摆手："先生误会了。蔡虹今日前来不是为了筹款，而是有要事相求，还请袁先生出来相见。"

"蔡团长，我已说过，老爷他……"

这时，只见袁绍先服装整齐，手持文明棍从房间里踱了出来："我在这儿。"

袁福大吃一惊。

袁绍先说："蔡先生屈驾光临，欢迎欢迎哪！"

蔡虹站起来行拱手礼："袁先生，深夜打搅，实在不好意思。"

"袁福，给客人沏茶。"袁绍先在蔡虹对面坐了下来。

蔡虹说："袁先生，无事不登三宝殿，今有一件重要事情相扰。"

"请讲不妨。"

"我们新四军买来一批枪支，在转运途中，遭遇日本人的拦截，船沉在芦苇荡里。我们必须尽快打捞，把它们运到新四军部队去。时间紧迫，我今天来就是想请您帮助我们，不知道袁先生可肯帮忙?"

"有多少?"

"有五百来支，还有一些弹药。"

袁绍先想了想说："此事有关抗战大事，又是新四军第一次找我做事，我袁某不会推辞，一定尽力，您放心好了。"他转向送茶过来的袁福说："袁福，通知厨房烧水、做饭。给客人洗澡、换衣，吃饭休息。"

蔡虹说："我还有两个同事在门外。"

"让他们进来。"

不一会儿，赵强、俞珍两人随袁福进来，袁老七也跟着进来。

袁绍先说："老七，你们去休息吧。这位蔡先生是我的朋友，我们要在一起说说话。

袁老七见状，连忙向蔡虹说："不好意思，刚才得罪了。"

"不打不相识，往后我们也是朋友了。"蔡虹说。

"是朋友了，你们谈吧。"袁老七讪笑着离去。

袁老七带人回到库房继续睡觉。

这时，袁福提着一个水桶走了过去。众人围了上来打探情况。

袁老七问：“这几个人到底是谁?”

袁福说：“是新四军。”

“真是新四军?”

“那为首的是新四军的团长蔡虹。”

“蔡虹，我的天。”袁老七感叹道，“他就是蔡虹？怪不得武功那么好，枪法那么准。他们来干什么？是不是筹款、征粮、抓壮丁?”

“不是。”袁福说，“他们是来请老爷帮他们去捞枪的。”

“捞枪，到哪儿捞枪?”

“江边的芦苇荡里。新四军有五百条枪，还有弹药，在转运途中被日本鬼子拦截，把船打沉在江里面了。”

“五百支，乖乖!”袁老七惊喜道，“我们去捞吧，捞上来可以拉起一支队伍了，这年头，有枪就是草头王。”

自卫队员们听了都很兴奋。

“不行。蔡虹可不是个凡角。老爷本来不想见，交代我应付过去，听说是蔡虹，他就出来了。”袁福说。

“看来老爷对蔡虹是特别礼遇。”

“是啊，蔡虹的名字，谁不知道。”

袁老七打起了歪主意：“我看，管他蔡虹蔡绿的，趁他不备，把他干掉，把枪支夺过来。”

“老爷不发话，你们不能动。”

袁老七指着水桶问：“你这是干什么?”

“老爷叫我打水给他们洗澡。”袁福提着水桶走了。

袁老七自语：“洗澡，这倒是个好机会。对，趁蔡虹洗澡的时候下手。”

“对，干掉他们。”众队员都赞成。

在洗澡间门口，袁福提着冒热气的水桶过来，手里还带着毛巾和几件洗换衣服。他把热水倒进澡盆里一部分。将洗换衣服放到一条长凳子上，转身出来到客厅说：“蔡团长，你们可以洗澡了。”

蔡虹表示感谢后，起身别过袁绍先，带着赵强、俞珍来到洗澡间门前。

赵强对蔡虹说："老板，您先洗吧。"

"不，小俞先洗。"蔡虹说。

俞珍推辞："我不洗，你们洗。"

"小俞，你先洗，我们给你担任警卫。"

"不，我来当警卫。"俞珍坚持说。

"还是我当警卫。"赵强说。

蔡虹说："小俞，你先洗好，还有重要任务。"

"什么任务？"

"你先回部队去，告诉政委、支队长，叫他们快点派部队来接应。我这边，白天行动有危险，只有晚上行动。我计划，今儿白天休息，晚上去捞枪支，捞好了已经半夜，再往回运，天亮前赶不到部队。白天行动，会惊动敌人，到时敌人一定会拦截，所以必须有部队接应，一鼓作气把枪支弹药运回去。"

"好，那我就先洗。"俞珍说，"不过，你们在这里要当心，我已经注意到了，袁老七他们存心不善，随时都有可能向我们下手。现在他们知道我们有一批枪支弹药，你们更要防止他们夺枪杀人。"

"小俞，你估计得很对。"蔡虹说，"只要你走了，我们就安全多了。"

"为什么，我是你们的累赘？"

"不是。你走了，就有人为我们报信了。地主要是杀害我们，他不怕我们的部队报复？如果我们三个人在一起，地主把我们杀了，就能做到杀人灭口，神不知鬼不觉，对不对？"

"老板说得对。"赵强连连点头。

蔡虹说："还有，我叫你们先洗，我做警卫，他们不敢轻易动手。他们要动手，必须选在我洗澡的时候。我洗澡时，小俞已经走远了，他们估计追不到小俞，就更不敢轻易动手了。"

俞珍信服地点点头。

"老板，您想得真周到。"赵强也十分佩服。

这时在库房里，袁老七他们没有睡。从门外进来一个自卫队员说："七哥，新四军走了一个。"

袁老七感到意外，问："走了一个？"

“怕是回部队报信去了。”

“走了一个不好办。”袁老七抓头。

队员们说：“不要紧，只要我们先干掉这两个，然后再追杀那个不迟。”

袁老七摩拳擦掌：“就这样定了，擒贼先擒王，等蔡虹洗澡的时候下手，大家听我的。”

洗澡间门口，赵强从里面出来，一边擦着身体一边说：“老板，我洗好了，你洗吧，我估计俞珍走了不下五里路了。”

蔡虹点点头，一边进门一边说：“注意观察。”

蔡虹进入洗澡间。赵强握枪在手，警惕地朝外张望。

这时，三十几个自卫队员在袁老七的率领下，从库房里面鱼贯而出，然后散开，向洗澡间方向悄悄包围过来。

东方发白，天色黎明，自卫队员们的行动惊动了鸡棚里醒了的鸡群，突然，一只大公鸡冲出鸡棚，箭一样朝天上飞去。

“叭”的一声，赵强挥枪将公鸡击落。

自卫队员们都惊呆了：“我的天哪，新四军枪法多准！”

袁老七有些迟疑了。

枪声惊动了袁绍先，他从堂间走出来问：“谁在打枪？”

袁老七提着手枪从暗处出来：“老爷，不是我们打的枪，是新四军。”

袁绍先见袁老七的样子，明白了他的用意，斥道：“你们想干什么，他们是我的客人，你们不能胡来！”

袁老七低声说：“老爷，我们干掉他们，把那批枪弄到手，拉起几百人的队伍，投奔中央军去，也好混个旅长、团长当当。”

“胡说。”袁绍先喝道，“新四军是抗日的队伍，杀新四军，夺他们的枪，是犯罪，让天下人笑话。把枪放下，回屋里去。”

袁老七无奈，只得一挥手，自卫队员跟着他回去了。

这时赵强提着枪走过来说：“袁先生，不好意思，我以为出了什么事，一时枪走了火，到时候我赔您一只鸡。”

“不要紧的，一只鸡算个什么？正好杀着吃。跟蔡团长说，洗好了澡，到餐厅吃饭。”

客厅里，桌上已摆好了一桌饭菜。

蔡虹洗好澡满面春风地走了过来，说："哎呀，洗了一把澡，真舒服。"

袁绍先招呼："来来来，蔡团长，用点便饭吧。"

"好啊。既来之，则安之，我们就不客气了。"蔡虹、赵强坐到桌边。

袁绍先说："蔡团长，老七他们对您有所冒犯，请您谅解。"

"没关系，一回生二回熟嘛。我是相信袁先生的大义，不然，我也不会来贵府打扰了。"又说，"请老七先生一起吃饭吧。"

袁绍先对袁福说："去把老七叫来。"

不一会儿，袁老七来了，说："有幸和蔡团长一起吃饭。"

蔡虹说："我们来打搅了，交个朋友吧。"

袁老七坐下问："蔡团长能和我喝杯酒吗？"

"那有什么不能的，俗话说'舍命陪君子嘛'"。

"好，一言为定。"

酒过三巡，袁老七红着脸说："蔡团长，我老七虽然没有见过您，但您的大名我早就听说过。像蔡团长这样文武大才，自己拉起一个队伍，当个草头王有多好啊。比在别人手下做事、受管强，对不对？如果蔡团长看得上我，我老七跟着蔡团长干。"

"老七，你酒喝多了瞎说。"袁绍先责备道。

"我没喝多，我是说心里话。"

蔡虹说："兄弟呀，我们共产党、新四军闹革命，不是为了个人出人头地，不是为了打江山、做皇帝，搞封建社会那种改朝换代。我们的目的是要建设一个新社会、新国家。这个社会、这个国家人人平等，没有贵贱，没有贫富，人人有工做，有田耕，都过上好日子。"

"这当然好。"袁老七说，"可是谁打江山不是为了掌权，做皇帝？"

"我们不要皇帝，共产党自己也不当皇帝，我们打江山的目的是为全中国人民，让全国人民都能当家作主。"

"这能行吗？"

"只要我们大家都这样想，都这样做，就一定能行。"

袁老七问："听说共产党打土豪、分田地，共产共妻？"

"那是敌人恶意的宣传。"蔡虹说，"我们的任务是组织起中国的老百姓，把日本鬼子赶出中国去。然后，我们建立起一个自由、平等、民主的国家。我们的经济政策是减租减息，救济穷人。有饭大家吃，有事大家做。在这个基础上，实行耕者有其田，发展经济。这就是孙中山先生倡导的建国方略，也是我们共产党人的努力方向。”

袁老七点点头：“是有道理。”

蔡虹说：“为了实现孙中山先生的遗愿。我们要联合包括国民党在内的全国各党派、群众团体和一切进步力量共同奋斗。像袁先生这样有声望的乡绅，都是我们共产党人团结的对象。你们想一想，同上述宏伟的目标比起来，那种打江山、做皇帝，然后骑在人民头上作威作福，到后来又被老百姓推翻，又有多大意义？”

“那是那是。”袁老七说，“蔡团长一席话真使我老七长了见识。”

袁绍先也很信服地说：“蔡先生的话深入浅出，很有道理，比我以往听说过的共产主义的宣传更简要、更具体、更实际。听君一席话，胜读十年书啊！”

蔡虹说：“蔡某才疏学浅，不敢当啊。”

袁老七说：“蔡团长，我袁老七有幸结识您，心里十分高兴，您能跟我划几拳吗？”

“那当然可以。”

“好，蔡团长不嫌我老七是个粗人，我们划几拳。”

于是，两人开始出拳：“哥俩好哇，三结义呀，四四如意，五魁首哇，六六大顺……”

不一会儿，袁老七喝得大醉，被袁福架着，往后面库房里去了。

库房里，自卫队员围了上来问：“七哥，怎么让新四军给灌醉了？”

“蔡团长真是太——太厉害了，我算服了他了。”边说着袁老七“哇”地吐了一地。

袁老七走后，蔡虹对袁绍先说：“没想到他这么快就醉了，真不好意思。”

袁绍先说：“老七是直性子，他不喝醉不行。”又问：“蔡先生，我们什么时候去捞枪？”

“白天打捞，敌人会发现，还是晚上去吧。”蔡虹说。

“是啊，我也这么想。蔡先生要不要睡一下。”

“不用啦，我看袁先生有围棋，我们下盘棋吧。”

“好啊，我向蔡先生讨教了。”

“不敢，向袁先生请教。”

袁福过来为他们摆棋盘。

袁绍先对袁福说：“袁福，你到村子里去，通知三十个壮劳力，叫他们准备扁担、土筐和绳子，晚上有事。先不要告诉他们做什么，以免走漏了消息。”

“是，我这就去。”袁福答道。

# 十、日顽勾结

上官云相听说孙俊杰把枪支还给了新四军，十分恼火，把孙俊杰叫到办公室训斥了一顿。上官云相说："没有我的命令，你怎么能把枪支给了新四军？顾司令、蒋委员长知道后都非常生气，要不是我为你说好话，非处分你不可。"

孙俊杰诉苦："吴小姐带来孙夫人的指示，硬逼着我……"

"孙夫人是吃里爬外。蒋委员长早就与她断了交往，你还不知道？"上官云相说，"你那个表妹，你要提防她，她的立场也和孙夫人一样，已经被蔡虹拉到共产党那边去了。"

孙俊杰说："我表妹离开之后，我立刻派人去追蔡虹，要把枪支夺回来，不料惊动了日本人，日本汽艇赶过来搅了局，蔡虹逃走了。"

"武器呢？"上官云相问。

"船被打沉在江底，武器也在江底。"

"这么说，新四军还没有把武器带走？"

"没有，武器还在长江里。只是日本人控制了江面，我们没法去打捞。"

上官云相想了想说："你派人去中江，把新四军运枪支的事情告诉日本人。目的是要日本人知道这件事，他们会严密封锁江面，封锁江北各交通要道。这样新四军既无法打捞枪支，也无法运走。"

"明白，我这就去办。"孙俊杰说。

孙俊杰回到团部问余克勤："新四军的武器还在长江里吗？"

"在。他们不会这么快捞走的。"

"你马上到中江去，"孙俊杰说，"你去见中江市维持会长王正奎，你不是和他熟吗？你代表我向他问候，同时把新四军运武器的事告诉他，让他转告日本人，言外之意是让日本人加强戒备，千万别让新四军把武器捞起来运走了。这是上官将军的意思。”

“明白。”余克勤行了一个军礼，转身去了。

第二天，余克勤带着两个随从，穿着便衣来到中江市。他先给王正奎打了个电话，约好了在王正奎家里见面。然后他们来到王正奎家门口敲门，并警惕地左右望望。门开后，余克勤在确定无人跟踪的情况下进了门。

王正奎早已在等候，在场的还有日军副官松井中佐，中江市警察署长杨世才。王正奎中等身材，文官模样，一见余克勤，连忙站起来迎接：“余先生，欢迎欢迎。”

“您好，王会长。”余克勤与王正奎握手。

王正奎首先向余克勤介绍：“皇军驻中江部队的副官，松井中佐先生。”

余克勤学着日本人的样子谦卑地深深鞠躬：“中佐先生，您好。”松井用中国话“您好”应答。

王正奎又介绍警察署长杨世才。杨世才穿着警服，身材稍高，体格魁梧。

余克勤同他握手说：“久仰，久仰。”

杨世才也说：“幸会，幸会。”

王正奎招呼大家去客厅。王正奎的秘书兼卫士王安为大家沏上茶，并把大门关上。

客厅里，大家在沙发上坐下，王正奎说：“听说余先生来访，我们都十分高兴，我认为，虽然我们各为其主，但是我们的心还是相通的呀。”

余克勤说：“余某今天作为孙俊杰团长的特使来拜访王会长、松井先生、杨署长和各位，带了一些薄礼，请笑纳。”他手一挥，两个随从打开一个箱子，里面是一些玉石和鸡血石。余克勤分别给了在座各位。

大家都说：“孙团长太客气了。”

王正奎问及独立团近况，并向孙俊杰问好。寒暄之间，余克勤说明来意：“余某有一个重要情况向皇军报告。”

王正奎、松井和杨世才等人一齐把头凑过来，问：“什么重要情况？”

余克勤说：“新四军有一批武器沉在长江北岸的芦苇荡里，没有带走，孙团长要我来告诉贵军，不知有没有兴趣把它们打捞上来。”

王正奎原以为余克勤是来联系投效日本皇军的事，所以他把情况告诉了松井，松井也十分重视，一面报告了吉野大佐，一面亲自参与会见，听到这里，松井大为失望，他直起腰说：“我当什么要事，就是前天新四军的那条船吧，原来船上装着几条破枪?”

“不是破枪，是从香港买来的美式武器。”

王正奎问：“新四军怎么能从香港买到武器呢?”

“这是孙夫人帮助买的。”

“既然枪已经沉在江底，何必又去打捞。” 松井说。

余克勤强调：“如果不去打捞，新四军一定会去打捞的，这对皇军很不利，所以孙团长特意让我来报告。”

松井不以为然：“长江在大日本军队的控制下，他们怎么能来呢?”

余克勤补充说：“新四军一向神出鬼没。”

“你跟孙团长说，请他尽管放心，新四军是绝对捞不去的。”松井又问，“余先生此次来中江，就为了这点事?”

“是啊。我们以为这是一件大事。”

“哈哈。”松井不以为然地笑了。

王正奎问余克勤：“听说新四军在江北成立了一个支队?”

“是啊，这批武器正是要运到江北去的。”

松井郑重其事地说：“新四军可是你们国民政府的部队。你们建立这支抗日队伍，是在向我们大日本帝国挑衅，这是极不友好的行为，我们不得不提出强烈抗议。”

“新四军是共产党的队伍。新四军成立江北支队，也没有经过中央军委的批准。”余克勤连忙说。

“既然没有经过你们的批准，你们就这么任其所为吗?”

“中央已经有了计划，我们不久就要对皖南、皖中以及苏北的新四军采取必要的行动，一举把他们全部消灭。”

松井这才满意地笑了：“余先生，这才是我们需要得到的情况。如果贵军决定对新四军采取行动，可以通知我们一声，我们可以配合。”

“那太好了。”余克勤感激地说。

王正奎说："其实啊，在很多方面我们双方都可以配合行动，是不是?"

众人都说："是啊，是啊。"

这时一个日本士兵走过来向松井耳语了几句，松井对大家说："吉野大佐要亲自接见余先生。"

余克勤受宠若惊："我太荣幸了!"

几个人赶紧出门上车。

王安见王正奎他们走后，关上客厅的门。他是国民党中统打入日伪内部的特务，此时他摇起了电话机，向国民党中统驻中江的特务头子丁潜报告。

对方接电话的是一个和尚，他就是丁潜，任国民党中统驻中江工作站站长。他以出家人身份作掩护，取法名释空。

听到报告后，丁潜放下电话，来到一个暗室，有一个小和尚在电报机旁。丁潜对他说："发报。"他一边踱步，一边口述着电文："孙俊杰派余克勤来中江，秘密会见王正奎，当时有日军中佐松井在场。后由王正奎、松井引荐，余克勤拜会了吉野大佐。他们在一起说了些什么，暂时还不清楚。我们分析，孙俊杰有投靠日方的嫌疑。"

吉野破格接见余克勤，目的是想拉拢孙俊杰，促使他们向日本人靠拢。在吉野办公室，吉野靠在沙发上，王正奎、杨世才、松井、龟田站在他的左右，余克勤肃立在吉野面前。

吉野先采取恫吓的手段对余克勤说："大和民族军人的忍耐是有限度的，国共两党的反日宣传，损害了日中两国人民的感情，不久我们将要采取行动给反日派以沉重的打击。你回去告诉孙团长，日中友好，大东亚共荣的历史潮流是不可阻挡的，孙团长要赶快作出决断。"他用目光逼视余克勤。余克勤吓得腿都抖起来了。

接着吉野又使用怀柔的手段，走到余克勤身边，十分和气地拍着余克勤的肩膀说："但是，我们对于孙先生和余先生是另眼相看的，你们中国有句古话，'良禽择木而栖'，欢迎你们弃暗投明，皇军是不会亏待你们的。"

余克勤一个立正，低头行礼道："是，我一定转告。"

吉野赞许地点点头。他转向松井："余先生在军中十分清苦，难得来城里一趟，中国人一贯讲究'食色，性也'，你们带他出去，放松放松。"

"咳，属下明白。"松井向龟田做个手势。

余克勤赶紧鞠躬说："谢谢大佐君！"

龟田走上前对余克勤说："余先生跟我走。"

余克勤走后，王正奎和杨世才也回去了。吉野继续写他的毛笔字，他一边写着，一边胸有成竹地对松井说："松井君，你会看到我会很快把孙俊杰、余克勤他们收编过来。"

松井说："我相信大佐君会成功。"

吉野停下笔，说："现在，中国政府许多上层人士与我们联系，想投靠大日本帝国。但是我们对他们不是个个都欢迎，我们要看看他有没有军事实力，有多大政治分量。孙俊杰是一个很能干的军官，他的独立团装备精良，同时孙俊杰又是蒋的嫡系，孙俊杰投降过来，对于中国国民党、中国军政界将是一个很大的震动。"

松井问："大佐君，我常常想，中国为什么会有这么多的汉奸？如果没有汉奸，日本人在中国将是聋子和瞎子，寸步难行啊！"

吉野开始发表宏论："上帝让大个子变傻，是为了给小个子腾出生存空间；上帝让中国人不团结，是为了让日本人有空子可钻。中国人在漫长的历史长河中被磨成了鹅卵石，圆滑而没有凝聚力。他们爱这个国家，但他们并不准备为这个国家牺牲。他们可以为了保住个人的权力、地位、私利甚至面子，出卖多数人的利益。我们日本人不一样，我们可以随时准备牺牲个人，为国家出力。我们天皇节衣缩食为海军建设筹集经费，而中国的慈禧太后却挪用海军经费为自己做大寿，修颐和园。所以，日本要想统治中国，不能完全靠军事行动，还要大力收买那些为了自己的私利不惜出卖国家和人民利益的上层人士、当权者。"

"还是'以夷治夷'哟！大佐君，照您这样说，像南京大屠杀那样具有威慑性的行动有没有必要？"

"完全没有必要！"吉野肯定地说，"这是那批蠢人所为。他们这样做将加深中国人对日本人的仇恨，为中日两国历史留下了永不磨灭的伤痛，被杀的都是放下武器的军人和手无寸铁的老百姓。"

“那些反日分子也不该杀吗?”

“就是那些该杀的反日分子，为什么不让中国人自己去杀掉他们? 我们只要宣布某某人或者某某军队阻碍了日中友好，逼得我们不得不采取强硬的军事行动。当年八国联军要求慈禧太后消灭义和团，不是很成功吗? 等到这些有血性的中国人消灭得差不多了，我们再来对付中国的统治者，不是容易得多吗?”

“大佐君不仅深通中国人的思想文化，而且您的战略思想实在高人一筹呀!

吉野得意地大笑。

龟田将余克勤领到一个日本按摩院，老鸨见到龟田，热情地迎上来：“龟田先生，您终于来啦，快快上来，姑娘们都想死您了。”

龟田说：“别别，今天你要找两个好姑娘，好好招待这位客人。”

老鸨见到余克勤的样子，有些不太愿意地说：“支那人。”因为日本军妓是专门招待日本军官的。

龟田强调说：“这是吉野大佐的重要客人，不可怠慢。”

老鸨连声说：“是，是。”

龟田和余克勤进了一个包间，在榻榻米上坐下之后，老鸨拍了两下巴掌，两个浓妆艳抹的日本军妓从帘子后面嘻嘻哈哈地躬身出来。

龟田站了起来，老鸨向军妓交代了几句，两个妓女就一左一右坐到了余克勤身边，服务生端上茶点，退下。

这时龟田和老鸨告辞。老鸨说：“龟田君，我再给您找一个好姑娘。”

龟田说：“我还有事。”

老鸨送他到门口。

里面，余克勤夹在两个日本军妓中间，左拥右抱，丑态百出。

龟田在屏风外面观察了一阵才离去。

# 十一、小试锋芒

俞珍匆匆走在回部队的路上，天已大亮。走了三十里，前面是一条小河，一座小桥架在河上，鬼子在桥头建了一座炮楼，桥上设检查站，挡住了来往行人的通道。炮楼上有鬼子站岗瞭望，桥上有鬼子、汉奸在盘查行人。鬼子就是这样占据乡村每一个交通道路，迫使行人必须从据点通过，如果不从据点通过，鬼子发现就用枪射杀。特别是在大白天，不走据点是绝对不行的。

俞珍正盘算着怎么渡过这道关卡，这时遇到一个挑稻草的青年农民。

俞珍问："大哥，前面好过吗？"

农民叹一口气说："不好过也得过呀，其他地方不给走。鬼子蛮不讲理，来往都要盘查、搜身，有时还莫名其妙地挨打，这年头，真不是人过的日子。"

俞珍觉得自己单身一人，肩不挑手不提，容易引起敌人的怀疑，况且腰里别着一支手枪，容易被搜查出来。有一个人结伴而行，比较合乎情理，同时也可以把手枪藏在稻草里面，就说："大哥，我陪你一道过吧。鬼子要是盘问，就说我是你弟弟，好吗？"

农民看了看俞珍，答应着："行啊，走吧。"

"大哥，您叫什么名字？"

"李大春。"

"那我就叫李小春好了。"

"行。"两人继续往前走。

快到炮楼的时候，李大春由于害怕，歇下担子喘口气，走到田边去尿尿。俞珍假装拔鞋子，趁机把手枪塞进了稻草里面。李大春尿完回来，挑起稻草，两人硬着头皮过桥。

两个日本兵和两个伪军站在桥上。李大春挑着稻草上去，日伪军先把他们两人身上搜一遍，没有发现什么，又把稻草查一遍，也没有发现什么。鬼子一枪托揣到李大春的背上，打得李大春一个趔趄，喝一声："滚!"算是放行了。

俞珍心里舒了一口气，和李大春继续往前走。

不料就在这时，炮楼里的日军小头目接到了焦县日军打来的电话，要求截查过往的新四军。小头目放下电话，急忙走出炮楼，对在桥上的两个日本兵大声说："广本队长来电话，说有新四军从这一带经过，从现在起，要严格检查行人。"

鬼子兵连声说："咳，咳。"

伪军听说，立刻朝李大春喊："喂，挑稻草的，回来。"

李大春歇下稻草担，俞珍也站住了。

日军和伪军匆匆跑过来，把他俩围住。李大春感到很奇怪，俞珍知道情况有变。

日本兵命令李大春、俞珍站好，重新对他们进行搜查，又仔细检查了稻草，突然俞珍的手枪溜了出来。李大春傻了眼。

日军对李大春咆哮着："你的，新四军的。"

李大春说："不，太君，我不是新四军。我不知道这枪是怎么来的。"

"你的狡猾狡猾的。"日军用枪托把李大春打倒在地。

李大春挣扎起来说："太君，太君，我真的不是新四军哪!"

"把他捆起来。"几个伪军上前把李大春捆了。

俞珍见状，大无畏地说："这枪是我的，不关他的事。"

日伪军看看俞珍瘦小单薄的身体，有些不大相信。

"太君，请你们放了他，枪是我捡的，留着玩的。"俞珍说。

日军叫道："你的新四军的，捆起来。"俞珍也被捆了。

几个人推推搡搡地把李大春和俞珍带进了炮楼，一个鬼子提着那支手枪。

炮楼分两层，下层是放摩托车和做饭的地方，楼上是鬼子和伪军的住处。俞珍和李大春被带到楼上。

楼上开着地铺，有十几个鬼子坐在铺上玩牌，墙边上靠着几支步枪、机关枪，还有几把东洋刀。里面闹哄哄的，见来了人，鬼子们停止了玩牌，坐到一边去了。

日军小头目站起来，示意让俞珍和李大春站在墙边。提手枪的日军将手枪递给了小头目，小头目看了看手枪，把它挂到墙上。他决定先审讯俞珍，示意把李大春押到楼下去。

小头目问："哟西，你的小孩，你参加新四军？"

"不，我不是新四军。"

"你的不是新四军，手枪是怎么回事？"

一个伪军见日军说汉语很费力，就上前说："太君说了，你的手枪是从哪儿来的？说！"

"手枪是我在路上捡的，我是留着玩儿的。" 俞珍装作几分天真地说。

"胡说，手枪的好玩？你的不老实，当心撕拉撕拉的。" 小头目咆哮。

俞珍假装被吓得哭了。

伪军问："你是哪个村庄的？"

俞珍编道："小李村。"

"小李村？" 伪军对小李村并不清楚，也不知道是不是有个小李村。但他为在鬼子面前显得能干，不懂装懂地继续问下去。

"你叫什么名字？"

"李小春。"

"你爸爸叫什么？"

"李老木。"

"你妈妈叫什么？"

"王秋菊。"

"你哥哥？"

"李大春。"

"你家里还什么人？"

"没有了。"

"你们甲长叫什么？

“李二狗。”

“保长叫什么?”

“李富贵。”

“乡长叫什么?”

“李承保。”

俞珍随口乱编，伪军看看日军小头目。小头目见俞珍对答如流，又见她一个大孩子的样子，有几分相信，就点点头。

小头目示意把李大春带上来审问。伪军下楼去了。

不一会儿，伪军把李大春拉上来。小头目阴笑一声，示意伪军审讯。

伪军问：“你叫什么名字?”

俞珍接上去说：“他是我哥哥李大春，我叫李小春，不是刚才跟你们都说过了吗?”

伪军喝道：“不要你插嘴。”

日本小头目也威喝了一声，不许俞珍说话。

伪军问李大春：“说，叫什么名字?”

“李大春。”

伪军指着俞珍：“他是你的弟弟?”

“是。”

“叫什么名字?”

“李小春。”

“家住哪儿?”

“小李村嘛。”俞珍又插话。

“不许说话!”伪军咆哮着，把俞珍逼到墙角。

李大春回答：“是小李村。”

“你家里有什么人?”

“爹死了，只有娘在，一个弟弟。”

“什么? 你们甲长是谁?”

“李青山。”

“唔?”鬼子也听出来与俞珍说的不同。

“是李青山嘛。”李大春无奈地说。

“保长是谁?”

“王忠孝。”

“胡说!”伪军喝道。

“是王忠孝嘛。”李大春坚持说。

小头目刷地拔出东洋刀:“你的,新四军。”

“太君,我不是新四军,我讲的都是实话。”

“不,你的狡猾,烧死的。”

小头目手一挥,日本鬼子领会。他们把李大春吊到上面一根穿梁上,在下面堆积木柴。李大春恐惧地大叫起来。

日军哈哈大笑:“说吧,你是不是新四军?”

俞珍趁着日伪军只注意李大春,悄悄地用东洋刀割断了自己手上的绳索。

火点着了,渐渐地烧旺了。火苗逼近李大春,李大春大叫饶命,日本鬼子兴奋地手舞足蹈起来。

“说,是不是新四军?不说你就要烧死了,还等什么?”

突然,俞珍飞起一脚,把烧着的木柴踢向众日本兵,日本兵纷纷回避。俞珍趁机拿起一挺冲锋枪,向日寇扫射。顿时日本兵和伪兵,死的死了,没有死的爬起来往楼下跑。

俞珍用东洋刀一挥,割断李大春手上的绳索,李大春解脱了。

俞珍用冲锋枪封锁住门口,外面的日伪军一时不得进来,双方僵持着。

楼下有人在喊:“新四军快投降吧,你们逃不了啦!”

李大春见俞珍一连串果敢娴熟的动作,才知道她很不一般,是个持枪打过仗的人,心里顿时有了胆气。李大春不会用枪,只好拿起一把东洋大刀,准备与敌人撕拼。

相持了一段时间,李大春问:“怎么办?”

俞珍问:“你会游泳吗?”

“会。”

“好,我们做好准备,从这里跳到河里去。”

俞珍从墙角提起一个手雷,拉开引线,从楼梯口扔了出去。

一声巨响,楼下一片惨叫声。炮楼也被炸掉一个大窟窿。

趁着硝烟，俞珍拿起了自己的手枪，“跳!”俞珍喊着，和李大春同时向小河里跳了下去。

没有被炸死的鬼子奔到楼上，没有发现俞珍他们，只得从缺口处朝河里乱打枪，什么也没有看见。

俞珍和李大春从远处的水中钻出来，爬上河岸，湿淋淋地坐在小河边。

李大春对俞珍说：“小弟，谢谢你救了我。”

“哪里啊，是我害你险些送了命。”俞珍说。

“小弟，你是不是新四军?”

“你看我像吗?”

“像，你这么勇敢机灵，枪打得好，不是新四军是什么?”李大春肯定地说。

俞珍点点头。

“你这么小就参加新四军了?”

“我四年前就参加了，那时我才十三岁。”

“真了不起。”

“不参加不行，没饭吃啊!”

李大春叹息一声道：“生在这个世道，都是苦命啊。要不是家里有个老母亲，我也参加新四军了。”

“是啊。”俞珍说着起身，“不早了，我有急事，得赶快走。”

“什么急事，我能帮你吗?”李大春问。

“我要到白茅山去。”

“有五十多里路呢。”李大春提醒。

“我要在太阳落山前赶到那里。”

“时间够紧的。”

“走哪条路近?”俞珍问。

“我来带你，这趟路我熟。”李大春站了起来。

“好，那就谢谢你了。”说完，两人就匆匆的上路了。

当天晚上，蔡虹、赵强和袁老七带着三十几个农民在长江边的芦苇荡里捞枪。他们有的在水里摸，有的往岸边运，有的用稻草把枪支捆起来，把子弹箱放在挑土的箕筐里面，上面用稻草盖起来，捆扎好。一切都在黑夜的掩护下悄然进行。

四面静悄悄的，只有虫声唧唧。枪支捞起了一半，突然，有人发现，远处闪着两颗亮点，并且不停地跳动。

蔡虹提醒："大家注意，来人了。"

黑暗中，有两个人背着长枪朝这边走来。那两只跳动的亮点就是他们手里的手电筒。原来伪军得到上面的通知，向江边派了巡逻队，日夜值班，防止新四军把枪支捞走。

赵强、袁老七迅速做好准备。

两个伪军一边走，一边说着话。

"新四军沉船的地方大概就是这一带。"伪军甲说。

"要是新四军来打捞，靠我们两个，能对付得了吗？"伪军乙担心。

"咱们有情况就朝天开枪，皇军大部队随后就到。"

"大部队行动有那么快？"

"皇军把各个路口都把严实了，新四军就是插翅也难逃。"

"听说新四军神通广大，有时候从天而降，有时候钻地而出，他打你时，你来不及跑，你打他时，找不着他。听说新四军有个团长叫蔡虹，他是个大麻子，六指头，一个人骑两匹马，打两支枪，每晚睡两个女人。"

"你见过吗？"

"我没见过，听说共产党的头儿个个都是这个样子。"

"真可怕！"

他们一边说，一边走，渐渐到了近前。

伪军甲把手电筒一照，见几十个人在搬弄着稻草，立即警惕地问："你们是干什么的。"

赵强上前回答："搬稻草的。"

"搬稻草，怎么深更半夜搬稻草？"

"白天农忙嘛。"

"你们不是新四军吧？"伪军甲问。

"瞎话，你瞧我们像新四军吗？"

伪军乙用手电筒照照赵强的脸。

伪军甲用脚踢踢稻草，发现有些硬，准备用手拉。

赵强故意上前阻挠："抽袋烟吧。"

但伪军甲不为所动，坚持要检查。

袁老七上前制止说："大哥，不要动我的稻草，动散了要费事的。"

伪军甲发火："你这稻草是金条？不能动，我偏要动一下。"

伪军乙用手往稻草里面抠一抠，大叫道："不好，里面有家伙！"

伪军甲正要拔枪，赵强早拉住他的手，就势扭了起来。

伪军甲问："你们是什么人？"

"你说我们是什么人，就是什么人。"

"新四军！"伪军甲叫起来。

伪军乙刚刚清醒过来，也被袁老七扭住了。大家迅速把两个伪军捆了起来，并在他们的嘴里塞上了毛巾，放倒在地上。

蔡虹命令："继续。"

不一会儿，所有的枪支子弹都捞了上来，并且用稻草捆好，挑在肩上。大家排成一条长队，离开了江边。

赵强对两个伪军说："兄弟，如今不杀你们了，委屈一会儿吧。两支枪算是送我们的见面礼。"

两个伪军躺在地上干瞪着四只眼睛，看着新四军运输队匆匆而去。

# 十二、突破关卡

太阳落山前，俞珍和李大春终于赶到了白茅山新四军驻地。部队干部战士正在食堂里吃饭。宿鸟归林，鸦雀齐鸣。

俞珍精疲力竭地来到食堂门口，再没有气力跨过那高高的石头门槛，就倒在门边的地上。李大春想拉起她，自己也无力地坐了下去。

战友们都聚拢过来："怎么啦？怎么啦？"

有人叫："俞珍同志回来了。"大家把俞珍和李大春架了起来，准备向医院里抬。

俞珍大叫："不要抬走，快给我们一点吃的。"

战士们送上来熟芋头，俞珍、李大春一人一个，躺在担架上吃了起来。有人送来一些水，让他们边吃边喝。

曾世雄、谭天木、蒋锋、郑天佐、郑云泽、何力全和李三火都来了。

李三火还带了医生，问："俞珍同志怎么样？"

俞珍说："没什么，走了五十多里路，累了，休息一会儿就好。"

"蔡虹同志现在哪里？"曾世雄问，"情况怎么样？"

"蔡部长在袁庄，在地主袁绍先家里。武器都要回来了。"俞珍说，"在长江上遇到鬼子汽艇，走不掉，只好沉在江里。蔡部长请袁先生帮助打捞，打算今晚运回来。部长要我赶回来报告，请派兵接应。"

"那太好了，武器终于到手了。"谭天木转身叫道，"蒋团长，带两个连去接应。"

"是。"说完，蒋锋就急忙去了。

曾世雄说："袁庄离这里八十里，哪里是五十里啊。俞珍同志，你一夜走了八十里路，真了不起。”

“多亏李大哥的帮助。”俞珍说。

曾世雄握着李大春的手说：“老乡，谢谢你。”

李大春说：“不用谢，是新四军小弟把我从日本鬼子的炮楼里救出来，要感谢，得首先感谢新四军小弟呢。”

“怎么回事，你们还进了鬼子炮楼？”谭天木追问。

俞珍说：“我们通过鬼子检查站，被鬼子抓到炮楼里面去了。”

“你们是怎么逃出来的？”

“我们杀了鬼子，炸了炮楼，跳河逃出来的。”

曾世雄夸道：“了不起，小俞同志，你该被评为女战斗英雄。”

大家啧啧称赞。

李大春吃惊地问：“怎么，弄了半天，这个小弟还是个女孩子？”

曾世雄笑着说：“李兄弟，你被蒙住了吧，这就叫真人不露相呢。”

村头，口哨声响，战士们跑步来到操场。

蒋锋大声说：“同志们，蔡部长他们到敌占区搞来了枪支，现在在运输途中，我们要迅速赶去接应，目标袁庄，大家做好准备没有？”

战士们齐声答应：“准备好了。”

蒋锋下令：“出发。”

队伍刚刚上路，只听到俞珍的叫声：“等一等，我来带路。”她挣扎着爬起，疾步赶了过来。

李大春也赶过来说：“我也去。”

郑天佐连忙制止：“俞珍同志，你不能再走路了。”

曾世雄问俞珍、李大春：“你们能行吗？”

“行，刚才吃了东西，休息了一会儿，感觉好多了。”

“好，那就给我们带路吧。”蒋锋说。

部队向黑暗中奔去。

谭天木看着俞珍远去的背影，感叹说：“俞珍同志真能吃苦啊！”

“这就是我们新四军的女战士。” 曾世雄赞叹。

大家都走了，只有郑天佐站在原地未动，他自言自语地说：“哼，好个蔡虹，你住在地主袁绍先家里，跟地主搞到一块儿。”

江堤上，两个被捆的伪军仍然静静地躺在地上，你看着我，我看着你，毫无办法，只等着换岗的人来。

到了下半夜，两个换岗的伪军从江堤上走过来，一边走一边说话。

“这两个人怎么了，也不来叫我们换班。”伪军丙说。

“是啊，会不会赌钱去啦？”伪军丁猜测。

“我想，他们没那么大的胆。”

“要不就是出了事情。”

“这也很难说，现在什么事都会有。”

“咱俩可要小心点。”

他们用手电筒一路照过来。

突然，伪军丁发现了异常，他吓了一跳。

伪军丙问：“怎么回事？”

“有什么东西。”

“什么东西？”

“好像是鬼，趴在那里。”

“在哪里？”

“你看。”他用手电筒往前照，手抖个不停。

伪军丙也将手电照过去。

甲乙两个伪军看到有人来了，他们虽然起不来，说不了话，但身体还可以翻滚。这一滚，把丙丁两人吓得拔脚就跑。

跑了一段，后面没人追来，两人停了下来。

伪军丙说：“兄弟，不是鬼，是人。好像是两个人，被捆在那里。”

伪军丁说：“是吗？你看清楚了？”

“不会错，我敢断定是两个人。”

“那怎么办？”

“回去看看。”

“我怕，你走前面。”

他们回到甲乙身边。这回伪军丙向前照了照，果然是两个人，是他们要找的那两个伪军。

伪军丙问："怎么是你们，这是怎么啦?"

伪军丁说："我还以为是鬼呢，真把我吓死了。"

伪军丙上前迅速把绳子解开，又把他们嘴上的毛巾摘掉。甲、乙两人叹了一口气，爬起来。

伪军丙问："你们怎么啦?"

伪兵乙说："遇上新四军啦。"

"是新四军把你们捆起来了?"

"是啊，他们把枪支捞走了。"

"捞走了？忙了半天，还是让他们捞走了?"

"那也没有办法，他们人多，我们能活条命就算不错了。"

伪军乙突然想起来，提醒："快放枪，别让新四军跑远了。"

伪军丙说："对，只要鸣枪示警，皇军把各个路口一封锁，新四军一定走不掉。"他举枪向天空，连打三枪。

田野里，蔡虹他们在黑暗中行走。突然，他们听到三声枪响。接着，听到远近村庄的狗都叫起来了，日军的炮楼都亮起了灯。

赵强说："老板，鬼子警醒了。"

蔡虹看了看前方的日军炮楼，炮楼上亮着灯，有两只探照灯不停地向路上扫射。

蔡虹命令大家："暂停前进。"

农民们歇下挑子。敌人的探照灯扫射过来。

蔡虹命令："都趴下别动!"

探照灯扫射了一阵，停了。

蔡虹命令："继续前进!"

但是走不多远，敌人的灯光又亮了。蔡虹他们再次趴下等待。

赵强说："老板，炮楼不好过，我们要想办法。"

蔡虹问袁老七："老七，除了这条道，附近有没有地方好过?"

袁老七想了想说："过去五里路有一座桥，不过也有鬼子炮楼。妈的小鬼子把道路都占着了。"

"那条河有多深?"赵强问。

“深处一人多深，浅处半人深。”

“你们在冬天有没有发现能过人的地方？”

袁老七想了想说：“也有浅一点的地方，左边二里路，有一段河水浅些，估计齐膝盖的样子。”

“好吧，我们就从那里涉水过河。”蔡虹说。

赵强说：“老板，你和老七带人走左边涉水过河，我从右边观察敌人，如果敌人发现了你们，我就从右边打击敌人，掩护你们过河。”

蔡虹不同意，他说：“这很危险，鬼子一旦进行反击，你一个人怎能顶得住？”

“你们不要管我，赶快走吧，再拖下去被鬼子发现了不好。等你们过了河，我就撤出。”赵强很坚定地说。

这时敌人发现了这边有一堆堆稻草，用机枪试探地朝这边扫射，农民都趴在稻草边躲着。日军扫射了一阵，见没有动静，停止了扫射，又用探照灯照了照。

日军的探照灯一过，赵强催促大家“快走。”

蔡虹只好和袁老七带着农民挑起担子朝左边走去。赵强一人独自朝右边转移。

过了一会儿，敌人的探照灯又照过来，他们发现了稻草在移动，这引起了他们的警觉。敌人的机枪扫射起来。

赵强埋伏在油菜田里，选好了位置，朝敌人开枪。

炮楼里的日军被右边的枪声吸引，探照灯朝右边扫射，并朝赵强的方向开枪。炮楼里喷出射击的火舌。

蔡虹、袁老七带着农民挑草队伍迅速前行。炮楼里的日军开始向外出动，有几个日本兵跨过小桥向赵强这边摸索。赵强一枪打倒最前面的日军。日军迅即趴下，匍匐前进。赵强沉着冷静，只要鬼子一露头就打，每打必中。日军不知这边有多少人，如临大敌。

农民运输队正在涉水过河，河水比想象的要浅一些。袁老七催促大家都跟上。

赵强在沉着应战。蔡虹一边走，一边不安地看着赵强那边。

炮楼里的鬼子一片喧嚣，接着听到摩托车的声音。不一会儿，有三辆摩托车驶出了炮楼，后面跟着十几个步兵。

赵强一连三枪，打倒了三个骑摩托车的鬼子。人仰车翻，挡住了道路。日军开始向赵强这边摸来。

赵强一边射击，一边给手枪上子弹。黑暗中，敌人不知道底细，不敢轻举妄动。双方在僵持着。

日军见正面进攻不占便宜，就向两翼运动，悄悄地布置包围圈。

赵强为避免被围，只好放弃阵地后撤。由于油菜棵很矮，赵强在奔跑中无法隐蔽，被敌人发现，敌人追了过来。赵强只好又伏下来射击。好在赵强枪法准、子弹足，敌人一露头，就被他打了下去。

蒋锋、俞珍、李大春带着队伍赶路，远远地听到枪声。

俞珍说："我们迎到他们了。"

蒋锋命令："同志们，跑步前进。"大家都加快了步伐。

一队挑草的农民队伍朝这边过来。俞珍对蒋锋说："蒋团长，蔡部长他们来了。"

蒋锋说："同志们，赶快迎上去，截住敌人，确保蔡部长和农民兄弟的安全。"

俞珍喊："蔡部长。"

蔡虹看到俞珍过来，大声喊："小俞，我们在这儿。"迎了过来。

蒋锋看到蔡虹，喊："老蔡。"

蔡虹上前与蒋锋拥抱。蔡虹说："赵强同志一个人阻截敌人，被敌人包围了，快去救他。"

蒋锋大呼："同志们，跟我来。"带着队伍冲了过去。

这时，俞珍艰难地跑过来，她一看见蔡虹，就扑了上去，倒在蔡虹的怀里，瘫了下去。

"小俞，你怎么也来了？"蔡虹惊讶地问。

"我——我给同志们带路，想赶时间。老板，我没来迟吧？"俞珍说。

"小俞，你来得很及时，你要知道，你一天一夜走了一百六十里路，真了不起啊！"

"赵强怎么样？他能脱离危险吗？"俞珍问。

"你放心，赵强同志会脱离危险的。"蔡虹问身边战士，"有担架吗？"

“有。”

“把俞珍同志抬着。”

“还有李大哥，是他给我带的路。”俞珍说。

这时李大春上前和蔡虹握手。

蔡虹说：“来人，把农民兄弟也担上。”

李大春说：“不用，我还能走。我的家离这儿不远，我回去了。”他向蔡虹告别。

这时农民运输队向前走远了，蔡虹他们担着俞珍跟了上去。

敌人把赵强包围了，赵强处境非常危险，但他临危不乱。

蒋锋指挥战士向敌人展开冲锋。日军被突然出现的新四军惊呆了，乱了进攻方向。战士们一阵扫射，日军大败而逃。

赵强趁乱离开了战场。

蒋锋看到了赵强，激动地喊道：“赵强同志!”

“蒋团长，谢谢你们。”

“不用谢我们，我们要谢谢你呀!”

“蒋团长，鬼子炮楼就在眼前，我们端掉它吧。”赵强建议。

“好。”蒋锋向战士们喊，“同志们，打下鬼子炮楼，把敌人的武器夺过来。”新四军战士摸到炮楼下，一阵射击之后，日军寡不敌众，龟缩在炮楼里不敢出来。战士们扔出了几个手榴弹，炮楼里的炸药被引爆，一声巨响，烈焰腾空，鬼子们都上了天。

天亮了，新四军战士和农民兄弟一道，挑着枪支，胜利地往回走。

在江西上饶第三战区司令部，顾祝同正在召开重要军事会议，第五战区副司令长官安徽省主席李品仙应邀参加。会议的中心内容是传达蒋委员长的指示，讨论对付皖、苏两省新四军的问题。

顾祝同说：“此次鄙人受蒋委员长委托，就解决皖、苏两省新四军问题，召开一次军事会议，为此，特邀请第五战区副司令长官安徽省主席李品仙参加，目的是便于在今后行动中互相配合。”他向李品仙方向点点头。

李品仙也向大家点头示意。

顾祝同又说："大家知道，新四军自创建以来，就在共产党的控制之下。叶挺原先就是个老共产党员，虽然委员长对他诲教殊深，仁至义尽，但是他头有反骨，叛心不改；项英更是赤头赤尾的共党分子。他们在皖南、皖中、皖北以及苏南、苏中、苏北，发展自己的队伍，抢占土地，建立政权，与华北八路军遥相呼应，企图与我党争夺天下。委员长说，日本人是我们癣疥之疾，而共产党则是我们心腹之患；日本人要我们的土地，而共产党则要我们的人头。共党不除，国无宁日。现在皖南新四军军部已经在我军控制之下，我们已经做好一切准备，只等委员长一声令下，一个礼拜之内，就能将他们消灭。"

他看看左右，继续说："除此以外，皖中、皖北、苏南、苏中、苏北的新四军应当引起我们的高度注意。最近，我听说新四军在长江以北与焦湖以南地区新建立了一个游击支队，是师级建制，并且在香港购买了一批武器。此事委员长知道后十分生气，要求我们尽快把情况了解清楚，向他汇报，以便与共党方面交涉。我已遵照委员长要求，先与新四军项英通了电话，对他们违反中央统一军令、擅自扩建军队、拓展根据地的行为，给予了严厉的批评与警告。委员长指示我们，要尽快组成一个调查小组，赴江北新四军驻地调查。如果能抓到新四军扩建军队、拓展根据地的有力证据，国民政府军事委员会将把情况公布于众，并对他们采取严厉措施，必要时派军队进行清剿。委员长说，既要解决新四军的问题，又要在全国人民面前赢得同情和支持。大家有什么高见？"

上官云相看了看李品仙说："共产党一贯的做法——按照他们的说法，就是在中央政权统治薄弱部建立根据地。江北是第五战区防地，那里的新四军活动猖獗，不知李主席有何感想？"

李品仙见上官云相话中带刺，他从容应对："我们已经部署了重兵结集在皖中一线，对江北焦南新四军构成了大包围的态势。这一支新四军是从皖南逃窜过来的，目前正蜷集在长江以北、焦湖以南的狭窄地带，约六百人左右，被我所困，动弹不得。"

上官云相立即进攻："那为什么不把他们消灭掉？李司令是打不过他们，还是不想打他们？"

众军官多是蒋家嫡系，大家一阵哄笑。

李品仙哼了一声，即起反击。他说：“上官将军，皖南新四军也在你们的眼皮底下，为什么还没有消灭掉？上官将军是打不过他们，还是不想打他们？”

众军官哑然。

上官云相说：“皖南新四军是国民军事委员会下属的一个军，消灭他们，关系到国共两党的关系和国内国际舆论，需要委员长权衡利弊，作出决策。江北新四军不在国军的编制序列之内，属于非法武装，消灭他们，共产党无话可说。”

众军官起哄：“是啊，是可以消灭他们嘛。”

李品仙说：“军人以服从命令为天职，只要委员长一声令下，不需一个礼拜，我们就可以将江北新四军全部消灭。不过——”他看了看上官云相说：“我听说新四军在江东一带也有一支游击队，是个团级建制，他们也属于非法武装，不知上官将军怎么不把他们消灭呢？”

“这——”上官云相一时语塞。

李品仙乘胜追击：“还有，最近新四军购买武器一事，据说已经扣押下来，后来又给放了，不知上官将军作何解释？”

上官云相说：“武器是我们扣的，放是孙夫人的指示，我们没有办法。”

顾祝同见自己的部下不占上风，连忙打圆场说：“消灭新四军，要按照委员长的战略部署，各部不能自作主张，擅自行动。我们要做的，是限制、封锁新四军，做好消灭他们的一切准备。白长官说过，不怕共产党精，就怕共产党在老百姓中间生根。皖南新四军驻在泾县几年，泾县一带的地方政权都在我们手里，税赋在我们手里，老百姓站在我们一边，他们无法建立起所谓的根据地。”

李品仙说：“我们在皖中、皖北实行了户户连保，村村连甲制度，使得新四军无法在老百姓当中生根。到目前为止，江北新四军只在白茅山一带几个村庄活动，无法建立起所谓的根据地，更不用说征收税赋了。”

顾祝同问：“我听说江北有个农民大刀会组织，是怎么回事，他们与新四军有没有联系？”

李品仙说：“江北农民大刀会组织，起源于三七年日本人侵占南京之后，是农民自发组织起来的自卫组织，为了防止大刀会为新四军所利用，我们通过各级地方政府向大刀会宣传，并派人与他们联络感情。目前，大刀会不仅没有和新四军联系，而且划出了一百多里路的封锁线，不让新四军通过，成了我们限制新四军的一支重要力量。加上我军大兵压境，经济封锁，日伪军队又实行囚笼政策，经常清剿，使得新四军在江北地区处境维艰，没有枪支弹药供应，连大米都买不到，要不了多久，就会困死在那里。”

众人发出一阵欣慰的笑声。

顾祝同最后说：“我们不能低估共产党的能耐。好吧，其他话不说了。我们要抓紧组成一个调查组，到江北新四军驻地调查一下。上官将军派人，请李主席抽人配合，尽快成行。”

上官云相和李品仙都站起来，齐声回答：“是!”

# 十三、牛棚禁闭

在白茅山新四军驻地的操场上，各队纷纷前来领取武器。蔡虹在分配，俞珍在登记，个个忙得不亦乐乎，一片喜气洋洋。

蒋锋对蔡虹说："老蔡，这一批枪发下去呀，我们部队的战斗力一下子增强了许多。"

"是啊，打仗就是要靠好武器啊!"蔡虹感叹。

郑天佐正好经过这里，他挑刺说："蔡部长，你这话说得不对呀。你这是在贩卖'唯武器论'。毛主席说，决定战争胜负的是人不是物呀。打仗要靠人，武器再好，没有人，也是空的呀。"

面对郑天佐的多次挑衅，蔡虹回击说："我说过打仗不要人了吗？主席也没有说打仗只要人不要武器呀。你这是片面理解领袖的思想，说严重一点，这是在故意歪曲。"

蒋锋哈哈大笑。郑天佐碰了一鼻子灰。

那边，帮忙运枪的农民和袁老七带来的自卫队员们坐在一起休息。

赵强手里拿着小本子和笔说："新四军是共产党领导的打鬼子的队伍，欢迎你们参加新四军。如果你们参加，就进行登记；如果你们不想参加，也不要紧，回家继续种田。到时候鬼子扫荡了，给我们报个信儿，我们立马就去帮助你们，好不好？愿意参加新四军的举手。"

农民纷纷举手：

"我参加新四军，打鬼子。鬼子杀死了我娘，我跟他们有深仇大恨。"

"小日本太坏了，杀人放火，无恶不作，我也参加新四军。打鬼子、打汉奸!"

赵强说："日本鬼子都打到我们老家了，我们不组织起来跟他们干行吗？"

"对，参加新四军，跟日本鬼子干！"

"我也参加，我在家里反正没饭吃，跟着新四军，吃饱肚子就行。"

又有几个农民举手要求参加新四军。

有人问袁老七："七哥，你可参加新四军？"

袁老七说："那还用说，我早就跟蔡部长说过了，我要跟着他干革命。"

众人笑了："说过了也要登记呀。"

袁老七说："那好。赵同志，把我的名字记上。"

赵强说："好，要求参加的，我会一一登记好。"

这时蔡虹走了过来说："赵强，先带农民兄弟到食堂吃饭。"

大家都站起来向食堂走去。

支队食堂里，战士、农民和自卫队员们都在大厅里用餐。除了领导那边有两张桌子外，其他人都是席地而坐。

曾世雄清清嗓子说："同志们，蔡虹他们三位同志冒着生命危险，吃了千辛万苦，终于把武器弹药弄回来了，给部队解决了大问题。大家说，我们要不要敬他们三位同志几杯酒呀？"

众人说："好啊！"

大家一起举杯拥向蔡虹，向他敬酒。

蔡虹谦虚地说："不敢，不敢。这应该归功于支队党委领导，归功于农民兄弟和自卫队员的大力帮助，也归功于战友们及时接应哪！"

有的去敬赵强、俞珍的酒。

曾世雄又说："还有我们的农民兄弟们，袁庄的自卫队员们，帮助我们把枪支弹药从长江里捞上来，并且冒着生命危险，帮助我们运到部队来，我们要不要敬他们几杯酒呀？"

大家齐声："好啊！"

大家又去敬袁老七和自卫队员的酒，敬农民兄弟的酒。场面热闹非凡。

蒋锋与蔡虹碰杯说："蔡部长，我们有了武器弹药，看我打几个漂亮仗给你看看。"

蔡虹说："是啊，看你说得我心里痒痒的，真想跟你一起去打仗啊！"

"你搞后勤，很重要啊，要是我们打了胜仗，首先得给蔡部长记功！"蒋锋说。

谭天木举着酒杯走过来说："对，我们一定要向军部报告，为蔡虹同志请功。"

众人齐声："对，要给蔡部长记大功。"

这时电话铃声响了，郑天佐去接电话。电话是军部打来的，传达军部领导的指示。郑天佐听后连声说："好，好，我马上向支队领导汇报，立刻就办。"他放下电话，面对热闹的就餐场景，冷笑一声。

郑天佐走到曾世雄跟前说："政委，军部来电话，首长说，蔡虹要武器的事，顾祝同已经告到蒋委员长那里去了。蒋委员长对新四军私购武器、扩充队伍提出了严厉的批评。军部首长认为，当前新四军应该精兵简政，服从国民党中央的统一调度，尽量不要在买武器、拉队伍、拓地盘等方面刺激国民党，不能给他们找到消灭新四军的借口。对这次购买武器的问题，军部已主动向第三战区承认了错误，并决定对有关人员进行处分，挽回不良影响。军部首长指示，先把蔡虹同志关禁闭，听候处理。其他人员暂且不予追究。"

"这，怎么能这样？"曾世雄感到很意外。

谭天木在一旁听说，连忙问："什么，要关蔡虹？"

郑天佐点点头，强调说："这是军部的指示。"

"不行！"谭天木说，"我要给军部打电话，这武器是孙夫人给我们买的，为什么不能要回来？我们在国民党面前，不能太软弱。"

"军部的命令是从大局考虑的。"郑天佐说。

谭天木发牢骚说："大局个屁，如果他们知道大局，就不应该搞什么精兵简政，都听国民党的。"

曾世雄连忙制止："老谭，注意点影响。我们先执行军部指示再说，这明显是军部丢卒保车的策略。天佐，你去办吧。"

郑天佐召来了陈枫和几个战士，向他们交代了几句，然后走到蔡虹面前。

郑天佐有些得意地说："蔡虹同志，对不起，请你委屈一下。"

“干什么？”蔡虹诧异。

“给你关禁闭。”

“关禁闭？”

“不理解吗？这是军部的命令！”

赵强、俞珍冲了上来：“为什么关蔡部长？”

郑天佐傲慢地说：“对不起，我们在执行命令。”

几个战士将蔡虹押出了餐厅，全场哗然。袁老七他们正在喝酒，看到这一情景都呆了。

一间小小的禁闭室，孤零零地立在小山边，这是由一间农家牛屋改造而成的。蔡虹站在禁闭室里的小木窗前，茫然地看着窗外，对于为什么被关禁闭，他想不明白，但他是一个共产党员，他接受组织的处理。

谭天木对此很是不平，他气冲冲地走来，隔着窗子对蔡虹说：“军部那边怎么搞的，这个时候还强调‘精兵简政’‘不要刺激国民党’，现在应该是发展的问题。精兵简政，岂不是中了国民党的圈套？不刺激国民党，国民党就满意了吗？蔡虹，咱们不理他们，你出来跟我一起打仗去。打日本总该不会犯错误了吧？”又对看守的陈枫说：“快拿钥匙来，把门打开。”

陈枫迟疑不动：“郑副主任说了，没有他的命令，任何人不准开门。”

蔡虹才知道，他离开部队这几天，郑天佐升官了。

谭天木质问：“什么，我这个支队长说话你也不听？”

陈枫十分为难地说：“我必须听郑副主任的，您要是放人，请跟郑副主任说好了我执行。”陈枫心里明白，在新四军里面，军事干部权威有限，所以他敢于忤逆支队长。

蔡虹说：“支队长，不要为难他了，我就在这里住几天吧，也算一次休整。如果真有仗打，我会出来的，谁也关不住我。”

这时曾世雄走了过来。他看了看谭天木，又看看蔡虹没有说话，然后蹲在一边抽他的烟斗，显得心事重重。过了一会儿，他说：“你们不要冲动，我就是怕你们冲动才过来的。我会向军部汇报情况，说服军部改变决定，相信蔡虹同志的事很快就会过去。目前军部首长是为了应付国民党，给顾祝同一个面子，我估计他们只能这么做。”

谭天木说："军部对国民党这样委曲求全，本身就是不应该的，而且在这个困难时期，新四军四面都是敌人，情况紧迫，不发展就是等死。军部如果看不出这种严峻形势，对国民党心存幻想，我们的处境是很危险的。"

曾世雄打断他的话："老谭，说话注意点影响，我们不能随便议论上级机关。作为共产党员、革命军人，我们只能服从上级，按上级指示办。"说完就离开了。

"哼!"谭天木也气愤地走了。

这时，赵强来了，说："老板，郑天佐不让农民参加新四军，把他们都打发走了。"

"什么?"

"郑天佐说，蔡虹是在瞎胡闹，新四军饭都没吃的了，怎么还要招人。当前要执行军部指示，不得扩大队伍，要'精兵简政'，渡过难关。"

蔡虹气愤地说："屁话！人少了，力量弱了，经不起敌人一仗打，怎么能渡过难关？他刚才还说'打仗要靠人'。这不是头脑糊涂，就是别有用心。"又问："袁老七也走了?"

"没有留。郑天佐说袁老七和他的自卫队，都是地主阶级的狗腿子，这种人更不能让他们参加新四军。"

"没有袁绍先，没有袁老七，我们能把枪支弹药运回来吗？狗腿子又怎么样？狗腿子是下层老百姓，是被压迫、被剥削阶级，就不能改造，就不能革命了?"又问："袁老七怎么说?"

"袁老七说：'此处不留爷，自有留爷处。'"

"我们好不容易才把他们争取过来。"蔡虹惋惜地说。

"郑天佐还说，蔡虹与地主袁绍先打得火热，住在地主家里，与地主同吃同住，混淆了阶级阵线，对这种错误行为要进行批判。"

"放他的狗屁。"蔡虹发了火，"混淆了阶级阵线？他郑天佐是要把可以团结的力量，推到敌对阵营里去，这对于革命来说是犯罪！他这种错误行为真该受到批判。"

这时，俞珍气愤地走过来说："老板，您出来，让我替您关禁闭，看他们能把我怎么着。"

蔡虹想了一想，冷静下来。"小俞，事情没有那么简单。我关禁闭不是某个人的权力，他们只是贯彻上级的指示。”

这时郑运泽、何力全、李三火带着后勤部的干部战士都来了。

郑云泽说：“蔡部长，同志们看您来了。”

只见大家情绪十分激动，七嘴八舌地说：“蔡部长，要关禁闭，我们一起关，把我们后勤部的同志们都关起来吧，我们不干了。”

“蔡部长出生入死，立了这么大的功，还受处分，不干事的人还升官，整人，我们到延安讲理去。”

“干脆把这个破牛棚砸了，上前线打鬼子去。死也死得痛快，省得受窝囊气。”

“对，把牛棚砸了。”大家真的动手了。

“你们不要胡来，该干什么还是干什么，一切听上级指示。干革命，生命都交给了党，交给了人民，这一点委屈就受不了啦？要相信党，相信组织，这才是我们共产党员、新四军战士起码的素质和修养，都回去！”蔡虹喝道。大家都泄了气。

郑云泽说：“我叫他们不要来，他们偏要来。我说你们是在给蔡部长添乱嘛。都回去！相信军部会很快改变这个决定。”

大家只好散了。

几天后，支队接到军部的通知：国民政府中央军事委员会调查组明天就要来江北支队视察、调查。由于时间紧急，曾世雄立即召开了中层以上干部会议，研究对策。

谭天木说：“中央军事委员会调查组到我们这里来视察、调查，这倒是新鲜事，调查的内容是什么？”

曾世雄说：“主要是调查部队编制情况、装备情况、生活情况和对日作战情况。”

蒋锋说：“这下好啊，是不是国民党要承认我们的存在，准备给我们核编、发饷、发武器啦？”

谭天木说：“没有那种好事，这里面有名堂。国民党政府从来不承认我们这支队伍，也从来不给我们发武器给养，现在突然要来调查，这明摆着是来摸底，想找机会对付我们。所谓‘对日作战情况’，是虚晃一枪。”

“我也认为是这个意思，绝不是他们起善心，关心起我们来了。”曾世雄说，“他们来的目的肯定是摸底，找我们的毛病。”

“我认为这是蔡虹他们要武器，把动静搞大了，引起了国民党的不满，才导致他们来了解情况的。军部对蔡虹的处理是对的，现在国共合作，一切服从中央政府，一切服从统一战线。我们绝不能做刺激国民党中央的任何事情。我认为这是我们举止失措，授人以柄，陷入被动造成的。”郑天佐说。

谭天木发火：“什么举止失措？我们自己的武器，要回来不对吗？什么叫被动？我们一切听国民党的，武器也不要了，把队伍精简了，给日本鬼子消灭了，让国民党满意了，这就主动了吗?”

曾世雄继续说：“要武器是支队党委的意见，不是蔡虹个人的问题。不争论了，我们还是商量怎么迎接调查吧。”

大家一阵沉默。

曾世雄说：“还是我来说吧。一、人员编制问题，我们不能把老底给调查组知道了。我们现在总的是两千六百多人，但我们充其量也只能说个零头。我们要把干部战士花名册收起来，尽快赶做一个六百来人的花名册，这件事情由天佐同志负责。二、队伍嘛，由蒋锋同志负责，拉出去两千人，到芦苇荡里隐蔽起来。武器随身带，有不好带走的，就把它藏起来，这事由云泽同志负责。三、我们住的地方要收拾一下，按照六百来人的编制重新安排好住宿，吃饭的碗筷、行军的锅具，包括在野外挖的灶台，都要藏一些、毁一些，这事由力全同志负责。”

一位中层干部问：“这是为什么?”

曾世雄说：“这你就不知道了吧？古时候孙膑和庞涓打仗，孙膑就是通过减灶的办法，让庞涓误认为孙膑的队伍大量减员，从而判断失误，急躁冒进，才招致失败。灶台和餐具，最能说明一个军队的规模。如果我们不相应减少，到时调查组一问，我们就露馅了。”

那位中层干部连连点头：“有道理，有道理。”

“最后我要说的是，一定要负责把调查组接待好。虽然我们经济上非常困难，但该招待的要招待，该送礼的要送礼，不能太小气了。这事仍由天佐同志负责。”曾世雄又问：“知道调查团团长是谁吗?”

郑天佐说："听说是上官云相手下的独立团团长孙俊杰。"

"孙俊杰，"谭天木说，"就是那个扣留我们武器的孙俊杰？蔡虹的老对手了。"

曾世雄说："顾祝同想得真绝，这次蔡虹同志到孙俊杰那里要来枪支，孙俊杰挨了批评，对我们有宿怨，要他来调查，对我们很不利啊！"

"还有一个副组长，是李品仙抽调的，叫廖开田。"郑天佐补充道。

"廖开田是国民党桂系的团长，安徽省保安司令，这个人挺滑头的。"谭天木说。

大家议论纷纷。

曾世雄要求"慎重对待，分头准备"，于是整个部队忙碌起来。

在蒋锋的指挥下，一队队部队开走了。在郑云泽的指挥下，一门门小钢炮用树枝藏起来了。在何力全的指挥下，一个个野外灶台在拆毁。在郑天佐的指挥下，一间间房子的门上重新贴上住宿部队的番号、入住官兵的名单。办公室里，陈枫在重新誊写花名册。

曾世雄亲自带着人在张贴大幅标语："热烈欢迎国民政府中央军事委员会调查组来我支队调查指导""反对内战，一致抗日"，等等。

蔡虹关了禁闭，俞珍很觉不公，十分气愤。因为事情是郑天佐办的，所以俞珍想找郑天佐问个究竟。傍晚，俞珍来到郑天佐住处，隔着窗子叫："郑副主任，请您出来一下。"

郑天佐急忙把门打开，殷勤地说："俞珍同志，你真是稀客，我正准备去你那儿。快，进来坐。"

"不用了。请您出来，我问一句话。"俞珍站着不动。

"什么事，这么急，进去坐着说不好吗？"郑天佐走到门口。

俞珍说："我问你，为什么把蔡部长关禁闭，他犯了什么错？"

"蔡虹关禁闭，是军部的指示。你觉得不对吗？"

"我觉得这事很冤枉。蔡部长去向国民党要枪支，是贯彻军部的指示，受支队领导的派遣。他历经艰辛，出生入死，好不容易把武器要回来了，部队添了装备，提高了战斗力，大家正商量着为蔡部长请功，军部却下命令把他关了禁闭，这岂不是好事做不得，吃力不得好，没有功过是非了？"

郑天佐淡然一笑："俞珍同志，你不懂，这就是政治。从我们支队的角度看，蔡虹是立了功，是要奖励的；但是从整个国共两党关系的大局上看，蔡虹的所作所为，正是触犯了大忌，刺激了国民党敏感的神经，让军部在国民党那边不好说话。你不知道，军部与国民党军委及第三战区，还维持着上下级的关系。军部的经费、装备还靠国民党供给，虽然供应不足，但这层关系没有断。军部对来自国民党的命令，不得不应付一下，因此才有禁闭蔡虹的命令。军部这样做是给国民党看的，也是给顾祝同一个面子。"

俞珍不满地说："军部竟然依靠国民党，怕国民党？国民党不让扩军就不扩军，不让买武器就不买武器。那咱们有没有必要建立江北支队，解散算了，省得军部进退两难，也好让国民党放心。"

"是啊，现在是国共合作，建立统一战线时期，国民政府中央军事委员会的命令还是要执行的，所以新四军应该有所克制。蔡虹在这个时候搞出这么大的动静，正好撞到枪口上了。"

"这是蔡虹个人的行为吗？他是支队党委派去的呀。"

"总得有人当替罪羊嘛，总不能把政委、支队长关起来呀。"

俞珍对郑天佐这种置身事外、轻松愉快的态度十分不满，她说："既然要有人当替罪羊，把我关禁闭好了，我也是犯了同样'错误'的。"

"你和他不同，他是主谋，你是胁从，当然要关他了。"

"关他，支队后勤工作要受损失，现在后勤方面有多少事情要做，你们知道吗？"

"那也是没有办法的事。"郑天佐双手一摊。

"你不能向军部反映一下，说明情况？"

郑天佐拒绝说："对不起，我郑天佐无能为力。这只能怪他自己，谁叫他对政治不敏感。这也与他的出身和思想基础有关，比如这一次，听说他在地主袁绍先家里住了一天，和地主老财袁绍先及其狗腿子袁老七喝酒、下棋，打得火热，这就混淆了阶级立场。"

俞珍一听郑天佐旧话重提，顿时火了："你这是什么话？'和地主老财打得火热'？党的政策是团结一切可以团结的力量，共同抗日。袁绍先是开明绅士，进步的民主人士，为什么不能团结？如果不是袁绍先，没有袁老七，我们的枪支能捞上来？能运回来？你们这些人就是站着说话不腰疼。”

“不错，从实用主义角度讲，利用一下袁绍先这样的人，也未尝不可，有时还真能起点作用；但是，从共产党人的阶级立场上来讲，这是不应该的。作为一个共产党员、领导干部，必须有高度的政治观念、阶级意识。否则，蔡虹以后在这方面，肯定是要栽大跟头的。”

“听你这样说，就不讲是非，不分好人坏人了？”

郑天佐高深地一笑：“俞珍同志，你在政治上还很幼稚，你不懂。好人坏人，都是相对而言，不是绝对的。从一个角度看，是好人，从另一个角度看呢，是坏人；从这个时期看，是好人，从另一时期看，是坏人；从某种需要看，是好人，从另一种需要看，又是坏人，事物都在变化的嘛。”

“我不赞同。好人就是好人，坏人就是坏人，不管从什么角度看，都一样。除非怀有不可告人的目的，才会把好人说成坏人，把坏人说成好人，把白的说成黑的，把黑的说成白的。”

“俞珍同志，我之所以跟你说这些，都是为了你好，希望你头脑清醒，不要稀里糊涂地跟着蔡虹犯错误。”郑天佐严肃地说。

“跟着蔡虹犯错误我情愿，历史会证明，他没有错。”

“你仅仅和蔡虹出了一趟差，就这么相信他，我真为你担心啊。”

“我不用你担心，希望你不要这样看蔡部长。”

“好好好，不说不说。为了别人的事争论，没有意思。”郑天佐想换个话题。

但俞珍遇事顶真：“这不是别人的事，这是是非问题。”

“好，是非问题，我们还是打住吧。”郑天佐心想，本以为她来看我的，没想到却是为蔡虹而来，心情很不愉快。

俞珍说：“我希望你能对蔡虹个人负责、对支队后勤工作负责、对革命事业负责，向军部反映一下蔡虹的情况。”

郑天佐板起脸：“现在是休息时间，我们不谈工作。”

俞珍看了看郑天佐说：“好一个休息时间。好吧，算我没说，你休息吧。”说着气呼呼地走了。

郑天佐看看俞珍的背影，恨恨地说：“这个丫头，竟然指使起我来了，既幼稚又狂妄。等着瞧吧，我非要把你整服了不可。”

# 十四、中央大员

这天，国民党军事委员会调查组到了。曾世雄、谭天木、蒋锋、郑天佐等带领干部、战士列队在操场上，隆重迎接客人。

两辆美制越野车拖着黄尘开进了操场上，停在众人面前。孙俊杰穿着军装，戴着白手套，派头十足地下了车。跟着下车的是廖开田，还有一个记者，一个秘书和两个警卫员。

曾世雄、谭天木等人热情上前握手。曾世雄说："欢迎调查组，欢迎孙组长。"

谭天木也说："欢迎，欢迎。"

郑天佐一面说"欢迎孙组长"，一面上前握手，但孙俊杰架子大，只和曾世雄、谭天木握了一下手，眼睛根本不看他。

孙俊杰指着廖开田说："这是第五战区李主席的代表廖副组长，廖开田司令，李主席的大红人。"

廖开田与曾世雄、谭天木握手。

郑天佐忙去和廖开田握手，廖开田见孙俊杰没理他，也没有理他。

孙俊杰、廖开田看着一群衣衫破旧的新四军官兵，下意识地整了整自己挺阔的军装，跨着富有优越感的大步，在曾世雄、谭天木等人的簇拥下，检阅了部队。照相机聚光灯闪个不停，让新四军的土包子们十分好奇。谭天木对此做派嗤之以鼻。

最后众人在曾世雄的带领下走进了会议室，支队中层以上干部十几个人留下来开欢迎会。宾主坐下之后，曾世雄说："孙组长、廖副组长一行不辞劳苦，辗转数百里，来到我们这个偏僻地方，看望我们新四军指战员，我首先代表新四军江北支队对孙组长一行表示热烈的欢迎!”

曾世雄带头鼓掌，大家一阵稀稀落落的掌声。

曾世雄说：“我简单介绍一下，我本人叫曾世雄，是政委；这位是谭天木同志，是支队长。其他人，是我们的中层干部，就不一一介绍了，我们还是请孙组长、廖副组长作指示吧。”

孙俊杰清清喉咙说：“各位，此次我们受蒋委员长、顾司令长官和李主席的派遣，来到贵部，代表国民政府中央军事委员会，看望大家。”

大家再次鼓掌。

孙俊杰说：“同时，我们还负有了解情况，向中央军委汇报之任务。我们要了解的内容，已经通过电话通知过了，这里就不在一一说了。总之，希望大家予以理解和配合。”

曾世雄说：“好好好，我们一定很好地配合。”

谭天木说：“孙组长一行来调查，一路走来，应该感受到我们这里环境艰苦，队伍生存发展十分不易。日寇在江北驻有重兵，中央军委有没有考虑给新四军江北支队发一些武器装备，解决一些军饷?”

孙俊杰尴尬地说：“这个，关于新四军的装备和军饷，中央军委自有考虑，不在我们这次调查之列。所谓环境艰苦嘛，我倒不甚觉得。沿途走来，山川秀丽，禾稼丰茂，实乃鱼米之乡嘛。比起陕北延安，恐怕有天壤之别吧。”

谭天木说：“抗日救国，国共一家，新四军也是中央军委领导下的军队，为何在经费待遇上有那么大的差别呢?”

孙俊杰假装糊涂：“有差别吗？我倒没有听说过。不过据我所知，新四军在编制人员方面，从不向国民政府讲实话，使得政府不知道你们究竟有多少人，倘有经费不到位的地方，恐怕不能全怪国民政府，倒要问问你们自己哟。”

“不是我们不讲实话，而是国民政府有些人不愿听实话吧。现在孙组长来我部调查，我们讲了实话之后，能不能解决问题?”

“这个问题还得由上级决定，我们只负责调查情况。”

曾世雄连忙说：“时间不早了，我们还是先解决肚子问题，吃饭去吧。”

大家一起向餐厅走去。

在餐厅里，两个大方桌并在一起，桌上的菜肴虽是乡间土菜，但却十分丰盛。大家坐定，郑天佐倒酒。

曾世雄举杯敬酒：“孙组长、廖副组长一路风尘，十分辛苦，先敬一杯，给二位组长洗尘。”

孙俊杰说：“好，好。”一口喝干。

曾世雄再给廖开田敬酒，廖开田客气了两句，也喝干了。

饮了一会儿酒，说了一些客套话，孙俊杰忽然问道：“我怎么不见蔡虹呢?”

曾世雄说：“蔡虹同志有事去了。”

孙俊杰说：“他在我那里搞了那么多的枪支弹药，我来了也不说声谢谢，敬我一杯酒，而是躲了起来，这也太不够义气了吧。”

谭天木说：“孙组长，实话跟你说啦。蔡虹同志从你那里回来之后，受到军部首长的批评，正在关禁闭呢。”

“关禁闭?”孙俊杰笑了，“看来他行动不自由，我要去看一看他呢。”

“那好。”曾世雄说，“天佐同志，等吃过饭，让孙组长休息一会儿，下午安排一个时间，带孙组长去看看他的老朋友蔡虹同志。”

下午，孙俊杰被郑天佐带到蔡虹的禁闭室，郑天佐欲打开门，让孙俊杰进去。孙俊杰摆摆手，不想进禁闭室。他觉得站在窗外，隔着窗栅和蔡虹说话，自有一种优越感。他要的就是这个效果。

孙俊杰假装吃惊道：“真不想到，蔡部长为了贵军抢运枪支，劳苦功高，却落得了这么个下场！我都替你感到委屈。”

蔡虹不卑不亢地说：“我知道，这应该是你老弟的赏赐了。”

“不敢当啊，我只是向委员长汇报了几句，一切还得凭你们军部的安排。”

“你向委员长汇报，还差几个级别吧？但是，你作为破坏国共合作的分裂分子，倒是有相当的级别了。”

孙俊杰反唇相讥：“国共合作？你以为你的行为是有利于国共合作？你们购买枪支，壮大队伍，发展根据地，同我们争地盘，这也叫国共合作?”

蔡虹义正词严：“当前日寇横行半个中国，每一个有血性的中华儿女，都要拿起枪，都要拉起队伍，把日本鬼子赶出中国去，这是中华民族的呼声，是全国民众的愿望，难道我们共产党人，我们的新四军拿起武器、组织民众，从侵略者手中夺回自己的土地也不对了？”

“这。”孙俊杰一时词穷，想了想说，“抗日要统一政令，统一军令，才能取得胜利，而你们的所谓抗日，是游而不击，是假抗日，是抢山头、闹分裂。”

“尊敬的国民党团长先生，你们有几十万军队在江西一线，为什么不去打日本人，你们的中央军、桂系在安徽也有几十万人，为什么不东进出击，而处心积虑的算计新四军？如果你们是真抗日，请把队伍拉到抗日前线，打几个漂亮仗，再去把南京城收复回来，我就信服你们。”

“我们国民党人终会把日本人赶出中国去，这你放心好了，只是不允许像你这种违反军纪的行为。我看哪，大道理别说了，适时务者为俊杰，你还是关心一下你自己的处境吧。像你这样思想激进，不听号令，你今后还会犯错误的，禁闭室是有你蹲的。怎么样，要不要我为你说说情？”

“那就不必麻烦了。托你的关照，我正好在这里休息一下。休息好了之后，我自然就会出去的，你放心好了，这个地方是关不住我的。”

“不要太自信，这禁闭室你愿待就待下去吧。”孙俊杰压低声音对蔡虹说，“我这次来，是要把你们的情况调查一下，我走之后，也可能你们整个支队，都该关禁闭了，走着瞧吧。”

蔡虹正告说：“我刚才说过，我只是在这里休息一下，关是关不住我的。我们只是从大局出发，暂时给顾祝同一点面子罢了。希望你从中华民族的大局出发，从一个中国人的良心出发，在当前民族危亡之际，多做一些有利于抗日的事，不要做那些仇者快、亲者痛的事，招来千秋的骂名。”

孙俊杰自知说不过蔡虹，只好说：“好好好，咱们也不要多抬杠，后会有期。”说着转身离开。

郑天佐重新锁好门，对陈枫说：“好好看着他，说什么话，有什么行动，要向我报告。”

陈枫连连点头。

郑天佐追上孙俊杰，讨好地说：“蔡虹太不像话了，一点礼貌都没有。孙组长，您不要见怪啊。”

孙俊杰得意地笑着说："我不会见怪的，我和他是老朋友、老学友，也是老对手啊。"

调查工作正式开始了。孙俊杰、廖开田在曾世雄、谭天木的陪同下，在部队驻地到处转悠。

曾世雄指着一排简易的草屋说，这就是我们的营房。

孙俊杰问："下雨天漏不漏雨？"

"漏是要漏一点的，草屋嘛。"

孙俊杰、廖开田进屋，看到屋里靠墙边一张炕，战士们不在屋里，但屋里收拾得很干净。另一面墙边，靠着几十条老式步枪，还有长矛大刀。

孙俊杰看了看问："就靠这个打鬼子？"

"是呀，不靠它靠什么？上级不发，我们也没钱买。"谭天木说。

孙俊杰怕谭天木又转到要武器装备的话题，只好走开了。临行，他对身边的记者说："用照相机把它拍下来。"

孙俊杰、廖开田来到支队办公室，翻看支队干部战士花名册。

孙俊杰问："有多少人？"

郑天佐回答："六百七十八个人。"

孙俊杰对秘书说："把这个花名册抄下来带回去。"

孙俊杰、廖开田来到伙房，他看到炊事员正在做饭。孙俊杰揭开一个大铁锅盖，看到里面是野菜、红薯和大米在一起煮成的菜饭。

孙俊杰问："吃的什么菜？"

曾世雄说："没有菜，放一点儿盐就行了，既是饭又是菜。"

孙俊杰显然有些感动，他说："你们的生活确实很艰苦。"

曾世雄说："是啊，虽然艰苦，但为了抗日大家的情绪还是很高涨的。"

孙俊杰吩咐记者："把新四军吃的东西拍下来。"

记者不停地拍照。

孙俊杰感慨地说："国军要向新四军学习。"

郑天佐连忙奉承："我们也要向国军学习。"

孙俊杰看了看郑天佐，对他的奉承并不感兴趣。

孙俊杰对曾世雄说："政委，何必这样辛苦，干脆把弟兄们带到我们那边去吧。”

谭天木接上去说：“孙组长如果同情我们，就派人送一些吃的来。”

孙俊杰说：“这个我做不了主。”

晚上，孙俊杰和廖开田被分别安排房间住下。几个新四军战士又是打扫，又是铺床叠被，好一阵地忙。

孙俊杰被曾世雄、谭天木带进房间。

曾世雄说：“条件简陋，实在对不起呀。”

孙俊杰双手一摊说：“入乡随俗。”

随便聊了几句，曾世雄说：“孙组长辛苦了，早点休息吧。”

曾世雄和谭天木走后，孙俊杰看看环境，大发感慨：“新四军、共产党，不容易呀，处在日本人和我军的包围之中，老百姓也不买账。在这个地方，别说发展，就是吃饭穿衣问题也很难解决。我倒要看看，这支队伍能撑多久。”

夜里，郑天佐进来，带着一个包裹，放到桌子上，说：“新四军驻地地处偏僻，条件很差，您来一趟不容易。曾政委要我给您拿点菲薄的路费，实在拿不出手，请孙组长收下。”

孙俊杰假意推辞说：“你们这么困难，这叫人怎么好意思？”

“不成敬意，不成敬意。”郑天佐转身走了。

孙俊杰打开包裹，里面有几根金条，他意味深长地笑了。

几天之后，国民党军事委员会调查组对新四军江北支队的调查工作结束了。

操场上，新四军排着整齐的队列欢送调查组离去。孙俊杰、廖开田与曾世雄、谭天木握手告别，双方都很客气。两辆越野车飘着黄尘离去。曾世雄、谭天木和一批中层干部一直站在那里，向远去的越野车挥手告别。

郑天佐见检查团走远了，才转头向曾世雄、谭天木表功说：“我的妈呀，总算把他们应付过去了。”

曾世雄问：“没让他们看出破绽吧？”

“没有，他们没有提出任何问题。”

“你们感觉孙俊杰这个人怎么样？” 曾世雄问。

“孙俊杰这个人还算不错的。”

“怎么个不错法？”谭天木问。

“他最后连汇报材料都让我们过目，问我们同意不同意。”郑天佐说。

曾世雄开心地笑了。

谭天木说：“我看哪，还是那几根金条起作用。”

李大春告别新四军回到家里，眼前的情形叫他傻了眼：他的家，房倒屋毁，狼烟腾腾。他在废墟中寻找，他的老母亲倒在地上，满头是血。李大春急忙冲向前扶起母亲：“娘，娘。”他摇动着母亲，但她已经死了。

李大春扑到母亲身上大哭起来：“娘，这是怎么回事呀？”

这时乡亲们走过来，有的劝李大春节哀，有的陪着一起流眼泪。

一位老大爷对李大春说：“大春哪，你娘已经遇害了，还是为老人家安排后事吧。”

李大春问是怎么回事？老大爷说：“还不是洋鬼子和黑头鬼子嘛！听说你参加了新四军，还端了鬼子炮楼，杀死了他们十几个人。他们为了报复，打听到这是你的家，就来抓你。没抓着，抢了你家的东西，放火烧你家房子。你娘不让，他们就把你娘打死了。”

李大春一听，咬牙切齿，从废墟中拾起一把菜刀，就要去和鬼子拼命。

众乡亲们拦住他。老大爷说：“大春哪，你这样去不是送死吗？要和鬼子斗，不能这样蛮干。”

李大春伤心地抱头痛哭。

山边，李大春为母亲安葬完毕，在坟前烧着纸钱。李大春对着母亲的坟茔发誓说：“娘，儿一定要参加新四军，多杀鬼子汉奸，为您报仇。娘，您安息吧。”

几天后，他来到白茅山，找到了新四军政治部。陈枫接待了李大春。李大春一把鼻涕一把眼泪地说明参加新四军的原因和决心，但这都没有感动陈枫。陈枫根据郑天佐的指示，停止招收新人。李大春没法，只好来找俞珍。俞珍带他去见关在禁闭室的蔡虹。李大春隔着窗户向蔡虹跪下，哭道：“蔡部长，我要参加新四军，为我娘报仇。请您收下我吧。”

俞珍把李大春回去后，家被鬼子伪军烧了，娘被打死了，鬼子伪军在抓他，他无处可去，要求参加新四军为他娘报仇的事说了一遍。

蔡虹说："你应该带他到政治部报名呀。"

"刚才他到了政治部，政治部说，军部有规定，暂时困难，不招收人。他来找我，我看他无家可归，只好把他带到你这里。"

蔡虹生气地说："政治部简直是死板、教条。小俞，你代我向政委请示一下，鉴于李大春的特殊情况，建议把他留在后勤部。"

李大春连忙说："谢谢蔡部长。"

蔡虹又对俞珍说："请示政委后，你就带他去见郑云泽同志，让他为李大春安排工作。"

俞珍带着李大春去了。

曾世雄破例接收了李大春，俞珍为李大春办好了手续，李大春从此成了一名新四军战士。

# 十五、慷慨赴险

这天，在白茅山村前的大路上，有几个战士抬着一个担架匆匆过来，担架上睡着一个小战士。曾世雄和谭天木从办公室走出来，正好遇上。

曾世雄问：“这是怎么啦?”

“报告政委，他饿昏了。”战士们说。

“怎么不给弄点吃的?”

“大米快没有了，杂粮也很少，一天只能维持一顿，野菜也挖不到了。”

曾世雄又问：“前几天就派人去买粮食，还没有买回来吗?”

一个战士说：“国民党封锁，日本人拦截，道路不通。农民受国民党和汪伪特务的反动宣传，不卖粮食给我们。我们还没进村，老百姓就敲锣说‘长毛来了，赤匪来了’，到处围堵我们，连路都不让我们走了。”

谭天木叹道：“这个地方的农民工作还真难做!”

“主要是农民大刀会在作梗!”曾世雄深感头痛。

战士报告说：“大刀会处处与我们为敌。卖粮食给新四军的农民，都要受到大刀会堂规的处罚，所以他们不敢卖。”

曾世雄吩咐：“你们去吧，先给弄点吃的。”

战士们抬着担架去了。

谭天木说：“看来与大刀会的关系不搞好，我们在江北难以立足。”

“我前天派了两个战士去大刀会联系，并要求他们顺便买些米回来，直到现在还不见人回来。”曾世雄说。

正说着，一名战士哭着跑来：“报告政委、支队长，我们去大刀会的两个战士，被大刀会砍了头。”

"啊?!"曾世雄问，"这是怎么回事?"

"大刀会仇视新四军，一直把我们视为敌人。"一个战士说。

这时，其他战士们听到消息，都跑出营房，七嘴八舌嚷开了："政委，大刀会欺人太甚，我们去教训教训他们吧。"

"我们对大刀会忍让又忍让，他们却步步紧逼。"

"不教训大刀会，他们不知好歹。"

"让大刀会尝尝我们的厉害。"

"新四军也不是吃素的。"

战士们情绪激动，要为两个战士报仇。

曾世雄冷静地说："同志们，我们不能鲁莽行事。这两个战士是我们派去与大刀会联系的，他们杀害无辜新四军战士，一定是有原因的，我们要搞清楚，这里面一定是有人挑拨。"

战士们说："汪伪警察和国民党军队经常派人到大刀会活动，说共产党赤化乡村、共产共妻、杀人如麻，所以大刀会特别恨新四军。"

"看来，我们在大刀会的宣传还是不够。"曾世雄说，"我们要从自己身上找原因，耐心地做宣传工作。"

"不打大刀会，难道两位战士就这样白白牺牲了吗?"战士们愤愤不平。

曾世雄说："不是不为他们报仇，而是要从大局出发。"

这时，又一个战士来报："支队长、政委，大刀会数万人在项家山上集合，把我们两个战士的头挂在树上。大刀会首领项启龙还向我们下了战书。"说着递上一封信。

曾世雄展开信纸，见上面写道："新四军团长蔡虹，残忍地杀害了我们两个大刀会会员，因此我们杀两个新四军战士以偿还血债。现勒令新四军交出蔡虹。如若不交，我们将踏平新四军驻地，将你们赶出江北地区。"

"哦，原来是这样。"曾世雄把信递给谭天木。

谭天木看了看说："蔡虹同志怎么会杀害大刀会会员?"

"明显是特务造谣，"曾世雄说，"说明敌人害怕蔡虹同志，想借大刀会的刀除掉蔡虹同志。"

"既然大刀会点名要蔡虹去，只有蔡虹去和大刀会解释清楚，才能平息这仇恨的情绪，解铃还须系铃人。"郑天佐说。

谭天木质问："你真相信蔡虹同志杀害了大刀会的人？"

"假的真不了，真的假不了嘛，蔡虹去了，事情终会弄明白的。"

谭天天木斥道："你胡闹，这不明摆着让蔡虹同志去送死吗？"

这时，在禁闭室窗前，俞珍用一个瓷缸装了一点饭菜送到蔡虹窗前。"

蔡虹问："你在哪里弄来的？"

"我到农民家里要的。"俞珍说。

"我们不能随便去农民家要吃要喝啊。"

"不要怎么办，哪里弄到吃的？"

"部队没有粮食了？"

"早就没有了，这些天大家在挖野菜吃。"

"怪不得他们总是送一些菜帮子给我吃，我还以为是惩罚我呢。"

俞珍告诉蔡虹："一些战士都饿昏了。"

蔡虹说："我们的部队在产粮区，怎么会没饭吃呢？"

"农民不卖给我们，道路又给国民党、日本鬼子封锁了，运不来。"

"农民怎么不卖给我们？你只要提一点价，农民自然会偷偷地运过来的，敌人能封锁得了那么多的老百姓吗？"

"农民受敌人的反动宣传，处处与新四军为敌。江北农民大刀会厉害得很，他们扬言要把新四军赶走，谁要是卖粮食给新四军，就要受到惩罚。"

"那是我们的宣传工作没有做到位。俗话说'诚心感动天和地'，关键在于做工作啊！"

俞珍小心地问："老板，有句话我想问您又不敢问。"

"你有什么不敢问的？说吧。"

"听说你杀了两个农民大刀会会员，有没有这回事？"

"什么，我怎么会杀害农民？这是谁说的？"蔡虹十分震惊。

"部队里都在这么说。大刀会会长项启龙还给支队领导来了一封信，要求新四军把您交给他们，如若不交，大刀会就要踏平新四军驻地。"

"有这种事？大刀会首领项启龙？我与他素无交往，他怎么知道我的名字，他听谁在造谣？"

"本来，农民受国民党、汪伪的反动宣传，视新四军为长毛，处处对我们戒备、抵制。加上最近大刀会有两个人不见了，有人说是给您杀了。所以，大刀会杀掉了我们两个去联系工作的新四军战士。”

“啊？杀了我们两个战士，这事可大了。”

“更为残忍的是，他们把我们两个战士的人头割下来挂在项家山村头的大树上，扬言哪一天抓到你，杀了你的头，才放下来，一起下葬。”

蔡虹想了想，说：“我知道了，这一定是有人想挑拨新四军与农民的关系，而设下的离间计。他们想除掉我，然后把新四军赶出江北。你去叫郑天佐来，把我放出去，我到大刀会去找项启龙。”

这时赵强气呼呼赶了过来说：“老板，大刀会扬言要杀你，可是有人还建议让你到大刀会去解释，这不是叫你去送死吗？你千万不能去。”

“谁？”

“还能有谁？郑天佐。”

蔡虹说：“我一定要去。看来我不去，这个结解不开。”

赵强说：“有些人别有用心，散布谣言说新四军买不到米，吃不上饭，就是蔡虹得罪了大刀会。把一切罪过都推到您的身上，真是投井下石。”

蔡虹说：“这一切明摆着，我没见过大刀会的人，我不认识他们，他们也不认识我，怎么会是我杀了他们的人？我一定要去大刀会，见见项启龙，我要请他们看看，我蔡虹是个什么样的人。”

蔡虹走到禁闭室门边，抓住门闩，一用神力，禁闭室的门就倒了。蔡虹走了出来，直奔支队队部。

在支队队部，曾世雄、谭天木、蒋锋和郑天佐正在议论要不要让蔡虹去大刀会的事。曾世雄说：“大刀会听信坏人挑拨，视我军为仇敌，如果我们再不去做工作，不去澄清事实，消除误解，我们在江北就无法立足了。”

谭天木说：“现在大刀会已经红了眼，工作更难做了，去了凶多吉少。”

郑天佐说：“我认为只有派蔡虹去，其他人解决不了这个问题。”

谭天木坚决反对：“不行，蔡虹绝对不能去大刀会，现在大刀扬言要杀蔡虹，项启龙正在气头上，蔡虹去了就是送命。就是派人去，也只能派其他同志。”

“派其他同志去解决不了问题，可能照样被杀。”

谭天木瞪了郑天佐一眼说："蔡虹一个能顶多少人，你知道吗？"

曾世雄左右为谁，他说："大刀会不争取过来，关系到我们在江北工作的大局。真不行，我亲自去。"

"你去，再怎么着你也不能去，我们再想其他办法。" 谭天木反对。

这时蔡虹来到他们身边，平静地说："不要再想其他办法了，我去。"

大家吃惊地看着蔡虹。

谭天木瞪了蔡虹一眼："什么，你去，你去送死？我不同意！"

蔡虹对曾世雄说："我要亲自去澄清事实，揪出挑拨离间的坏人。我相信项启龙会改变对新四军的看法，新四军会得到人民群众拥护的。"

曾世雄内心矛盾着，见蔡虹主动要求去大刀会，他一时感动得说不出话来，紧紧地握着蔡虹的手。

郑天佐幸灾乐祸："但愿如此，我们期待着蔡虹同志胜利归来。"

蔡虹对郑天佐说："放心吧，蔡虹不会死。蔡虹就是死也要死得慷慨，要使农民兄弟看到，新四军不是恶魔，是好汉。"

谭天木抓住蔡虹的胳膊说："我知道你是个不怕死的人，为了革命，为了新四军的发展，你从来都是将生死置之度外。"他想再说什么，也说不出话来。

曾世雄说："好吧，你就去吧，蔡虹同志。照理，我们是不能让你去冒这个险的，但是如今是非常时期，大刀会在江北一带势力很大，国民党在拉拢他们，汪伪政府也在拉拢他们，如果我们不跟大刀会搞好关系，不把他们争取过来，我们在江北、在皖中就无法立足，建立根据地就成为一句空话，成败在此一举。"

蔡虹说："我之所以要亲自去，就是知道此事的分量。我一定会尽最大的努力，纵使大刀会把我杀了，我也无怨无悔，绝不对革命事业造成不利影响，请首长放心！"

曾世雄握着蔡虹的手说："请多保重，我们祝你成功！"

第二天一早，蔡虹提着一个包裹，一把雨伞，装扮成一个农村教书先生出发了。新四军干部战士们齐刷刷地站在村前，目送着蔡虹离开，像是生离死别一样，一些同志感动得流下了眼泪。

刚走几步，俞珍赶了过来，大声喊："蔡部长，我陪您去。"

郑天佐上前拉住俞珍："俞珍同志，你要干什么？"

"我要陪蔡部长一起去。"

"你想去送死吗？"

"送死就送死。我不怕！"

"你疯了？大刀会要杀的是蔡虹，你犯不着去陪斩。"

"你们既然忍心让蔡部长去死，为什么不让我去死？"

"那有什么办法，别人代替不了。"

"我去替他一死，留下他比我有用处。"说着挣脱了郑天佐。

郑天佐恨恨地说："我看你是中了蔡虹的邪！"

俞珍追上了蔡虹。蔡虹说："你来干什么，这是很危险的。"

俞珍固执地说："正因为危险，所以我要陪着您。"

"傻话，你陪着我去，能起什么作用？搞不好多搭进一条人命。"

"我不怕，和您在一起，搭进去也值得。"

蔡虹发火，很严肃地说："回去！"

"不回去！"俞珍异常固执。

这时赵强也赶来了。他喊道："蔡部长，等等我。"

蔡虹看着赵强："赵强，你真是胡来，怎么也不知凶险？"

赵强说："我们一起去，打起来也有个帮手。"

"这次去是打仗吗？"

"情况也很难料，如果遇到敌人，不打行吗？"

"不行，"蔡虹说，"人多了，大刀会反而怀疑我们有什么企图。"

"我好不容易把支队长、政委说通了，他们同意我陪您去。"

"什么，支队长、政委同意了？"蔡虹感到意外。

赵强得意地说："是啊，不仅同意我去，还同意小俞去呢。您一个人去，他们不放心，整个部队也不放心。"

"这真是乱弹琴。"

俞珍赞扬说："赵强，你今天真做了一件大好事。"

"对不起，我没有经过你的同意。"

"咱们想到一块儿了。"

大刀会总部项家山是一个大村庄，之所以成为大刀会的总部，是因为这个村庄出了个项启龙，四十来岁，身长八尺，膀阔腰圆，力大无比。从小不喜学文，偏好弄武，练就一身好武艺，又曾得到江湖道士的指点，学会了通神巫咒之术，所以在远近城乡很有名气，是个振臂一呼，应者云集的人物。日本鬼子打下南京城，对中国人民进行了大屠杀，焦湖南方各地农民纷纷组会自保。由于很少有枪支，使用的只是长矛大刀，故称大刀会。当时焦南大刀会分三股势力，分别以夏家坪的夏长根、任家坝的任从虎和项家山的项启龙为头领，三股势力为争夺地盘各不相让，闹起了摩擦，结果项启龙联合任从虎打败了夏长根，夏长根带着三百多名骨干逃到了焦湖的焦山岛上，占山为王，靠抢劫过往商船为生，成了湖匪。项启龙与任从虎结拜为兄弟，项启龙为兄，任从虎为弟。从此六县一百多个乡镇农民悉听号令，形成了一支十几万人的农民队伍。

这天大刀会的会员们正在项家山村头的打谷场上练武，舞刀弄枪，一片繁忙景象。休息时，会员们要求项启龙和任从虎露一点真功夫，让大家见识见识。项启龙一时兴起，抱起一个大石磙扔出一丈多远，赢得了会员们的欢呼和赞叹。任从虎演示刀艺，把一柄大刀挥舞得嗖嗖生风，人们看得眼花缭乱。完毕，项启龙、任从虎拍拍手上的灰尘，走进屋子里休息。

此时屋里坐着两个人，一高一矮，是国民党桂系驻军派来的特务。项启龙、任从虎进屋，他们连忙奉承。高个子说："项会长真是神力无比，当年鲁智深倒拔垂杨柳也不过如此。"

矮个子也说："任副会长的大刀舞得也真叫绝，好像大刀关胜再现。"

项启龙十分得意，他喝了一口水说："不要夸奖。这次我把新四军派来的两个人砍了，你们认为怎么样?"

高个子说："当然好啊！项会长的这个行动干脆利索，如果蒋委员长知道了，一定大加赞赏，说不定还会给你封个官当当呢。"

项启龙说："我项启龙不想当官，只想在这兵荒马乱的年代，打鬼子、打土匪，保一方平安。"

矮个子说："是啊，打鬼子固然重要，但防共产党、新四军更重要。鬼子算什么，咱们的土地他搬不走，闹腾几年还不滚蛋。可要是新四军来了，你们不仅保不了平安，老百姓可就要受大罪了。”

任从虎问：“你们见过新四军吗？他们是什么样的，真的那么坏？”

矮个子说：“见过。我见过新四军，也知道新四军的政策。他们要赤化乡村、共产共妻，还扬言要血洗皖中，对大刀会斩尽杀绝。”

项启龙一拍桌子，吼道：“我倒要看看，到底是谁把谁斩尽杀绝！”

矮个子接着说：“新四军最厉害的人是一团团长蔡虹。只要杀了他，就好办了，其他人不足挂齿。”

任从虎问：“蔡虹长得什么样，你们认识吗？”

高个子说：“认识，认识。蔡虹是个独眼龙、大麻子，打双枪，骑两匹马，每晚睡两个女人。”

矮个子补充说：“他还是个大胖子、六指头。”

任从虎问：“你们都认识他？”

矮个子说：“认识他，他烧成灰我都认识。”

项启龙发狠说：“我要是抓到他，就剥他的皮，抽他的筋，喝他的血。”

正在这时，有一个会员赶来：“报告，新四军团长蔡虹来了。”

“什么？”项启龙、任从虎和两个国民党特务都大吃一惊。

项启龙、任从虎拔出手枪，冲了出去。为壮声势，项启龙高声喊：“兄弟们，新四军来了，集合！”

大刀会会员们迅速从四面八方汇聚到打谷场上。簇拥到项启龙、任从虎身边，个个手持长矛大刀，杀气腾腾。

两个国民党特务躲在屋子里不敢出去。

“什么，蔡虹来了？”高个子说：“真是说曹操曹操到啊。”

矮个子不敢相信：“不会吧，他有那么大的胆子？”

高个子幸灾乐祸地说：“蔡虹自投罗网，前来送死，这下有好戏看了。”

矮个子却忧虑起来：“要是蔡虹真的来了，我看事情就不那么简单了，看样子我们凶多吉少。”

高个子问：“你怎么这么说？”

“你想，你和我都说认识蔡虹，亲眼看到蔡虹杀了大刀会会员。现在真的蔡虹来了，他们要是让我们当面对证，怎么办？”

“我们就一口咬定是他杀的，那又怎么样？”

“如果圆不了谎，引起项启龙怀疑，我们小命难保。”

高个子一时没了主张：“那你说呢？”

矮个子想了想说：“我看哪，‘三十六计，走为上计’，我们还是走吧，保命要紧。”

“现在就走？”

“走，不管他们结果怎样，咱们一走了之。”

说着两人悄悄打开后门，溜了。

打谷场上，大刀会会员们手持大刀，严阵以待，如临大敌。

项启龙往前方一看，有三个人朝这边走来，手里没拿枪，只有雨伞，前面一个像教书先生，后面跟着一男一女两个随从，都穿着便衣。

会员们面面相觑，紧张的局面松弛下来。

等到蔡虹他们到了近前，项启龙有些不相信地探问：“你们是什么人？”

蔡虹双手一拱说：“新四军蔡虹特来拜会项会长。”

项启龙问：“你就是新四军一团团长蔡虹？”

“正是鄙人，现在已不是一团团长，改任后勤部长了。”

项启龙上下打量一番：“你不是独眼龙、大麻子？”

蔡虹笑了笑：“项会长真会取笑，我蔡虹怎么会是独眼龙、大麻子呢？”

任从虎上前问：“你不是六个指头？”

蔡虹把手伸出来说：“大家看，我蔡某是不是六个指头。”

任从虎对项启龙说：“他也不是大胖子呀。”

蔡虹笑道：“蔡某身体虽然强健，但没有多余的赘肉。”

任从虎不放心地问：“你真是蔡虹？”

“那还有假？”

“好，你既然是蔡虹，真佩服你有种，自己送上门来了。”项启龙突然发令：“把枪交出来。”

蔡虹从衣服里面取出手枪，把枪托朝外，递了出来。

项启龙看看赵强、俞珍说：“还有你们两个。”

俞珍、赵强也把手枪交出来。会员们都呆看着，不敢上前接。项启龙用眼神示意会员项小山，项小山上前收了他们的枪。

见枪到手，项启龙放心了，大声命令：“把他们捆起来。”

会员们一拥而上。

蔡虹指着赵强、俞珍说：“不要捆他俩。”

项启龙说：“来的都是送死的，一起捆了。”

会员们把三个人捆了个结实。

项启龙这才哈哈大笑起来：“好啊，蔡虹，你也有今天。”他指着对面一棵大树说：“看到了那上面两颗新四军的人头了吗？现在就差你的了。”

蔡虹说：“我的人头在这里，但不知项会长要它何用？”

“哼哼，你倒是很会装蒜哪。”项启龙说，“你杀了我们两个弟兄，你以为我不知道？”

蔡虹说：“项会长，说话要有根据，我什么时候杀了你们两个弟兄？”

“你还不承认。”他朝后一挥手，两个农村妇女突然扑了上来，要抓蔡虹，哭着向蔡虹要人，她们是被害农民的家属。

全场为之动容。

项启龙命人把两个妇女拉到一边。妇女哭着瘫倒在地上。

全场群情激愤：“杀死蔡虹，为死者报仇！”呼声震天。

项启龙大呼：“把新四军蔡虹等三人，砍头示众。”

众会员一声吼：“好啊！”三个手持大刀的会员走到蔡虹他们面前，准备动手。

赵强高声说：“项会长，你情况不弄清就杀人，算什么好汉？”

俞珍说：“项会长，你们已经错杀了两个新四军战士，不能一错再错了，真正杀害大刀会会员的人是什么样子，你们见过没有？”

项启龙说：“你们还想抵赖？杀人偿命，天经地义。”

“项会长，我们既然来了，就是不怕杀头。”蔡虹说，“不过在你砍我们的头之前，能不能让我也说几句话。”

“我没有工夫跟你们废话，动手！”项启龙下令。

众会员大呼：“杀死蔡虹！杀死蔡虹！”

任从虎对项启龙说：“大哥，让他们把话说完。”

“说了也是死，不说也是死。”项启龙把头一甩。

蔡虹说："项会长，我们新四军挺进江北，建立江北支队，是为了打鬼子，解放被占领的土地，解救被日本人蹂躏的乡亲。听说江北大刀会十几万农民组织，是一支抗日保卫家乡的队伍，我们一直想来拜访，可就是没有空闲。新四军抗日，受到了日本人、汉奸的痛恨，国民党右派也视新四军为仇敌。他们散布了很多谣言，说我们新四军青面獠牙，十恶不赦，赤化乡村，共产共妻。请你去打听一下，我们新四军究竟长得什么样，我们新四军驻地有没有共产共妻？有人说我蔡虹是独眼龙、大麻子，你们也相信他们的宣传？说我蔡虹杀了你们两个大刀会会员，我连大刀会会员都没见过。我这几天从中江市来，一路上同鬼子打仗，什么时候杀了你们两个人？要说我杀了十几个鬼子，这是事实。我和我这两个战友，刚刚打鬼子才回来。如果你们不相信我的话，可以派人去问袁绍先和他家的伙计袁老七，证明我们这些天在干什么？我知道你项会长是条好汉，是讲正义、讲道理的人，绝不会冤枉一个好人，也绝不会放过一个坏人，所以我才敢来。如果你今天把我砍了，将来事实证明你杀错了人，你冤枉了好人，又怎么向世人交代？怎么能证明你项启龙是个公正磊落的汉子？"

项启龙自信地说："我从来都不会杀错人。"他命令刀斧手："杀了他们再说！"

刀斧手将刀高高举起。

# 十六、惩除敌特

正在这时，有一个人飞跑过来，一面大声喊：“项会长，刀下留人，刀下留人。”

众人一看，是李大春。

任从虎上前问：“大春，你说什么？”

李大春喘着气说：“你们说蔡部长杀了大刀会的人，根本没有这回事，这些天，蔡部长从中江回来，一路上打鬼子，炸炮楼，我和他们在一起，我可以作证。”

任从虎问：“你怎么和新四军在一起？”

李大春说：“我挑牛草，过鬼子炮楼，被鬼子抓进去，要把我烧死，是新四军救了我。”

项启龙不相信地看着李大春。任从虎对项启龙说：“大哥，大春是我们大刀会会员，他不会说假话的。”

项启龙坚持说：“有人亲眼看见蔡虹杀了我们的人，还能有错？”

蔡虹说：“如果有人亲眼看到我杀了你们的人，那最好把证人叫过来，我们当面对质。如果证人不在这里，你们可以先把我关起来，等到证人来了，把事实搞清楚，再杀不迟。”

“证人就在这里。”项启龙命令项小山，“把两个证人叫来。”

项小山到屋子里叫人，不一会出来说：“会长，他们两个人不见了。”

项启龙很感意外：“什么，不见了？找一找。”几个会员分头去了。

等了一会儿，一个会员回来报告：“会长，那两个人跑了。”

“跑了？”项启龙更是诧异，“跑了也要把他们追回来。”

几个会员复又去了。任从虎提醒项启龙说："大哥，这里面不对劲哪！那两个人为什么跑？是说了谎话，心虚吧。"

项启龙若有所悟："哦，你看呢？"

任从虎招呼项小山说："你去找一件长衫来。"

不一会儿，项小山找来一件长衫，任从虎指定一个高个子、大块头的胖子会员，让项小山将长衫给他穿上，并用绳子将胖子捆起来，站在蔡虹的前面。任从虎对他说："你把一只眼睛闭上。"

那个胖子照做了。

野外，两个国民党特务在慌慌张张地逃跑。

会员们追了上去："长官，项会长喊你们过去说话。"

高个子边跑边说："我们有事。"

"不行，项会长非要你们去不可。"

矮个子假意问："有什么事吗？"

"蔡虹来了，项会长要你们去认一下，就好将蔡虹开斩了。"

矮个子说："斩了算了，不必要我们亲到现场。

"不行啊，项会长非要你们去对证了才杀呢。"

矮个子边走边应着："好好，我们这就来，这就来。"一边说，一边走。

会员们拦住他们："方向错了，这边走。"他们只好硬着头皮被会员们带回来了。

路上，矮个子低声对高个子说："一口咬定亲眼见到蔡虹杀人，不要松口。要不，我们就完了。"

高个子说："明白。"

打谷场上，项启龙见两个特务被带来，不满地问："我正找你们两个作证，你们怎么跑啦？"

高个子说："我——我们——"

矮个子补充："我们没有跑，是去出个恭。"

项启龙说："哦，那好。"他故意指着前面被绑着的胖子说："你们看，蔡虹来了，认识不认识他？"

矮个子立刻说："认识，认识。"他指着胖子说："好狠毒的蔡虹，你这个独眼龙，是你亲手杀了大刀会的两个弟兄。"

项启龙问高个子："你不是也认识蔡虹吗？"

高个子连连点头说："我怎么不认识他？他就是烧成了灰，我也认识。你们的两个会员就是他杀的，我是亲眼所见，一点不错！"

项启龙明白了，他哈哈大笑起来，问："你们是不是看清楚了？"

高个子说："看清楚了。"

"没有说谎？"

"没说谎，哪里会说谎。"

项启龙问矮个子："你也看得没错？"

"没错。"

"敢用脑袋担保？"

"敢用脑袋担保。"

"我看你们的脑袋不值钱。"项启龙冷笑一声，突然他大喝："把他们捆起来！"

会员们一拥而上，把两个特务捆了起来。

高个子和矮个子齐声问："项会长，你怎能这样？"

项启龙走上前两眼瞪着特务说："你们好大的胆，糊弄到老子头上来了。你们说，他是不是蔡虹？"

高个子说："是蔡虹呀，没有错，千真万确，他真是蔡虹啊！"

矮个子也说："他不是蔡虹，你砍我的头。"

项启龙说："是要砍你们的头。让我来告诉你们，这是我们的大刀会会员，那边几个才是新四军，那个高个子才是蔡虹。"

两个特务的腿抖个不停，一起跪下："项会长饶命，项会长饶命啊。"

项启龙说："既然你们不认识蔡虹，那么老实说，是谁杀了我们的两个会员？"

高个子和矮个子都说："这个，我们不知道。"

"不知道？大刀会会员是谁杀的，是你们杀的吧？"

"不是，不是。"

任从虎问："两个会员怎么死的？"

"不知道，我们确实不知道。"

项启龙说："不知道，不知道怎么说是被新四军杀了？"

高个子说："项会长饶命，是上司叫我们来说的。"

"你们的上司是谁？说！"

"是龙彪。"

"龙彪？"

蔡虹说："项会长，龙彪是国民党桂系第八纵队司令。他们想破坏新四军在老百姓当中的声誉，派他们两个特务来造谣、破坏。现在，两个大刀会会员一准在他们手里，或者被他们杀害了。"

项启龙吼道："原来你们是特务。快说，我们的两个会员在哪里？"

两个特务说："我们不知道哇。"

正在这时，项小山来报："项会长，两个会员回来了。"

"啊，回来了？"大家一齐向来人的方向看去，只见两个农民一瘸一瘸地往回走。两个家属飞也似的跑上前去，悲喜交加。

会员们都涌上前问候。

两个会员走到项启龙面前。突然，他们发现了两个国民党特务，立即指着他们说："就是他们两个，把我们骗到日本人的碉堡里去，硬说我们是新四军，我们差一点就死在里面。"

项启龙看着两个瑟瑟发抖的特务说："好哇，你们这两个狗特务，还勾结日本鬼子，残害我们大刀会会员，嫁祸于人，害得我错杀了两个新四军。来人，把他们两个给我砍了。"

刀斧手做好了砍头的准备。

项启龙走到蔡虹、赵强、俞珍身边，亲自给他们松绑，嘴里说："实在对不起，我们轻信了这两个国民党特务，上了他们的当，还错杀了两个新四军，真是对不起呀！"

蔡虹说："只要事实澄清了就好。"

俞珍问李大春："你怎么来了？"

李大春说："我知道你们有危险，就跑过来了。"

蔡虹说："大春同志，你来得正是时候。迟一步，我们就成了鬼了。"

李大春为自己挽救了首长们的性命感到高兴。

项启龙回头怒对特务，一声令下："砍了！"

刀斧手手起刀落，两颗人头滚到了一边。

项启龙对大家说："兄弟们，由于我项启龙一时糊涂，相信了特务的挑拨，错杀了两名新四军，你们说怎么办？"

大家面面相觑，一时没了主意。

任从虎说："大哥，人死不能复生，赶明儿你到新四军部队道个歉。现在要买两副最好的棺材，把两位被杀的新四军战士安葬好，也算是对他们灵魂的一种安慰。"

众人说："对，只有这样了，买两副好棺材把两位死者安葬好。"

项小山说："要用两个特务的尸体垫在棺材底下。"

众人说："对，让两个特务永远被新四军战士压在下面。"

不一会儿，两副大棺材抬来了，由任从虎指挥，大家把新四军战士的尸体放进棺材，又把挂在树上的两颗人头放了进去。

任从虎下令："要把头和身体细心地缝合好。"

这些事情做好之后，大家把棺材抬到村头，在那里，会员们挖好了一个大坑，先把两个特务的尸体放进坑底，然后才把两副棺材并排放进坑里，压在两个特务的身上，填上土，垒起了一座大坟茔。放一串鞭炮，烧上纸钱。

安葬完毕，项启龙、任从虎和蔡虹他们三人在被害的新四军战士坟前，恭恭敬敬地磕了三个头。

大家都效法他的样子，跪地给被害的新四军战士磕头。

这时，有几个乡亲急忙来报："鬼子来了。"

回来的会员说："一定是鬼子来抓我们了。"

项启龙问："怎么回事？"

那个会员说："我们打死了一个鬼子才逃出来的。"

项启龙大声说："兄弟们，做好准备，跟着我去打鬼子。"

全场行动起来。

项启龙回头问蔡虹："敢不敢跟我们去打鬼子？"

蔡虹说："嘿，看你说的，新四军就是打鬼子的！"

项启龙说："好，把枪还给他们。"

项小山把枪还给了蔡虹他们。大家一起朝鬼子来的方向前进。

野外，日本鬼子一百多人，三四马，朝这边扑过来。他们离项家山几里处，军官下马、众鬼子散开，伏在坟堆、田埂、大树等掩体后面，匍匐前进，摆开了作战的架势。

大刀会会员也摆开了阵势，那就是齐刷刷地站在野地里，像一堵墙，威风凛凛，几千号人看起来也很有气势。

项启龙的手向空中一举，大呼一声："有请大神！"

大刀会会员纷纷解开上衣，把一道道黄色的纸符贴在肚皮上，然后束好腰带。

只见项启龙手举一面小黄旗，朝天上挥了三下。会员们一起念起了咒语："天黄黄，地黄黄，各路神仙来相助，关公老爷来帮忙，刀枪不入显神功，日本强盗尽遭殃……"人群一片念咒语的声音。随着声音越念越快，人群开始兴奋起来，像疯了一样。蔡虹、赵强和俞珍都十分吃惊。

只听项启龙一声喊："弟兄们，大神保佑我们，关老爷给我们以力量，只要心诚，我们就会刀枪不入。弟兄们，向着鬼子，冲啊！ 杀啊！ "

大刀会会员手举长矛大刀向鬼子直冲过去，但是在日本鬼子无情的机枪扫射下，纷纷倒地。又一批会员冲上去，也纷纷倒地。

后面的老人妇女，看到自己的亲人倒下，一片惊叫哭喊之声。她们叫着自己亲人的名字，悲痛欲绝。

蔡虹大声说："项会长，不能硬冲啊！"

项启龙仍然高喊："冲啊！"

越来越多的会员倒下去了。老人妇女的哭声像狂风骤雨，凄惨无比。

蔡虹发了火："项会长，你是拿老百姓的生命开玩笑。"

项启龙说："不，我们的护身符是刀枪不入的。死掉的，是他们对大神不敬，心不诚。"

蔡虹喝道："你胡闹！"

项启龙见蔡虹骂他胡闹，从来也没有人敢骂他，他刷地拔出大刀上前要砍蔡虹，任从虎连忙上前劝阻。

蔡虹镇静地说："你杀吧，我手里有枪，但是我这枪不打你，我的子弹要留着打鬼子。"

项启龙犹豫了。

蔡虹说："你让乡亲们停止冲锋，我去打几个鬼子给你看看。"

任从虎大声喊：“停止冲锋。”

蔡虹带着赵强、俞珍匍匐向前。在接近敌人子弹射程的地方，蔡虹与赵强、俞珍说了什么，赵、俞二人暂停前进。蔡虹突然跃起，举枪向前冲锋。他一会儿向左，一会儿向右，一会儿卧倒，一会儿站立。鬼子的子弹在他身边飞过，可就是没有打中他。会员们看得呆了。

只见蔡虹靠近敌人，手起一枪，将那个露出半个头，握着冲锋枪的鬼子天灵盖打开了。鬼子一声惨叫。

另一个鬼子突然站起，朝蔡虹开枪，蔡虹手快，早已将对方撂倒在地。自已随声卧倒，就伏在鬼子的眼皮底下。

会员们不由得一阵赞叹，同时也为蔡虹担心。

蔡虹一连数枪，每枪必中，打得鬼子不敢抬头。人们发现，原来鬼子也是怕死的、惧狠的，双方僵持着。

突然，蔡虹腾起一跳，打死一个伏在地上摆弄机枪的鬼子，然后迅速卧倒。敌人一齐向蔡虹开枪，子弹平射过来，但都落了空。

有几个情急的鬼子见蔡虹伏地，突然站起来朝蔡虹射击，大家一片惊呼。但是，蔡虹已经料到敌人会有这一招，他在地上打了一滚，同时枪口已对准了站起来的敌人，一连几枪，几个鬼子应声倒地。

会员中发出由衷的喝彩声。项启龙、任从虎、李大春、项小山都看得呆了。

这时，俞珍、赵强从左右两翼朝敌人移动。他们也像蔡虹一样，各自打死了几个鬼子，向农民表演了他们的战术和枪法。

项启龙一见大喜，叫道：“拿枪的给我上。”

这时，会员们再也不盲目冲锋了，他们学着蔡虹的样子，匍匐前进，向鬼子逼近。鬼子一看势头不对，掉头就跑。

蔡虹带人冲上前又撂倒几个，一场战斗转败为胜。

大刀会会员们对鬼子一番穷追猛打，大胜而归。

回到项家山，项启龙对任从虎说：“蔡虹真是了不起，比赵子龙还厉害。我们和蔡虹结拜兄弟，你看如何?”

任从虎说：“好啊，我也是这样想的，不知人家团长愿意不愿意。”

项启龙走到蔡虹面前说：“蔡团长，我真佩服你！你愿不愿跟我们结拜兄弟？”

蔡虹说：“怎么不愿？新四军与大刀会本来就是兄弟嘛。”

项启龙大喜：“好，摆香案！”

任从虎指挥会员们把香案摆好，点上蜡烛，又叫人拿来三只大碗，倒上酒，杀一只公鸡，把鲜血滴在碗里。项启龙、任从虎和蔡虹三人跪在香案前。

项启龙首先讲话：“我，项启龙，愿与蔡虹结拜为兄弟。从此以后，有福同享，有难同当，永不负约。”

任从虎说：“我，任从虎，愿与蔡虹结拜为兄弟。从此以后，生死相依，患难与共，永不相弃。

蔡虹接着说：“我，蔡虹，愿与项启龙、任从虎结拜为兄弟。从此以后，同心抗日，共建国家，互相帮助，永不相违。”

蔡虹与项启龙、任从虎在香案前拜了三拜，然后喝干碗里的鸡血酒。蔡虹拜项启龙为大哥、拜任从虎为二哥，自己为三弟。

项启龙激动地大声说：“兄弟们，今天项启龙、任从虎、蔡虹三人结为兄弟，大刀会和新四军就是一家人了。”

蔡虹也说：“大刀会是农民队伍，新四军也是农民队伍。我们是兄弟，我们是一家人。今后，大刀会有什么困难，找新四军，找我蔡虹。新四军有困难，也请大家多帮助。打鬼子，我们并肩战斗。任何人挑拨离间，也不能破坏新四军和大刀会的兄弟感情。”

“讲得好！喝酒去。”项启龙说完拉着蔡虹、任从虎一起去了餐厅。

酒过三巡，项启龙对蔡虹说：“兄弟呀，我有个困难不好讲出口，怕给你为难。”

蔡虹说：“既然是兄弟，尽讲无妨。”

项启龙说：“兄弟我大刀会尽管有十多万人，可是枪没几杆，都是长矛大刀，打起仗来不抵事。”

蔡虹开玩笑说：“你们不是有护身符和咒语吗？那可是刀枪不入的呀。”

项启龙不好意思地笑了，说：“就别取笑你大哥啦。”

蔡虹慷慨地说：“我送给你们五十条枪，好不好？”

“真的？”

“还能有假？明天派人去拿。”

项启龙又问：“什么枪呢，听说新四军也没什么好枪。”

“送给大哥，当然要捡好枪给。”

“你说是什么枪？”

“美国造的卡宾枪。还给你两挺冲锋枪，一万发子弹。”

项启龙睁大眼睛：“是吗？说话算数？”

“咱们是兄弟，生死都能与共，还有说话不算数的？”

项启龙大喜：“这太好了！ 三弟真讲感情。”

任从虎说：“结拜兄弟就是不一样啊。”

项启龙说：“不瞒三弟说，过去我们跟国民党打交道，他们尽管说得好听，一提起要枪，他们就是不给。”

蔡虹说：“他们哪里会给你们枪，他们就是怕你们壮大了力量嘛。”

“是啊。三弟你这话说到节骨眼上了。”任从虎说，“三弟，你们新四军有什么困难，尽管说，只要我们能办到的。”

蔡虹说：“不瞒两位哥哥，新四军目前最缺的是粮食。”

“我就知道你们一定缺粮食。”项启龙爽快地说，“好，明儿派人送一百担大米过去，行吧？”

蔡虹举杯：“谢谢两位哥哥。”三人举杯相碰。

乡间小道上，一百多个农民挑着装有大米的箩筐向新四军驻地进发。

项启龙、任从虎和蔡虹并肩走着，赵强、俞珍满脸的喜悦和自豪，李大春和项小山走在后面。

曾世雄、谭天木和新四军干部战士站在操场上远远地看着农民挑米过来，大家一片欢腾。

到了近前，蔡虹介绍说：“政委、支队长，这是我的大哥项启龙，这是二哥任从虎。”

项启龙说：“项启龙特来拜会各位长官。”

曾世雄说：“欢迎，欢迎！不必客气。”

大家热烈握手。

战士们争相来看洁白的大米，欢乐异常。

曾世雄指示："请大刀会的弟兄们到食堂吃饭。"

餐厅里，曾世雄、谭天木、蔡虹、蒋锋、郑天佐和项启龙、任从虎等在一桌，赵强、俞珍、项小山及大刀会骨干在一桌。

席间，项启龙对曾世雄、谭天木说："真不好意思，政委、支队长，我项启龙鲁莽，听信了特务的话，错杀了两个新四军战士，我今天是来请罪的。"说着就跪下了，任从虎也跟着跪下。

曾世雄和谭天木连忙扶起项启龙、任从虎。

曾世雄说："误会误会，不知者不为罪啊！"

谭天木说："往事不究，我们现在是一家人了。"

项启龙、任从虎重新坐下。

曾世雄、谭天木劝项启龙和任从虎龙多喝几杯酒。大家开怀畅饮起来。项启龙、任从虎一高兴，喝得酩酊大醉，由人们扶着离开餐厅。

众会员把两位头领抬着回去了，同时抬着的还有五十支崭新的卡宾枪、两挺冲锋枪和一万发子弹。大刀会会员们高高兴兴地往回走。

曾世雄、谭天木、蔡虹、蒋锋、郑天佐等将大刀会会员们送出村外，望着他们渐渐远去。

蒋锋擂了蔡虹一拳说："老蔡，你真行哪！什么难事，只要你去了，就能迎刃而解，我算服了你了。"

曾世雄说："蔡虹同志冒着生命危险，不仅化解了大刀会对我们的仇恨，解决了我们的粮食危机，而且为我们今后的工作打开了新的局面，真了不起啊！"

谭天木说："我们又该给蔡虹同志记功了。"

蔡虹问道："我还要不要进禁闭室？"

"再也不能让你关禁闭了，你要是一直关禁闭，我们全支队干部战士恐怕都要饿死了。"谭天木说。

曾世雄也慷慨地说："不再提关禁闭的事了，上面如果追问下来，我给顶着。"

大家开心地笑了。

郑天佐也尴尬地笑着。

# 十七、攻打铜山

早晨，蔡虹在树林中晨练。突然，通讯员跑过来说：“蔡部长，不好了，大刀会昨天遭到日本鬼子的袭击，损失很大。”

蔡虹一惊：“啊，具体情况？”

“死了不少人，还被俘去了两千多人，押到铜山鬼子据点修工事去了。”

“政委、支队长知道吗？”

“知道了，刚才项启龙派人来报告的。”

蔡虹急忙拿起挂在树上的外套就走，一边问：“来人还说什么？”

“来人带了项启龙的口信，要我们帮助打铜山，救出乡亲们。”通讯员说，“政委、支队长要你去队部商量。”

蔡虹和通讯员加快了步伐。

在队部，曾世雄、谭天木、蒋锋、郑天佐等都在议论着。

蔡虹问：“是不是大刀会受到鬼子的袭击？”

曾世雄说：“是啊，情况很严重。这一次鬼子出动了五百多人，加上伪军，共一千多人，是那个叫田村的小队长带队，将项家山包围起来，打了一天，大刀会死了三十多人，伤了五十多人。两千多人被俘，被押到铜山修炮楼去了。项启龙带口信求救，要我们帮助攻打铜山，解救乡亲们。”

“领导怎么考虑？”蔡虹问。

谭天木说：“铜山是鬼子的重要据点，正规部队有八百多人，伪军有两千多人。工事坚固，易守难攻，以我们的力量、我们的装备，打铜山是很困难的。我们支队成立以来还没有打过这样的攻坚战，这个堡垒不好打啊!”

曾世雄也说:“是啊,按照我们原先的计划,在新四军发展初期尽量避免与日本人打大仗,避免暴露我军的实力。可是现在呢,大刀会给我们出了难题了。如果我们不打,我们就会失去大刀会的支持,失掉江北农民的信任。如果打,败了,我们在江北就立不住了;就是胜了,今后日子也不好过。所以我们真是打不定主意,想听听你们的意见。”

蒋锋在一边说:“我主张打。鬼子欠了我们多少血债,同志们早就想和日本鬼子拼一下,为了牺牲的战友报仇,不考虑那么多了。”

曾世雄看着蔡虹:“你的意见呢?”

蔡虹想了想说:“项启龙知道我们的力量比较弱,但他在关键时刻向我们求援,不向国民党军队求援,说明他知道国民党军队是不会帮他们打铜山的。如果我们也不敢打铜山,今后再想争取大刀会的支持,进一步密切军民关系就不容易了。所以铜山之战,尽管很困难,我建议还是要打。在打的前提下想办法,要把仗打好,打胜,不能打败。”

“你具体说说。”谭天木很重视蔡虹的意见。

蔡虹说:“虽然鬼子的武器装备比我们好,又有坚固的工事,但是我们也有优势。一是我们可以采取突然袭击的方式进攻,鬼子根本想不到我们这点力量也敢打铜山,这就是出其不意,攻其不备;二是我们可动员几万大刀会会员配合,虽然只有长矛大刀,但在肉搏战、夜战中能起作用。三是我们的指战员报仇心切,士气高昂。通过这次打铜山,也可以锻炼一下队伍。”

“分析得有道理,”谭天木点点头,“看来这个仗是赶鸭子上架,非打不可了。”

曾世雄说:“大家的意见一致,都主张打,那就打吧。我们现在要好好研究一下怎么打。我们没有退路,这一仗只能打胜,不能打败。”

“速战速决,”谭天木说,“主攻部队一定要打得猛,打得狠!”

“支队长,让我来担任主攻。”蔡虹主动请缨。

“胡闹!”蒋锋一听火了,“你后勤部长打什么主攻?”

蔡虹转向谭天木、曾世雄:“我和项启龙、任从虎是结拜兄弟,同生死、共患难。现在他们在受难,我不担任主攻,怎么说得过去?”

“有道理，可以和蒋团长一起上。”谭天木说。

曾世雄反对：“老谭，担任主攻当然是蒋锋了，蔡虹同志不能担任主攻，战地后勤工作十分重要。”

“我保证后勤保障和担任主攻两不误。”蔡虹表态。

“后勤部长打主攻，欺我们战斗部队没人吗?”蒋锋不满。

曾世雄说：“后勤部长就是要把后勤工作放在第一位。”

“支队长当初说过，只要捞着打仗，就会让我上。”蔡虹强调。

“我是说过。”谭天木承认。

“支队长没有说让你担任主攻，是吧? 后勤工作也是打仗的一部分，也要参加，也要上前线嘛。”曾世雄解释。

蔡虹失望地说：“咳，这不是白说了吗?”

蔡虹回到后勤部，赵强、俞珍、郑云泽、何力全、李三火已经在等他。

俞珍问：“部长，刚才你去队部，是不是说打铜山的事?”

“你怎么知道?”

“鬼子围攻大刀会，俘虏了两千多人到铜山，项启龙急得不得了，派人来求援，你们开会，不是说打铜山的事是什么?”

蔡虹点点头：“算你猜对了。”

“打铜山，我们能不能上?”赵强问。

“当然要上。”

“那太好了。”俞珍说，“什么任务?”

“当然还是搞后勤。”

“后勤? 真没劲，看着人家打鬼子。”赵强、俞珍都很泄气。

蔡虹对大家说：“我和大家的想法一样，都想参加战斗，最好是担任主攻。但是话又说回来，后勤保障也是打仗的一部分，我们把后勤工作搞好，保障这次战争的胜利，就是立了大功。同志们，这次战斗非比寻常，铜山是鬼子的重要巢穴，有八百多鬼子，两千多伪军，他们装备精良，加上工事坚固，易守难攻。这是一场恶战，我们能否打胜，很难预料。我们要做好充分的思想准备，把后勤工作做好，确保这次战斗顺利进行，夺取最后胜利。到了我们该上的时候，我们就上，还分什么后勤前勤的?”

“对，这话我爱听。”俞珍说。

蔡虹说：“这次是蒋锋团长担任主攻，大刀会配合。我们要根据这个特点，把后勤保障工作研究一下。今天晚上就随大部队前进。”

当天晚上，蔡虹、赵强、俞珍、郑云泽、何力全、李三火带领后勤部队在黑暗中向铜山前进。大家有的挑着担子，有的推着独轮车，有的用骡马和小毛驴背着箱子，里面装着弹药、粮食和药品，还有一些战士抬着担架，挑着锅和筐子什么的。

铜山越来越近，隐约已经看到山的轮廓和远方炮楼群密集的灯光。

“达达达”，前方响起了枪声。

赵强说：“部长，前方打起来了。”

蔡虹催：“快，加快步伐。”

队伍急匆匆前进，枪声越来越密集。在接近战场的田野上，后勤队伍停下，抓紧做着工作准备。这时，战场上的伤员抬了下来，大伙立刻忙碌起来。李三火带领着卫生人员忙做检查，看到有的牺牲了，就把死者的头盖上布；看到受伤的，就抬到一边，医务人员忙做包扎抢救。

有一个伤员流血过多，李三火急叫：“快，快拿血浆来。”

卫生员急忙从箱子里取过一个瓶子，挂到小树上，给伤员输起血来。

看到这么多担架下来，俞珍问：“才接上火，怎么就死伤这么多人?”

蔡虹忧虑地说：“这说明我们的突袭不太理想，敌人警惕性很高。”

赵强说：“铜山的工事本来就坚固。明堡暗道，防不胜防。”

这时有人急匆匆赶来说：“前方要子弹，快。”

郑运泽说一声：“跟我来。”扛着弹箱，带领战士们向着枪声的方向奔去。

蔡虹来到伙食组，那里已是热气腾腾，何力全在指挥炊事人员烙大饼，把做好的大饼装进布袋子里，将袋口捆扎起来，准备半夜里送到前线，给战士们充饥。

蔡虹指示：“大饼要多烙一些。”

“我们准备了三天的干粮。”何力全报告。

“但愿三天能结束战斗，可是，谁能打包票?”蔡虹自言自语。他忽然想起一件事，吩咐赵强："你带人去把铜山通向焦县的电话线剪断，装上我们的话机，一来切断敌人的联系，防止焦县鬼子来增援；二来窃听敌人的动静，有情况立即向我报告。"

赵强带人去了。

这时，通讯员骑一匹快马赶过来，下马报告："蔡部长，政委、支队长叫您马上过去。"

蔡虹翻身上马，问："前线怎么样？"

通讯员说："蒋团长他们进攻很不顺利，几次冲锋都被打下来了。"

"听这枪声就知道了，看来铜山真是个硬骨头。"

蔡虹快马加鞭，两人飞快地向战地指挥所奔去。

在一个简易的草棚里，支队指挥部召开了阵前会议。

蒋锋汇报说："我们冲锋了几次，攻不进去，敌人堡垒十分坚固，火力很猛，部队伤亡很大。"

谭天木急得抓头："突袭不成功，我们将面临一场攻坚战。我军没有重炮，要想攻进去，难度太大了。按照战场一般规律，我们应该撤退，保存实力，不能继续打了。"

曾世雄说："我也是这样想，要是在平时，我们就撤出战斗，不和敌人拼消耗。可是现在，大刀会两千多人被关在铜山，我们撤回去，大刀会和江北的老百姓会怎么看我们？"

"如果我们部队伤亡太大，铜山仍然拿不下，我们就被动了。部队打也不是，退也不是，就更危险了。"

曾世雄焦急地蹲下去抽着烟，他问郑天佐："大刀会那边怎么样？"

郑天佐说："大刀会那边更不行，被敌人火力阻在山下上不去。"

"看来铜山比我们想象的还难打。"曾世雄磕掉烟头忧郁地说。

"我们再组织一次进攻，"谭天木说，"如果实在拿不下来，就撤退。"

蒋锋说："我们今晚再重点进攻一次，然后再说。"

曾世雄问："蔡虹同志，你看呢？"

"同意再进攻一次，看看情况再说。"蔡虹说，"我建议让大刀会在南面冲一下，造造声势，把敌人的注意力吸引过去，确保东面的重点进攻。"

谭天木对郑天佐说："天佐同志，你去大刀会那里，把我们的进攻计划告诉项启龙，今晚十二点统一行动，你就在那里参加战斗吧。"

"是!"郑天佐骑了一匹马，带着陈枫和另一个士兵去了。

大家分头行动。

蔡虹打马回到后勤部，俞珍、郑云泽、何力全、李三火迎了上来。

"情况怎么样?"大家问。

"很不顺利。"蔡虹说。

"那怎么办?"

"今晚再进攻一次。"

"我们上不上?"

"上什么?今晚部队伤亡一定很大，我们要做好准备。"

大家点点头。

正说着，赵强匆匆赶来说："报告部长，我们听到一个电话，焦县鬼子将送一批粮食到铜山。"

"送一批粮食?这说明焦县鬼子还不知道我们打铜山的事。"

"肯定不知道，知道了他们就不会送粮食，而是派兵救援。"

"你跟他们怎么说?"

"我让他们快送来，铜山没有粮食啦。"

"他们什么时候来?"

"明天。"

"明天，"蔡虹一边思考一边说，"有机会了。"

"有什么机会?"俞珍问。

"打铜山的机会。"蔡虹说，"你们想想，焦县到铜山八十里，途中要经过含山口，道路狭窄，地势险要。我们现在带一支队伍埋伏在那里，等到敌人的车队经过，我们把他们收拾了，穿上鬼子服装，装作鬼子送粮队，混进铜山据点里面。直捣鬼子巢穴，里应外合，一举打下铜山，好不好?"

赵强赞成："这个计划好。只是铜山据点鬼子八百多，伪军两千多，武器装备精良，我们去几个人能行吗?"

"不行也要行啊，"蔡虹说，"我们部队今晚如果攻不下铜山，就会处于十分危险的境地。焦县和中江的鬼子一旦得到消息，必来增援，到时我们就会腹背受敌。鬼子乘胜追击，直捣我们的根据地，我们就会无存身之地，更别说铜山两千多农民兄弟指望我们营救了。进铜山，是冒险，如果打不下铜山就更危险。”

俞珍踊跃地说：“我赞成这个计划。”

蔡虹对赵强说：“赵强，你马上挑选二十个战士，做好准备。”又对俞珍说：“小俞，你去大刀会阵地上找项启龙，要他利用鬼子拉夫的机会，派一部分队员混上山去，与铜山被俘的大刀会会员取得联系。我们如果能进入铜山内部，就发射三颗红色信号弹，山内山外，一起行动。你去一下就回来，我马上到指挥部将计划向领导汇报，回来我们就出发。”

深夜，俞珍骑着一匹马在田野里飞奔。不一会儿，她来到大刀会阵地。俞珍到处打听项会长。

见到俞珍，项启龙、任从虎从掩体里站了起来。

俞珍走上前探问：“项会长，这边情况怎么样？”

项启龙说：“敌人的工事太坚固，火力太强，攻了几次，攻不进去。”

“那你们打算怎么办？”俞珍问。

项启龙说：“刚才郑副主任来，传达了支队长、政委命令，要我们继续向敌人突击，吸引敌人的火力，掩护大部队重点进攻。”

俞珍说：“项会长，蔡部长要我带信给你们，利用鬼子拉夫的机会，派几个队员混进铜山鬼子据点，与里面的大刀会会员联系上。蔡部长正在想办法混进铜山内部，里应外合。你们如看到三颗红色信号弹，就说明蔡部长已进了铜山，届时大家一起进攻。”

“知道了。小山，你带几个人去。”项启龙吩咐。

项小山去了。俞珍辞别项启龙，打马往回走。

途中经过一个小村庄，俞珍发现有一匹马拴在树上。她认得是郑天佐的马。她感到很奇怪，就打马走了过去。

在一户农民的家里，俞珍发现，那个一贯宣称只要工作需要，他就会为革命赴汤蹈火的政治部副主任郑天佐和他的部下陈枫等人正在喝酒。俞珍一看，气不打一处来。本来郑天佐的事轮不到她管，但俞珍的眼睛里容不得沙子，心直口快，有话不说不痛快，她跳下马，直闯进去。

郑天佐见俞珍走过来，大吃一惊。他连忙站起来迎上去，尴尬地说："俞珍同志，你怎么来了？喝一点酒吧。"

俞珍看着郑天佐说："你怎么有闲情在这里喝酒？"

"我奉命到大刀会传达命令。"

"大家都在打仗，你知道吧？"

"知道呀。"

"今晚重点进攻。"

"知道。"

"你为什么不去打仗？"

"我刚从战场上来。"

"你分明是临阵脱逃！"

"别乱戴帽子，我是搞政治工作的。"

"搞政治工作的就不用上战场了？我要向领导汇报。"

郑天佐害怕了，他连忙说："俞珍同志，别那么认真。你不想一想咱们是什么关系？"

"你应该去参加战斗。"俞珍带着命令的口气。

"好好好，我马上去，马上就去。"

俞珍跨上马，头也不回地离去。

郑天佐看着俞珍远去的背景，嘴里说："这个丫头，管起我来了。不知天高地厚。"

在战地指挥所，曾世雄、谭天木用望远镜向前方张望。镜头里，新四军战士抱着炸药包勇敢向前进攻，火光和爆炸声不断。

电话铃响，谭天木接电话。蒋锋报告："支队长，我派了十个爆破组上去，还是没有打进，太难了。这一次我要亲自上去了。"

谭天木连忙说："不，你停一停再说！"

这时，蔡虹赶到，下马说："政委、支队长，我有想法，特来汇报。"

曾世雄正在焦头烂额，对蔡虹说："我知道你在关键时刻总是有好主意，来，坐下说。"

蔡虹说："不坐。我马上带人到含山口去。"

"到含山口干什么？"

"我们得到情报，日本运粮车队十五辆卡车明天从焦县向铜山来了。我决定在含山口将他们截住。"

曾世雄大失所望，他说："蔡虹同志，我们要是铜山打不下来，部队就很危险，这个时候你还想着截人家粮草。仗如果打败了，就是有再多的粮草，能保得住吗？"

蔡虹说："我的想法是截了粮草，我们装成鬼子运粮队，混进铜山据点，来一个里应外合。"

谭天木连连点头说："这是个好办法。"

"主意好是好，可这是个冒险的计划，能行吗？"

"没有办法，不冒险不行呀。"

谭天木说："十五辆卡车，起码也得三四十个鬼子护送，你们后勤部能抽出几个人，能解决得了他们吗？再说，你们打入敌人内部，人少了也不行呀。"

曾世雄也说："铜山鬼子伪军两千多人，你们必须多去一些人。"

谭天木命令："通讯员，传我的命令，从战斗部队中抽一百个战士，跟着蔡部长走。"

"这就太好了。"蔡虹高兴地说。

不一会儿，一百多个战士赶到。

谭天木下达了命令："你们这些同志，从现在起，听蔡部长指挥。"

蔡虹翻身上马，对谭天木说："战斗部队暂不要急于进攻，等我发出三颗红色信号弹，然后实行总攻。"然后带着战士们离去。

# 十八、内外夹击

山间小道，一支百多人的新四军队伍在蔡虹、赵强、俞珍的带领下，急匆匆赶路。

含山口，两面是山，中间一条大路。

蔡虹带领部队来到隘口处，在茂密的树林中埋伏下来。大家把大石块推下山去。石头在山坡上向下滚落，发出隆隆的响声，挡住了山下本来就不宽阔的道路。

中午，含山口两面的山上静悄悄的。战士隐蔽在树林中耐心等待，蔡虹用望远镜不停地观望。

终于，日军远粮车队慢腾腾地开了过来。十五辆卡车，每辆车上两个鬼子，一个开车，另一个坐在副驾驶室，警惕地握着枪，注视着前方的道路和山上的动静。车队转了几条山道，离伏击点越来越近了。

车到隘口险要处，日军小队长田中发现道路上堆满了石块。他下车察看，发现明显是人力所为。他警惕地看看两边的山上，他坚信山上树林中一定有人。

田中一声怪叫，鬼子们都下了车。田中一面命令大家搬石头，一面提着手枪带着几个鬼子向山上搜索。正是初夏时节，山上林木茂盛，天气闷热，要找到躲藏的新四军确非易事。田中在山坡上搜索了一阵，没有发现什么，只好往回走。

突然，躲在树林中的蔡虹一声号令："打。"战士们的枪口，就在鬼子的身边打响了。有几个鬼子当即被打死，滚下山去。

山下的鬼子立刻趴在地上或躲在车后向山上反击，田中躲在一只大石块后面负隅顽抗。

新四军战士打了一阵，就呼啸着冲下山来，与敌人展开了肉搏。鬼子因寡不敌众，最终被逐个解决。

蔡虹注意到田中不见了，眼睛警惕地四处搜索着。田中躲在石头后面朝俞珍开枪，就在他扣动扳机的一刹那，早有一枪将他击中。田中回头一看，蔡虹枪口正指着他。田中倒地毙命。

蔡虹检查一下战场说："把鬼子的衣服剥下来，穿上！"战士们剥下敌人的外衣，穿到自己的身上。

蔡虹对大家说："穿鬼子制服的人坐进驾驶室，其他人坐进车厢里面。用帆布盖上，不要露头。"大家按照蔡虹的要求做了。

蔡虹、赵强、俞珍都穿着日本军官的制服，每人开一辆汽车。俞珍把头发向上绾起，戴着日本钢盔，看不出男女。其他车辆跟在后面，车队浩浩荡荡，向铜山而来。

在铜山鬼子据点里，日军中队长田村和伪军小队长司空生在山顶指挥所。田村本是少佐小队长，因为围剿新四军有功而升官，调任铜山据点中佐中队长。

山下，新四军由于十次爆破不利，部队停止了进攻。

司空生对田村说："太君，枪声停了。"

田村骄傲地说："就凭新四军那几个农民、几杆破枪也想打铜山，这一次让他们尝尝苦头。"

司空生不失奉承的机会，连忙应和："是啊，新四军不知道皇军的厉害，这下他们碰到钉子上来了。"

"我要先让新四军尝尝我铜山堡垒的厉害，等新四军那几颗子弹打光了，就开始反攻，把他们全部消灭。"

"现在人们说'田村中佐是新四军的克星'，我看这话一点不假。不仅是焦县的广本中佐，就是中江的吉野大佐，也不敢小看您哪。"

田村十分骄傲地说："新四军想打我铜山，他们的力量还差得很远。本来，新四军突然袭击，我会向广本中佐和吉野大佐报告，但这一次我没有报告，就是要把新四军消灭了才报告，直接报告喜讯。"

"一定是报告喜讯。我看新四军攻不上来，恐怕是要撤退的。"

"撤退？没那么便宜。只要他们一撤退，我就发起冲锋，扑下山去。他们逃到哪儿，我们就追到哪儿，一直到把他们消灭为止。"

"队长，如果这次把江北新四军消灭，将是震动华东的大事，到时候中队长一定是杠上加杠，星上加星了。"

田村一脸的得意。

这时，突然听到山下吵嚷一片。田村问："怎么回事？"

司空生朝山下看了看。山腰里有一排平房，那是铜山鬼子的食堂。食堂门外，有一群鬼子兵正在打架，吵吵嚷嚷，一片混乱。

司空生说："皇军正在吃饭，不知为什么吵起来了。"

田村对传令兵说："去把滕野少佐叫来。"

传令兵转身朝山下跑去，不一会儿，带着腾野上山来。见到田村，腾野一个立正，敬一个军礼，然后毕恭毕敬地站在那里等着训斥。

田村喝问："怎么吵吵嚷嚷的？"

"报告队长，饭不够，为了争食，他们打起来了。"

"饭不够，就可以打架吗？像个什么样子，看你带的兵，为什么不多做一些饭？"

"报告队长，从昨天开始，伙房里就说米不多了，所以每顿扣着点，饭越做越少。"

"天皇的军队难道还没饭吃吗？"又问："焦县的运粮队怎么还没来？"

"不知道。"

"打电话催催嘛！"

"电话不通，按理他们今天下午就该到了。"腾野说。

"是啊，运粮队应该到了呀。"司空生插话。

"电话不通？"田村说，"怕不是路上遇到新四军了吧？"

"应该不会，运输队走的是皇军控制区，别说新四军，就是国民党中央军队也过不来。"司空生自作聪明。

田村问司空生："我们的铜山据点在皇军控制区，新四军怎么打来了？"

"这——"

"凡事都要多用脑子，知道吗？"

司空生连忙说："是，卑职在中佐面前真是学到了许多东西。"

这时有人报告："中佐君，焦县运粮车队到了。"

"说到就到了，皇军是不会误事的。"司空生说。

田村高兴地对腾野说："好吧，你去迎他们。通知伙房，再做些饭。大家吃饱了，准备战斗。"

"是！"腾野喜颠颠地下了山。

田村想一想，对司空生说："你去看看，是谁带队来的。"

"那还不是田中少佐。"

"如果是田中少佐，你请他上山来和我喝杯酒。"

"是！"司空生坐上了一辆军车，顺着山道下山，来到大门前。

这时，腾野急忙打开大铁门，蔡虹带领运粮车队一直开进门来。

司空生下了车，准备上前搭话，见领队的军官他不认识，只好问："田中少佐没有来？"

蔡虹见是汉奸，坐在驾驶室里不理他，他带着车队朝山顶开去。

"太君，车子开到那边去。"司空生向粮食仓库那边指。

"滚开。"蔡虹用日语骂道。

司空生以为是日本人，不敢说话，只好看着蔡虹他们向前开去。

腾野也愣在那里。

蔡虹向前开了一程，在一片空地上，见四下无人，便跳下车，对同时跳下车的赵强、俞珍说："赵强，你带一部分人去武器仓库，把敌人的弹药控制起来，敌人过来，就坚决把他们消灭。"

"是！跟我来。"赵强带着几辆车去了。

蔡虹吩咐："小俞，你带人去解救大刀会会员。他们一定是在那边工地上的大棚里。"

"是！"俞珍带着几辆车向另一个方向开去。

蔡虹对身边的战士说："快发三颗红色信号弹。"

三颗红色信号弹冲天而起。

蔡虹翻身上车，向敌人的饭堂开去。

正在吃饭的日、伪军纷纷出来看信号弹，以为是自己人放的，却不知是什么意思。

这时，蔡虹的车队在饭堂前停了下来。新四军战士迅速跳下车，开枪射击。敌人纷纷前来夺枪，新四军战士已经控制了靠在一边的枪支。战士们一面抵挡住前来夺枪的敌人，一面把枪支往车子上扔。敌人没有枪，纷纷逃窜。

在迅速解决了吃饭的敌人之后，蔡虹命令战士们上车，开车向山顶进攻，那里是日军的指挥部。

赵强的车队来到军用仓库，战士们纷纷下车，向仓库里冲去，开枪射击，日、伪军还没明白过来，已被一个个消灭。战士们迅速控制了军用物资，同闻枪声赶来的日、伪军展开了战斗。

俞珍带人来到大刀会会员劳动的工地，此时项小山和会员们被关押在工棚里不得出来。战士们跳下车，向守备的敌人开枪，敌人被打四处逃散。战士们打开铁栅门，将项小山和会员们放了出来，会员们揭竿而起，同敌人展开了搏斗。

田村在指挥部听见到处是枪声，情知不妙。他从指挥部里出来正遇上司空生。只见司空生急匆匆地跑回来，对他说："报告中佐，不是田中少佐，我不认识他。他们的车子不听招呼，横冲直撞。"

"枪声是怎么回事?"

"可能是他们打的。"

"是不是新四军?"

"不太像，为首的讲日本话。"

田村大骂："新四军就不能讲日本话吗？你听听，这枪声就在我们的身边，难道是我们自己人开的枪？你这个笨蛋!"

司空生正要说话，只见蔡虹的汽车突然开到面前停下。蔡虹跳下车，车上的战士们一起跳下车。

蔡虹大喝一声："不许动，放下武器。"

田村转身就往指挥部跑。

司空生一边掏枪，一边跟着田村没命地逃走。

蔡虹带领战士紧追不舍，田村和司空生躲进了指挥部。指挥部里的日军迅速组成了火力网，保护着指挥部。

田村在指挥部打电话，但是电话线早被新四军割断了。田村被困在指挥部，无法与外界联系。

曾世雄看见三颗信号弹在空中亮起，兴奋地说："看，蔡虹同志打进去了。"

谭天木拿起电话喊："蒋团长，看到信号弹了吗?"

"看到了，我们马上组织进攻。"蒋锋兴奋地说。

"给我狠狠地打。"

山下枪声大作，新四军总攻开始了。

大刀会项启龙也看到了三颗红色信号弹，指着天空对任从虎说："二弟，你看，三弟打进去了。"

任从虎说："是啊，三弟真是说到就能做到，我真是服了他。"

"那还用说，谁不服他？咱们进攻吧。"

任从虎高呼："弟兄们，往山上冲啊。"大刀会会员们呼啸着向山上冲去。

在山口阻击的日、伪军失去了指挥，又听到山上枪声不断，顿时乱成一团。赵强带着战士们从敌人的后面杀过来，日、伪军四散而逃，有的跪地缴枪投降。

俞珍、项小山带领战士们和大刀会会员向敌人进攻，敌人负隅顽抗，双方在山上激烈地开战。赵强他们从敌人后面打了过来，两边夹击，敌人大败，死伤无数。

蒋锋带领新四军战士顺利攻到山上，与赵强、俞珍胜利会师。大家结合一处，继续向山上纵深处推进。

项启龙、任从虎带着大刀会员也攻上了山，与俞珍、项小山他们会合了。在俞珍、项小山的指引下，大刀会直捣日、伪军铜山老巢。

这时蔡虹他们已经攻破了敌军指挥部，日军和伪军被打得满山乱跑。

田村和司空生坚守不住，离开指挥部逃跑，蔡虹紧追不舍。田村和司空生被逼到一个角落，仍然负隅顽抗。

司空生突然离开田村想独自逃走，田村一枪将他撂倒。

蔡虹用日语大呼田村投降。田村见无处逃脱，只好走了出来。

田村手提东洋刀用日语说话，意思是要与蔡虹决斗。蔡虹轻蔑地看了看田村，把手枪插进腰里，随手接过战士手里的刺刀。

田村双手举刀向蔡虹劈来，蔡虹十分从容地一闪身躲过，一把抓住田村的手腕，一用力，田村倒在地下，东洋刀丢弃一边。蔡虹拾起了东洋刀，扔给了战士。不料田村拔出手枪要射蔡虹，在他扣动扳机的一刹那，蔡虹的手枪子弹早已先到。田村无可奈何地倒下了。

战士们冲进了敌人的指挥部。

蒋锋亦带人冲了过来，见到蔡虹，叫道："老蔡，还是你得了头功。"

项启龙、任从虎也赶了过来。项启龙来到蔡虹面前说："三弟，是你救了大刀会呀！"

这时曾世雄、谭天木也来了。

曾世雄握着蔡虹的手说："你这个黑虎掏心之计运用得好哇！"

"蔡虹同志是把后勤工作做到战斗部队的前面去了！"谭天木说。

在近战中，大刀会几万会员发挥了肉搏战的优势，不到两个小时，铜山鬼子和伪军死的死、逃的逃。新四军占领了铜山。

战斗结束，曾世雄大声说："同志们，大家打扫一下战场，看看有什么收获，利用鬼子的汽车，把战利品装回去。"

"对，凡是我们需要的，有多少装多少。"谭天木补充。

蒋锋命令："同志们，搬物资。"

大刀会会员也参加了搬运物资的工作。

战士们把敌人仓库中的枪支、弹药、服装、被子、毛毯和通讯器材等往车上装，然后抬着受伤的战士和大刀会会员，开着一辆辆装满敌人军用物资的卡车向根据地而去。

回首铜山鬼子据点，残垣断壁，烟尘滚滚。

回到驻地，曾世雄、谭天木、项启龙、任从虎和蒋锋等人在蔡虹、李三火等后勤干部的陪同下，来到支队医院看望伤员。这次战斗虽然获胜，但是伤亡很大，到处都是伤员，床位不够，走廊上都躺满了人。

曾世雄问医院院长李三火："伤员同志们还好吗？"

李三火汇报说："大家的情绪还不错，有的战士动手术，咬着牙，连哼都不哼一声，很坚强。"

"多好的战士。为什么手术不上麻药？"曾世雄说。

"麻药用完了，一时又买不到。"

"要想办法，没有麻药怎么行。"谭天木说。

曾世雄看到一个战士睡在走廊上，头上蒙着破床单。曾世雄问："他怎么啦？"

李三火说："他快不行了。"

谭天木揭开床单，发现一张灰白的脸。

"他伤势过重，高烧不退。"李三火解释。

"为什么不用退烧药？"曾世雄问。

"也是没有，最缺的青霉素、奎宁都没有了。"

谭天木说："可不能战场上没死，下了战场反而死了。"

"是啊，由于没有药品，很多受伤战士将会死亡。"李三火忧郁地说。

曾世雄、谭天木十分着急。

蔡虹说："政委，我到中江市里去一趟，想办法买些药品来。"

"是要买药品，"曾世雄说，"可是日本人对药品控制很严，这些药品很难买到啊！再说钱怎么办？我们没有那么多的钱。"

"就是能买到，怎么运回来呢？鬼子能让你装着药品出中江城吗？"谭天木啧嘴。

蔡虹说："现在考虑不到那么多，我到时候再想办法吧。总之一定要去买药，不能眼睁睁地看着战士们非战斗死亡啊！"

"是啊，这既是天大的难事，又是非办不可的急事。"曾世雄说，"蔡虹同志，你抓紧去吧。药的问题，钱的问题，运输的问题，只能你自己想办法去解决了。"

蔡虹郑重地说："请首长放心，我一定尽力去办。"

第二天晚上，蔡虹、赵强、俞珍穿上便装动身去中江市。俞珍还是男孩子打扮。一条小船停在小河边，他们正待上船，通讯员跑来说："蔡部长，等一等，政委和支队长前来送行。"蔡虹向前一看，只见曾世雄和谭天木匆匆赶来。蔡虹连忙迎了上去。

曾世雄还是那句话："都准备好了吗?"

"都准备好了。"蔡虹说。

曾世雄逐个看了看三人，说："小俞同志还是女扮男装?"

俞珍听了，不好意思地笑了。

蔡虹说："她已经习惯做男孩子了。"

曾世雄满意地点点头，然后从口袋里掏出一个信封递给蔡虹，说："蔡虹同志，为了方便你在中江工作，刚才我们支队党委做出决定，任命你为中共中江市地下党党委书记。你去中江市省立中江中学，找一个叫张云潮的教师，他是中江地下党组织临时负责人。你把文件给他看，宣布支队党委的决定，让他配合你的工作。"

"谢谢，我一定依靠同志们开展好工作。"蔡虹说着就和赵强、俞珍上了小船，趁着黑夜向中江出发了。

曾世雄、谭天木站在河边，目送着他们远去。

# 十九、再闯中江

吉野为了促使孙俊杰投降，指示王正奎宴请孙俊杰和余克勤。孙俊杰与余克勤穿着便衣秘密来到中江。王正奎在望江楼大酒店楼上的一间密室里摆开宴席，日军中队长松井中佐和汪伪警察署长杨世才等参加。

望江楼的伙计们尽管十分小心地侍候，但朱世贵却故意表现出不满意的样子。他亲自上阵，殷勤地服务，目的是便于观察着每个人的言谈。

酒菜上齐了，宴会开始。王正奎对朱世贵说："掌柜的，我们这里不要侍候了，出去吧，需要的时候叫你们。"

朱世贵只好和伙计们退了出去，顺便带上门。

宴会开始，王正奎开场说："我和孙团长是大学同学，也是好朋友。俗话说，朋友越走越近，亲戚越走越亲，为了尽地主之谊，今天王某略备几杯薄酒，请孙团长光临叙旧。另外，我还特意请了松井中佐作陪。"他面向松井，松井点头会意。

孙俊杰拱手道："孙某是中江人，各位这么客气，叫孙某不敢当啊。"

松井问道："孙先生不要客气，江东县离中江不远，要常来走走啊。"又问："您家里还有些什么人在中江？"

孙俊杰说："我父母已经过世，只是有些亲戚，比如吴富梓老先生就是我的姑父。"

王正奎说："吴老先生是我们中江享有盛名的实业家，是中江市工商会会长，他经营的电厂、纺织厂、火柴厂、大米加工厂、煤炭加工厂等企业，都是中江市的重要支柱产业。我对您姑父很敬仰。"

松井说："吴会长跟日本经济界的合作也是很好的。"

“还望各位给予多多关照、扶持。” 孙俊杰说。

“好说，好说，请孙团长放心好了。”王正奎手一挥。

孙俊杰说：“王会长本是我的老同学、老朋友，自然不需要说了。此次来中江，还结识了这么多新的朋友，特别是松井中佐，真是荣幸得很，不虚此行哪。”

松井说：“孙先生年轻有为，鄙人早已久仰。今日一见，果然不虚。”

孙俊杰连忙自谦道：“松井先生过奖，鄙人愧不敢当啊。”

“孙先生在学校就是高才生，这些年投入军界，更是出类拔萃了。”王正奎赞道。

“像孙先生这样的青年才俊，如果选择正确的道路，前途是不可估量的。”松井话中有话。

王正奎连忙附和：“是啊，中国有句古话叫‘良禽择木而栖’，又说‘识时务者为俊杰’。”

孙俊杰知道松井的用意，故意淡然一笑说：“说的是啊，不过中国现在的佳木又在哪里呢？还请各位指教。”

松井说：“孙先生真是装傻了，现在中国的形势不是明摆着吗？大东亚共荣，已成为大多数中国人的共识。中日友善，已成为当今的历史潮流。蒋介石政权的垮台为期不远，共产党几个人、几杆枪成不了气候。现在正是孙先生顺应形势、作出决断的关键时刻，您可不能错过大好时机啊！”

孙俊杰在内心虽已倾向于投靠日本人，但他不想轻易答应，以免日方看轻了自己，他还想待价而沽。因此他含而不露，假意推辞道：“军人以服从命令为天职，鄙人一向唯长官之命是从，再说上官长官对我不薄，顾长官对我也是恩宠有加。”

松井哈哈大笑，故作惊人之语：“孙先生倒是个讲义气的人，可您的消息闭塞得很哪。你们的顾长官和上官长官早已和我们有所接触，他们走到你前面去了。”

这一句非常有效，孙俊杰不免暗暗吃惊，顿时脸也红了。

松井看在眼里，他说：“国民党许多高级将领都与我们有过联系，他们随时都愿意转过来为皇军效力。可是有许多人，吉野大队长并不看中，大队长对孙先生嘛，倒是另加青眼的，孙先生应该尽快作出选择。”

王正奎说："汪主席说过，凡是拥护曲线救国的，都是我们的同志；凡是拥护中日友善的，我们都是一家。救国不分前后，革命不计前嫌，现在政府和军界正缺少干部。像孙先生这样年轻有为的，如果率部来归，汪先生一定会加以重用的。"

这时，蔡虹、赵强、俞珍三人来到望江楼。朱世贵听到楼梯响动，他伸头一看，大吃一惊，连忙抽身出来迎上去说："先生，这边请。"把蔡虹三人引到另一间包厢坐下。

朱世贵说："王正奎在请孙俊杰吃饭，日军中队长松井中佐也在座。"

"哦?"蔡虹领悟。

"王正奎请孙俊杰什么意思?"赵强问道。

"我看是日本人在打孙俊杰的主意，劝孙俊杰投降。"朱世贵说。

蔡虹说："武汉失守之后，国民党中的不少将领都投向汪伪政府，转而为日本人卖命，孙俊杰投降日本完全有可能，苍蝇不叮无缝的蛋。"

"我看这些人哪有民族气节，他们本来就是政治投机商，汉奸卖国贼。"俞珍气愤地说。

朱世贵问："吃点什么?"

蔡虹说："随便上吧。你去听听他们在说什么。"

朱世贵点点头，这时一个伙计过来，朱世贵嘱咐："好好招待客人。"就出去了。

伙计上菜上酒，赵强把酒杯倒满，三人开始喝酒吃菜。

朱世贵来到王正奎那个包厢的外面，注意倾听里面的动静。

包厢内，松井在说话："孙将军如果弃暗投明，皇军是不会亏待你的。吉野队长的意思，起码也要给个团长的位置。"

孙俊杰不太满意，笑了笑说："松井先生，在下现在带的就是一个独立团，如果我过来，皇军还是给我一个团长，孙某不是让天下人笑话吗?"

松井尴尬地笑着说："这个，我认为也可以再商量嘛。"

这时楼梯响，朱世贵探头一看，见吉野大步上楼来。

吉野突然到来，使王正奎、松井他们都感到意外，纷纷站起来迎接。

吉野威严地走到桌边坐下，脱下白手套放到桌上，众人这才敢坐下。

松井用日语向大队长汇报说："刚才我们和孙先生谈得很好，孙先生已有意弃暗投明，只是觉得给个团长的职位小了一点，不好向世人交代。”

吉野用日语与松井嘀咕了一阵。

松井赶紧说：“吉野大佐说了，孙先生既然有归顺皇军的意向，这是具有远见卓识的表现，很好。大佐还说，蒋介石的政权支撑不到三个月就要垮台。大日本全部占领中国只是时间问题，到那个时候，你那个独立团团长就不复存在了。现在是你最后的机会，请你三思。”

孙俊杰显得有些犹豫。

吉野脸色严峻，嘴里又叽咕了几句。

松井对孙俊杰说：“大佐君又说了，如果你把一个团全部带过来，可以任你一个旅长。但是，如果时间超过三个月，不仅没有旅长当，就连团长也没有了，你看着办吧。”

孙俊杰大受触动。

王正奎说：“这对孙团长来说是大事，请容他斟酌斟酌。现在大家是朋友，喝酒，喝酒呀！”

吉野招呼一下随行士兵，那士兵从随身带的包里取出一幅书法。吉野亲手展开，只见上面是吉野亲笔大字：“识时务者为俊杰。”

王正奎连忙说：“真是好字，字写得好，意思也好。”

孙俊杰也说：“好字，好字。”

王正奎故意吃醋说：“孙团长真是荣幸哪，第一次见面，就得到大佐的亲笔题字。我们在大佐身边多年，也得不到大佐先生的一幅墨宝啊。”

松井说：“是啊，大佐君的字是不轻易送人的。”

孙俊杰连忙说：“孙某得大佐如此重视，实在荣幸之至，感激之至。”然后站起来向吉野敬酒。

吉野心领神会，坐着举杯回敬说：“哟西！”

王正奎他们走后，朱世贵将听到的情况向蔡虹作了报告。

蔡虹说：“看来孙俊杰有意投降日本人了。”

“如果孙俊杰投靠日本人，我们就把他毙掉，消灭一个汉奸。”俞珍说。

“干掉孙俊杰，同时也要干掉王正奎，让当汉奸的都没有好下场。”赵强说。

“暂时别管他们，干我们自己的事最要紧。”蔡虹转头对朱世贵说，“世贵同志，我们这次来中江，是要购买一批药品，你给出出主意。”

朱世贵想了一想说：“中江最大的药房要数张记大药房了，鬼子对他们控制得很严，所有的药品进货、发货都得经过日本人检查、批准，特别是治疗枪伤、刀伤、烧伤、跌打损伤的药品，如抗菌、消炎、麻醉药品，更是控制得紧，只准日本医院使用，不准出售。道路上、江面上层层检查，就是有药也运不出去。”

蔡虹说：“我们第一步是要知道药在什么地方，第二步是把药搞到手，第三步才是想办法运出去，现在是走一步看一步。”又问朱世贵：“你和张记大药房的老板熟悉吗？”

“熟悉，他经常带人来吃饭。”

“我们先派一个人到他那里做工，以便了解情况。”蔡虹说。

“我去和老板说说看，”朱世贵问，“派谁去呢？”

蔡虹指着赵强说：“就派赵强同志。”

赵强点点头，表示已经商量好了。

朱世贵说：“好，明天我带你去找张掌柜。”

广济寺后面的山上，丁潜和王安在一起散步。

王安告诉丁潜：“这次由王正奎出面请孙俊杰吃饭，松井参加，最后吉野出席，目的是拉拢孙俊杰降日，看来孙俊杰与日本人勾勾搭搭，投靠日本人的事情谈得差不多了。”

丁潜说：“现在有不少高级将领和日本人眉来眼去，真真假假一时难辨。委员长对此高度重视，要求密切注视这方面的动向。”

王安问：“如果孙俊杰投靠日本人，上面会不会对他采取行动？”

“那当然。”丁潜说，“只是目前情况不明，上面也不好采取什么行动。不能因为日本人请吃饭就断定他会投敌，那样国民党要逮捕一大批将领。我们的任务是密切注视事态的发展，一旦有确切消息，立刻报告总部。”

第二天上午，朱世贵带着赵强前往张记大药房。在张记大药房店门口，朱世贵上前问一个年老的伙计：“曹师傅，张老板在家吗？”

曹师傅朝店里面喊：“老板，有人找。”

张老板从里面出来，是一个瘦瘦的中年人，一见朱世贵连忙说："哎呀呀，是朱老板来了，请坐请坐。"

曹师傅沏茶离去。

张老板低声问："有什么事?"

朱世贵说："老板，我有一件烦心事来麻烦您。"

"尽管说，只要我能办到的。"

朱世贵指着赵强说："我家这个侄儿吧，长得壮壮实实的，可是他家里没有田，在家没事做，想到城里来谋个事，混口饭吃，不知道张老板这里缺不缺人手。"

张老板看看赵强为难地说："小伙子倒是不错，可是我这里人都满了，不好把别人辞掉。"

朱世贵说："有个跑腿打杂的事也行，他做事不怕苦，人也机灵，工钱少一点倒不讲究，只要有一口饭吃就行了。"

赵强说："老板，我不要工钱，给您做一个月，您看着满意就留下，不满意我走人，好不好?"

张老板笑着说："朱老板推荐的人哪能不给工钱，不过确实是人满了。"

正说着，门前来了几辆板车，送来了一箱箱的药材，工人们齐来下货。赵强见有事做，就上前帮忙。老板和朱世贵一面说话，一面看着工人搬运。

只见赵强一人能抵两个人，力大无比，做事又利索。张老板看在眼里，心里已很喜欢，对朱世贵称赞道："是个好劳力。"

一会儿，搬运完毕，门前也清了。朱世贵向张老板告辞，张老板说："这样吧，叫你侄儿明天来临时帮忙，将来有空缺再说。"

朱世贵说："好，明天一早让他过来。"

"谢谢张老板。"赵强高兴地说。

在"省立中江中学"校园僻静处的一个凉亭里，蔡虹和俞珍与中共中江地下党负责人接头。蔡虹在凉亭里的石凳子上坐下来。他上身靠在凉亭的柱子上，一个人占了两个人的位子，手里捧着一张《中江报》在看着。为了消除对方的顾虑，俞珍站在稍远一点的地方等着。

不一会儿，一个青年教师手里也拿着一张《中江报》走了过来。看了看蔡虹手里的报纸，问：“先生，您能让个地方给我坐坐吗?”

蔡虹看了看对方手里的报纸，说：“有四条腿的板凳你坐不坐?”

教师问：“哪儿有？是桃木的还是梨木的?”

“是桃木的。”

教师立即恭敬地问：“您是?”

“我是蔡虹。”

教师热情地将手伸过去，惊喜地说：“您是蔡部长，我是张云潮。”

蔡虹起身握着他的手称道：“云潮同志。”

张云潮说：“首长，欢迎您呀。”

蔡虹朝俞珍招招手，向张云潮介绍说：“这是俞珍同志。”

俞珍和张云潮握手。

蔡虹说：“我们找一个地方谈谈吧。”

三人来到一座小茶馆。蔡虹把曾世雄写的信和支队党委文件递给了张云潮。张云潮看后说：“太好了，我们已经很长时间没有和组织联系了。”

蔡虹问：“中江市的地下党组织发展得怎么样?”

“全市已经发展了一百多个党员，组成了十五个支部，总部设在省立中江中学。这个学校的政治气氛比较好，有十几个党员，两个党支部。”

“好，”蔡虹说，“曾政委要求，中江市地下党组织当前工作有三项：一是发展党组织，壮大队伍，二是深入各个部门搜集政治、军事情报，三是为部队做好后勤物资的供应，让我们一起努力吧。”

张云潮说：“蔡部长来中江，我们遇事就有主心骨了。”

“不要客气，”蔡虹说，“你过去工作怎么做，还是怎么做，有情况、有问题我们共同研究。这次我到中江来，有一个紧迫的任务，就是购买一批药品回去。”

“购买药品?”

“是啊，现在中江的药品好不好买?”

“日本人对药品控制特别严，特别是治枪伤、刀伤的药品，只有日本人才可以用。在药房里买，得有医生处方，说明是给谁看病。大批量的购买，不仅不准，药房里如对外卖，日本人知道了要追查通敌罪。”

“我们就是要买大批量的，少了不抵事。”蔡虹说。

“就是买到了，也很难运得出城。”

“再困难也要买到药品运回去，这是拯救战友们生命的需要。”

“需要我做什么，首长指示，再大的困难也要完成党交给的任务。”张云潮表态说。

商量好工作之后。蔡虹说：“今后有事就让俞珍同志和你联系。”

孙俊杰参加日军宴会后来到吴府，坐在客厅的沙发上休息。吴梦远下楼坐在他对面的椅子上，两人说着话。孙俊杰告诉吴梦远：“我这次到新四军江北支队巡视了一下。”

吴梦远不解地问：“你怎么到江北新四军那边去巡视呢？他们也不属于你管呀！”

孙俊杰说：“我是受中央军委和第三战区司令部的派遣，去新四军江北支队检查工作。”

吴梦远又觉奇怪：“江北支队所在地属于第五战区管辖，不属于你们第三战区管辖呀。”

孙俊杰说：“那有什么关系，顾长官向蒋委员长一汇报，老头子下指示，要谁去谁就去，还有什么说的，不过，也从桂系抽了人配合。”

吴梦远说：“这么说，老头子对桂系不放心，他认为重要的事情都会叫嫡系去办。”

“是这么一回事。”孙俊杰承认。

吴梦远问：“这次去新四军驻地检查，什么目的？”

“无事不登三宝殿，”孙俊杰说，“听说新四军江北支队擅自扩大编制，开辟根据地，蒋委员长和顾老板对此很不放心，要我去摸摸他们的底，查出他们违反政令军令的证据，必要时对他们采取制裁和军事行动。”

“我就知道你们不怀好意。检查的结果怎么样？”

“结果不那么严重，比我们预料的差多了。”

“差多了，你是指哪一方面？”

“新四军江北支队只有几百来号人，住在穷乡僻壤。武器很差，衣食难继，一个个衣衫褴褛，穷困潦倒，其窘迫狼狈之状，你是不能想象的。”

吴梦远急切地问："蔡虹怎么样?"

孙俊杰笑而不答。

吴梦远再问："你见到蔡虹了吗?"

孙俊杰笑了："我就知道你会问蔡虹的情况，告诉你一个不幸的消息，蔡虹拿了武器回到部队之后，不仅没有得到共产党的奖赏，反而做了共产党的阶下囚。"

"什么'阶下囚'?"

"他受到'关禁闭'的处分。"

"关禁闭，什么叫'关禁闭'?"

"'关禁闭'就是把他关在一个小屋子里，不给他自由，让他在里面独自反省，检查错误。"

"为什么要关他的禁闭?"

"为什么? 这其中的奥妙不是一两句话所能说得清楚的。新四军关他蔡虹的禁闭，也是迫不得已之举。"

"何谓迫不得已之举?"

"新四军江北支队买枪买炮、扩大地盘的事被蒋委员长知道了，委员长大发雷霆，新四军只好拿他做了替罪羊。"

吴梦远不满地说："蒋介石自己不抗日，不给新四军发武器，也不让新四军自己买武器抗日，真是可恶、可耻!"

孙俊杰说："其实，新四军也不是为了抗日，他们是在抗日的旗号下，干着扩充实力、扩大地盘的勾当。"

吴梦远说："你这次去江北调查，回去是不是又告状了?"

"我只反映实际情况，"孙俊杰说，"但是不管我告不告状，新四军在中央的心目中，都是一个危险的种子。现在皖南新四军军部已经在我军的包围之中，只要委员长一声令下，不到一个月就彻底完蛋。新四军是长久不了的。"

说得吴梦远又来了气："我早就看出来了，你们这些中央军对打日本是毫无兴趣，你们想的都是如何消灭共产党、新四军，你们这是在犯罪! 俊杰，我劝你要审时度势，迷途知返，不要再跟新四军过不去，要不然，你将成为历史的罪人，你要为自己负责。"

“哎呀，梦远，你真是太天真了。”孙俊杰说，“什么叫犯罪？什么叫历史？犯罪是从一个侧面来说事的，在另一面就不是犯罪了。自古成者为王，败者为寇。”

吴梦远质问：“照你这么说，人类没有正义与否？民族也没有英雄和败类？做人不分忠诚和奸佞？做事也不分善行和恶行？”

“话不是那么说，”孙俊杰坦然一笑，“历史不是非此即彼那么简单。我可以告诉你，历史从来都是一笔糊涂账。”

吴梦远坚定地说：“不，历史从来都不糊涂，是非曲直，老百姓看得清清楚楚。”

孙俊杰不屑地说：“梦远，我不和你抬杠，我也不想老百姓给我一个好的评价，也不想在历史上有一个好的名声，‘且乐樽前一杯酒，何虑身后千载名’。大丈夫出身处世，只能随机应变，适者生存，如此而已。”

“哦，我听出来了，”吴梦远说，“你现在是没有理想和政治主见，甚至不讲公道良心，跟着国民党顽固派随波逐流，走到哪里就滑到哪里了？”

“跟着国民党走？只能是过去，将来跟着谁走还很难说。”孙俊杰话中有话。

“看样子你还想投靠新的主子？”吴梦远问。

“明臣择主而事，良禽择木而栖，走一步看一步吧。”

“那你一定是想投靠日本人了？”吴梦远直截了当。

“现在这些话不好说。”

“投靠日本人，当汉奸？”吴梦远逼问。

“话不能说得那么难听，”孙俊杰微微一笑，“日本人已经占领了大半个中国，汪精卫的政府已经逐渐巩固，国民党不久就会向日本人屈服，日本人统治中国的日子不远了。”

吴梦远终于看出了孙俊杰的心思，她气愤地说：“看样子你是打定了主意投降日本人，当汉奸了？”

“什么叫汉奸？这得看你从什么角度看。洪承畴、吴三桂当时是汉奸，后来就不是了，是开国元勋了。”

吴梦远痛心疾首：“你就是奉行这样的人生哲学？有奶就是娘。俊杰，你变了，我真是对你‘刮目相看’了，你好自为之吧。”

“梦远，不这样又能怎样？个人能改变历史？”

“每一个人都对历史负责，不就能改变历史吗？”

“不可能，人只能随波逐流，顺应时世，要想改变现状，无异螳臂当车，自不量力。”

“你就不能学学蔡虹的样子，在民族危亡之际，为祖国为民族做点好事？”

“我怎么会学蔡虹的样子，像蔡虹这样的人，终究是要倒大霉的。”

“你这是没有灵魂，没有骨气。”

“哎呀，看你还这么幼稚，灵魂、骨气相对人的命运来说，算得上什么？你等着瞧吧，是蔡虹的前程好些，还是我的前程好些。”

“像你这种人，前程再好也不过是人类的一泡狗屎。”吴梦远说完转身上楼，不再理孙俊杰。

孙俊杰连忙追随上楼。

吴梦远进房，孙俊杰跟进来说：“你看你看，你又生气。我们不过是说着玩儿的嘛，犯不着为别人的事来斗气。你那么担心新四军干什么，岂不是看《三国》掉眼泪，替古人担忧吗？”

吴梦远还是不理他。

孙俊杰又说：“我知道你是为了蔡虹。梦远，我就想不通，那蔡虹怎么就那么中你的意，你表哥我，你就不能考虑一下，连同蔡虹竞争的机会你都不给我？我们毕竟还是表兄妹。我们结合，姑父也会感到贴心些吧。”

吴梦远冷笑说：“贴什么心，你的心现在都被腐蚀掉了。”

这时楼下周妈高声叫道：“小姐，蔡先生来了。”

孙俊杰一惊。

# 二十、药房卧底

蔡虹、赵强和俞珍三人进了客厅。

吴梦远从楼上下来说："文然，你怎么来了，听说你被关了禁闭。"

蔡虹问："你怎么知道我被关了禁闭？一定是你那位表哥送的信吧？"

"是啊，俊杰刚来，才说起你，你就来了，真是说曹操曹操到哇，快请坐。"

这时孙俊杰出现在楼梯上。他一步一步地慢慢走下来，对蔡虹阴阳怪气地说："新四军的后勤部长跑到中江市，不怕我去当局告发你吗？"

蔡虹说："好啊，国民党的团长告发共产党的后勤部长，日本人真弄糊涂了，不知道该抓谁才好呢？"

孙俊杰笑了，两人面对面坐下，赵强、俞珍站到一边。

孙俊杰看看蔡虹说："怎么，关禁闭结束了，又到中江来？想搞些什么？这一回不是来搞枪支吧？"

"对不起，这是军事秘密，无可奉告。"蔡虹说，"我只能告诉你的是，我是来看看我的老同学吴梦远小姐来了。"

"你倒是很有闲情逸致，"孙俊杰说，"但是作为老朋友，我倒要劝告你一句，中江这个地方是日本统治区，很复杂、很危险的，为了你的安全，最好还是少来一些好。"

"谢谢你的好意，"蔡虹说，"孙团长这样说，好像你到中江倒是很安全似的，你难道就不为自己的安全担心吗？"

"我来姑父家，有什么可担心的？"孙俊杰看着吴梦远说。

蔡虹笑着说："在亲戚家里是不用担心，但要是到外面喝酒，可千万不能大意哟，防止上了坏人的圈套。”

“这，不会，不会，请蔡部长放心。” 孙俊杰脸红了。

吴梦远笑着说：“看你们，到一起就斗嘴，共产党和国民党这两头犟驴，就是拴不到一根桩上。”

说得大家都笑了。

张记大药房的药品仓库里，如山的药品，大包小包堆积着。赵强在搬运整理，他干得满头是汗。不一会，药品仓库被整理得整整齐齐。

曹师傅说：“小伙子，你干事肯卖力，干农活一定是把好手。”

赵强边擦着额头上的汗边说：“不卖力不行哪，我家里穷，混口饭吃不容易。”

曹师傅问：“望江楼的朱掌柜是你什么人？”

“是我舅舅。”赵强说。

“怪不得，这年头，找一件事做很难，还是朱掌柜面子大。”看着赵强一边搬运一边用笔记着，又说：“你还识字哪？”

“认识几个。”

“认字好啊，咱可是睁眼瞎。”曹师傅说。

“那您是怎么记得这么多药品的？”赵强问。

“我用我的记号，时间长了也就心里有数了。”

赵强说：“您把放药品的记号告诉我，我来替您登记起来。”

“那可太好了，我来跟你说吧。”曹师傅把赵强引到库房深处，一件件地指点着。

赵强看到一处盖上黑布的药箱，问：“这里面是什么？”

“这些药品是特别控制的，”曹师傅数着箱子说，“这是云南白药，治刀伤的；这是奎宁，是退烧药；这是青霉素，是消炎药……日本人都贴了封条，专门供应日本医院，救治日本人。如果要向外面卖，必须经过日本人同意。”

赵强认真地听着，问：“这些药从哪里进来，货源能满足供应吗？”

“货是从国外进口的，不好进。这是新进的一批。”曹师傅说。

赵强一边听，一边打着主意。

天黑了，赵强离开大药房往回走。一边走路，一边擦着汗，他总是超时工作。在一条小巷内，赵强推开矮矮的木门，蔡虹、俞珍两人坐在小桌边等他。

蔡虹问："怎么到现在才回来？很累吧。"

俞珍上去接过他的衣服挂到墙上。赵强对俞珍的这个举动十分满意，他异样地看着俞珍。俞珍在室内脱下帽子，现出女人妆。

蔡虹说："看，小俞已经给我们做了许多可口的饭菜。"

赵强坐下来说："我怎么感觉像家庭过日子一样，很温馨嘛。"

"是啊，这都是小俞给我们带来的感觉。"蔡虹说。

俞珍受到夸奖，很是得意。

赵强说："既来之，则安之。古人的'安'字造得多好，屋子底下有女人才能安嘛。"

俞珍不好意思地给了赵强一拳。

蔡虹问："张记大药房的情况怎么样？"

赵强说："情况搞清楚了。"

"我们需要的药品有货吗？"

"有货，前几天刚进了一批。"

"那太好了！"

"货都在仓库里，日本人贴了封条。"

"管他什么封条，只要有货就行。"蔡虹说。

俞珍问："老板，我们买药品是要很多钱的，钱在哪里？"

"明天我去找吴小姐想办法。"

"找她想办法？"

"现在不找她找谁呢？"蔡虹说。

"有人又要说我们和资产阶级打交道了。"赵强说。

"有什么办法？你不找资本家，你找无产阶级？他们有钱吗？"

俞珍说："吃饭吧。"

饭后，他们把桌椅腾到一边，开始铺地铺。地上垫上稻草，上面是三床薄被。除了门边之外，三人各占一个房角。

蔡虹说："小俞，没有地方，只好让你和我们睡在一屋，委屈你了。"

赵强安慰俞珍说："将来有房子，老板一定给你安排一间闺房。"

蔡虹说："话是不错，等于没说。"

赵强哈哈大笑。

小俞说："我才不要闺房呢，就这样和你们在一起挺好。"

赵强故作吃惊："小俞，这话可不能对外人说，要是将来你的男人知道了，咱们还说不清楚呢。"

小俞斥道："就你贫嘴！"

蔡虹吹灭了油灯。

第二天，蔡虹来到吴府，和吴梦远在花园里散步。

吴梦远关切地看着蔡虹说："新四军条件十分艰苦，你可不要把身体搞坏了。"

蔡虹笑着说："你看看，我这身体不是好得很吗？你放心好了。"

"国民党很快要对新四军展开攻势，你要当心哪！"吴梦远提醒。

"是啊，他们早就有此打算，不过，我们新四军不怕他们。"

"你这次来中江，又有什么重要任务？"

"新四军最近跟鬼子打了一仗，攻下了鬼子铜山据点，伤亡很大，正缺少药品，我这次来中江，是来采购药品的。"

"药品采购到了吗？"

"药品是有，只是——"

"有什么困难吗？"

"有，就是不好意思说。"

"怕是缺钱吧？"

"你说对了，正是缺钱。"

"要多少？"

"至少五千大洋。"

"要是少一点，我可以给你，这么多，我得跟爸爸说一下。"

"我们目前周转一下，等我们筹到钱，一定偿还。"

"别说偿还了，算是我们抗日捐款吧。"

"那就太感谢了。"

“国破家难，就不用谢了，你们在前方浴血奋战，要说感谢，也得感谢你们。”

“你真深明大义！吴伯伯最近怎样？”

“他最近心情很不好。”

“为什么？”

“企业方面的事，处处受掣肘。虽然我父亲是董事长，但处处得听日本人的。日本人最近又安插了一个董事长助理，实际上是个特务。我父亲处处受监视。”吴梦远叹道。

蔡虹感叹：“在日本人的铁蹄下，岂有‘王道乐土’？”

落实了购药的资金之后，蔡虹决定亲自去张记大药房与掌柜的谈谈。他带着俞珍来到大药房，说明来意，向张掌柜递上一张纸条说：“张老板，我们要买这些个药品，请你帮帮忙？”

张掌柜看看购货单，吃惊地注视着蔡虹，然后说：“先生，这些个药品我们这里没有。”

“你们有的，最近不是新进了一批吗？”蔡虹肯定地说。

张掌柜暗暗吃惊，他怎么这么清楚？他说：“是进了一批，但是这些药品由日本人控制着，是专门供应日本医院，给日本伤病员用的。”

“日本人能用，中国人应该也能用。”蔡虹说，“跟您挑明了说吧，前方战士在浴血奋战，为了救活受伤战士们的生命，我们需要您的帮助。”

张掌柜看看蔡虹，问：“您是——四爷？”

蔡虹点点头。

张掌柜说：“我支持抗日，可是我在日本人的眼皮底下开店，身家性命在日本人手里，我没有权力卖这些药呀！”

“我们不为难你，”蔡虹说，“你把药品卖给我们，到时候我们会想办法帮你推卸责任的。”

“有什么办法？”

“天灾人祸，意外事故，皇军能追究你的责任？”

张掌柜愣了一会儿：“四爷，我可是正经生意人，没有做过什么坏事，请您千万别——”

“这你不必害怕，我们不会让你受损失，今后我们肯定还需要从你这里买药的。”说着蔡虹递上一张支票，“新四军买卖公平，这是我们的定金。”

张掌柜把支票推开说：“这——四爷，我不能收，我做不了啊！”

蔡虹把支票推到张掌柜的面前严肃地说：“张掌柜，当前国破家亡之时，我们每一个中国人都要为抗日出力。中国人遭屠杀，战士们在流血，你就是承担一点风险也是应该的，请不要推辞了。”

“抗日的道理我懂。”

“懂就好，”蔡虹站起来说，“事情就这样说定了。”

张掌柜握着支票站起来，惶恐不安地送蔡虹到门口。

蔡虹临走郑重地说：“我们希望张老板不会出卖我们。”

“我怎么会呢，我也是中国人嘛。”

出了张记大药房，蔡虹、俞珍来到望江楼大酒店，与朱世贵、张云潮共同商量如何冲破日伪的封锁，把药品运出中江的问题。

蔡虹说：“药品已经有了，资金我们也付了，现在的任务是想办法把药品运出中江。按照正常的程序和途径，是无法实现这一目的的。我设想，必须在一定的时间和范围内制造一些混乱，才有可能趁乱把药品偷运出去。”他问张云潮：“最近社会上有什么动静没有？”

张云潮说：“要说动静，就是禁烟禁毒的事。”

蔡虹问是怎么回事。张云潮说：“最近汪伪政府号召开展禁烟禁毒运动，据说是为了表明励精图治，消除社会丑恶现象。”

“汪伪怎么想起来禁烟禁毒呢？”蔡虹感到奇怪。

张云潮说：“汪伪政府自从在南京成立之后，除了帮助日本人侵略、掠夺之外，还能做什么呢？敌占区人民不满的情绪日益高涨。汪精卫、陈公博为了收买人心，不得不做一点事情吧。”

朱世贵说：“他们能真心禁烟禁毒吗？他们自己的政府官员就抽大烟、卖毒品。每个城市都有日本烟馆，警察署长杨世才本人也吸毒。”

张云潮说：“据内部消息，汪精卫、陈公博与日本人在利益上发生摩擦。日本人大肆掠夺中国的财富，汪伪政府财政入不敷出。陈公博想做毒品生意弥补财政窟窿，但是日本商人挤占了毒品市场。因此，汪、陈对日本人十分不满，决定搞一次禁烟禁毒运动。表面上是净化社会风气，实际上是借人民群众的不满打击日本烟馆，保护自己的利益。”

“怪不得呢，”朱世贵说，“王正奎和杨世才来过几次，从他们的谈话里，对禁烟禁毒运动也很积极。”

张云潮说：“听说南京闹得很厉害，学生冲击日本烟馆，把一个吸毒贩毒的日本商人逮送到日本驻军那里，要求严厉惩办，日本军方为表明禁烟禁毒的态度，就把这个日本商人毙了。”

“毙了？”大家对这个消息很感兴趣。

“中江市开展得怎么样？”蔡虹问。

“中江才刚刚开始行动。”

蔡虹想了想说：“好，禁烟禁毒，真是天赐良机。我们就利用这个运动，把地下党员发动起来，把学生们组织起来，上街游行，搜查毒品，捣毁烟馆，把我们的药品趁机运出去。”

张云潮、朱世贵都说：“这是个好主意。”

蔡虹对张云潮说：“你准备两条船，藏起来备用。”又对朱世贵说：“杨世才吸毒，我们可以从杨世才身上开刀，要密切注意杨世才的动向。”

“我盯住他。”朱世贵说。

# 二十一、浑水摸鱼

在中江市的主要大街上，成千上万的学生涌上街头，高举着“坚决禁烟禁毒，净化社会风气”的大标语，高呼“坚决查禁毒品”“打击贩毒吸毒”的口号，散发传单。张云潮走在队伍的前头。中江的老百姓都出来观看，还有日军士兵和汪伪警察。

在一家挂着“东方善友烟馆”牌子的洋房门前，学生们冲了进去。在馆内，学生们翻箱倒柜，搜查烟土、烟具，砸了烟床、烟桌，秩序一片混乱。

店主是个日本商人，叫山本，见学生冲进来，连忙和他的日本婆娘向一边躲避。这使学生们很解气，闹得更欢了。

几个日本烟馆都遭到冲击，不仅如此，学生们还把山本等几个烟馆老板押着在街上游行。一边喊着口号：“打倒大毒枭!”“铲除社会毒瘤!”

警察小队长倪孝和带领警察在维持秩序。见到学生砸烟馆的门牌，揪着日本人上街游行，他们上前阻拦，并抓了几个学生，把山本救了出来。

学生们围上来与倪孝和理论：“为什么抓人?”“学生响应政府号召，禁烟、禁毒有什么错?”

倪孝和大叫：“他妈的，反了。”他用枪托乱打学生。学生忍无可忍，奋起反抗，街上一片混乱。

在汪伪中江市维持会长王正奎办公室里，王正奎和杨世才坐在沙发上说话。

杨世才报告说：“学生‘禁毒禁烟运动’声势很大！几万学生上街游

行，社会秩序一片混乱。”

王正奎问：“有没有一些过激的行动？”

“有啊，砸了几家烟馆，还把烟馆老板拉到街上游街。有一个日本商人叫山本，给学生弄得很狼狈，很惨。”

“学生运动难免过激，冲击冲击也很正常。你没有听说过，南京一家日本烟馆老板被枪毙了。”

“枪毙了？谁枪毙日本人？”杨世才感到意外。

“当然只有日本人。”

“日本人杀了日本人？”

“你不相信？”

“这就奇怪了，日本军方不是口口声声说要保护日本侨民的利益吗？”

王正奎笑了：“禁毒禁烟，净化社会风气，是政府和日本军方形成的共识。日本商人吸毒贩毒的事实被抓住后，激起民愤。汪主席、陈总理也有意打击一下日本商人，暗中支持学生们闹事。日本军方为了表示支持汪主席的禁烟禁毒运动，就拿这个倒霉的日本商人开刀。”

“真是想不到。”

“想不到吗？日本人是从大局出发，争取主动，收买人心。”

“中江市里这样闹下去，不知道会出现什么情况。”

“放手让他们闹几天，不要干涉，大不了砸几个日本烟馆。”

“我们自己的烟馆怎么办？”杨世才担心。

“把烟馆关它几天，避一避风头就是了。等把日本烟馆都砸了，我们再开张，这毒品的天下，不就是我们的吗？”

“王会长真有谋略。”杨世才笑了。

“不是我有谋略，这是汪主席、陈总理有谋略。”王正奎说。

这时，倪孝和急匆匆地跑进来：“报告，我们抓了几个闹事的学生。”

杨世才问：“有什么情况吗？”

“他们打人，砸东西，还呼反动口号：日本鬼子滚回去。”

王正奎一笑：“学生嘛，年轻不懂事，说几句错话，不要过于认真。”

“我怀疑里面有共产党。”

“喊几个口号，就是共产党，那共产党岂不是太多了。”

“那怎么办?”

“把他们放了。”王正奎说

“放了? 如果日本人不满意怎么办。”

“他们不满意又怎么啦，是学生打人、砸烟馆，又不是我们。我们能管得了那么多吗?”

倪孝和不解地看着杨世才。

杨世才说：“会长说放了就放了吧。如果日本人要抓，我们再抓不迟。”

倪孝和说：“如果放了，就怕学生闹得更凶。”

王正奎说：“禁烟禁毒运动是政府号召的，学生游行示威，打人砸烟馆，行为过激了一些，但我们不能过早干涉，否则禁烟禁毒运动就搞不下去了。政府就是要借助学生的力量，动员全社会来帮助禁烟禁毒。”

“会长的话听明白了吗?”杨世才对倪孝和说，“把带头闹事的记下来。到我们需要的时候，来个一网打尽，那时也可以给日本人一个交代了。”

吉野和松井在办公室里。吉野在写毛笔字，这回他写的是“任重道远”四个大字。

亀田带着“东方善友烟馆”的老板日本商人山本急急忙忙地进来。

吉野放下毛笔。

亀田报告：“大佐君，山本君的烟馆被学生砸掉了。”

山本哭道：“大佐君，这一次，我的损失可大啦!”

亀田说：“大佐君，我认为，我们日本军队应该保护我们在华的利益。”

出乎他们的意料，这次吉野并没有表现出往常的那种义愤，他仍然平静地对山本说：“南京政府早就有了禁毒的部署，大日本驻军南京总部已经同意他们的禁毒计划，南京那边一个月前已经闹得沸沸扬扬，可是你们不敏感，不做准备，受了损失，能怪谁去? 你们指望日本军队保护你们，日本军队能保护你们吗? 如果我们保护你们，不仅违反了南京方面的部署，同时也会激起中国人的强烈不满，对稳定大局十分不利。你们懂什么，一群鼠目寸光的家伙!”

松井也对山本说：“从大局出发，你们只能忍耐一时，静观其变。几个赤手空拳的学生嘛，闹不成大事情。”

吉野自语："中国人办事总是一阵风，不会持久的。等风头过去了，你们不是可以照样开烟馆吗。

松井说："大佐君对中国人很有研究，你们要听大佐君的话。"

山本无可奈何地说："我听大佐君的。"

吉野问："王正奎、杨世才那边，现在有什么动静？"

龟田说："他们抓了几个闹事的学生，又把他们放了。"

"为什么？"松井说，"应交给我们来处理。"

"我打电话问了杨世才，他说学生闹事'证据不足'。"

山本叫道："还证据不足哪？我的烟馆给翻了个底朝天，店堂被砸得多惨。"

松井也表示不满说："他们这次怎么能这样。过去证据不足的事情多着呢，他们不也是照样抓人、杀人吗？"

"这一次他们好像对学生特别宽容，甚至是怂恿。"龟田说，"学生砸了日本人的烟馆，他们不管。"

"学生既然能砸日本人的烟馆，到时候不也要砸他们的烟馆吗？"松井说。

龟田愤愤地说："既然对我们的事情不管，到时候他们那里有事，我们也不会帮助他们。"

吉野说："中国人打中国人的小算盘，他们想挤一下我们，好给他们腾出一点利益空间，我们有我们的大算盘，那就是让出一点小空间，占领大空间，这就像下围棋，高手应该把握全局，走着瞧吧。"

松井阴险地说："等这次风头过去了，再收拾那些学生不迟。"

龟田说："明白了。山本先生，走吧。"

山本只好随着龟田出去了。

江边，蔡虹、俞珍和张云潮在散步。

蔡虹说："我看学生'禁毒'运动组织得不错，学生们情绪很高嘛。"

张云潮说："是啊，学生们借着这次运动，把心中的反日情绪和对汪伪政权的不满抒发了出来，不仅砸了几家烟馆，还喊出了'日本鬼子滚回去'的口号。"

蔡虹问："日本人和汪伪政府方面有什么反应?"

"日本人还没听说有什么。警察署抓了几个人，后来又放了。"

"放了？没有交给日本人?"

"没有。学生们说，警察开始很凶，后来客气起来了。"

"按照以往的惯例，警察要将'反日分子'交给日本人处治。可是他不经过日本人，就把学生放了，可见在'禁毒'问题上，汪伪与日本人在暗中较劲。"

"'禁毒'是假，争夺毒品市场是真。王正奎、杨世才都是开烟馆的，他们哪里会真'禁毒'?"

"对，我想的就是这个问题。日、汪都想通过贩卖毒品来发国难财，他们哪里会真心'禁毒'。汪精卫、陈公博想利用老百姓的名义，借用学生的力量'禁毒'，目的是想挤掉日本人，控制毒品市场。我们正好利用他们之间的矛盾，干我们的事。"

张云潮点点头。

蔡虹说："我看时机已经成熟，这几天你们继续搞游行活动，把动静搞大一些，场面搞乱一些，然后等我的通知。"

警察署长杨世才不仅吸鸦片烟，贩卖毒品，他还做着生意。他参股上海长江航运公司，利用当警察署长的便利，控制了中江几个江边码头，专门贩卖军火和战时紧缺物资，发国难财。为了生意上的方便，他把维持会长王正奎也拉了进来。

这天，上海长江航运公司经理潘文炳秘密来到中江，与杨世才商谈生意上的事情。潘文炳在望江楼大酒店摆上酒席，通知了杨世才。杨世才在两位警察的保护下来到酒店。朱世贵把他引到楼上包厢，潘文炳早在门前迎接。

宾主坐定，伙计上菜斟酒。

杨世才问："沿途没有什么麻烦吧?"

潘文炳说："没有。我在日军驻上海司令部搞了'长江特别通行证'。"

"你真是手眼通天哪！这'长江特别通行证'日本人控制得很严，我通过南京方面都没有搞到。"杨世才大发感慨。

潘文炳得意地说："有道是一把钥匙开一把锁。"

杨世才好奇地问："潘先生用的是哪一把钥匙？"

"那锁是日本的锁，当然要用日本人配的那把钥匙啰。"他凑上前在杨世才的耳边："日军大头目楠木少将参股我们的公司。"

"这太好了！"杨世才说，但他又对楠木做生意感到好奇。

潘文炳说："瞎子见钱眼也开，日本军官做生意的大有人在。楠木的生意做得很大。参股我们的公司，是我们为了方便，拉他进来的，这只是他的一碟小菜，他的大生意还不在这里。"

"楠木还做什么生意呢？"杨世才问。

"你想想看，当前什么生意最赚钱？"

"毒品生意？"

"对。"

"中江的毒品生意楠木插手了？"杨世才又问。

"楠木怎么会看中小小的中江？"潘文炳摇摇头说，"他是往重庆、汉口那边做。你猜他的下家是谁？"潘文炳卖着关子。

"一定是商界大佬。"杨世才猜。

"不对。"

"是国民党军政官员？"

"说是说近了，但你想象不到他是谁。"

"不是汤恩伯、刘文辉这类人吧？"

"不是，你还要往高处想。"

"难道还是蒋介石？"

"虽不是蒋介石，但是蒋介石身边的人。"

"谁？"

"戴笠。"

"戴笠？"杨世才不敢相信自己的耳朵。

"对，就是他。"潘文炳说，"楠木和戴笠做毒品生意，他们的毒品在河南郑州乡下秘密交接"

"真想不到。"

"你想不到的东西还在后头。毒品生意对于他们来说，还是次要的。"

“还做什么大生意，难道他们还做军火生意?”

“你还真说对了。”

“日本人和国民党做军火生意?”杨世才睁大眼睛。

“你不相信？日本国资源有限，打仗要造枪弹、炮弹，火药供应不上，就在中国买火药原料，买稀土。戴笠和楠木就是做这个生意。他们交接的地方也在郑州乡下，这地方绝对保密。”

杨世才大惊：“天哪，两个战争双方做起了军火生意，这个仗还怎么打？抗战那不成一句空话了吗?”

潘文炳说：“事情就是这样。但对于我们来说，是件大好事啊。”

杨世才很激动：“是啊，正因为这样，我们才有了‘特别通行证’嘛。”

潘文炳说：“不过，我们说的话，要绝对保密，不要让任何人知道，包括王正奎会长，包括中江的日本大队长吉野，这可是杀头的事。”

杨世才点点头：“那当然。”

潘文炳得意地说：“有楠木在上海，杨署长在中江，我潘某在长江上跑腿，咱们不愁不发大财呀!”

“当然当然。您带来这样的好消息，我们要好好庆祝一下。”

“杨署长，潘某特意从上海带来两件日本礼物，管保杨署长喜欢。”

杨世才看着潘文炳，不知他又卖什么关子。

只见潘文炳手一招，随从扶出了两位穿和服的日本佳人。

杨世才眼睛一亮。喜道：“确实是日本货，不同凡响哪！好，今晚我已经向夫人请了假，可以纵情一乐了。”他站起来走出门，对担任保卫的警察说：“你们可以回家休息。”警察敬礼离去了。

两个日本婆子一左一右坐在杨世才身边。杨世才左拥右抱，乐不可支。

潘文炳站起来说：“我今晚还有一点事，改日再聚。”

经过和吴梦远的一段交往，俞珍对吴梦远这个资本家小姐的看法有了很大的转变，两人的关系也变得友善了。

这天，蔡虹、俞珍坐在吴府客厅和吴梦远说话。吴梦远问蔡虹：“中江城里的学生闹事，比南京还凶，是你们干的吧?”

蔡虹笑着点点头。

吴梦远问："你们这样闹能达到什么目的？这禁毒能禁得了吗？"

蔡虹说："醉翁之意不在酒啊。"

"你们打算怎么办？"

"我们的目的是趁乱把药品运出去。"

"封锁得这么严，怎么能运出去？"

"我们已经作了周密的计划，就在近日行动。"

吴梦远对此表示相信，因为她知道蔡虹说到就能做到。

这时电话响了，吴梦远去接电话，然后对蔡虹说："你的电话。"

蔡虹去接，是朱世贵的声音："老板，目标已出现，现在在我这里。"

朱世贵说的"目标"就是杨世才。

蔡虹说："好，知道了。我马上派人去。"他挂上了电话，对俞珍说，"小俞，你去告诉张云潮，杨世才在望江楼，叫他带人过去，然后你去通知赵强，把药品准备好，一切按计划行动。我去把准备好的两条船弄出来，在一号码头等你们。"

"是！"俞珍转身去了。

蔡虹穿上大衣，戴上帽子，对吴梦远说："我去江边，你等着听好消息吧。"

大街上，学生在游行，口号声此起彼伏，老百姓站在街道两边看热闹。

俞珍跑到队伍的前面，找到了张云潮，在他耳边说了几句。张云潮点头会意，他手一招，一部分人随着他离开了。俞珍带领游行队伍继续前进。

此时在望江楼大酒店的一间休息室里，杨世才躺在烟榻上吸鸦片。两个日本婆子一左一右在他的身上拿捏着，杨世才舒服得直哼哼。

街上口号阵阵，人声鼎沸，杨世才无动于衷。

电话铃响了，杨世才不情愿地接过电话。倪孝和急促的声音："署长，学生越来越多，秩序越来越乱，要不要动手？"

杨世才胸有成竹地说："动手？谁叫你们动手？让他们闹去，不要管。"

倪孝和不放心地问："署长，我是怕失控，学生什么事都干得出来。您那里还好吧，要不要派人来保护您？"

杨世才连声说："不用，不用，你们回家休息去吧，天是塌不下来的。”他觉得倪孝和这个时刻打搅他，实在有些讨厌。他索性把话机扔到一边，与日本婆娘纵情作乐起来。

这时，一阵急促而杂乱的脚步声由远及近，好像许多人上楼来了。两个日本婆子开始不安起来，杨世才还是一副悠然自得的样子。

突然，门被冲开，张云潮带着一队学生冲了进来，大声说：“谁在吸毒？大胆，快把他抓起来。”

几个人上前不由分说，抓起杨世才，并用准备好的绳索将他捆绑起来。

杨世才大声喝道：“干什么，干什么？知道我是谁吗？”

张云潮说：“不管你是谁，只要是吸毒，就要抓起来，这是政府号召。”

杨世才大叫：“我是警察署长杨世才。”

张云潮假装义愤：“杨世才？好啊，警察署长还吸毒，那就拉到大街上游街。”

学生们把杨世才架起来，杨世才哪里拗得过学生，只得被推着向外走。

朱世贵假意上前阻止：“这是杨署长，你们不能乱来。”

张云潮粗暴地把朱世贵推开说：“滚一边去。同学们，望江楼窝藏容留吸毒，把它砸了。”学生们不知就里，真的在酒店里砸了起来。这是蔡虹事先交代张云潮干的，目的是为朱世贵摆脱干系。

两个日本婆子趁乱悄然离去。

大街上，学生们架着杨世才往前走。杨世才的背上早已插着一个大牌子：“大毒枭杨世才。”这时杨世才毒瘾犯了，头垂于地，嘴里流着口水。引起路边百姓一片哄笑。

有几个警察想上前解救杨世才，但学生人多势众，警察上不去。倪孝和回家睡觉去了，没有人做主，又不敢开枪驱散，眼睁睁地看着杨世才被抓着游街。

几个日本兵看到杨世才被押，也不予制止，在一边袖手旁观。

学生们押着杨世才来到署长官邸，一窝蜂地冲进去搜查起来。

有人大叫：“看哪，警察署长家里藏着大量烟土”。

这更引起了人们的公愤：“好啊，警察署长带头吸毒贩毒，搜！”

学生们像潮水一样涌了进来。杨世才的妻子看见学生来了，拦阻不住，眼见得学生在她家里翻箱倒柜，乱砸乱打，放声大哭起来。

搜查了杨世才家之后，张云潮带领学生又押着杨世才上街去，他们和俞珍带领的游行队伍会合了。人更多，势更盛，所向披靡，不可阻挡，沿街的烟馆、药店全部不能幸免。

前面就是张记大药房。俞珍大叫：“张记大药房里有杨世才藏的毒品”。

学生们听说，群情激愤，像潮水一般涌了进去。赵强早已把药房门大开。一见张云潮、俞珍，即领着大家进了库房，指着事先准备好的药箱大叫：“看，这些都是毒品，搬出去，扔到江里去。”学生们冲了过去搬起来就走，张掌柜及其伙计们吓得躲在一边不敢出来。

学生们把杨世才押在前面开路，排着队，扛着药箱，大摇大摆向江边走去。这时天色渐黑，街上的百姓借着灯光看着学生潮水一般涌向江边。

江边，蔡虹早已准备了两条船。学生们把杨世才带上船，也把药品搬上船，在赵强的指挥下，药品和毒品分别放在两条船上。

蔡虹看着杨世才故意问：“你们怎么把杨署长抓来了?”

学生们说：“这是大毒枭杨世才。平时抓学生的就是他，现在犯了国法，把他沉江算了。”张云潮、赵强、俞珍都大声说：“对，沉江，沉江!”

杨世才此时烟瘾过了，感觉大事不好，连声向蔡虹求救：“饶命！ 饶命啊!”

俞珍问：“看你以后还敢不敢贩毒吸毒了。”

“我再也不敢了。”

“你今后还抓不抓学生了?”

“不抓了，饶了我吧，我不想死啊!”杨世才说着哭了起来。

在江边的日本汽艇上，小队长龟田看到杨世才被学生押着上船，不仅不救，反而开心地大笑起来。

这时张云潮指挥着学生们把查抄的烟土扔到了江里，赵强则注意把药品保护着。由于人多，天黑，在岸上欢看的日本兵、伪军和老百姓，只看到许多烟土被扔到江里去了，都拍手称快，却不知有许多的药品藏在船里。

船到江心，学生们出于对伪警察署长的仇恨，纷纷要求把杨世才推下水去，杨世才一个劲地跪在船上求饶。

蔡虹对大家说："同学们，杨世才当汉奸，作恶多端，又吸毒贩毒，本该从严惩处。可是，我们杀了一个警察署长，日本人会重新任命一个新的警察署长。如果杨世才发誓今后不再作恶，不再跟着日本人抓捕学生，不再残害进步人士，我们就留他一条命，好不好？"

学生们说："这太便宜他了。"

蔡虹对杨世才说："你能答应我们的条件吗，能保证今后改邪归正吗？"

杨世才连忙说："只要留我一条命，我保证再也不抓学生，再也不为日本人卖命了。"

蔡虹说："大家听到了吧，杨世才发誓改恶从善，不再为日本鬼子卖命，我们大家就饶他一条命，倘若杨世才今后继续作恶，我们随时就可以把他抓起来，扔到江里去，

大家都说："好！"于是蔡虹、赵强、俞珍上了载着药品那条船，离开大家向江北驶去。张云潮带着学生们押着杨世才吵吵嚷嚷地回到中江。

上了岸，张云潮命令放了杨世才，大家四散而去了。

杨世才气极败坏地往回走。

杨世才回到家中，妻子哭着扑了上去："世才，你回来了？"

杨世才说："回来了。"

杨妻说："哎呀，我吓死了，有人说，学生将你沉江了。我想，你要是有个三长两短，我们这一家人可怎么活啊！菩萨保佑，你能活着回来，真是万幸。"她哭着说着。

杨世才说："别哭。没有事，他们不敢把我怎么样。"

杨妻说："家里给翻得乱七八糟，几根金条被拿走了。"

"他们动了保险柜？"杨世才一惊。

"他们哪里不翻哪！"杨妻说。

杨世才急忙来到房间，打开保险柜，查看了一下，脸色十分难看。

杨妻问："怎么哪？"

杨世才说："糟糕，合同不见了。"

"什么合同？"

"就是和潘文炳做生意的合同，我不是让你放到保险柜里吗？"

“我哪里知道是什么，我又不识字。”

杨世才自语：“这东西落到学生手里，传出去，给日本人知道了，是要杀头的。”

杨妻问：“是什么合同，这么重要？”

“这是我和潘文炳做军火生意的合同。”

“哎呀，这可怎么办呀？”说完，杨妻哭了起来。杨世才也呆立在那里。

“署长。”一声喊把杨世才吓了一跳，倪孝和走了进来，“署长，您没事吧？”

杨世才不理他。倪孝和再叫：“署长。”

“一群笨蛋！”杨世才骂道。

倪孝和说：“署长，当时学生把你抓去游行，我正在家里睡觉，一点都不知道。后来知道了，带人过去，又不知道您被他们抓到哪里，好不容易打听到了，您也回来了。我们又不能开枪，日本人也不帮忙——”

杨世才骂道：“这些学生都是共产党、新四军。你知道吗？”

倪孝和说：“署长，我们已经调查了几个为首的学生，准备把他们抓起来，追查新四军、共产党的线索。”

杨世才恨恨地说：“对，要好好地审审他们，谁人指使，谁人领导？”

“是。”倪孝和转身欲去。

杨世才连忙叫住他：“别急，等一等，现在是禁毒为大，让他们闹腾几天，等事情一平息，我们再一个个把他们抓起来。不过——”杨世才又叮嘱，“对外要保密，不要提起共产党、新四军的事。否则，给日本人知道了，又要说我们让新四军钻了空子，治安无能。”

第二天天亮，曾世雄、谭天木、郑云泽、何力全、李三火等人在江边码头迎接。不一会儿，蔡虹、赵强、俞珍三人带着船工，划着船来到。

蔡虹下船，曾世雄迎上前与蔡虹握手说：“真是不容易呀，蔡虹同志。”

谭天木说：“蔡虹同志，你带来的不是药品，是几百名战士的生命啊！”

郑云泽、何力全、李三火看到一箱箱药品，激动万分，带着战士们纷纷上船搬运。大家欢欢喜喜地抬着、扛着药箱往根据地走去。

在支队会议室，曾世雄、谭天木招呼大家坐下休息，曾世雄亲自给蔡虹他们倒开水。

蔡虹说："政委，怎么能让您亲自给我们倒水呢？"

赵强连忙站起来说："我来，我来，政委您这是表扬我们，还是批评我们？"赵强接过水瓶，先给曾世雄、谭天木添了水，再给蔡虹、俞珍和自己倒了水。

曾世雄说："我是要郑重地表扬你们啊！给你们倒水是应当的嘛，你们多么辛苦，多么危险，把药品弄回来，不容易呀！"

"没有什么难的，在支队党委的领导下，有中江地下党的帮助，什么困难也不能阻挡我们。"蔡虹说。

谭天木问："蔡虹同志，这么多的药品，要得多少钱呀？"

"钱是不少，五千块大洋，是我同学捐赠的。"

"你同学对我们的支持很大啊。"谭天木感叹。

蔡虹问："家里情况还好吗？"

曾世雄说："自从铜山一仗，大获全胜，新四军在江北树立起了威信，老百姓对我们态度好多了。"

"有了老百姓的支持，新四军在江北，就算扎根了。"

"不过，日本鬼子对我们重视多了。"谭天木说，"他们针对新四军组织了一次大扫荡。我们在老百姓的掩护下，转移到了临江县西乡，藏进小洲的芦苇荡里，才躲过了鬼子的进攻。"

蔡虹说："有老百姓的支持，鬼子想消灭我们就难了。"又问，"现在粮食怎么解决？"

"我们与大刀会保持着密切的关系，已向农民征了几次粮食了。"曾世雄说。

"老百姓对我们很支持，但老百姓也不宽裕。"谭天木说。

"我们征了农民的粮食，没有钱付，都打了欠条。长此以往也不是个事情啊！"曾世雄也担忧。

蔡虹想了想："这样吧，我明天去找一下袁绍先先生，请他帮助发动一次募捐，以解燃眉之急。"

曾世雄连声说："那太好了。眼下最紧迫的事就是筹款了。"

# 二十二、袁庄募捐

第二天，蔡虹带着赵强、俞珍来到袁庄。

袁绍先再次见到蔡虹十分高兴，他说：“自从你们打下了鬼子的铜山据点，乡里安稳多了，鬼子开始害怕新四军了。老百姓说，新四军真了不起，如果中国军队都像新四军那样打鬼子，何愁鬼子不亡。但是这一打之后，鬼子把新四军看作重要的对手，新四军的压力就更大了。”

蔡虹说：“新四军就是打鬼子的，有压力怕什么，我们做好了打大仗打恶仗的准备。”

袁老七看到了蔡虹，大喜道：“蔡部长，听说你们打下了铜山，老百姓真高兴。”

“要不是袁先生和你们自卫队帮我们捞武器、运枪弹，我们怎么有力量打铜山，我得要谢谢你们哪。”蔡虹说。

“那是我们应该做的，”袁老七指着赵强说，“上次赵同志动员我们参加新四军，我都报名了，可是后来那个姓郑的不同意，是怎么回事？要是让我参加了新四军，这次打铜山不就有我吗？”

蔡虹说：“当时我们很困难，连吃饭都吃不上，上面要求精兵简政，暂时不招兵，后来我们在大刀会的帮助下，才渡过了难关。”

“现在呢，还招不招人。”

“当然要招人了。”

“那我什么时候跟您走。”

蔡虹看向袁绍先说：“袁先生舍得让你走吗？”

袁绍先说：“老七参加新四军，我赞成。不过，当了新四军，可不像自卫队，得好好守规矩，蔡部长得好好教育他。”

蔡虹说：“这样吧，老七，我们欢迎你参加新四军，这个事我要向领导报告。经我们支队党委同意后，正式通知你。”

“还要向领导报告，您说了不就算事。”袁老七疑惑。

“我们新四军不是一个人当家。”蔡虹说。

袁绍先补充：“这叫组织决定，你懂不懂。”

袁老七抓一下光头，似懂非懂地点点头。

蔡虹说：“老七，你在这里保卫袁庄，也很重要。到时候我们打鬼子，我派人来请你。”

“好，我听您的，你们谈吧。” 袁老七转身去了。

袁绍先说：“听说大刀会会长项启龙要杀你，你去了，不仅没杀你，还和你结拜把兄弟，有这事吗。”

“是有这事，您也知道了。”

“乡里面都在传。项启龙杀了两个国民党桂系特务，国民党桂系气得不得了，准备剿灭大刀会，只是怕农民多，影响大，又怕鬼子趁机捣乱，才没有动他。”

蔡虹说：“大刀会是农民的组织，新四军和农民本是一家，而国民党军队虽然也想拉拢大刀会，但他们本质上又与农民格格不入。”

“是啊，国民党军政腐败，越来越脱离老百姓了。”袁绍先也感叹。

蔡虹说：“新四军是老百姓自己的队伍，扎根于老百姓之中，全心全意为老百姓办事，老百姓自然就会支持和帮助新四军，新四军没有老百姓的支持和帮助，就会寸步难行。比如这次打捞运送枪支弹药，没有袁先生的帮助，我们能行吗，我们永远不会忘记袁先生对新四军的支持。”

“还提它干什么？蔡先生说外了。”袁绍先说，“国家兴亡，匹夫有责。袁某虽是一介草民，这点觉悟还是有的。我和蔡先生交往中，学到了很多东西，懂得了很多的道理。蔡先生，不是我当面奉承，共产党、新四军里面有你们这样一批人才，一定会兴旺发达。”

“袁先生过誉了。”蔡虹被赞扬得不好意思。

袁绍先说：“新四军有什么困难，尽管说，我会尽力帮助的。”

蔡虹说：“袁先生深明大义，既然这样，我蔡虹说话就不顾忌了。新四军目前经费十分困难，我此次来是想请袁先生给想想办法。

“新四军有困难，就是我们自己的困难，袁某当义不容辞。这样，我来发动乡亲们，搞一次抗日募捐活动吧。”袁绍先说。

晚上，在袁绍先的客厅里，十几个地主坐得满满的。蔡虹、袁绍先坐在中间，赵强、俞珍坐在门边。屋子里，有人抽着洋烟，有人捧着水烟袋，大家吞云吐雾，想着心思。

袁绍先说：“我先介绍一下，这位就是新四军赫赫有名的蔡团长，现在是新四军江北支队的后勤部长。”

大家“哦”了一声，放出敬畏的目光。

袁绍先说：“乡亲们，日本鬼子横行中国，无恶不作，国民党、汪精卫各怀鬼胎，有谁真心实意地为老百姓打日本？我看只有新四军，他们可是真心打鬼子，真心为咱们老百姓卖命的。铜山一战，消灭了三百多个鬼子，五百多个伪军，新四军死伤两百多人。现在新四军人少，枪少，要想发展，要招兵买马，就是要钱，没有钱，发展不了，打不了鬼子，所以新四军目前很困难。国难当头，谁帮我们打鬼子，我们就要资助谁。过去我们资助中央军，有什么用？他们拿着钱去养姨太太，见了鬼子就跑。所以我今天请大家来，就是商量这个事儿，我们来一个募捐活动，为新四军募集一些款子，就凑它十万块大洋吧，解决他们的燃眉之急，也为了打鬼子，保卫家乡尽力。”他看了看大家的反应。然后说，“这个事情既然是我袁某挑的头，我就要带头。我先捐六万大洋，余下四万，你们分，你们看中不中？”

众地主对袁绍先的慷慨颇为吃惊，一时议论纷纷。

地主袁绍才说：“老大，十万大洋，你一个人出六万？”

“当然，你怕我讲话不算数？”

“我不是怕你讲话不算数，我是怕你家里没有那么多的钱。”

“当然，一下子拿这么多钱是很难，我准备卖掉几十亩田。”

众地主更加惊讶。

蔡虹非常感动：“袁先生，我代表新四军感谢您，代表中国的老百姓感谢您。”

袁绍先连忙推辞："当前国难当头，我们出一些钱是应当的，说什么感谢？"

蔡虹说："各位乡亲，见面就讲钱，实在不好意思。我知道这兵荒马乱的，各位生活也不容易。我们新四军是从江南过来的，我们从成立那天起制定的任务和目标，就是发展壮大队伍，东进打鬼子，把日本人赶出中国去。现在我们到江北来，就是和大家一起，把江北的日本鬼子消灭掉。但是我们新四军目前很困难，没有钱买枪炮子弹，没有钱买布匹、药品，甚至没有钱买粮食。大家知道，新四军吃不饱饭，没有武器，怎么打鬼子？我们解决这些问题，需要靠老百姓，靠我们的乡亲们。大家有能力帮助新四军一把，新四军不会忘记你们的，我们打个借条，等赶走了日本人，建立了新中国，我们一定会加倍偿还的。你们现在捐赠新四军的钱，就是对抗日做贡献，就是为国家做贡献。"

袁绍才说："蔡部长别说了，这些道理我们都懂。新四军为老百姓上前线卖命，我们支援点钱，理所应当。袁老大已经做出了榜样，我们自然没有话说，我捐一万块。"

又有一位地主说："我捐五千。"

接着大家你一言我一语，你出一万，他出五千，还有三千、两千的不等，不一会儿，十万大洋凑齐。蔡虹和袁绍先两颗悬着的心落了实。

突然一个中年妇女来到会场，揪住一个地主的耳朵就往家里拖，一面叫道："就你大方，我们家里这么穷，哪里有钱捐？你是不想过日子了吗？记住，家里就是有点家产，也是我从娘家带来的，不是你挣的，你要是把我的钱捐出去了，我跟你拼命！"

那个地主一边护着耳朵，一边说："这像什么话，这像什么话？你这个女人呀！"他被拖走后会场气氛一下子冷了下来。

袁绍先说："诸位的家境袁某是清楚的，今晚各位已经尽力了，总给了我袁某一点面子。至于钱的落实，还要回去做做妇人的工作。"

地主们都说："男子汉说话就算数，妇道人家知道什么。"

蔡虹说："各家都有各家的难处。江北老百姓这么支持新四军，使我十分感动。请大家回去转告乡亲们，捐给我们新四军的钱，一定用在抗日战场上，用在打鬼子的刀刃上，新四军有老百姓的支持，一定能够把日本鬼子赶出江北，赶出中国。让乡亲们过上安稳的日子、幸福的日子。”

当晚，袁绍先摆了两桌酒，蔡虹和大家在一起喝着酒。

袁绍才向蔡虹敬酒说：“蔡团长，实话告诉您，听说新四军今晚要来募捐，我心里直打鼓，不知道出得来能不能回得了家了，没想到新四军这么通情达理。我这钱哪，捐得值。”

袁绍先说：“你以为新四军要把你捆起来，吊到屋梁上拷打吗？”

袁绍才笑了：“诸位，不只是我，大家不都有过这样的经历吗？”

有一个地主一瘸一瘸地凑上来说：“我这腿不就是给土匪打残的？不只是打残，送了命的，也大有人在哪！”

又有一个地主说：“有一个老兄，家里来了几个当兵的，老婆给奸了，最后不还是乖乖地给钱？”

袁绍先说：“那是土匪，可不是新四军。”

瘸腿地主说：“这年头，是兵是匪谁能分得清？撞上了就认倒霉了。”

蔡虹说：“各位乡亲，新四军是一支纪律严明的队伍，是工农自己的队伍，不比那些土匪和杂牌军。今后你们有什么事情，就通知新四军一声，新四军会给你们撑腰的。”

袁绍才小心地问：“新四军不打土豪分田地了？”

蔡虹说：“新四军不打土豪分田地，我们主张减租减息，扶持穷人，大家团结起来，共同抗日。”

瘸腿地主问：“那新四军还搞不搞共产共妻？”

蔡虹说：“那是反革命分子造谣，你看我们新四军根据地，是不是共产共妻了？”

一个地主开玩笑道：“我看你是心术不正，嫌自己的老婆老了，想共人家年轻的媳妇是不是？”说着大家都笑了。

袁绍先说：“大家不要听信谣传，新四军不比土匪、杂牌军，是老百姓自己的队伍。新四军就像蔡部长这样的，平易近人，通情达理，心里面贴着咱老百姓，和新四军打交道，你们放二十四个心吧。”

大家齐说：“放心，放心。”于是举杯互相敬酒。

完成了募捐之后，蔡虹向袁绍先告辞，袁绍先、袁老七送出十多里，几个人一边走路，一边说话。

袁绍先问："现在你们的粮食供应怎么样？"

蔡虹说："大刀会给了我们一些粮食，但乡亲们也很困难，单靠他们的支援，也不是长久之计。"

袁绍先赞同："是啊，老百姓饱受日本鬼子的扫荡之苦，国民党又征税征粮。江北一带驻扎几十万军队，要吃要穿要用，老百姓不堪重负。"

蔡虹对袁绍先说："袁先生，我们共产党在延安的时候搞过大生产，解决粮食供应不足的问题，战胜了国民党的经济封锁。延安有南泥湾，我们这一带有没有荒地可供新四军开拓耕种呢？"

袁绍先想了一会儿说："江北一带都是地少人多，所以大量人口向江南迁徙，俗称'下江南'。如果要说有荒地的话，那就是长江中间有些沙洲，冬天露出水面，夏天被江水淹没，上面长满了芦苇杂草。像临江县西乡的芦苇洲，有十几万亩的面积。如果新四军组织民众围埂造田，那将成为一个很大的粮仓。"

"围埂造田？"

"对，就是把江水挡在围埂外面，里面的地就可以耕种了。"

"不怕江水涨上来？"

"关键的问题是建围埂，趁着秋冬两季长江水位低的时候围埂造田，赶在春夏江水上来之前将围埂建好，挡住江水就行了。沙洲土地肥沃，很适合耕种。"

"过去老百姓为什么不围埂造田？"

"老百姓一家一户，力量弱，围的面积不大，堤埂也小，挡不住江水。新四军可以把老百姓组织起来，围起大面积的土地，挑起大围埂。"

蔡虹急切地说："您能不能马上带我去看看？"

"当然可以。"袁绍先对袁老七说，"老七，你回去牵几匹马来。"

"还要骑马吗？"蔡虹不解。

"当然要骑马了。"袁绍先说，"那个滩地面积大得很，几十里路长，没有马，一天看不过来呢！"

长江大堤上，蔡虹、袁绍先一行五人骑马疾行。在长江大堤外，有一大片沙滩，连绵十几里，长着芦苇和杂草，远处是浩瀚长江。

蔡虹叹道："好大一片地方!"

袁绍先说："新四军可以动员成千上万的民众进行围堤造田。既能发展生产，又能惠及民生。"

蔡虹激动地说："对。新四军和老百姓共同围埂造田，共同耕种，共同得利，这将是一个历史性的壮举。"

考察完芦苇洲，蔡虹、俞珍、赵强骑着高头大马一路飞奔，回到白茅山。

蒋锋、郑天佐正站在村头，看着蔡虹他们回来。

蒋锋说："蔡部长，好威风啊！这几匹马是谁的?"

蔡虹说："是老百姓的，有急事，借来骑一下。"

郑天佐对俞珍说："老百姓哪有钱养这样的好马？恐怕又是地主的马。"

俞珍反问："地主的马就不能骑吗?"

"我没有说不能骑呀。"郑天佐说。

"那你放什么屁?"俞珍说。

郑天佐看了看俞珍："俞珍同志，我看你几天不见，脾气长多了嘛。"

"我看不惯在一旁说风凉话的人。"俞珍说着头也不回地走了。

郑天佐看着俞珍的背影，自言自语："看样子，你是不把我放在眼里了，走着瞧吧!"

队部办公室，曾世雄、谭天木正在研究军务。见蔡虹、赵强和俞珍进来，曾世雄说："蔡虹同志，你们回来啦？募捐的情况怎么样?"

谭天木说："别急，先喝一口水再说。"他给蔡虹倒了一杯开水，让蔡虹坐下说。

蔡虹说："募捐的事，袁先生十分支持，他亲自召集了十几个地主、富农，动员大家捐款。袁绍先带头捐了六万大洋，其他人凑了四万，一共捐了十万大洋。"

曾世雄高兴地说："太好了，袁先生慷慨相助，为我们救了大急呀。"

谭天木也感叹："袁先生真是雪中送炭哪!"

曾世雄对谭天木说："老谭，过一段时间，我们抽个空去看望一下袁老先生，表示感谢。”

“要去，要去。”谭天木说。

蔡虹说：“政委、支队长，袁绍先不仅给我们捐了钱，而且还给我们出了一个好主意。”

“什么好主意，你快说。”曾世雄说。

“袁先生很关心我们新四军的生活，他问我们的粮食供应情况，我说目前大刀会给我们一些支援，但不是长久之计，江北人多地少，日伪、国民党都向农民征粮抢粮，扫荡、封锁，农民生活非常困难。新四军要摆脱困境，必须建立自己的粮食生产基地。我们要像延安一样，建一个南泥湾。我问袁先生，有没有一些荒地可以供我们开发？袁先生告诉我，临江县西边的长江边上，有一个长满芦苇杂草的沙洲，是一片无主之地，只是到了夏季，江水上来，就成了长江；到了冬季，江水退落，就成了沙滩。我们可以发动民众，赶在秋冬季节围埂造田，用造出来的田地生产粮食，与民共建，与民共利。袁先生带我去看了一下，那个地方很大，有十几万亩。”

曾世雄说：“是有这样一块芦苇荡，我们上月躲鬼子进攻时去过，那地方很大。我们也来一个军民大生产，打破日寇、国民党的封锁。”

谭天木说：“行。我们的部队可以一边打仗，一边生产。”

蔡虹说：“问题是我们要争取在江水上涨之前把围堤挑起来，把庄稼种下去。只要做得好，到了秋季，我们的粮食困难时期就过去了。”

曾世雄说：“好，说干就干。蔡虹，这件事也没什么好研究的，我看就由你负责去办，在芦苇洲建一个南泥湾来。支队长，你看呢？”

谭天木说：“我认为这是一件大好事，如果这事能成，将为全军树起一个典型。蔡虹同志将是我们支队的王胡子，就看你们的了。”

蔡虹站起来敬礼：“是！还是那句话：保证完成任务！”

为了争取农民的支持，蔡虹首先来到项家山，找项启龙和任从虎。蔡虹一说，项、任两人十分支持。项启龙拍着胸脯说：“动员老百姓围堤造田，这是大好事，要多少人，我们派多少人，自带工具，自带干粮，保证按时把围堤建好。”

蔡虹说：“农民兄弟不是白干，我们共同出力，共同分利，到了秋季，粮食卖给新四军做军粮，农民兄弟分得售粮款。”

“这好说，农民冬季在家里闲也闲着。”项启龙说。

在大刀会的帮助下，江北农民组织起来了，他们和新四军指战员一起，开展了声势浩大的大生产活动。芦苇洲里，穿着便衣的新四军和农民在芦苇洲挑围堤，砍杂草，翻土地。有的手执大锹，有的挑着土筐，有的挥舞镰刀，有的扶着犁把，赶着耕牛，一派热火朝天的劳动景象，几万人的劳动场面，十分壮观。

蔡虹、赵强、俞珍也参加了劳动。他们各挑着土随着农民一起走向新的大堤。

赵强指着一大片新翻的土地说：“部长，这些土地种起庄稼，到秋天要收多少粮食？”

蔡虹说：“据农民估计，一个秋季就可以收十几万担。如果包括夏粮，可收三、四十万担。”

俞珍说：“部长，我们如果有了这么多粮食，到了秋天，就不愁没吃的了。”

“是啊，有了粮食，我们不仅能够解决生存问题，而且可以扩大我们的队伍，我们还可以用粮食换回其他军用物资。在某种意义上说，有了粮食就有了生活基础、经济基础，就有了主动权。”蔡虹说。

# 二十三、风云突变

这天，蔡虹他们正在参加围埂造田劳动，远处有几匹马飞奔过来。赵强对蔡虹说："老板，政委、支队长来了。"

蔡虹抬头一看，果然是他们

俞珍说："一定有重要军情。"

蔡虹连忙迎了上去，问："政委、支队长，你们怎么来了?"

"我们也要来看看屯田工程。"曾世雄说。

曾世雄、谭天木翻身下马。赵强、俞珍一人牵过一匹马。

谭天木看到蔡虹裤腿上的泥污，调侃说："看来，我们的上海大学生，现在变成了农民了。"

"这叫能军能民嘛!"曾世雄说。

曾世雄、谭天木在蔡虹的陪同下，在大堤上走了一程。看到热火朝天的劳动场面，他们深受感染。

曾世雄激动地说："蔡虹同志，你这是真正发扬了自力更生的精神。"

谭天木问："蔡虹同志，你算算，这块田地到秋天能生产多少粮食?"

"大约三十万担左右。"蔡虹说。

"有了粮食，今后就好办了。"曾世雄高兴地说。

"这就叫兵马未动，粮草先行。"谭天木大发感慨。

赵强、俞珍在一边听了也十分的自豪。

巡视了一会儿，突然，曾世雄神色凝重地对蔡虹说："蔡虹同志，我们今天来，一是看看你们，二是有一个重要的情况向你通报。"

蔡虹感到奇怪："政委，什么重要情况?"

“我们找一个地方谈谈吧。”

他们走进了一个工棚。

工棚里，有一张方桌和几只条凳，曾世雄招呼大家围桌坐下。

曾世雄心情沉重地说：“我告诉你们一个不幸消息，国民党调动了七万军队，对我皖南新四军军部实行了包围。军部在奉命撤离途中，遭到敌人的攻击，经过几个昼夜的战斗，除少数人员突出重围外，九千余人大都牺牲，少数被俘。军长叶挺下山与敌人谈判被扣，政委项英同志牺牲了。”

“他们真的动手了？”蔡虹惊呆了。

“是啊。现在，周副主席向国民党当局提出强烈抗议。党中央决定在苏北重建新四军，陈毅同志代军长，刘少奇同志任政委。军部建在苏北盐城。”

“真是山中方七日，世上几千年，我们在芦苇洲里拓荒两个月，竟发生了这么大的事情。”蔡虹感叹，又问，“下一步怎么办，新的军部有没有指示？”

曾世雄说：“军部指示，蒋介石已宣布新四军为非法武装，并布置对新四军进行‘清剿’，要我们做好准备，防止国民党对我们发动进攻。”

“来就来吧，无非就是打仗嘛，怕他们来也不行啊。”蔡虹说。

曾世雄说：“你们把这里的工作安排一下，交由其他同志负责，你们三位同志回支队，我们要研究反‘清剿’的问题。”

在合肥的安徽省国民政府办公厅里，国民党桂系军阀正在召开高级军事会议。内容是传达国民党中央军委的指示，布置开展对新四军的“清剿”工作。

第五战区副司令长官、安徽省政府主席李品仙主持会议，他传达了国民党中央“剿共”会议精神，他说：“此次在庐山军政高级军事会议上，委员长通报了解决皖南新四军的战斗经过，嘉奖了参加作战的有功人员。同时宣布：新四军不听指挥，犯上作乱，中央军事委员会已经明令撤销新四军编制和番号，宣布新四军为非法武装。举国上下齐声讨之，人人得而诛之。现在，共党在苏北宣布成立所谓的新四军军部。在江苏的北部、中部、南部和安徽的北部、中部都有新四军流窜活动。委员长指示近期要对苏、皖各地新四军，开展一次大规模的军事清剿，趁皖南新四军被灭，共产党士气低迷之时，一举将新四军就地消灭。中央对我部的要求，主要是集中解决安徽境内的新四军。为此，中央特地给我们派了一个战地观察员，孙俊杰团长，让我们热烈鼓掌欢迎。”

这时孙俊杰站起来点头示意，他摆出一副老蒋嫡系那种居高临下的派头。大家稀稀落落地鼓掌，对于国民党嫡系以清剿新四军的名义，向桂系军中派出观察员的行为，有一种不满的情绪，互相交头接耳。

李品仙说：“对于清剿皖北的新四军嘛，我们已经做了部署，部队已经出发。今天我们要重点研究一下清剿皖中——也就人们常说的江北新四军的问题。大家谈谈，有什么高见。”

纵队司令龙彪说：“江北新四军是一个师的编制，上一次军委调查组去人调查，说是只有六百多人，但实际上是两千多人。调查情况严重不实，与实际的差距太离谱了，如果相信这样的调查，将会影响决策指挥，会误大事。”这话是故意给观察员孙俊杰难堪。

大家的眼睛转向孙俊杰，看他怎么下台。

孙俊杰却摆出一副满不在乎的样子，心定气闲地说：“共产党一贯喜欢做假，这是谁都知道的。但是我们调查的报告，只能用数字说话，明知有假，也不能凭猜测说话。没有根据的东西，不能行诸文字，这只能说共军不诚实，太狡猾，龙司令，你说是不是?”

李品仙赶忙打圆场：“与共产党打交道，就是要虚虚实实，实实虚虚。”

保安司令廖开田说：“新四军确实很狡猾，但是狡猾的狐狸是斗不过好猎手的。尽管他们有两千多人，但要消灭他们，我们的力量还是绰绰有余。只是……”

“什么?”李品仙问。

“皖南事变舆论还未平息，我们又要进攻苏北和江北新四军，共产党岂不又要说我们破坏团结，破坏抗日，国内外舆论又要跟着起哄？我的意见是等其他战场行动起来，我们再行动，这样比较主动一些。”廖开田说。

李品仙说：“廖司令完全不必多虑，皖南新四军被消灭，共产党抗议也抗议了，国内外舆论闹哄也闹哄了，又能把我们怎么样？不过是耳旁风罢了。蒋委员长心中有数，没有什么大不了的，成者为王，败者为寇。叽叽喳喳不抵事，口水打不过子弹，一切以实力说话。”

众人点头称是。

“如果我们对新四军开展大规模的行动，我们的后防空虚，日本人会不会对我们展开攻击？这一点不能不防。”廖开田说。

“你们放心好了。日本人现在积极鼓吹‘大东亚共荣’，企图从政治上动摇我们的抗战决心，尽收不战之功，他们近期不会有大的军事行动。再说，日本人知道我们打新四军，他肯定双手赞成，决不会为难我们的。”李品仙说。

“主席，”龙彪说，“据侦察，新四军最近在临江县西乡的长江芦苇洲上围堤造田，开荒种地，开展所谓的延安大生产。”

李品仙笑笑说：“他们想作长期打算，赖在安徽不走了？想得太美了。卧榻之旁岂容他人酣睡。皖中是我们的地盘，岂容新四军在这里扎根？”

“主席，江北有十万多人的农民大刀会，这可是一股重要的力量。听说新四军的粮食供应，主要靠大刀会支援。大刀会会长项启龙、副会长任从虎和新四军的后勤部长蔡虹结拜兄弟，双方来往密切。这个不得不考虑。”孙俊杰说。

“我早就注意到大刀会的动向。大刀会曾经与新四军为敌，杀了几个新四军，后来新四军派了一个叫蔡虹的团长去做工作，蔡虹给了他们五十条枪，帮助他们攻破了日本铜山据点，救出了大刀会一些人，所以那个项启龙就倒向了新四军。这个项启龙嘛，是个土包子，不懂政治，不知道国家大势，目光短浅，有奶就是娘，容易受到新四军、共产党的蛊惑。对这样的人，我们要责成临江县政府派人去打招呼，给他必要的警告。当然了，要恩威并重，给他们一些好处也是可以的，必要时给项启龙挂个什么职务，封他的官，自然会倒向我们。毕竟新四军成不了气候，坐不了天下，他们还是要依靠政府，依靠我们的。”李品仙说。

“尽管如此，我建议在清剿新四军江北支队的期间，要向大刀会派一个特派员，向他们申明党国纪律，要求他们断绝与新四军的一切关系，就地监督他们的行动。一来防止在我们清剿新四军的时候，大刀会被新四军利用，帮助新四军，干扰我军清剿工作；二来也可以让大刀会在清剿新四军的行动中发挥一些作用。”孙俊杰说。

李品仙点点头："观察员说得有理。"又问大家，"你们说，派谁去大刀会比较合适?"

廖开田建议说："主席，我有一个参谋，他是临江县人，和大刀会首领项启龙还有亲戚关系，让他去大刀会当特派员比较合适。"

"好，叫他进来。"

廖开田出去，一会儿，带来一个高个子、长脸、鹰嘴鼻，像商人一样的军官，"报告主席，这就是马诣文参谋。"

马诣文向李品仙敬礼。

李品仙问："马参谋，你和项启龙是不是什么亲戚呀?"

"项启龙是我表哥。"

李品仙点点头："好。我决定派你到大刀会当特派员，去做大刀会的工作，让他们断绝和新四军的往来，配合我们消灭新四军，你能完成这项任务吗?"

"一定完成任务。"马诣文很有把握地说。

"好！你去了之后，要明确告诉项启龙，跟着共产党走，是没有出路的。如果他这次在我们围剿新四军的战斗中，积极配合，表现好的话，我可以给他一个上校营长的职位。如果他执迷不悟，继续跟共产党、新四军搅在一起，那到时候我们要宣布大刀会为非法组织，进行取缔，甚至进行剿灭。到那个时候，他项启龙将成为新四军的陪葬品。"

"请主席放心，如果他跟共产党走，我会代表党国，大义灭亲。"

李品仙点点头说："好。你去第一件事，就是要求大刀会断绝对新四军的粮食供应，切断新四军一切与外界的交通线，把他们困死在临江县西乡的长江边上，等着我们去收拾他们。第二件事，就是要求大刀会在消灭新四军的战斗中，发挥围堵的作用，不要让新四军逃了一个。"

马诣文立正敬礼："明白!"

李品仙宣布说："我决定，我部集中两个旅，五千兵力，由龙彪为剿匪司令，廖开田为剿匪副司令，郑中盛为剿匪先锋，孙俊杰为战场观察员，清剿新四军江北支队，捣毁其在临江县的白茅山老巢。"

众人站立齐声："是!"

"各部做好准备，择时出征。"李品仙大声说。

会议结束，大家陆续离开会场。唯独龙彪没有走，他要和李品仙落实一下出征部队的粮草问题。因为他知道李品仙是个有名的吝啬鬼，常常只出兵，不派粮，或者少派粮，闹得部队粮草不济，沿途劫扰百姓。当下，龙彪跟在李品仙后面说："主席，还有一件事。"

"什么事呀。"

"就是粮食问题，请主席指示有关部门，予以确保供应。"

李品仙吩咐身边的人："通知后勤，给龙司令准备五天的粮食。"

龙彪连忙提醒说："主席，五天粮食恐怕不够。"

"通知沿途各县、乡政府，准备粮食柴草，保障清剿军队的供给。那个临江县县长王浩，不是才任命的吗？通知他，在这次围剿新四军的行动中，要为党国立功。"

龙彪为难地说："主席，王浩虽然当了县长，但是临江县城却在鬼子手里，王浩的政府机关在江安镇，鬼子常去骚扰；又有共产党、新四军，政府工作不太正常，恐怕难以为军队筹措粮草"。

"那就让他到大刀会去，要求项启龙帮助筹粮。江北是个鱼米之乡，老百姓那里有吃的有喝的，供应十天八天的粮食，有什么问题？你带五天的粮食足够了，放心去好了。"李品仙说。

"是，是。"龙彪不敢再说什么了。

国民党军队进攻江北新四军的消息很快传到了白茅山。曾世雄命令新四军大部队从围堤开垦的工地上撤回来，准备迎战来犯之敌，留下一部分同志继续领导大生产工作。

蔡虹、赵强、俞珍赶回支队。曾世雄说："蔡虹同志，刚才接到情报，国民党桂系已派出军队对我们江北支队进行'清剿'。光是来'清剿'的国民党正规军就有五千多人，两个旅。总指挥是国民党第五战区第八纵队司令龙彪，副总指挥是国民党安徽省保安司令廖开田，先锋是团长郑中盛。还有一个国民党派来的战场观察员，就是你的老对手，国民党第三战区上官云相部独立团团长孙俊杰，情况十分紧急。敌人的兵力和武器装备都比我们好。我们的根据地太小，无法迂回，又无险可守，要战胜敌人，关键要取得老百姓的支持。现在我们最担心的是大刀会，在某种程度上说，大刀会对我们的态度，决定着此次反‘清剿’的成败。

蔡虹说：“大刀会与我们一直保持着亲密关系，我和项启龙、任从虎结拜兄弟，我相信不会有问题。”

“这也很难说。”曾世雄说，“目前从外界来看，新四军总部已被国民党消灭，新四军就不存在了。国民党宣布新四军为非法军队，谁支持新四军就是公然与政府对立。老百姓认为国民党是正统，合法的，而我们是非正统，非法的，这就不能不影响他对我们的态度。再则，随着国民党大兵压境，老百姓畏祸心理加重，也会权衡利弊，重新考验他们的立场。因此，我们与江北老百姓的关系，与大刀会的关系，将面临严峻考验。”

谭天木说：“根据情报，李品仙还派了一个叫马诣文的参谋去大刀会当特派员，这个人是项启龙的表弟，曾经留学日本，回国后做生意，被廖开田看中。李品仙给他的任务：首先要求大刀会断绝和我们来往，切断我们的粮草供应；再就是配合国民党军队消灭我们。国民党临江县县长王浩奉命与马诣文配合行动。通过行政命令，封官许愿两手利诱，迫使项启龙倒向国民党一边。因此做大刀会的工作，是迫在眉睫之事。”

曾世雄问：“芦苇洲大生产的事安排好了吗？”

“安排好了。”蔡虹说，“农业生产季节性强，工作不能停。”

“谁在那里负责？”

“何力全同志。”

“好。”曾世雄说，“你们抓紧去大刀会吧。”

谭天木提醒：“你们既要做好工作，又要注意自身的安全，防止大刀会变脸。”

“是啊。”曾世雄也说，“毕竟这对于项启龙来说，也是一个严峻的考验和痛苦选择。对你来说，又是一次风险。”

“还有王浩、马诣文，都是带枪的。”谭天木说。

蔡虹说：“请首长放心，我一定注意防备，坚决完成任务！”

马诣文穿着国民党中校军服，骑着一匹高头大马，带着两个警卫员，向项家山走来。项家山村口，负责警戒的大刀会会员发现了他，上前把他截住："站住，干什么的？"

马诣文立住马，非常傲慢地说："我是省政府派来的特派员，到大刀会有重要任务。我还是你们项会长的表弟，我叫马诣文，快去通报。"

"马诣文？"一个大刀会会员想了想说，"你就是那个在国民党当官的马老六？"

"正是。"马诣文说。

"对不起，现在是非常时期，我们需要检查一下证件。"

"什么，证件？你们不相信我？好吧。"他不情愿地从腰间掏出军官证。

大刀会员不识字，他们将军官证互相传看一遍，还给了马诣文："对不起，我们不识字，不知道上面写的什么？"

马诣文笑了："看不懂证件，还检查什么？那就看看上面的照片，总该认识是我吧。"

会员们看看照片，又看看本人，说："好吧，我们带你去见项会长。"

在项家山村前的打谷场上，项启龙正在挥刀练武。

马诣文下马走上前："表哥。"

项启龙停下来转头看看马诣文。

"表哥，是我，我是老六，诣文哪。"

项启龙放下刀："哦，老六表弟，什么风把你吹回来了？"

"我是想回来看看表哥呀。"

项启龙有些意外："你在国民党当官，就在合肥，这么多年都没有回来过，今天怎么想起看表哥来了？"

"哎呀，非常时期，公务繁忙。"马诣文解释道，"再说，现在回家乡也不容易。您看，我来看您，在路上就受到了盘查，还一直跟着我呐！"他看了看大刀会会员，会员不好意思地离开了。

项启龙说："那是应该的，你多年没回来，有几个人认识你呢？再说现在人员复杂，敌我难分哪。"

"那总不能不相信表弟我吧？我可没有当汉奸啊。"马诣文说，"我是在国民政府里面做事。"

"小山，把我表弟安排住下来。"项启龙说完，又看向马诣文，"晚上一起吃饭，说说话。"

晚上，在一个小餐厅里，项启龙摆了桌酒席。项启龙、马诣文、项小山和几个项启龙的心腹坐在桌边，大家边吃边谈。

项启龙问："老六，你离开家乡有十几年了吧？听说你先到日本留学；后来回国跑码头，做生意；再后来呢，参加了国民党，做了大官了。"

马诣文轻描淡写地说："读了几年书，在外面混口饭吃而已。"

"这次回来，要在家乡多住几天了？"项启龙问。

"表哥，我这次回来就不走啦。"马诣文故作神秘地说。

"不走了？"项启龙感到诧异。

"是啊。"马诣文郑重地说，"李品仙主席派我来到大刀会，担任非常时期特派员。"

"特派员？"项启龙犯了嘀咕。

"你看，这是什么？"马诣文从口袋里掏出一张纸递到项启龙面前。

项启龙瞄了一下，还给了马诣文说："你表哥识不得几个字，你不是不知道，这玩意儿我看不懂。"

"这是省政府发的任命书。"马诣文强调地在手中挥了挥，然后收了起来。

项启龙心中暗暗发笑，说："你们李主席真是高抬我们了，还向大刀会派来特派员？"

马诣文说："李主席对大刀会十分重视，他说大刀会是一个了不起的组织，保家卫国嘛，还说项启龙是个带兵打仗的人才。"

"过奖了。"项启龙对这顶高帽子不感兴趣，他关切地问，"你这个特派员来做什么呢？"

"现在不是特殊时期吗？"马诣文说，"共产党、新四军搞叛乱，中央已将他们定为非法组织，下令进行清剿。皖南新四军不是被剿灭了吗？现在安徽省政府主席、第五战区副司令长官李品仙下令，清剿皖中新四军，龙彪司令带领五千大军，很快就要到这里。李主席派我来大刀会，就是传达命令，了解情况，联络联络。"

项启龙不解地问："国民党、共产党说好了一致抗日，还要成立什么联合政府，怎么忽然反目成仇，要打内战呢？这不是家不和外人欺，好了日本鬼子，伤了自家人吗？"

马诣文喝口酒，淡然一笑："表哥，抗日自然是要抗日的，但是中国最危险的不是日本人，是共产党、新四军。消灭了共产党、新四军，中央才好腾出手来，集中精力抗日嘛。"

项启龙对马诣文的论调更觉离奇："这就怪了。明明是日本鬼子打到中国，杀人放火，却不是最危险的敌人，而共产党、新四军倒是最危险的敌人？新四军是抗日的军队，你们消灭新四军，谁来打鬼子，你们打吗？消灭了新四军，结果是帮助了日本人啊。"

"新四军抗日不抗日，都没有存在的必要。国民革命军已经做好一切战斗准备，对苏北、苏南、皖北、皖中的新四军进行全面清剿。不到一个月，新四军就会全部完蛋。江北新四军也支撑不到一个礼拜。"

"这与大刀会有关系吗？李主席派你来大刀会，要求我们做什么呢？"

"李主席要求大刀会配合中央军清剿新四军。"

"老六呀，要我们配合你们清剿新四军？我们和新四军无冤无仇，这事怎么能做呢？"

"不能做也得做，这是政治，是命令。"马诣文用了官腔说，"蒋委员长指示：'行人右边走'，我们每一个中国人都要服从中央的决定。"

项启龙摇摇头。

马诣文对项启龙恨铁不成钢："表哥，听说你和新四军的后勤部长蔡虹还结拜了兄弟，有这事吗？"

"这不假。"

"表哥，不是表弟我说你，你这事做得欠考虑呀！"

"怎么个欠考虑？"项启龙不以为然。

马诣文说："新四军是什么？他们是共产党。他们要推翻中央政府，要赤化乡村，共产共妻，他们是社会动荡之根，罪恶之源，你怎么和他们搅和到一起？"

项启龙不服气："我倒没觉得他们有什么不好，我只看见他们做了许多好事，没见过他们做过坏事。你看，他们在那么困难的情况下，给了我们五十条枪，这是好事吧；他们帮助我们端掉了鬼子炮楼，救出了我们两千多个弟兄，杀死了三百多个鬼子，五百多个汉奸，这是好事吧。人家为我们老百姓做好事，我们就拥护，这有什么错？蔡虹，是个了不起的人，铁骨铮铮的汉子，我信得过他，怎么就不能和他结拜兄弟呢?”

“那是假象。他们的目的是想拉拢你，占领这块地方，建立赤色政权。”

“如果赤色政权对老百姓有好处，我也不反对。”项启龙说。

“表哥，你真糊涂呀。”马诣文放下酒杯说，“实话告诉你吧，李主席对你做的这些事是很不满意的。因为看在你是我表哥的份儿上，李主席特别宽容。李主席说了：既往不咎。江北大刀会要根据国民政府的要求，断绝和共产党、新四军的一切往来，协助政府和国军实行对新四军根据地的经济封锁，配合国军消灭新四军。如果这次配合得好，李主席许诺给表哥你一个上校营长的职务；如果配合得不好，那下面的话，就不好说了。表哥，这既是一次机会，也是一次考验，是福是祸，就在你一念之间。你是明白人，自然能掂出这事的轻重了。”

“谢谢李主席的好意，我可不是当官的料。”项启龙冷冷地说。

这时，项小山被一个会员叫了出去，一会儿回来，在项启龙的耳边说：“会长，三姨太要您今晚去一下。”

项启龙对马诣文说：“老六，我今晚有点事，你先休息，明天我们再谈。”

# 二十四、争夺民心

项启龙的三姨太住在焦湖南岸的焦南镇，离项家山五十多华里，听到三姨太的召唤，项启龙带着项小山和另一个保卫人员，骑三匹快马急驰焦南镇。

他们来到镇里已是傍晚，朦胧夜色中穿过铺着青石板的街道，项启龙在一所房子门前敲门。门开了，一个五十来岁的保姆将他们引进大门，项小山他们留在堂间，项启龙走进内室。

内室里，一个美貌的女子见项启龙进来，一把抱住了他，偎依在他的怀里。这是项启龙最宠爱的三姨太，名叫菊花，是焦湖南乡远近闻名的美人。

菊花问："你怎么好久不来了？"

项启龙说："这段时间忙。"

"我很害怕。"菊花说，"焦湖湖匪常来骚扰，已经抢了好几家，抢了财物不说，还抢走了许多女人。"

项启龙说："他们知道你是项启龙的女人，不敢动你。"

菊花忧心忡忡地说："谁知道。这些人什么坏事都干得出来。上个月，他们抢了吴万财家，把他十八岁的女儿抢到焦山山寨里奸宿了不说，还索要五万大洋。想起来都害怕，你还是带我到项家山去吧。"

"在项家山不行，那个母老虎还不把你吃了？"

"那也比在这里提心吊胆的强。"

说着就宽衣解带进了被窝。

过了好一会儿，项启龙穿衣出来，菊花随后送到门口，叮嘱："早点来接我。”

“知道了。过几天来接你。”项启龙应着，又转身拥抱菊花说，“不要害怕，记住，你是我项启龙的女人，谁也不敢把你怎么样。”

项启龙等人出门，三个人翻身上马，朝项家山奔去。

可是，就在项启龙离开焦南镇不一会儿，黑暗的焦湖湖面上驶来一条大船，在焦南镇靠了岸。船上跳下十几个湖匪，他们的黑影在街上闪过，他们是来劫菊花的。

湖匪来到菊花门前敲门，菊花一听，不像是项启龙。菊花知情不妙，用木杠顶死了门闩，对天祈祷。

湖匪叫不开门，绕到屋后，翻墙而入。

保姆听出动静，出来探问，被湖匪上前一脚踹倒。几个湖匪闯进内室，把菊花拖了出来，将她捆上，嘴里塞上毛巾，抬出了大门。另有几个湖匪在屋里翻箱倒柜，搜索钱财，不一会儿也走了。

菊花被匪徒们抬上了停泊在湖边的大船，船即解缆扬帆向湖心驶去。

匪首夏长根坐在船上，他又黑又高，在暗中闪着一对凶恶的眼睛。他用灯笼照了照菊花说：“你们把她嘴里的毛巾拿掉，我要看看她长得有多么漂亮。”

匪徒摘下了菊花嘴上的毛巾。

夏长根借着灯笼看了又看说：“确实漂亮，不愧是焦南第一美人。”

“夏长根，我认识你，你知道我是谁吗？我是项启龙的老婆。”

“我知道你是项启龙的三姨太，我今天要抢的就是你。”

“我劝你把我放了，各走各的路，否则，对你没好处。”

“我既然把你抢来了，还会把你放回去？”

“你不怕项启龙找你要人？”

夏长根不屑一顾，哈哈大笑起来：“我夏长根不是以前的夏长根。以前，我和项启龙争地盘，他仗着和任家山堂会的联合，把我挤到焦湖里去了，我只好驻在焦山，当了湖匪。现在，我参加了国民革命军，李品仙主席封我为上校营长，我现在有枪、有人、有靠山。可是项启龙呢？人是不少，只有长矛大刀，一群乌合之众。我现在就要看看，是你项启龙厉害，还是我夏长根厉害？我要报一箭之仇，先把他的三姨太弄回去玩玩。”

“流氓!”

夏长根笑道：“流氓？不错，我是流氓，我流氓如今也有了出头之日。项启龙不是流氓？他不是流氓怎么把你占了？我劝你对项启龙死了心吧。跟着我，上焦山，当压寨夫人，军官太太，好不好?”

“狗屁，不稀罕。”菊花呸了一口。

夏长根说：“我劝你对项启龙不要心存幻想。我告诉你一个秘密，国民革命军第五战区司令部，已经作出了消灭大刀会的计划。只待这次清剿新四军成功，就对大刀会动手。项启龙也好不了几天了。”

“你造谣。我不会让你称心如意的。”

夏长根凶相毕露：“别嘴硬，上了焦山，就由不得你了，你得服服帖帖听我的。”

蔡虹、赵强、俞珍三人穿着便衣来到项家山。由于人员熟悉，他们一路不受阻挡，直奔项启龙的住处。

项启龙正在和马诣文说话。蔡虹说：“大哥。”上前和项启龙握手。

项启龙因马诣文在场，迟疑了一下，站起来握住了蔡虹的手。

马诣文警惕地看着他们。

蔡虹看看马诣文，已经猜出了他是谁，但他装作不知，问：“这位先生是?”

项启龙介绍：“这是我的表弟马诣文。”又向马诣文介绍说，“老六，这就是新四军的后勤部蔡部长，我的三弟。”

马诣文冷冷地看着蔡虹。

蔡虹故意问：“马先生在哪里高就?”

马诣文一脸傲气，一副不屑回答的样子。项启龙代他说：“我表弟是省政府派来的特派员。”

“好啊，我是新四军派来的宣传员，这不正体现了国共合作啊。”蔡虹笑着说。

马诣文故作惊讶：“新四军，新四军不是已经被消灭了吗，怎么还有新四军？国民政府军事委员会已经取消了新四军的编制，你们是非法组织!”

蔡虹见他不客气，就义正词严地说：“新四军是抗日的队伍，是国民政府军事委员会领导下的军队，是国共两党共同协商，国民政府军事委员会会议研究下达的番号和编制。但国民党顽固派袭击新四军军部，取消新四军的编制和番号，没有经过革命军事委员会的正式会议。这种取消新四军番号和编制行为，才是非法的。再说，在当前国破家难之时，只要是抗日，只要得到人民的拥护和支持的一切军队，都是合法的。”

项启龙连忙说：“不要抬杠，在我这里都是合法的，都是朋友和兄弟。”

蔡虹说：“大哥，我们这次来是给大刀会会员进行军事训练的，上次答应过您的。”

“好啊，我这里正等着呢。大刀会的会员都是些农民，没有经过正规的军事培训。通过军事训练，提高打鬼子的本领，正是我们需要的啊。”

“我们这就去准备，明天就开始吧。”

项启龙说：“行，小山，先把蔡部长他们安顿下来。”

看着蔡虹他们离去，马诣文说：“表哥，新四军来这里是没安好心，他们给你们搞训练，是搞赤化教育，可要当心哪。”

项启龙说：“老六呀，我让新四军给我们搞训练，学了本事打日本，有什么不好？”

“他们是想一步一步拉拢你。”

“新四军，国民军，我都一视同仁，不存在被谁拉拢的事，谁对我们有利我们就和谁合作。”

“表哥千万不能和新四军合作，这可是个原则问题。李主席派我来当特派员，就是不让你们和新四军走近了，国军马上就要来清剿新四军了。我到了这里，你还和新四军打交道，让新四军来给你们搞训练，我怎么向李主席交代？”

项启龙有些不耐烦地说：“老六，你们李主席也管得太宽了，管到我这个农民头上了。”

第二天，新四军给大刀会会员的军训如期进行，在项家山的操场上，各堂会会员一千多人站立在那里，军训开始。

在矮矮的土台上，蔡虹、项启龙、任从虎、赵强、俞珍站在上面。今天蔡虹他们三人特意穿上新四军军装，显得精神、干练。

项启龙动员说："乡亲们、大刀会的会员们，今天，我们请新四军的蔡部长和小赵、小俞同志带领大家搞军事训练。大家知道，我们大刀会的人，都是农民出身，我们是拿锄头、扁担的，现在我们要保家护院，就要拿起大刀、长矛，拿起枪杆子。我们就要像军人一样，接受军事训练。只有我们的武艺比日本鬼子高，枪打得比他们准，才能打败小鬼子。过去，我们讲大神保护我们，可以刀枪不入，那是一种迷信，其实上战场靠不了什么大神，只有靠自己的本事。学了本事是我们自己的，别人拿不走，一生一世都好处。你们说，对不对呀！"

众会员齐声："对！"

项启龙说："好，那现在就请蔡部长讲话。"

蔡虹说："乡亲们，会员们，新四军和大刀会有一个共同的目的，就是把鬼子赶出江北，赶出中国。但是，赶走鬼子不是一句话，日本鬼子枪炮好，武功也好。打枪准，拼刺刀、要东洋刀都有两下子。说明他们是经过了严格的训练。我们武器比他们差，又没有经过严格的训练，怎么能打败鬼子？所以我们要练武艺，练枪法，练拼刺刀。不练武艺上战场，那不是打仗，是送死。只有学会打仗，大刀会才能成为一支令日本鬼子胆寒的，有战斗力的队伍。现在我们从头开始，先请俞珍同志教大家练习步伐。"

这时俞珍站到前面说："现在，我做几个步伐的基本动作，给大家看，然后我喊口令，大家照着做。""立正，稍息，立正，起步走，立定，向左转，向右转，向后转——"她边喊边做，动作规范，姿态优美。

大家看着俞珍的认真样子，啧啧称赞。

会员们议论开了：

"练走步有什么用，打鬼子，靠这玩意儿吗？"

"是呀，不是练武艺，练打枪吗？"

"走路谁不会，还要练？真新鲜。"

蔡虹听到大家议论，说："乡亲们，会员们，我们俞珍同志给大家示范走步，这是军训第一课，不要以为学习走步作用不大，其实作用大得很，这是训练和培养军队的组织纪律性。军队要养成令行禁止的作风，就是要靠队列训练来培养，听从指挥，步伐整齐，才能上战场打仗。"

"蔡部长说得对，这就像咱们大刀会做会操，动作整齐一致，上战场一声喊，有气势，有精神。大家要把队列学好，任何人不许偷懒。”项启龙说。

有人端上凳子，让蔡虹、项启龙、任从虎坐下。

俞珍说：“我的动作已告诉了大家，现在大家排好队，听我的口令：立正，稍息！”大家一阵哄笑，没有几个照着做的。俞珍走下土台，很耐心地一个个纠正他们的动作。

马诣文和他的警卫员站在稍远处，冷冷地看着。

警卫员甲说：“派一个黄毛丫头教他们军训，简直是开玩笑。”

马诣文阴险地说：“你换套衣服，上去给她一点颜色看看。”

警卫员甲去屋子里，脱掉军装，穿上一套农民的服装。回来时，他站到会员们的阵列中。

俞珍喊操，警卫员甲故意不按要求动作，这引起了俞珍的注意，她走到警卫员甲的面前，热情地帮助他纠正动作。

警卫员甲说：“学这个走步有什么用处，要练就练拼刺刀，俞同志能和我练拼刺刀吗？”

他这一说，也有人附和：“对，干脆练拼刺刀吧，省得受这个洋罪。”

项启龙说：“胡说，人家一个女同志，和你拼刺刀，也不叫人笑话。”

俞珍看了看警卫员甲，见他虽穿着农民服装，但腰杆挺直，不像没有经过军训的农民，且手中拿着一支国民党军队使用的新式步枪，心中有了数。她对项启龙说：“项会长，让我和他比试一下吧，如果比不过他，我也好向他学两招。”

项启龙看看蔡虹，蔡虹点头同意。

俞珍叫人给她一支步枪，她熟练地插上刺刀，等待着对方。警卫员甲端着刺刀大叫一声，上前直刺俞珍，用力十分凶狠，想一刀致俞珍死地，在一旁观看的会员们见到这个架势，心里一激灵，把心提到了嗓子眼。只见俞珍眼明手快，干脆利索地用枪刺一拨，警卫员甲由于用力过猛，一个踉跄，差点儿跌倒，引起场下一阵哄笑。

警卫员甲恼羞成怒，端着刺刀再次冲了过来，俞珍再次拨开了对方刺刀，就势用枪托一顶，警卫员甲跌倒在地。俞珍连忙上前扶他，不料警卫员甲扔下枪，一把抱住俞珍，想凭着蛮力把俞珍抱起来掼倒，俞珍知道来者不善，她扔下枪，一手抓住警卫员甲脑壳，一手抓住他的下巴，用力一扭，警卫员甲惨叫一声，扑倒在地，满嘴啃泥，头也歪了，不得动弹，败倒在了俞珍手下。

全场哗然，大家热烈鼓掌。

警卫员甲满脸通红，歪着脑袋回到马诣文身边。

项启龙看得呆了，他对大家说："看到了吧，俞珍同志是受过训练的，大家要向她学习，你们学到了俞珍同志这样的本事，也就不怕鬼子了。

俞珍说："现在谁来和我拼刺刀？"

大家你看我，我看看你，都不敢上来了。

俞珍见没有人敢上来，就说："好，我们继续练队列。立正！"

这时，全场鸦雀无声，都十分认真地做着队列，不一会，队列练得有些样子了。

当晚，马诣文和两个警卫员回到住处。警卫员甲揉着脖子说："特派员，项会长对新四军很是欣赏，要他与新四军决裂，几乎是不可能的。"

马诣文叹息："我表哥中毒太深了。"

警卫员乙献计说："特派员，我有一个办法叫项启龙与新四军翻脸。"

马诣文问："你有什么办法？"

警卫员乙做出打枪的动作："把蔡虹他们干掉。"

警卫员甲极力赞成："对，把蔡虹他们干掉，让项启龙不好向新四军交代，新四军要报复他，他只好投靠国军，这就叫逼上梁山。"

"这是个好办法。"马诣文也赞成。

警卫员乙站起来说："我这就去干掉他们，看我的。"

马诣文说："别急，我们不能公开动手，只有在暗中把他们除掉，才能让新四军以为是大刀会的人干的。"

就在马诣文他们谈话时，被项小山听到。项小山悄悄退了回去，他觉得问题严重，急忙赶往赵强住处。

赵强问："小山兄弟，到现在还没睡？"

项小山说："赵同志，你们要小心哪。"

"小心？"

“有人要害你们。”

“你是说马诣文？”

“没错，他们要暗杀蔡部长和你们。”

“谢谢提醒，我们会保护好蔡部长的。小山，你也要保护好项会长。”

项小山不解地问：“保护好项会长？”

“是啊。据我们掌握的情报，马诣文负有特殊使命，他们首先要求项会长配合国民党军队消灭新四军，如果项会长不配合，国民党军队将会对大刀会采取行动，取缔和消灭大刀会，包括直接除掉项会长。马诣文已向李品仙表示，如果项会长不听号令，他将大义灭亲，把项会长就地处决。你们要防止项会长被害哟！”

项小山大惊：“马诣文真会杀害项会长吗？我马上告诉他。”

赵强说：“不，现在还不是告诉他的时候，你告诉他，他不会相信，以为是我们从中挑拨，我们现在的任务，就是暗中保护他的安全。”

项小山点点头。

又是一天的军训。山坡上，大刀会会员们站成一圈，观看俞珍在做进攻示范。只见俞珍手提着一支步枪，猫腰快步前进，卧倒，匍匐前进，再猫腰快步前进，卧倒，射击，匍匐前进，射击，扔手榴弹，一系列动作如行云流水，流畅、快捷、准确。会员们啧啧称赞。

这时，有一个会员来迟了，但手里提着一支步枪，这引起了赵强的注意。这个人夹杂在会员之中，他就是马诣文的警卫员乙。

赵强注意着他的动静，见他悄悄地拉开了枪栓，然后慢慢地朝俞珍举起了枪。

赵强立即插到这个人的身后。就在警卫员乙扣动扳机的一刹那，赵强突然抓住了对方的枪，将枪口托起指向天空。

“砰”一声枪响，大家都惊呆了。

只见赵强死死抓住了鸣枪者的手。大家注意看这个打黑枪的，正是穿着农民服装的马诣文的警卫员。

大刀会会员围上来，纷纷谴责：“干什么，干什么？”

正好项启龙过来问：“谁在这里打枪？”

会员们告诉他："那是马特派员的警卫员。"

项启龙见是马诣文的警卫员，气愤地转身离去。

这时马诣文也赶过来，迎面遇到了怒气冲冲的项启龙。马诣文问："表哥，出了什么事？"

项启龙没好气地说："你问问你的警卫员。老六呀，新四军在我这里，出了事，我有责任，你们可不能胡来啊！"

马诣文假意说："他怎么能这样，胡闹！"连忙上前缴了警卫员的枪，也假装气愤地离去。

# 二十五、击毙匪首

项启龙回到办公室，一个会员跑过来对项启龙说：“会长，不好了，三姨太出事了。

项启龙问：“三姨太怎么啦?”

“三姨太给夏长根抢去了。”

“什么时候?”

“就是前天晚上。”

“胡说，前天晚上我去过。”

“就在您走之后。”

“现在情况怎么样?”

“夏长根把三姨太抢到焦山，强迫三姨太成亲，让她做压寨夫人，三姨太不从，上吊死了。”

“夏长根，我要叫你偿命。”项启龙怒火中烧，他对跟在身边的项小山说，“小山，你去把各堂会会长叫来，我们商量一下，攻打焦山。”

各堂会会长聚集在会议厅里，项启龙、任从虎坐在上头。马诣文等也闻讯赶了过来，他坐在下面观察。

项启龙擂着桌子：“夏长根，我项某与你不共戴天，大刀会十万会员非要把焦山踏平不可。”

众堂会会长高呼：“打到焦山去，杀死夏长根，为三姨太报仇。”

马诣文连忙站起来制止：“表哥，焦山在焦湖之中，四面环水，易守难攻。大刀会不惯水战，又没有像湖匪那么多的大船，怎么攻打焦山呢?”

项启龙说：“再难攻也要攻。此仇不报非君子，我要和夏长根拼个鱼死网破。”

任从虎说：“夏长根没什么了不起，他曾是我们的手下败将，就算他在焦湖里，我们也一定能打败他，杀了他。”

马诣文说：“事情不是那么简单。表哥，现在夏长根已是国民革命军上校营长，李主席最近给他的队伍全部发了枪。你攻打他，难以取胜。”

“照你这么说，夏长根是国军的人?”项启龙问。

“是呀。”

“那我的仇就不报了？李品仙能不能给我主持公道?”

“李主席不会为这件事处治夏长根，毕竟在李主席那里，是个小事，是私事，当前我们应以国事为重。”

“什么屁国事？既然李品仙不为我们主持公道，我们只有攻打焦山一条路，他是国军，我可不是国军。我项启龙如果不杀夏长根，我还算什么男人?”

“不行。”马诣文断然说，“大刀会绝对不能去打夏长根。李主席要求夏长根帮助国军镇守焦湖，围堵新四军，你们去打夏长根，岂不违背了李主席的命令，与造反有什么区别?”

“造反，我造反怎么啦?”项启龙火了，“夏长根杀了我老婆，就不叫造反？我杀夏长根就叫造反，这是哪家的理?”

正这时，蔡虹闻讯赶来，走到项启龙面前对他说：“大哥，你的仇就是我的仇，夏长根作恶多端，让我来除掉他。我不归李品仙管，你等着吧。”说完转身和赵强、俞珍走了。

项启龙感激地看着蔡虹他们踏上了除奸的征途。

蔡虹、赵强、俞珍三人来到焦南镇，在焦湖边找船。三人均穿着大衣，里面却是国民党军官制服，故意将制服显露出来。

湖边停着几条渔船，赵强上前探问：“老乡，有到焦山的船吗?”

老渔民说：“如今谁还敢上焦山，焦山是湖匪的老窝。

“我们上焦山有事。”

“上焦山要坐湖匪的船，其他的船不让靠近。”

“你认识湖匪的船吗?”

“当然认识。”老渔民指着远处三条大船说，“那几条船就是湖匪的船。

他们的船大，行水快，不装货，不晒网，是专门为了抢劫用的。”

蔡虹他们来到湖匪船前，见几只大船一字儿泊在湖中，拴在几根木桩上，从船上到岸边，有七七四十九根木桩，每根木桩相距七市尺，木桩上只能落一只脚，第二只脚必须跳向另一根桩，这样腾身跳跃前进，直至上船，这就是有名的梅花桩。没有跳梅花桩的功夫，别想上焦山，更没有资格当湖匪。

赵强朝船上喊：“这是焦山夏司令的船吗?”

湖匪甲问：“你们是什么人?”

赵强说：“我们是省政府李主席派来的，要上焦山见夏司令，有重要事情。”他指着蔡虹说：“这是我们郑团长。”

“郑团长？哪个郑团长?”

赵强说：“除了安徽保安警卫团的郑团长，还有哪个郑团长啊?”

这时，蔡虹说：“我是郑中盛，你们不认识我吗?”

“不认识，久仰大名，久仰大名。请上船，请上船吧。”

赵强说：“把船开过来。”

“上焦山要跳梅花桩，这是规矩。”

“胡说，你们还要郑团长跳梅花桩，想掉脑袋啊!”赵强厉声说。

“不管，没有走梅花桩的功夫，别想上焦山，这可是夏司令交代的。”

“那好，入乡随俗，我们上船。”蔡虹说。

说着，赵强、俞珍一阵腾空跳跃上了船。

又见蔡虹每步跨两个木桩，飞奔上船，引起湖匪们一阵惊呼：“好身手，好功夫啊!”

上船后，湖匪甲看到蔡虹他们穿着国民党军官制服，顿时客气起来：“请喝水，我们一会儿就把你们送上焦山，去见夏司令。”

船扬帆快行，约两个多小时，船靠上了焦山码头。

岸上的湖匪喊：“是什么人?”

湖匪甲说：“安徽保安警卫团的郑团长。”

众湖匪只好前来接船。

蔡虹等人上岸。由湖匪甲带着，向焦山庙走去。

此时夏长根正在庙堂里喝闷酒，因为菊花之死，他心情很不愉快。

湖匪甲上前报告："夏司令，郑团长到。"

"郑团长。"夏长根感到奇怪，"哪个郑团长？"

湖匪甲压低声音："还有哪个郑团长，就是郑中盛啊。"

"郑中盛，他怎么会到焦山来？"

"听说奉省政府李主席的命令，有要事见你。"

夏长根心中犯疑："他带着多少人。"

"他带了两个人。"

夏长根想了一想，觉得三个人不会对自己构成威胁，于是摸了摸腰间的手枪，在十多个湖匪的簇拥下，迎了出来。

只见蔡虹他们大摇大摆走过来，大衣开处，露出军装、军靴。

夏长根连忙说："有劳郑团长大驾光临。"

蔡虹说："日本鬼子到处封锁，行动不便。李主席有重要指示，时间紧迫，不得不赶来见面。"

"团长不必客气，里面请。"夏长根说。

在焦山庙里的会客厅内，宾主坐下。

蔡虹看了看夏长根说："夏司令，你现在是国民革命军的上校营长，为什么没穿军装？"

夏长根说："没有，平时不穿，到了需要的时候再说。"

"什么时候需要？还是舍不得穿吗？这军装就是发给你穿的，穿坏了再发嘛，没有什么舍不得的，是吧？"

"是，是。"夏长根点着头。

"但是——"蔡虹严肃地警告说，"穿了军装就不自由，穿了军装就不能当湖匪了。我们是中央军，是保护老百姓的，不能再干那些伤天害理的事了。"

"这是，这是。"夏长根一愣，有几分紧张，他连忙说，"我夏长根自从当上了国军，就再没干过湖匪了，不信你问问他们。"

湖匪甲连忙应合："是的，再也没干了。"

"没干过？"蔡虹追问，"听说项启龙的小老婆，是你抢过来的。"

"这是听谁说的，没有的事。"夏长根脸上变色，警惕地看着蔡虹他们，心想，"他们是来兴师问罪来的？"

蔡虹说："真的没有吗？李主席听说，非常生气。"

夏长根大惊："李主席也知道了？"

"要让人不知，除非己莫为。你要向李主席写一份检讨，保证以后再不干了，我好在李主席面前为你说说话。"

"谢谢郑团长关照。我一时糊涂，以后再也不干了。"夏长根连忙说。

"你知道吗？李主席，龙司令，正派人去大刀会做工作，让大刀会为我们消灭新四军出力，你在这个节骨眼上得罪了项启龙，这叫李主席、龙司令怎么说话？"蔡虹说。

"卑职愚蠢，请郑团长为我担待。"

"好，不说了，事情已经过去了，谈谈我来的正事吧。"蔡虹从口袋里掏出一张纸递给了夏长根，说，"这是龙司令根据李主席的指示，给你的亲笔信。"

夏长根展开，只见上写了几个字："围剿新四军的战斗即将开始，你们要负责把守焦湖水域，如新四军从湖上逃走，则要追究失职之责。龙彪。"

夏长根也不知道龙彪的笔迹，观其所嘱内容，倒是与上级传达的精神一致，外人亦不知内情，遂深信不疑。

蔡虹说："这是绝密信件，关系到这次清剿新四军的成败，所以龙司令要我亲自送来。"

"我知道，一定保密。"

"不仅保密，更重要的是把焦湖守好。"

"一定，一定。"

蔡虹起身说："军情紧急，我们不能耽误，任务完成，我们回去了。"

夏长根站起来说："怎么刚来就要走，不在焦湖玩两天？"

蔡虹一边往外走，一边说："身不由己呀。等到什么时候把新四军消灭了，把日本鬼子赶走了，我是要到焦湖好好地休息几天，看看风景。"

夏长根跟出来说："只要我夏长根在焦湖，我一定盛情款待。"

蔡虹看着夏长根，低声对他说："你要好好干，李主席有意让你当焦县县长，这可是关键时刻呀。"

"谢谢李主席，谢谢龙司令，也谢谢郑团长。"夏长根说，"不过，我如果当上焦县县长，能不能再兼焦湖保安司令？"

蔡虹用指头点点他说："你真是吃了碗里还霸着锅里。"

"这不是确保今后能在焦湖上接待郑团长嘛。"夏长根说。

"够朋友，够朋友！"蔡虹哈哈大笑。

夏长根也开心地笑了，于是献殷勤地说："今天中午，就让蔡虹尝一下焦湖湖鲜。"

赵强对蔡虹说："团长，听说焦湖银鱼，出水即死，渔民们为吃个新鲜，在船上设好锅灶，一边从网中打捞，出水即入锅。我们今天试吃一下如何。"

"这很容易，带一条渔网，我们上船就是了。"夏长根说。

"偷得浮生半日闲！"蔡虹叹道，"一边吃鱼，一边看焦湖风景，真是诗情画意。"

"今天要叫郑团长看看夏某的手艺。"夏长根来了兴致，吩咐湖匪甲带上几个人，一同上了大船，向湖中驶去。

湖中，湖匪打了几网，捞上来了一些各式各样的湖鱼。

夏长根亲自掌勺，做了几个菜，端上桌。

"来来来，郑团长，看看我的手艺。"

蔡虹伸筷子夹了一块放进嘴里，连连说："不错不错，下次有机会一定要请龙司令来一趟。"

夏长根说："想吃鱼，只有到焦湖来。"

蔡虹故意神秘地说："是啊，就看你这个焦湖王能不能当得长啊。"

夏长根连忙说："请郑团长在李主席、龙司令面前多多美言啊。"

赵强插话："夏司令，只要把我们郑团长说好了，你这个焦县县长和焦湖保安司令，就有希望了。"

夏长根大喜，连忙敬酒："是啊，是啊！还望郑团长多多关照。"

蔡虹对赵强说："话不能这么说，这是李主席和龙司令的栽培，我郑中盛怎么能掠美呢？"

饭后，大船扬帆驶向焦湖南岸。

船靠岸边，夏长根送蔡虹上岸，两人握手告别。

夏长根说："郑团长今后多来啊。"

“那是一定要来的。不劳远送，后会有期。”

夏长根只好挥手告别。

蔡虹他们站在岸边，看着夏长根跳着梅花桩上船，当跳上最后一个梅花桩时，蔡虹突然举枪射击，夏长根一头栽倒湖里，就再也没有冒头，湖面上只飘起一团鲜血。

船上的湖匪都惊呆了。

蔡虹三人头也不回，扬长而去。

自从蔡虹答应去为项启龙报仇，项启龙一直等待着蔡虹的消息，他希望蔡虹能够快去快回，顺利除掉夏长根，为他解除心头之恨，但同时他又担心蔡虹能否顺利成功。蔡虹他们只有三个人，深入虎穴，力量悬殊，纵有三头六臂，也难敌数百湖匪。所以他每天傍晚都站在村头的山冈上，朝焦湖方向张望，希望能看到蔡虹他们一切顺利，平安回来。这一天，他终于看到了三个身影朝他走来，那正是蔡虹他们。

蔡虹走到项启龙面前，郑重地说：“大哥，夏长根已经被击毙，在焦湖里喂鱼了。”

项启龙大喜，他感动的一把抱住了蔡虹：“兄弟，你为大哥报了大仇，我可怎么感谢你呀？”

“大哥，既然我们是兄弟，你的事就是我的事，你的仇就是我的仇，不用客气。夏长根作恶多端，退早会受到惩处。”

项启龙对蔡虹说：“三弟，我不得不告诉你，李品仙已经作出了消灭江北新四军的计划，龙彪带军队五千人，马上就要开来了，你们要做好准备呀！”

蔡虹说：“大哥，你放心，我们早已做好了准备。到时候，只要大哥给予支持，我们就一定能打败龙彪。”

“我表弟在这儿，我不便出面。你们需要大刀会做什么，就跟从虎弟兄说，有什么要跑腿的事，就叫小山。”

经过几天的准备，龙彪大军即将启程。在启程之前，龙彪召开行前军事会议，商量行动路线，同时派人到临江县，通知县长王浩和特派员马诣文到合肥参加会议。

由于孙俊杰、廖开田到过新四军根据地，龙彪要他们拿出行动路线。孙、廖两人建议从合肥向南，沿焦湖西部前进，绕过云屏山脉，进入临江县境，直捣新四军白茅山老巢。计划三天行军，两天打仗，五天解决问题，十天回到合肥。

正在说着，参谋长进来报告："焦湖夏长根被杀。"

龙彪一惊："怎么回事？知道是谁干的吗？"

"还不知道。"

孙俊杰说："夏长根不是刚刚收编，才当上上校营长的吗？"

"是啊。"龙彪说，"李主席收编夏长根，就是要他在这次消灭新四军的战役中控制焦湖，防止新四军从湖上逃走。但是，他还没有发挥作用，就死了，李主席的上校军衔算是白授了。"

廖开田问："夏长根的死有没有什么说法？"

参谋长说："听湖上的人说，夏长根最近抢了项启龙的三姨太，这个三姨太不屈而死。"

"那八成是项启龙的人干的。" 廖开田说。

"这个夏长根，当上营长第一件事，就是抢人家的小老婆，死的活该。"龙彪愤然。

孙俊杰说："项启龙也胆大包天，胆敢杀死国军上校营长。"

"项启龙嘛。"龙彪说，"等到消灭了江北新四军，我再收拾他。不管是不是他杀了夏长根，我们把这个罪名奉送给他，也错不到哪里去。"

"司令说得对。"廖开田附和。

龙彪说："李主席早就说过，像大刀会这样有组织的农民队伍，不能让他们长期存在。"

这时，王浩、马诣文两人在门前下马。进了会议室，向龙彪敬礼。

龙彪问："马参谋，你来得正好。大刀会最近有什么动向？与新四军有没有来往？"

马诣文站起来汇报说："新四军的后勤部长蔡虹带着两个人在那里搞军训。"

"唔？新四军搞军训，这里有什么名堂？"

孙俊杰疑惑地问："蔡虹？他去了大刀会？"

龙彪看向孙俊杰，问："孙团长认识他？"

"认识，他可是江北新四军的重要人物。"

"是不是一团团长蔡虹？"

"就是他，只是现在任后勤部长。"

"我也听说这个人。他这个时候搞什么军训？"

"他的目的，就是想拉拢大刀会。"

龙彪对马诣文说："马参谋，你回去告诉项启龙，我们已经出兵，将要消灭江北新四军，你要他认清形势，配合我们行动，先把蔡虹抓起来。"

马诣文敬礼："是，不过新四军在大刀会有一定的群众基础，他们帮助大刀会办了许多事，蔡虹还和项启龙、任从虎结拜了弟兄，关系相当亲密。"

"嘿，新四军还很会巴结人，连结拜兄弟这种江湖上的把戏也用上了。"龙彪冷笑一声。

"所以，项启龙在国共之间左右摇摆，主意不定。"马诣文说。

龙彪严肃地对马诣文说："项启龙是你表哥，如果是其他人，就凭他和新四军有来往，我们现在就可以抓捕他。你要明确地告诉他，立即停止与新四军来往，停止向新四军供应粮食、物资；封锁一切道路，不让新四军通过；发现新四军有什么新动向，及时向我报告。"

龙彪又对王浩说："王县长，项家山大刀会是个重点，你要亲自带保安队去坐镇，协助马特派员工作。"

"遵命！"

"另外，我们的军粮不够，你要准备两百担大米，于途中接济我们。有大米就送大米，没有大米嘛，你王县长就要准备大洋啰。"

"是，卑职一定尽力办。"王浩十分为难地说。

# 二十六、刀下救人

新四军对大刀会会员的军训正在进行。除了野外的军事操练之外，蔡虹还把政治宣传的内容安插在里面，对大刀会会员及农民进行阶级教育和反内战的宣传。项启龙为了应付马诣文，就让任从虎协助蔡虹主持会议。操场上，大刀会会员们席地而坐，听俞珍在讲课。

俞珍从当前的国家和社会，讲到人民的生存状态，她结合自己的出身，诉说着人民的苦难。她说："我们都生活在苦难的年代，我们每一个人都有不幸的经历。我三岁失去母亲，五岁失去父亲，一个人无依无靠，东家给一口饭，西家给一个馍，吃剩菜残羹。冬天没有衣服穿，将草帘子捆在身上御寒，晚上钻进草堆里过夜。好心的人给我介绍了一个婆家，给人家当童养媳。我七岁开始做饭，洗衣，喂猪，放牛，吃的是馊饭馊菜，干的是大人重活。有一次放牛，我掉进冰冷的水里，被淹了半死，自己从水里爬了起来。因为丢了牛，回家后不仅没有饭吃，还被打了一顿。十二岁的时候，我的婆家准备让我和他家痴呆儿子结婚，我逃走被抓了回去毒打，躺了一个多月才能起床。有一天天还没亮，我被逼着去上山割草，中途遇到了狼，差一点被狼吃了。后来，有一个好心的婆婆收留了我，把我送到一对无儿无女的老人家里，我认了他们做爹娘，从此我有了一个家。虽然这个家里日子很苦，但我感到很幸福。可是日本人来了，我爹被日本人的流弹打死了，我娘在逃荒中饿死了，我又没有了家。在我无家可归的时候，遇到了共产党、新四军。当时我只有十三岁，又瘦又小，人没有枪杆子高，新四军收留了我。参加新四军后，我不仅有了一个新家，而且学习文化，懂得了人生的道理。现在，我为我们的国家而奋斗，为我们苦难的人民而奋斗。再苦我不怕，牺牲也光荣，我觉得这才是我要追求的生活。乡亲们，同志们，我们穷人要翻身，只有跟着共产党，只有参加新四军，只有把日本人赶出中国去，建立一个自由、民主的新社会，才有我们的幸福生活，人生才有美好的未来。”俞珍的讲话，引起了会员们的极大同情，大家热烈鼓掌，有人还不时地擦着眼泪。

赵强说：“乡亲们，日本人侵略中国，烧杀淫掠，中国人民受灾受难，新四军奋起抗日，打鬼子，打汉奸。可是在中国，有那么一些人，他们有枪，有人，有钱，就是放着鬼子不打，整天想着算计共产党、新四军，让日本鬼子在中国横行。他们就是国民党反动派。国民党桂系在安徽陈兵四十万，他们吃了百姓的粮，却不为老百姓抗日，现在来进攻我们的根据地，他们比日本鬼子还可恶。我们新四军讲团结、顾大局，但他们不领情还一心一意要吃掉我们。人不犯我，我不犯人。既然他们来了，我们就和他们战斗到底。”

蔡虹说：“国民党顽固派对新四军展开所谓的‘清剿’，不得人心。我们共产党、新四军不想打内战，但是国民党挑起内战，我们不得不迎战。现在我们要揭露他们的阴谋，打败他们的进攻，让他们在正义面前，碰得头破血流，他们才会收敛，人民才有和平的日子。在这个关键时刻，我希望大刀会给予新四军大力支援。”

任从虎表态说：“国民党打内战不得人心，我们大刀会反对打内战，支持新四军。到时候大伙有粮出粮，有力出力，帮助新四军打败广西佬。”

大刀会会员高呼口号：“反对内战！反对清剿！支持新四军！”

晚上，蔡虹和赵强、俞珍在一起研究情况。蔡虹说：“击毙夏长根，开展军事训练，进行宣传教育，达到了很好的效果，大刀会同情新四军，反对内战，表态不跟国民党顽军走，我们的第一步目标基本达到。第二步是要向广大农民宣传，使他们和大刀会一起，站到我们一边，我们要抓紧时间到各个村庄走走，一面宣传教育，一面掌握情况，尽量多做一些工作。”

赵强说：“部长，宣传群众我们可以做，但问题是我们没有根据地，我们党的组织处于地下状态，只能号召号召，很难公开地把农民组织起来，形成有力量的群体。”

“对，不把农民组织起来，就不能形成力量。”俞珍说，“大刀会虽然是一个农民组织，但他们只就打日本而言。他们不会与国民党政府决裂，更不会与国民党军队打仗，不可能公开支持我们。”

“不仅如此，到时国民党大兵压境，老百姓畏祸心理加重，还敢支持我们吗?”赵强说出了他的担心。

“你们分析得对，这些问题我一直在考虑。这些年我们怕国民党说我们扩大地盘，搞阶级斗争。所以没有把工作做在建立和扩大革命根据地、建立地方政权方面。没有根据地，没有政权，就不能组织群众，就没有力量源泉。国民党清剿我们，我们没有立足之地，就成了流寇，要想打败国民党军队的进攻，是很困难的。”蔡虹说。

正说着，项小山急忙闯进来说：“蔡部长，马诣文回来了。”

“马诣文回来了又怎么样?”

项小山急切地说：“情况有变，这次和马诣文一起来的，还有国民党临江县县长王浩。带着三十多个保安队员，来抓你们，你们赶快回避一下。”

蔡虹一惊，想了想说：“看来国民党地方政府行动起来了。”

俞珍拔出手枪说：“几个保安队员算什么?我倒要看看他们有多大能耐。”

赵强也拔枪在手。

说时迟那时快，村头响起了枪声，马诣文、王浩带着保安队冲了过来。

紧急中，项小山来不及多想，转身迎出门去，阻止马诣文说：“马特派员，哪里打枪，出什么事了吗?”

马诣文说：“我们来抓蔡虹。小山，蔡虹他们在屋里吗?”

“不在。”项小山说，“他们到外村去了。”

“胡说!”马诣文斥道，“有人告诉我们他们在这。你想隐瞒吗?”他对保安队员下令，“冲上去，抓蔡虹。”

这时蔡虹、赵强、俞珍站到门边和窗口，占据了有利的地形。

马诣文喊：“蔡虹，投降吧!”

蔡虹说：“马诣文，当前国破家亡，全国人民都希望国共合作，把日本鬼赶出中国去。你们搞摩擦，打内战是不得人心的，是注定要失败的，我奉劝你们悬崖勒马。”

王浩对保安队员说：“不用和他费口舌，上去把他们抓起来。”

蔡虹大呼："保安队员听着，谁先上谁先死，不要为国民党送命。"说话间赵强、俞珍对冲在前面的保安队员一阵点射，倒了五六个。

保安队员见新四军枪法准，冲上去就是送命，一下子清醒了不少。毕竟保安队平时只是吓唬老百姓的，哪里经过这种场面。都害怕了，伏在地上不敢抬头。王浩喊了几次："冲啊！"可就是没有人响应。

项小山急忙来见项启龙。项启龙听到了枪声，急忙和任从虎商量如何救出蔡虹。

任从虎说："保安队三十多条枪，三弟硬拼不是好办法，我们也不好出面解救。村子里有一个地窖，就让他们在里面躲一躲。"

项启龙说："我倒不怕国民党说我'通共'，只是与国民党翻脸，对大刀会不利，该周旋的还得周旋。小山，你熟悉地形，把蔡部长他们领到那里去避一下。跟蔡部长说，等停下来，我们与王浩县长交涉。"

不一会儿，小山从后门绕进去来见蔡虹，把项启龙的意见转告了他。蔡虹同意，随小山离去。

马诣文久不见蔡虹的动静，高喊："蔡虹跑啦！"保安队员们这才敢冲上去。

马诣文对王浩说："蔡虹肯定还藏在村子里，没有走。"

王浩下令搜查："谁要是藏了蔡虹，以通匪论处。"

保安队搜查了一夜，没有发现新四军，只好收兵。王浩命令保安队员守住村口，不抓到蔡虹，不许撤岗。

王浩气冲冲地来见项启龙，对蔡虹等继续在项家山活动表示不满。他要求项启龙协助抓捕蔡虹，同时命令大刀会准备两百担大米劳军。

项启龙推说："现在农民粮食都不够吃的，哪里凑得起两百担大米啊。"

王浩说："这是政治任务，再大的困难也要完成。"

第二天，王浩在项家山召开了全县保甲长会议，层层布置对新四军的封锁，家家动员为国军捐粮，并宣布如有私通新四军的，一人获罪，全家连坐。

蔡虹他们在地窖里待了一夜。第二天项启龙、任从虎和项小山进来。项启龙说："国民党保安队把守了村口，出去很危险。三弟再坚持一两天，再想办法。"

蔡虹说："我们不能在这里待了。现在军情紧急，国民党顽军就在这几天会到达这里，部队也在等着我们的消息，我们躲在这里要误大事。"

"王浩坐镇项家山，就是出来也无法工作，且安全难以保证。"项启龙说。

"我们离开项家山，到其他乡村去。"蔡虹说。

项启龙想了想也不再坚持，说："那就让小山给你们做向导。"

项小山凭着对地形的熟悉，躲开保安队的监视，领着蔡虹他们出了项家山。

他们来到一个很大的村庄，见很多老百姓围在一棵大树下，不知在做什么。蔡虹上前一看，见树上吊着一个人，个子很高，白净净的皮肤，村民们正在鞭打他。同时七嘴八舌地说："这样的坏种，干脆杀了算了。"

蔡虹问项小山："这被吊的是什么人?"

项小山上前看了一下回来说："这个人我认识他，他名叫夏长龙，是焦湖湖匪夏长根的堂弟。从焦山潜回家，被大刀会捉住了。看样子准备处死他，为项会长三姨太报仇。"

蔡虹问："焦湖湖匪还在还活动吗?"

"夏长根死后，焦湖湖匪四分五裂，有的还在焦山当湖匪；有的流窜各地，继续作恶；也有的回了家，金盘洗手了。夏长龙属于第二种人，他有一帮子狐群狗党，东窜西窜，能量不小，如不杀了他，后患无穷。"小山说。

蔡虹问："夏长龙有没有血债?"

"没有听说过。他是书生，只做夏长根的狗头军师，做坏事也不亲自动手。"

正说着那边人声鼎沸，众人嚷着要对夏长龙开刀了。

蔡虹说："夏长龙虽是夏长根的堂弟，但他不是主恶，没有血债，不该处死。杀了夏长龙，他身边的那一伙人要寻报复，冤冤相报，世世结仇，不是好事，得饶人时且饶人，把他放了吧。教育他别当湖匪，改恶从善，好好做人。"

项小山嘴一撇说："这种人本性难改，要他改恶从善，除非太阳从西边出山。”

蔡虹说：“尽管如此，他罪不当死，也该饶他一命。我上去看看。”他走到大树下面，面对大刀会会员说，“众乡亲，在处死夏长龙之前，请让我和他说几句话。”

会员们认得蔡虹，停下手中的刀棍。

蔡虹对夏长龙说：“当湖匪是害人害己，其结果必然是名坏身死，你还想当湖匪，走夏长根的路吗?”

夏长龙说：“大哥如果饶了我一条命，我再也不去当湖匪了。我要当一个好的老百姓，本本分分过日子。”

蔡虹说：“大刀会、夏家坪几大堂会，冤冤相报，何时能了？如果大家放了你，你能一笔勾销过去的恩怨，让夏家坪和项家山团结相处吗?”

夏长龙说：“我能做到。只要项家山的人饶了我，我一定招呼夏家坪的弟兄们，永远记住这一份恩情，和项家山和睦相处，永远不记前仇。”

“‘君子一言，驷马难追’。我就成全你。”于是，蔡虹转身对大家说，“乡亲们，夏长龙虽然参加过湖匪，但他只是一般追随者，不是匪首，身上也没有血债。抢劫项会长三姨太，也不是夏长龙干的。如果杀了夏长龙，夏家人一定是要报复，这项、夏两家世世代代冤冤相报，何时能了，给我们的后世子孙带来什么后果？现在日本鬼子还在中国，对我们烧杀淫掠，我们还在这里互相仇杀，不是正好了鬼子吗？夏长龙已经表示改恶从善，重新做人。我建议放了他，共同对付日本鬼子，项、夏两家了结怨仇，和睦相处，好不好?”

蔡虹这样一说，大家你看看我，我看看你，一时没了主意。

夏长龙说：“乡亲们饶我不死，我一定会好好做人，报答乡亲们的不杀之恩。夏家坪永远和项家山和睦相处，我说到做到。”

这时，村上一位老者说：“夏长龙，我们今天饶了你，是看在蔡部长的面子，如果你以后继续作恶，那时我们就不饶你了。”

夏长龙说：“我保证重新做人，要是再作恶，你们把我劈开八大块。”

蔡虹亲自为夏长龙解了缚，夏长龙深深地鞠了一个躬离去。

蔡虹借机给乡亲们做了反内战、反“清剿”的宣传。然后，由项小山安排，在一个大刀会会员家里吃饭。

饭桌上说到夏长龙，项小山说："夏长龙这人很狂妄。他家里很有钱。他爹一面种地，一面在城里面开了店铺，经营农产品，亦农亦商，日子富裕。他爹希望他好好读书，好去城里掌管店铺生意，赚钱买田置地，创家立业。可是他就是不感兴趣，读了几年书就不想读了，种田也不种，经商没兴趣，整天呼朋唤友，游游荡荡。为此他被狠狠地揍过几次，就跑出去跟夏长根当了湖匪。他常自比刘邦、朱洪武，说自己不是种田经商之人，世道大乱，是他出人头地之日。所以这样的人，你要他老老实地做良民百姓，真比登天还难。"

赵强、俞珍也对放了夏长龙持保留意见。

蔡虹说："夏长龙代表了夏家坪一方势力。我们除了夏长根，从某种意义上说，就得罪了夏家坪。现在我们救了夏长龙，说明我们不是针对夏家坪，而是针对作恶多端的夏长根的。这有利于我们今后做夏家坪的工作，减少了隔阂和障碍。我们现在的敌人是国民党顽军，大敌当前，我们一定要团结一切力量，对付国民党军队。放了夏长龙，对我们只会有利，不会有害；杀了夏长龙，对我们，对大刀会，只会有害，不会有利，这个账应该这么算。"

当天，蔡虹又约几个大刀会会员交谈，了解当前农民思想状况，会员们告诉蔡虹，自从王浩召开了各乡镇保甲长会议之后，乡亲们变得胆小怕事了，他们屈服于国民政府的压力，害怕国民党军队的处罚，不敢公开与新四军联系，回避观望的较多。蔡虹心中十分忧虑。

晚上，蔡虹他们住在农民家里，正准备休息，忽然有人敲门。由于情况复杂，国民党特务混入群众之中，好人与坏人难辩，蔡虹等处处留心。敲门声响了几声，蔡虹警惕地问："谁?"门外有人小声说："蔡部长，我是夏长龙。"

听说是夏长龙，蔡虹打开门。夏长龙进来，向蔡虹一跪说："感谢蔡部长救命之恩。"

蔡虹连忙说："不必客气。"欲把他扶起。

夏长龙长跪不起说："蔡部长既已救了我，干脆好人做到底，把我带去参加新四军吧。我在蔡部长手下效力，赴汤蹈火，肝脑涂地，在所不辞。"

蔡虹心想，在当前国民党大兵压境的情况下，有人要求参加新四军，当然是好事。但从项小山口中了解的夏长龙，就使蔡虹很不放心，对他要求参加新四军的动机亦表示怀疑。只是说："哦，哦，你起来，起来说。"

夏长龙起身，在一个凳子上坐下来。俞珍给他倒了一杯水，他大大地喝了一口。从他的貌相上看，像个文人，从他喝水的举动看，又像是一个粗人。喝过水，夏长龙说："我看这世道，跟着日本人，跟着国民党，跟着湖匪，都不是正道，所以我打定主意，跟着共产党、新四军。请蔡部长务必收下我，我不能自比诸葛亮和刘伯温，但我一定能为共产党、新四军做点事情。"

蔡虹觉得夏长龙说话虽然狂妄，但还直率，要求参加新四军，是经过深思熟虑的。虽然动机不纯，但人是可以改造的，眼下最需要有人帮助新四军。夏长龙在乡村有一定的能量和势力，何不暂时利用一下再说。就好比冬天到了，天气冷了，一时没有衣服，破麻袋也能挡点风寒啊。想到这里，蔡虹便对他说："新四军是共产党领导的队伍，规矩多，你能受得了军队纪律的约束吗?"

夏长龙说："我保证遵守新四军的规矩和纪律，如有违反，请蔡部长治我的罪。"

蔡虹说："人只要下定决心，痛改前非，就能重新做一个对国家、对老百姓有用的人，关键是有没有决心。"

"我有决心，我发誓。"

"好吧。"蔡虹说，"我同意接收你参加新四军，但还要经过上级的批准。如果上级批准了，我们就是同志，就是上下级关系，遇到你做错的地方，我就要批评你；你做了坏事，我就要毫不客气执行党纪、军纪。懂吗?"

接着，蔡虹告诉夏长龙，当前国民党大兵压境，老百姓思想混乱，我们要做好工作应对这一局面。他希望夏长龙在这方面多做些工作。

夏长龙说："老百姓同情新四军，但又不敢得罪国民党。毕竟新四军弱，国民党强，如果支持新四军，一旦新四军失败，老百姓就要吃大亏，所以都采取观望的态度。"

蔡虹说："我们要进一步做好宣传工作，让老百姓知道谁是正义，谁是反动，揭露国民党打内战的阴谋，动员老百姓，帮助新四军，打败国民党顽军的进攻。”

夏长龙说：“蔡部长，对于老百姓，仅仅讲大道理，不是最终解决问题的办法。依我之见，必须采取有效措施，把老百姓的切身利益同打倒国民党军队的战争挂起钩来，才能真正动员起广大群众为新四军服务。”

蔡虹问他有什么高见。夏长龙想了一想，说出了六个字：“打土豪、分田地。”

“打土豪，分田地?”蔡虹摇摇头说，“我们新四军现在的政策是号召减租减息，扶持工农，发展生产，团结各党派、各阶层广大人民群众，组成广泛的民族统一战线，打败日本侵略者，建立民主政权。”

“共产党最终还是要打土豪、分田地，只是暂时不搞是不是?”

“打土豪、分田地，不利于乡村的稳定，不利于团结一切力量抗日。”

夏长根说：“不。蔡部长，恕我直言：我认为在当前中国，团结一切力量是不可能的，只能团结大多数。新四军力量弱小，拿什么战胜国民党军队？唯一的出路就是依靠大多数，具体来说就是依靠农民。共产党在井冈山、在延安，靠的不就是农民吗？农民有了田地，就会拥护共产党，农民怕失去土地，就会与国民党拼命，道理就这么简单。”

蔡虹默然不答。

夏长龙说：“蔡部长，您给我一纸任命书，让我当共产党的临江县长，我召集我的弟兄们，再由弟兄们去动员穷苦的农民，大家一起来干。要不到几天，整个乡村就会行动起来，到那个时候，农民就会围在共产党周围，要人有人，要粮有粮。国民党五千官兵算个屁，我可以拉他几万人，与国民党军队周旋，谁胜谁败还说不定呢。”

蔡虹虽见他大话连天，但也不无道理：“你说的事情关系到我们党和新四军的大政策，不是我所决定的；至于当县长的事，更不是我的权力，况且我们共产党已经有了地下临江县长和临江县委书记。”

“那就让我当个镇长、乡长，或者镇、乡党委书记。”

蔡虹笑笑说：“镇长、乡长，也不是我的权力。再说，你还没有加入中国共产党，不是党员，怎么能当镇、乡党委书记呢?”

夏长龙显得很内行的样子说：“我要求加入中国共产党。特殊情况，非常时期，速事速办嘛，不就是一个手续吗，是不是？”

“你说的是加入国民党，只是一个手续，可是要想加入共产党，可不是那么简单。”像这样直率地跟领导说话，蔡虹还是第一次遇到，他想，如果再说下去，不知道夏长龙又要提出什么要求。于是他站来送客说，“我们今天就谈到这里，下次再谈吧。”

夏长龙只好走了。

俞珍说：“这个夏长龙，还没当新四军，就要官做，难道参加新四军是来当官的吗？像这样的人，只有不理他。”

赵强也说：“我也觉得此人很过分。痞气十足，不知天高地厚。”

“夏长龙当过土匪，免不了沾染上匪气。他想参加革命，这种想法是好的，也是我们当前需要的。但对于他，我们要耐心地教育，他人很精明，或许将来是个有用的人才。”蔡虹说。

“他提出的建议倒是可以考虑的。”赵强予以肯定。

俞珍不同意：“什么建议？‘打土豪、分田地’上级能同意我们这么干吗？党的统一战线政策还要不要执行，民族矛盾还是不是主要矛盾？我们还要不要在江北待下去？”

赵强笑了：“小俞，你的革命理论学得不错嘛，一下子就提到了路线政策的高度。”

俞珍反问：“我讲得不对吗？你问部长。”

蔡虹叹道：“国民党大兵压境，就我们局部而言，斗争的主要矛盾也随之发生变化了。”

俞珍看向蔡虹：“部长，您是说，当前我们同国民党的矛盾已经上升到主要矛盾？”

“国民党马上打过来了，你说是不是主要矛盾？”赵强插话。

蔡虹说：“从全国的大局上看，是局部的矛盾，但从我们当前新四军的局部情况来讲，已经成了主要矛盾。”

鉴于形势紧迫，蔡虹决定先赶回支队，汇报情况，看看支队战前准备如何，好领取新的指示。

# 二十七、乡村烽烟

蔡虹他们回到支队。曾世雄、谭天木听取了蔡虹在大刀会工作的情况汇报，并和蔡虹等进行了讨论。

蔡虹说："经过我们的宣传教育，'一致抗日，反对内战"，获得了大多数农民群众的共识。大刀会同情和支持新四军，承诺不会听从国民党指挥来'围剿'我们，这一点我们可以放心。并且大刀会还会暗中帮助我们，比如粮食供应、传递情报，等等。"

谭天木称赞说："稳住了大刀会，这已经很不错了。"

但曾世雄仍感不足，他说："仅仅有大刀会的承诺和暗中帮助，还远远不够。大刀会只有像打鬼子一样，同我们共同战斗，才能改变敌我力量的对比，我们才有可能打败国民党军队。因为我们的力量太弱了。"

蔡虹补充说："我们要求大刀会鲜明地支持新四军，同国民党顽军进行斗争，但是会员们顾忌较多。国民党政府推行保甲连坐制，对私通新四军的，一人受罚，全家遭殃，会员们都很害怕。随着国民党大兵压境，少数大刀会会员的思想可能有反复。对此，我们已有充分的思想准备，继续在做工作。"

谭天木说："从形式上看，国民党占有优势，名正言顺，又有军事实力做后盾，大刀会会员的顾虑是可以理解的。我们的地下党组织，地下政府，也在争取群众，做宣传工作，但是我们的效果要差得多。我们根据地太小，除了白茅山一小块根据地以外，其他广大农村还处于地下状态，我们没有大后方，没有回旋余地，没有广泛的群众基础，要动员广大农民群众，这就难了。"

曾世雄说："不是我们不想扩大根据地，是上级要求、形势使然。你扩大根据地，国民党就会说你造反，抢地盘，没有和平诚意，破坏抗日。双方就会闹摩擦。所以党中央要求暂时不扩大根据地，像皖南一样，不刺激国民党，有利于抗日大计。"

谭天木发牢骚："皖南的失败，就败在这个上头。我们来江北，就是为了开辟革命根据地。不知为什么，又不给发展了，连我们要枪都是罪过。是不是对国民党还存妄想，想成立联合政府，捞个一官半职。如此不发展，来这里干什么？没有革命根据地，靠在国民党地盘上生存，随时都有被消灭的危险。"

"中央的政策很明确，不到一定的时候，不放弃和平建国的主张，不放弃组成民主联合政府的努力，一方面表明我党的诚意，另一方面也争取国际国内对我党政治地位的承认，争取各界对我党的重视和支持。"曾世雄解释。

"问题是国民党不信你那一套，说进攻就进攻，说'清剿'就'清剿'。我们毫无准备，你说怎么办？"

蔡虹同意谭天木的观点，但也体谅曾世雄作为主要负责人的难处。情况就是那么复杂，不发展不行，发展也不行；不斗争不行，斗争也不行。

蔡虹汇报了消灭湖匪夏长根、解救夏长龙的情况，并谈到老百姓对夏长龙的评价。在谈到动员农民群众，共同打败国民党军队"清剿"的事情时，蔡虹提到夏长龙关于"打土豪、分田地"的建议。蔡虹认为，这是调动农民积极性，动员广大农民群众，共同打败国民党军队的一项措施，所虑的是它不符合党的当前政策。

谭天木连忙说："我赞成夏长龙的建议。从目前情况看，我们如果没有新的有效措施，要想打败国民党的进攻，确实非常困难，争取农民群众的支持是问题的关键。这取决于我们的农村政策的落实，'减租减息'不痛不痒，解决不了根本问题，平均地权才是问题的关键。在这个非常时期，我们不妨把这个武器拿出来对付国民党。"

曾世雄犹豫："打土豪、分田地，上面明令暂时不搞，只实行减租减息，因为抗日是当前主要任务。党中央把民族矛盾放第一位，就是国民党制造皖南事变，对新四军进行'清剿'，党中央也仅要求粉碎国民党顽固派的进攻，揭露国民党的阴谋。如果我们在这里打土豪，分田地，扩大根据地，推翻国民党地方政府，建立红色政权，影响太大，造成政治上被动，上级怪罪下来，谁能担当得起这个责任？再说，‘打土豪、分田地’，就能一夜之间把老百姓都调动起来，跟着我们走？地主、富农，乡村的官僚，他们的势力大得很，农民敢不敢跟他们斗？再说，我们把他们赶走了，今后向谁要钱要粮？”

这个事情确实关系重大，大家沉默了。

蔡虹转移了话题，他建议吸收夏长龙为新四军战士。

曾世雄不同意：“夏长龙思想不纯，流氓、匪气十足，新四军不能吸收这样的投机分子。”

蔡虹解释说：“夏长龙没有经过革命理想熏陶，没有经过组织的教育和培养，严格地说不符合新四军战士的标准。但是当前情况特殊，我们要打退国民党军队的进攻，就要尽可能地多团结一些农民。夏长龙代表着夏家坪一支农民力量，如果我们拒绝他参加新四军，就等于把一部分农民推向敌人一边。”

“我认为蔡虹同志的话有道理，特殊情况就要有特殊的策略。”谭天木说。

曾世雄拿不定主意。这时，通讯员进来报行说：“国民党军队已经从合肥出发，向我根据地而来。”曾世雄想了一想，形势所迫，遂不再坚持自己的意见，对蔡虹说：“你们看着办吧。如果夏长龙能动员一部分农民为我们新四军服务，那当然是好事，但要对夏长龙要限制、教育和改造。”

蔡虹还有一个建议：“为了调动夏长龙的积极性，是否给他一个名义上的职位。”

曾世雄一听火了：“什么职位，难道他还想当官？”

“有一个职位，他就好名正言顺地发动群众，组织群众。”

“你说给他什么？”曾世雄问。

“比如‘乡长’，或者‘县政府委员’什么的。”

曾世雄直摇头：“那就给他一个‘临江县政府委员’。”然后，他又郑重地对蔡虹说：“蔡虹同志，这个人我们不了解，如果出了问题，你要负责任。”

夏长龙回到夏家坪，不几天，就收到蔡虹给他的通知，批准他为新四军战士，并任命他为“临江县政府委员”。夏长龙对“委员”这个职位不太满意，但不管怎么说，他已正式成了共产党、新四军的人了。“委员”虽然没有明确的职责，但只要自己利用得好，作用不可小视。夏长龙打算利用这个“委员”身份，号召农民，干出一番事业。

晚上，夏长龙秘密召集一帮同伙开会。夏长龙向大家宣布：“现在我既不是湖匪，也不是国民党的军官，我是共产党、是新四军。”

大家十分惊讶。有人问：“国民党势力大，新四军势力小，你跟着新四军，有好处吗?”

夏长龙反问：“当年诸葛亮不跟曹操跟刘备，刘伯温不做元朝的官做朱洪武的官，是什么道理？还不是朝着有前途的地方奔吗？再说，人家势力小的时候，才看中你，势力大了，你也巴结不上呀。”

众人说：“是这么个道理。”

夏长龙说：“我瞅着国民党大兵压境，在新四军最困难的时候参加新四军，一下子就当了临江县政府委员。你们想一想，如果跟着国民党能升得这么快吗?”

“是呀，夏先生真是有办法。不过，这廉价的官坐起来也有风险呀。”

“风险哪儿都有，吃饭还怕噎死呢。人是一副肩膀挑个头，要么流芳百世，要么遗臭万年，平平淡淡活着，有什么意思?”

“夏委员鸿鹄之志，我等望尘莫及。只是——这‘政府委员’是个什么官呢?”

“‘政府委员’，俗话说，‘委员无大小’，这个职务可大可小，从小的方面来说，你什么也不是；大的方面来说，我能代表县政府说话，行使一切权力，当年毛主席在井冈山就是委员嘛。”

“哎呀，这个‘委员’有用得很哪！今后我们就靠您了，夏委员。”

“那当然，咱们弟兄，还客气什么，只要我升了官，掌了权，不会忘记大家，有福同享，有难同当嘛。”

大家说：“这样说来，我们也该参加新四军了。”

“当然，你们也要参加，但是蔡部长说，参加新四军，要经过一定的手续。现在咱们组织一个新四军外围组织，叫做‘贫雇农协会’，为新四军打江山出力。我们立了功，参加新四军就顺理成章，你们听我的就是了。”

大伙齐声说：“但听夏委员调遣。”

夏长龙说：“现在国民党军队从合肥过来，目的是消灭江北新四军，我们的任务就是要帮助新四军把老百姓组织起来，和新四军一起，打败国民党军队的进攻，只要打败了国民党，我们就立了大功，这临江县就是我们的天下。”

有人说：“如果打不败呢?”

“打不败咱们也没啥损失嘛，无非是我委员不当了，咱们一逃了之。”

有人问：“怎么才能组织农民，帮助新四军呢?”

夏长龙说：“打土豪、分田地。”

“打土豪、分田地？就我们这几个人”

“当然要扩大队伍。”

“怎么扩大队伍，又怎么个打法?”

夏长龙胸有成竹，面授机宜。他说：“你们打听一下，我们这一带的地主、富农、乡绅，那些有钱的、有地的。他们家里的伙计、长工、佃户、客户、邻里，受过欺负的、结过怨、结过仇的，还有看不惯他们的，嫉富、仇官的，我们帮助他们出气、报仇。我们组织穷人跟富人斗争，把粮食夺过来，分给穷人；把田地夺过来，分给农民。穷人得了田，分了粮，得了利，他们也和富人结了仇，怕富人报复，就必须寻求我们的保护，我们打击的富人越多，我们团结的穷人就越多，我们的队伍就越扩大，我们就能动员成千上万的农民，帮助新四军，打败国民党军队。我们就能夺取政权，改天换地，坐上江山。”

“好啊，夏委员，我们就这样干，你真是我们的指路人哪!”

蔡虹、赵强、俞珍和项小山他们仍在农村宣传，从农民的口中，他们得到一个重要情报：“一些地主、富农、乡绅听说国民党来‘清剿’，十分高兴，他们组织起了‘清剿服务团’，准备迎接国民党军队，并且积极为国民党筹粮、筹款。一些人跑合肥很勤快，传递消息，十分活跃。扬言这次一定要把新四军赶出江北。”

蔡虹本来十分注意对地主、富农和乡绅宣传，听到这样的消息，他感到了问题的严重性。他决定去袁庄一次，找一找大地主袁绍先，把当前局势向他通报，把新四军的态度向他说明，有可能的话，请他出面做做地主、富农和乡绅的工作。

但是俞珍觉得找袁绍先作用不大："袁绍先的弟弟在国民党军队里做官，他能为我们站出来反对国民党军队进攻吗？"

赵强也认为："袁绍先虽然是开明人士，但他毕竟是根植在国民党这块土壤之上，他不会背叛国民党。"

蔡虹却说："我们党目前不主张国共决裂。国民党军队袭击新四军，只把他看作是右翼顽固派所为。袁绍先作为共产党和新四军的朋友，我们应该向他通报情况，表明我们党和新四军的态度，以得到他的理解。"

于是三人和项小山动身前往袁庄。行走不远，经过一个村庄，突然一声枪响，子弹从蔡虹的耳边飞过，蔡虹回头一看，见一棵大树后面，一个人背着枪，慌慌张张地逃走了。

"地主保安队。"赵强说。

"毙了他。"俞珍举起枪。

蔡虹制止说："算了。"继续往前走。

俞珍说："看来国民党特务，地方保安队，要对我们下手了。"

项小山担心有人跟踪，安全很难保障，袁庄路途较远，建议先回项家山再作计划。赵强、俞珍也同意。蔡虹见大家的意见一致，也不好坚持，说："我认为去向袁先生通报一下很有必要。如果没有其他情况，明天照计划进行。"

回到项家山，王浩不在那里。项启龙、任从虎接待了蔡虹他们，安排吃饭，住了一宿。第二天早晨蔡虹正准备去袁庄，项小山急忙过来说："蔡部长，刚刚听人说，夏长龙昨天晚上带人一夜跑了五个乡，杀了二十四个地主。"

"杀了二十四个地主？有这样的事？"蔡虹大惊。

项小山说："这二十四个地主被杀后，他们的家属连夜到县政府找王浩，王浩带着保安队，到夏家坪抓夏长龙，夏长龙跑了。王浩抓了十几个农民嫌疑犯，都带到县政府去了。"

"这怎么得了，我要到夏家坪去看看。"蔡虹不放心地说。

“您不能去，老百姓都说是您指使夏长龙干的，王浩正在到处找您哪！”

这样一说，蔡虹更坚持要去。他说：“我要找夏长龙，了解情况，问他为什么杀人？”

正说着项启龙进来：“三弟，夏长龙那一帮乡里痞子，他们胆大妄为，无法无天，这种人什么坏事干不出来？”

“大哥，我马上到夏家坪，绝不让他这样胡闹下去。”蔡虹很忧虑。

项启龙建议说：“你们要把他开除。他这是在败坏新四军的名誉，是帮助了国民党。”

正在这时，支队通讯员到。传达曾政委和谭支队长的指示：“蔡虹同志尽快回支队汇报情况，研究局势，并带夏长龙同行。”

蔡虹想了想说：“看来，夏长龙做的事，支队已经知道了。无论如何，我要先找到夏长龙，了解情况。”

蔡虹他们离开项家山，项启龙仍派项小山同行。

当天中午，蔡虹他们来到夏家坪。还未进村，只见前方烟尘滚滚，有几座大房子着了火，火势很猛，却不见众人救火的场景。蔡虹感到奇怪。为了问明情况，蔡虹让赵强找来了一个中年农民。

蔡虹问：“老哥，这些是谁家的房子起火了？”

“是地主夏保财、夏保富两家。”农民说。

“怎么起的火？”

“是新四军放的火。”

“新四军放的火？”

“不是新四军还有谁？”

“现在怎么样？”

“昨天，县保安队抓了十几个农民，说他们是新四军，全部枪毙了。被杀农民的家人来找夏长龙，要他帮助他们报仇。昨晚，夏长龙带着新四军，烧了几十家地主的房子，这个冒烟的房了就是其中的两家，还有一家地主八岁的独生儿子也被扔到火里烧死了。”

“啊，这怎么得了？”蔡虹震撼莫名。

“农民疯了，地主们也疯了，有些地主到合肥搬兵去了。老百姓在村里待不下去了，连家带口的躲难去了。”

“夏长龙在村里吗？”蔡虹问。

“夏长龙？大白天他哪里会在村里？他躲到山里面去了，许多农民也跟着夏长龙上了山。他们白天在山里面，晚上下山杀人、放火。”

蔡虹也不禁叫道：“夏长龙你这个混蛋！好端端的农村给他搞成这个样子。还败坏新四军的名誉，新四军让他这么干吗？我饶不了他。”

由于找不着夏长龙，蔡虹决定先回支队汇报。

蔡虹等人回到支队，支队立即召集中层以上干部开会。因为国民党军队很快就要到来，支队讨论如何部署军队，与顽军周旋，打败国民党军队的“清剿”。会议经过讨论，做出了三项决定：一、派一小股部队迎着顽军来的方向，沿途骚扰敌人，目的是延缓敌军进入根据地的时间，要求至少要使顽军推迟两天到三天时间到达根据地。二、大部队撤出根据地，作战役上的转移。因为支队兵力和装备与敌军悬殊较大，只能采取避实就虚的办法，避开敌军的锋芒，寻找战机。三、蔡虹继续做大刀会和农民的工作，封锁消息，阻挠国民党地方政府给顽军提供粮草。

蔡虹汇报了大刀会和农村当前的一些情况。

会后，曾世雄、谭天木把蔡虹留下来专门商谈了夏长龙的事情。

曾世雄严肃地质问蔡虹：“夏长龙一夜杀了二十四个地主，放火烧了很多房子，这些事是不是你同意他干的？”

蔡虹说：“不是。我也是今天早晨才听说。为了制止夏长龙的错误行动，上午我们去夏家坪找过他，但是没有找到。”

谭天木说：“夏长龙事先不请示、不汇报，无组织，无纪律，大开杀戒，造成农村的血腥和恐怖。这太不像话了。”

蔡虹说：“夏长龙出了这么大的问题，我有责任，我要检讨，我接受组织处分。”

曾世雄毫不客气地说：“你当然难辞其咎。如果延安知道了，要追究责任，谁也保不了你。夏长龙的行动，败坏了共产党、新四军的声誉，直接影响到我们反‘清剿’的行动，这事不能这么了了。我们支队的意见：杀夏长龙以谢天下。”

“处决夏长龙?”蔡虹十分吃惊。

“当然，非常时期，我们只能这么做了。”曾世雄说，“你负责把夏长龙押过来。我们要公开对夏长龙进行审判处决，挽回影响。”

蔡虹说：“我想找到夏长龙，了解一下情况。因为我们现在得到的情况还只是道听途说。”

“你还想保夏长龙?”曾世雄说，“没有时间啦！国民党大军临近，我们必须采取断然措施，否则老百姓对我们不满，我们必败无疑。”

# 二十八、席卷乡村

蔡虹离开支队，趁着夜色，直奔夏家坪。到达夏家坪的时候，天色黎明。他们遇到两个农民模样的中年人，赶着两辆马车，装着妻儿老小，匆匆赶路，样子十分神秘。蔡虹感到奇怪，让赵强上前问话。

“老乡，你们是哪个村的?”赵强问。

不料那两个车主连忙滚滚爬爬地下车，朝着赵强跪下直叩头，口中不停地说：“兄弟饶命，兄弟饶命”。

赵强说：“都站起来说话，不必叩头，没人要你们的命。”

两个车主抬起头，看看这眼前几个人，觉得声音并不凶恶，就站了起来，连连作揖。

“哪个村的?”

“夏家坪。”

“又是夏家坪。”蔡虹问，“这天麻麻亮，到哪里去呀?”

“走亲戚。”

“走亲戚，走亲戚带这么多东西吗？好像是搬家的样子。”

“是，是。啊不是，不是。”两个车主你一言我一语地说。

其中一个问：“你们是?”

“我们是大刀会的。”项小山上前插话说。

“大刀会，是项家山的吗?”

“是。”项小山说。

车主说：“不瞒你们说，我们是搬家呀，村里待不下去了。”

蔡虹问：“怎么回事?”

车主说："贫雇农协会到处杀人、放火、分田、抢粮、牵牲口、抄家、拆房子，真是挖地三尺呀。许多人无辜被打、被杀、被斗、被游乡。真不是人过的日子，再不走就没命了。"

"能有这样的事?"蔡虹问，"你们以为这是谁干的?"

"还有谁，新四军呀。"

俞珍问："你们看到过新四军吗?"

"真正的新四军倒没见过，这是新四军的外围组织——贫雇农协会，头子就是土匪夏长龙。夏长龙是新四军的人，他的上级就是新四军团长蔡虹。他们发展的成员都是本地流氓、地痞，干起坏事，比鬼子还厉害。"

蔡虹听了更加着急，他急于要找到夏长龙，他说："你们知道夏长龙在村子里吗?"

"在，在。他们前几天是白天上山，晚了下山，现在夏长龙白天也在山下了。"

俞珍问："他们不怕地主保安队?"

"不。"车主说，"他们现在人多势众，把地主都赶走了，保安队也奈何不了他们。"

蔡虹说："好了，你们走吧。"

"是，是。"车主感恩戴德地上车走了。

蔡虹大步向夏家坪走去。

到了夏家坪，将进村，突然从树林里冲出两个人，手里提着大刀，挡住去路，厉声问："什么人?"

像是贫雇农协会的人。蔡虹就说："我们是来找夏长龙的。"

"找夏长龙? 你们是什么人?"

蔡虹提高声音说："我是新四军蔡虹，你去叫夏长龙来见我。"

"你是蔡部长?"两个农民态度和气起来，他们上下打量着蔡虹他们。其中一个说："我去看看，如果夏委员在，我就请他来见您。"说着去了。另一个农民要求蔡虹他们原地等待。

不一会夏长龙果然来了。一见蔡虹，连忙上来握手说："真想不到，蔡部长亲自来了，我正准备向您报告工作，可就是不知道您在什么地方。"

蔡虹没有和他握手，他冷冷地说："找一个地方谈谈吧。"

夏长龙把大家带到村边的一户人家，对户主说：“我们在这里说个事，你出去一下。”

户主说：“行。茶水在灶头上，自己用啊。”说着离去。

夏长龙让大家坐了下来。他说：“蔡部长来得正好，我正要汇报近来的情况，我们组织了贫雇农协会，与地主进行了斗争。农民经过诉苦、申冤，报仇，觉悟得到很大的提高，纷纷报名参加贫雇农协会。目前我们成立了五个乡政府，任命了乡干部，贫雇农协会发展到几万人，大家揭竿而起，几个乡的地主被我们赶跑了，保安队也被我们打垮了。我们把地主的粮食分了，土地也分了，我们的政策得到了农民的拥护，我们的队伍迅速壮大，大有席卷乡村之势……”

蔡虹打断了他的话：“听说你们杀了二十四个地主，还烧死了小孩？”

夏长龙一愣：“那是少数人干的。”

“到底是谁干的？老百姓还说是新四军干的呢。这事要查清楚，要处理。”蔡虹愤怒地说。

但是夏长龙却不以为然，他说：“蔡部长，既然是运动，就难免有出格的行动，这是无法控制的，这并不奇怪。”

“并不奇怪？”蔡虹对他的轻描淡写十分不满，他说，“你要明白，这样事情的性质多么恶劣，你想过没有，这是败坏我们共产党、新四军的声誉，好端端的农村搞得腥风血雨。你很多事情不请示，不汇报，想怎么干，就怎么干，你要记住，这是要负责任的。”

夏长龙不说话。

蔡虹命令：“你马上停止迫害地主、富农，停止分田、分粮，停止抄家、烧房子，一切行动都停止，把在运动中有血债的抓起来，杀人偿命，挽回影响。”

“这不行。”夏长龙突然叫道，“蔡部长，不能这样做。开弓没有回头箭，事情已经做起来，就没有退路了。农民正在向共产党、新四军靠拢，一盆火烧起来，不能泼冷水。我们要利用农民的力量，巩固农村政权，扩大根据地。”

蔡虹厉声问：“你准备就这样搞下去？让老百姓把我们共产党、新四军当成了什么？洪水猛兽。我们亲眼看到乡村浓烟滚滚，老百姓在逃亡。一个安定和睦的乡村，顷刻变成了互相残杀的战场，这能让人民安居乐业吗，这是我们想得到的根据地吗?”

夏长龙说：“蔡部长，恕我直言，我不知道您是哪里听到的这些情况，被杀的人是有，逃亡的也是有，但那是地主，是富农。广大农民拍手叫好，人心大快。我们不进行激烈的斗争，能把农民团结到我们的周围吗?”

蔡虹哼了一声：“看来你倒来教导我了？你用的是些什么人？用了一群乡间痞子，如果你用了一些素质好些的人，也不会闹成这个样子。”

“不用这些人，暴力能实行吗，革命能成功吗?”夏长龙争辩说。

“你不要说了。我们革命是为千千万万人谋幸福，不是为痞子打江山，看来事情的根源就是出在你的身上，你要为此付出代价。你不要回去了，跟我去到支队去一趟，听候处理。”蔡虹愤怒。

夏长龙见蔡虹态度严厉，欲转身离去。蔡虹拨出了枪，赵强、俞珍上前迅速缴了夏长龙的枪，将他捆绑起来。

夏长龙立刻垮了，他哀求说：“蔡部长，您不要杀我，我是为共产党、新四军出力，有什么错，我改，我改。您再饶我一次。”

蔡虹说：“我不杀你，你有话到支队说去。”

他们把夏长龙押出门，为使旁人看不出他被捆着，蔡虹脱下外衣将他罩上，走了约两里路，这时，就见不少农民围了过来。夏长龙故意把身上罩着的外衣抖落下来。农民见夏长龙被羁押，大吃一惊，他们纷纷上前来质问：“你们是什么人？为什么捆夏委员？夏委员不能走。”农民越围越多，不大一会儿来了几百人，阻止了蔡虹他们继续前进。蔡虹暗暗吃惊。

赵强对大家说：“乡亲们不要误会，我们是新四军，我们奉命带夏长龙回支队谈话。夏长龙犯了严重错误，理应受到处分，这是新四军的纪律。”

众农民说：“胡说。乡亲们，别信他们，他们不是新四军，是国民党特务，我们不能让他们把夏委员带走。”

“对，不能让他们把夏委员带走。”农民围了上来。

有的农民请求说：“夏委员不能走啊。国民党军队马上就要打过来，地主、富农、乡绅都要反攻倒算，夏委员一走，我们依靠谁?”

正在这时，支队通讯员骑马过来，对蔡虹说：“国民党军队已经到达临江县境。国民党临江县长王浩坐镇项家山，组织大刀会迎接国军。政委、支队长最不放心的就是大刀会，指示蔡虹同志立即到项家山去。”

蔡虹命令赵强：“你押着夏长龙，随通讯员一起去白茅山吧，把夏长龙交由支队处理。我马上到项家山去。”

夏长龙说：“蔡部长，国民党军队马上就要到了，时间紧迫，动员老百姓参加反‘清剿’斗争，有许多事情要做。您把我放回去，我能组织两万农民，为新四军服务，五千个农民直接参加战斗，一定能打退国民党军队的进攻。请您相信我！打败国民党之后，组织上怎么处分我，我都接受。蔡部长，现在正是用人之际，处理我不是时候啊。”

夏长龙这样一说，蔡虹犹豫了。支队决定枪毙夏长龙，目的是挽回夏长龙滥杀无辜而造成的恶劣影响，动员老百姓协助新四军开展反“清剿”斗争。夏长龙宣称能动员两万人支援，五千人参战，他有这个把握吗。是他金蝉脱壳之计，还是滥夸的海口？但不管怎样，有这么多老百姓为夏长龙求情，强行带走也不容易。要是真把夏长龙带到支队，政委、支队长正在气头上，必定要枪毙了他。在情况还没有完全弄清楚的情况下，枪毙夏长龙是不是妥当？但是要放掉夏长龙，自己要承担不执行命令的责任。

想到这里，他对夏长龙说：“你所犯的错误是严重的，你自己要作深刻反省，现在我再放过你一次，你回去动员老百姓参加反‘清剿’工作，将功赎罪。等打败国民党军队之后，你自己到支队接受处分吧。”

夏长龙连连叩首道：“一定，一定。蔡部长相信我，我一定不辜负您的希望。”

蔡虹命令赵强把夏长龙放了。

夏长龙带着农民走了。

俞珍问：“部长，支队要求逮捕夏长龙，您怎么把他放了？”

赵强也担心：“如果夏长龙跑了或再做坏事，支队追究责任怎么办？”

蔡虹想了想说：“现在顾不得那么多了，就是饮鸩止渴，也没有办法了，到时候就让我来承担责任吧。走，到项家山去。”

大路上，国民党桂系部队五千多官兵，在司令龙彪的带领下，正在向新四军根据地开进。坐在第一辆越野车里的是龙彪和孙俊杰，第二辆车子里的是廖开田。郑中盛骑着马走在前面，他一边走，一边用望远镜向前张望。

车内，龙彪对孙俊杰说："孙团长，您是到过新四军驻地的，您说说看，我们这次清剿新四军，大概几天时间能完成？"

孙俊杰说："十天时间足够了。"

"我想也是这样。"龙彪说，"我现在不担心新四军能不能消灭，因为就新四军那一点力量，是不够我吃的，只能给我这个老虎塞牙缝而已，我担心的是粮草不济。出发的时候，李主席只给五天的军粮。"

"十天的行动，五天的军粮？"孙俊杰十分意外。

龙彪叹了一口气说："你不知道，李主席向来对军费和物资扣得很紧。"

"那缺口怎么解决？"

"李主席的意思，军粮不够，叫我们找当地政府。"

"现在是非常时期，日本鬼子到处扫荡，共产党、新四军到处活动，我们的地方政府虽然都存在，但在日本统治区，已经是地下政府了，在新四军活动区办公也不正常。他们哪里来粮草？"

"没有粮草，就叫他们送大洋来也行。"

"就怕大洋也没有。"

"那就靠沿途的老百姓犒劳了。"

"老百姓犒劳，不就是向老百姓夺粮吗？弄得鸡飞狗跳，有损我们国军形象？"

"那也没有办法，战争时期，只好委屈老百姓了。"

"人家说李主席抠门儿，果然名不虚传。"

龙彪笑笑："李主席也有他的难处嘛。仅仅李主席的手下，就有四十万军队每天要吃饭。"

停了一会儿，龙彪问："孙团长，你说，我们和新四军打，用什么战术为好？"

"我军远道出征，粮草不济，宜在速决，要的是速度啊。"孙俊杰说。

"不。"龙彪摇摇头，"与共军打仗就是不要急，要步步为营，步步紧逼。当年委员长带兵打井冈山，就是采取步步为营的办法，最后端掉了共匪的老窝。"见孙俊杰持有异议，龙彪继续说，"我们的战术是以慢制动。打个比方，共军是猴子，我们是老虎。任凭你猴子奔腾跳跃，只要我老虎稳住脚步，步步紧逼，猴子终究逃不出老虎的魔爪。”

蔡虹他们来到项家山，王浩和马诣文也在那里。在项小山的安排下，暂时躲在原先的那个地窖里。不一会，项启龙、任从虎来到，三人相见。项启龙说：“三弟，国民党临江县长王浩和我表弟马诣文就在我那里，他带几十个保安队员，坐镇项家山，监视大刀会的一举一动。国民党军队正在向这边开来，估计两天就到达。王浩向各保、甲征粮，不够数，就要大刀会帮助征粮。我推说大刀会是打鬼子保家乡的组织，我们没有权力要老百姓交粮食。王浩因粮食收集不齐，天天冲我发火，我的日子很不好过。”

任从虎说：“老百姓都想帮助新四军，不愿帮助国军打内战。多数人采取回避的态度，带着家小，一走了之。我们大刀会会员，也有不少走了。”

项启龙说：“三弟你在这里很危险，一旦给王浩知道了，必定要抓你。”

蔡虹想了想说：“既然项家山受到国民党的控制，不少乡亲们走了，我们就干脆上山，到云屏山去。大刀会各堂会领个头，把乡亲们组织起来，动员大家上云屏山。我也上山去。”

“这是个好办法。”项启龙、任从虎都赞成。

蔡虹又说：“上山之前，大家要坚壁清野，就是把粮食藏起来，把家禽家畜都转移走，让他们沿途一无所获。”

“对！”项启龙说，“我和二弟在这里留守，陪着王浩他们，我们没有走，他们也不好说什么了。”

任从虎吩咐项小山：“找几个人，暗暗通知下去，乡亲们要走就到云屏山。”

蔡虹对赵强、俞珍说：“我们走。”

马诣文天天盯着项启龙，他不知从哪得到消息，说蔡虹来过项家山，他问项启龙说：“表哥，听说蔡虹来过项家山？”

“哪有这个事，我怎么没听说过？”

“表哥，你不要装了，蔡虹来项家山不是找你？你还说不知道！”

“不知道就是不知道。”项启龙说，“你一天到晚和我在一起，我有什么时间去会蔡虹？”

“表哥，你真糊涂啊。蔡虹四处活动，蛊惑人心，动员大刀会支援新四军，反对国军，这是大逆不道的罪啊，你怎么还和他来往？你要赶紧把他抓起来，交给我们，表明你的态度和立场，为剿匪立功啊。”

“我不想立什么功，但你叫我抓蔡虹，我没有见到他，怎么抓呀。”

“龙司令大军将到，要求大刀会密切配合国军消灭新四军。表哥，形势紧迫，你必须站到政府和国军一边来，不能再置身事外了。”

“龙彪又不给我们发枪支弹药，我们大刀会无枪无弹，能抓蔡虹、能打新四军?”

马诣文严肃地说：“表哥，如果这次你不执行龙司令的命令，到时候是要掉脑袋的呀！我这都是为你好。”

项启龙不耐烦地说：“你们国民党要打共产党，却要我做这做那，我又不是国军，我不吃他龙彪的饭，又不拿他的薪水。”

马诣文警告：“表哥，你要知道你这样下去的严重后果!”

蔡虹到了云屏山，见不少避难的老百姓陆陆续续地上了山。蔡虹粗略地看了一下，男男女女，拖儿带女，有数万人之多。山上连绵不尽的草棚，更多的老百姓依树而坐，和衣而卧。蔡虹和地下党取得了联系，把上山的老百姓组织起来，尽可能地安排好农民的生活，安抚大家的情绪。蔡虹交代赵强、俞珍和项小山深入老百姓之中，了解夏家坪的情况。据老百姓反映，夏长龙在农村斗地主，分田地，干得热火朝天。很多农民跟着夏长龙走，地主、富农、乡绅有的跑到合肥，有的跑到中江，还有的跑到上海去了。已经有十几个乡镇，建立了共产党政府。蔡虹听说，既十分担心，又暗暗惊喜。他决定再赴夏家坪，了解情况，向支队汇报。

蔡虹命赵强在山上留守，自己和俞珍、项小山下山。来到夏家坪，远远地看到村头的打谷场上，红旗招展，人群如潮，夏长龙正在召开“反‘清剿’誓师大会”，几千农民坐得整整齐齐，手里握着长矛大刀，气势威严。夏长龙正在做着报告。

蔡虹暗暗吃惊。心想，在项家山那边，“反清剿”是在暗中进行，在这里，“反清剿”是公开进行，而且声势浩大，不可同日而语。蔡虹好像进了另一个天地，精神为之一振。

夏长龙看到蔡虹来了，十分高兴，把情况简单地作了汇报。

蔡虹问："你们闹这么大的动静，国民党地方政府不来干预？"

夏长龙一笑说："国民党地方政府被我们牌子砸了，房子烧了，跑了没影儿了。"

"保安队也不来捣乱？"

"保安队被我们打得落花流水。"

蔡虹问："你们是怎么把这么多农民动员起来的？"

夏长龙说："我们帮助农民分了粮，分了田，建立了地方政权，选举了自己的甲长、保长、乡长，有了政权，我们就能发号施令，统一行动，一举把国民党地方政府，连同他们的保安队赶走了。"

"你们下一步的行动是什么？"

"通过'打土豪、分田地'把农民的积极性和革命精神调动起来，像滚雪球一样，迅速壮大革命队伍，扩大革命根据地，协助我新四军主力，打败国民党的进攻。"

夏长龙的话使蔡虹受到强烈的感染和鼓舞，他想，夏长龙真能说到做到，虽然所学的理论不多，但能联系实际，学以致用，工作都做到点子上了，对他真应该刮目相看，看来放了夏长龙，是做对了。

夏长龙要求蔡虹在会上讲话，蔡虹先简单地肯定了夏长龙的工作，然后转到反"清剿"斗争，蔡虹说："国民党顽军五千多人，装备精良，气势汹汹，企图一举消灭我皖中新四军。但是我们不怕他们，我们的军事力量看起来比他们弱，但是他们打内战不得人心。我们是正义之师，最后胜利一定是我们的。"蔡虹的讲话，增添大家战胜国民党顽军的信心。

夏长龙说："乡亲们，共产党给我们分了粮，分了田，我们还能让地主再夺回去吗？要是那样，我们不仅保不住田，连脑袋也保不住。现在我们眼前只有一条路，跟共产党走，跟国民党拼，保住我们的胜利果实。因此，我们要听共产党、新四军的话，服从反'清剿'需要，坚决打败国民党军队，保卫革命根据地，保卫我们穷人的天下。

大家振臂高呼："跟着共产党，打败国民党，穷人要翻身，共产党万岁！"真是气壮山河。

利用农民高涨的革命热情，蔡虹在夏家坪召开了新的根据地保长、甲长会议，布置反"清剿"工作。蔡虹要求："为了打破顽军的'清剿'，当前要协助新四军主力，做好四件事：一是封锁消息，不让顽军知道新四军在什么地方；二是帮助侦探敌人的动向，使敌人的一举一动尽在我掌握之中；三是把粮食、牲畜转移或隐藏起来，不让顽军得到物资补充；四是组织民夫，届时帮助新四军运送物资和伤员等。"

夏长龙发出指示："各村抽人巡逻，发现不是本乡的可疑的人，一律扣押起来；本乡村农民出村，要经过批准，不得自由走动。派人尾随国民党军队，监视他们的一举一动；每个家庭抽一个男丁或女丁，组织运输队，带上粮食，随新四军主力行动。同时组织担架队和卫生队，到时候帮助运送伤员。"夏长龙最后说："国民党军队来了，咱们穷人要跟他们干。谁家的人牺牲了，就是烈士家属，分好的田、好的牲畜，世世代代光荣。"

大家问带多少粮食，抽多少人？夏长龙说："粮食暂定大米三百担，人数一万人，到时候如需要，随时补充。"夏长龙要大家自报一下数字，各保长、甲长都多报争功，不甘人后，表示要超额完成任务。结果统计，粮食超过了六百担，人数超过了两万人。

蔡虹暗暗吃惊，过去担心没有米，没有人，可是现在，如真能实现，也太过量了。"同志们积极性是好的，但我们还要考虑农民的承受能力，三百担大米，一万人，如果真能筹到，就很不错了，如确需增加，再行通知吧。"蔡虹强烈地感受到夏长龙已是今非昔比了。同时也明显地看到，农民经过分田分地之后，迸发出那种拥护共产党的真心和为保卫既得利益赴汤蹈火的精神。

大路上，国民党顽军在前进。龙彪和孙俊杰坐在车内。

又是一阵激烈的枪声。龙彪从汽车窗口问："又是小股新四军？"

郑中盛跑过来报告："这小股新四军曾被我们打败了，他们一直尾随而来。"

龙彪命令："去把他们统统消灭。"

孙俊杰说："司令，我们不能让这小股的新四军拖住了我们的手脚。还是抓紧时间赶路吧。"

龙彪说："孙观察员，和新四军打仗，也就是这个样子了。他们没有大炮，没有重机枪，没有城池，打仗也就是这么小捣小戳的。"

“龙司令，可千万不能轻视新四军啊！”孙俊杰提醒说。

这时侦察员前来：“报告司令，沿途老百姓逃亡一空，粮食、牲畜都不见了。”

龙彪说：“再找找看，老百姓能跑到哪里去？跑掉和尚跑不了庙，到处搜搜。”

说着龙彪让汽车停下，他和孙俊杰下车。后面廖开田的车子赶到，见龙彪下了车，他也赶紧下车。

龙彪问廖开田：“现在到哪个县界了？”

廖开田说：“现在已经到了临江县境内。”

“王浩县长怎么不来，他没有接到通知吗？”

“司令，我们派人和他联系，直到现在还没有回来。”

“再派人去，催一下，让王浩送一些大米、猪肉、羊肉过来。如果一时凑不起来，就准备大洋。”

“是，我马上再派人过去。”

孙俊杰说：“司令，老百姓把粮食藏起来，难道他们知道我们的粮食没带足，蓄意叫我们饿饭？”

“不是。”龙彪说，“这是共产党搞的鬼，共产党总是胁迫老百姓跟着他们走，这事不足为怪。”

“司令，我们应该加快进度，一举捣毁新四军驻地，只要捣毁了新四军的老巢，老百姓就会害怕，不敢支援新四军，那时我们要粮有粮，要钱有钱，就如鱼得水了。”

龙彪对孙俊杰的建议不以为然，他说：“不要急。共产党打仗，向来不争一城一地的得失，你是到过新四军驻地的，他们那里除了几间草棚，还有什么？你捣毁他们驻地，他们损失什么？他们会逃到另外一个地方再搭几间草棚嘛。但是我们却被拖得筋疲力尽，不晓得他们到哪里去了。”

廖开田插话道：“是啊，龙司令这是对付共产党、新四军最好的办法。一步一步，步步紧逼。新四军只是骚扰而已，不敢与我们决战，他们必将成为瓮中之鳖。”

孙俊杰说：“计划是好计划。但是兵书上说，远程作战，宜在速胜。我只怕时间一长，我们后勤供应不上，到时候军心涣散，就不好办了。”

龙彪不耐烦地说："孙观察员不要过虑了，从合肥到临江，算是远程吗？况且我们是在自己的统治区内打仗。"

廖开田向他挤挤眼，意思是龙彪向来自负，谁说他也听不进，还是不说为好。孙俊杰便不再说话。

龙彪想了想说："廖司令，派人去把马诣文叫来。大刀会那边怎么样，怎么也不见送粮食来？"

"是，我再派人去。"

了解了夏家坪的情况后，蔡虹真是欢欣鼓舞。他带着俞珍再上云屏山。途中，项小山收到他妻子叫人送来的信，说家乡正在进行土地改革，要小山快快回家，参加分田分地。项小山告别蔡虹，回项家山去了。

蔡虹、俞珍来到云屏山，进山之后，觉得和前次相比，有些冷清。正在纳闷，迎面遇上了赵强。

蔡虹问山上的情况。赵强说："山上许多人都下山回家去了。"

蔡虹问什么原因。赵强说："乡里都在搞打土豪、分田地，农民都回乡分田分地去了。

蔡虹叹道："运动大有席卷乡村之势啊。"

蔡虹心中虽觉得欣慰，又深感不安，毕竟夏长龙是自己保荐的，又是自己擅自放了这个组织上已决定判死刑的人。现在闹了这么大的动静，是好是坏，是正确是错误，尚无定论。

正在说话，忽见山下跑上来一个人，见到蔡虹，气喘吁吁地说："蔡部长，任会长要我来找您，项会长被国民党抓起来了，要想办法救他。"

蔡虹问现在人在哪里。来人说："就关在项家祠堂里，外面保安队几十个人把守，王浩逼项会长交出两百担大米，如果交不出，就别想活着出来。"

"快！我现在就出发。"蔡虹说着就随来人向山下跑去。

# 二十九、盘云山上

蔡虹他们连夜赶到项家山，见到任从虎。任从虎说："王浩突然抓捕大哥，我们事先没有想到，他是让马诣文出面诱捕的，否则也不会被抓到。恰巧大刀会会员都回家分田去了，我也回家去了，昨天才得到消息赶来。王浩、马诣文出示了龙彪逮捕项会长的密令，并宣布政府告示，说大哥通共通匪，下令取缔大刀会组织。大哥现被关在祠堂里，龙彪大军一到，大哥就没救了。我通知各堂会派会员来救大哥，估计他们一时不能赶到。"

蔡虹对赵强说："你赶紧去夏家坪找夏长龙，要他派人来救项会长。大家齐心合力，把王浩和他的保安队赶出项家山。"

赵强飞快地走了。

蔡虹对任从虎说："放心，龙彪一两天还不会到。等夏长龙一到，我们就对县保安队展开进攻，一举救出大哥。"

任从虎将蔡虹等人安排到秘密的地方住下，只等夏长龙到来。

当天夜里，赵强和夏长龙带了一千多人赶到。其中有基础乡村干部、民兵，甚至还有儿童团，许多人同时也是大刀会会员。蔡虹简单交代了任务。任从虎把大刀会收藏的枪支发给大家，很快形成了一支有力的武装。蔡虹命俞珍带人去抓王浩、马诣文，赵强带人去消灭县保安队。大家趁着黑夜，向项家祠堂逼近。

俞珍迅速包围了王浩、马诣文的住处。俞珍命大刀会会员堵住门口，自己带人翻墙而入，直扑王浩、马诣文卧室。王浩负隅顽抗，被俞珍当场击毙。马诣文凭着对地形的熟悉，在黑夜的掩护下从便门脱逃。

赵强带人直扑保安队，保安队经不得一阵扫射，死的死，逃的逃。蔡虹、任从虎、夏长龙，冲进祠堂，将被关在里面的项启龙救出。

项启龙见到蔡虹，感激地说："三弟，我知道你会来救我的。"

蔡虹向他介绍夏长龙，说："是夏委员带人来救的。"项启龙握着夏长龙的手说："感谢夏委员。"

夏长龙说："不用谢我，我是听蔡部长的。天下穷人是一家，共产党才是穷人的大救星。"

天亮了，任从虎通知的大刀会会员也赶来了几百人，大家见到项启龙被平安救出，这才放心。项启龙对大家说："国民党不打鬼子，打内战，还要我们为他们服务，我们绝不听他的。夏委员说得好，天下穷人是一家，只有共产党才是穷人的大救星。从今以后，我项启龙和大刀会，听新四军的，跟着共产党走。"

大家欢呼："好啊，拥护共产党，打倒国民党，支持新四军。"

蔡虹说："大刀会和新四军是一家，项家山是人民的项家山，我们绝不能让国民党顽军在这里横行。只要我们团结起来，就一定能够打败国民党的'清剿'。"

救出项启龙后，蔡虹带着项启龙、任从虎、夏长龙、赵强、俞珍一起回支队汇报情况，领取任务。

到达白茅山，支队主力已经离开两天了。蔡虹他们急忙追了过去。

此时，曾世雄、谭天木带领部队行进了五十多华里，与国民党军队的距离越来越近。谭天木和曾世雄蹲在地上研究地图。

谭天木说："我们和敌人越来越近了，这个仗选在什么地方打，十分重要。龙彪是李品仙的亲信，这个部队装备很好，是个精锐之师，我们不能硬拼，要攻其弱点，发扬我之长处。"

曾世雄表示赞成说："根据我们的情报，李品仙历来抠扣军费，他不可能给龙彪带多少粮食，我们只要把他们拖住，让他粮草不济，不战自乱。选择战场，要在我们群众基础好、后勤保障有力的地方。"

"问题是我们的根据地太小，没有多少纵深里程可以回旋。"谭天木还是犯愁。

"是啊。临时抱佛脚，现在也来不及了。"曾世雄想了想说，"不知道大刀会那边怎么样，蔡虹能不能为我们选一块群众基础好的地方救救急？"

“听说夏长龙在夏家坪一带‘打土豪、分田地’，建立革命政权，现在也不知道怎么样。”

“夏长龙，就是那个瞎胡闹的家伙？不是叫蔡虹把他抓来处决吗，怎么到现在没抓来？蔡虹是怎么搞的？”曾世雄突然问。

“蔡虹说要了解一下情况，是不是他改变了主意？”谭天木说。

“这是支队的决定，他怎么能不执行呢？蔡虹总是自作主张，这种行为不改，要犯大错误。”曾世雄很生气。

“‘将在外，君令有所不受’，也可能情况不像我们想象的那样，蔡虹改变主意，应该有他的理由。”谭天木解释。

“你不要为他辩解。”曾世雄说，“他不抓夏长龙，出了问题，他要负责。到时候上面怪罪下来，可不能怪我们不保他。”

正说着，通讯员报告：“蔡部长回来了。

谭天木说：“太好了，蔡虹总是在我们最需要他的时候出现。”

只见蔡虹、项启龙、任从虎、夏长龙、赵强、俞珍等人大步走了过来。

见到项启龙，曾世雄感觉大刀会还是站在新四军一边，心中大喜，首先上去同项启龙握手说：“你们来得正好。”

谭天木说：“正需要你们来商量事情。”

曾世雄问蔡虹：“情况怎么样？”

蔡虹说：“报告政委、支队长，大刀会已经宣布与国民党决裂，服从新四军指挥，他们将是我们有力的支援。”

曾世雄看着项启龙问：“是这样吗？”

项启龙说：“政委，大刀会从此听新四军话，跟共产党走。”

曾世雄说：“好，新四军、大刀会真正是一家人了。”

蔡虹又报告：“政委，支队长，这就是夏长龙同志。”

曾世雄犹疑地看了看蔡虹，又看了看夏长龙，没有说话。

谭天木问：“夏家坪那边怎么样？”

蔡虹回答说：“我最近去夏家坪调查了一下，夏长龙同志在夏家坪等地组织贫雇农协会，开展土地革命，建立革命政权，调动了千万农民的积极性，十分成功。整个夏家坪周围十几个乡，全部行动起来了。现在我们要人有人，要粮有粮，可以有力地支援反‘清剿’斗争。由于我当时没有实地调查，道听途说，在向支队汇报的时候，没有反映出真实情况，错误不在夏长龙同志，错误在我。我愿接受组织的处分。”

夏长龙说：“我在工作中也有错误，愿意接受组织处分。”

项启龙说：“我们项家山也要学习夏家坪，搞土改，分田，分粮，赶走国民党，建立革命根据地。”

曾世雄听到这里，心中方才满意，不禁点了点头。

蔡虹说：“国民党临江县政府把项家山作为重点控制区，县长王浩坐镇项家山，由于项会长不与国民党合作，王浩把项会长抓起来，逼着他筹集两百担大米，并宣布取缔大刀会，企图杀害项会长。夏家坪农民贫雇农协会和项家山大刀会联合起来，打败了国民党临江县保安队，击毙了县长王浩，项家山现在是人民的天下，我们的天下。”

曾世雄大喜，连声说：“好好，你们干得好。”

谭天木招呼大家：“现在国民党军队已经不远，时间紧急，我们共同研究一下作战方案吧。”他指着地图说，“目前，国民党军队一路过来。进入了临江县界。我们设了三道防线，派小股部队去骚扰他们，拖他一两天时间，我们好从容布局。可是三道防线之后，我们就不能再退了，必须选择最后的战场与国民党军队决战。”

曾世雄说：“目前我们力量弱，敌人的力量强，我们就必须削弱他们的优势，弥补我们的弱势。他们的优势是兵力多、装备好、战斗力强。我们的优势是群众基础好。大家出出主意。”

蔡虹说：“我们已经做好了充分的准备。我们首先布置沿途老百姓坚壁清野，把粮食、牲畜都藏起来，使顽军得不到粮食补充；我们发动群众到处设卡，剪断电话线，把顽军派出的通讯员、情报员统统控制起来，使顽军变成了聋子和瞎子。而且我们已经筹集了三百担粮食，动员了一万多人参加送食品、运弹药、救伤员等后勤工作，保证每一个战斗人员有五六个人搞后勤，从整体上讲，我们参战的人数超过了敌人，为保证战争胜利创造了有利条件。”

谭天木大喜：“好啊，蔡虹同志想得很周到，你的工作已经做到前面去了。你们看看，我们与顽军的最后较量，战场选择在什么地方为好。”

曾世雄说：“要在群众基础好、后勤保障有力的地方。蔡虹同志，你说说看。”

蔡虹随手拾了一根树枝，在地上画起来：“政委，支队长，我建议把战场选在盘云山。”

“为什么?”

“盘云山在夏家坪和项家山之间，周围都是我们新的根据地。盘云山山不高，面积不大，山上没有大树，只长了一些茅草，无险可守，甚至饮水都很困难。但是，它是到达我们根据地的最后一座山岗，再往前就一马平川直达我们的白茅山了。我军于途中不断对顽军进行骚扰，让敌人在傍晚时分到达盘云山下，我军在盘云山上摆开决战的架势，敌人就是想和我们决战，一定正中他们的心意。打一阵之后，我军就撤出战场，假装溃退。敌人趁势夺下盘云山。这时天色黑下来了，敌人不惯夜战，必然驻守山上，以待天明。这时我们就来个回马枪，把盘云山包围起来。但是我们不去攻山，只把他们困在山上。我盘算，敌人从合肥出发已经第六天了，粮食应该也吃得差不多了。把他们困在山上，让他们尝尝没有饭吃，没有水喝的苦头。敌人在山上没有后勤供应，坚持不了几天就会大乱，那时我们趁乱进攻，必然大获全胜。政委，支队长你们看怎样?”

谭天木点头：“这个方案好，我赞成。”

曾世雄说：“蔡虹同志用的是和敌人拼后勤的办法，真是后勤部长啊!”

“是和敌人拼后勤，敌人一贯封锁我们，我们今天也来‘封锁’一下他们，让他们尝尝后勤不济的苦头，这就是打后勤战。”蔡虹继续说，“再说，盘云山下地势开阔，我们利用开阔地，发动群众挖好战壕，山上下来一个打一个。清清楚楚，无遮无掩。顽军上山容易，下山就难了。”

“有了群众的支援，这仗打胜就有把握了。”曾世雄信心大增。

夏长龙说：“根据战争的需要，我们还可以临时增加人员，一万人，两万人，也是振臂一呼的事。”

项启龙说：“我们大刀会也可以组织几万人参加战斗。”

“对。”任从虎说，“我们要在这场战斗中立功。”

谭天木命令通讯员：“叫蒋锋团长过来。”

不一会儿，蒋锋飞马而至。见到蔡虹十分惊喜，问：“老蔡，你怎么跑来了，是不是想跟我们一起打仗?”

曾世雄说："蔡虹同志已组织了农民兄弟全力配合你们战斗。"

"那太好了。"

谭天木命令："蒋锋同志，我命令你立即带部队到盘云山修好工事，我们打算在盘云山与敌人决战。"

"盘云山，是个打仗的好地方。"

"别急，我还没说清楚，这次战斗，你们只准失败，不准胜利，打他一阵，坚持到天黑，就撤下来。"

"为什么？"

"我们要让敌人在山上安营扎寨，然后我们来杀个回马枪，把敌人围困在山上。"

"这是怎么个打法？我们应该占领山头，居高临下。放弃高地，然后仰攻吗？"

曾世雄说："我们的目的不是攻打山头，而是困住他们，这是蔡虹同志的主意。"

蒋锋想了想："哦，我明白了。邬营长，通知部队，向盘云山进军。"

计划已定，蔡虹他们分头回项家山、夏家坪去。曾世雄嘱咐说："支队的后勤保障就看你们的了。"

蔡虹向支队长、政委敬了一个军礼，带着众人去了。

谭天木看着蔡虹远去的背影说："蔡虹真是一条龙啊。"

曾世雄点点说："是啊。团结项启龙，他做得好；不抓夏长龙，他做得对。我们一下子扩大了十几个乡的革命根据地，解决了我们后勤保障的大问题。盘云山这一仗，胜利主动权已经抓在我们手里。蔡虹这个后勤部长的一举一动，都关系到我军的生死存亡。"

"走！"谭天木和曾世雄翻身上马，信心十足地带领部队向前行进。

由于新四军小股部队的骚扰，国民党军队走走停停，行动十分缓慢。又走了半天，只见两匹快马从前方赶来，在龙彪车边停下，马诣文下马，向龙彪敬礼："报告司令，大刀会造反了。"

"造反了？什么情况。"龙彪吩咐停车。

"我们要求项启龙为国军筹集两百担大米，项启龙不仅不配合，还与新四军暗中来往，我们遵照龙司令指示，就把他抓了起来让他为我们筹大米。大刀会就勾结新四军，冲了我们的保安队，抢走了项启龙，打死了王浩县长。我冒死冲了出来。”马诣文回答说。

龙彪大怒：“怪不得这几天没有动静。我早就说过，项启龙被共产党赤化了，大刀会应该取缔，项启龙应该枪毙。”

马诣文说：“卑职没有料到事情会闹到这样，还是司令有先见之明，早知如此，我早就该把项启龙毙了。”

“你现在去办也不迟。”龙彪说，“枪毙项启龙，这事就交给你了。毙了项启龙，回来见我。”

“是。”马诣文呆呆地站在路边。军队继续前进。

两天后，国民党军队行进到盘云山下，一路上没有谁送粮食来，也没有地方官员前来迎接，因为龙彪派出去的情报人员，都被大刀会控制了，王浩死了，地方官员根本得不到通知。龙彪派人到村子里去，不仅找不着老百姓，连粮食和家禽家畜也都不见了踪影，军队好像走进了沙漠。龙彪下令搜粮，折腾了半天，一无所得。

部队只得赶路，远方一座孤零零的山冈，龙彪问是什么地方，郑中盛说：“这山叫盘云山，过了这个山，就是一马平川了。”

龙彪说：“我看哪，新四军的最后防线应该就在这座山上，离开了这座山，他们就无险可守了。”

郑中盛用望远镜向山上观望一会儿，对龙彪说：“报告司令，山上果然发现了新四军。”

廖开田说：“龙司令料事如神。”

“我们与新四军的决战，就在这座山上”龙彪说，“趁着天黑之前，拿下盘云山。”

“是。”郑中盛布置去了。

孙俊杰说：“我建议把新四军包围起来，困住他们。”

龙彪笑着说：“孙观察员所见差矣。如果想困住他们，必然要几天时间，这几天时间，他们有耐心被困，我却没有耐心困他。新四军几个人，几杆枪？还用得着我们去困吗？我们只要火炮一响，机枪一扫，军响一吹，一个冲锋就拿下来了。如果我们围而不打，那真太抬举他们了。消息传出去，人家不是笑话我龙彪胆小畏敌吗?”

“新四军占领山头，居高临下，又有地势之便，我们不可轻敌。”

“放心，我和共产党打了几十年的交道，还不知道他们有几斤几两?”

廖开田再次向孙俊杰挤眼睛。孙俊杰不敢再说。

龙彪命令：“准备战斗，向盘云山开炮。”

一排野战炮架好了，郑中盛一声令下，几十门炮火齐发，盘云山上一片火海。

此时，蒋锋带着战士们坐在山背面的掩体下面吃着大饼。

蒋锋说：“大家不要着急，国民党军队有的是炮弹，让他们放一放，盘云山是炸不倒的。”

直到炮声停止，蒋锋才下令：“各就各位。”战士们进入早已挖好的战壕，架好了机枪、步枪，摆好了手榴弹。

这时顽军司号员吹响了冲锋号。郑中盛大呼：“弟兄们，冲啊!”顽军一齐呐喊，向山上冲去，同时机枪向山上扫射。

蒋锋等顽军冲到近前，才大呼一声：“打！狠狠地打。”枪声齐鸣，顽军倒伏一片。山上确有居高临下之便利，顽军冲锋艰难，死伤惨重。顽军纷纷后退，第一次冲锋被打了下来。

对于冲锋失败，龙彪大发雷霆。他问郑中盛：“一个小小的盘云山都打不下来，是不是要我亲自上去呀?”

郑中盛连忙说：“司令息怒，属下无能，下一次我将亲自带队冲锋。”

休息了一会儿，顽军开始组织第二次冲锋。炮火作为冲锋的前奏，一连炸了半个多小时，顽军再次吹响了冲锋号。

蒋锋带着战士们再一次进入战壕，投入战斗。

这时，一名通讯员冒着炮火上来，给了蒋锋一张纸条，蒋锋一看，是谭天木的字：“命令你部火速撤退，不得恋战。”

蒋锋冷笑了一下，把它揣进了袋，对战士们说：“同志们，平时你们不是骂顽军不是东西吗，你们不是恨顽军不打鬼子，专打新四军，专门欺负老百姓吗？现在是你们出气的时候，狠狠地打吧。”

战士们士气振奋，一齐向顽军射出了仇恨的子弹。

这一次，郑中盛在前面，顽军士兵不敢退却，拼命向前，攻势十分猛烈。新四军仗着山势，寸土不让，有几次顽军冲上了新四军的阵地，都被战士们顽强地打退。

郑中盛见夺山无望，不好回去见龙彪，只好饮弹自杀。

在新四军支队指挥所里，谭天木见蒋锋迟迟不撤，十分生气，他说："这个蒋锋，看他打出瘾来了，这样下去，要破坏我们的计划。"

战场上，蒋锋见顽军被打退，十分高兴。他重新看了看谭天木的字条，心里说："为什么要撤退，我还想多打他几个呢。"但嘴里却对邬营长说："传达我的命令，部队撤出战斗。"

邬营长感到奇怪："为什么要撤出？"

"上级要求，只许败，不许胜，没有办法，执行命令吧。"

战士们从战壕里撤了出去。

龙彪见第二次冲锋被击退，更是冒火。他说："你们在这儿，这一次我要亲自上阵，务必在天黑之前拿下盘云山。

廖开田劝道："司令不可亲征，这一次我去冲锋，不把盘云山拿下，不回来见司令。"

孙俊杰说："我带几千人从后山上去，与廖司令前后夹击，一定会大获全胜。"

"好。"龙彪说，"就烦孙观察员亲自上阵，如若成功，我将禀报老头子记上你一功。"

"功不功都不计较，只要拿下新四军，就是为党国立功。"

廖开田和孙俊杰一齐出战。这一次是倾巢出功，四五千人分两路向山上攻去。

谭天木见蒋锋还没有下来，急着说："敌人两次攻山没有成功，必然增加兵力，如果蒋锋再不下山，将会有全军覆灭的危险。"

正说着蒋锋带着战士们回到支队。

蒋锋报告："支队长、政委，我们狠狠地打了一下顽军，消一下这几年受的恶气。"

谭天木板着脸说："胡闹，要你撤下来，为什么不撤？要是晚一步，就会被顽军包围，你们就回不来了。"

“顽军不都是傻瓜。正面打不下来，他们一定会考虑从侧面进攻。打仗可不能凭情绪办事。”曾世雄强调说。

“首长放心，我自然会掌握时机。”蒋锋得意地说。

谭天木说：“龙彪这个人从不把我们放在眼里，他想，新四军那几杆枪，那几个人，只要一冲，新四军就会垮下来。但是他冲了两次没有成功，知道新四军有分量，恐怕也变得聪明了。”

这时顽军开展攻山，大炮把山顶地毯式地轰炸了一遍，然后从正反两面发起了冲锋。使他们感到奇怪的是，没有见到新四军的抵抗。

廖开田对随身军官说：“机枪扫射。”

军官问：“司令，没有看见新四军，朝哪儿打？”

“朝石头上打。”

“为什么？”军官不解地问。

“傻瓜，打枪是给山下的龙司令听的，说明我们拿下山头不容易。”

“明白了！”军官大声喊，“新四军藏在石头里面，给我狠狠地打！”

一排排机枪子弹扫了过去。

这时，孙俊杰带兵往山顶上攻，他命令部队进行地毯式的扫射，枪声不停，一直打到山顶。

突然士兵报告：“对面山头上发现新四军。”

孙俊杰下令：“组织进攻。”

对面山上是廖开田带的部队。此时有士兵向廖开田报告：“对面山头上发现新四军。”

廖开田下令：“卧倒，准备战斗。”

双方打了一阵了枪，孙俊杰那边吹起了冲锋号。

廖开田一听，大声说：“别打啦，是自己人。”

孙俊杰也发现打错了，下令停战。

双方互相埋怨，都指责对方胆子太小，畏敌太甚，闹了个大笑话。

双方军队汇合到一起，占领了盘云山。

# 三十、后勤之战

龙彪在山下焦急地等待消息，这时传令兵报告："盘云山已经占领。"

龙彪大喜："我料新四军是经不得打的。下令在山上安营扎寨。"

廖开田和孙俊杰在山上巡逻。

孙俊杰不放心地说："新四军主动撤了，这里面有什么阴谋。"

"哪有什么阴谋？"廖开田说，"新四军知道不是我们的对手，当然会撤出的。"

"新四军这一退去，就无险可守了，他们不想一想这严重的后果？"

"想嘛，肯定是想啊，军力不济，想守也守不住啊。"

"我想新四军不会那么简单。"

这时龙彪走上山来，廖开田、孙俊杰连忙上前敬礼。

孙俊杰对龙彪说："司令，新四军一击就溃，我担心他们是主动撤出，这里面肯定有阴谋，我们要多加小心啊。"

龙彪笑道："孙观察员多虑了。就算是新四军主动撤出，也是因为他们知道守不住盘云山。不然的话，新四军是不会放弃这最后一个防御阵地的。好了，新四军最后一道防线被我们攻破，下面是一马平川，这后面的仗就好打了。"

廖开田奉承说："龙司令既是虎将又是福将。此次清剿江北新四军，基本上说是大功告成了。"

龙彪要求："大家好好吃顿饭，休息一下，迎接明天的战斗。"

这时，炊事兵报告："司令，炊事班做饭找不到水。"

"找不到水？这么大的山没有水？"

“没有水。”孙俊杰想，“难道是新四军主动让出这个没有水的荒山，想在这里困死我们?”

龙彪说：“派人到山下找一找。”

廖开田上前说：“找水这么个小事，也来惊扰司令，太不像话。”又转身对龙彪说，“我已经派人搭建临时指挥所，司令您先就地休息一下。”他扶着龙彪坐在一块大石头上。

过了一会儿一个炊事兵来报：“山下面有一个坑，里面有些积水，天黑，看不出是干净还是不干净。”

“先对付着做顿饭吃，明天再说。”廖开田说。

龙彪命令各部派人值班巡逻，防止新四军来袭。

炊事员架起了锅灶，淘米做饭。首先是米不多了，再就是柴草也不好找，加之用水困难，折腾了很长时间，饭也没做好。士兵们都饿得慌，几个巡逻兵背着枪在附近来回走动，就是不肯走远。大家在议论：

“几天都没吃饱饭了，一点力气也没有。”

“是啊，今晚的饭什么时候能到嘴，还说不定呢。”

“前几天都说有人送米来，怎么到今天还不见人来?”

“老百姓都跑光了，谁还会送米来?”

“今晚的饭也不知够不够，我们可不能走远啊。”

“那是啊，去晚了就抢不到了。”

炊事班那边，锅里面刚刚冒热气，周围已围满了等饭的士兵。大家敲着碗，焦急地等待着。

黑暗中，新四军将士悄悄向盘云山逼近，形成了一个大的包围圈，把盘云山围了个水泄不通。战士们迅速挖掘战壕。这时，由项启龙、任从虎带领的几千农民，也参加了挖战壕的工作，黑土翻飞，很快一条黑色的壕沟就形成了。

夏长龙带领的贫雇农协会在蔡虹、赵强、俞珍的指挥下，挑着箩筐和篮子，把米饭、大饼和水送了上来，担架队也做好了运送伤员的准备。

不到两个小时，战壕挖好了，新四军战士们席地而坐，开始用餐。

蒋锋说：“同志们，乡亲们给我们送来吃的，省了我们做饭的时间，大家赶快吃饱喝足，做好打仗的准备，别让这帮国民党顽军跑了。”

蔡虹过来说：“蒋团长，子弹也给你们运来了，还需要什么？”

“不需要了。”蒋锋感激地说，“你们后勤保障做得这么好，我们这仗要是打不赢，真不好意思说了。”

“那就打个大胜仗，把顽军好好教训一下。”

蒋锋像下级一样敬礼：“是！”

蔡虹友好地打了他一下，两人亲切地大笑起来。

山坡上，国民党军队锅里的饭刚做好，官兵立刻围上去抢起来。由于抢得激烈，饭桶倒了，汤也洒了，有几个士兵还打了起来。

军官们上前劝阻，一边骂着：“该死的，吃饭都打架，让新四军打死你们才好呢。”

临时指挥所里，龙彪、孙俊杰、廖开田围坐在一起，有炊事员专门送来饭菜，在用炮弹箱架起的台子上摆开。

廖开田说：“司令，喝点酒吧。”

龙彪说：“战场上，就免了。”

“司令您打了胜仗，拿下了盘云山，应该庆贺一下。”

孙俊杰也劝他喝一点。龙彪在大家的劝说下说：“好好好，就喝一点，明天好消灭新四军。”

廖开田为龙彪倒上酒。

外面将士们争食打闹的声音传来。龙彪听了听，问：“怎么回事？”

廖开田说：“战士们为吃饭争起来了。”

龙彪想了想，无可奈何地喝了一杯酒说：“明天我们一方面追击新四军，另一方面派人去搞粮食。”

廖开田说：“我已经作了安排，请司令放心。”

孙俊杰也说：“打败了新四军，让老百姓好好地犒劳我们。”

第二天天刚蒙蒙亮，远远地听到雄鸡的啼鸣声，还有牛、羊、猪等家畜的叫声。

龙彪说：“你们不是说老百姓都逃走了，家禽家畜都不见了，这不是家禽家畜在叫吗？”

廖开田说："也许老百姓回来了呢。"

龙彪说："派人下山搞粮食。"

廖开田答应着。

孙俊杰用望远镜看了一会儿，突然恐慌地说："司令，您看，我们被新四军包围了。"

龙彪不以为然地说："新四军包围我们，不会吧？这么大的盘云山，新四军只有两千来人，怎么能围得了？"

廖开田用望远镜看了看，然后说："我想，新四军是不是想攻山？"

"那就更不会了。"龙彪说，"新四军本来在山上，居高临下，有地势之便，他们却守不了。现在在山下，他们还会攻山吗，除非他们是白痴。"

孙俊杰也看了看："司令，新四军不是两千多人，看起来有好几万人。"

"什么，好几万人？新四军大部队来了？"龙彪说，"不会的。他们在苏北已经陷入我军的重兵包围之中，怎么能脱身到这边来？我看你们哪，是患了新四军恐惧症了。"

孙俊杰说："那就是新四军和老百姓在一起。"

廖开田朝山下看了看说："是有好几万人，司令，新四军一夜挖了这么长的战壕，没有大刀会的帮助是不可能的。"

龙彪接过望远镜对山下看看，确实发现新四军当中掺杂着不少老百姓。他恨恨地说："看来大刀会真是反了。"

突然，枪声大作，山上顽军一片惊慌。

廖开田上前问："是不是新四军打上来了？"

龙彪站起来说："打上来好啊，我就是要他们尝尝美式装备的厉害。"

廖开田拔出手枪："准备战斗！"

但枪声又停了。龙彪奇怪地问："怎么又不响了？"

一个士兵报告："司令，不是新四军攻山，是我们的炊事员到山下取水，被新四军打回来了。"

"山下取水，山上没水了？"

"山上没水了。昨天那个小池塘，被新四军夜里派人把它放干了。"

孙俊杰说："看来新四军是有目的的困住我们。"

龙彪命令："派一个排的部队下山，护送炊事员取水。"

不一会，枪声又响了起来。这一次比上次激烈，时间也较长。

士兵来报："司令，新四军火力太猛，我们冲不过去，伤亡很大。"

龙彪大怒："传令，再派一个连下山，坚决把新四军打退。"

枪声再次响了起来。

士兵来报："司令，新四军火力封锁严密，我军一个连大部分阵亡。"

龙彪暴跳如雷："再派一个营下去，坚决完成取水任务。"

枪声大作。很长一段时间，枪声又复沉寂。

士兵来哭告："司令，我军实在冲不下去了，全营的战士都阵亡了。"

龙彪、廖开田、孙俊杰面面相觑。

孙俊杰用望远镜向山下看了一阵说："我军在山上，本来有居高临下之利，现在我们从山上向下冲锋，就放弃了有利地势。新四军在山下平地上挖战壕，从战壕到山边，留了约五十米宽的开阔地，我们的战士将无遮无掩地暴露在敌人枪口前面，这五十米开阔地，将是一片死亡之地，我们不能随便下山了。"

廖开田说："如果不下山，我们水没得喝，饭没得吃，岂不被困死？"

"那就只好坚守待援。"孙俊杰说。

龙彪不满地看着孙俊杰："坚守待援？五千多军队被两千新四军围困，坚守待援，岂不是天大笑话。"

廖开田叹道："白长官说，'不怕共产党精，就怕共产党在老百姓当中生根'，这话多么深刻。"

此时在新四军阵地，开饭的时间又到了，乡亲们送来了米饭和大饼，战士们快乐地分享着。有的战士故意高高举起大饼，向国军官兵示意，喊："国军兄弟们，你们投降吧，投降了有饭吃、有水喝啊！"

吃过饭，战士们擦好枪，装好子弹。大家做好一切战斗准备。

山上，国军士兵呆呆地看着，一脸无奈。

新四军朝这边喊话："国军兄弟们，你们被包围了，投降吧。我们都是中国人，本不应该打内战，但是你们的长官硬是要挑动内战，害得你们吃苦受累，死伤惨重。我们支队长说了，只要你们放下武器投降，就放你们出去，如果硬拼下去，你们性命难保。"

廖开田问："司令，我们怎么办？水没得喝，粮食运不来，再这么抗下去，官兵饿也要饿死，渴也要渴死了。”

龙彪终于下定决心，说：“传我的命令，今天下午突围。”

龙彪问孙俊杰：“孙观察员，你看，我们应该怎么办?”

孙俊杰说：“司令下令突围，是完全正确的，只有突破新四军的包围，我们才能发挥作战的机动力量，与新四军决战。”

下午，到了突围的时间，顽军在山上架起大炮向山下射击，山下一片硝烟。

新四军战士躲在战壕里睡觉，尘土飞溅到他们的身上。

炮声停止，战士们迅速就位，架起了枪。

这时，顽军从山上向山下移动，由于没有掩体，他们侧着身子前进，既害怕子弹射击，又准备逃回去。

新四军战士一直等到离战壕只有二十米的地方，一齐开火，顽军无所逃避，齐刷刷地倒下，剩下几个顽军，慌忙逃回。

新四军战士说：“留下几个回去报信去吧，哈哈哈!”

龙彪、廖开田、孙俊杰在指挥所。士兵来报：“司令，新四军火力太猛，我们冲不过去，兄弟们大多数牺牲了。”

龙彪大骂：“混蛋，再给我冲，如果冲不出去，就不要回来。”他看向廖开田。

廖开田赶紧说：“我去组织。”

排好队列，廖开田说：“这次冲锋，必须成功，如果冲不出去，大家在这里没有饭吃，没有水喝，只有等死。弟兄们要破釜沉舟，不成功便成仁。如果有人胆敢退却，一律执行战场纪律。出发!”

廖开田对一位军官说：“你组织一个督战队，跟在他们后面，谁要是向后退，一律枪决。”那位军官去了。廖开田又对另一位军官说：“你组织战场第二督战队，跟在他们后面。不管是前线战士还是战场督战队员，如果后退，一律枪毙。”另一位军官亦领命去了。

两支督战队都组织好了，开始向山下进攻。

新四军那边一点动静都没有，顽军提心吊胆，一步一步向新四军阵地靠近。在接近战壕二十米地方，顽军突然冲锋，企图冲出包围。但是新四军早有准备，一阵机枪扫射，大都倒下。有的士兵转头欲逃，后面的督战队一齐开枪，后退的士兵都倒下了。大家继续向前冲，但是，向前冲锋的士兵几乎没有活的希望，督战队员也害怕起来，大家一齐向后撤。这时第二督战队向他们开枪。经过几个反复，冲锋的队伍大都战死或自相击毙，只有几个人逃回了山上。

一个小军官向龙彪报告："司令，新四军防守严密，我们无法冲过去，弟兄们都牺牲了。"

龙彪斥问："你是怎么回来的？"

廖开田上前说："我向你们说过，此次突围，事关我军生死存亡，不成功便成仁，我想你是不会忘记的吧。来，我来成全你。"他向军官端起了手枪。

军官大呼："司令饶命，我跟着您十几年了，我是忠心耿耿，立过多次战功啦！"

"砰！"廖开田一枪将其毙命。

龙彪对廖开田说："看来，还是你亲自带队突围吧。"

廖开田连忙敬礼说："是！"转身出去了。

山坡上，廖开田带领队伍黑压压地向山下逼近，这是一次垂死的冲锋，成败在此一举了。在即将接近新四军阵地时，廖开田大呼一声："弟兄们，冲出去就有活命，冲啊！"士兵呼喊着向前，但是被新四军一排排无情的子弹打倒了。没有死亡的士兵也趴在地上不敢抬头。

"冲啊！"廖开田振臂一呼，士兵们再次扑向新四军。双方在战场上展开了肉搏，新四军越来越多，顽军非死即伤，无法突出重围。

混乱中，廖开田被新四军战士一枪撂倒在地。顽军见廖开田死了，纷纷后撤。廖开田没有死，他只伤了肩膀，见士兵们后撤，他大叫一声："不要丢下我。"顽军见廖开田没死，只好把他抬着往山上逃。好在新四军看见廖开田被拖回，也不再射击，还是喊着那句话："留几个人回去报信吧。"

廖开田像死猪一样被抬到指挥所，龙彪上前看了看伤势，命令军医抓紧救助。廖开田被抬到一边去了。龙彪心情沉重地走出指挥所，站在山头上向下看。现在只有孙俊杰跟在他身边。

山下新四军在喊话："国军弟兄们，你们想突围，是突不出去的，你们想吃饭，是没饭吃的，你们想喝水，是没有水喝的，你们要是顽固到底，只有两条路，一条是饿死、渴死，一条是被打死。要想活命，只有放下武器投降。”

过了一会儿又喊：“国军弟兄们，新四军江北支队支队长谭天木、政委曾世雄要求龙彪下山谈判，要求你们承诺，中国人不打中国人，国共两党团结一致，共同抗日，放弃‘清剿’新四军的计划，永远不再搞摩擦，我们就可以放你们回去，让你们在抗日的战场上立功。”

过了一会儿又喊：“新四军江北支队首长命令，凡是放下武器，不打内战的国民党将士，新四军将给饭吃，给路费回家。凡是愿意参加新四军打日本的，我们欢迎。”

龙彪气得回到了指挥所。

突然，一阵浓烟飘了过来，原来是新四军在上风放火。火烧着了山上的茅草，顺风吹了过来。顽军军队一片恐慌。龙彪下令救火，将士们一面忍受着烟熏，一面还要灭火。一个个焦头烂额，狼狈不堪。

这时一个士兵报告：“司令，有许多人下山投降了。”

龙彪大骂：“混蛋，凡离开战场的，一个个就地枪毙！”

此时龙彪已承认失败了，他六神无主，问孙俊杰：“孙观察员，你看怎么办呢？”这一次是真心让孙俊杰拿主意了。

孙俊杰说：“一切听从龙司令的命令。”

龙彪说：“作为对党国忠诚的军人，宁愿战死，也不愿和敌人谈判。但是，兵不厌诈，也可以派人去谈，了解情况，寻找战机。孙观察员，你看这样行不行？”

“事已至此，我也赞成谈判。”孙俊杰说。

龙彪看着孙俊杰：“郑中盛死了，廖开田伤了，我身边也没有得力的人了，能不能麻烦孙观察员走一趟？”

孙俊杰吃了一惊：“我？”心想，新四军点名要你去谈判，你这个滑头，却推到我的身上。他说：“就怕我的分量不够，起不到效果。”

龙彪说：“新四军要我去谈，但是，我作为军中主帅，我能去吗？你可以去和他们谈谈，你作为顾祝同的人，也好说话一些。再说，你去过新四军驻地，和谭天木、曾世雄熟悉，熟人好办事嘛。”

孙俊杰还正迟疑，龙彪突然严肃地说："孙观察员，你既然随我上了战场，你要知道，军中无戏言，违抗军令，是要执行战场纪律的。"

孙俊杰害怕了。他想如果龙彪以不执行命令为由，把他枪毙，顾祝同也不好说话，死了等于白死，看来不下山是不行了。他只好说："既然司令信任，我可以去一趟。"

"好，孙观察员真是顾全大局。"

山坡上，国民党士兵在喊话："新四军弟兄们，现在我军派孙俊杰观察员来和你们谈判，请你们不要开枪，请你们不要开枪。"

孙俊杰带着几个警卫人员，一步一步向山下走去。

山上指挥所里，龙彪从望远镜中看到孙俊杰到了新四军阵地。他回转身对身边的参谋长说："传达我们命令，准备突围。"

"突围？那孙观察员他——"

"不要管他啦。共产党非常狡猾，孙俊杰去是谈不好的，他也是回不来的。我派他去谈判，只不过是缓兵之计。"

"高明！"参谋长说，"让孙俊杰去麻痹新四军，我们打他一个措手不及。"他转身出去喊道："集合，集合。"

在新四军前线指挥所里，曾世雄、谭天木从望远镜中见到几个人一步一步地走下山来。

孙俊杰的随从在喊："新四军弟兄们，请不要开枪，我们是奉命下山谈判的，这是我们孙观察员，请不要开枪。"

"怎么让孙俊杰来谈判？"谭天木诧异。

曾世雄说："龙彪当然不会来，也不敢来。"

谭天木说："龙彪不来，一定想利用孙俊杰麻痹我们，很有可能突围。来人，去把蒋团长叫来。"

不一会儿，蒋锋到。谭天木说："孙俊杰来代表顽军和我们谈判，这说明龙彪没有诚意，谈判是没有什么结果的，你们要防止顽军利用谈判麻痹我们，突然突围。"

"明白，我们一定做好准备，不让他们逃了。"蒋锋转身去了。

孙俊杰走到新四军临时指挥所前面，曾世雄、谭天木从掩体里出来。他尴尬地笑着说：“支队长、政委，我们老朋友又见面啦。”

谭天木说：“是啊，你们国军这么大老远赶来和我们见面，真是有劳你们啦！”

“这——，说明我们有缘啊。哈哈哈。”孙俊杰尴尬地说。

谭天木板着面孔，曾世雄也冷眼相看。孙俊杰立即打住。

曾世雄问：“龙彪怎么不来？”

孙俊杰解释：“他是军中主帅，不便离开队伍；我嘛，只是一个观察员，离开部队也没有什么大不了的。”

“这恐怕不行。”谭天木说，“你做不了龙彪的主，还是派人回去请龙彪来谈。”

“这——”孙俊杰十分尴尬。

谭天木吩咐：“请给孙观察员找一个地方休息。”

战士们知道谭天木的用意，用绳索把孙俊杰捆绑起来。

“我抗议。”孙俊杰说：“我是国军派来谈判的。”

谭天木斥道：“你不是来谈判的，你是内战罪犯，应该受到严惩。”

曾世雄也说：“既然龙彪不来，那就只好委屈你了。”

谭天木对孙俊杰带来的卫兵说：“你们回去，告诉龙彪，我们要求必须由他来谈判。他如果不来，我们就一直围着你们，直到你们困死为止。”

随行人员急忙向山上跑去。

这时，龙彪在山上已集合了队伍，准备突围。

士兵来报：“新四军要求龙司令亲自去谈判。”

“放屁。我龙彪从来不向共产党低头。和新四军能谈出什么，不理他。”

士兵正待离去，龙彪叫住了他：“你过来。”

士兵转身站在龙彪面前，不知什么意思。

龙彪指着他身上的军装说：“我们换一下。”

龙彪身边的军官补充说：“龙司令叫你把衣服脱下来。”

士兵只好脱下外套，看着龙彪穿在身上。

龙彪对士兵挥挥手说：“你去吧。”

新四军在战壕里等了一会儿，不见龙彪下山，忽然，只见山上顽军喊话："新四军弟兄们，我们投降了，请不要打枪。"

接着，只见顽军大部队整队向山下走来。为首的举着白旗，其他的人一律双手举着枪支，高过头顶，一步一步向山下走近。

蒋锋见状，急忙打电话请示："支队长，顽军打着白旗，向我们走近，打还是不打?"

谭天木说："敌人投降一定是假的，打。"

曾世雄连忙说："不能打，等一等，如果是真投降，新四军宽待俘虏。"

于是，谭天木下令："让他们把枪放到地上，超过一百米不丢枪的，一律开枪射击。"

那边蒋锋喊话："国军弟兄们，请你们把枪放到地上，我们就不打你们，接受你们的投降；如果越过一百米不缴枪，我们就要开枪了。"

喊了几次，顽军好像没有听见一样，仍然朝前走着。在临近一百米的地方，顽军突然加速，冲了过来。早已准备好的新四军同时开火，一时枪声大作，国军伤亡一片，双方进行了激烈的战斗。

顽军凭借着他们的美式武器，集中火力，猛烈突围，终于打开一条缺口，仓皇逃去。龙彪的汽车轮胎被打破，他跳下车，混入士兵中逃走了。廖开田也换上士兵服装，混在士兵中间逃走了。一部分顽军跪地投降。没有逃出去，只得放下武器，四散而去。

蒋锋率领部队猛追，顽军留下了大量的枪支、弹药和各种军用物资向合肥方向逃跑。

# 三十一、农民新军

战斗结束了。蒋锋团长向支队长、政委报告了战场情况，然后说："可惜，龙彪这个坏蛋没找到，不知道是死是活。"

"他可能混在士兵中逃走了。"谭天木说。

"逃了就逃了吧。"曾世雄说，"我们把龙彪打败，已经是一个奇迹了。"

"是啊。"谭天木也很满意，"龙彪毕竟带了两个旅的兵力，你能把他们全部消灭吗？教训他们一下，让他们今后不敢再来，就达到目的了。"

"打死了郑中盛，打伤了廖开田，活捉了孙俊杰，打跑了龙彪，看看李品仙还敢再来么。"曾世雄笑道说。

这时郑天佐过来问："孙俊杰怎么处置？"

"把他毙了算了。"蒋锋说。

曾世雄想了想："他已经放下了武器，当了俘虏。再说，他是顾祝同的人，枪毙了不好。"

谭天木建议："把他交给蔡虹，我们不管了。"

曾世雄赞同。

山洞里，孙俊杰被捆在那里。蔡虹带着赵强、俞珍走了过来。

孙俊杰哭丧着脸说："蔡部长，我们是老朋友，你要救我啊！"

蔡虹严肃地说："孙团长，你怎么还要我救你呢，效忠党国，舍生取义，这是你一贯的思想，我是来成全你的。"

"蔡部长，别别别，别杀我，我不想死，饶我一命吧。"孙俊杰大恐。

"我问你：'抓紧时间，直捣新四军老巢'是你跟龙彪建议的吧？"

“这——”

“要求大刀会封锁新四军，逮捕蔡虹，是你出的主意吧?”

“这——”

“你们的许多官兵都被我们俘虏了，什么情况我们不知道。”

孙俊杰说：“你不要怪我，我们是各为其主，身不由己。”

“你不是身不由己，这是你一贯反动，仇视共产党、新四军的必然表现。现在，你是制造摩擦、挑起内战、迫害新四军的罪魁祸首之一，我们不得不对你严惩。你还有什么可说的。”

“蔡部长。”孙俊杰哀求，“看在我们是老学友的份上，看在我表妹的面子上，饶我一命吧。请你们放我这一次，我求求你了。”

“战士们对你恨之入骨，皆曰食其肉而寝其皮，我能放你吗?”

“全赖蔡部长周全，救救我吧。”

“要想我救你，也行。”蔡虹看着孙俊杰那狼狈模样，冷笑着说，“你能保证今后不与共产党、新四军为敌，保证不再出鬼点子，不再搞摩擦吗?”

“我保证，我保证!”孙俊杰点头如捣葱，“我再也不与共产党、新四军为敌。”

“你能保证不再与日本人勾勾搭搭，能够团结抗日，一致对外吗?”

“我保证，我决不会与日本人来往，我要在抗日战争中为民族牺牲一切，请您相信我。”

“我可以从抗战大局考虑，饶你一次。”蔡虹说，“今后你要是不信守诺言，我们自有办法惩罚你。”

“谢谢蔡部长，我这辈子也不会忘记你的大恩大德。”

战士们给孙俊杰松了绑，将他带到了后勤部，他坐在桌前大口大口地吃饭。

“孙团长，吃慢一点，你好像几天没吃饭似的。”蔡虹故意说。

“蔡部长，你还装傻?”孙俊杰说，“这不都是你害的吗? 我们几天都没有吃饱饭了，部下更是肚子饿了好几天了，连水都没得喝。要是再困几天，五千多人不打仗，也得饿死、渴死。你这一手好厉害呀!”

“这不是你们自找的吗，是打内战的好处呀。”

“蔡部长，我想问一句，你们只有两千来人，怎么上了战场，就有好几万人？你们真能剪纸为马、撒豆成兵吗？”

“这你们就不知道了。我们的自卫反击战争，是正义的战争，‘得道多助，失道寡助’，有老百姓的支持，我们要多少人就有多少人。”

“看样子，大刀会真的给你们拉过去了。”

“怎么叫‘拉过去了’，大刀会与共产党、新四军本来就是一家人。”

“那我们国民党与大刀会就不是一家人？”

“你们当然不是一家人。你们搞专制，不抗日，专门打共产党、新四军，欺压老百姓，尽做些亲者痛、仇者快的事。你们早已脱离了人民，走到了老百姓的对立面，还能说和老百姓是一家人吗？”

孙俊杰似有感触地说：“是啊，为什么我军走过，老百姓逃亡一空，还把粮食、牲畜都赶走了，而你们一到，老百姓就为你们送吃的，送喝的，真是要反思啊！”

“你们心中只有自己，没有老百姓；只想到自己，想不到老百姓。你们只看到新四军没有几个人，就冒冒失失地来打新四军，你们不知道，新四军扎根于人民群众之中，我们的力量取之不尽用之不竭。”

“真是百闻不如一见。孙某佩服共产党，佩服你蔡部长。”

马诣文从龙彪那里领了任务后，寝食不安。枪毙项启龙，这个任务对于龙彪来说，只不过是一句话，但对于马诣文来说，实在勉为其难。前次他诱捕项启龙，已经迈出了罪恶的一步。但那是合谋，并不打算自己动手处死项启龙。但是这一次，他要亲手除掉他的表哥，他清楚地知道，如果不执行命令，他就不能再见龙彪，不能回到国民党军队中去，不能再担任这个虽然级别不高，但却是他目前衣食所依的中校参谋之职。况且他最近在合肥姘了一个叫苏曼的美貌情妇，他要供给她的食宿，满足她对金钱的需求。因此，没有这个职务，他的前途、女人都将统统失去，他的命运将立即改变。权衡利弊，私利还是战胜了亲情。他想，项启龙本该已死，是蔡虹救了他，现在再死一次，也在他的劫数之中。想到这里，他摸了摸腰间的手枪，把子弹上了膛，动身去项家山找项启龙。

反“清剿”战斗的胜利，使项启龙看到了共产党、新四军的未来，也看到了自己的前程，他决定带领一部分大刀会骨干参加新四军。他把这个想法向蔡虹作了报告，蔡虹当即表示欢迎。于是项启龙、任从虎和蔡虹、赵强、俞珍等在一起商量具体方案，经共同研究，精选两千名年轻、身体好的会员参加新四军，编成一个团。商量好了之后，蔡虹等连夜启程回支队汇报。

蔡虹、赵强和俞珍三人摸黑行走在往白茅山的路上，由于当时情况复杂，敌我互相渗透，为防止被敌人暗算，蔡虹他们不走大路，从小路曲折前进，经过一座山梁，远远地看见一个人影下山而去。俞珍眼尖，一眼就认出那是马诣文。

“马诣文。”蔡虹顿时有了警惕，“国民党军队已经逃回合肥，他马诣文还来干什么?”

俞珍说：“看那方向，是向项家山去了。”

“孤身一人，趁着黑夜去项家山，而且不走大道，必然不干好事。”赵强说。

蔡虹也觉得赵强言之有理：“看来是对着项启龙来的，项启龙有危险。根据我们的情报，马诣文在来大刀会之前，曾向李品仙、龙彪保证，如果项启龙不听国军号令，偏向共产党、新四军，他将代表党国，大义灭亲。现在项启龙公开偏向共产党、新四军，他马诣文无法向李品仙、龙彪交代，必然想害死项启龙，立功赎罪。”

俞珍说：“对，从马诣文诱捕项启龙的前例来看，这种事他能做得到。”

“我们回去保护项启龙。”蔡虹当机立断。

三人迅速回转，尾随马诣文而去。

送走了蔡虹等人，项启龙、任从虎都很激动，当晚摆开宴席预贺。项启龙、任从虎开怀畅饮，一醉方休。

深夜，项启龙喝得醉醺醺的往家里走，项小山在一旁陪同。经过一个大树边，突然一个黑影闪出，嘴里喊：“表哥。”

项启龙一惊，听出是马诣文，想起马诣文和王浩合谋诱捕他，差一点让他送命，怒从心头起，厉声问：“你来干什么？走开！我不想见你。”

项小山警惕地护卫着项启龙，不让马诣文靠近他。

马诣文说：“表哥，我想和你说一句话。”

“没什么说的，你走吧。”

“表哥，我做了错事，你打我骂我都可以，我要痛改前非。”马诣文哭着说，“因为大刀会投奔了新四军，龙彪怪罪于我，把我的职务撤了，我现在一无所有，只好回到项家山来，请表哥收留我。”

“项家山也不要你。”

“表哥，我从小没爹没娘，是表哥你把我拉扯大，我是无处可投，无家可归。”说着哭了起来。

马诣文一哭，把项启龙的酒哭醒了一半，也把他的心哭软了，他说：“现在你知道错了？当初你怎么鬼迷心窍，想害死你表哥？你跟着国民党有什么好处?”

“是啊，现在我知道了，还是亲情靠得住啊!”马诣文说。

“你既然明白过来就好。”项启龙原谅了他。

“表哥，我送你回家。”又对项小山说，“小山兄弟，我和表哥说话，你回家吧。”

“不，我不会离开会长。”项小山说。

项启龙说：“小山，你去吧，没有事的。”

“不要，会长，他会害您的。”小山说。

项启龙发火：“胡说，他现在无官无职，回家来了，害我做什么？真是不懂事。忙你的去!”

项小山不敢抗命，很不放心地看着马诣文搀着项启龙离去。

在一片树林里，马诣文看看周围没人，停下来严肃地对项启龙说：“表哥，我要你不要帮助新四军，你偏不听，龙司令十分生气，命令我对你进行军法处置。”

“什么，你说什么?”项启龙一下子酒全醒了，停住问，“‘军法处置’是什么意思?”

“我让你看一样东西。”马诣文把龙彪的密信递给了项启龙。”

“天黑看不清，你念给我听听。”项启龙用手推过去。

马诣文开始念：“项启龙是共产党、新四军。兹命令马诣文将项启龙就地枪毙。”

项启龙骂道：“龙彪这个混蛋。”又问马诣文：“你怎么办？你这次来就是为了这个?”

马诣文说:“表哥,我没有办法不执行。我要是不执行命令,我从此就完了。”

“你是要你表哥的命换回你的官职?”项启龙质问。

“表哥,我不这样做不行,从某种意义上说,这也你逼的。”马诣文冷酷地说。

项启龙摸摸身上,什么也没有,而马诣文已经握着手枪。项启龙愤怒地看着马诣文:“那你就执行吧。”

马诣文拿起手枪:“表哥,国事为大,我作为党国的军人,只能服从命令。请你不要怪我。如今你我表兄弟,只能一个人活在这世上,只好委屈你了。”说完,他向项启龙举起了枪,慢慢地扣动了扳机。

项启龙愤恨地说:“老六,你打吧,我到了阴间要告诉我姑妈,我项启龙没被鬼子打死,是被你儿子打死的。”

马诣文的手抖了一下,他狠狠心,扣动了扳机。

突然,马诣文的枪管被一只大手猛然托起,枪声响了,子弹却朝天飞出。蔡虹迅速缴了他的手枪。与此同时,赵强、俞珍的手枪都瞄准了马诣文,项小山听到枪声也飞奔过来。

马诣文魂飞天外,连忙跪下说:“请饶命,请饶命。”

蔡虹把马诣文的枪递给了项启龙。

马诣文立刻向项启龙磕头,哭着说:“表哥,请饶命呀,我不是人,我是畜生。”同时又狠命地用拳头击着自己的头,“看在你死去的姑妈份上,饶了我一命吧。”

项启龙提着枪,冷冷地看着马诣文说:“你不是说,这个世界上,你我只能有一个人在吗。”

马诣文跪着,浑身发抖。

项启龙想了想,大吼一声:“滚!”

马诣文爬起来狼狈逃走了。

项启龙对蔡虹说:“兄弟,你怎么赶来了?”

蔡虹说:“我们在路上看到马诣文鬼鬼祟祟朝项家山走来,就跟着来了。”

项启龙感激地说："三弟，你又救了我一次，我可怎么感谢你呀。"

"大哥，兄弟如手足，没有感谢之说。"

大刀会两千多名骨干分子参加新四军的要求很快得到了支队的批准，编为新四军江北支队第四团。这天在项家山大刀会的打谷场上，举行了隆重的挂牌仪式，大刀会会员数万人和夏家坪贫雇农协会几千人参加大会。

曾世雄宣读支队党委命令："新四军江北支队第四团宣告成立，由项启龙同志任团长，蔡虹同志任政委，任从虎同志任副团长。"同时，宣布任命夏长龙同志为临江县县长，蔡虹兼县委书记。并宣布支队党委决定，吸收项启龙、任从虎、夏长龙为中国共产党党员。

项启龙、夏长龙、蔡虹在会上又分别作了发言。

大刀会会员齐声高呼："中国共产党万岁！新四军万岁！"会场一片欢腾。

廖开田伤势不重，回到合肥，他上医院检查治疗几天后，就回家养伤。李品仙派人来慰问，并送来一些荔枝和香蕉之类的水果，这些都是李品仙老家广西的特产，表明李品仙对廖开田的信任与重视。在桂系队伍里，廖开田是几个不多的外省军官之一，李品仙对廖开田不仅没有排斥，而且十分器重，一来是因为廖开田对李品仙一贯耿耿忠心，二来是因为廖开田是安徽人，团结廖开田，有利于桂系对安徽的统治。

廖开田躺在床上，夫人在一边殷勤服侍。他惊魂甫定，想到自己因上苍保佑，大难不死，不禁大发再生之叹。

这时，勤务兵来报："马诣文参谋到。"

说到马诣文来了，廖开田心中顿时火起。马诣文是他的亲信，一直在他身边效力。廖开田欣赏马诣文聪明能干，懂经济，是个人才。可是这一次，马诣文太窝囊，辜负了他廖开田的举荐，让他廖开田在李品仙面前大失面子。李品仙、龙彪都对马诣文十分不满，廖开田也窝了一肚子气。听说马诣来了，廖开田说："我身体不好，不见客。"他拒绝接见马诣文，他要冷落他一下。

马诣文诚惶诚恐，胆战心惊。没有杀死项启龙，马诣文无法去见龙彪，他只好来见廖开田，希望廖开田收留他。他天天站在廖开田的家门口求见，一连数日都是如此，终于使廖开田的气消了一些，他才懒懒地说："让他进来吧。"

马诣文进来，向廖开田行一个军礼，廖开田把脸扭向一边不理他。马诣文站在一边哭着说："司座，我辜负了您的期望。"

马诣文哭了很久，廖开田这才转脸看了看他，斥责说："你还有脸来见我？我好心好意把你推荐给李主席，希望你能干出点名堂来，让李主席看看，今后好栽培你。李主席把你派往大刀会，对你寄予很大有希望，你也向李主席作出了郑重的承诺。可是你做得怎么样？什么也没做，一点作用也不起。大刀会反而给新四军拉过去了，帮助新四军围攻我们，招致我们失败。你想一想，你是干什么吃的，你这不仅仅是无能，你是徇私枉法，是犯罪知道吗？"

"是，卑职无能。"马诣文低声说。

廖开田问："龙司令叫你把项启龙毙了，你执行了吗？"

马诣文说："我正在枪毙项启龙，新四军赶来，把他救了。"

"你这个窝囊废！你去死吧，还跑回来干什么？"廖开田斥道。

马诣文默然哭泣。

过了一会儿，廖开田气消了一些："还算你聪明，跑到我这儿来了，要是你去见龙司令，他一定当场把你毙了。"

马诣文说："我一向跟着司座，我只有请司座宽恕我，保护我。"

"你在李主席、龙司令那里挂上了号，我也很难保你呀。"廖开田说。

"万望司座念在老乡的情分，保我渡过这一关。"马诣文哀求。

廖开田想了想说："这样吧，你在我这里待一段时间，哪儿也不要去，我到时在李主席那里为你说说话，能不能保住你过了一关，还说不定呢。"

马诣文感激涕零，退了出去。

# 三十二、顽军降日

孙俊杰从盘云山被蔡虹释放后，国民党桂系打败仗的事，报纸上已经连篇报道。上官云相问及孙俊杰，孙俊杰只说龙彪刚愎自用，指挥失误，亦不提及自己遭关押被释放之事。回到独立团，孙俊杰更对盘云山之事讳莫如深。余克勤告诉他，日本人已经几次派人来催降日的事。孙俊杰觉得国民党军队四分五裂，重庆政权摇摇欲坠，中国迟早会到落到日本人手中，不如趁这个机会改换门庭，寻求新的发展，遂下了投靠日本人的决心。于是把团部的事情交代给余克勤，自己秘密前往中江，住进了吴府。

吴梦远见到孙俊杰："听说你到江北打新四军，被新四军抓住枪毙了，把我吓死了。"

孙俊杰故作惊讶："你听谁说的?"

"报纸上都在说，社会上都在传。"

孙俊杰矢口否认："哪有那回事。你看，我不是好好的在这里吗?"

吴梦远问："你有没有到江北去打新四军?"

"去是去了，我是受中央军委派遣，去当观察员。"孙俊杰故作轻松。

"听说李品仙派了两个正规旅，被新四军打得大败而逃。"

"不是被新四军打得大败而逃，而是一时失利。"孙俊杰解释，"龙彪那个草包，要是由我指挥，现在新四军江北支队就不复存在了，至少我军也不会受那么大的损失。"

吴梦远笑着说："就是有你指挥，也不见得就能胜，所谓'得道多助，失道寡助'啊。"

孙俊杰问："你对新四军就那么有信心?"

“你想想，新四军在江北打鬼子，为老百姓报仇雪恨，你们去打新四军，搞内战，老百姓能听你们的吗？”

孙俊杰无言以对，问：“社会上还有什么说法？”

“说法可多啦，说国民政府军队无能，说新四军太厉害了。”

“老百姓不了解情况，瞎说。”孙俊杰不想就这个话题再谈下去。

吴梦远问：“你看到蔡虹了吗？”

“看到了。”

“看到了，哪里看到的？是在战场上，还是你被俘虏了看到他的？”

“看你说的，我怎么会被俘虏？”

“那是在战场上看见的？你没朝他开枪吧？”

“不开枪怎么行？”孙俊杰故意说。

“开枪？你向蔡虹开枪？”吴梦远急了。

“在战场上，不是他死，就是我亡，我只能这样做。”

“什么？”吴梦远大惊失色，“你说清楚！”

孙俊杰笑了：“看你急的，简直要把我吃了。实话告诉你吧，我没看见蔡虹，蔡虹还是好好的。”

“没有看见好。”吴梦远也笑了，“不过，你们俩就是见面了，只要你不向他开枪，他是不会向你开枪的。”

“你就知道他不会开枪？”

“当然，他知道你是我的表哥嘛。”

“那我看见他也不会开枪的。”

“你不会向他开枪？”

“当然啦，我怎么会打他，我把他打死了，我表妹多伤心哪！”

“虽然你是耍贫嘴，但我听了还是很高兴。”

孙俊杰想了想说：“梦远，你对蔡虹一往情深，但是蔡虹对你怎么样，你知道吗？”

“这个不用你管。”

“好好好，不管不管。”孙俊杰心中酸酸的。

吴梦远问：“这次回中江有什么重要任务？”

“没有什么重要任务，从江北回来，途经中江，顺道看看姑父和表妹。”

“怕是来和日本鬼子搞交易吧?”

“你怎么这样说?”

“你以为我什么都不知道?”

“你知道什么，是指我和鬼子吃饭?”

“你看，这不是不打自招吗?说明有这回事了。”

“吃一次饭又能说明什么?”

“鬼子请你吃饭，是要动员你投降的。”

“你就知道我会投靠日本人吗?”

“根据我对你的了解，完全有可能。”

“表妹，我们还是不谈这些事情好不好?”孙俊杰不高兴地说。

过了一会儿孙俊杰说:“表妹，我现在想的不是政治问题，而是个人问题，我觉得我年龄大了，也该有个安定的家了，你说对不对?”

吴梦远说:“你说得不错，可以考虑成家的事了。”

“可是，我的心里一直有一个人抹不去，叫我成家不得，你说怎么办呢?”

“这个问题是你自己的事，别人怎么能参与意见?”吴梦远故意把话题扯远。

孙俊杰索性挑明:“梦远，我的心你还不知道，你就真的不能给我一个机会吗?”

吴梦远看了看孙俊杰，只好表态:“俊杰，我多次向你表明，我们之间不要谈婚姻的事情，我希望你今后不要再谈这些了，这是不可能的。我们只是亲戚。”

“为什么不可能?”孙俊杰执拗地说，“我们如果结婚，将是亲上加亲，再好也不过了。再说，我也是大学毕业，事业、地位，不比别人差，我就不懂你到底在想什么?”

“亲上加亲，但是亲情和爱情是两码事，你知道吗?”

“我觉得你还是被蔡虹迷惑了。”

“不是蔡虹迷惑我，婚姻问题我有我自己的主见。”

“你有什么主见?你就是放不下蔡虹。”孙俊杰不无气恼地说，“梦远，你要想一想，蔡虹是共产党员，他不可能和你一个资本家小姐结婚的。他现在利用你为他们做事，并不是真心爱你。就是真心爱你，共产党能同意他和你结婚吗？再说，共产党、新四军是兔子尾巴，搞不长的，少则三年，多则五年，他们就会被消灭。你和他打交道是很危险的，你付出的感情，必然是竹篮打水一场空。”

“感情这个东西，不可以从道理上讲得清楚。”

“我希望你冷静地想一想，我觉得你应该想实际一点。毕竟我的条件比他要强得多，我的前途比他好得多，我对你的感情比他深得多。”

“俊杰，我请你不要再谈了。”吴梦远断然说。

“好，不谈，不谈。”他十分生气地把头扭向一边。

这时电话铃响，吴梦远去接电话。电话里是松井的声音：“吴小姐，我是松井，孙团长在您那里吗？”吴梦远看着孙俊杰。

孙俊杰过来接电话，说：“好，好。我马上就来。”他放下电话说：“梦远，我出去吃晚饭。你和姑父不要等我。”

吴梦远不满地看着孙俊杰说：“我知道了。”

孙俊杰来到望江楼大酒店，早有松井、王正奎、杨世才、龟田在大包厢里等候，大家握手寒暄，十分亲热。

王正奎招呼大家先在沙发上坐下，伙计沏上茶，大家一边喝茶，一边就一些问题进行了交谈，同时等候吉野大佐的到来。

突然，一阵熟悉的脚步声，松井腾地站起，其他人也站了起来。吉野穿着便服出现在门口。他微笑着说：“大家请坐。”

松井说：“我们入席吧。”

大家按照王正奎的安排入席，吉野在首席位上坐下，脱下白手套，其他人依次坐了下来。

吉野看看孙俊杰说：“孙先生，我们又见面了？”

“是的，很荣幸，大佐先生。”孙俊杰诚惶诚恐。

吉野问：“和松井君谈好啦？”

松井连忙汇报说：“孙先生刚才和我们谈得很好，按照大佐的意思，一切都解决了。可以说，现在我们就是一家人了。”

“好啊！”吉野向孙俊杰说，“现在向我们联系的国民党将官，真是不少哇，我们还不想急于和他们谈。”

松井说："是啊，大佐先生对孙先生是特别垂青哪！"

孙俊杰连忙说："谢谢大佐的信任与关照。"

吉野说："自从武汉解放以后，中国国民党政府退守四川，已经到了山穷水尽的地步。南京中央政府的成立，使中国民众看到了前途和希望。大东亚共荣，已经成为不可阻挡的历史潮流。中国具有远见卓识之士，都纷纷站到了大日本帝国一边。但是，还有一小部分人，对美国、苏联心存幻想，负隅顽抗，他们最终将会被历史的车轮碾得粉碎。中日两国是近邻，中国的问题，只有大日本帝国能够解决；美国远隔重洋，鞭长莫及；苏联陷入欧洲各国的包围之中，无力东顾。孙先生这次弃暗投明，不仅是有远见卓识，也是善于把握时机、顺应历史潮流的明智之举，我不仅对你的果断和勇气表示赞赏，而且对你的远见卓识表示钦佩。"

大家热烈鼓掌。

"来，喝酒，祝贺孙先生荣任中江市警备司令，干杯！"松井说。

除吉野之外，大家都说："好，好，祝贺，祝贺！干杯，干杯！"举杯一饮而尽。

孙俊杰亦举杯："谢谢中佐和大家的好意，谢谢大佐君。"

吉野坐着也喝了一杯酒。

王正奎说："中国有句古话，识时务者为俊杰，孙先生审时度势，前途不可限量哪！"

松井在吉野面前卖弄说："中国有句古话叫'物以类聚，人以群分'，孙先生是自己人，我们总是能够走到一起的。"

松井的汉语半通不通，比喻不尽恰当，大家尴尬地笑了。

吉野补充说："松井君讲的意思是不错，我也用一句中国古话说：'不是好汉不聚头。'"

众人赞道："是啊。大佐君真是精通中国文化。"

吉野嘱咐："松井君，要确保孙先生把他的部队带过来，不出问题，你们要多考虑，确保万无一失。"

"咳，报告大佐，此事我们将和孙先生具体商谈，到时向您报告。"

王正奎说："饭后到我那里具体商谈。"

松井点头同意。

吉野举杯说："喝酒，喝酒！"

众人举杯。

宴会结束后，吉野离去，王正奎领着大家来到中江市维持会办公室，他对迎上来的王安说："把会议室安排好，松井中佐来开个会。"

王安把会议室略一整理，放上水瓶和茶杯。见松井、孙俊杰跟着杨世才、龟田进了会议室坐下。王安为客人沏茶。

王正奎说："你快去吧，我来。"

王安走出会议室，回头见王正奎神秘兮兮地拉上了窗帘。

王安对身边的人说："你在这里听招呼，我上街买点东西就来。"

身边的人答应着。王安坐着一辆黄包车飞快地离去。

王安来到广济寺，下车直奔禅房，见到丁潜，他朝丁潜敬了一个军礼："报告。今天中午，吉野请孙俊杰吃饭，下午，松井、王正奎和孙俊杰秘密会谈，从迹象表明，孙俊杰投降日本人正在商讨中。"

丁潜点点头说："这个情况很重要，我马上向上面报告。"

王安走后，丁潜立即向顾祝同发了电报。

顾祝同收到电报，即与远在重庆的蒋介石通了电话。蒋介石指示把孙俊杰扣住，不能让他把部队带走了。

孙俊杰从中江市骑马回到军营，余克勤迎了上来问："团座这次在中江住了好几天，有好消息吗？"

孙俊杰一面走向办公室，一面说："谈妥了。"

余克勤大喜："这太好了。怎么说，队伍带过去吗？"

"当然，日本人要的是队伍，不是你我两个人。"

"什么时候？"

"就在这两天，越快越好，防止出现意外。"

余克勤说："这几天不知哪里走漏了消息，官兵议论纷纷，在传播着各种消息。"

"他们怎么说？"

"说孙团长要到中江去，怕是要投降日本人，当汉奸。"余克勤提醒说，"有些人要闹事。"

“要谨慎，你派几个人暗地观察，发现有人发牢骚，想闹事的，就给我抓起来。”孙俊杰说。

这时报务员送来一份电报。

余克勤看了看对孙俊杰说：“第三战区来电报，通知你去上饶开会。”

“开会？什么内容？”孙俊杰狐疑地问。

“说是围剿新四军的会议。”

“新四军不是围剿过了吗？这次会议不正常。”孙俊杰断定。

“中江有中统特务，可能得到了一些风声。”

“也许——”孙俊杰又想了想说，“不管怎样，这个会议我不能去，防止落入圈套。”

这时孙俊海进来：“报告，安徽保安司令廖开田去上饶开会，顺道来看您。”说着转身出去了。

“廖开田？”孙俊杰更感到奇怪，“他怎么这个时候来？难道他是来监视我的？”

“不会吧。”余克勤说，“他是桂系，中央怎么会派他来监视我们呢。”

孙俊杰说：“完全有可能，顾祝同的鬼主意多。他让廖开田来，一来我们是老乡，二来他是顺道，不会使我怀疑。看看廖开田说些什么。”

不一会儿，孙俊海带着廖开田进来。

廖开田亲热地说：“孙团长，咱们又见面了。”

孙俊杰也热情迎上前握手：“哎呀，廖司令，什么风把您吹来啦？”

廖开田说：“这不是要到上饶开会吗？听说您也要去开会？所以我就顺道来看看老朋友，陪同您一道，路上还有个伴。”

“那太好了！不是开会，您是难得到我这个小地方来呀。”

“什么小地方呀，您这是驻兵重地，举足轻重呀。听说老兄这几年干得不错，顾长官多次夸奖呀，据内部消息，不久您又将破格提拔。”

“不敢想啊，明哲保身，但求无过罢了。”

“这年头，无过就是有功，像您这样的稳健卓识，不可多得呀。”

“廖司令过奖了，您伤养好啦？”

“养好了，谢谢关心。”

“您在战场上亲自带兵冲锋陷阵，真是党国的忠诚良将呀！”

“比不上您呀。不是您大义凛然，深入虎穴，我们能够顺利突围吗？”

“当时我去谈判，就是准备去送死，”孙俊杰吹嘘说，“以为共产党一定要把我毙了。

廖开田奉承道：“您是谁呀？您孙团长是顾长官的亲信，委员长的爱将，共产党不得不考虑。把事做绝了，他们也不好办哪。哪像我们这些人，是入另册的，打死了也没人问。”

“您是命大，子弹不敢射要害，只好给你擦擦皮嘛。”

说完两人哈哈大笑。

孙俊杰对孙俊海说：“俊海，去给廖司令安排住处。”又对廖开田说：“廖司令，不好意思，军务繁忙。您先休息，明天一早，我们动身。”

廖开田走后，孙俊杰对余克勤说：“情况正如我所料，顾祝同一定知道了我们的计划，为了不惊动我，让廖开田来约我一起去开会。只要我去了上饶，就一定会被扣留。看来时间紧迫，我们要抓紧时间，不走不行了。你传我的命令，马上集合队伍，出发。”

余克勤问：“以什么名义集合？”

“就说到小洲集训。”

“小洲集训？”

“对，以集训的名义，把队伍拉过去，另外派人赶到中江，请日本人派兵来接应。”

“那廖开田怎么办？”

“把廖开田关起来。我们走我们的，不管他。”

“好，我去集合队伍。”

就在孙俊杰和余克勤说话时，有几个军官在一间房子里议论着：

“听说团长已经决定投降日本人了。”

“投降日本人？这不是当汉奸吗？”

“是啊。这是余克勤出的坏主意。”

“这个叛徒，卖国贼。”

“那我们怎么办？”

“我不会去投降日本人。”

“我也绝不当汉奸。”

“就是投降新四军，我也不会投降日本人。”

“能不能劝团长改变主意?”

“谁敢去劝？弄不好要掉脑袋。”

“我们带着队伍出走吧。”

“恐怕不那么好走。余克勤到处安插了密探。”

“把余克勤干掉，逼着团长改变主意。”

“这更冒险。现在事情没有明朗，干掉余克勤，算什么行动?”

“等事情一明朗，再行动就迟了。”

这时听到口哨声，传令兵在喊：“队伍集合，到小洲集训。”

“到小洲集训，这不是向日本人靠拢吗?”

“事情已经很清楚了，再不行动，就晚了。”

“怎么行动?”

“大家回去通知部下，在行军途中，突然转向，离开大部队。”

“就这么办。”

大家正欲起身，突然门外进来一队持枪士兵，为首的命令：“各位长官，暂时委屈一下，把枪交出来。”

有人反抗：“谁敢缴我的枪?”

士兵一拥而上，把反抗者摁倒在地，缴了他的枪。与其同时，其他军官也都被缴了枪。

士兵们把他们一个个地捆起来，放倒在地上，转身把门锁上，走了。

廖开田和秘书正在房间里坐着休息，突然几个士兵过来将门上了锁，转身走了。

廖开田十分吃惊。秘书大声喊：“怎么回事，你们为什么锁上门?”

士兵回答：“孙团长要求保护好你们，请安心休息，不要着急。”说着扬长而去。

秘书说：“司令，好像队伍也开走了。”

廖开田自语：“孙俊杰真的投降日本人去了?”

秘书问：“司令，我们怎么办?”

“有什么办法，等着人来救我们吧。”

操场上，部队正在集合。余克勤站在土台上大声说：“团长命令，全团开往小洲集训，立刻出发!”

队伍上路了，一些人在交头接耳：

“怎么这么紧急?”

“不知道。”

“有几个长官没有来。”

“出了什么事?”

孙俊杰、余克勤骑上马，军官们也都骑上马，带领部队向前行进。孙俊杰不放心地左看右看，他既担心内部起事，又担心国民党军队追过来，还担心日本人是不是能够及时接应。他对余克勤说：“注意看着，发现有想跑的，反抗的，当场击毙。”

余克勤说：“团长放心，我已经安排了人。”

孙俊海听说队伍开往小洲集训，过来对孙俊杰说：“大哥，部队不能到小洲去啊。”

孙俊杰反问：“为什么?”

“那边离日本人近。”

“离日本人近怕什么?”

“打起来怎么办?”

孙俊杰笑了笑对孙俊海说：“打什么？不会打的。”

“大哥，你是不是想投靠日本人?”孙俊海有些怀疑。

孙俊杰没有正面回答：“不要问了，到时候你自然知道。”

“大哥。”孙俊海急忙阻止，“我们可万万不能投靠日本鬼子呀。”

“为什么？国民党已没有前途，中国只有在南京政府的领导下，加入日本的大东亚共荣圈，才有光明的未来，懂吗?”孙俊杰看着孙俊海说。

孙俊海呆了：“大哥，这么大的事情，我怎么没有听你说过。”

“你真是傻瓜，这能说吗?”

“投降日本人，当汉奸，我们怎么面对待中国人民，怎么对待列祖列宗？大哥，你是不是糊涂了?”

“胡说，我是经过深思熟虑的。以后你就会知道，我的决策是对的。”

"你的决策是大错特错了。我不想当汉奸。大哥，你让我走，我不跟你去投靠日本人。"

"你敢，你要动摇军心，我枪毙你。"孙俊杰厉声道。

"大哥，你是在犯罪，现在回头还来得及。"孙俊海警告。

"来人。"孙俊杰叫，"他疯了，把他抓起来。"

余克勤对孙俊海说："孙连长，对不起，你先到一边休息一下。"

几个士兵扑上前把孙俊海捆了起来，嘴里塞上毛巾，放到一辆马车上。

部队继续行进。

孙俊海在车上挣扎，很快就把绳索挣脱。但他不动声色，寻找时机。不一会儿，一位军官骑着战马从车边经过，孙俊海一跃而起，把那个军官掀了下去，跳上马，掉转马头狂奔。孙俊海一边奔跑一边喊："不愿当汉奸的，跟我走。"

其他人都看呆了。

有几匹战马，还有一些士兵掉转头跟着孙俊海奔去。

孙俊杰指着孙俊海的背影，命令："开枪。"

余克勤和几个战士端起枪朝孙俊海他们射了一阵，有两个军官先后栽下马来，也有一些士兵被打倒了。其他人随着孙俊海跑远了。

余克勤问："团长，追不追？"

"不管他们了，赶快行军。"

余克勤喊："跑步前进。"

军队混乱不堪地朝前跑去。

孙俊海狂奔回到营地，他回头一看，跟随他的有二十几个人。

这时听到一间屋里有人喊："快放我们出去。"

孙俊海打开门，把军官们放了出来。众人聚到一起，议论纷纷。

孙俊海见廖开田也关在屋子里，过去把门打开。

廖开田骑上马说："不愿当汉奸的，跟我走吧。"

见孙俊海站在原地不动。廖开田问："你不跟我走？"

孙俊海摇摇头。

"你想到哪里去？"

孙俊海不答。

廖开田说："好吧，随你的便。"有几个人跟着廖开田走了。

留下来的问孙俊海："连长，您打算到哪里去？"

"过江，参加新四军。"孙俊海果断地说。

众人赞成："我们也去参加新四军。"

大家有的骑马，有的步行，在孙俊海的带领下，向长江边走去。

到了江边，发现三百多名士兵沿江边跑了过来。

孙俊海问："你们到哪里去？"

众士兵叫道："我们不投降日本人，我们到江北参加新四军去。"

"好，我们一起走！"

天黑下来了。士兵们登上几只小船，向江北驶去。

孙俊杰将队伍带到小洲。小洲虽在江心，但有江堤与南岸相通。天色将晚，余霞渐收，士兵惶恐不安。余克勤命令"原地休息"。士兵们就地坐下来。余克勤的亲信持枪在一边巡逻，防止有人逃跑。

这时，由近而远的听到马达声，一队日本摩托车队开了过来。接着马蹄声，来了一队日本骑兵。再后来就是步兵，穿着土黄色军装的日军和穿着黑色军装的伪军。敌军越来越多，众士兵惊恐万状，但又不知如何是好。

最后，两辆越野小汽车开过来。车停下，第一辆车下来的是吉野和松井，第二辆车下来的是王正奎和杨世才。

孙俊杰、余克勤连忙迎上前，向吉野行了一个军礼。吉野热情握手，表示欢迎。松井、王正奎、杨世才也上前握手。这时全体国民党官兵才知道，他们投降了日本人。

松井手一挥，孙俊杰、余克勤领会。于是，日军在前引导，伪军随后，中间是国民党降军，队伍朝中江市开去。

# 三十三、三闯中江

支队在盘云山打败了国民党军队进攻，扩大了根据地，受到了军部的表扬。苏北又传来打败了韩德勤军队进犯的好消息，取得了反“清剿”斗争的伟大胜利，新四军在苏北站稳了脚跟。

曾世雄到新四军军部开了一次会议，会上军部布置各部队放手发展，扩大根据地，招兵买马，造枪造炮等任务。会后，曾世雄亲自到山西参观了八路军兵工厂，并带回来一些技术图纸、资料，准备在江北支队组建自己的兵工厂。回来后，曾世雄急忙找到蔡虹，与他商量建立兵工厂的事。

田野里，曾世雄和蔡虹边走边谈。曾世雄首先表扬了蔡虹的工作，他说：“你们这次后勤工作做得非常出色。这次根据地保卫战的胜利，是后勤工作的胜利。现在，我们的根据地扩大到几十个乡，纵横三个县，人口达到百万之多，过去想也不敢想啊。乡镇政权建立起来，农民组织起来，使我们真正在江北地区扎下了根，在老百姓当中扎下了根。大刀会两千多人参加新四军，大大增强了我们的军事力量，国民党，鬼子，再也不敢轻视我们了。这些都是你们的功劳啊！”

“我不过是按照支队党委要求，做了一些应该做的事。如果评价过高，我还真是不好意思呢。再说，战斗部队的仗也打得很好啊，要说功劳，他们是头功呢。”蔡虹说。

曾世雄说：“是啊，都有功劳。但主要还是你们的功劳，你不要谦虚。”他想了想又说，“蔡虹同志，当时我们没有枪毙夏长龙，看来是做对了。夏长龙不简单，他能深刻领会领袖的思想，看清事物的本质和内在联系，在实践中大胆运用，真是了不起啊。”

“确实如政委所言，夏长龙是个人才啊。”

“夏长龙在建立根据地、建立地方政权方面，有他的一套办法，我们要把这方面的工作交给夏长龙去做。”

蔡虹表示赞成。

曾世雄说：“我这次到军队开了一个会议，新的军部对工作要求不一样，再不是那种前怕狼后怕虎的小媳妇模样了。军部会议的主要精神就是放手发展队伍，壮大自己。一是扩编，过去我们偷偷摸摸发展，生怕刺激了国民党，现在国民党宣布我们是叛军，撕破了脸皮，我们可以明目张胆地招兵买马，壮大自己了。二是扩大根据地，向敌人的统治的后方进军，渗透，发展。不管是日寇占领区，还是国民党统治区，能扩大多少就扩大多少，能渗透多远就渗透多远。三是建立兵工厂，自己造枪造炮，武装自己，不依赖别人。我最近到山西考察了八路军兵工厂，带回来一些资料、图纸，回来着手把我们自己的兵工厂建起来。蔡虹同志，成立兵工厂，又主要是你们后勤的工作，这个任务又落到你的肩上了。”

“成立兵工厂十分重要，我完全赞同。”蔡虹说，“一个军队，没有自己的兵工厂，靠买武器打仗，靠战场上捡破烂，终究不是个事。”

“是呀，靠买枪炮弹药，哪有那么多的钱？靠从战场上夺，要付出生命代价。我们的队伍要扩充，要打仗，枪支弹药的需求逐步加大，不靠自己，无法满足需要。这个事情过去我也想过，但是苦于无钱、无技术、无原料。现在军部提出了要求，大势所趋，不搞也得搞。蔡虹同志，你觉得这事要从哪里抓起？”

蔡虹想了想说：“关键是技术、原料两项。技术人员，只有到敌人营垒里去挖；制造枪械的原料，也只有去敌占区购买。再一个就是钱的问题，造枪炮子弹就是烧钱，总之困难很多，先搞起来，走一步看一步吧。”

曾世雄连连点头：“是啊，先搞起来。可是敌人对技术人员控制很严，对枪械物资更是十分敏感。怎么能搞到，怎么运回来，这是一个艰巨的任务，极其危险工作。”

“再艰巨，再危险也要上。”蔡虹说。

曾世雄十分满意，他说：“蔡虹同志，你那个第四团政委不要当了，我让蒋锋同志兼；临江县委书记也不当了，我让天佐同志兼。你的后勤部门要扩大，增加人员和编制。支队任命何力全、郑云泽、李三火三位同志为后勤部副部长，协助你的工作，分别负责生活、装备、医疗三个方面。另外，再调二十位同志到后勤部工作，具体分工你考虑。把后勤部门的班子配齐，摊子搞大一点，实力强一点。”

曾世雄谈话之后，二十多位同志来到了后勤部。

蔡虹对人员进行了重新编组，充实了各个方面的力量。领导分工：何力全副部长负责生活组，搞好部队粮油食品供应，重点抓好芦苇洲的粮食生产，从根本上解决部队吃饭问题；郑云泽副部长负责军事装备，抓好兵工厂建设，兵工厂的选址，根据支队意见，暂且建在芦苇洲的芦苇荡里。部队里曾经打过铁的，搞过机械修理的同志，都调到兵工厂工作，边干边学，培养一批能工巧匠；李三火副部长负责医疗卫生工作，建立新四军医院，引进一批医务工作者，培养一批医务人才，在多渠道购买药品的同时，建立自己的制药厂，满足救死扶伤的需要。”

针对一些同志不愿意搞后勤工作，认为调到后勤部，是组织对自己不信任，心中有怨气，甚至哭鼻子的现象。蔡虹以自己当时的想法为例，给大家做了思想工作。使大家认识到后勤保障工作的重要性，愿意在后勤战线上做出贡献。

工作安排妥当后，蔡虹带着赵强、俞珍动身去中江市，购买兵工厂所需材料和物资。

这一次，俞珍恢复了女装，她已经长成了大姑娘，再也无法掩饰她那窈窕的身材了。

在望江楼大酒店的包厢里，蔡虹把张云潮、朱世贵等中江地下党员召集在一起开会，共同研究购买兵工厂所需材料和物资的事。蔡虹了解到中江日军有一个军械所和一座军械仓库，遂打起了它们的主意。他事先让张云潮派人了解了情况。

张云潮报告说：“军械所有二十几个鬼子，三十几个工人。主要工作是给日伪军配备武器装备，修理损坏的枪械。负责人叫森增，这个人工作认真，性格暴躁，对人凶狠。工人们对他恨之入骨。他有一个副手叫福田，此人是军械工程师，性格比较平和，汉语说得好，兼做森增的翻译，负责管技术。军械库驻在离城区三十多华里的一个山洞里，约有十几个日军，主要是保管武器弹药，隔一段时间，军械所就会从军械库提取武器弹药分发部队，同时把修理好的枪械存放在军械库里。军械库与外界隔绝，全是日本兵把守，负责人是谁不知道，中国人不得进去。”

蔡虹问张云潮：“军械所里有没有我们的人？”

张云潮说：“有一个地下党员，叫王福根。”

“说说王福根的情况。”

“王福根，中江市人，原在南京五金厂工作，他的父亲被日本人杀害了。日本人占领南京时，他回到了中江。日本人占领中江后，军械所招人，我们把他派了进去。”张云潮介绍。

“你做得对，王福根技术怎么样？”

“他是个普通工人，技术一般。”

“军械所的工程师有中国人吗？”蔡虹问。

“有。”张云潮说，“有一个枪械工程师叫陈国宝，他原是武汉汉阳兵工厂的工程师。武汉失守后，兵工厂内迁到四川，他回家带家眷时，被日本人扣留，强迫他在军械所为日本人服务。”

“像这样的军械技术人员，是我们最需要的，我们要想办法把他挖走。”

“这很困难，日本人对他控制很紧，而且也要看他本人的态度。”

蔡虹叫张云潮去通知王福根，见面再商量一下。

日本中江军械所是日军重要的军事重地，戒备森严。每天除了上下班时间，或者进出物资时间，平时大铁门紧闭，不知道的人以为里面不过是一个冷冷清清的仓库。但是在军械所内部的车间里，却十分忙碌。冶炼，切割，敲打，工人们在默默地工作。破损的枪支堆在一边，修理好的枪械经过上油，装进木箱子里。

日军少佐森增认真而威严地来回巡视，监视着中国工人的一举一动，督促他们为日本人卖命。突然，不知何故，他对一个年轻工人行为不满，向他挥起了鞭子，一顿猛抽。

这个工人才十五六岁，他叫陈小宝，虽然被打，但他一声不吭，脸上是痛苦和不屈的表情。

一个老工人走了过来，把陈小宝拉走了，他就是陈国宝枪械工程师，是这个青年工人的父亲。

地下党员王福根注视着这一切，工友们都停止作业看着他们。

日本枪械工程师福田走了过来，他态度比较和善。“算了吧，放过他一次。”他用日语对森增说，“这个年轻人是陈国宝的儿子，看在陈国宝的份上，饶他一次，陈国宝对我们很重要。”

森增看见众人都在看着他，就用日本话大声喝道：“都干活！”转身走了。

大家这才松了一口气。

王福根走到陈小宝身边，关切地问：“小宝，怎么样?”

陈小宝说：“没事。”

“以后放机灵点，见到日本人来了就装作埋头干活。”

“是啊，这孩子就是脾气倔。”陈国宝说。

“我没有做错什么，他打我是为了显他的威风，这个狗娘养的。”陈小宝说。

电铃响了，下班的时间到。工人们放下手中的活，洗洗手，来到军械所大门口，排队出门。

几个持枪的日本兵将工人逐个搜身检查，然后才被放出厂门。

夜晚，在蔡虹的住处。蔡虹、赵强、俞珍、张云潮、王福根、陈国宝在秘密开会。

蔡虹说：“我们新四军江北支队为了战争的需要，决定筹建兵工厂。但是，我们一无技术，二无工具，三无材料，我们这次来就是想打军械所的主意。请大家商量一下，特别要请陈师傅帮助我们。”

陈国宝说：“不必客气，都是中国人嘛。你们有什么要求?”

“我们需要制造枪炮子弹的技术资料、生产工具，还要一些造枪支弹药的原材料。”

“这些都是十分敏感的东西，日本人控制很严。”陈国宝说，“要得到它们，真是与虎谋皮啊。”

“是啊，我们就是要与虎谋皮哩。”

陈国宝说："技术资料不在我手里，我要用的时候，在日本工程师福田那里去领取，用后由他收回。"

"生产工具呢？"

"生产工具也是每天上班去领，用后归还，不准放在身边过夜。"

"造枪炮的原材有没有？"

"有是有，一些无缝网管、弹簧、铜片什么的。不过，这些东西很笨重，搬不出来，运不走呀。"

"只要有这些东西就行，至于怎么运出来，再想办法吧。"蔡虹说。

王福根出主意说："我们在上班的时候，注意记一些数据，工具要多领一些放在身边。材料集中放在一个地方，心中有数，到时候如能运走，就运走。"

陈国宝点点头，表示可以做准备。

蔡虹又说："我们需要一台万能机床。"

"搞兵工厂，万能机床是少不了的。"陈国宝说，"可是那是个大家伙，既不好搬，也不好运。"

"能不能把机床拆开来？"

"不行。拆机床要经过福田，他要亲自检查，只有他认为坏了才能拆卸修理。"

王福根说："福田是内行，只有等福田不在家的时候，把仓库里的机床拆它一座。"

蔡虹说："尽量不引起鬼子的怀疑，既要达到目的，又要保护好自己。"

"我会想办法的。"陈国宝说，"为抗战，就是冒点险也值得。"

"你们修理好的枪、炮是不是都运到军械库去？"蔡虹又问。

"是的，修好之后，打电话让军械库派车来装运。"

"军械库和军械所是不是一个单位？"

"不是。两个单位各管一段，都归日军第十八师团管，都由大队长吉野领导。"

"军械库的车子多长时间来一次？"

"不一定，一般半个月到一个月之间。"

蔡虹点点头。

陈国宝问打算怎么行动。蔡虹说："等你们准备好之后，我们设法到军械库搞汽车，然后到军械所提货。"

"这能行？"陈国宝很惊讶，"日本汽车可不好搞。军械库层层关卡，中国人连靠近都难。汽车进出，都由日本兵持枪护卫。"

蔡虹说："这难不倒我们新四军。"

会后，蔡虹和张云潮在江边散步，张云潮汇报说："上次禁烟禁毒游行，学生在杨世才家查抄了一些财物，请示怎么处理。"

"有什么东西？"蔡虹问。

"除了一些烟土外，还有不少元宝、金条和古董。"

"数量多不多？"

"不少。这家伙是个大贪官，他还做着生意呐。"

"他做什么生意？"

"和上海资本家潘文炳合伙在长江上做日货生意，维持会长王正奎也有一份。"

"你怎么知道的？"

"有一份做生意的合同。"

"合同，在什么地方？"

"在我那里。"

"拿出来给我看看。"

来到宿舍，张云潮从抽屉里把那份合同拿出来，递给蔡虹。

蔡虹看了看连声说："太好了，太好了！"又问，"这份合同有谁看过？"

"合同是转过几个人的手。"张云潮说，"但同学们没有注意。包括我自己，对经济方面不熟悉，也没把它当回事。"

蔡虹叮嘱说："这份合同你不能再对任何人提起，对外一律保密。"

张云潮感到奇怪："我们还为他保密？"

"对，这太重要了，我们要用这份合同作为我们的护身符。"

"护身符？"

蔡虹说："你想想，杨世才、王正奎和潘文炳做生意，不是做一般的生意。当前做什么生意最赚钱？当然是军用物资生意，如粮食、布匹、汽油、钢材甚至是军火。他们绝对不会做一般的生意，贩卖军用物资，倒卖军火，日本人是严格禁止、坚决打击的。因此，我们只要了解到他们做哪些生意，抓住了他们的把柄，就能让他们为我们服务，关键时刻就能派上用场。”

“蔡部长这样一说，真使我茅塞顿开。”

蔡虹吩咐：“你马上派几个地下工作者，顺着这个线索摸下去，了解他们做生意的确切情况，然后告诉我。”

回到军械所，陈国宝、王福根他们积极行动起来，陈国宝每天在车间旁边的小桌上整理资料。王福根不时过来和他商量，王福根问：“怎么样，图纸、资料能搞到吗?”

陈国宝说：“福田那家伙管得很严。我现在每次使用资料，就在脑子里记一部分，然后写在纸上。”

“这也是个办法。”

陈小宝走过来说：“爹，我把无缝钢管、铜皮放在那边，到时候好搬。”

王福根问：“有办法拆一台机床吗?”

这时森增走过来。

“看机会吧!”陈国宝说，“试一试运气。”

森增越走越近，王福根离去。陈国宝暗地把机床的电线扯断，然后包上胶布。他启动机器，机器不转了，他故意装作不知所措的样子。

森增见机器不动，过来询问：“怎么回事?”

陈国宝说：“太君，这机器有毛病了。”

“什么，坏了?”森增看了一下，启动开关，机床还是不动。

“这台机器需要检修。”陈国宝说。

森增不懂机械，想了想说：“你的，抓紧检修。”

陈国宝装作为难的样子：“可是，修理机器，要报告福田先生，他不在家，这——”

“那就等福田回来吧。”

陈国宝故意问：“福田先生到哪儿去了?”

“他到南京去了。”

“今天能回来吗?”

“得有几天。”

陈国宝装作很着急的样子:“那怎么办哪?这几天工人们就得停工,误了事情可不是玩的。”

森增问:“你能拆下来修理吗?”

“能是能,只是福田太君——”

“福田回来我跟他说。”森增做了主。

“那好吧。”陈国宝开始拆卸机器。

森增离去。

王福根走过来高兴地说:“这个机会抓得好。”

陈小宝前来帮忙,三个人忙起来。

在蔡虹的住处,张云潮向蔡虹汇报:“从我们了解的情况看,王正奎、杨世才他们确实在做军火生意,我们抓到了他的证据。”他从包里抽出几张纸递给蔡虹:“看,这是交易记录。我是通过内部的人抄来的。”

蔡虹看完后说:“好啊,明天晚上我们登门拜访,与杨世才谈谈。你把从杨世才家里搜出来的财物放在一起,我们分文不少地还给他,再和他谈条件。”

“谈条件?”

“对,谈条件。”蔡虹说,“我们的目的是把军械所里的物资运出去,这要利用潘文炳长江公司的船。潘文炳的船在长江里航行,做着军火、洋货买卖,一定会有‘长江特别通行证’,只有搭他的船才保险,这事没有杨世才的帮助是不行的。”

# 三十四、与虎谋皮

晚上，蔡虹带着赵强、俞珍、张云潮来到警察署长杨世才家附近。

四人先从不同的方向观察杨世才家周围的情况，发现有两个警察在门前巡逻，一条电话线从屋檐下牵出来。于是决定让俞珍把警察引开，赵强负责爬上墙壁把电话线剪断。

俞珍向警察扔去一块砖头，然后装作慌慌张张的样子逃走。

警察大声问："干什么的！"然后，拉一下枪栓就追了过去。

俞珍绕过几条街道，纵身跳上屋顶，躲过警察的追赶，然后跳下屋顶，又跑回来了，可警察还在毫无目标地向前寻找。甩开了警察，蔡虹、赵强、俞珍和张云潮来到杨世才家门前敲门。

杨世才正和妻子在吃晚饭，听到有人敲门，妻子以为是警察报告事情，忙去开门，却见蔡虹、赵强、俞珍、张云潮四个陌生人闯了进来。

杨世才厉声问："你们是谁？"

蔡虹说："不认识了？在禁烟禁毒运动中，我们见过面。"

"禁烟禁毒？什么地方？"杨世才在回忆。

"在船上，学生们要将你沉江，是我救了你。"

杨世才猛然想起，立刻掏出枪："你们是共产党？"

这时，赵强一个箭步跳到他的身边，用枪抵住他的腰说："不要动。"

蔡虹轻松地笑着说："你的记性不错。"

杨世才问："你们要干什么？"

蔡虹说："我们今天是来认认门儿，和警察署长交个朋友。"

"来人。"杨世才喊。

“你不要喊。”俞珍提醒，“你门前的巡警已被我打发走了，喊也没人会听到。”

杨世才拿起电话，但电话里一点声音也没有。

赵强笑着朝杨世才摇头，表示他这是无用的举动。

杨世才慌了，结结巴巴地说：“你们究竟要怎么样？”

蔡虹十分和气地说：“杨署长，别误会，我们今天来是出于一番好意，特意来向你道歉的。”

杨世才惊讶地看着蔡虹，不知道他葫芦里装的什么药。

蔡虹说：“上次禁烟禁毒运动，学生们把你们家里不该搜的东西搜走了，我们今天来还你的东西，并且向你表示歉意。”

这时张云潮把一只包裹放到桌子上，打开后指着里面的东西，说：“杨署长，这是不是你们家的东西，请过目。”

杨世才不敢相信自己的眼睛。

杨世才的妻子见家财失而复得，且喜且惧，呆呆地立在那里。

俞珍提醒杨妻：“看看，清点一下，有没有少什么？”

“没少，没少。”她赶紧过来，把包裹抓在手里，好像生怕再次被拿走一样，一面说：“谢谢长官，谢谢长官！”

蔡虹问：“杨署长，我们就这么站着？”

杨妻连忙说：“世才，快招呼客人坐下喝茶。”

杨世才这才说：“坐吧。”

杨妻把包裹放到里屋，出来为客人沏了茶。屋里的气氛顿时轻松了许多。

杨世才问：“你们一定有事吧？”

“不打不相识，我们现在算是朋友了吧？既然是朋友，就得经常走动走动，遇事互相帮帮忙。”蔡虹说。

“有什么事，说吧。”

蔡虹说：“我们此次来，是请你为我们提供一些方便。”

“什么方便？”

“我们有一批货要运出中江，想搭你们一次便船。”

“搭便船？这位先生，怎么称呼。”

"我姓蔡。"

"蔡先生，我是搞治安的，不是搞运输的，我哪有船给你们搭呢?"

蔡虹笑笑说："杨署长，我之所以来找你，就是因为知道你有船，而且常年在长江上跑运输，做着大生意。"

杨世才大惊："哪有的事，你听谁说的。"

"我们不要听谁说，我们这里有你的东西。"

"什么东西?"

"一份合同，一份买卖合同。"

杨世才假装糊涂："什么？我不知道你在说什么?"

"要不要我把合同拿给你看看。"蔡虹说着把合同亮给杨世才。

杨世才一把抓住合同，放入自己的口袋说："胡说，合同在哪里?"

蔡虹笑了笑说："我就知道你会有这一手。你拿到的那份是复制品，真的东西存在我们那里。"

杨世才呆了，定了定神他说："那有什么，官员做生意，这很正常。"

"是很正常，可是如果是与重庆那边做军火生意，可就不正常了，而且是很危险的。日本人知道了，不仅仅是丢官，而是要丢脑袋，这你很清楚。"蔡虹提醒他。

杨世才急忙问："你们想怎么样?"

蔡虹顿了顿说："我们不想怎么样，重庆方面也是中国人，你为国人做事，我们是欢迎的，只是，你也要为我们做点事，不然的话，一碗水端不平，是不是?"

"你们有什么要求?"杨世才说。

"痛快。我们有一批货要运出去，请你们把船停在十号码头，到时候，我们派人装货。之所以要搭你们的船，无非是你们有'长江特别通行证'，货物不受检查。如果这事办成了，也算是你们为抗日立了一次大功，将来日本鬼子赶走了，秋后算账的时候，也可以将功补过，是不是?"

杨世才愣在那里，不知是答应还是不答应。

杨妻说："世才，就让他们搭一次船吧，蔡先生不会亏待我们的。你看，我们丢的东西不是都给送回来了吗?"

蔡虹对杨妻说："我们做事从来不做绝。当时禁烟禁毒，学生要把杨署长沉江，是不是我把他救下来的？我希望杨署长也要给自己留条后路。”

“是呀，蔡先生是救命恩人了。”杨妻说。

杨世才想了想：“好吧，我就答应你，这事一定要保密。”

“当然。这事就这样说定了，到时候不能变卦。要知道，如果失信，后果你要考虑。再见！”蔡虹他们出门。

杨世才和妻子在发呆。

过了一会儿，两个巡警进来：“署长，刚才出去的是些什么人？”

“你们到哪去了？”杨世才很生气地说。

“有人在您家周围搞破坏，我们去抓人。”

“人呢，抓到了吗？”

“跑了。”

“跑了，人到我家来了。两个废物，要你们有什么用？从现在起，把岗哨撤了，省得拿龙捉虎的，屁事不顶。”

当天晚上，杨世才越想越害怕，第二天一早他就急匆匆地来到王正奎办公室，把情况向王正奎报告。

杨世才说：“上次学生闹事，抄我家的，是受了共产党、新四军的指使。”

王正奎问：“有证据吗？”

“有。那天晚上学生们只听一个人的指挥，这个人昨晚到了我家里，他承认他是共产党、新四军。”

“共产党、新四军到你家里？”

“是啊。”

“你没有把他们抓起来？”

“没有。我不能抓他们。”

“为什么？”

“他们太狡猾。”

“什么意思？”

“他们是来要挟我的。”

“他们要挟你？”

“是啊，他们抄家时，拿走了那份合同。”

“什么合同?”

“就是我们和与潘文炳做生意的合同。”

王正奎吃惊不小：“什么，你说那份合同被新四军拿去了?”

“是啊，落到学生手里。”

“学生交给了新四军?”

“交给了新四军。”

王正奎沉默了一刻，然后说：“新四军要是把东西送到日本人那里，我们就完了。”

“是啊，他们正是利用这个合同要挟我们。”

“新四军要怎么样?”

“他们提出一个条件。”

“什么条件?”

“他们有一批货，要搭乘我们的船。”

“就这么简单?”

“就这么简单!”

“一定不是一般的货物。”

“我也是这样想。”

“那就给他一次方便。”

王正奎叹了一口气说：“新四军无孔不入，弄不好，我们就要栽他们手里了。”

这天，王福根来见蔡虹，向他报告准备情况：技术资料搞到了，准备了一些物资，拆了一台万能机床，进行了小包装，一切准备就绪。蔡虹很高兴，他对王福根说：“为了抓紧时间，你回去向森增报告，说有一批枪械修好了，要森增打个电话，叫军械库派车来运。得到军械库出车的准确消息，再设法告诉我，我们立即开始行动。”王福根领命。

第二天晚上，蔡虹得到王福根报告，森增已打了电话，军械库明天上午出车。蔡虹和赵强、俞珍做好了准备。天一亮，他们就起床出门，向军械库所在的山里走去。他们来到半山腰，换上鬼子军装，躲在树林里，等待军械库汽车出现。

蔡虹嘱咐赵强、俞珍："不到万不得已，不要轻易杀鬼子。"

"为什么?"俞珍问。

"因为我们的任务，不是来打鬼子的，是来搞物资的。如果打死了鬼子，鬼子就会疯狂报复，给我们下一步行动制造了困难。"

俞珍说："看到鬼子在身边，不杀他们，真是太难为人了。"

赵强叹口气："杀鬼子的事还是让给战友们吧。"

一直等到晌午，军械库的大门终于打开，从山洞里面开出了一辆卡车。两个日军卫兵用日语对着驾驶室喊："平田君，在城里买一只烧鸡，回来喝酒。"

司机平田回答："好，哈哈。"

卡车上面站着两个持枪的鬼子兵，他们是随车押运货物的。

汽车在曲折的山道行驶。

蔡虹他们看到卡车越来越近，即走出树林，拦在路当中，蔡虹用日语喊："带一程，带一程。"

平田见是日本兵，本能地停下车。不料蔡虹上前打开驾驶室车门，伸开手臂，一把把猝不及防的平田拖下车，就势将他捆了起来，并在他的嘴里塞进一块破布。与此同时，赵强、俞珍从车两边跳上车，一人一个，迅速将两个日本兵撂倒，捆绑起来，嘴里塞进破布。这一突如其来的行动，如此熟练敏捷，三个日本兵没有反应过来，就都束手就擒了。

蔡虹他们把三个日本兵抬到车上，放到一边，用帆布盖起来。

赵强、俞珍站在车上代替了押运的鬼子兵。蔡虹代替平田，驾驶着汽车向军械所开去。

这时在长江上，四五艘大木船从下游扬帆而来。这是潘文炳的船队，他今天亲自随船押运，快到中江港，潘文炳站在船上大声喊："在哪里停靠?"

杨世才和倪孝和早早来到江边。杨世才对潘文炳说："靠十号码头。"

倪孝和不解地问："什么，靠十号码头?"十号码头比较偏僻，一般只有在其他码头船满的时候才安排停靠那里。

船靠了码头，潘文炳上岸来见杨世才。杨世才让潘文炳等一会儿，说：“有一个朋友要带点货。”杨世才向远处张望，不见蔡虹他们的影子，他焦急地看看怀表，怕时间长了被日本人察觉。

倪孝和虽对杨世才的行为感到奇怪，但不敢查三问四。

开着日本军车来到军械所门前，蔡虹用日语大声向卫兵打招呼：“上午好!”

日本兵一边微笑点头，一边把大铁门打开，挥手放行。

蔡虹进门，一直把车开到车间里面。王福根、陈国宝走过来，蔡虹跳下车，轻声对他们说：“赶快装货。”

王福根、陈国宝发现蔡虹改了行装，顿时明白了，急忙招呼工人装货。赵强、俞珍也跳下车，大家纷纷将准备好的物资向车上装。

森增走了过来。大家十分紧张，王福根轻声对蔡虹说：“森增来了。”

蔡虹却不慌不忙地迎上去，用日语打招呼：“森增君。”

森增一惊，看着蔡虹说：“您是?”

“我是任野次郎，东京人。”

“哦。我也是东京人。”森增礼貌地说。

“那咱们可是老乡，你住东京哪里?”蔡虹主动进攻。

森增回答：“不好意思，我是东京乡下人。”

蔡虹笑了：“看您说的，那还不是一样，都是大日本国民，我是久仰森增君大名。”

森增有些怀疑，问：“今天平田君没来?”

“平田君有事，临时拉我一趟差。”蔡虹说。

森增仍不放心，问：“刚才我听任野君讲汉语?”

“对，我对中国人就讲汉语，我在中国多年。”

“任野君来中江军械库多长时间？我好像没听说过您。”森增说出了他的怀疑。

“我刚来。”

“任野君是从哪里调来的?”

“我是从南京警备司令部调来的。怎么，森增君对我还有什么怀疑?”

蔡虹有些不高兴了。

森增赶忙打住："不敢，职责所在，不得不谨慎。"

蔡虹懒懒地说："您做得对。"又附在森增的耳边说，"我是晴气少将司令部的。我在南京大屠杀中杀了不少中国人，晴气少将让我到这里躲一躲，避避风。"

"是这样。"森增不敢再问。

这时工人们已经装好了物资，蔡虹递给森增一支香烟，然后一挥手说："森增君再见，有时间我请你喝酒。"

森增答应着，看着蔡虹把汽车开出了厂门。

过了一会儿，森增觉得不放心，他打电话到军械库问："喂，军械库吗？请问，你们军械库最近调来了一个叫任野次郎的吗？"

对方回答："没有哇。"

"他说是东京人？"

"没有，我们这里没有叫任野次郎的东京人。"

森增顿感问题严重，他转而打电话给小队长龟田："龟田君，刚才有个叫任野次郎的到我们军械所装了一车物资走了。他说是军械库的，可是我打电话问了，军械库没有任野这个人。"

"可不是新四军吧？"龟田警觉地说。

"我就是担心这事。"

"好吧，我派人到到街上查一查。车号多少？"

"1408。"

"知道了。"他放下电话。

森增又打电话给警察署找杨署长。对方说杨署长一早就出去了，问有什么事。森增说："请赶快告诉他，上街查一查牌号为1408的日本军用卡车在哪里，一旦发现，立即扣留。"

对方说："是！我马上去找杨署长。"

不一会儿，蔡虹开着1408号卡车来到了十号码头。他跳下车，向杨世才走去："杨署长，我们的货来了，赶快叫人装货。"

杨世才见蔡虹穿着日本军服，愣了愣。

倪孝和奇怪地问："署长，这是怎么回事，还有日本人的货？"

杨世才方才清醒，连忙说："快，快帮助皇军装货。"

倪孝和答应一声，指挥警察卖力地干起来。

不一会儿，货都上了船。蔡虹对杨世才说："让船等一等，我把车子送回去，马上就来。"开着车离开现场。

俞珍问："老板，我们为什么不把车子丢下，上船去？"

"不行。"蔡虹说，"日本人现在一定在追查车子的去向，如果我们不把车子送走，日本人追来了，岂不暴露了目标？"

赵强说："还是老板想得周到。"

蔡虹飞速开车。突然，前面几辆日军摩托车拦住去路，高喊："停车，停车！"蔡虹加大马力，从一旁绕了过去。后面的摩托紧跟而来。蔡虹飞速行车，日本人紧追不放，并且鸣枪示警。

蔡虹知道敌人发现了问题，他命令赵强："把他们的轮胎打破。"

赵强掏出手枪射击，前面的摩托车中弹横在路上，挡住了后面的摩托车。不一会，又有摩托追了上来。俞珍向后打了一枪，另一个摩托车亦歪到一边。后面的摩托车再追了上来。俞珍再放枪，又一辆摩托车横在路中。

蔡虹趁敌人被阻的一瞬间，突然转向，向一条小街开去。一面吩咐："快把黄皮扒下。"赵强、俞珍脱下日本军服。

蔡虹突然停车。三个人跳下车，蔡虹脱下军服，向小巷深处跑去。

日本兵终于追了上来，他们把汽车围住，上车检查，什么人也没有。他掀开帆布，发现三个日本兵被捆在那里，动弹不得。

日本兵把三个人松了绑，拔出口中的破布。

龟田叫道："平田君，这是怎么回事？"

平田沮丧地说："我们被人偷袭了，是三个穿皇军军服的中国人。"

龟田大叫："追，他们逃不了多远。"

蔡虹他们坐着黄包车直奔江边。杨世才见蔡虹又变了行装，也不便多想，只好机械地说："开船吧。"

蔡虹随潘文炳上船。

船离了岸。杨世才这才抹了一下额头的汗，对倪孝和说："回警署。"

车行途中，遇到了龟田的摩托车队。看到龟田招手，杨世才下了车。

龟田不客气地问："你刚才到哪儿去了？"

"我在检查治安。"

"检查治安！"龟田嘲笑，"杨署长，有人冒充日本军人，把军械所的枪支和机器运走了，你知道吗？"

"很抱歉，龟田先生，我一点都不知道。"

龟田一副训人的口气："我到处找你，找不到人。吉野大佐叫你去。"

"是，我马上去。"杨世才敬礼，上车。

倪孝和见龟田霸道，发牢骚说："岂有此理，日本军械所物资被运走了，还怪我们，我们能管军械所吗？"

杨世才说："好事花大姐，坏事秃丫头。我们就是他们的出气包啊！"

倪孝和问："刚才那几个日本人让我们给他们装货，是不是军械所的？"

杨世才连忙摇手制止："日本人的事情，咱们管不了那么多。"

倪孝和不再提起。

杨世才随龟田来到吉野大佐办公室，见森增肃立在那里。吉野在训话。

吉野说："前次，新四军闯进城区，劫走了壮丁，我们全城戒严，结果一无所获；这次闯进了我们的军械所，劫走了我们的物资、机械。可见他们胆大妄为，一直在打我们的主意。中江城里，新四军常来活动，你们要加强戒备，不得松懈。"又说，"那几个工人，你要好好审讯一下，看看他们与共产党、新四军有什么联系，为什么把拆了的机器搬走了？这是有预谋的。"

森增说："是！我要把他们抓起来好好审讯。"

吉野想了想说："新四军到军械所搞物资、搞机械，他想干什么？他们一定是想建兵工厂。如果他们想建兵工厂，就一定会再来，你们要加强戒备。"

森增、龟田、杨世才都说："是！"

在长江的船上，蔡虹主动与潘文炳搭话，递给他一支烟说："您是潘先生吧？"

潘文炳一惊，心想他怎么知道我，问："您是——"

"我叫蔡虹。"他指着江北说，"我是那边的。"

潘文炳更加吃惊："您是四爷？"

“是。感到意外吧？不好意思，乘上您的船，事先没有向您打招呼。这也是不得已而为之，请见谅。不过，杨署长应该跟您说清楚了。”

“杨署长好像是说过。那日本兵送上来的东西是不是你们的？”

“是的。”

“蔡先生真有能耐，做生意竟然动用日本人为您服务。”

“这很正常，做生意嘛。”

“和日本人做生意？”

“不和日本人做生意，能让日本人为我们搬东西了吗？”蔡虹故意说。

“可是日本人和新四军做生意，我还是第一次见到。”

“钱多了不咬手，日本人也知道，只有和新四军做生意，才能赚大钱。”

潘文炳点点头。

“潘老板想不想做新四军的生意？”蔡虹问。

潘文炳连忙摇手：“敝人不敢。”

蔡虹笑：“有什么不敢的？新四军做事公平，一手交钱，一手交货。”

潘文炳好奇地问：“新四军需要什么？”

“新四军需要的东西多呐，布匹，药材，电池，发报机，雷管，火药，无缝钢管，铜皮，或者直接就是枪支、子弹。”

“长江上控制很严，关口很多，这是掉脑袋的买卖。”

“我相信潘老板会有办法，你们不是有‘长江特别通行证’吗？”

“啊，是啊。”潘文炳应付着，心想：他怎么知道我有长江特别通行证？

蔡虹说：“潘先生只要愿意和我们合作，保证你赚大钱，发大财。”

潘文炳动了心：“今后怎么联系？”

“一个月后，我派人到上海长江公司找您。”

“一言为定。”

前面是一个内河的河口，那里有一个简易的码头，码头上停了几条小船，船上站着许多人，他们是新四军前来接船的。

蔡虹对潘文炳说：“到了，就在这里靠岸。”

潘文炳吩咐船公：“停船，靠码头。”

船在江边靠岸，郑云泽带人上船，指挥穿着便衣的战士们上船卸货，把物资搬运到小船上。

潘文炳的一个随从说："老板，这地方是新四军活动区，这些人是不是新四军？"

潘文炳连忙否认："新四军哪敢到这里。"

"我看他们那样子，不像是农民，像是军人，不是新四军还是谁？"

潘文炳嘱咐说："就是新四军，我们也只当不知道。这年头什么人都有，什么事都可能发生，要少说话，装糊涂，省得惹麻烦上身。"

随从连连点点头。

货下完了，蔡虹与潘文炳挥手告别。

潘文炳下令起航，一面看着蔡虹带着那些小船向内河里划去。潘文炳不禁自言自语："新四军，蔡先生，真是神通广大啊！"

新四军兵工厂建在临江县西乡长江中间的芦苇荡里。就地取材，搭了几间草屋，形状像当地老百姓的放鸭棚。他们把器械搬进"鸭棚"，安装好机器，兵工厂就开始运作了。

蔡虹看了看环境说："这个地方不错。但一定要注意保密，不得走漏任何消息。"

郑云泽说："部长，这机器是好机器，可我们都是外行，要是陈师傅能来就好了。"

"说得对。"蔡虹说，"下一步我们就是要把陈国宝师傅挖过来。"

# 三十五、劫夺人才

森增回到军械所，立刻把陈国宝抓了起来，严刑拷打。

森增气急败坏地质问陈国宝："谁叫你们这么干的？前几天，你说机床坏了，要拆修。结果呢？新四军来了就搬走了，你说，这是偶然吗？这说明，你们早就和新四军有了勾结，拆机器是为了让新四军好搬运。是不是？"

陈国宝说："我不知道，我只当皇军要搬什么，我就搬什么，谁知道那是假皇军呢。"

"你狡辩。"森增叫道，"说，新四军在中江的头头是谁，窝点在哪里，物资又藏在哪里？不交代出来，就别想活着出去。"

陈国宝冷冷地看着森增，只说："我不知道。"

森增下令用刑。一声惨叫声，陈国宝昏过去了，森增就让冲冷水，醒过来再用刑。

森增回到办公室，吉野打来电话问："陈国宝交代了没有？"

"没有，已经昏死好几回了，就是不说。我准备再加刑，一定会让他开口的。"

吉野说："你可不能把他弄死了，我们还要用他放长线钓大鱼。"

"是。明白。"

陈国宝被折磨得死去活来，但他始终不招，一口咬定自己不了解情况。森增见陈国宝已经奄奄一息，只得下令停止用刑。为了让陈国宝放松对日军的戒备心理，达到放长线钓大鱼的目的，根据吉野的指示，森增释放了陈国宝，并称这事是个误会，新四军劫物资的事与陈国宝无关，他代表皇军向陈国宝表示道歉，让他养好伤再来军械所上班。森增还派几个日本兵拉着板车把陈国宝送回家，给他支付一些医药费。同时，森增派几个特务在陈家周围日夜监视。

回到家中，陈妻见状大恸："这是怎么啦？谁把你打成这个样子？"

陈国宝只平静地说："日本人打的。"

"你到底做错了什么？"

陈小宝说："妈，我爹没有错。"

陈妻忙去请医生诊治。

蔡虹、赵强、俞珍听说陈国宝被捕，立刻赶到中江，召集朱世贵、张云湖、王福根在望江楼酒店开会。

王福根说："陈师傅受到严刑拷打，几次昏死过去，就是不交代别人，真是硬骨头啊。"

蔡虹叹息说："我们害他吃苦了。"

"日本人捞不到任何信息，只好把他放了，现在在家里养伤。"王根福说，"日本人在陈家四周布置了特务。"

"他们想放长线，钓我们上钩。"蔡虹看穿了鬼子的用意。

张云潮说："我们暂时还不能接近陈师傅，以免中了日本人的诡计。"

"不接近不行啊。"蔡虹说，"我们要把陈师傅请到江北去，让他在新四军医院里养伤，我们的兵工厂需要他。"

张云潮问蔡虹打算怎么行动。蔡虹说："陈师傅受伤，必然要买药，你抓紧物色一个地下党员，安插在就近的药房里，通过抓药，与陈师傅取得联系。"

张云潮觉得可行，说："我马上去办。"

离陈家不远处有一家药店，陈妻出门买药，就在这家药店里。但特务总是尾随其后，寸步不离。共产党地下人员进驻药店，得到了药店老板的配合。

这天，陈妻照例来药店抓药，特务跟了进来，店老板假装殷勤递烟倒茶，把特务引向一边。就在这一瞬间，地下党员趁机在药材里面放进了一个极小的纸条，迅即包装好。

陈妻取药离去，特务不放心把药包瞅了瞅，陈妻没好气地说："拿过去看看吧，省得疑神疑鬼的。"特务鉴于前几次没有看出问题，就懒得拆包查看了。

陈妻回到家，把特务关在门外。她打开药包，把纸条递给躺在床上的陈师傅说："你看看，上面讲些什么？"

陈国宝看了看说："新四军问咱们去不去江北。"

"咱们去不去呢？"陈妻问。

"爸，我们到江北参加新四军，省得在这里受罪。"陈小宝说。

"当然要去。"陈国宝回答。

陈妻也赞成，但她有顾虑："能去当然好，只是特务在门口把着，走得了吗？"

"我想新四军会有办法。我们收拾收拾，做好准备。"

"有什么收拾的，你家里还有什么？"

得到陈国宝同意去江北的回信，蔡虹十分高兴，随即与张云潮研究行动方案，蔡虹对张云潮说："你准备两条小船放在江边待命。"

张云潮说："鬼子对江边船只控制很严，江边停船很不安全。"

"那就把船放远一点，比如在江东县界。"

"鬼子关卡多，货物出不得中江城，况且离江东境内，最近处也有二十多华里路。"

"你们只把船准备着，如何出城，到时候我会想办法。"

张云潮尽管佩服蔡虹胆大心细，很有办法，但他心中还是没底。

蔡虹说："我看就明晚行动。"

"来得及吗？"

"就看你能不能把船安排好了。"

"船的事情请首长放心，我一定办到。"

"那就好，分头行动吧。"

蔡虹为了防止行动出现意外，考虑到在紧急情况下有一个躲避的地方。第二天，他来到了吴府，想和吴梦远商量一下。

吴富梓在家，见到蔡虹他就问："新四军把日本人的军械库物资劫走了，是不是你们干的？”

蔡虹点点头。

吴富梓说：“这是太冒险了。”

“没有办法，不冒险不行哪。我们新四军兵工厂太需要那些东西了，就是刀山也要上。”

“你们这种精神是可贵，可日本人加强了戒备，要抓你们，要当心啊。”

“不要紧，请吴伯伯放心，我们会注意的。”

这时电话响了。吴梦远接完电话，对父亲说：“爸，吉野大队长要来拜访您。”

吴富梓说：“梦远，你通知望江楼，派几个大厨来，晚上我请吉野队长喝酒。”

蔡虹见吴府将要来客，就说：“吴伯伯，你们今天有事，我就走了，改日再来。”

“很忙吗？”吴富梓问。

“很忙，但重要的是不想见日本人。”蔡虹说。

“我也是一样，只是眼下还得和日本人打交道呢。”吴富梓摇摇头说。

在吴府门口，蔡虹对吴梦远说：“今天晚上我们有要事要办。”

“什么要事，要不要我帮忙？”

“又要给你添麻烦了。”

“你说吧。”

“我们要把陈师傅一家接到江北去。”

“你们要我做什么呢？”

“如果惊动了敌人，我们出不了城，就只好暂时在你家藏一藏”

吴梦远想了想说：“好吧，我把车库门掩着。你们就从后门车库进入地下室。”

“要不要告诉你爸？”

“不要告诉他。”

这天，陈妻从药店买药回来，关上门，打开药包，把纸条递给丈夫。

陈国宝边看边念：“晚上十点钟放把火，有人来接你们。”他对儿子说："小宝，做好准备。"

陈小宝很兴奋，一家人忙碌起来。

晚上，小闹钟敲响了十点，陈小宝把早已准备好的一桶煤油倒到灶下的柴草上，用棉纱在油灯上点着火种，抛向柴草堆，顿时熊熊大火，窜上屋顶。就在同时，黑暗中出来几个年轻人，接过陈国宝一家人的行李，双方心照不宣，迅速离去。

大火熊熊，街坊四邻纷纷前来救火，房屋四周的人越来越多，几个特务顿时傻了眼。他们在黑暗中寻找陈国宝一家人，哪里还能找得到。

两辆消防车开了过来，消防队员拼命驱赶着人群。

几个特务大叫："人跑了，人跑了。"但消防队员挥起了大棒，阻止任何人跨越警戒线。特务们无可奈何，情急之中对天鸣枪。结果秩序更乱，人们满街乱窜，特务欲进不能，欲退不得。

这时，蔡虹、赵强、俞珍等租了几辆黄包车停在路边，学生们把陈国宝一家扶上了黄包车。蔡虹在前面引路，大家匆匆离去。

特务急忙摇通森增的电话："报告少佐，陈国宝全家趁着大火跑了。"

"什么，大火？快追。"森增搁上电话，又拨通了龟田的电话，"龟田君，陈国宝跑了。"

龟田下令"全城戒严。"一面又通知杨世才，出动警力，把住各个路口。

顿时警报声响彻全城，警察和日本鬼子一起出动。

蔡虹他们带着陈国宝一家穿过大街小巷。听得街上警车呼叫，警察的脚步声杂乱，行人匆忙回避，知道敌人正在追捕他们，此时出城是不可能的。他们迅即转向，向吴府方向跑去。

一队汪伪警察对几辆黄包车发生了怀疑，他们追了过来。

在小巷口，蔡虹命令："下车。"大家下车，蔡虹让黄包车盖好雨篷，迅速离去。

汪伪警察追上了黄包车。发现里面空空如也。

"人呢？"警察大声问。

车夫答："没有人呀。"

"少装算，刚才不是有人吗？"

“人下车了。”

“在哪儿下的车?”

“就在那边街上。”

“到哪儿去啦?”

“不知道。”

“不说实话，老子毙了你。”

“确实不知道。我只顾赶路。”

警察转身回头找去。蔡虹带着大家正向小巷深处奔跑。警察也紧跟着一路追寻过来。

蔡虹他们来到吴府屋后。蔡虹看看左右没人，推开了吴府车库门，钻了进去，关了库门。

警察随后赶到，他对突然失去的目标感到奇怪，左右找找，没有发现人影，只好向前方追去。

蔡虹在地下室里静听外面的动静，听到脚步声远了，这才松了一口气。

过一会儿，俞珍问蔡虹：“老板，我们出不了城怎么办?”

蔡虹说：“别急，你们在这里休息一会儿，我到楼上去看看。”

吴府的客厅里，吴富梓正在请吉野吃酒，松井、王正奎、孙俊杰作陪。大家举杯向吉野敬酒，气氛正十分热烈。

吉野身边，坐着他年轻漂亮的情妇小桃花，墙上挂着一件大红女式披风。

蔡虹来到楼上，吴梦远正坐在卧室的椅子上看书。见蔡虹进来，她站起来有些紧张地问：“来了?”

蔡虹说：“来了，在地下室。”

“我听街上又在拉警报，就知道你们行动了。”

“是啊，日寇、伪军反应挺快，全城各个道路都堵死了。”

“那你们怎么出城，干脆就住下来吧。”

“不能久留，今晚要想办法出城。”

蔡虹透过花窗看着楼下的宴席，问：“吉野身边的那个女人是谁?”

“那是吉野的情人小桃花。”

“是中国人吧?”

“她是江东县人。”

“住江东还是住中江?”

“住江东。吉野有时过去，有时她到城里来。你问这个干什么?”

蔡虹没有回答，他想了一想，问：“门外停了几辆车?”

“两辆，一辆是吉野的，一辆是王正奎的。”

“驾驶员呢?”

“驾驶员简单吃点饭，坐在车上休息。”

蔡虹想了想：“有办法了。”

吴梦远诧异：“什么办法，你想用他们的车?”

“对，我想用他们的车子出城。”

“能行?”

“试试吧。”

蔡虹来到地下室，对大家说：“准备出城。”并向大家说了自己的想法。

在客厅里，酒席正在热闹地进行。只见俞珍悄悄进了客厅，取走了挂在墙上的那件红色女式披风。

俞珍来到地下室，把红色披风披上身，将头发飘下来遮了半边脸，装扮成了小桃花的模样。

赵强说：“行，还真像。”

大家出了车库，向小车走去。

蔡虹来到吉野的小车门前，用日语对司机说：“小桃花喝多了，要回家，大佐命令把她先送回去。”

司机正在闭目养神，听到蔡虹说话，想也没想，就发动了汽车。

这时，俞珍身披红色披风，从黑暗中一步一步地向车边走来，蔡虹忙打开车门，让俞珍坐到副驾驶位子上。自己坐到司机身后。司机转头看了看俞珍，俞珍低着头，装作醉了的样子。

那边，赵强来到王正奎的小车门边，对司机说：“有几个人喝多了，会长要求先送他们回去。”

司机伸头看看外面，见吉野的汽车已发动，也发动了汽车。

赵强对司机说："请把后备箱打开，吴老爷子送了一些礼品。"

司机不情愿地下车，帮助装好包裹，关上后备箱。

赵强打开车门，让陈国宝一家三口坐到后排。自己上车坐到了副驾驶的位置上。

两辆小车悄悄开出了吴府大门。

汽车开到城边检查站，几个日本兵和伪军拦住去路："停车检查！"

蔡虹用日语骂道："混蛋，吉野大佐的车子也检查？当心你们的脑袋。"

日本兵连忙向车内敬礼："大佐君，对不起。"他看看车上没有吉野，就对小桃花脸上看看。

蔡虹用日语笑骂道："不要看大佐君的情人，你这个流氓。"

日本兵乐了，他们知道小桃花是吉野大佐的情妇，且家住江东，故不敢拦阻，只得放行，低头说声："请行。"

那些伪军听不懂日本话，见日本兵放行，也就不加阻拦放行。

汽车出了城，在江边大堤上行驶。行驶了二十多华里之后，看到江边停了两条小船，上面亮着信号灯。

俞珍要求停车。

司机感到很奇怪。一面停车，一面用日语咕噜说："不是送到家吗？"

蔡虹用日语说："小桃花喝多了。"一面殷勤地扶俞珍下车。

那边，赵强扶陈国宝一家人下了车后，又把包裹卸了下来。

蔡虹用日语对吉野的司机说："你们回去吧，告诉大佐君，小桃花已安全到达目的地。"

赵强也对王正奎的司机说："请带个信，谢谢王会长的车。"

两个司机莫名其妙地看着蔡虹他们离去，只好开车回转。

小船上，张云潮迎了上来，一面帮助搬运行李，一面说："首长真行啊，让日本人开车送出城！"

大家胜利地笑着，小船在黑暗中向江北划去。

小船行至芦苇荡兵工厂，曾世雄、谭天木等都来迎接陈国宝全家。

曾世雄与陈国宝热情握手，激动地说："欢迎，欢迎！"

谭天木说："陈师傅一来，我们的兵工厂算是正式建成了。"

大家帮着搬运行李。蔡虹对陈国宝说："芦苇荡条件简陋，就委屈你们一家了。”

陈国宝说：“这怎么能说委屈呢？我们是来抗日的，不是来享受的。”

蔡虹吩咐李三火明天带陈师傅到新四军医院检查身体。

陈国宝连忙说：“不用，身体没事。”

蔡虹说：“养好身体是为了更好地工作。”又吩咐郑云泽把陈妻安排到汤家镇去。

陈国宝坚决不同意，说要和同志们同甘共苦。

蔡虹解释：“芦苇荡里都是战士们，这是男人的世界，条件太差，大嫂在这里不方便，大家也不方便。”经他这样一说，陈国宝方才同意。

吉野和王正奎的司机回到吴府，吴府的宴席刚刚结束。吉野扶着沉醉的小桃花出来，吉野的司机发现又一个小桃花，顿时傻了眼。他对吉野说：“大佐君，刚才小桃花不是回家了吗？”

吉野笑着问：“她怎么回家的，难道是你送了她？”

司机认真地说：“是我送她的，她还披着红披风。”

吉野脸上的笑容僵住了，他这才想到小桃花的大红披风不见了。他骂道：“混蛋，你没有看清是什么样的人吗？”

“有好几个人，其中一个高个子男人说日本话，说小桃花醉了，大佐君让我送她回家。那个装小桃花的人披着红披风，低着头上车，一副沉醉的样子。”

“你把他们送到哪里去了？”

“那几个人说是送小桃花回家，可是到了江东县界的江边，就一起下车，上了两条小船，划船走了。”

吉野明白了，他叫道：“新四军，一定是新四军。”

发现事情闹大了。王正奎的司机只得噤声不语，免得找骂。

吉野气愤愤地回到办公室。龟田、杨世才、森增早已在办公室门前等着汇报。

龟田说：“报告大佐，新四军把陈国宝一家劫走了。我已下令全城戒严，一定要抓住他们。”

吉野一听，火气更大，他说：“别戒严啦，新四军早出了中江城，已经到了江北。”

亀田不解地问：“大佐君，您是怎么知道的？”

吉野把手一挥，表示逐客。亀田不敢再问，只得和杨世才、森增退了出去。

吉野对松井说：“新四军用我的汽车，带着陈国宝一家过了检查站，逃出了中江城，这件事如果给南京方面知道了，我们怎么说？简直是让天下人耻笑。”

松井说：“大佐君，新四军怎么知道我们那天晚上在吴家喝酒？怎么能偷到小桃花的红披风骗过司机？新四军是不是躲在吴富梓的家里，这事会不会与吴富梓有关系？”

吉野叹了一口气，望着窗外沉思。

松井又说：“吴富梓，还有他的那个女儿，我很怀疑，他们是不是共产党，至少他们与新四军有联系。”

吉野说：“这个事情当时我就想过。但吴富梓不像是共产党。一则我们对他不错，二则他的侄儿孙俊杰已经是我们的人了。我们没有证据，不能妄加推断。如果吴富梓真是共产党，目前我们也不要轻易动他。他是中江工商界巨头，很有影响力，留着他对我们还很有用。只是今后，我们要对吴富梓进行监视，他在我们手里，什么时候处置都来得及。”

松井点点头。

吉野拿起电话对亀田说：“新四军挖走了陈国宝，一定是要建立兵工厂，这个兵工厂在什么地方，你派人去江北调查，一旦发现，立即出兵摧毁，把陈国宝抓回来。”

孙俊杰自从投降了日本人，十分关心报纸上对他的评论。他让余克勤注意搜集这方面的情况。这天在办公室他问余克勤：“外界对我们的行动，有什么反应？”

余克勤说：“南京报纸报道，孙团长弃暗投明，可为蒋军将士之榜样。”

孙俊杰笑笑。他问：“重庆怎么说？”

“重庆电台报道，孙团长受日本人的欺骗和逼迫，是不得已之举。”

“国民党说话留有余地。”又问，“延安方面呢？”

"共产党电台也报道说，重庆与南京，你是有我，我中有你。"

孙俊杰说："话说的很尖刻。"

余克勤对孙俊杰说："最近，共产党在中江活动频繁，蔡虹他们在中江军械所盗去了不少军械器材，甚至连枪械工程师陈国宝都被他劫走了，吉野大佐气得要命。"

"这个蔡虹，胆大妄为。"

余克勤提醒说："司令，我还听说蔡虹这次是藏在你表妹家里。从你表妹家里窃走了吉野大佐和王会长的车子出城，日本人怀疑你姑父和你表妹与共产党有勾结，吉野大佐已将你姑父、表妹列入重点监控对象。"

"我表妹执迷不悟，迟早要吃大亏。"

"蔡虹还会来中江活动，日本人扬言一定要抓到他。"

"如果蔡虹再来中江，我们知道了要把他抓起来，交给日本人。一来可以立一次大功，消除皇军对我们的嫌疑，二来可以让我表妹对蔡虹死了心。"孙俊杰说。然后他自言自语："蔡虹啊，蔡虹，只要你再来中江，就一定会栽在我的手里。盘云山的耻辱，就可以洗清了。"

# 三十六、芦荡共难

龟田为了摸清新四军兵工厂的地址，派了若干汉奸扮成磨刀人到处乱窜。一天，在芦苇荡的一条小路上，一个磨刀人扛着板凳向兵工厂的工棚方向走过来。一路走一路叫道："磨剪子来，铲菜刀。"

这天，蔡虹、赵强、俞珍出去有事，只有陈国宝和陈小宝还有几个战士在工棚里做事，磨刀人来到工棚前叫喊："要磨剪子，铲菜刀吗?"

陈小宝走出来说："我们不需要。"

磨刀人却不打算离开，他左右看看说："能讨一口水喝吗?"

陈小宝热情地说："行，你等着。"转身进了工棚，磨刀人跟在后面。

陈小宝说："你不要进来，在外面等着吧。"

磨刀人答应着，停止了脚步。待陈小宝进工棚后，磨刀人绕到工棚的另一面通过棚壁的缝隙向里面察看。

陈小宝出来不见磨刀人，他四处寻找。

这时，磨刀人回来了，一边装模作样地系着裤子。

陈小宝问："你怎么乱跑?"

"我行个方便。"

"这芦苇荡里哪里不能方便，非要绕到后面去?"

"是是是，我怕遇上女人。"磨刀人咧嘴笑着，一面喝着小宝送来的水。

喝完水，陈小宝说："我们不磨刀，你走吧。"

"是是是，我歇歇脚。就走就走。"磨刀人放下水杯，扛起板凳，一边走一边故意说："这么大的鸭棚，要放多少只鸭子，一年要卖多少钱哟?"然后不紧不慢地离开了。

不一会儿，蔡虹、赵强、俞珍从外面回来。

蔡虹问陈小宝："有没有来过人？"

陈小宝说："来了个磨刀的。"

"磨刀的？"蔡虹警惕起来，问："这个地方没有人家，磨刀的来这里干什么？"

"谁知道。他还想进工棚，我不让他进，他就到工棚后面撒了一泡尿。"

"一定是间谍，他们是来侦察我们兵工厂的地址。"蔡虹命令赵强、俞珍："赶快去把磨刀人追回来。如果他不回来，就将其击毙。"

赵强、俞珍拔腿就追。

赵强、俞珍追到前面渡口，问船老大："有没有一个磨刀人来过？"

船老大回答说："见到过一个磨刀人，他已经走了。"

"他往那边去了？"

"有一条小船来接他，向下游走了。"

俞珍对赵强说："下游，这不是到中江去吗？"

赵强说："我们赶快回去报告。"

两人立即往回跑。

兵工厂门前。蔡虹、陈国宝、陈小宝不安地站在工棚门口等着他们。见两人空手而归。蔡虹问："追到了没有？"

赵强说："没有，他没有过渡船，有一条小船接他走了。"

"而且是向下游走。"俞珍补充说。

"看来这是日本侦察无疑了。"蔡虹命令，"俞珍，你赶快到师部向政委汇报，请师部至少派一个连的战士来，帮助搬运器材，我们马上转移。"

俞珍转身跑去。

陈国宝责备儿子："看你做的事哟！"

蔡虹说："陈师傅，这不能怪小宝。我们准备吧。"

蔡虹、赵强、陈师傅父子和兵工厂的战士们急忙收拾器材。

龟田和倪孝和带着磨刀人来见吉野，龟田说："报告大佐，我们查到了新四军兵工厂地址，就在临江县西乡的芦苇荡里，陈国宝就在那里。"

吉野命令："立刻派人去捣毁它，把陈国宝抓回来！"

龟田、倪孝和得令，带着日伪军，驾驶两艘快艇，向江北开去。马达轰鸣，浪花飞溅。快艇沿着长江北岸向上游行驶，岸边树林中和芦苇中的小鸟被惊得四散纷飞。

龟田和倪孝和站在甲板上，他身边站着一群荷枪实弹的日军和伪军。其中一个伪军，就是那个假扮的磨刀人。

龟田对倪孝和说："倪队长，这次一定要抓住陈国宝，好在吉野队长和王会长面前挽回面子，别让他们跑了。"

倪孝和说："这一次我们出其不意，他们跑不了。"

龟田也觉得胸有成竹。

军舰来到一片芦苇荡边，出现了一条河汊。那个假扮磨刀人的伪军说："从这条小河里进去。"

快艇转入小汊河，激起了更大的浪花。经过一段时间的航行，远远的，可以看见新四军兵工厂的工棚棚顶。

龟田下令："停止前进。"

快艇在芦苇滩边停了下来。两百多名日军和伪军跳下船，蹚过齐膝的烂泥，艰难行进。越过滩涂，他们来到芦苇丛中。龟田命令散开阵势，对兵工厂实行扇面包围，利用芦苇的掩护，悄悄接近目标。有几只野鸡受到突如其来的惊扰，吓得冲天飞起。

兵工厂门前。新四军战士们已经装好了物资。一辆辆的木板车载着器材，开始撤离。

这时一个哨兵跑过来报告："部长，日本人来了。"

"来得真快，赶快搬离！"蔡虹命令。

与此同时，枪声响了，敌人开始了进攻。

蔡虹对郑云泽说："你带着人赶快撤离，我来掩护。"

郑云泽说："一起走吧，你不能留下，这样很危险。"他命令战士："准备战斗。"

战士们纷纷放下手中的器材，拿起了枪，做好战斗准备。

蔡虹说："敌人人多，我们不能硬拼。"

郑云泽说："那我们就一起走。"

“不，你们快走。”蔡虹说，“现在必须有人阻截，掩护大家撤离，否则，我们谁也走不了，兵工厂也完了。”

“部长那您呢?”郑云泽担心地问。

“快走！这是命令。”蔡虹选择了一个有利的地形，向敌人射击。

郑云泽只好下令撤走。战士们有人推着，有人用绳子背着平板车，迅速撤离。

蔡虹独自阻截敌人。一个鬼子从芦苇荡中露头，被蔡虹一枪打个正着，另一个鬼子冲上来，被蔡虹一枪撂倒。敌人开始匍匐前进。

这时赵强来到蔡虹身边：“部长，您带着同志们撤离，我来断后。”

“不行，我来断后，你和云泽同志带领大家一起走。”

“不，您走!”

“服从命令!”蔡虹严厉地说。

“部长，还是让我在这儿坚守吧，这样很危险，我们不能没有您哪！”

“还啰唆什么，快走！再不走就来不及了。”

赵强只得离去，跟上了撤离的队伍。

俞珍发现蔡虹没有来，问：“赵强，蔡部长呢?”

“蔡部长他不来，要我们快走。”

“你怎么能丢下部长?”俞珍指责他。

“胡说，我怎么丢下部长，是他命令我护送器材。”

“这样的命令你也执行?”

“那有什么办法?”

俞珍只身跑了回来，一面喊：“部长，部长。”她发现了蔡虹，迅速来到他的身边：“部长，同志们都走了，撤吧。”

蔡虹说：“不，同志们没有走远，我要在这里堵住敌人，你快走。”

俞珍执拗：“你不走我也不走。”

“这是命令。”

“我不走，我要和你在一起。”

“胡闹，这是开玩笑吗?”

“我不能让您一个人留在这里。”

“你走远了，我好撤。”

“我们一起走。”

这时敌人已经上来了，蔡虹、俞珍一阵点射，敌人被压下去了。

经过一段时间的对峙，蔡虹、俞珍边战边退，尽量拖延敌人的时间。

鬼子终于冲到兵工厂工棚，大失所望，里面什么也没有。

敌人紧追着蔡虹、俞珍不放，蔡虹故意把敌人向另一个方向引去。

龟田冷笑道：“哟唏，捉活的。”

倪孝和大声喊：“新四军，投降吧，你们跑不了啦！”俞珍一枪打中了他的肩膀。倪孝和捂着肩，不敢再喊。

龟田下令冲锋，敌人向前扑了过来。

蔡虹、俞珍一边打枪，一边把敌人引向芦苇深处。龟田和倪孝和尾随而来。在芦苇荡里，蔡虹、俞珍和敌人玩起了捉迷藏。

龟田气急败坏地催促：“冲，冲。”

倪孝和让人用布绑了一下肩膀，也追了上来。

蔡虹、俞珍边战边退，突然，蔡虹的手枪没有了子弹。接着，俞珍的手枪也卡了壳。

倪孝和大喜：“弟兄们，新四军没有子弹啦，冲上去，抓活的！”

龟田一举指挥刀，用日语叫道：“冲啊！”鬼子和伪军一窝蜂似的向前冲去。

蔡虹、俞珍在芦苇丛中奔跑。不一会儿，他们跑到芦苇荡的尽头。眼前是一条河汊，挡住了他们的退路。

“怎么办?”蔡虹和俞珍互相看看。

蔡虹说：“渡过去。”

他俩人各折了一根芦苇，潜入水中。

龟田、倪孝和带人来到水边，不见了人影，很是纳闷。

龟田发现有两条脚印通向水里不见了，说：“新四军是从这里下水的。”

倪孝和在水面上寻找，突然，他发现远处水面上的水纹，大喊：“他们在那边。”

只见蔡虹和俞珍从水下冒了出来，迅速向对岸爬去。由于泥泞，他们的行动速度受到影响。

龟田下令："射击！"敌人一齐向对岸打枪。有一枪打中了蔡虹的腿，蔡虹跌倒了，但他挣扎着起身，爬进了芦苇荡。

俞珍在前面奔跑，她突然发现蔡虹落后了。急忙回头来寻找，发现蔡虹倒在了芦苇丛中。

"部长，您怎么样？"

"腿上中了一颗子弹，不能走了。"蔡虹痛苦地说。

俞珍大吃一惊，她背起蔡虹，跌跌撞撞地向前行，跌倒在了一片草地上。

"小俞，你走吧，敌人一定会过河来抓我，你赶快走。"

"我怎么能把您一个人丢到这里？"

"你留在这里，要作无谓的牺牲。"

"我不管，要死就死在一起。"

俞珍帮助蔡虹察看伤口，见蔡虹腿上鲜血直流。她把自己的衣服撕下来一块，把伤口包扎好。

蔡虹看看伤口，说："不流血了，你走吧，赶快叫队伍来接我。"

"不行，我不能走，我一走谁来照顾您？再说，一会儿敌人就要到了。"

蔡虹生气地说："你留在这里有什么用？我们没有一颗子弹，被敌人发现，只能白白送死。"

俞珍似赌气地说："我不走，说什么我也不走。"

蔡虹长叹一声。

江面上。敌人开着汽艇过来了。日伪军下了船，向芦苇荡里搜索过来。

这时太阳开始下山，天边霞光收尽，天色越来越暗，晚风呼呼地吹着芦苇。日伪军先前下了水，身上的衣服都湿透了，天气转凉，大家不由得缩了缩身子。但龟田和倪孝和亲自向前，都不敢怠慢。日军穿着皮靴的脚和伪军穿着绑腿的脚在草丛中踏着，簌簌作响。

蔡虹和俞珍坐在芦苇丛下面，密切注意着外面的动静。他们听到敌人汽艇的轮机声，听到敌人发命令的声音，也听到敌人的脚步声，越来越近，已经到了他们的跟前。他们把芦苇往身上拢一拢，只露出四颗闪亮的眼睛。

日伪军手电筒的光柱在芦苇荡中扫射，偶尔照到蔡虹、俞珍的脸上，又滑了过去，电光之后，芦苇荡中更加黑暗。

蔡虹、俞珍敛气静声，听得敌人说话声越来越近：

“新四军没有走远，还在芦苇荡里。”

“这么大的芦苇荡，到哪里找去？”

“天这么黑，就是新四军在你身边，你也看不到。”

“从中午到现在，我们连口饭也没吃上。”

“龟田队长不发话，倪队长也不敢说回去啊。”

一阵芦苇折断的声音，敌人来到蔡虹、俞珍面前，一个日本兵的军靴差一点踩着了俞珍的脚。俞珍赶紧把脚缩了去。

“一个新四军受了伤，跑不了多远。”

“就是不受伤，夜里这么冷，冻也把他们冻死。”

军靴和绑腿在他们面前走过。蔡虹、俞珍大气不敢出。

终于，脚步声渐渐地远了，并听到日本人的喊话声：“集合，快点。”接着吹响了集合的口哨，汽艇的轮机声再次响起来。

“敌人走了。”蔡虹说。

“您怎么知道？”俞珍问。

“我听到日本人在喊话。”蔡虹说，“把我扶起来。”

俞珍来扶蔡虹，不料蔡虹“哎呀！”一声瘫了下去。“糟糕——，我走不了了。”

“这怎么办？”俞珍一筹莫展。

蔡虹想了想说：“俞珍，还是你先出去，到师部去向政委汇报，派人来接我。”

“您一个人在这里能行？”

“能行，你去吧，快去快回。”

“好，我这就去，您坚持一下。”俞珍转身向芦苇荡中走去。

可是俞珍从小在山里面长大，不熟悉水边生活。面对莽莽苍苍一眼看不到边的芦苇荡，她低估了行走的困难，前行艰难，方向难辨。俞珍在芦苇荡中摸索前进，芦苇挡住了她的视线，天地漆黑一团。没有路，只有一人多高的芦苇和杂草，脚下倒伏的芦苇和杂草常常把她绊倒，湿地泥沼又把她的脚陷了进去。鞋也掉了，脚也破了，一路流着血。经过几个曲折的路线，她迷失了方向。她觉得芦苇荡从来没有这么大过，路也从来没有这么远，她知道自己走不出芦苇荡，她失去了自信。突然，她的脚被什么东西绊了一下，只听有人说："你怎么回来了？"她吓了一跳，定眼一看，却是蔡虹躺在那里。

"我走了半天，还是走回来了？"俞珍羞愧、无奈还有一些些惊喜。

"怎么回事？"蔡虹问。

"我迷失了方向，怎么也走不出去。还好，回到了您的身边，要是再找不到您，就更惨了。"

"你看你，一身泥，鞋呢？"

"天黑，鞋也不知掉在哪里了。"

"那就不走了，留在这儿，等天亮再说。"

俞珍垂头丧气地坐了下来。

夜里，天气越来越冷，蔡虹问俞珍："夜里天凉，你能受得了吗？"

俞珍说："我行，为了御寒，我去抓一把草吧。"

俞珍动手在芦苇丛里抓草，不一会儿就抱来很多草，除了给蔡虹盖上之外，还有一部分盖到自己身上。他们躺了下来。

"现在好多了。俞珍，你搿草很有办法。"蔡虹表扬她一下。

"这算什么，我在家里的时候，一夜能割一担草。"

"你怎么夜里割草？"

"我们穷人没有土地，也没有山场，只能夜里到山上偷偷地割草。"

"你不怕迷失方向？"

"不会，都是熟地方哪。"

"有没有狼？"

"有狼啊！"

"你不怕狼吗？"

"怕狼也没有办法。我做童养媳的时候，公婆就是把我当牛使，如果给狼吃了，也只当死了一只狗。"

蔡虹看着俞珍没有作声。

"有一次，我真的遇上了狼，差一点被狼吃了。"俞珍回忆：那天夜里，天色灰暗，阴风习习，我带上扁担、绳索和镰刀，悄悄地上了山坡。附近的山坡上草不多，我就走得远了些。当我割好一担草正准备挑走，忽然听到了一种声音，好像是狗的呼吸。我四面一看，吓了一大跳，一只很大的狼向我逼近，它那两只眼睛像两只橘红的灯笼。我本能地拿起镰刀，面对着那条狼，防备它对我的袭击。那狼好像看出了我有防备，装出不急于向我进攻的样子，只围着草担子漫不经心地打圈，一面用鼻子嗅着地面，那种动作好像是在麻痹我，以便选择最好的进攻机会；又好像在困着我，等待着狼群的到来。狼围着草担子转，我也始终面对着狼，相持了很久。我想老是这样不行，天亮的时间还早，等一会儿其他的狼就会赶来。我向远处搜索，发现有一间茅屋亮起了灯，那是我求生的希望所在，等到狼转到与那小屋相反的方向时，我就背朝小屋的方向后退，一边退，一边挥舞着镰刀，慢慢向小屋靠近。狼不弃不舍，一步一步地向我逼近。我不停地挥动镰刀，一步一步退向小屋。两者距离不远，也就两三百米吧，但对于我来就，这比长征还艰难，还遥远。终于，我退到了小屋的门边，转过身，我拼命敲门，一面大声叫："开门，快开门！狼来了！"门被叫开了，我不顾一切地钻进门里，开门的老婆婆迅速关上门，好一会儿还能听到狼在外面用爪子抓门的声音。

"你那时多大?"蔡虹问。

"十一岁。"

"你真是个苦孩子。"

俞珍继续说："我十二岁的时候，我的公婆逼我和他们那个呆儿子结婚，我就逃到老婆婆的家里躲起来。后来老婆婆把我送到她很远的一个亲戚家做养女。那是一对无儿无女的老两口，他们对我很好，我就认他们作爹娘，我这才算逃出了苦海。"

"再后来呢?"

"再后来，鬼子来了，我们全家在逃亡路上，我的养父被鬼子的流弹打死了，我的养母不久也在路上饿死了，我又成了孤儿。那年我十三岁，因为没有吃的，就投奔了新四军。"

蔡虹感叹："中国有多少人像你这样，饱受苦难。我虽然从小没有受过苦，读书，上大学，但是民族的不幸降临到我的头上，我的父母被日本飞机炸死了。”

“我们都很不幸。”

“是啊，覆巢之下，岂有完卵。国家不幸，人民遭殃。”

俞珍想了想，然后说：“我既是一个不幸的人，也是一个幸运的人。”

“怎么说?”蔡虹问。

“我参加了新四军，找到了我的家。我遇到您——蔡部长，找到了一位知心的首长和朋友。”

“你是这样看我的?”

“是啊。”俞珍深情地说，“蔡部长，我很崇拜您。不只是现在，自从我知道您的名字，了解了你的经历，我就崇拜您，只是我一直没说出来。”

蔡虹笑了：“我有什么好崇拜的?”

“你出身书香门第，走过大码头，见过大世面，英俊潇洒，有能力、有文化、有水平，新四军像您这样的，没有几个。”俞珍认真地说。

“言过其实。”蔡虹说，“我有什么能力？新四军里人才济济，比我强的人太多了。”

“您不要谦虚，反正我就崇拜您。”俞珍任性地说。

“各人都有各人的长处和不足。就像你吧，有革命理想，有正义感，不怕苦，不怕死，工作认真，对人热情，不正是我们要学习的吗?”

“蔡部长，您倒夸起我来了?”俞珍得意地笑了。

沉默了一会儿，俞珍说：“蔡部长，我有时很任性，性情急躁，做事欠考虑，说话得罪人，您今后要多帮助我。”

“这些不完全是缺点，有些还是优点。”

“不是，蔡部长，您对我不说真心话。”俞珍娇嗔道。

“是真心话。”蔡虹说，“一个人有一个人的个性，不能强求一律。个性有时表现为优点，有时也表现为缺点。你的个性优点很明显。当然，任何人都不是完人，只要知道自己的不足，注意克服缺点，发扬优点就行了。”

停了一会儿，俞珍说，“蔡部长，我问您一件事，不知道该不该问?”

“什么事？你问。”

“吴梦远是您的对象吗?”

蔡虹说：“不能算。她是我的同学、朋友。”

“我看她对您很有意思。”

“是吗?”

“当然，凭一个女人的直觉。”

蔡虹没有回答。

俞珍又问：“为什么不接受她的爱，我看你们倒很般配。”

蔡虹还是没有作声。

“您为什么不说话?”俞珍追问。

“不谈这些。现在是战争年代，早上不知道晚上的事。”蔡虹深叹了一口气。

“不要那么悲观，”俞珍说，“我看很多首长都结了婚，按照部队上的规定，您可以结婚了，战争哪一年结束，谁知道，难道就这样过一辈子吗?”

蔡虹还是不说话，他陷入了沉思。

停一会儿，俞珍问：“冷吗?”

“还行。你呢?”

“有点儿。刚才过河的时候，衣服全湿了，后来鬼子来了，人一紧张，忘记了，现在才有感觉，但是衣服也快焐干了。”

蔡虹把草往俞珍身上盖一盖，俞珍就势依偎在蔡虹身边。

晚风呼呼地吹着，天上有无数的星星在眨眼。这是一个普通的夜晚，又是一个不平常的夜晚。人生就是这样捉摸不定，谁能知道命运会把这两个人放在这荒无人烟的芦苇荡里呢。

# 三十七、财源之谋

不知什么时候，小鸟的叫声唤醒了蔡虹，蔡虹抬头看看天，天上已彩霞满天；低头看看身边俞珍，正依偎在他的身旁熟睡着。他注视着她那小巧、秀丽而又有几分稚气的脸，爱怜之心油然而起。他不忍推醒她。

一会儿，俞珍眨了眨眼睛，扭过头看看蔡虹。

蔡虹问："醒了？"

俞珍坐起来，清清头上和身上的杂草。

蔡虹说："我估计，赵强、郑云泽他们见我们一夜未归，生死不明，正在着急，一定会到处寻找我们。你不必去师部了，只到我们的兵工厂原址去，守候就行了。"

俞珍站了起来："您等着，我马上就去。"

"看清方向了？"

"看清了。"俞珍风风火火地去了。

到了中午，赵强、郑云泽和战士们在俞珍的带领下，来到芦苇荡中。他们把蔡虹抬上担架，郑云泽在前面探路，俞珍、赵强一边一个，护着蔡虹离开了芦苇荡。

回到支队队部。蔡虹受到了支队长、政委和支队官兵的热烈欢迎。

大伙把蔡虹的担架护送到新四军医院，李三火和医生、护士们一阵忙碌。经过检查，有一颗子留在蔡虹的腿肚子里面，必须尽快取出来。于是蔡虹被推进了手术室。

赵强、俞珍跟在后面，被护士拦在门外。他们只好焦急地等待。

曾世雄、谭天木也在门外等着。

不一会儿李三火出来报告："子弹取出来了。"

曾世雄问："伤得重不重，会不会影响腿部运动？"

李三火说："问题不大。"

大家的脸上才有了轻松的表情。

不一会儿，蔡虹被推出了手术室。赵强、俞珍帮着护士们将他抬上病床，让他躺了下来。曾世雄、谭天木、李三火站在他的床边。

蔡虹看着曾世雄说："这一次怪我们没有封锁住消息，造成了不必要的损失。"

曾世雄说："不是你们的错，是我们选择的地点有问题。那时候我们认为芦苇荡比较安全，其实不然。现在我们慎重考虑放到了一个新的地方。"

"什么地方？"

"在山里面。"

"有房子吗？"

"有一个古庙，收拾收拾就用上了。"曾世雄说，"那个地方山势复杂，比较隐蔽，又是日本人和国民党统治区的结合部，算是比较安全。当然，也不排除会走漏消息，敌人去捣乱，我们仍要保持警惕。"

谭天木对蔡虹说："好好养伤吧。"

"等你伤养好了，我们再谈新的任务。"曾世雄加了一句。

大家挥手告辞。赵强、俞珍留在病房里陪伴着蔡虹。

经过一个多月的治疗和休养，蔡虹的腿部伤口渐渐好转。蔡虹急着要出院，但是李三火不同意。

一天，一个英俊的新四军战士匆匆向医院走来。他走进蔡虹的病房，向蔡虹行了一个军礼，朗声道："蔡部长好！"

蔡虹见是孙俊海，十分惊奇，问："你怎么在这里？"

孙俊海说："部长，我哥哥孙俊杰投靠了日本人，我不愿意当汉奸，就带着几百个兄弟，渡江参加了新四军。"

"好啊。"蔡虹赞道，"你的选择对了，在关键时刻，明辨是非，对自己负责，对国家和民族负责，是个好样的。"

"部长，我是这样想的，"孙俊海坐下说，"我来的时候，听说您在中江，后来又听说您在什么地方办兵工厂，所以一直没有见到您。今天听说您受伤住院了，才来看您。您不会怪我来迟了吧?”

“怎么会怪你呢? 你参加了革命，我们走到了一起，现在是战友了，高兴还来不及呢?”蔡虹说。

孙俊海问：“部长伤势恢复得怎么样?”

“没问题，已经好了。要不是三火同志不让我出院，我早就出去了。”他看了看孙俊海，问，“在新四军习惯吗?”

“习惯。”

“可要吃苦啊。”

“我从小也是穷苦出身，再说，干革命就不能怕吃苦。”

“对的。干革命不仅不能怕吃苦，还不能怕牺牲。你有文化，又有军事生活经验，在新四军能做出更大的成绩。”

孙俊海说：“组织上叫我搞政治工作，我觉得我不大适合。整天和档案材料打交道，不如搞军事工作，在战场上杀敌来的痛快。”

蔡虹劝慰说：“你和我一样，开始也觉得后勤工作不适合，不如打前锋，上战场。其实呀，什么工作都一样，只要革命工作需要，都是很重要的工作。做好了，都能对革命做出重大的贡献。”

孙俊海说：“蔡部长，让我到后勤部吧，我和您一起到敌占区，利用我的一些人脉关系，为支队搞物资，搞枪支弹药。”

“这个想法很好，我欢迎你到后勤部来。不过——”蔡虹想了想说，“俊海同志，根据你的条件，有一件比这个更重要的工作，我认为你很合适。”

“什么工作?”

“打入敌人的内部去，将来发挥更大的作用。”

“你是说让我回到国民党军队中去?”

“对，做党的地下工作者。”

“不行啊。”孙俊海说，“我已经参加了新四军，不想再回去了。”

“如果革命工作需要，你就应该去。”

“国民党那边还能要我?”

蔡虹说：“你参加新四军，国民党那边没人知道。我劝你直接到江西去投奔顾祝同。你堂兄投敌，你没有跟着跑，仍然回到国民党队伍，这是好的政治表现。你有文化，聪明能干，一定会得到顾祝同的赏识和重用。你就在那里潜伏下来，好好发展，到了一定时候，为革命发挥作用。”

孙俊海想了想说：“好，我可以去。”

“我向曾政委报告一下。”蔡虹说，“政委同意后，你就可以去了。对外绝对保密，谁也不知道你去哪里了，将来只和我单线联系。”

孙俊海说：“我听蔡部长的。”

蔡虹把孙俊海送出病房，来到院子里，孙俊海敬礼辞去。这时正好郑云泽、何力全在李三火的陪同下来看蔡虹。

郑云泽问：“部长，身体恢复得怎么样？”

“我身体很好，要不是三火同志不让我出院，我早就出去了。”蔡虹放下拐杖，坐在一块大石头上。

李三火说：“您别着急嘛。”

蔡虹问郑云泽：“兵工厂迁址后，生产了吗？”

“早生产了，现在我们不仅能造枪，造子弹，造地雷，还能造小钢炮。陈师傅的技术真是响当当的啊。”

“有什么困难没有？”

“困难当然很多。现在就不说了，等您出院后再汇报。”

“你不说我更养不好伤了。”

“简单地说，主要是缺原料，巧妇难为无米之炊。”

蔡虹说：“我写一封信，你们到上海长江运输公司找经理潘文炳，请他帮助，从上海采购我们需要的物资。”

“那好。可是缺钱啊，兵工厂是烧钱的工厂啊。”

蔡虹思索了一会儿，转头问何力全：“芦苇洲的庄稼长得怎么样？”

“很好，玉米、黄豆、水稻和各种瓜果都将大丰收。”

“等粮食上场，我们首先解决部队的吃饭问题，然后我们用多余的粮食卖点钱，购买造军火的原料，还要换回我们需要的其他东西。”

郑云泽说：“是啊，力全，我们就等你那收成呢。”

“光是靠粮食也不行。”蔡虹说，“我打算开办商店，做生意；建工厂，搞产业。尽快把我们的经济实力搞上去，才能适应事业发展的需要。”

这时，只见袁绍先急匆匆地赶来，看见蔡虹，叫道：“蔡部长，听说您受了伤，我特地来看看您。”

蔡虹笑着说：“袁先生，您是长者，大老远赶过来看我，真是不敢当啊!”

袁绍先说：“您为革命受伤了，我怎么能不来看您呢？我们可是忘年之交呀。怎么样，好些了吗?”

他把拐杖放到了一边：“好了，离了拐杖也能走路了。”

袁绍先赶忙把拐杖拾起来递到蔡虹手里：“别着急，养息几天，再丢拐杖不迟。”

蔡虹接过拐杖说：“袁先生，进去坐坐吧。”

郑云泽、何力全向蔡虹敬了一个军礼辞去了。

蔡虹在李三火的搀扶下，领着袁绍先进了病房。

李三火请袁绍先坐下之后，并递上一杯水，然后离去。

袁绍先看看蔡虹说：“蔡部长瘦了，要注意身体啊，听说你到敌占区搞了不少东西回来，真是了不起呀。”

“是搞了一些东西，挖了几个人，把兵工厂建起来了。”

“建兵工厂真不容易呀。”袁绍先感叹，显然是很内行的样子，问，“建在什么地方呢?”

“开始建在芦苇荡里，不小心走了消息，被敌人破坏了，现在转移到山里面去了。”

“有了兵工厂，自己生产一些枪支弹药，就大不一样了。”

“是啊，虽然我们自己生产的武器质量差些，但比过去用长矛大刀要强多了。有了枪支弹药，我们就可以发展壮大队伍，就不怕鬼子来扫荡了。”

“造火药的原料能买到吗?”袁绍先问。

“我们准备建一个地下物流通道，买一些市场上买不到的东西。”

“蔡部长真是有办法。”袁绍先啧啧称赞。

“这是环境给逼的，不钻不行呀。”蔡虹说，“现在什么都好办，就是一件事不好办，那就是钱。兵工厂要不断购买原料，一仗打下来，全都消耗了，兵工厂是个烧钱的炉子。”

袁绍先说：“缺钱的时候说一声，我们再募捐就是了。”

“谢谢袁先生。可是，也不能老是向你们募捐，你们的支持够多啦，负担够重的啦!”

“蔡部长说哪里去了，我们不是一家人吗？”

蔡虹点点头说：“仅靠募捐，不是长久之计，也不能满足需要，我们必须有正常的经费来源。我们事业的发展，要用钱的地方太多了。袁先生，我想在建立根据地的同时，把税收工作搞起来，您看怎么样？”

“这是件大好事。”袁绍先很赞成。

蔡虹说：“这些天，我躺在病床上就在想这件事。我们有了一小块根据地，可以通过行政机构征税了。但是，我根据地的老百姓都很穷，这几年鬼子扫荡，汪伪政府收税，国民党政府收税，我们刚刚解放了他们，就又收税，老百姓能接受吗，能受得了吗。因此我始终拿不定主意。”

袁绍先说：“在管辖区收税，这是天经地义的事，老百姓可以理解。”

“仅靠根据地内部这一小块地方，是没有多少税可收的。我们的税务机构建立起来，就必然要到国统区和日本占领区去征税。岂不又增加了老百姓的负担？与国民党政府和汪伪政府争夺税源，也是一场血与火的斗争。我想就此征求一下您的意见。”

“国统区，日本人占领区，都是税源多的地方，你们不收税，国民党、汪伪照样收税。汪伪收税帮助日本人打中国，国民党收税让官员们养姨太太。新四军收税打日本，你们去征税，老百姓会支持，会理解的。”

蔡虹想了想说：“袁先生这样说，使我信心大增。我将向支队党委汇报，新四军江北支队要成立税务所，把税收工作抓起来。在不增加老百姓负担的条件下，从日伪手中、从国民党手中，把税权争回来。”

他俩谈了很久，有关税收方方面面的事都考虑到了，觉得当前开展税收工作，困难是有，与国民党税务机关、汪伪税务机关的斗争不可避免；老百姓也有一个接受的过程。但是不能等，必须从斗争中创建，在斗争中发展。

袁绍先走后，蔡虹在病床上写出了关于成立支队税务所的请示，让赵强送给支队党委。

曾世雄接到请示，对成立税务所开展税收工作的事心中无底，他决定召开一次军队和地方干部会议，研究一下可行性，听听大家意见。会议在白茅山召开，部队中层以上干部和根据地内临江、焦县、矾山等县的党委、政府主要负责人出席会议。

会上，曾世雄让蔡虹把关于成立支队税务所的想法跟大家说一下。蔡虹说：“我认为，随着革命形势的迅速发展，革命队伍的不断壮大，我们对经费的需求越来越多，光靠过去那种打土豪、募捐的办法，已经远远不能满足需要。因此，我们必须建立一个正当的经费来源渠道，那就是成立支队税务所，开展税费的征收工作。如果我们建立起一支税收队伍，还可以向国统区和敌占区渗透，把那里的税源夺过来。今后，随着我们根据地的逐步扩大，我们征收的范围越来越广，收入必将越来越多，我们不仅能养活自己，还可以发展壮大自己了。”

郑天佐对蔡虹提出的意见表示反对，他说：“蔡虹同志的意见不可取。目前我们的根据地还很小，很不巩固，成立税务所，征税，为时尚早。老百姓对我们‘打鬼子、不收税’有较好的评价，如果我们征税，势必增加老百姓的负担，引起老百姓的反感甚至抵制，严重影响军民关系，影响根据地的巩固和发展。”

蔡虹对此解释说：“我也反复思考过这个问题。‘打鬼子、不收税’，不增加老百姓的负担，固然是好，但是不能持久，因为我们要生存，要打仗，庞大的经费开支无法解决。成立税务所，开征税款，是迫不得已之举。我们在操作中，要尽量做好宣传工作，尽量不增加老百姓的负担。”

“与国民党政府争税，将刺激国民党，会引起经济摩擦和军事冲突。在日本占领区征税，也会引起摩擦和局部战争，影响我们根据地的稳定，不能为了几个钱而影响整个抗日大局。”郑天佐说。

“我们不征税，与国民党就没有摩擦吗？日本人就不清剿我们吗？国民党有税收，有财政，有银行，我们不想方设法筹措资金，增加经费来源，我们靠什么生存，靠什么发展？目前我们吃粮要钱买，冬天来了服装要钱买，医院药品要钱买，兵工厂原料要钱买。谁都知道，兵工厂是烧钱的工厂，没有钱，我们的兵工厂就白建了，什么武器也生产不了。总之，没有钱，抗日只是一句空话。”蔡虹说。

“你认为建立税务所，支队经费就解决了？”郑天佐反问。

“我不是说建立了税务所支队经费问题就解决了，这绝不是一件容易的事。我们要经过严酷的斗争，才能将税款收上来，成功与失败也很难预料。就是成功了，目前也只能解决部分经费。随着革命形势的发展，根据地不断扩大，税收总量才会越来越多，经费来源才能越来越广，以至于最终解决我们的经费问题。但是我们现在要早计划，早行动。”蔡虹说。

曾世雄见他们争得差不多了，就说：“成立税务所，征收税款，我是赞成，但是天佐同志说的也不无道理。蔡虹同志你考虑过没有，现在这个条件，我们老百姓养了几十万的国民党军队和汪伪军队，养了汪记、蒋记几套庞大的政府，再加上日本鬼子又实行三光政策，隔三岔五地进行大扫荡，老百姓很穷，能有多少税款征收？日本人、汪伪、国民党都在征税，我们现在插进去，能争得过他们吗？”

蔡虹说：“我们老百姓和各省老百姓都一样，深受压迫和剥削，在死亡线上挣扎，而且负担越来越重，这是当前的现实。正因为如此，老百姓迫切需要被解放出来，老百姓支持抗日，支持革命，支持共产党、新四军，其意义就在这里。只要我们征收的税款用在抗日和推翻旧政权、建立新中国的事业上，老百姓就会支持我们。再说，我们主要是从汪伪政府和国民党政府手中夺回税权，对老百姓的税赋尽量不增加，力求减轻。随着我们的革命根据地不断扩大，赶走日本鬼子，打败汪精卫和国民党军队，建立了地方政权，就会从根本上减轻人民的负担。”

谭天木说：“我认为，不管怎么说，蔡虹同志这种积极开拓、不畏艰难、勇于负责的精神是十分可贵的。现在我们最困难的问题是没有钱，我们队伍的扩大、事业的发展都需要钱，不想办法搞钱，我们就无法生存，这是压倒一切的大事。成立税务所，我举双手赞成。”

蒋锋、项启龙也举手：“蔡虹同志说得很好，我完全赞成。”

夏长龙代表地方政府，表示支持成立税务机构，征收税款。

曾世雄说：“好吧，大家的意见基本统一，就这样定了。具体组建工作，由蔡虹同志考虑，抽调一些懂经济会算账的同志到税务所工作。人事任免由蔡虹同志拿意见，基层税务机构由各县政府组建，业务上属于支队税务所管理，税款汇缴支队后勤部。”

蔡虹回到后勤部办公室，赵强、俞珍正坐在那里等消息呢。

俞珍问：“部长，批准了没有？”

“不仅批准了，还要增调一些干部过来呢！”

“太好了！后勤部又扩大了。”

赵强说：“别光顾着高兴，队伍是扩大了，任务也增加了。”

“你怕了？”俞珍问。

“我不是怕，我是觉得难，你想，我们一不懂经济，二不懂税收，三没有经验，怎么才能完成这么艰巨的任务？猎狗吃刺猬，无处下嘴呀。”

俞珍也说：“是呀，我什么也不懂，这可怎么办？”

“怎么办？要学习啊！”蔡虹说，“从今以后，大家都要抽时间学习经济，学习税收工作。”

“总该有个老师吧？”赵强说。

“老师，哪里有老师？就自己学，干中学。”

俞珍对赵强说：“赵强，你怕什么？蔡部长不是现成的老师吗？我听蔡部长的。”

“我们共同商量，共同努力。”蔡虹说，“首先我要和你们商量一件事。”

赵强、俞珍都很诧异地看着蔡虹。

“你们说说，这税务所长谁当好？”

两人互相看看，摇摇头：“没想过。”

“赵强同志当税务所长，怎么样？”

“好。”俞珍拍手。

赵强大吃一惊：“什么，我当税务所长，是不是开玩笑？”

“这怎么是开玩笑呢，税务所长就是你。”

“我可是一窍不通。”

“船到桥头自然直，到时候就通了。”

“我不能干，我干不好。”

俞珍责问：“你不听部长的命令？”

“我是说我没那个能力。”

蔡虹说：“有没有能力是你自己的事，这副担子就交给你了。还有，小俞你也要加担子。”

“我也要加担子？”俞珍说。

“是呀，总得有人来管账。”

“管账？”

“对。就是管理税收的入库和使用。为此，我们还要成立一个财政所，由你当财政所长。”

“财政所长？我识字不多，怎么能当得了这个？”

“学嘛。”

“搞错了怎么办？”

“仔细一些，不会错的。”

“那我也不能干。”

赵强问：“你不听部长的了？”

“你总是会找机会报复。”俞珍嗔道。

赵强得意地笑了。

# 三十八、税收之争

几天后，根据地各级税务机构成立，开始进行税款征收。为了便于对农村税收的管理，支队任命临江县县长夏长龙兼后勤部第一副部长，配合蔡虹工作。在夏长龙的大力支持下，农村税收进展比较顺利。农民以实物代替税款，主要是大米、小麦等农产品。但是农民经济贫困，所征税额不多，远远不能满足支队经费的需求。

蔡虹认为，农村税收面广，税薄，征收成本大，收益不多。税收的重点应该放在乡镇、城市和交通要道，那里经济发达、税源多。但是那些地方大都在国民党统治区和日伪占领区。蔡虹决定迎难而上，向乡镇和城市进军，和敌人争税收。

汤家镇是临江县一个重要集镇，濒临长江，水陆交通便利，经济相对比较繁荣，目前在国民党统治下，但新四军常去活动。汤家镇附近的芦苇洲就是新四军垦荒造田的地方，目前是新四军重要的粮食生产基地。蔡虹和赵强、俞珍一商量，决定把汤家镇作为重点，把税权夺过来，从而逐步向其他地方扩展。

汤家镇有一个国民党税收检查站，站长叫林金山。检查站设在西门街头，税收人员一律穿着军装，身上别着短枪，进出集镇贸易的商贩就在这里被截住，缴了税款方得通行。

这天，新四军税务所所长赵强亲自领着两个新四军战士身穿便衣，不动声色地混在人群中，侦察国民党税务检查站的工作情况。

和往常一样，一大早西门街头来往挑货的商贩和运货的车辆排队向镇上而来。国民党政府税收人员在街当中设了一个卡，税务人员拦截过往行人。街边放置一张小条桌，收钱开票。

早市是繁忙的时候，买菜的、卖柴的、卖各种农产品的人们纷纷上街。国民党税务员喊税、收税，夹杂着税务人员的斥责和农民对税负过重的牢骚与不满，声音嘈杂。

国民党税务员在喊：“一担草，一块大洋。

挑草的农民不满地说：“什么，一担草也要缴一块大洋。这一担草能值几个钱?”

税务人员斥责道：“嫌多了是不是？现在是什么时候，前方将士在流血，你们多出点钱不该吗？下一个……”

挑草农民被挪到一边缴税去了。挑菜农民挤上前来。

税务员又喊：“一担菜，一块大洋。”

挑菜农民问：“我这点菜也要收一块大洋，我能卖到一块大洋吗?”

税收员呵斥：“缴税去，别啰唆。你要是吵，就多收点。”

挑菜农民嘀咕：“税收这么重，这日子叫人怎么过?”

林金山在一边插话说：“不好过就别过嘛。这年头，活着就算你福气。”

挑菜农民被挤到一边。

这时，一辆马车赶着过来。

林金山手一挥，喝道：“停下来!”

几个税收员上前检查，一会儿从里面抽出一个纸盒子把它打开。一个税收员叫道：“站长，洋烟，洋皂，洋火，洋油，全是洋货……”

“走私物品，全部没收。”林金山叫道。

车老板连忙上前对林金山说：“长官，我这是第一次，不知道啊。倾家荡产就这点东西了，您行行好，千万高抬贵手啊。”

林金山说：“上面要求很严，兄弟我也没有办法。”

车老板连忙凑到林金山身边，把几块大洋塞进了林金山的腰包：“下次再也不敢了。”

林金山摸摸腰包，口气明显软了。他说：“弟兄们当差也不容易，俗话说，见财人人有份。老板发财，弟兄也沾点光吧。”他对一个税收员说，“你去看看有什么好东西，给弟兄们扒拉几个，换点酒喝。”

“好嘞。”税收员从马车上把东西朝下扔，都是些洋烟、毛巾、洋皂什么的，扔得车老板心疼得不得了。连连说："好了，好了，高抬贵手啊！"

林金山看拿得差不多了，才叫税收员下了车。

车老板嘟囔着上车。赶车的甩开鞭子，马车走了。

税收员把车上扔下的东西挪到一边，过了一会儿，那个税收员过来对林金山说："站长，东西怎么分？"

"这还要用问，不是老规矩吗？"

"东西不一样，难分。"

"笨蛋，换成钱不就好分了吗？"

"是。"税收员欲走，林金山又嘱，"别忘了马局长的。"

赵强和战士们在一边看得真切。战士们在低声对赵强说："这就是国民党汤家镇检查站站长林金山。这家伙贪赃受贿，发了。"

"收税不规矩，哄吓诈骗，吃拿卡要。"赵强说。

"听说林金山后台硬。他是临江县税务局局长马诣文的亲信。"

"马诣文？就是去大刀会的那个马诣文？"赵强猛然听到这个名字，很是吃惊。

"不是他是谁？盘云山之后，他差一点被龙彪毙了。多亏廖开田看在老乡的份上保了他，他现在在廖开田手下当差。因为他懂经济、会算账，廖开田让他干税务局长，官不大，却是个肥缺。"

"这么说，我们要和这个马局长打交道了。"

战士问："所长，我们怎么办，这税是收还是不收。"

"当然收，我们来就是干这个事的？"

"在哪里收？"

"国民党在西门，咱们就到东门，跟他们唱个对台戏。"

东门集市也很热闹，商铺林立，摊贩占据街道两边。

新四军在东门租了一间房子，挂出了"新四军税收检查站"的牌子。几天之后，征税工作正式开始。为了从汤家镇打开局面，赵强亲自坐镇。

税收从一个杂货店开始，赵强说："老板，我们是新四军，从今天起开始收税，请给予配合。"

中年店主对新四军收税提出了疑义："怎么，新四军也收税了？"

赵强解释说："新四军征收税是为抗日筹集经费。"

店主发了牢骚说："国民党收税，共产党也收税，两家都收税，老百姓怎么受得了哇。"

赵强说："老板，国民党和共产党现在是一家，我们不重复收税，国民党收了，我们就不收；我们收了，国民党就不收。"

"是吗？你们看我这店，一个月要收多少税呢。"店主表示怀疑。

"一个月三块洋元，好不好？"赵强说。

"三块洋元？"店主有些意外，因为他每月缴六块洋元。

赵强说："我们是减半征收。"

店主问："我交给你们，在西门就不要缴了吧？"

"不要缴了。如果国民党来收，你就说新四军收过了。"

"要是这样，我情愿把税缴给新四军。"店主说。

新四军一边征收税款，一边做宣传工作。强调国共一家，一方收了，另一方不收。同时通过减半征收吸引缴税人，服务态度好，征收公平。不几天就打开了局面。

街上的店主和流动商贩都知道新四军征税的事。街头巷尾在议论着：

"新鲜事，国民党在西门收税，新四军在东门收税。"

"新四军只收一半税，老百姓都到东门缴税了。"

"新四军讲规矩，该收多少，就是多少，对人也很客气，不像国民党那边，敲诈多少是多少，像狼一样。"

"国民党收税养姨太太，共产党收税打日本，缴税还是缴给共产党、新四军的好。"

新四军征税的消息很快传到西门国民党税务检查站，使那里的税收工作遇到了困难。老百姓嚷嚷："我们都缴了税，怎么还要缴？"

国民党税收员问："你们在哪里缴的？"

"在东门。"老百姓回答。

"他们有税票吗？"

"当然有啦。"老百姓纷纷拿出税票。

税务员把税票递给了林金山。

林金山看了看税票，念道："'新四军抗日税票'。他生气地把税票撕了，说："这种税票，不合法。"

但老百姓却嚷嚷："谁知道哪个合法？反正我们缴了税，总不能让我们缴两次税。"

林金山大怒："好大的胆子，敢在汤家镇收税，你们几个去看看。如果有人胆敢收税，就把他带过来。"

此时，赵强他们正在整理税票和税款。国民党税收员走过来，拍着一个战士的肩膀说："兄弟，你们是哪一部分的？怎么到这里收税？"

战士反问："你们是哪一部分的？"

税务员傲慢地问："我们是国民政府临江县税务局的，你们是什么人？"

战士故意说："好啊，我们是新四军税务所的，咱们是同行哪！"

"少废话！"税务员喝道，"谁叫你们在这里收税？"

战士佯装不解："你这问得奇怪，当然是上面叫我们来收的啰。"

"你们新四军收税是非法的。"

"什么？非法的？你们是合法的？"

税务员大怒："你少跟我装蒜。来人，把他抓起来。"

他这一声喊，涌上来四五个国民党税务员。

这时赵强过来上前问："有什么事？"

税务员问："你是谁？"

赵强答："我是新四军税务所所长。"

税务员冷笑："好一个税务所所长。我们林站长请您去一趟。"

赵强笑着说："林站长？我是所长，他是站长，算是我的下级，他应该来见我，怎么这么不懂礼貌，叫我去一趟呢？"

税务员居高临下地说："架子还不小，让我们站长来请你？跟我走！"一把揪住赵强。

赵强一个擒拿动作，税务人员"哎哟"一声瘫倒在地。

其他税务员从腰间掏出手枪。新四军战士也拔出手枪。双方对峙着。

赵强说："咱们比比枪法吧。省得走火伤了人。"正好一只鸟儿落在树上，赵强拔枪射击，小鸟应声而落。国民党税务员惊呆了。

税务员转弯说："好，有本事不要走，我们站长马上就来，你们等着。"

“来做客我们欢迎。”赵强说，“要是来滋事，你要问问他有几个脑袋。”

正说着，林金山冲了过来，叫道：“谁在这里发飙。”

税务员一见林金山到了，顿时精神大振，说：“我们林站长来了。”指着赵强对林金山说：“站长，这就是新四军税务所所长，就是他带人非法收税的。”

林金山看了看赵强说：“到汤家镇捣乱的就是你了？跟我走一趟。”

赵强轻蔑地看看对方说：“你就是林站长，有劳相请，太客气了。可是我还没有功夫奉陪，我身为所长，公务繁忙呢。”

林金山质问：“我问问你，谁叫你们收税的？”

赵强反问：“就允许你们收税，就不允许我们收税？”

“我们是国民政府临江县税务机关，收税是我们的职责，你们来收税，是谁给你们的权力？”

“我们是新四军江北支队税务机关，收税自然也是我们的职责。”

“你们收税是非法的。”

“你们收税就合法？”

“废话，你想造反吗？”

“我们征收税款，筹集资金，是为了打日本，这叫造反？”

“狡辩。把税款丢下来，我们就放你们回去。否则，别想走。”

“税务人员丢了税款，岂不是战士丢了枪一样。你们的税款能不能丢下来给我们呢？”

“你敬酒不吃吃罚酒是吧？”林金山一声断喝，“拿下！”

十几个国民党税务员听令，枪指赵强。

新四军战士也同时枪指林金山，枪与枪对峙。眼见新四军人少势弱，赵强一个箭步跳到林金山面前，一把抱着林金山的脖子，大喝一声：“别动，谁动就打死他。”

林金山挣扎了几下挣脱不了。赵强一手提着手枪，监视着每一个人。国民党税务人员刚才领教了赵强的枪法，都不敢动作。

林金山只好下令：“别动，都别动！”

赵强夹着林金山向前拖去，一边说：“既然来了，就送我们一程。我走不了，你也活不成。”

国民党税务员眼看着林金山被拖着往前走，毫无办法。

林金山急忙求饶："别，别杀我，有话好好讲。"

赵强说："我问你还敢不敢在我面前撒野?"

"不，不敢了。你放了我，我再也不敢了。"

在一个拐弯处，赵强对两个战士使了一下眼色，然后放了林金山，带着两个战士，利用房屋的掩护，迅速逃出了林金山的视线。

林金山定了定神，见后面的税务员赶到，大叫道："抓新四军。"

众税务员胡乱放了一通枪，什么也没有得到。

袁绍先回到袁家庄，正坐下来吃饭。突然，袁老七急匆匆地进来对袁绍先说："老爷，鬼子来了。"

"鬼子来了?"袁绍先放下筷子，问："你看清楚了?"

"看得清清楚楚，一百多个鬼子。看样子是冲着我们来的。"

"一百多个鬼子，他们来干什么，来扫荡?"

"不像。"袁老七说，"像是专门来抓人的。"

"抓人，是来抓我的吗?"袁绍先自语。

袁老七说："拼吧，拼一个够本，拼两个赚一个，冲他个鱼死网破。"

袁绍先说："不，不能打，我们的实力不够，打起来全村人都要遭殃。你们先去看着。"

村外，鬼子由广本亲自带队，包围了袁家庄。他们偷偷摸摸向村口逼近。

袁老七和自卫队员持枪站在瞭望台上。

袁老七喊："站住，不许你们进庄，再前进，我们就要开枪啦。"

汉奸张金水见瞭望台上有人，就朝上面喊："袁家庄听着，皇军中队长广本中佐来请袁先生到焦县城里做客，请袁先生出来。"

袁老七心想：请老爷？也不是这么请法，偷偷摸摸的就把村子包围起来干什么？于是大声说："老爷不在家，你们改日再来吧。"

张金水说："广本中佐务必请袁先生出来。"

袁老七说："等老爷回来了我们转告，改日我们老爷会登门致谢的，你们回去吧。"

广本不耐烦地说："敬酒不吃吃罚酒，袁绍先要是不出来，别怪我们不客气。"

张金水说："袁绍先如果不出来，皇军就不客气啦，到时候要把你们村子里的人全部杀光。"

"砰！砰砰！"鬼子开枪射击，瞭望台的墙上顿时砖瓦纷飞。

袁老七大怒，举起枪要还击，口里骂："妈的，老子跟你们拼了。"

这时一只大手制止了他，是袁绍先。

袁绍先说："不能打，鬼子是冲着我来的，我来应付他们。"说着走下瞭望台。

袁福连忙劝止："老爷，您不能去，去了有危险，赶快躲起来吧。"

"我不能躲，我要去见鬼子。"

袁老七也跟了上来说："老爷，不能去，去了不是好事。"

"不去更不是好事，不能因为我连累全庄的人。"说完，袁绍先昂着头无畏地向鬼子走去。

鬼子见袁绍先大步走来，都愣在了那里，看袁绍先越走越近。

袁绍先说："你们找我有什么事？"

广本站直了腰上前说："你就是袁绍先？"

广本的中国话说得不利索，他转向张金水。张金水对袁绍先说："这是广本中佐，他请你到焦县城里去一下。"

"有事吗？"

"当然有事，走吧。"张金水手一挥，几个伪军和鬼子上前把袁绍先手臂抓住，押着就走。

袁绍先甩开他们，说："不用拉！我自己走。"

袁老七上前推挡："干什么，干什么？"

日本兵举枪要打袁老七，被广本制止了。

袁绍先说："袁福、老七，你们看好家，我去去就回来。"

袁福说："老爷，我跟着您去。"

但是，鬼子和伪军粗暴地把他推向一边，押着袁绍先走了。

# 三十九、血染税票

到了焦县。广本把袁绍先带到自己的办公室，张金水在座。广本假惺惺地说："袁先生，久仰大名，今日幸会。今天请您来，是想和您在一起谈一谈关于合作方面的事。"

袁绍先轻蔑地扫了广本一眼："合作？我和你们有什么合作？"

广本说："我们当然可以合作。我们合作的领域可以非常广泛，有没有兴趣？"

"哼"袁绍先说，"人贼岂能同谋！"

"什么？"广本没有听懂，但他知道不是好话，他转向张金水："张会长，你跟他说说。"

张金水说："袁先生，开诚布公地说吧，皇军找你来也没什么大事，所谓合作嘛，主要是请您支援一些经费，共同维持城乡治安，造福乡梓。"

袁绍先知道是敲竹杠，扭过头不理他们。

张金水说："皇军也不想要你多给，你给个十万大洋，这不算多吧？你表示一下，给中佐君一个面子，这就算和皇军合作了。"

广本插话："钱的不多，重要是我们的合作，好不好？"

张金水说："广本中佐是个讲道理、讲情义的人。他体谅你的困难，不打算为难你。十万大洋，在袁先生来说，九牛一毛，小意思，是不是？今后皇军把你当朋友看，遇事还可以关照。"

袁绍先还是不理他们。

张金水继续说："袁先生，广本中佐对你还是客气的，要是其他人到了这个地方，就没有那么好说了。袁先生应该看清目前的处境，人在屋檐下，不得不弯腰。”

袁绍先还是不说话。

“说，给还是不给?”广本催逼。

袁绍先说：“对不起，没有。”

“没有，你怎么有钱给新四军?你这是勾结乱党。”广本大怒。

张金水说：“袁先生，话已经挑明了。你所做的事，皇军已经调查清楚，怎么重判你也不过分。但是，我们毕竟是乡里乡亲，也不能看着不管，总得要帮你说几句话。如果你自己不领情，执意不给皇军一点面子，后果只能由你自己负责了。”

袁绍先对着张金水说：“作为一个中国人，应该怎么做，不用你来教。”

张金水尴尬地说：“好，那我就无能为力了。”

广本说：“既然袁先生还没有想通，那就先押下去，让他好好想想!”

两旁鬼子宪兵应声，把袁绍先五花大绑，押到牢里去了。

袁绍先走后，袁老七连夜赶到新四军驻地，找到了蔡虹，报告了袁绍先被带走的情况，蔡虹带着袁老七到队部向曾世雄、谭天木作了汇报。

蔡虹急切地说：“我们一定要把袁先生营救出来。”

曾世雄问：“怎么营救?有办法吗?”

“劫狱。”蔡虹说。

“焦县城里鬼子驻了重兵，劫狱难度很大。”

“再大的难度我们也要闯。”蔡虹救人心切。

曾世雄想了想说：“你们去试试吧，这是明知不可为而为之啊。”

谭天木要求蔡虹注意自身安全。蔡虹答应着。

当天夜里，蔡虹、袁老七、赵强化装成农民，穿过一条条田间小路，匆匆向焦县城出发。

广本抓到袁绍先，本想敲诈一笔钱，但因为袁绍先不买账。广本恼羞成怒，让人给袁绍先动大刑，袁绍先昏死过数次，但仍然不屈。广本暗暗佩服中国人中还有这等硬骨头。若依广本的脾气，干脆把袁绍先毙掉了事，但他知道，袁绍先名声大，杀了袁绍先，恐怕不是什么好事，于是打电话给吉野，先报一下功，然后看看吉野的意见。

吉野正在办公室写毛笔字，松井在一边观看。这时电话铃响，松井接过电话，把话机交给吉野。

吉野问："广本君，有什么情况？"

广本说："我们抓到了袁绍先。"

"袁绍先？他不是一个大财主吗？你抓他干什么？"

"他勾结共产党，资助新四军，反对大东亚共荣政策，这样的人就应该抓起来。"

"你可不要杀害他哟。"吉野提醒。

"为什么？"

"杀了这个人，影响太大，不利于我们推行大东亚共荣的政策。"

"我想敲他一笔钱，可是这家伙死硬。眼下杀也不能杀，留也不能留，该怎么处置？"

吉野眼珠一转说："你把他交给我吧，我派人把他带到中江来。"

"大佐君要他何用？"

"我们推行大东亚共荣的政策，正需要和有影响力的人合作。"

"我看他是不会和我们合作的。"

吉野笑笑说："放心，我会让他和我们合作的。"他放下电话对松井说："立刻派快艇到焦县，把袁绍先押过来。"

松井问："大佐君，你把袁绍先押来做什么？"

"江东县不是缺一个维持会会长吗？我要袁绍先来当这个会长，对于江南江北的财主乡绅，会有很好的示范作用。"

"大佐君，你想得真好。"松井说，"可是袁绍先会同意当这个会长吗？听说袁绍先是很有民族气节的。"

吉野蛮有把握地说："我认为他会和我们合作的。中国人重利，你把他收买了，他就会听你的。"

松井点头："我相信大佐君是不会错的。"

松井出门传令，吉野继续写他的毛笔字。

蔡虹他们混进了焦县城，先把日军拘留所的位置和交通情况摸清，然后找一个小饭馆吃过晚饭，一切准备就绪，就等着半夜里行动。

日本拘留所戒备森严，那里关押着几百个“政治要犯”，鬼子兵三步一哨五步一岗。行人不能靠近，口令一日三变。

半夜时分，蔡虹等人开始向拘留所接近，在离拘留所一百米的地方，蔡虹在黑暗中换上日军军装，手里拿只酒瓶，先把酒撒到自己的身上，弄得酒气熏天，像是喝醉了的样子，由袁老七和赵强两人一左一右半扶半拖地向两个站岗日军走过来。

日本兵一见有人靠近，大声呵斥，并且拉响了枪栓，只见蔡虹撒着酒疯，满口日语粗话，大声叫骂着。袁老七和赵强则忙着上前解释：“这个太君喝醉了，我们是把他送回来的。”两个日本兵以为是日本人，把枪背上肩前来察看。

突然，袁老七、赵强以迅雷不及掩耳之势，制服了日本兵，把他们拖到暗处捆绑起来。夺了他们的枪，脱下他们的军装穿上，装作日军巡逻兵，扛着枪，走着整齐的步伐，大摇大摆地进入了拘留所重地。

行不多远，遇到了日军巡逻队，蔡虹抢先用日语喊：“口令！”对方回答，蔡虹也作了回答，原来蔡虹预先偷听了这个新的口令，日本兵丝毫没有引起怀疑。

蔡虹他们一边走，一边寻找着关押政治犯的地方。当发现了关押地点后，蔡虹他们来到值班室，趁其不备，迅速控制了值班卫兵，取得了牢房的钥匙，打开了政治犯的牢房，几百个政治犯一时不知道这三个日本兵是怎么回事，蔡虹大声说：“我们是新四军，是来救你们的，快跑！”政治犯听说，方才醒悟，立刻四散而逃。

这时，日本兵发现了异常，向这边包围起来。枪声大作。蔡虹他们顾不得这些，可是政治犯都跑光了，就是不见袁绍先的影子。

“情况有变，袁先生不在这里。” 蔡虹无奈地说。

袁老七、赵强顿感失望。

这时鬼子奔了过来，蔡虹见情况紧急，不容多想。便命令：“撤！”三个人翻墙越垣，迅速撤离拘留所。

焦县城里拉起响了警报，日本兵如临大敌，迅速向这边包围过来。而蔡虹他们飞檐走壁，迅速出了焦县城。

就在同时，袁绍先被日本人押着，登上了从中江驶来的快艇。快艇迅速离港，向中江而去。

汤家镇西门国民党税收检查站，老百姓与国民党税收员僵持在那里，一个要收税，一个不愿交，阻在那里，交通中断。

税务员说："缴税，缴税，不缴税不放你们走。"

老百姓吵道："我们已在东门缴了税，为什么不放行？"

"东门是新四军的税，不算数。"

"国共合作，一个中央政府，为什么不算数？"

"不算数就是不算数，谁让你们到东门缴税的？"

"你们不讲理。"

林金山发火："不缴税，把他们抓起来。"

一个税务员对林金山说："站长，老百姓都绕道走东门去了。"

林金山恨恨地说："这几个新四军不把他们干掉，我们的税就收不成。"

税务员说："要干掉他们很容易，他们只有三个人。"

另一个税收员说："那个赵所长十分厉害。"

林金山想起前几天的事，说："姓赵的，我要好好收拾收拾他。你们在这儿，我去马局长那儿请示一下，让马局长多派几个人，我们就行动。"

傍晚，赵强和两名战士收完税，离开汤家镇，走在回去的路上。

这时，林金山已经带人埋伏在路边，只等赵强他们经过。

赵强和两个战士边走边说话，进入敌人的伏击区。赵强警觉地说："快走，这个地方不安全。"

突然一声枪响，赵强和战士们敏捷地卧倒。十几个国民党士兵向这边包抄过来。

赵强占据有利的地形，喊："不要过来，过来我就要开枪啦！"

一个士兵向这边移动，赵强朝天开了一枪。敌人听见枪声，卧倒在地。

战士问："所长，为什么不打死他？"

赵强说："不到万不得已，不要伤人。"

林金山喊话："姓赵的，你们跑不了啦。"

赵强说："姓林的，咱们各收各的税，井水不犯河水。"

"少废话，把税款丢下来，缴械投降！"

"税款是老百姓支援抗日的经费，枪支是打鬼子的家伙，我们不敢随便送人，请你们谅解。"

"你们不投降，我们就不客气了。"

"如果你们不讲道理，我们只好奉陪，我手里的家伙也不是吃素的。"

林金山命令："给我上。"

一个国民党士兵冲上前，被赵强一枪将帽子打掉，吓得他连忙卧倒。

"我不想伤害你们，把帽子捡起来，你们回去吧。"赵强说。

另一个国民党士兵又冲过来，又被赵强打掉了帽子。

赵强喊："国军弟兄们，曹操以发代头，我让你们以帽代头，总算客气的吧，回去请告诉你们长官，从今以后，税款归新四军征收。如果你们不听我的劝告，那脑袋在头上就保不住了。"

"笑话，看谁的脑袋保不住？你们被我们包围了，还嘴硬。"林金山命令，"冲上去。"

但见识过赵强枪法准，国民党士兵不敢冒头。这时天色已经暗下来了，双方相持着，谁也不敢上前。

赵强对一个战士说："前方有一个草堆，你去把草堆点着，我们趁着黑暗离开。

那位战士匍匐向前，一根火柴将草堆点着，顿时火光冲天。

大火迷惑了敌人的视线，赵强他们从黑暗中撤离。

火灭时，林金山知道新四军走了，才敢站起身来说："新四军太狡猾了。"

由于廖开田对马诣文的庇护，马诣文得以平安地躲过了李品仙和龙彪对他的惩罚，并且荣任税务局长。马诣文从此更加效忠廖开田，成了廖开田手下最得力的经济干将。

为了把税收工作搞好，同时也为捞取更多的好处，马诣文工作尽心卖力，针对新四军收税之事，马诣文召开税务会议，研究对策。

会上，林金山汇报："新四军成立了所谓的'江北支队税务所'，各乡镇都建立了税务检查站，与我们争税。他们减半征收，把老百姓都吸引到他们那边去了。我们抓了两次，每次都让他们逃脱了。”

其他税务检查站站长也说：“是啊，我们那里也有新四军税收检查站，和我们争税，弄得老百姓嚷嚷税收多了，要到新四军那边缴税呢。”

马诣文说：“你跟老百姓说，新四军收的税不算，我们还是按照原税率计征，谁叫你们上新四军那儿缴税，活该。”

“不行哪，老百姓闹得厉害。我们很难压得住。”

“一群笨蛋，你们手上的家伙是吃素的？对为首闹事的，为什么不毙他几个？让他们尝尝抗税的后果。”

正说着，廖开田来电话，也是谈新四军征税的事。

廖开田说：“几十个乡镇都报告有新四军设卡收税，你们那里怎样？”

马诣文说：“司令，我正要向您报告，我们这里也有新四军收税，他们减半征收税款，老百姓都到他们那里缴税，弄得我们的税款征收不上来。”

“我马上派军队到你们那里，好好教训一下那几个新四军，不给他们一点厉害看看，他们就会无法无天。”廖开田说。

马诣文放下电话兴奋地说：“好了，廖司令发话了，收拾新四军的时候到了。在项家山，我这一口恶气没有出，如今等到机会了。”

这天赵强到别的乡镇检查税收去了，汤家镇新四军税务检查站只有两名战士在工作。突然一声枪响，老百姓四散而逃。

两个战士知道国民党军队来了，迅速收起账簿，准备离开。但是时间已经来不及了，各处路口已经封死，两个战士只好退守在房子里。

国民党军队二十多人包围了这所房子，子弹打在墙上和门上。新四军战士持枪还击，双方僵持一刻。最后新四军战士的子弹打光了，他们陷入了绝境，唯一的出路就是突围了。

趁着国民党军队打枪的间歇，一名新四军战士首先跳窗而出。国民党军队一阵枪响，那名战士被打死，倒在窗子下边。这时另一名战士冲了出去，向野外奔跑。国民党军队随后追赶，一边用枪扫射。

突然，战士的腹部被流弹击中，躺在地上。他艰难地爬起来继续向前跑，但是因伤势过重，没跑几步，就倒在了田埂下面。

国民党军队追上了上来，围住了他。林金山上前从战士身上夺走了带有体温和血迹的税款和税票。大家对濒临死亡的新四军战士，一时没了主意，不知道是杀死他好呢，还是俘虏他好呢。

这时马诣文骑马赶到，他看了看新四军伤员，从腰里掏出手枪，朝着战士开了两枪。

赵强得知两名税收战士被国民党军队杀害的消息十分震惊和愤怒。他决定找马诣文、林金山算账，以牙还牙，讨还血债。

战士们建议向蔡部长汇报，请部队帮助。

“不必！对付马诣文、林金山，几个人就够了。”赵强气愤地说。他决定首先解决马诣文，然后解决林金山。他选了两个助手，带好武器，正准备出发。

这时，一个战士报告，蔡部长让您去一趟。赵强报仇心切，对战士说：“你去向蔡部长报告，说我赵强先干掉马诣文、林金山再回来汇报。”他对两个战士说：“跟我走。”他们趁着夜色出发了。

袁绍先被鬼子带到中江，吉野和松井亲自到码头迎接。看见袁绍先被绑着从船舱里出来，吉野连忙上前说：“你们怎么能这样对待袁先生。袁先生可是我久仰的啊！快松开，快松开！”

松井给袁绍先松了绑，大家簇拥着袁绍先到了吉野办公室。

吉野摆了一桌丰盛的酒菜，招待袁绍先。见袁绍先身上穿着囚衣，衣上还有血迹，吉野连忙吩咐：“来人，先带袁先生去洗澡换衣服，然后到这里吃饭。”

龟田答应着，带袁绍先去了。不一会儿，袁绍先穿着干净的衣服出现。吉野热情地招呼袁绍先上桌入座。

袁绍先冷眼以对，一言不发。

吉野打开一瓶日本洋酒，倒进酒杯，然后端起酒杯说：“袁先生，来来来，我敬您一杯。”

袁绍先推辞：“吉野先生，我不喝酒。”

“不喝酒？”吉野一愣，“中国人不是有‘无酒不成席’之说吗？朋友相聚，自然是要喝酒了。袁先生，为了我们的友谊，是不是开一次戒?”

袁绍先说：“吉野先生，你我既不是朋友，也谈不上友谊，你是日本人，我是中国人，你到我家里来了，我家里有酒，怎么能喝你的酒呢。”

吉野笑着说：“这么说，那就上中国酒好了。”

松井吩咐：“上中国酒。”

不一会儿，重新上了中国酒，松井将酒杯倒满。

吉野再一次举杯说：“这一次我用中国酒敬袁先生。”

袁绍先不与吉野碰杯，竟自喝了一口。吉野也只好自己喝了。

吉野放下酒杯说：“其实呀，袁先生，日本和中国本是同种同宗的兄弟，应该不分彼此。我们的目的，是要建立一个包括中国在内的大东亚共荣圈，两个国家共同富裕，共同发展。”

袁绍先冷笑一声说：“好一个同种同宗兄弟，你们在南京屠杀了几十万中国人，是这么对待同种同宗兄弟的吗？共同发展，你们把我们的资源、财富都运到日本去了，把我们的工厂破坏，把我们的房屋炸毁，这叫共同发展?”

吉野尴尬地笑着说：“那是误会，袁先生，这样的事情以后不会再发生了。”

“不对，中国每天都有人被日本人杀害，每天都有建筑物被炸毁，怎么能说不会发生呢?”袁绍先义正词严地说。

“这——袁先生，那不是我们现在讨论的问题。”吉野说，“现在只要我们合作得好，至少在中江一带，不会发生那些不愉快的事情。我们还可以给整个中国做一个榜样，好不好?”

袁绍先问：“你说怎么个合作法呢?”

“具体地说，就是日华共建，合作共荣。我们请您出山，担任江东县维持会长，好不好？这样，您安国保民的理想就可以实现，我们合作共荣的政策就可以落实。”

袁绍先摇摇头，“我没有兴趣担任什么维持会长，你们想让我当汉奸，为你们侵略政策当马前卒，休想!”

吉野上下打量一番袁绍先：“开个条件吧，怎么样，袁先生?”

袁绍先说：“我开的条件就是日本军队全部撤出中江，撤出南京，撤出中国。”

吉野笑了笑：“袁先生，日本军队留在中国，不会影响中国政府的工作。汪精卫先生和陈公博先生，他们的工作不是很好吗？不是得到中国老百姓的拥护吗？”

袁绍先怒目：“汪精卫和陈公博是中国的败类，你提他们干什么？他们的名字，听起来都嫌臭，你不要提他们。”

吉野尴尬地说：“好好好，不说这些，袁先生的爱国精神令人钦佩。其实我们的想法是一样的，所谓殊途同归呀。好吧，我给袁先生一个考虑的时间，今天我们喝酒，下次再谈。”为避免与袁绍先碰杯不成的尴尬，他自酌自饮起来。场面尴尬而沉闷。

事后，吉野命令把袁绍先严密监管起来。鉴于焦县发生过劫狱之事，吉野要求龟田重兵把守，一刻不得松懈。

# 四十、讨还血债

晚上，马诣文回到家中，情人苏曼做了几个菜。马诣文见有菜，就说：“拿酒来，今天咱俩喝几杯。”

苏曼问：“今天怎么这么高兴？”

马诣文倒满酒，饮了一口说：“今天我们干掉了两个新四军，小泄我心头之恨。”

“什么，你杀了两个新四军？”苏曼花容失色。

“怎么？你不相信？”

苏曼放下手中的酒瓶埋怨道：“你怎么这么糊涂？这里到处都有新四军活动，你和他们结仇，有你的好吗？”

“我早就和新四军结仇了。”马诣文说，“上次在大刀会，我就和新四军面对面。因为我表哥偏袒新四军，让我占下风，新四军打了胜仗，国军损失惨重。为此，李主席对我很不满意，龙彪要枪毙我，不是廖司令保了我，我这条命就没有了。当时我就想，君子报仇，十年不晚。今天，我和新四军狭路相逢，他们撞到我枪口上了。如果不给他们一点厉害，新四军就会越来越猖狂，我这税务局长就当不成了。所以，这次我对他们不客气，我要做点样子给李主席看看，也要给廖司令争个脸。”

就在马诣文说话的时候，赵强他们已来到马诣文家门前，正在静听动静。

苏曼忧心忡忡地说：“得罪了新四军，你不怕他们报复？”

“怕什么？”马诣文不屑一顾，“新四军那几个人，那几条枪，又能起什么大浪？有李主席和廖司令几十万大军做后盾，新四军能把我怎么样？”

门外的赵强实在听不下去，他压住怒火，上前敲门。

苏曼被敲门声吓了一跳，她警惕地问："谁？"

门外赵强大声说："马局长，局里有要事报告。"

马诣文不满地说："有事明天再说。"

"不行啊，明天新四军就要来了，情况紧急。"

马诣文心想，"新四军要过来？难道新四军有什么报复行动？"于是问："你怎么知道的，你是谁？"

"我是您的部下，您听不出来？"

"部下？"马诣文满心狐疑。

苏曼胆战心惊地念叨说："可别是新四军啊。"

马诣文为宽苏曼的心，摆出一副男子汉大无畏的气概说："真是神经过敏，新四军能来吗？他敢来，我就敢消灭他们。"他站起来打开门。

赵强和两个新四军战士一挤而入。

赵强用手枪顶着马诣文的脑袋："不许动，认识我吗？"

马诣文呆了，但他本能地去取挂在墙上的手枪。赵强一个箭步挡住了他的去路。另一个战士取下了马诣文的枪。

马诣文向赵强扑了过去，赵强一个擒拿动作，把马诣文撂倒在地。战士把马诣文捆了起来。

赵强说："跟我们走一趟。"

两个战士一左一右把马诣文架起来往外走。

苏曼昏倒在门边的地上。

为了迫使袁绍先同意与日本人合作，吉野命令王正奎、杨世才和孙俊杰先后去劝袁绍先，并加大筹码，许诺让袁绍先担任中江市维持会副会长并兼任中江东亚研究会会长，遭到袁绍先的严词拒绝和臭骂。吉野自以为了解中国人，这一次他得到了教训，十分难堪，骑虎难下。

松井说："大佐君不必在这个支那鬼身上动心思了，干脆把他毙了，杀一儆百。"

吉野想了想说："我还有一个办法。就是把他养在这里，对外宣布他的职务，发表他与我们合作的声明与讲话，造成他与我们合作的局面。"

“您是说让他变成一个木偶，任由我们摆布，而他自己得不到自由，有口难辩，造成不是事实的事实。”松井问。

“你说得对，这正是我所想的。”

“大佐君真是高明啊。”松井连连称赞。

赵强把马诣文带到野外树林里，捆在一棵树上。赵强决定在这里处决马诣文，他提着手枪走到马诣文面前说：“马诣文，我们可是老朋友了，知道我们为什么来找你吗？”

“我知道。”马诣文低声说。

“你知道，你知道什么？说出来！”赵强大怒。

“我杀害了新四军战士。”

“算你坦白。”赵强质问，“你为什么要杀害新四军战士？新四军战士是那么随便杀害的吗？”

马诣文哭着说：“我该死，当时昏了头。这是李品仙下的命令，廖开田叫我干的。”

“廖开田叫你干的？廖开田叫你吃屎你就吃屎？杀害新四军战士是要偿命的，你想过没有？”

“我该死，我该死。”

“你早就该死。你在项家山，我就打算杀了你，是我们蔡部长放了你。现在，你罪不容赦，还是没有躲过我这一枪。可惜我这一枪晚打了几个月，就损失了两名新四军战士，今天我要让你死两次，为死去的新四军战士报仇。”

“赵所长，赵长官，饶我一命吧。”马诣文哀号。

赵强冷笑一声：“你现在知道饶命，早干什么去啦？你不是说新四军几个人翻不了大浪吗？你不是说有李品仙、廖开田几十万大军做靠山，不怕新四军吗？你刚才说的话，我全听到了。我倒要看看，李品仙、廖开田能不能救你，新四军到底能不能翻大浪，你到底能不能逃出新四军的手心。”

“是，是，是。我错了，我罪该万死。”马诣文哀求，“赵所长，你饶了我一条狗命，我再也不敢与新四军作对了。”

“以后，你还想‘以后’？以后这世界上就没有你这个人了。看枪。”赵强向马诣文举起了手枪。

马诣文瘫了下去，他绝望了。

突然，有人叫道："且慢。"

赵强回头一看，只见蔡虹急匆匆地赶过来。

蔡虹问："这是怎么回事？"

"部长，马诣文杀了我们两名战士，我要向他讨还血债。"赵强说。

"我知道了，我就是为这事来的。"

马诣文见到蔡虹，连声说："蔡部长，饶命啊！"

蔡虹问赵强："出了这么大的事，为什么不告诉我？"

"同志们报仇心切，想先宰了马诣文再汇报。"

"同志们，就是你自己吧？"

"是，是我自作主张。"赵强承认。

蔡虹说："杀人偿命，天经地义，马诣文当杀。但是，在马诣文临死之前，我要和他说几句话。"

"杀就杀了，和他有什么好谈的？"赵强说。

蔡虹走上前问马诣文："你知罪吗？"

"蔡部长，我知罪了。"马诣文说，"请您饶了我，我再也不敢了。"

"你作恶多端，犯下了不可饶恕之罪，你早就该杀了，对不对？"

"对对对，我罪该万死！"

"如果我现在不杀你，你说你以后怎么办？"

"我再也不敢与新四军为敌了。"

"还敢杀害我们新四军税务干部吗？"

"打死我也不干了。"

"还会破坏我们新四军收税吗？"

"不会了，不会了。"

"国民党军队，共产党军队，都是友军，我们应该共同打日本，不应互相残杀。我们收税是为打日本，老百姓愿意缴税给新四军，你们有什么理由不让收？"

"该收，该收。"

"今天，我如果从大局出发，放了你。今后你不许阻挠我们新四军收税，更不允许迫害新四军税务战士，知道吗？”

“知道了，再也不敢了。”

蔡虹从口袋里掏出一张纸条，对马诣文说：“空口无凭，有字为证。我这里有一份我们合作的协议，你看一下，如果你同意，就在上面签个字。如果不同意，那只好送你上路了。”

蔡虹把协议递到马诣文面前，一面读给马诣文听：“鉴于国民党与共产党共同抗日之大局，马诣文表示从此不再阻挠新四军之税收工作，更不会迫害新四军税务战士，并许诺在对日战争、反扫荡、反封锁之斗争中，互相帮助，精诚合作。”

马诣文愣了。

“怎么样，同意不同意？”

马诣文不说话。

“看来你是不同意了，你刚才的表态是假的了。好吧，赵强。”蔡虹转过脸来对赵强说，“马诣文已不可救药，留着他也没有什么用处，你们该怎么办就怎么办吧。”说着向赵强使了一个眼色，转身离去。

赵强命令战士：“同志们，为战友报仇的时候到了，举枪！”

几个新四军战士向马诣文举枪瞄准。

马诣文大叫：“蔡部长，我同意。”

蔡虹走了回来，对马诣文说：“我们不会逼你，你的命运掌握在你自己的手里。”

“我同意。”

“好，签字吧。”蔡虹把纸条递到马诣文面前，赵强握着手电筒，并递上一支笔。马诣文就着手电筒的微弱光亮，签上了他的名字。

蔡虹收起字条对马诣文说：“签上字，我们的关系就变了，由对手变为合作者了。如果你今后不讲信用，我就把这份字条送到李品仙那里去，如果李品仙不收拾你，我们也会收拾你的。我今天把你的项上人头暂放几天，以观后效。当然如果你履行诺言，我们一切都好办。”

马诣文连声答应：“是，是！”

“好，把马局长放了。”蔡虹命令。

战士们上前解开马诣文身上的绳索。马诣文躹了一躬，踉踉跄跄地逃走了。蔡虹带着战士们离开了现场。

在回去的路上，赵强问蔡虹："部长，马诣文杀害了我们两个战士，我们要杀他为战友报仇，您怎么把他放了？我想不通。"

蔡虹说："马诣文是该杀，但现在还不是杀他的时候，留着他还有用。"

"有用，您放了他，他还会与我们作对的。"

"但我们现在也不能杀他。"

"为什么？"

"如果我们杀了马诣文，国民党军队会来报复。这样，就会演变成了一场战争，会影响大局。"

赵强不以为然："国共双方本来就是敌对的。国民党制造皖南事变，杀了我们九千多人，不影响大局，我们杀了一个马诣文，影响什么大局？"

"皖南事变错在国民党，党中央一方面给予揭露和强烈谴责，另一方面呼吁停止内战，一致抗日，在政治上赢了分。国际和国内各种政治力量对国民党压力很大，国民党只得暂时停止了对新四军的进攻，国共合作一致抗日的局面再一次形成。我们在这里闹起来，岂不是因小失大，给党中央造成被动？再说，我们成立税务所，开展税收工作，支队有一些同志反对我们这样做。领导也担心我们制造摩擦，惹出麻烦。假如我们对此事处理不慎，造成国民党军队大举进攻我们的根据地，使我们损兵折将，那时候我们就无法向支队领导和同志们交代。"

"这么说，我们的两个战士不是白白牺牲了吗？"

"战士的血不会白流。马诣文杀了我们的人，我们放了他，逼他签了一份合作协议，他的小辫子抓在我们的手里，今后他如果不按照我们的意图办事，再次为害，我们再解决他不迟。"

"马诣文这种人我看透了他，他只会与我们为敌，不会与我们合作。"

"我们要逼他与我们合作。马诣文是一个唯利是图的人，我想试试看。"蔡虹说。

吉野为了逼袁绍先就范，竟然在报纸上发表了对袁绍先的所谓《任命书》，任命袁绍先为中江市维持会副会长兼中江大东亚共荣研究会会长。同时伪造了袁绍先的所谓"就职谈话"，配发了袁绍先与吉野在一起喝酒的照片。一时舆论哗然，真假难辨。

消息传到新四军江北支队，曾世雄、谭天木即召蔡虹到支队开会。

会上曾世雄说："报上说袁绍先被日本人收买，担任伪职，此事不知是真是假，不管怎样，我们要研究一下出现的新情况。"

蔡虹肯定地说："这是敌人造谣。据我了解，袁绍先到中江后，吉野曾要他担任江东县维持会长，袁绍先严词拒绝，不与日本人合作，他怎么会担任中江市维持会副会长和中江大东亚共荣研究会会长呢?"

郑天佐说："情况有变化，人也是会变的。袁绍先也可能嫌江东县维持会长官小了，而当中江市维持会副会长和大东亚共荣研究会会长面子上好看一些吧?"

"我不相信。这事要进一步了解。"

"这已经是事实。袁绍先已经在报纸上发表了谈话，污蔑共产党和新四军；号召大家拥护日本天皇，服从汪伪政府的领导，为大东亚共荣出力，并且还和吉野喝酒吃饭，打得火热，我们不能不相信。"

"日本的报纸你能相信?" 谭天木问郑天佐。

曾世雄说："蔡虹同志不相信这是真的，也有他的理由，蔡虹同志对袁绍先是比较了解的。那就请蔡虹同志到中江去一下，了解真实情况后，再决定我们的态度。"

大家一致赞成。

蔡虹带着袁老七等来到中江，在望江楼饭店，和张云潮、朱世贵、王福根在一起碰头。蔡虹打听袁绍先的情况。

张云潮说："袁先生到中江后，一直拒绝和日本人合作，吉野派了孙俊杰、王正奎和杨世才三个先后去劝说，被袁绍先骂得狗血喷头，袁先生不会担任伪职当汉奸的。报纸上发表的袁先生谈话，是日本人伪造的。照片是真的，那能说明什么问题？能说明袁先生答应与鬼子合作吗？袁先生一直被关在拘留所里，日本人不放他出来，没有与公众见面。"

"说老爷投靠日本人，当汉奸，把我头割下来我也不信。"袁老七说。

"这是吉野的一个阴谋，他要逼袁先生就范。我们要揭露敌人的阴谋，挽回影响，还袁先生清白。"蔡虹对张云潮说，"我们组织学生开展一次大游行，要求日本人释放袁先生，还袁先生自由，敌人的阴谋就戳穿了。”

第二天，在中江市中心主要街道上，几千名学生打着“强烈要求释放袁绍先先生”“坚决声援袁绍先先生的正义斗争”的标语。

警察、宪兵与学生发生了冲突，街上一片混乱。

学生的行动使吉野十分被动，他在办公室对松井说：“袁绍先的情况怎么泄露出去的?”

“我们就是再保密，也保密不住，毕竟这是在中国的土地上。”

“这个袁绍先真难对付。我本来以为让王正奎、孙俊杰他们去劝他，过一段时间他会低头的，可是没想到他这样顽固。”吉野感叹。

松井说：“王正奎、杨世才和孙俊杰被袁绍先骂得狗血喷头，都不敢再见他了。袁绍先声称绝不与我们合作，强烈要求释放他回去。”

吉野想了一想说：“我们不能让他回去，要是那样，我们的计划就失败了，而且影响太坏，我们宁愿把他软禁在这里。”

“如果不放他回去，他要绝食。”

“绝食?”绝食就意味着关押袁绍先不能太久，太久要出人命，纸包不住火，吉野为难了，他想了想说，“他难道不怕饿死?”

马诣文惊魂甫定，回到自家门口敲门。苏曼听到敲门声惊恐万状，以为是新四军又来了，她朝门外问：“谁呀? 马诣文不是被你们抓走了，还来干什么?”

马诣文说：“是我。”

苏曼从门缝里往外看，果然是马诣文，连忙把门打开，且惊且疑地说：“你回来了?”两个人抱在一起。

“谢天谢地，总算平安地回来了。”苏曼问，“新四军没有杀你? 他们把你放了?”

马诣文心事重重地应道：“嗯。”

“那新四军抓你干什么?”苏曼不解地问。

马诣文只摇摇头，坐在桌旁发愣。

苏曼感到奇怪：“你怎么啦? 捡回了一条命，还这样闷闷不乐?”

马诣文叹道："新四军真是无孔不入。我堂堂的税务局长，国民革命军上校，怎么说抓就抓，说杀就杀，一点安全保障都没有?"

"你不是说有李品仙几十万大军，不怕新四军那几个人吗，现在知道新四军的厉害了吧?"苏曼说。

"我不是怕他们，我是想以后怎么办。"

"以后怎么啦?"

"新四军放了我，要我不管他们收税的事，这能办到吗?"

"你收你的税，新四军收新四军的税，你管他们干什么?"

"你说得轻松，新四军收税我不管，那我们的税到哪里去收。李主席、廖司令追查下来，怎么交代?我这税官还当不当，我这前途还要不要?"

"哎呀，你到如今还什么前途不前途的呀。在这兵荒马乱的年代，能保住一条命就算不错了，还想怎么样呢?国民党、共产党，哪家坐天下，你能料得到吗?"

"当然是国民党坐天下了。日本鬼子在中国总不能长久占着不走。共产党就那点势力，能成气候吗?"

"你还认为共产党势力小，共产党背靠苏俄，势头大着呢!前几天，有人到九华山庙里烧香，听说菩萨显灵，说天上又要出一颗太阳，共产党要得天下了。"

马诣文想，人们常说历史上乱世之中，往往从妇女、小孩口中道出未来的玄机，但他还是不相信共产党真能得天下。

两名税务干部的牺牲，引起了支队领导的高度重视。这天，在支队中层以上干部会议上。曾世雄问蔡虹："两位税务战士的后事安排好了吗?"

"安排好了。"

曾世雄叹道："税收工作刚刚开始，就损失了两个好同志，可见税收工作之艰难哪!"

蔡虹说："政委，这事我要作检讨，没有充分估计斗争的复杂性和残酷性。今后一定注意税务战士的人身安全，提高警惕性，防止出现不必要的牺牲。"

郑天佐不会放过攻击蔡虹的机会，他说："我认为蔡虹同志不应该这么轻描淡地写检讨，应从思想上找出深刻的原因。”

“你说怎么办吧？”蔡虹说。

“我认为造成这次事件的原因，是蔡虹同志好大喜功，在条件不成熟的情况下，不适时宜地开展税收工作，从而给革命事业造成了损失。从政治上说，是违反了党的统一战线政策和路线造成的恶果。”郑天佐说。

蔡虹反驳：“不是我好大喜功，而是我们新四军江北支队面临的经济困境，逼得我们不得不想出办法解决。我也知道收税有风险，我也知道斗争很残酷，但是我们要生存，要发展，就必须走出这一步；再说，这与执行党的统一战线路线、政策不相违背，统一战线不是一切听命于国民党。”

曾世雄说：“牺牲了两位税务战士，是一个很严重的事件。但是成立税务所，这是支队党委的决定，如果错了，我负主要责任。”

“我建议撤销支队税务所，把税收工作停下来，将此事向军部汇报，听从军部的指示。”郑天佐说。

“我不赞成。”蔡虹说，“如果受到一点挫折就停下来，会影响税务战士的士气。气可鼓不可泄，必须坚持下去。”

曾世雄倾向于郑天佐的意见：“我看，停一下也行，但税务所暂时不撤。最近胡服同志将到皖北视察工作，军部通知我和支队长到皖北开会，我趁这个机会向军部领导汇报请示一下。如果领导肯定我们的做法，我们就继续干，如果军部不同意，我们就撤销税务所，停止税收工作。”

谭天木说：“请示一下军部领导也好。”

于是，税收工作暂停了下来。

晚上郑天佐来到俞珍宿舍，谈到税务所当前的工作，他添油加醋地对俞珍说：“蔡虹好大喜功，明知不可为而为之，把战士的生命当儿戏。牺牲了两个同志，受到了支队领导的严肃批评。”

俞珍说：“怎么能这样呢？革命总是会有牺牲的，税务工作同样会有牺牲，都归罪于蔡部长，这太不讲道理了吧？”

“支队已决定，税务所停止工作，是不是要撤销，等向军部汇报后再说。”郑天佐得意地说。

“遇到一点挫折，就停止前进，这恐怕太轻率了吧？如果是打仗，牺牲了几个战士，这仗就不打了？”俞珍不满。

“条件还不成熟嘛。”郑天佐说，“上级又没有布置成立税务所，并没有谁要求我们收税嘛。我们犯不着逞这个能，出了问题不是自找倒霉吗？”

“这怎么能叫逞能？”俞珍反驳，“干革命一切等待上级指示？当算盘珠子，拨一下，动一下？怕担责任，那是革命的态度吗？”

“那总得要有上级指示才能行动吧？”郑天佐说，“不然，为什么要求步调一致？蔡虹成立税务所，大家都不同意，他硬要上，这不是好大喜功是什么？不是逞能又是什么？”

俞珍更加不满地说：“蔡虹部长出生入死，为支队所想，主动想办法，做工作，解决支队经济困难，这种精神是多么可贵。是好大喜功？是逞能？我认为这是你小人之心。蔡部长是那样的人吗？”

郑天佐感觉俞珍为了维护蔡虹，根本不顾及他们之间的感情，或者说，俞珍心中根本就没有他的位置。他十分妒忌和生气地责怪说：“我一说蔡虹你就不高兴。”

俞珍针锋相对：“你从来没有公正地对待过蔡部长。”

“你这是情迷心窍。”郑天佐说。

“你是心术不正。”俞珍说着站起来送客。

说不到三句话就顶牛，这在郑天佐和俞珍之间是常有的事。郑天佐愤愤离去。

# 后盾

## 下

安徽师范大学出版社

·芜湖·

# 四十一、民族气节

袁绍先拒不与日本人合作，这使吉野大伤脑筋。街市上学生和市民游行不断，强烈要求释放袁绍先，社会舆论压力很大，吉野的一切计划均告失败，无法向社会交代。此时，吉野后悔自作聪明，弄巧成拙，袁绍先成了他手上的烫山芋，杀也不是，放也不是。不仅如此，袁绍先为抗议日本人的拘禁，愤而绝食，这更使得吉野手足无措。

这天一上班，吉野得到松井的报告："袁绍先已经绝食七天了，人一会儿昏迷，一会儿清醒，看来活不了几天了。"

吉野叹道："这个中国人我真是没有料到。"

"是啊，正如大佐君曾经说过的，中国人也有有骨气的人。"松井承认。

"早知这样，当初就不该把他从焦县弄来。"吉野说。

"现在我们怎么办？"松井问。

吉野想了想说："我们这出戏还是要唱下去，怎么着也不能放他出去。"又问，"袁绍先还说了什么吗？"

"他要求在临死前见见他的家人。"

"那就让他见吧，也许他家里的人能使他回心转意。"吉野转而又想，如果袁绍先真的死了，这个局面怎么收场。

在一间牢房里，袁绍先睡在地上的草铺上，他已经消瘦得不成样子，头发胡须已全白，乱蓬蓬的。

袁福被允许来探望。他站在袁绍先的身边，抹着眼泪，手里捧着一个饭盒说："老爷，您吃一点东西吧。只要吃点东西，身体就会好的。"

袁绍先用微弱的声音说："日本人是不会放我回去的，我不会和他们合作的，是必死无疑了。与其拖下去，不如早死。我不吃。”

袁福哭着说：“老爷，您怎么命都不顾呀？”

“袁福，你不要难过。人总是有一死，死了比做汉奸好。”袁绍先说。

“老爷，您要是走了，袁庄怎么办，袁家人怎么办？”

“谁也没有办法左右将来。”袁绍先说，“袁庄会好的，我们袁家人会好的。如果人死了之后有灵魂的话，我会在阴间保佑大家。”

歇了一会儿，袁绍先说：“我有两个儿子，都在国外，成家立业了，我也不必记挂他们。只是你们弟兄两个，从小无爹无娘。你弟弟在外读书，将来会有出息的。你跟了我半辈子，没有读书，我的家产全部留给你。”

袁福连忙说：“不，不，老爷，您对我们兄弟俩的大恩大德，我们永世不忘，我求您不要离开我们。您还是吃一点东西吧。有您在，我们什么都好，您要是不在，我们也不知道会怎么样呢？”

“一切会好的，日本鬼子会败的，国家也会振兴的，现在是一时的黑暗，天会亮起来的。”袁绍先说。

“老爷，您为什么不熬到天亮那一天呢？”

“我是想啊，但是鬼子是不会放过我的，自从鬼子抓我那一天，我就知道，我不会向鬼子低头，我是死定了。”

“老爷……”袁福放下饭盒，哭倒在袁绍先身上。

在皖北新四军根据地一个很大的村镇里，新四军皖北支队正在召开万人大会，欢迎新四军政委胡服同志做报告，到处是一片喜气洋洋的景象。曾世雄、谭天木和两个警卫员来到会场时，会议已经开始。一万多名干部战士席地而坐，曾世雄、谭天木只好坐在后面的地上。

胡服同志站在讲台上，他手里夹着一支香烟，他那洪亮的声音传遍全场：“……我们的有些同志，对‘抗日民族统一战线’的理解是：一切服从国民党，一切听国民党的，给国民党吹喇叭、抬轿子，不敢发展自己的力量。结果呢，自己力量弱，站不住脚，给人家赶了出来。吹喇叭、抬轿子没落好，听话反而挨了打，何苦呢？我问这些同志，为什么不抓紧时间发展自己的力量？他们说，怕刺激国民党，怕人家说我们是‘招兵买马’。我说，你怕刺激人家，怕人家不高兴，人家就喜欢你了？人家还是不喜欢你嘛，还是要打你嘛。我倒要问，革命的兵为什么不招？革命的马为什么不买？打鬼子，没有枪能行吗？没有人能行吗？革命的武装，应是多多益善。”台下热烈鼓掌。

胡服同志继续说：“有了枪，有了人，就要有个家，这个家，就是革命根据地，就是抗日民主政权。有了抗日民主政权，就可以收税，收公粮。不然，我们只有到处讨饭吃。没有谁给新四军发饷，没有谁给新四军发衣服，更没有谁给新四军发枪炮子弹，新四军一切靠自己。你能靠国民党？那是幻想！我们要靠的是革命的根据地，是根据地的广大人民群众。”台下更加热烈鼓掌。

胡服同志最后说：“我们的根据地要向敌后广大的地区发展。广大的敌后地区，你不去，土匪就去，国民党顽固派就去，他们去了就欺压老百姓。我们去了，建立起革命政权，选乡长，选县长。我们设立税务所，就可以收税，就有了财源。革命的根据地越大，我们发展的基础就越雄厚，建立全国民主政权的那一天就会来得越快。”胡服的讲话引起强烈的共鸣，掌声经久不息。

会后，胡服同志单独接见了曾世雄和谭天木。曾世雄把江北支队的发展情况向胡服作了全面汇报。胡服同志对江北支队的工作给予了充分的肯定和高度的赞扬。胡服同志说：“你们在一无基础、二无外援的情况下，克服困难，解决了部队的生存和发展问题，团结了大刀会，扩大了根据地，重创了日本鬼子，打败了国民党顽军的‘清剿’，开展大生产，创办兵工厂，经济实力和装备水平得到很大的提高，给全军树立了好榜样，全军都要向江北支队学习哩！”

胡服同志的讲话，曾世雄、谭天木深受鼓舞。回来的路上，谭天木对曾世雄说：“蔡虹同志是对的，扩大革命根据地，开展大生产，成立税务机构，这些做法完全符合胡服同志的讲话精神，完全符合党的路线和政策。”

曾世雄连连点头：“是啊，胡服同志给我们拨开了迷雾，使我们看清了方向，回去我们要支持蔡虹同志，放手大胆地干了。”

这天，吉野和松井在办公室，龟田进来报告：“大佐君，袁绍先死了。”

吉野听说，呆了一刻。这时，孙俊杰、王正奎和杨世才进来，大家都知道了袁绍先的死讯。

吉野说："袁绍先的死，使我们的计划彻底失败了，使我们陷入极为难堪的境地，共产党、国民党又要为此事大做文章。"

"我们现在怎么处理这件棘手事呢？大佐君。"松井问。

吉野想了想说："我们要宣布袁绍先是得了急病而死，生病期间我们进行特别医治和抢救，但是无力回天。因此我们要厚葬袁绍先，以表达我们对袁绍先先生、对我们的合作者和朋友的崇高敬意。"

"太高明了，大佐君。"松井转忧为喜。

吉野说到做到，决定隆重安葬袁绍先。他装出一副对袁绍先万分崇敬的姿态，带领一支由日军和伪军组成的送葬队伍，举着孝幛，散着纸钱，唱着挽歌，抬着一只巨大的棺材向事先选好的墓地前进。

松井、孙俊杰、王正奎、杨世才等军政要人，骑着马，护卫在灵柩两边。

到了墓地，由伪军和日本兵挖好墓穴，大家一齐用力把灵柩稳稳地安放进去，盖上泥土，形成了一个巨大的坟茔，同时竖起一个墓碑，上书"大东亚共荣政策的拥护者和合作者、大日本皇军的忠实朋友——袁绍先先生之墓。——大日本皇军第十八军团，第五大队奠"。

众日伪军在上面洒上纸钱，放着鞭炮。

最后，吉野带着众人，向袁绍先的墓碑恭恭敬敬地鞠了三个躬。

一切都做得那么庄严肃穆，那么郑重其事，那么假戏真唱，谁能看得出袁绍先是因拒绝与日本人合作，被迫害致死的呢？

蔡虹和袁老七回到根据地，将真实情况和鬼子的所作所为向支队领导作了汇报。

蔡虹说："鬼子逼袁先生当汉奸，先生拒绝合作，就不放他回来，他以绝食抗议，最后活活饿死了。鬼子假慈悲给老爷举行了隆重的葬礼，真是滑天下之大稽啊。袁绍先对革命的贡献很大，他体现了一个中国人的民族气节，我建议给袁先生重新安葬，把他和灵山烈士们安放在一起。"

谭天木说："对，我赞成给袁先生重新安葬。"

曾世雄也同意，他让蔡虹负责安排。

在白茅山革命根据地，新四军和群众几万人隆重举行了袁绍先先生追悼大会。讲台上挂着横幅上写着："隆重举行袁绍先先生追悼大会"。两旁挂着"学习袁绍先先生爱国精神！""深切怀念袁绍先先生！""打倒日本帝国主义！"等标语。

曾世雄、谭天木、袁福、郑天佐、蔡虹、蒋锋、夏长龙等坐在台上。

曾世雄政委致悼词："同志们，乡亲们，今天，我们举行万人大会，隆重追悼我们尊敬的袁绍先先生。袁先生是著名的民主进步人士、爱国人士、开明乡绅、中国共产党的好朋友，在我们最困难的时候，他慷慨纾难，捐款捐物，献计献策，做了许多有益的工作和巨大的贡献。面对日本帝国主义者的恫吓利诱，凶狠残暴，他大义凛然，视死如归，保持了一个中国人的尊严和爱国者的气节，令人敬佩。我们一定要学习袁先生的革命精神、爱国精神和不畏强暴的民族气节，坚决把抗日战争进行到底，夺取抗日和民族解放的最后胜利。"

蔡虹带头高呼："学习袁先生的爱国精神！打倒日本帝国主义！"

万众欢呼，声音如排山倒海，波涛汹涌。

最后新四军和群众组成了声势浩大的送葬队伍。新四军领导同志和袁福、袁老七等扶柩而行，直到灵山墓地。并为袁绍先先生建起了一个巨大的坟茔，立上巨碑，刻上："袁绍先先生之墓"七个大字，落款是："新四军江北支队全体指战员，根据地各级政府和全体父老乡亲　敬立。"

从墓地回来的路上，袁老七对蔡虹说："蔡部长，袁老爷走了，我也没地方去了，我跟着你干革命吧。"

蔡虹握着他的手说："好啊，我们欢迎你。"

袁老七参加新四军后，在临江县政府从事地方武装工作，担任连长。

这天，马诣文接到廖开田的电话，要他速去汇报工作。马诣文立即骑马赶到合肥廖开田的办公室。

坐下之后，廖开田问："听说新四军的税收队伍重新建立起来，而且队伍越来越大，遍布各地，大有取我代之之势，有这种情况吗？"

马诣文汇报说："新四军抽了不少干部、战士抓税收，不仅如此，他们还从农民中聘用了一批人为他们收税。虽然我们尽了最大努力，但是相比之下，我们的人显得太少了，简直对付不过来。”

“共产党干什么都是人海战术。”廖开田说，“我们不可能抽那么多人去收税，也不可能动员老百姓为我们收税。我们一定要把新四军这股税收力量打压下去。”

“目前从总体上看，税源还是控制在我们手里。”马诣文说，“新四军的税收区域主要还是在乡村和部分集贸市场，那里的税源很少。”

廖开田指示：“你们应该加大工作力度，向广大乡村延伸。农村的税款也不能让新四军征了去。发现新四军税收人员，要坚决打击，不能手软。如果力量不足，我立刻派军队去清剿。”

马诣文点头称是。

“上次打死了两个新四军税收员，有什么反应?”廖开田问。

“新四军扬言报复，我们最近加强了戒备。”

廖开田说：“报复，那只是说说而已，打死了就打死了嘛，新四军还敢怎么的。别看他们在盘云山占了便宜，要不是日本偷袭珍珠港，太平洋战争爆发，国际形势发生突变，我军也不会就此善罢甘休的。”

接下来廖开田向马诣文传达了战区会议的精神，他说：“日美太平洋战争的暴发，国际形势出现了新的变化，美国人为了确保对日作战的胜利，要求中国国共两党团结一致，共同抗日，不允许打内战。因此，我党中央的政策有了微妙的调整。这次在战区的军政会议上，李主席传达了中央革命军事委员会的重要指示，从现在起，我军由‘剿共’改变为‘限共’，就是从经济上限制共军的发展。李主席要求所属各部，要进一步加强对新四军的经济封锁，严厉打击向新四军驻地走私物资的活动，特别是对粮食、棉花、布匹、食盐、药品以及钢材、火药、枪械、通讯器材等，一经发现，一律扣留，严厉处罚。这项任务就交给你们税务局管。税务局再挂一个禁毒缉私大队牌子，你马诣文任大队长。我已报李主席同意。”

马诣文连声说：“谢谢司令。”

廖开田说：“禁毒缉私是假。新四军急于成立税务所，抽调那么多人收税，说明他们在经济上十分困难，想在税收上找出路。他们这是与虎谋皮，痴心妄想。我们坚决不能让新四军的企图得逞。李主席指示，要同共产党、新四军开展一场不见硝烟的经济战，把新四军困死、堵死。这是个大策略，这件事情李主席十分重视，你要是做好了，李主席将有重赏。”

马诣文立刻来了精神，信誓旦旦表态要做好。

马诣文回到税务局，把林金山等叫到办公室问：“汤家镇那个新四军税收检查站还有人吗?”

“在我们打死了两个新四军战士之后，他们的工作停了一段时间，人走了，但听说现在又回来了。”林金山回答。

马诣文指示：“最近新四军不仅在汤家镇，而且在临江县和周围几个县都建起了税务所。对新四军卷土重来，我们要坚决打击，不能失掉我们的税收阵地。”

马诣文交代林金山：“上级要求，现在我们的工作，除做好税收之外，还增加了禁毒缉私工作，其目的就是要加大对新四军的经济封锁，把他们困死、堵死。因此要严把各个交通要道，不让一辆车、一担货流向新四军根据地。汤家镇是临江县重镇，交通要道，地位十分重要，能否把得住，管得好，就看你林金山的了。另外，这也是个肥差，要替我把握住啊!”

林金山心领神会，当即表态：“决不辜负局座的信任。”

这天，在新四军江北支队后勤部办公室，蔡虹正在接待一个三十几岁的男人。这个人高高的个子，戴着一副墨镜，衣服和发型都比较新潮，话不多，但很有底气，看的出来他身份很不一般。蔡虹和他谈了好一阵子。最后蔡虹说：“好，就这样说定了。”两人都站起来。

男人临走时握着蔡虹的手说：“蔡部长，价格方面到时候不会有变化吧?”原来他是个商人，是来谈生意的。

蔡虹肯定地说：“不会，我们图的是长远。新四军讲信誉，价格从优，一手交货，一手交钱。”

男人满意地说：“这我就放心了。”

蔡虹一直将他送到门外。这时，赵强、俞珍正好过来。

赵强汇报：“各乡镇税收检查站全部恢复，开始工作。”

俞珍说：“大家的干劲很足，都说有上级领导支持，我们一定会把工作做好。”

蔡虹让赵强、俞珍坐在自己的对面，说："我也告诉你们一个好消息。为了打破敌人的封锁，我们已经建立起四条地下运输线。东边一条到上海，西边一条到武汉，北面一条到合肥，南面一条到徽州。这四条线建立之后，我们所需要的物资，就可以通过地下运输线运过来。"

俞珍问："有了地下运输线，是不是就可以不用通过国民党的禁毒缉私检查站了？"

"有的通过，有的不通过。"蔡虹说，"所谓地下运输线，一种是跋山涉水，绕过敌人的检查站；另一种是通过敌人的检查站，但每一站都有我们自己的人接应。"

"我们自己的人？"

"对，这也有两种。一种是我们的地下工作者在敌人里面，暗中帮助；一种是我们直接收买和利用敌方人员或社会其他人员为我们服务。"

"敌人会为我们服务？"俞珍感到很新鲜。

"当然！"蔡虹说，"敌中有我，我中有敌。"

赵强问："刚才来的人是不是我们的地下运输线上的人？"

"是，也不是。"蔡虹说，"他是我们可以利用的地下运输人员。"

"那是什么人？"俞珍问。

"这个人的身份很神秘，自称手里什么货都有，而且有办法把货物运到我们这里来，只要价格公道。"

"口气那么大，是不是骗子？"俞珍不放心。

"这个人不是骗子，他的身份我已经通过地下工作者了解到，他是李品仙三姨太的哥哥，李品仙的大舅子。"

赵强、俞珍张大着嘴，很是惊讶。

"李品仙的三姨太想利用丈夫的职权发点财，她哥哥就帮她做起了走私生意。"

"李品仙口口声声要封锁新四军呀！这不是后院起火吗？"赵强说。

"世界上的事情就是这么复杂。这样的一个特殊人物，你们说，我们不好好利用吗，价格上我们不从优吗？"

"蔡部长，您真是有办法，化腐朽为神奇啊！"俞珍称赞道。

# 四十二、地下物流

四辆马车在大道上行驶，车上坐着一个戴着墨色眼镜的神秘男人和他的助手。这个神秘男人就是李品仙三姨太的哥哥。

马车来到国民党汤家镇检查站，税务员连忙叫："停车检查。"

墨镜男人态度十分傲慢地说："你们要干什么?"

"停车检查，这是规定。"税务员说。

"停车检查?"墨镜男人亮出了省政府特别通行证，"看看，这是什么?"

税务员拿着特别通行证看了看说："我看不懂。"

"看不懂？这可是省政府发的派司。"

税务员说："那也要等我们站长回来。"

"你们站长人呢?"墨镜男人不耐烦地说。

"站长到局里去了。"

墨镜男人说："我们可没有闲工夫等。要是误了事，你们要负责。"

税务员不理他，开始对车上的货物进行检查，

墨镜男人嚷："哎，干什么，干什么？我说了，我们有'特别通行证'，你们无权检查。"

税务员说："检查来往货物，是我们的职责，谁也不能例外。"

另一个税务员爬到车上一看，嚷道："好家伙，棉花、布匹、食盐、洋油，什么都有，全是走私物品。"

税务员说："对不起，这些都是禁止流通的物品，要全部没收。

墨镜男人说："没收，你们敢，我要和你们站长通电话。"

"好吧，那就请你和我们站长说话。"税务员摇起电话机。

这时林金山正在马诣文那里领受禁毒缉私的新任务，有人喊："林站长，电话。"

林金山去接电话，只听税务员在电话里说："站长，有四辆马车，上面装着棉花、布匹，要过检查站。"

林金山说："违禁物品不能通过检查站，不是明文规定吗？"

税务员甲说："他们说有省政府特别通行证。他不仅不让检查，还要求和您说话。"

林金山一听火了："好大的架子。一个私贩子能有省政府特别通行证？省政府能允许向新四军驻地走私吗？真新鲜哪！给我都扣下来。"

"是！"打电话的税务员对其他税务员说，"林站长说一律扣下来。"

几个税务人员把马车往院子里面赶。

墨镜男人摘下墨镜发火说："好，你们扣吧，我们住旅馆去了，明天早上来提货，少了一件，你们吃不了兜着走。"说完，便带着几个人丢下大车和马匹走了。

傍晚，林金山回到检查站，税务员甲带他到院子里看货，见车上满满当当地装着货物。

林金山夸奖道："干得好。这些物资如果不扣下来，就会流到新四军驻地，这些都是新四军最需要的。"

另一个税务员提醒："站长，那个车老板横得很，说他有省政府的特别通行证。"

林金山轻蔑地笑着说："这年头，假派司满天飞，哪有那么多的特别通行证？一定是新四军冒充，难道贩卖棉花、布匹，政府也给开特别通行证？你当他是李省长的大舅子吗？"

众税务员放心地笑了。

税务员问："站长，这些货怎么处理？"

林金山说："不是老规矩吗？"

"卖了？"

"笨蛋，不卖了变钱，怎么分？"

"站长，要不要给马局长留一份？"

"多嘴，还用问吗？老规矩。"

晚上，在马诣文家里。林金山提着一个小包进来，“局长，这是您的。”

马诣文问：“什么东西？”他接过包，用手翻了翻，里面是白花花的洋钱。

林金山说：“查到了几个私贩子，装得满满四马车走私货。”

“知道是什么人吗？”

“管他是谁，也许是新四军吧。”

“这么快就把货卖了？”

“这些紧缺物资，一撒手就没了。”

“可不要卖给了新四军？”

“不会的。”

“这四辆马车的货明显是做新四军的生意。我们把他扣了，如果又卖给了新四军，这像话吗？我们对新四军的禁运还怎么搞？”马诣文说。

“局长放心，不会的，不会的。”

马诣文问：“有没有廖司令的一份？”

“有，有，我这就送去。”

马诣文赞慰：“干得不错，今后会有你的好处。”

第二天一早，墨镜男人来了，见到税务人员说：“你们站长来了吗？”

税务员甲说：“林站长来了。”

这时林金山出来说：“你是谁呀？”

墨镜男人见到林金山，居高临下地问：“你就是站长？”

“是啊！怎么啦？”

“我们有四车货在你们这儿，今天我们要拉走。”

“四车货？就是那四辆马车？”

“没错。”

“那是走私物品，已被我们依法没收。”

“没收？你有这么大的胆子？”墨镜男人吼道。

“这是我们的职责。”

墨镜男人拿出特别通行证递给了林金山：“你看看，这是什么？”

林金山接过特别通行证，看也不看，三下两下把它撕得粉碎，说：“走私犯禁，也用派司，你以为你是什么人？骗人还骗到我林某头上来了。”

墨镜男人大怒：“你怎么敢撕我的派司？”

“我撕怎么啦？你不是会到省政府开吗？有本事再给我开一份来。”

“好，你等着。”墨镜男人气呼呼地带着几个车夫去了。

林金山淡淡一笑：“装得倒挺像。小混混，我见得多了。”

第二天，马诣文在办公室接到廖开田的电话。

廖开田问：“马老弟，听说昨天你们查了几车走私货吗？”

“是啊。”马诣文说，“我正要向您报告呢，都是些禁运物品。”

“货呢？”

“货已经处理了，弟兄们见财有份。您的一份林金山马上送来。”

不料廖开田斥道：“胡闹，你赶快把货物收回来，把车子放了。”

“什么？”马诣文吃惊不小。

“把货物收回来，把车子放了，听到了吗？”廖开田严肃地说。

马诣文情知不妙，他说：“廖司令，那批货收不回来了。”

“什么？收不回来？”

“刚才不是说吗？昨天晚上都处理了。”

“处理了，怎么处理的？”

“卖了。”

“卖了，怎么这么快。”

“当然快，都是些紧缺物资，一出手就没有了。”

廖开田责备道：“马老弟，你这一下闯大祸了。”

“怎么？”

“你知道这批货是谁的吗？”

“不知道。”

“我谅你也不知道，我也想不到。告诉你，这批货是李主席三姨太的。”

“什么？李主席三姨太，她还走私？”

“谁能想到？昨天我还听了李主席的报告，要求我们大力打击走私。严禁向新四军驻地贩运一切货物。”

“您也向我下达了任务，没想到……”

“这一下麻烦就大了。李主席一发火，咱们的脑袋都保不住。你赶快把被卖的货物追回来，能追多少就追多少。”

“问题是货已追不回来啦。”

“那就把钱收回来。”

“钱也收不回来了。”

“怎么钱也收不回来?”

马诣文说：“您知道，弟兄得了钱，都逛了窑子了，哪里还有钱呢。”

“那看你怎么办吧!”廖开田叹了一口气，想了想说，“万不得已的时候，找一个替罪羊吧，我总不能让你去送死啊”

马诣文连忙推卸责任：“司令，这些都是林金山他们干的。”

“你马上把林金山抓起来，不然我们不好向李主席交代。”廖开田挂上电话。

马诣文放下电话，瘫倒地椅子上。

过了一会儿，马诣文打电话叫林金山：“林站长吗?”

林金山情绪很好：“马局长，是我。”

“到我办公室来一下。”

林金山来到，马诣文对他说：“昨天那四车货物你能收回来吗?”

“您说什么，收回来? 那都处理了呀。”

“不能追回来了?”

“不能。”

“钱呢。”

“钱也没有了，弟兄们得了钱，逛窑子的逛窑子，喝酒的喝酒，吃鸦片的吃鸦片，哪里还有钱呢?”

马诣文突然翻脸说：“谁叫你们把东西分了?”

林金山诧异地问：“这不是老规矩吗?”

“私分物品，销售赃款，该当何罪?”他下令，“来人，给我关起来。”

众士兵一拥而上，把林金山抓了起来。

林金山不解地问：“马局长，您这是?”

马诣文这才解释：“兄弟，对不起了，你撞到枪口上去了。昨天你扣下的物品，是李品仙三姨太的货，那押车的就是三姨太的哥哥。”

“我的妈呀，真是李主席的大舅子。”林金山呆了。

马诣文说：“上面已经追查下来，有货退货，无货抓人，我也没有办法。”

林金山大哭起来：“马局长，我是听您的话才扣的货，您要保护我呀！”

马诣文不悦道：“林站长，你是听我的话，这不错；但是，我也是听别人的话。现在，我们谁也顾不得谁了。上面要求我把你押送过去，能不能活命，就看你的造化了。带走！”

士兵把林金山押着出门。林金山扭头对马诣文说：“马局长，我是忠心耿耿跟着您，您要救我呀。”

林金山被关了几天，接省政府来电，将林金山押送合肥。到了合肥，林金山直接进了审讯室。

两名警察在提审林金山。他们让林金山坐在特制的椅子上，双手戴着手铐。一个警察提审，一个警察做记录。

警察问：“你叫什么名字?”

这种明知故问，林金山不情愿地回答：“林金山。”

“多大岁数?”

“三十岁。”

“哪里人?”

“临江县人。”

“什么职业?”

“税务检查官。”

“什么职务?”

“汤家镇税务检查站站长。”

“作为税务检查站站长，你的职责是什么?”

“征收税款，检查来往货物，禁止走私违禁物品买卖，对新四军根据地实行经济封锁。”

“你有权力扣押货主的货物吗?”

“有，对于违禁物品和向新四军驻地流通的任何物品。”

警察提高了声调：“你也有权将货物变卖私分?”

林金山不语。

警察大声呵斥："说!"

林金山叹了一口气："我运气不好，大水淹了龙王庙。"

"运气不好? 运气好了，私分货物就没事，是不是?"

林金山承认："是的，我是这样认为。"

"你过去经常私分货物?"

"不是经常。"

"反正有过?"

"是的。"

"你这是犯罪，知道吗?"

"我有罪。"

"谁叫你这么干的?"

"我——"

"你经常私分扣押的物品，没有人支持你，你没有这么大的胆子。你说是谁?"

"我——"

警察降低了声调，开始诱导："说，老实说。说出来就没有你的事了，如果不说，这罪就是你一人承担，你这个脑袋就保不住了。如果你交代了那个指使你的人，这罪就由他承担，你就没事了，知道吗?"

"我——"

"说，快说!"警察凶相毕露，"好，你不想说，是不是? 来人，给他尝尝我们对付共产党的那几套刑具。"

林金山害怕了："不，我说，我说。我是冤枉哪！ 我是听人指挥，受人指使，不然，我也不敢这么干哪！ "

"你听谁的指使?"

"我是听马诣文的。"

"是马诣文叫你干的?"

"是的。"

"私分货物，也是马诣文叫你干的?"

"是。"

“他过去常叫你这么干？”

“是的。”

“你说的这些都是事实？”

“我不敢说假话。”

另一个警察将记录簿递上前交给林金山看。林金山看了一遍，没有说话。

审讯过林金山，两名警察向李品仙汇报案情。由于涉及马诣文，李品仙把廖开田也叫到办公室。

警察说：“案件都调查清楚了，据林金山交代，这些都是马诣文叫他干的。他们过去经常私分物品，贪赃枉法。”

李品仙对廖开田说：“马诣文，他怎么能这样干？前次清剿新四军，我让他去大刀会把项启龙拉过来，他工作不力，大刀会倒向了新四军。后来龙司令要他把项启龙毙了，他没有执行。由于他徇私枉法，导致了我军清剿新四军战斗的失利。本应将他按照军法处置，但看他懂些经济，在你的保举下，重新使用，担任税务局长。现在，他在这职务上还是贪赃枉法，此人不可再留。”

廖开田虽有心保护马诣文，但此刻他不敢说话，怕惹李品仙生气，只好说：“是啊。马诣文怎么能这样。”

李品仙吩咐：“把他抓起来等候处理。”

廖开田说：“主席，我亲自去处理。”

廖开田回到办公室，派人通知马诣文来。

不一会儿，马诣文进来问：“廖司令，找我有事吗？”

廖开田指着沙发说：“坐吧。”

马诣文遇感到不是好事，不安地坐了下来。

廖开田叹了一口气说：“马老弟呀，情况不大好，林金山那小子进去之后，把一切都推到了你的身上。”

马诣文吃惊：“什么？那怎么办？”

“李主席已下令要我逮捕你。”

马诣文傻了："廖司令，看在老乡的份上，您要救救我啊。"

"我是想救你的。"廖开田说，"但是，李主席的命令，我又不能不执行。"

"廖司令，我——"马诗文想申诉几句，但廖开田打断了他的话："马老弟，你是我最信任的人，我只要有一点办法，也不会见死不救的。现在，李主席正在气头上，你先进去待着，我慢慢想办法救你出来。"他朝门外喊："来人。"

门外进来两名警察。

廖开田命令："把马诣文抓起来！"

两名警察给马诣文戴上手铐，马诣文泪眼汪汪地看着廖开田。

廖开田挥挥手，让警察把马诣文带走。

马诣文哭着说："廖司令，您一定要救我出来啊！"

俞珍得知李品仙三姨太哥哥的货物被查扣变卖的消息，急忙来向蔡虹报告："部长，听说李品仙三姨太的哥哥拿着省政府的特别通行证，在汤家镇检查站都没有闯过关，走私货物被林金山扣下来转卖了。"

蔡虹说："你的消息也很快嘛。"

"李品仙三姨太的哥哥，就是上次到我们这里来联系的那个人？"

"没错，就是他。"

"那怎么办，我们这批货物不是泡了汤？"

"泡不了，那批货物已经在我们手里了。"蔡虹得意地说。

"货是怎么到我们手里的？"

"昨天晚上，汤家镇的税务员扣了货，急于卖出去换钱，我们就从税务员的手里买过来，而且我们还压了他的价。"

"是吗？部长，您怎么知道他们急于卖出？"

"我派人一直注意着这批货的行踪。"

这时赵强进来说："报告部长一个好消息。"

"什么好消息？"

"林金山和马诣文都被抓起来了。"

"抓起来了？"俞珍惊喜。

蔡虹说："我知道了，马诣文、林金山为主子卖力，惹上麻烦了。"

"李品仙又替我们搬掉了税务上的两个绊脚石。"赵强高兴地说。

蔡虹点点头，看着赵强说："赵强，我们要考虑新的计划了。"

"什么行动计划？"

蔡虹说："你去把李大春同志叫来。"

不一会赵强带着李大春进门。

蔡虹对他们说："你们都是本地人，我们商量一个计划。现在马诣文突然离开了局长职位，临江县税务局出现了领导真空。据我们了解，国民党税务机关聘用人员一向弹性很大，税务局本身也有很大的自主权。我们趁这个时候，想办法安插几个人进去，打入国民党税务机关内部。这事就由赵强同志负责，大春同志协助去办，拉关系，找熟人，或者金钱收买，什么手段都行。打通关节之后，你们带几个人进去，做党的地下税收工作。"

蔡虹问赵强："你觉得怎么样？"

赵强说："我有信心实现这个计划。"

"大春呢？"蔡虹问。

"我有一个亲戚在税务局里，我可以找他想想办法。"李大春说。

"好。"蔡虹嘱咐，"你们进去之后，要注意团结国民党税收人员，条件成熟后，可以在思想进步的人员中发展党员，壮大我们的地下党组织，把白色税务局变成红色税务局。"

# 四十三、汤李之争

这天李品仙和龙彪在办公室谈话。参谋长急匆匆地进来说："报告主席，汤恩伯任命一个叫吴达才的少校团长担任'皖北税务局局长'，吴达才在蚌埠挂了一个'皖北税务局'的牌子，并且在皖北地区一口气建立了十四个税务检查站，控制了交通要道和城市商业区。"

"他想干什么？"李品仙说，"汤恩伯的手还挺长，伸到安徽来了？"

"这明摆着同我们争夺财源。"龙彪说。

李品仙想了想说："汤恩伯这样做一定是受老蒋的指使。让顾祝同在南方，汤恩伯在北方，一南一北，挤压我们。先从税收方面入手，把我们的财源拿走，让我们在安徽没饭吃、没钱花，待不下去。最后把我们桂系挤出安徽，好给他的中央军腾出地方。哼，桂系可不是好欺侮的。"

龙彪说："主席，我马上派人去把他抓起来，把他的税务局和检查站统统捣毁。"

李品仙点点头。但他想想说："不能公开这样干。汤恩伯是第五战区司令长官，名义上是我们的上级。抓吴达才，势必和汤恩伯翻脸，闹到老头子那里去，又要给李老板添乱。还是想想其他办法。"

"想什么办法，我们还怕他不成？"

这时廖开田进来。李品仙对他说："廖司令，刚才得到情报，汤恩伯派人在皖北建立了税务局，任命一个叫吴达才的为局长，成立了十几个税务检查站。"

"汤恩伯想夺我们的财源！"廖开田说。

"是啊，争财源。就是争地盘嘛。"

“把它捣掉就是了。”

李品仙说：“龙司令也是这个意见。可是怎么个捣法？总该有个说得过去的理由吧。”

“那倒是。”

“你是保安司令，这事就由你来处理。”

廖开田表示：“请主席放心，我一定把这事处理好，让汤恩伯‘哑巴吃黄连，有苦说不出’。”

“对，就要这个效果。”

“主席，我有个建议。”廖开田又说。

“尽管说。”

“派一个合适的人去办。”

“谁？”

“马诣文。”

“马诣文？就是你关起来的那个马诣文？”

“是他。”

“这个马诣文办事不行。”龙彪插话。

廖开田说：“司令，马诣文搞政治不行，但他懂经济，会办经济方面的事情，他一定有办法把吴达才治了。”

龙彪摇摇头，表示怀疑。

李品仙说：“我知道，你是想保马诣文。”

廖开田默认。

李品仙想了想说：“好吧，就依你。如果他把这件事情处理好了，我就饶了他。”

廖开田立正敬礼：“我代马诣文谢谢主席。”

马诣文在牢房里仰天长叹。

这时铁栅门开了，卫兵叫：“马诣文，廖司令来看你。”

马诣文抬头一看，果然是廖开田。他万分惊喜、激动，连忙迎上去。

廖开田上下打量着他：“你吃苦了。”

“司令，我知道您会来救我的。”

“我能不能救得了你，还要看你的表现。”

“司令吩咐。”

“我向李主席保荐你去对付一个人。”

“谁?”

“出来再说。”

卫兵把铁门打开，并解开马诣文手上的手铐，让马诣文出去。

马诣文随廖开田来到办公室。

廖开田坐下说：“汤恩伯手下一个叫吴达才的，奉汤恩伯之命，在蚌埠建立了‘皖北税务局’，成立了十几个税务检查站，同我们争夺财源。李主席大为恼火。我推荐你去皖北对付吴达才，这样也不影响我们同汤恩伯的关系，叫汤恩伯‘哑巴吃黄连，有苦说不出’，你有办法吗?”

马诣文略一思考：“要对付吴达才不能直接捣毁他的税务局和检查站，必须有一个好的借口。这么着，我建议以禁毒缉私的名义去查他。”

“他不吸毒、不走私，能查他什么?”

“他吸毒不吸毒、走私不走私，话得由我们说。到时候我一定叫他百口难辩。”

“对，这个办法好。”廖开田连忙称赞，“汤恩伯也不好为他讲话。你仍旧担任你的大队长，就以缉私大队的名义去。”

“谢谢廖司令。”

“你把这件事做好，李主席要是满意，你这一难就算过去了。”

马诣文敬礼：“我保证按照司令的吩咐把事情办好。”

吴达才是汤恩伯手下一员经济方面的干将，他到皖北后，迅速展开了工作，打开了局面，皖北财源不断流向汤恩伯的手里。但是这种状况没有持续多久，马诣文带领他的禁毒缉私队来了。

马诣文经过秘密侦察，摸清了吴达才的活动规律，他们趁吴达才外出不在办公室的时候，派人将一包毒品偷偷放了进去，然后，大张旗鼓地沿街展开了禁毒缉私检查。

马诣文的行动引起了吴达才的不满。在搜查到税务局办公室的时候，吴达才带领税务人员进行抵制，问：“你们是谁，来税务局干什么?”

马诣文把证件拿出来在吴达才面前晃了一下说："对不起，我们是禁毒缉私大队的，例行公事。"

"禁毒缉私怎么检查到税务局来了?"吴达才质问。

"这是上面布置的任务，任何单位也不例外。"马诣文板着脸。

"你们查吧，只要你们不嫌麻烦。"吴达才生气地说。

"那就得罪了。"马诣文带人冲进吴达才的办公室。在里面装模作样地查了一遍，不一会，一个下属叫了起来："好家伙，私藏毒品!"

马诣文假装不信："真的吗? 拿出来看看。"

下属搜出来一只黑色的皮包。

马诣文当着吴达才的面打开，见里面是一包包的毒品。马诣文问吴达才："吴局长，这是怎么回事?"

"这是怎么回事?"吴达才也呆了。他问部下："这东西是哪里来的?

"不知道，我们这里从来没有这种东西。"

马诣文指着毒品说："不能凭你说，有就是有，我们按证据说话。"接着又提高声调："吴局长，私藏毒品是违法行为，您是知道的，怎么能干这种事呢?"

"你们这是陷害。"吴达才恍然大悟，愤怒地说。

马诣文冷笑一声："吴局长，你还想抵赖? 对不起，请跟我们走一趟。"

"什么? 你敢抓我!"吴达才的部下掏出手枪。

早有准备的马诣文的部下也掏出手枪："不许动。你敢抗拒执法?"

毕竟马诣文手下人多。吴达才不敢硬拼，只好说："你们栽赃陷害，我跟你们李主席说去。"

"好啊，有你说理的地方。"

他们给吴达才戴上手铐。

吴达才大声说："我抗议!"

马诣文厉声说："走!"

李品仙在办公室。廖开田进来兴奋地报告："主席，马诣文已把吴达才抓到。吴达才的税务局和十几个检查站，一举清除掉了。"

"好。"李品仙问，"用什么名义抓吴达才的?"

“私藏毒品，人赃俱获。”

“干得好。”李品仙赞扬道。

“主席，怎么处置?”

“先把他关起来。”

“不毙掉他?”

“等一等，我要看看汤恩伯想放什么屁。”

廖开田又问：“主席，那马诣文怎么办?”

“马诣文嘛，你的意思?”

“这次他干得不错，就让他将功补过。”

李品仙心情正好，说：“好吧，由你安排。”

“谢谢主席！还是让他当临江县的税务局长，兼禁毒缉私大队大队长，发挥他的专长吧。”

李品仙叮嘱：“这个人可要管严点。”

“是。”廖开田又问，“林金山怎么办?”

李品仙不高兴了，觉得廖开田又想放林金山，有些过分了，就沉下脸说：“总不能都不追究吧?”说着转身离去。

“属下明白。”廖开田说。

廖开田回到办公室，召来马诣文，两人商量如何处置林金山。马诣文说：“不声不响，把他埋掉算了。”廖开田就让马诣文去办。

马诣文带着十几个战士来到树林里，他让战士挖了一个大坑，把林金山押到树林，准备执行。

廖开田也来了，他要亲临现场督办。

林金山看到廖开田，大叫：“司令，救救我，我是冤枉哪!”

廖开田说：“我们也没有办法，该你倒霉吧。”

“我是按照你们的要求做的，我一心为党国做事……”

“推下去。”马诣文下令。

林金山大叫：“马局长，我对您忠心耿耿！你们不能这么无情……”

马诣文充耳不闻。几个士兵把捆着的林金山推到坑里，任凭林金山大叫“冤枉，救命”，也没有人理他。一会儿，土填满了，声音也没有了。

廖开田和马诣文一同上车离开。

蔡虹在办公室，俞珍急匆匆地进来报告：“部长，马诣文官复原职，又回到税务局上班了。”

蔡虹抬起头：“哦，马诣文又回来了？”

“是啊。怎么办？”俞珍很着急。

蔡虹说：“马诣文回来，对我们很不利。我们安插了一些人，马诣文回来一定会发觉，尤其是赵强，马诣文是认识他的。”

“那就让赵强通知有关人员回来。”

“回来可以，可是我们这些天的努力就前功尽弃了。”

“那怎么办？”

蔡虹想了想，打定了主意：“不能放弃这个阵地。看来只有和马诣文摊牌了。”

“摊牌？”

“对。”蔡虹说，“你赶快去通知赵强，做好与马诣文摊牌的准备。”

“是。”俞珍匆匆而去。

马诣文回到临江县税务局，几个昔日的部下站在门前欢迎他，他春风得意，径直走进自己的办公室。审视了一下环境，打开了桌子抽屉。然后看看放在桌子上的文件夹，文件夹是空的。看看茶杯，茶杯也是空的，没有人为他沏上茶。他觉得有些意外，办公室虽然依旧，但空气显得陌生。

一个税务人员从窗前经过，马诣文见是一张陌生的面孔，他感到奇怪，他叫住了他：“你，进来。”

那个税务人员进来了，他是李大春。

“你叫什么名字？”马诣文问。

“李大春。”

“什么时候进税务局的？”

“进来不久。”

“是谁让你们进来的？”

“是长官让我们来的。”

“长官，什么长官？”

李大春装傻，不说话。

“我才是这里的长官。”马诣文发了火。

这时又有几个税务人员在窗前探望，都是些陌生的面孔。

马诣文越来越感觉不对劲儿，他起身到各个办公室巡视。除了几个老税员外，不少都是生面孔。

在一个办公室，他看到赵强坐在那里。

马诣文一惊：“你，怎么在这儿？”

赵强笑着站起来：“马局长，您回来啦？”

马诣文下意识地握着手枪：“你在这里干什么？”

“我在这里收税呀。”

“什么，你来收税？”马诣文叫道：“来人，把他抓起来。”

随从人员掏出了手枪。

赵强笑了：“马局长，你这样就不友好了，我们有过合作约定。”

“什么合作约定？把他抓起来。”马诣文吩咐随从。

赵强斥道：“好一个马诣文，我就知道你这人没有信用，你不合作也就罢了，还要抓人，这可是我的办公室，是你闹事的地方吗？”

“什么，你的办公室？”

随从举着手枪，逼近赵强。

这时从各个办公室出来许多人，围了上来，其中有李大春等人，也都掏出了枪，枪口对准了马诣文。一场火拼眼看就要展开。

马诣文没有想到会出现这种局面。刚才那些国民党税务人员，一下子都变成了共产党新四军，而且数量上占了优势。马诣文神色大变：“什么，你们？反了反了！”

赵强却平静地说：“马局长，有话好说，冷静一点。坐下来，有事共同商讨。”

马诣文气急败坏地说：“你们，等着瞧吧。”他转身带人走了，听到身后一阵哄笑声。

没想到第一天上班出现了这种情况。马诣文回到家中，气呼呼地坐了下来。

苏曼上来问："你刚刚回来上班就生这么大的气，怎么回事？"

"还不是新四军。"

"新四军怎么了？"

"在我不在职的时候，他们派了许多人混进了我们的税务局，国民党的税务局简直成了共产党的税务局了。这还得了？"

"他们的胆子真大。"苏曼很吃惊。

"无法无天。"马诣文说。

苏曼问："你打算怎么办？"

"我要去见廖司令，派军队来，把他们一网打尽，然后重建税务局。"

"一网打尽？"苏曼表示担心，"新四军来者不善，你能把他们一网打尽？弄不好就像上次一样，又要被他们抓去了。"

马诣文说："那可不见得谁抓谁。不把他们一网打尽，也要把他们赶走。要是廖司令知道我失了税务局，我的饭碗就没有了。李主席知道了，定我个勾结新四军的罪名，我的脑袋就得搬家。"

苏曼说："不要急于告诉廖司令，想想看有没有其他办法。"

"有什么办法？"马诣文说，"不动家伙，休想让他们离开。"

这时，有人敲门。

马诣文警惕地问："谁？"

苏曼条件反射："阿弥陀佛，可别又是新四军。"

马诣文说："就说我不在家。"

苏曼对门外喊："谁呀？诣文不在家。"

赵强在门外说："我们是马局长的朋友，我们老板要见他。"

"不是说了吗，他不在家。"

"我们老板是来谈生意的，坐一会儿就走。"

"谈生意的？"苏曼回头看看马诣文。

马诣文的贪婪战胜了恐惧，他点点头。

苏曼把门打开，赵强等人挤了进来。

"你来干什么？"马诣文且惊且惧。

"没什么，老朋友，经常走走。"

马诣文立马站起来准备去摘墙上的枪。

赵强一个箭步冲上前，抓住了马诣文的手臂。两名新四军战士用枪指向马诣文。马诣文被赵强制服。

苏曼在一边惊呆了。

赵强说："看，我们老板来了。"

马诣文看到蔡虹大步进来，后面跟着俞珍。

蔡虹对马诣文说："马局长，我们又见面了。"

马诣文和苏曼都傻了。

蔡虹说："马局长，俗话说'亲戚越走越亲，朋友越走越熟'。我今天做个不速之客，想必不会引起马局长不便的吧。"他转头对苏曼说："夫人，请不要误会，我可以告诉你，马局长和我们打交道已经不是一次了，我可是两次救了他的命，可以说，我是他的大恩人哪。"

苏曼就坡下驴说："谢谢恩人了，请坐，请坐。"然后去倒茶。

蔡虹坐下对马诣文说："真所谓人生做官烦恼始。马局长，当上局长是不是烦恼的事就多了？所以特地来表示问候。你想，马局长这么能干的人，却把税务局给人家占了，怎么向廖开田、李品仙交代。这局长还能干下去吗？所以我今天就是为解决这件事而来的。"

马诣文不安地问："你们想怎么样？"

"我今天来和你谈一个妥善处理的办法，既让你马局长回到税务局工作，保住局长之位，又能使我们国共两家税收不受影响，真正体现国共合作精神，你看如何？"

马诣文狐疑地问："什么办法？"

"我们来一个税务合作。税务局还是你马局长主持，我们派人参加，统一征收税款，回来分账，五五分成，你以为如何？"

"这，这怎么行？"马诣文说，"廖司令、李主席知道了，我怎么解释？"

"当然不能让他们知道。这事完全可以在你和我们之间操作。"

马诣文神情安定了些，他说："蔡部长，不是我不愿意和新四军合作，这是丢官、掉脑袋的事。"

蔡虹严肃地说："这年头，干什么脑袋就稳当？你以为不和我们合作，你这个税务局长就能当下去？你杀了我们两个新四军战士，你的脑袋还那么稳当？那是我暂时把它留在你的脖子上。我今天来不是求你的，是为你马诣文找出路的。”

马诣文沉默了。

“只要你能跟我们合作，你以前的罪可以将功弥补。如果拒绝合作，后果你自己考虑，廖开田、李品仙保不了你的命。”

马诣文还是不表态。

沉默了一会儿，蔡虹说：“这样，我们给你考虑的时间，让你权衡一下利弊。赵强，我们走。”

蔡虹、赵强站起来往外走。马诣文、苏曼送到门口。

蔡虹回头对马诣文说：“过几天我来听你的回话。如果你能和我们合作，我会照顾到你个人的利益，在我们所分的税额中给你个人两成的回报，任何人都不知道。这既有利于你开展工作，又为你发财提供了机会。如果不按照我说的去做，我们今后就走着瞧。”说完就和赵强离去了。

# 四十四、税收密约

路上。俞珍问蔡虹："部长，马诣文会接受统一征收、五五分成的办法吗?"

"他不接受我们也要逼他接受。"

"如果他不接受，把事情向廖开田报告，要和我们对着干呢?"

"我想他不会向廖开田报告，这对他没有什么好处。相反，如果他和我们合作，他个人会得到实惠，这是值得他考虑的。"

"您是指给他两成的回报。"

"对，马诣文这个人是逐利之徒，为了利益他会铤而走险的。你看他身边的那个女人，绝不是他的妻子，一定是他的情人。凡是养情人的人，对金钱都很贪婪，因为他们需要钱。"

"如果我们得五成的税额，又从中抽两成给马诣文，我们的份额就只有总量的四成，我们不是少了吗?"赵强问。

"如果不合作，我们一成份额也没有，不是吗?不要担心，一旦运作起来，马诣文为了提高个人的份额，就必然加大我们的份额，挤压国民党的份额。到那个时候，大部分税收都成了我们的了。"

"对，这是一种激励政策。"赵强说，"只要他上了套，就必须照我们的路子走。"

马诣文和苏曼惊魂甫定，坐在椅子上叹气。

苏曼问："太可怕了，我以为新四军又要把你抓走。他们没抓你，说要和你合作收税，是什么意思?"

马诣文气愤地说："哼，他们占了我的税务局，知道强占不行，想了一个和我合作的办法。还五五分成哩，简直是痴人说梦。我非报告廖司令，把他们灭了不可。"

"你打算向廖司令报告。"

"不报告怎的，让他们在我头上拉屎。不把他们消灭，我心有不甘。"

"上一次龙司令、廖司令不是带军队去清剿了一次吗，结果怎样？不仅没有剿灭新四军，反而被新四军打败了？"

这么一说，马诣文的气泄了一半。"那是我表哥的大刀会帮助新四军，新四军才能取胜，没有大刀会，新四军江北支队早没有了。"

"项启龙是你表哥都不听你的，说明新四军得人心嘛。龙司令带那么多人马都没有消灭得了新四军，廖司令能帮你消灭新四军？"

"消灭他们几个收税的，还是绰绰有余。"

"这几个收税的是孤立的吗？我看你呀，真是痴人说梦。"

"国民党的力量总比共产党强吧，才不怕他们。"

"那可不一定。那个姓蔡的新四军说救了你两次命，是什么意思？"

"一次在大刀会，再一次就是上次我被劫持。"

"说明廖开田还是保护不了你的安全。新四军神出鬼没，你防不胜防。你和新四军对着干有你的好吗？"

"那有什么办法，我能顺着新四军，照他们的意图办事，一起收税，五五分成？上面知道了，不是通共的死罪吗？"

"你如果跟新四军对着干，你这个税务局长照样当不成，你的小命照样难保，不是吗？"

马诣文想了想说："是啊，要是向廖开田报告，我这税务局长也就当不成了。我要是同他们干到底，我的小命也难保。他们就是利用我这种心理，要和我谈一笔交易。"

"什么交易？"

"就是表面上他们退出去，让我负责，暗地里派人到我的身边，收入两家五五分成，他们坐收渔利。"

"他们说给你抽两成，是什么意思？"

"他们那是在引诱我，说在分给他们的税收中，拿两成给我私人。"

“给你私人？你能算出有多少吗?”

“一年少说也有三五万大洋，如果运作得好，不止这个数。”

“不知道新四军说话算不算数?”苏曼来了兴趣。

“谁知道。”

“你先试试，如果他们讲信用，我看不妨冒一次险。你跟着廖开田、李品仙这么多年，也没有什么好，差一点就把你处理了。现在世道这么乱，我们捞一笔钱再说。如果廖开田、李品仙知道了，我们就远走高飞。省得在廖开田、李品仙手下受气。”

“这事做起来难保不泄密，泄了密就要掉脑袋。”

“我把我弟弟叫来管账，只让他一个人知道。”

“新四军那边肯定也要派人管账。”

“只限两个人知道。再就是你、我、新四军的领导。其他人一律不让知道，神不知鬼不觉。”

马诣文自言自语道：“这可是在刀口上舔血吃。”

蔡虹和赵强、俞珍在办公室碰头。蔡虹说：“告诉你们一个好消息，刚才马诣文派他的妻舅来给我回话，接受了我们的条件，和我们合作了。”

“这太好了，不动声色就拿下了税收阵地。”俞珍喜出望外。

蔡虹说：“我们要把一批素质好、有文化的同志安排到重要的岗位，控制国民党临江县税务局和各个检查站。要求大家提高责任心，严格纪律，严守秘密。”

“没有问题。”赵强说，“我打算开展一次保密教育和业务培训，一定把这件事情办好，请部长放心。”

蔡虹说：“赵强，你的身份已经暴露，不便抛头露面。我看李大春还是挺能干的，就让他代替你在税务局工作，让李大春管账，你在暗中领导。”

赵强点头赞成。

在省政府办公室，李品仙召集龙彪、廖开田研究工作。

廖开田汇报：“马诣文回到临江县，那里的税务工作很快就恢复了。”

李品仙说：“看来马诣文是个人才。要多任用几个这样懂经济的人，全省的税收工作，除了日伪占领区外，要全部抓起来。我们要扩充军队、巩固地盘，经费的问题是最关键的。”

李品仙问：“吴达才抓来起后，汤恩伯那边有什么反应？”

廖开田说：“暂时还没有什么反应。据说汤恩伯打算再派人来。”

“汤恩伯想跟我赌一把。”李品仙说，“再派人来，我就不能再抓吗？”

龙彪说：“不如把吴达才毙了，看他还敢不敢再派人来。再来，再抓，再毙。”

“安徽的财源，是属于桂系的，绝不能让任何人插手。”李品仙说，“这事我已经向李老板作了汇报。李老板说，如果老头子硬要插手，我们桂系就回广西老家，抗日的事就让他一人承担了。”

这时通讯员进来说：“报告，中央军委监察专员杨光显中将代表军事委员会，即将到达安徽视察工作。”

李品仙自语：“杨光显？”

“杨光显是吴达才的老乡，一定是为吴达才而来。”廖开田说。

李品仙点点头：“很有可能。汤恩伯想出了这么个办法。看来吴达才不好处治了。”

龙彪说：“早把他崩了，就没事了。”

李品仙笑笑说：“他可能不只是为了吴达才，还有其他事。”

“中央总是对我们杂牌军不放心，三天两头派专员视察。”

“是啊，我们杂牌军是老头子的一块心病。要不是日本人来了，老头子早就对我们出手了。”

正说着，报务员递上电报。李品仙看了一下还给报务员，对廖开田说：“电报也来了。杨光显明天到。”

蔡虹在办公室，见俞珍和一个女战士在打算盘，就问：“临江县的税款进来了？”

“进来了。虽然不多，但已经开始进账了。”

“开始不会很多，慢慢来。说明赵强、李大春运作得很好，我们的人已经到位，一切按计划进行。”

这时赵强进来。俞珍对他说：“赵强，税款到账了，蔡部长刚才都已经表扬你们了。”

“到账了就好，我就是来问这事。”赵强说。

“马诣文比鬼都精，你们不会被他欺骗吧？”

“他哪里还想欺骗我们，他恨不得让我们多划一些税款才好呢。”

“真是有钱能使鬼推磨。”

“另外，我们还物色有进步思想的税务人员，让他们直接为我们收税，直接把税款交给我们的地下党员。我们称之为‘白皮红心战士’，是新四军的外围组织。要不了多久，这些税务人员，大多数都是我们的人了。”

蔡虹称赞说：“好。赵强，你是越来越会做工作了。这件事情办妥之后，我们每年少说也有十来万大洋的收入，这就解决了大问题。”

俞珍故意说：“哎呀，部长太偏心，不到一个小时，表扬了赵强两次。”

“你嫉妒去吧!”赵强得意地说。

“赵强，我不光表扬你，还要考考你。”蔡虹说。

“考我？”

“对，我问你，解决了临江县的税收工作，下一步我们怎么办？”

赵强想了想说：“到焦县去。”

“对。”蔡虹肯定地说，“我们下一个任务，就是到焦县。仅仅在国民党统治区挖税还不行，我们要把日本鬼子占领区的税收也挖过来，那才是大税源。”

俞珍说：“蔡部长，您是吃着碗里的想着锅里的。”

“焦县可是江北重镇，交通枢纽，税源更多了。”赵强很来劲。

蔡虹说：“赵强，你抓紧时间带人去焦县摸一下税收方面的情况，回来后我们研究一个行动方案。”

省政府门前。李品仙、龙彪、廖开田和一些官员站在门前迎接中央军委监察专员杨光显的到来。几十名全副武装的士兵挺立在两旁列队欢迎，领队的军官行军礼。

杨光显乘坐的小轿车嗖然而至，一位军官上前替他打开车门，杨光显翩然下车，随员也下了车。李品仙碎步上前迎接。杨光显与李品仙像多年不见的老朋友一样握手，笑着道：“鹤龄兄，别来无恙啊!”

李品仙说："清宇兄大驾光临，欢迎欢迎。"

众人一齐进了接待室，分宾主坐下。

杨光显说："沿途所见，安徽山清水秀、秩序井然，鹤龄兄治皖有方，敬佩敬佩。"

"清宇兄过奖了。"李品仙谦虚道，"此次莅皖，机会难得，还望不吝赐教哪！"

杨光显说："我这次来是根据中央监察署的安排，主要是来检查一下对新四军的经济封锁情况。"

"好啊。"李品仙说，"清宇兄先休息，改日我让廖司令给您汇报，陪您到下面走走。"

杨光显摆摆手："不忙，我还想会一下我的一个小老乡。"

李品仙假装不知："您的小老乡，他叫什么名字？"

"我那个小老乡叫吴达才，在汤司令那里当税务局长，现在听说在你们这里，我想见见他。"

"他在我这里吗？"李品仙表示意外，"哎呀，清宇兄，我好像没有听说过吴达才这个名字。"

杨光显肯定地说："他在这里。我问了汤司令，他也说在你们这里。"

"哦，汤司令？他也知道这个人？我实在不清楚。清宇兄，我这人现在容易忘事。再说，有些事情我是不管的。"接着，李品仙转向廖开田，"廖司令，问问下面，有没有一个叫吴达才的，如果在这儿，就请他来喝杯酒，陪陪我们监察专员"。

廖开田说："有是有这个人，但是不好说他呢。"

"有什么不好说的？"李品仙说。

"他是一个贩卖毒品犯，所以羁押在这里。"

"贩卖毒品？不至于吧？"杨光显说，"鹤龄兄，我的小老乡可是正经的税务官，哪能做这类事呢，这里面一定有隐情。"

李品仙故意把手一挥道："什么贩毒不贩毒？既然是清宇兄的老乡，当然要网开一面了。廖司令，你知道吴达才在哪里，去把他放了，请他到这里来陪杨专员喝酒。"他又对杨光显说："我们就入席吧。"

大家进入餐厅坐下。

不一会儿，廖开田把吴达才带来。

李品仙装样说：“哎呀，误会，误会呀。来来来，我今天要敬酒赔罪了。”

吴达才也不答话，只和杨光显点了一下头。

杨光显说：“达才老弟，坐到我这边来。感谢李主席盛情哪!”

李品仙说：“清宇兄，安徽的名酒还是不错的，请尝一尝。”

“好，好，既然来了，就不见外。”杨光显说，“达才老弟，我们敬李主席一杯。”

赵强根据蔡虹的指示，到焦县侦察了数日，回来向蔡虹汇报。赵强说：“焦县一共有十五个税收检查站，其税收主要集中在焦湖口。焦湖口是焦湖出入长江航运的唯一通道，汪伪政府在那里建了一个税收检查站，有三十多个人。这个检查站站长是焦县税务局长张金波兼任。他是焦县汪伪维持会会长张金水的弟弟。此人依仗他哥哥的势力，把住焦湖口，大发国难财。我们要拿下焦县的税收，必须首先拿下焦湖口税收检查站。”

蔡虹想了想说：“干脆拿下张金波。”

“对，拿下张金波?”赵强赞成。

焦湖口船来船往，岸上设了一个税收检查站，汪伪税警在检查征收税款，一片繁忙景象。

张金波带几个随从大摇大摆地走过，税收员们连忙迎过去。

张金波问：“这几天税收怎么样?”

领头的说：“报告局长，情况很好。只是我们的人手不够，忙不过来。”

“先忙着吧。”张金波说，“过几天我向会长报告，给你们增加一些人。”

“那太好了。要是来几个能识字会算的，就更好了。”

张金波点点头。他看了看湖口那些船只说：“皇军说了，要特别注意那些运往新四军驻地的物资，发现了立即没收。”

“是。我们特别注意检查军用物资。”

“不只是军用物资，对生活用品，也要严格检查。”

“明白。”

第二天，赵强带着几个战士，打扮成农民，向焦湖口而来。

战士甲指着张金波说："他就是张金波。"

赵强说："国家受难，他们倒春风得意。盯住他！"

张金波检查完工作，离开了湖口，赵强和战士们在不远处尾随着他。张金波身边一直跟着两个保卫人员。

傍晚，张金波下班回家，两辆黄包车在街上飞驰。张金波坐在前面一辆，后面一辆坐着两个保卫人员。

到了一个小巷口，张金波下了车，看到巷子里静静的没有人，就用手朝两个保卫人员挥了一下，示意没有情况，他们可以回去了。两个保卫人员即刻离去。

张金波在巷子里朝家走去。突然，两个农民模样的年轻人互相追逐着从对面跑过来。其中一个是赵强。

张金波看了看，并未引起注意。

两人来到张金波身边，将张金波撞倒在地。

张金波大怒，刚要发作，双手却被拧在身后，捆了起来。

张金波问："你们是什么人。"话未落音嘴里被塞进一团毛巾。

赵强说："对不起，我们是新四军除奸队，跟我们走一趟。"

张金波一下子瘫了。

赵强他们把张金波押到巷口，正好来了两辆黄包车，拉车的都是农民打扮的新四军战士。赵强把张金波塞进黄包车，两个战士坐上另一辆，黄包车盖着雨篷，神不知鬼不觉地向野外驶去。

两辆黄包车匆匆来到野外树林里。赵强首先跳下车，战士们把张金波从车上拖下来。赵强命令把张金波绑在树上。

张金波抬头一看，在他对面的树上拉着一条标语，上面写着"打倒日寇，惩治汉奸"，张金波的双腿抖了起来。

赵强握着手枪走了过来，对张金波说："张金波，你知道这是在哪里吗?"

"我知道。四爷，不要杀我。"张金波叫道。

"不杀你杀谁?"赵强喝道，"你当汉奸，当日本人的走狗，不冤枉你吧？我们新四军除奸队，就是专门除掉天下汉奸、消灭日本鬼子的。今天处决你，你是罪有应得。"

张金波哀号："四爷，饶命！饶命呀！四爷，我也不想为日本人卖命呀！只是家里十几口人要吃饭。你们千万别杀我，我上有老、下有小，现在还不能死啊！"

赵强冷笑一声："你现在说已经迟了，早知今日，何必当初。你想一想，我们费这么大的周折把你从焦县城里搞来，不杀你，难道还要把你养起来？来人，大家练练枪法。

"四爷饶命，四爷饶命呀！"

赵强命令："做好射击的准备。"

张金波惊恐地闭上眼睛，嘴里呜咽着，腿抖个不停。

# 四十五、敌中有我

正在这时，蔡虹、俞珍走了过来。

蔡虹说：“新四军子弹这么宝贵，为什么不用大刀?”

赵强放下枪，对战士们说：“拿我缴获的东洋刀来，让我亲自试试这刀快还是不快。”

战士拿刀去了。

张金波瘫了下去，嘴里呻吟：“长官，别杀我，别杀我啊！我也是没有办法啊! 放了我，我再也不当汉奸了。我可以为新四军做事，杀鬼子。”

蔡虹走到张金波面前对他说：“张金波，你罪恶昭彰，罪当该死，但是有道是‘放下屠刀，立地成佛’。你如果能保证从此不再当汉奸，为新四军办事，为抗日立功赎罪，我们也可以给你活命，让你能够重新做人。你要不要活，想不想重新做人?”

张金波连忙说：“想活，想活! 我要重新做人，长官，您就给我一次机会吧!”

这时，战士把赵强的东洋刀提了过来，交给了赵强。

蔡虹对张金波说：“想活，要重新做人，那好，你说你今后怎么办?”

“长官，我可以为新四军做事，您要我干什么，我就干什么。”

“你能听我们的话，按我们的要求办事吗?”

“一定，一定。长官，我听您的。”

“好。”蔡虹对赵强说，“先不要杀他。”

“什么？不杀他？他罪恶累累……”

“给他一个将功赎罪、重新做人的机会。”

“这种汉奸不杀，我想不通。”赵强故意把头扭过去。

“我不是说不杀，是给他一个机会，以观后效。如果他再为害，再杀不迟。”蔡虹说。接着，他命令战士把他关了起来。

张金波对着蔡虹跪下说：“谢谢，谢谢救命之恩!”

蔡虹说：“我救不了你的命，要救，还是靠你自己。”

“我听长官吩咐。”

战士们把张金波押走了。

蔡虹对赵强说：“要把他看紧，别让他跑了，留着他大有用处。”

几天后，蔡虹把赵强、俞珍叫到办公室，对他们说：“我们共同商量一下，怎么把张金波这个颗棋子用活。我有一个设想，你们看行不行?”

赵强、俞珍异口同声说：“部长您说说看。”

“我想把张金波扣押在这里，让赵强代替他去当税务局局长和检查站站长。”

“我去当税务局局长和检查站站长?”赵强感到意外。俞珍亦不解地看着蔡虹。

蔡虹说：“你们听我说。现在张金波在我们手里。张金波突然失踪，他的哥哥张金水一定很着急。现在我让张金波写一封信给张金水，就说他得了伤寒病，来不及面告，现躲在乡里治病。因为伤寒传染性极强，张金波不及面辞是合乎情理的。张金水也不便来看望。我让张金波在信中推荐你，就说你是他的妻弟，在他治病期间，代理一下税务局局长和检查站站长工作，这个时间不会长，在一个月左右。我们的目的是利用这一个月把我们的人安插进去，就像临江县税务局那样，造成敌中有我的局面，控制焦县的税收。”

俞珍连声称赞：“这是个好办法。”

赵强问：“张金水没见过张金波的妻弟?”

蔡虹说：“这几天我接触了张金波，并派人了解了一下张金波本人及其家庭情况。据了解，张金水从来没有见过张金波的妻弟。”

“也不知道叫什么名字?”

“不知道。所以你可以冒充呀。”

俞珍问：“张金水会同意赵强当税务局局长吗？”

“我经过分析认为，他应该会同意。一来这个位置非常重要，在他们看来，是个肥缺。所以张金水才会把这个重要的位子给了弟弟张金波。弟弟突然生病，张金水一时不会另派他人。但是这个税务局局长和检查站站长工作不能中断，必须有人来顶，张金水一时也很难找到既贴心又能胜任工作的合适人选。”蔡虹转向赵强继续说，“二来张金水虽然不了解赵强，但有张金波的亲笔信，又见到你本人，你聪明能干、能写会算，又是亲戚，张金水完全有可能让你顶替一段时间。”

“可是毕竟我不是张金波的妻弟，对他们的家庭情况不熟悉，露出破绽怎么办？”赵强有些担心。

“你抓紧与张金波接触，再去调查一下张金波妻弟的情况。短暂的冒充一下，我觉得问题不大。一个月后，我们放张金波回去，你就回来。”

俞珍问：“如果张金波不配合怎么办？”

“我们要做张金波的工作，要求他积极配合。这是给他立功赎罪的机会。”蔡虹说，“如果他不配合，我们就对他不客气了。据我看，张金波为了活命，不敢不配合。当然，我们尽可能地使他思想觉悟，让他站到抗日革命队伍中来。”

“好，我就去试试。”赵强下了决心。

蔡虹说：“你明天到张金波的家乡，把张金波的父亲请来。我们先做他父亲的工作，然后你再与张金波接触，可能要容易些。”

“我今天就去。顺便了解一下张金波妻弟的情况。”赵强说。

“抓紧进行。”蔡虹提醒，“冒充张金波妻弟的事情要绝对保密。”

几天后，赵强把一个小老头带到蔡虹的办公室，对蔡虹说：“部长，我回来了。这位就是张金波的父亲。”

蔡虹客气地指着凳子说：“张老先生，请坐。”然后郑重而又严肃地说：“张老先生，不好意思，把您请来了，您知道我们是为什么吗？”

“我知道。”张父说，“赵同志已经跟我说了，为了我儿子的事。”

蔡虹点点头：“不仅仅是为您儿子，还为挽救你们全家。”

“惭愧。”张父说，“我两个儿子都没有教育好，走到邪道上去了。”

“道路是自己选择。但是选择走什么道路，要对自己、对家庭负责，对祖国、对民族负责。天下兴亡，匹夫有责。日本鬼子进攻中国，人民受难，国家危亡，民族遭殃。作为一个中国人，我们怎么办？多少人在为国家流血、为人民报仇。遗憾的是，您的两个儿子都投降了敌人，当了汉奸。这是您老人家愿意看到的吗？是您张家列祖列宗愿意看到的吗？”

张父叹了一口气说：“长官说得对啊，我是没有办法，儿大不由父，管不了他们啊。”

“您是管不了他们，但是您有教育他们的责任。”蔡虹说，“我们今天请您来，就是请您劝劝他改恶从善、将功补过，不要在作恶的道上继续走下去，不能让你们家世世代代蒙受耻辱。”

张父连声说：“我听长官吩咐。”

蔡虹说：“我们除奸队把您的小儿子抓来了，按照我们的规矩，是要进行处决的。但考虑到您的儿子只是日伪政府的税官，没有直接从恶，未负血债，所以我们给他一个活命的机会。如果他参加新四军，听共产党的话，我们很是欢迎。如果他执迷不悟，作恶到底，只有死路一条。”

“新四军宽待他，饶过他一条命，他一定听新四军的话。”张父保证。

“我们也希望这样。您好好和他谈谈，是生是死、是善是恶，就看他自己了。同时，您老人家也要尽责任，不能看着他走向绝路啊。”蔡虹说。

张父连连承诺：“我一定说服他。”

赵强带着张父来到关押房，去见张金波。张金波看见父亲到来，十分吃惊。他注意到父亲没被捆绑，赵强的态度也不那么严厉。

张父进来，看着儿子，上下打量了一遍，见他身上没有伤痕，也放了心。

张金波叫了声：“爸。”

张父不答话，上前给了儿子一个耳光。口中骂道：“不争气的东西，为了几个臭钱，就出卖自己，当汉奸？家里怎么出了你们兄弟两个败类。”

张金波说：“爸，我错了，我有罪，我对不起您，对不起祖宗，您打吧。”

“打你是轻的，杀了你也应当。”张父说，“新四军把你抓来，没有杀你，是对你的宽大，是为你好，知道吧？你要听新四军的话，跟共产党走，改恶从善，重新做人。”

“爸，我听您的。”

赵强端来一只凳子，对张父说：“老先生，坐下来慢慢谈。”然后带上铁门，走了。

张父看赵强离开，轻声对儿子说：“他们没有打你吧?”

“没有。”

“你要听话，不然，他们会杀你的。”

张金波问：“爸，他们会不会把您也关起来?”

“这谁知道，只要你听他们的话，我可能就不会被关，你要是不听他们的，我可能就回不去了。”

“爸，您要是能出去，尽快去告诉哥哥，叫他带人来。”

“你哥哥要是知道，他会带人来救你的，但是带兵行动，总得要报告日本人，日本人是不是同意出兵？就是日本人同意出兵，也不一定能救得出你。他们要是知道是我告的密，一定会把我们都杀了。”

张金波问：“新四军把您抓来，没说叫您做什么吧。”

“没有，只是让我劝你改恶从善。不管他们想叫我干什么，‘人到弯腰处，不得不弯腰’，听他们的话，把命保下来再说。”

张金波问：“乡下新四军多吗?”

“白天看不见，晚上到处是。连说私房话，新四军都知道。”

张金波叹息一声：“想不到我一个堂堂的税务局局长，手下几十号人、几十条枪，他们说抓就把我抓来。”

“新四军神通广大，惹不得，惹不得。他叫你做什么，你就做什么，保命最重要。”

这时，赵强又来了。他说：“张老先生，我们首长请您去吃饭。”

“好好，你们首长真客气。”

张父与赵强离去，张金波看着他们离去，陷入沉思。

饭桌上有蔡虹、赵强、俞珍和其他一些新四军干部相陪。

蔡虹对张父说：“老先生，我们想留您在这里住几天，看看我们解放区的气象，加深对新四军、共产党的了解。”

“那不是给你们添麻烦吗?”

“不要紧，有空您还可以陪陪您的儿子。”

“那太感谢你们了。”

这天，赵强被叫到蔡虹办公室，蔡虹对他说：“张金波已经同意和我们合作了。这是他按照我的要求，为你写好的推荐信，你细细看看。”

赵强专心地看着。

蔡虹说：“我昨天晚上和张金波谈了两个小时，打消了他的各种顾虑，最后，张金波接受了我交代的任务。”

赵强说：“他们父子都在我们手里，不接受也不行啊。”

“逼他是一个方面。”蔡虹说，“主要还是要启发教育他。最理想的是能引导他参加革命，并利用他这个身份和位置，为革命做更多的事情。”

“部长，您真是化腐朽为神奇。”赵强问，“我什么时候去上任?”

“你准备好了就可以去了。”蔡虹说，“得到张金水的认可后，首先做好工作，取得张金水的信任，然后以人手少为借口，招收税务人员。我们将派一批得力的干部、战士按插进税务检查站，协助你的工作。你们也要团结和发展一批在敌伪营垒中‘黑皮红心’的敌伪人员，建立地下党组织，逐步打开工作局面。到那时，焦县税务局和各检查站就控制在我们手里。张金水就是怀疑你，也对你无能为力，我们也有办法对付他。”

赵强敬礼：“请部长放心，我一定完成任务。”

在焦县汪伪维持会会长的办公室里，张金水坐在桌前看文件。

一个警察进来：“报告，有一个乡下人求见。”

张金水抬起头问：“什么人?”

“说是您的亲戚。”

“亲戚?让他进来。”

赵强穿着农民的衣衫进来，叫一声：“大哥。”

张金水感到奇怪：“大哥，谁是你大哥?”

赵强说：“我是金波的妻弟，叫小强。官名叫赵强。”

“官名?你来干什么?”

“我来找事做。这里有一封信。”他一边递上张金波的信，一边擦着汗。

张金水读信：“大哥，我得了伤寒，为了不传染别人，我躲在乡下治病。税收的事情，我想叫我的妻弟顶替一两个月，你不要告诉其他人。我妻弟虽是乡下人，但精明能干，能写会算，人也实在，是个好苗子。您让他试着做做看，或许将来是我们的一个好帮手。”

张金水看看赵强，问：“你姐夫住在哪儿？”

“住在山里面，不让人进去看。”

“病得怎么样？”

“听郎中说，没事，只是要调养一些日子。”

“你多大？”

“二十六。”

“在家做什么？”

“种田，农闲时挑个小货郎担。”

“你认字？”

“我读过几年私塾，家里穷，就停了。”

“你会打算盘？”

“会。”

“金波推荐你来收税，你知道吗？”

“知道。他托人给我说了。”

“他还想让你代他两个月，管税务上的事。”

“姐夫真抬举我。”

“你懂税收吗？”

“过去挑货郎担，常跟税收员打交道。”

“你能管那些税收员吗？”

“试试看，请大哥多指教。”

张金水想了想说：“那就试试吧。”

“谢谢大哥。”

张金水说：“对外面不要说是金波的妻弟，我下一个文件，任命你为副局长，主事。”

“那太好了，我一定把事情做好，让大哥满意。”

“不要叫大哥。叫会长”

“好嘞，叫会长。”

“你找个地方住下来吧，我明天把文件印好，你带着去上班。”

“好嘞。”

“不要讲‘好嘞’，今后咱们是上下级关系，要讲‘是’，懂吗?

“是，懂了。”

新四军兵工厂里，炉火在燃烧，机器在运转，一派繁忙景象。

蔡虹和郑云泽陪着曾世雄、谭天木穿过繁忙的车间来到仓库，仓库里堆着生产出来的武器。

蔡虹从地上拾起一杆长枪介绍说：“这是我们生产的步枪。”

谭天木也从地上拿起一支步枪，比画着，然后恋恋不舍地放到地上。

蔡虹、郑云泽带曾世雄、谭天木来到另一个车间，指着地上堆着的东西说：“这是子弹，这是手榴弹，这是地雷。”

曾世雄、谭天木满意地点点头。

他们来到第三个车间。蔡虹抚摸着一个炮筒子说：“这是我们造的小钢炮。”

“多大口径?”

“六十毫米。”

“就是人们说的六零炮?”曾世雄惊喜地说。

“好啊，我们也能生产六零炮了，真不简单哪!”谭天木说。

“经过不断改进，性能和质量有了很大的提高。”

这时陈国宝走过来，擦擦手，与曾世雄、谭天木握手。

曾世雄说：“陈师傅，你们的本事真不小哇，兵工厂还真像个样子呢。”

陈国宝笑笑说：“现在简单的武器我们都能造了，只是质量、性能要差一些。”

“虽然质量、性能差一些，但毕竟人人都能发得到，不再靠长矛大刀那种原始武器了。”谭天木说，“自从建立了兵工厂，我军的战斗力大大提高了。日本鬼子、国民党都不敢轻易动我们。”

蔡虹说：“这些都靠陈师傅啊。”

“不只靠我，靠大家。”陈国宝说，“要不是蔡部长千辛万苦地弄来材料，我这巧妇也难为无米之炊呀。”

曾世雄说：“你们一个说陈师傅起的作用大，一个说蔡部长起的作用大，你们的作用都大，都是我们新四军的功臣哪！”

看了一会儿，谭天木问蔡虹：“原材料供应怎么样？”

蔡虹说：“我们已经和长江运输公司挂上钩，他们定期从上海给我们运来钢管、铜皮、弹簧、火药什么的。我们自己也通过民间渠道，购买生铁等原材料。”

“长江运输公司？”

“就是上海大资本家潘文炳的公司，他的公司与日伪有关系，有长江航运上的‘特别通行证’，所以在长江上畅行无阻。”

“你怎么与他们挂上了钩？”

“投其所好，资本家不就是为了赚钱吗？”

曾世雄问：“经费怎么样？”

蔡虹说：“经费的需要量很大。好在我们的税收发挥了重要作用。这几个月来，我们已经入账五万大洋。在根据地，我们的税务机构运转良好；在国统区，我们收买国民党税务人员为我们服务，称之为‘白皮红心战士’；在日伪统治区，我们派人打入敌人内部，担任关键性职务，安插了我们的税务战士，还收买、教育了一批日伪人员，即所谓的‘黑皮红心战士’，让大部分税款进入我们的金库。我们今年收入十万大洋没有问题。”

“好啊。你们后勤部的贡献越来越大了。”曾世雄说，“蔡虹同志，目前形势发展很快，日本鬼子的垮台只是时间问题。上级要求我们，要深入敌后去，建立广大的革命根据地。抗日战争一结束，我们与国民党不免有一场你死我活的较量，所以我们的队伍要加快发展，现在已不是怕刺激国民党的问题。人员越多越好，枪支越多越好，地盘越大越好。所有这些，没有财力物力是不行的，所以尽管你们后勤部做了大量的工作，但是发展没有止境，后勤工作的需求没有止境。蔡虹同志，你们的担子重啊！”

“是啊，光靠在农民身上征一些税收，这一点财力显然不够，我们打算在比较稳定的根据地，开办商店，扩大贸易，做生意，办工厂、办实业。只有这样，我们根据地的财力才能越来越雄厚。”

“是呀，开商店、办工厂，这些都是赚钱的买卖，你想得很好。可是，这些都要大量的资金投入，还要大批的人才，仅靠你们后勤部这点财力、这几十个人能行吗？”

“芦苇滩的粮食即将成熟，有了粮食，我们可以从办粮食商店入手，积累资金，再开百货商店和其他商店，办商店的资金问题不大；开办工厂嘛，我已想好了，只有招商引资，请资本家来办。”

“招商引资？有什么好的项目吗？”

“从目前老百姓生活最需要的商品入手。如开办肥皂厂、火柴厂、被服厂、食品加工厂，还可以开煤矿，办煤炭加工厂。”

“好啊。蔡虹同志，你真是有心人哪！开煤矿，有矿藏吗？”

“有。我们做了调查，焦县小煤窑不少，就是没有大企业来投资。我打算到上海去一趟。”

“你想得很好，如果照这样干下去，我们的经济不仅能得到很快的发展，经费得到有力保障，而且还可以支援其他部队，为抗战做出贡献。”

正在说着，通信员进来说：“报告蔡部长，赵强同志送来情报。”

蔡虹接过信展开，看后告诉曾世雄：“赵强同志来信，鬼子有一批过冬军衣、毛毯，用大船从中江市运过来，有二十几个日军护送，这批物资经过玉水河的时候，我们完全可从中途截获。”

曾世雄高兴地说：“好，现在我们缺的就是过冬的衣服。”

“我们来个偷袭，把这批物资夺下来。”谭天木决定。

蔡虹说：“赵强同志打入了敌人内部，作用不止是在税收方面，我们的信息也更灵通了。”

# 四十六、黑皮红心

这天，张金水陪着焦县日本驻军司令官广本中佐在焦湖口视察。

焦湖口一片繁忙景象。各种船只来往通过湖口，警察在维持秩序，税务人员在检查来往货物，征收税款。

赵强正在湖口收税办公室。有个税务人员进来："报告副局长，张会长和广本中佐到。"赵强连忙迎了过去。

张金水见到赵强称赞说："焦湖口秩序井然，运转有序，不错不错。"

广本看了看赵强问："焦湖口一年能征多少税呀？"

"报告太君，焦湖口一年能征五万大洋。"

"整个焦县一年能征多少？"

"整个焦县一年能征十万大洋。"

"这么说，仅仅焦湖口一年的税收就占焦县税收的二分之一。"

"是这样。焦湖口是我们税收工作的重点，所以我经常来焦湖口督察工作。"

广本满意地点点头："嗯，你对工作挺熟悉、挺负责任。"

"谢谢太君夸奖。"

"好好干。"广本拍着赵强的肩膀。

"是，为皇军效劳。"

广本对张金水说："我好像过去没见过他。"

张金水说："他是副局长，临时主事。"

"你的弟弟张金波呢？"广本问。

"他得了伤寒，正在养病。"

“这个小伙子是哪里人?”

“也是本地人。”

“可靠吗?”

“自己人，绝对可靠。”

日本军舰从长江拐向玉水河，向焦县驶去。船上站着荷枪实弹的日本士兵。军舰开得飞快，两岸的小木船被冲得在浪上跳跃，船上的人在惊呼，日本鬼子哈哈大笑。

天色渐渐暗下来了。船头亮起了两盏大灯，两道光柱对着前方照射着。

曾世雄、谭天木、张锋和蔡虹等人带领新四军战士埋伏在河埂两边，严阵以待。

河面上，准备了几条小木船横在河中央，阻挡着航道。

远远地听到日本军舰的机器声，接着，舰上的探照灯把河面照得通明透亮。

日寇发现前面的河道被阻，顿时一阵惊叫，军舰来不及减速，撞了上去，军舰被迫停了下来，前进不得。

蔡虹从战士手中拿来步枪，瞄准敌人的灯光。砰砰两枪，两颗探照灯应声而灭。

军舰上的日寇一片惊呼，毫无目标地朝两边打枪。

岸上的机枪同时响起。战斗打响了。

双方一阵扫射之后，谭天木振臂一呼：“同志们，冲啊!”

战士们如狼似虎，向鬼子军舰上扑去，在黑夜的微光中与敌人展开了肉搏。经过一场激烈的战斗，日本鬼子有的被刺死、有的被打入水中淹死，几十个鬼子全部被歼灭了。

这时，早已等在岸边的几百个农民拉着平板车、挑着箩筐上了鬼子的军舰。大家把军舰上的物资搬下来，车运、人挑、骡马背，不一会儿，军舰上的军用物资全部卸完，然后在黑夜的掩护下向山里面转移。

日本军用物资被新四军劫走的消息很快就报告给了广本。广本暴躁地在办公室转来转去。

副官对广本说："新四军驻地离这里有几十公里，不是短时间可以到达的，应该是在两天前就知道我们军舰行动的消息，才能准时赶到玉水河边。我们的计划新四军怎么知道的？"

"是呀。"副官的话提醒了广本，"一定是我们的情报被新四军知道了。"他问："你想一想，哪些人接触到这个信息？"

副官说："这个信息只有您、我和张金水知道。"

"张金水？"广本在思索。

"不是他是谁？"副官说，"我们找不到第四个人。"

广本说："张金水不会，皇军对他不薄。"

"他毕竟是中国人。有些事情，不能以利益来衡量。"

"会不会是张金水身边的人？"

"也有这种可能。"

广本问："那个叫赵强的人怎么样？"

副官说："这个人很能干，是什么来历，不清楚。"

"你把张金水给我叫来。"广本说。

不一会儿，张金水随副官来到广本办公室。

广本问："张会长，我们的军需物资给新四军劫走了。你听说了吗？"

"什么？物资被新四军劫走了？"

"是啊，你觉得这里有什么问题？"

"新四军怎么知道有一批物资过来？"

"说得对，新四军离得那么远，我们的军舰半天就到，他们怎么来得及。一定是谁把信息告诉了新四军。当时只有我们三个知道这件事。"

"中佐君，您是说？"

"不，不，我不是怀疑你。"广本说，"我只是要你回忆一下，你有没有在什么人面前泄露了消息。"

"这绝对没有。"

"你回去好好想想。"广本说，"如果有什么发现，立刻向我汇报。"

张金水退了出来。

回到办公室，张金水不安地来回踱步。他回忆当时在办公室接广本的电话情景：广本在电话里说“晚上七点钟到，你们组织人员下货”。

“是，晚上七点钟到，组织下货。”张金水复诵一遍。

这时他发现一个人从窗前走过。他放下电话，看到赵强远去的背影。

“是他？”张金水怀疑，“他说是金波的妻弟，金波没有当面说过，我从来没有见过他。可是，金波的亲笔信不会假呀。对了，莫不是金波给新四军绑架了，新四军逼他写了这封信，把新四军的人安插进来。金波生病几个月，连个消息也没有，说不定被新四军害死了。”

想到这里，张金水惊得一身冷汗，他立刻叫来一个随员说：“你去把赵副局长叫来。”

不一会，赵强走进张金水办公室：“大哥，有事吗？”

张金水板着脸：“我让你叫会长，你怎么又叫大哥？”

赵强笑了，故作调皮地说：“这儿没别的人。”

张金水冷冷地看着赵强，问：“你姐夫有消息吗？”

“不知道，我一直没有回去。”

张金水突然提高声调：“金波究竟在哪里？”

“只知道在云屏山，具体在哪里，我也不知道。”赵强说。

张金水问：“你家住在什么地方？”

赵强看着张金水说：“大赵村。”

“金波家住在什么地方？”张金波追问。

“那不就您的家乡吗？”赵强反问。

“你说什么地方吧？”

“张家村。”

“村子有多大？”

“三十户来户人家”

“是在山南还山北。”

“山南。”

“村里都是姓张吗？”

“还有姓李的和姓王的。大哥，您问这些干什么？”

“你不是金波的妻弟。”张金水叫道。

“我怎么不是？大哥，你怀疑我？”

“你是新四军。”

“大哥，你怎么这样说?”

“我不是你大哥。你是谁，你老实说。”

“大哥，你不相信我，还不相信你的弟弟。我姐夫信上说得很清楚。”

“金波一定是给你们抓去了，你们逼着他写了这封信，目的是打进我们的税务机关。这一次皇军的军用物资被劫，是不是你送的消息?”

“什么军用物资？我不知道。”

“只有你听了我的电话。”

“我没有听到什么电话。”

“不是你没有第二个人。”

“大哥，你千万不要误会。”

“金波现在在哪里？他一定被你们害了。”

“大哥，您要是这样说，我去把我姐夫找回来。”

“找回来，你想逃走？没那么容易。来人，把他抓起来。”

众人一齐上前，把赵强捆了起来。

“大哥，我劝你冷静一些，等到我姐夫来，一切都清楚了。”

“把他关起来。”张金水命令。

赵强被押走了。

蔡虹在办公室，俞珍急忙过来说：“部长，刚才接到情报，张金水把赵强关起来了。”

“这么说赵强身份暴露了?”蔡虹很吃惊。

“应该是这样。”

“不，赵强身份不可能暴露，他去焦县谁也不知道。焦县城里谁也不认识赵强。赵强自己也不会承认。”

“是我们自己人叛变了。”俞珍猜测。

“没有听说谁被抓，叛变的事何从谈起。”

“那就是敌人怀疑他。”

蔡虹想了想说：“对了，一定因为我们劫持了鬼子的物资，鬼子怀疑他传递了情报。”

“那怎么办?”俞珍急忙问。

“我们要赶紧把赵强救出来。”蔡虹说，“一旦张金水调查出赵强的来历，事情就真的暴露了。

“我马上带人去。”俞珍说。

“不，我要让张金波回去救他。”

“张金波回去，赵强就彻底暴露了。”

“我们现在要做张金波的工作。”蔡虹说，“让他回去救赵强，证明赵强确是他的妻弟。”

“张金波会按照我们的要求去做吗?”俞珍担心。

“通过这么多天的思想教育工作，张金波的态度有很大的转变，应该问题不大。”蔡虹觉得很有把握。

“张金波在我们这里说的话，您能相信?”

“我再和他谈一次，对他个人晓以利害。”蔡虹说，“当然，我们还应该另有准备，万一张金波回去揭发赵强，我们要有办法对付，救出赵强。”

“这件事情就交给我好了。”俞珍说，“我马上带人潜伏过去。”

“好吧。”蔡虹说。

田野里，张金波和新四军战士一起劳动。

一个战士跑过来叫:“张金波，蔡部长叫你过去。”

张金波一抬头，看到蔡虹立在田边，他身边站着自己的父亲。

蔡虹说:“我们找个地方谈谈吧。”

他们走到一间房子里坐了下来。蔡虹给了张父一袋旱烟，张父抽起来。

蔡虹说:“张金波。你来到新四军已经两个多月了，你感觉怎么样?”

“很好。”张金波说，“共产党、新四军，保家乡，打鬼子，官兵平等，虽然生活苦一些，但心情愉快。看到了共产党、新四军，我就看到了祖国的未来、民族的希望，新四军给了我重新做人的机会，我决定参加革命，在共产党的领导下，在新四军的队伍里好好地干。”

张父说:“金波，你这样想，爸就放心了。”

“爸，您放心，我听蔡部长的，听新四军的。”

蔡虹说:“好啊，你要是真的想通了，愿意参加革命，听共产党话、跟新四军走，我们就是同志了。金波同志，我现在以新四军江北支队后勤部长的名义，派你完成一项重要的任务。”

“什么任务?”

“派你回到焦县，继续担任敌伪税务局局长。”

“不，我不回去。”张金波说，“我就在这儿，参加新四军，参加革命。再也不当汉奸，再也不为日本鬼子效劳了。”

蔡虹说：“派你去当日伪税务局长，是革命工作的需要，也是革命工作。”

张金波望着蔡虹。

蔡虹说：“当时我们要你写一封信给你大哥，推荐你妻弟代替你去当税务局长。我们的目的，就是要把我们的人安插到你们的税务局和税收检查站工作，为我们新四军收税，解决新四军抗日经费不足的问题。拿了这封信，我们的税务所所长赵强同志就冒充你的妻弟，顶替了你的工作，并且得到了你哥哥的信任。但是现在，你哥哥对赵强同志产生了怀疑，已经把他关起来了。现在我们决定让你回去，继续担任日伪焦县税务局长，同时把赵强同志救出来。”

张金波说：“既然是这样，我就回去，一定把赵强同志救出来。”

“你回去之后，赵强同志可以回来了。从今往后，你就受赵强同志领导。潜伏在敌人的内部，做一个‘黑皮红心’的地下税收工作者。你能做得到吗?”

“这我能做到。”

“我告诉你，在你们税务局，我们已经安插了不少的共产党党员和新四军战士，你去之后，他们会和你配合。在税收上面，你一方面敷衍日本人，不暴露自己人身份，另一方面要尽力为我们多收税，增加新四军收入，这就是你的任务。”

张父说：“金波，咱们家世代忠心为国，我们不能再为日本人效劳了。蔡部长、新四军挽救了你，也挽救了我们全家。你要听蔡部长的话，听共产党的话，为国家做点事，为抗日尽点力。你哥哥也应该这样，不能再做汉奸啦!”

张金波说：“蔡部长，这么多天来，同志们对我的帮助、教育，使我受到很大的触动，我感谢共产党、新四军对我的教育和挽救。我决定痛改前非，重新做人。如果共产党、新四军需要我继续留在敌人的营垒中，为人民做事，为国家做事，为抗日出力，我一定尽力做好，请蔡部长放心。”

“好，我相信你，金波同志。”蔡虹站起来和张金波握手。

山坡下。赵强被绑在大树上，脸上身上到处是伤。

张金水站在一边，手里拿着枪，鬼子副官在他的身边，附近有几个日本兵和伪军。赵强显然是被押到这里，准备处决。

张金水叫道：“说，运送物资的信息是不是你泄露出去的？你是不是新四军？张金波是不是被你们杀害了，如果不说，你就会死在这里。”

赵强说：“大哥，你怎么连家里人都不相信？你弟弟的亲笔信你也不相信。我不是新四军。你要是冤杀了我，将来怎么面对你的弟弟和弟媳。我姐夫确实是生病了，他不久就会回来的。”

副官走过来劝赵强说：“你是新四军也不要紧，只要你说出真话，皇军会重用你的，你的税务局副局长还是可以当下去的。”

“说吧，说出来没你的事，皇军会对你宽大处理。”张金水说。

“我很欣赏你的才干，”副官又说，“只要你听皇军的话，你的前途是大大的。”

“我不是新四军，非要说自己是新四军，不是欺骗皇军吗？”赵强叫屈道。

副官见赵强没有屈服的意思，严厉地说：“你要是再过五分钟不说，这个世界上就再没有你这个人了。”

“太君，我是忠心为皇军服务，我不能说假话。”

“你的，还在说假话。”

五分钟过去了，副官见赵强没有动静，做了一个处决的手势。

张金水说：“那就让你上路吧。”

“大哥，我冤枉哪！”赵强大叫。

张金水命令士兵：“预备——”

日军和伪军举起了枪。

赵强大叫：“姐夫，你快来呀。”

正在这时，只听一声喊：“枪下留人。” 张金波匆匆赶了过来。

张金波问：“大哥，这是怎么回事？”

“金波，你没有死?”张金水看到弟弟，惊呆了。

“我没有死，我生了一场大病，现在好了。”

“我以为你给新四军杀了。没死就好。”

张金波转眼看了看赵强，走到他面前说：“小强，你怎么啦？出了什么事吗？你没有听大哥的话，好好做事吗?”

“姐夫，大哥说我是新四军，他们要枪毙我。你要是不来，我就成了屈死鬼了。”赵强抽抽搭搭地哭了起来。

张金水对日军副官说：“误会，一场误会。”

副官抱歉地笑了。

张金水命人把赵强放了下来，转身和副官一道走了。

只剩下张金波和赵强。

赵强看着张金波说：“谢谢你救了我。”

张金波说：“不用谢，我们现在是一家人了。”

“太好了，金波同志。”赵强向张金波行了个军礼。

# 四十七、贸易公司

曾世雄在办公室批阅文件，郑天佐走过来悄悄地对他说："政委，这里有一些干部战士来信，反映蔡虹同志的一些问题。"

"反映什么问题?"曾世雄问。

"蔡虹当后勤部长有严重的经济问题，他从江南到江北，出入大城市，游山玩水，花天酒地，挥霍部队的钱财。同志们对他的行为十分看不惯，希望组织上管一管。"

"什么?"曾世雄惊讶地问，"你们就这样看待蔡虹同志？蔡虹同志到敌占区、国统区工作，从江南到江北，出入大城市，那是革命的需要。他出生入死，为部队筹集资金，购买物资，做出的贡献巨大。蔡虹同志虽然经手支队的经济财物，但他从不乱花一分钱。他也没有游山玩水、花天酒地。有什么证据说他挥霍部队钱财呢？革命分工不同，工作方式不一样，你们不要看不惯。"

"是，是。"郑天佐连声说，"还有重要情况。"

"还有什么情况?"

"听说蔡虹派了战士到国民党临江县税务局，还派了战士到焦县汪伪税务局，都是帮助人家收税，不知为什么。同志们说蔡虹是明为新四军，暗为国民党、汪精卫。行为十分可疑。"

"蔡虹同志派人打进敌人的税务机关，目的是控制敌占区和国统区的税源，为部队多收税款，是明为国民党、汪伪政府，暗为新四军。这是经过支队党委同意的，是特殊时期的特殊措施，要保密，不要乱说。"

"是，是。"郑天佐连连点头。本以为告蔡虹一状，却不料碰了钉子。

赵强回到支队后勤部。蔡虹关切地打量着他，又检查了他的身体，看到他伤痕累累，心疼地说："赵强，你受苦了。"

赵强情绪高昂："没什么，一点皮肉之苦算不了什么。"

"我真为你担心。你的任务完成得很好。"

"张金波去得很及时，要是晚一步，我就回不来了。"

"张金波救了你，说明张金波真正是我们的人了。你安排的新四军战士在那里工作，我们也放心了。这一下，你就可以腾出手来做其他工作。"

"有什么新的任务，快快吩咐吧。"

"你先休息几天，养养伤，以后再谈。"

"不，现在就谈，不把任务说明，我是休息不好的。"赵强说。

"好吧，你坐下喝口水。"蔡虹说，"现在，我们的芦苇滩粮食收上来了。这些粮食，我们一时吃不完，我们要用它来换取其他军需物资。所以，我报请支队党委同意，成立一个物资贸易公司，开办一个米店、一个百货商店，这样，我们可以搞活经济流通，增加财源。"

"好事啊。在哪里办?"

"地点就选在汤家镇，那里交通发达，小小的临江城，大大的汤家镇嘛。这也是我们目前控制的最大集镇。"

"有房子吗?"赵强问。

"有。"蔡虹说，"我们买了一所大房子，里面整理一下就可以用。根据支队党委意见，物资贸易公司经理让我兼任，百货公司经理由你兼任，米行经理由俞珍同志兼任。"

俞珍在一旁说："老板，您怎么把我也套上了。"

"我们开商店，你能袖手旁观?"

"我对办商店不在行。"赵强说。

蔡虹笑着说："你不是做过小货郎吗?"

"那是糊弄张金水的。"赵强不好意思地笑了。

俞珍说："老板，我对开米行更是一窍不通。"

"都不要推辞。"蔡虹说，"船到桥头自然直嘛。搞税收你们也没有干过，不是都做得很好吗？搞什么都是干中学，由外行变成内行。"

"行，叫我干什么我就干什么。"赵强表态。

“我多请示，多汇报。”俞珍说。

“这就对了。”蔡虹说，“我们还开一个旅馆。这些事办妥之后，我还要到上海去，招商引资，回来办工厂。”

“招商引资？”俞珍睁大眼睛。

“是啊，我们不是没有钱吗，请资本家来投资嘛。”

“资本家会给我们投资吗？”

“资本家也要赚钱，我们用矿产和人力资源，他们用资金。我们合作互利嘛。”

“是啊，靠我们自己积累资金办厂，要到哪个猴年马月。”赵强赞成。

俞珍问：“又是开商店，又是办工厂，我们后勤部能应付过来吗？”

“应付不过来也要应付，形势发展不是等我们，而是我们去适应形势、发展形势。我们要做的事情太多了。”

新四军物资贸易公司成立了，米店和百货商店也开张了。在一所较大的房屋门前有一块长方形的木牌，上面写着“新四军物资贸易公司”九个大字。门的两边分别挂着一个小方牌，上书“新四军米店”“新四军百货商店”。门前，锣鼓喧天，彩旗飞舞。

一条红绸带横在人们面前。曾世雄、谭天木和袁福等站在人群当中，为物资贸易公司开业剪彩。

蔡虹手里握着铁皮话筒，正在主持贸易公司开业仪式。

蔡虹说：“乡亲们，我们新四军物资贸易公司今天正式开业了，新四军物资贸易公司下属两个商店，一个是新四军米店，一个是新四军百货商店，这两个商店首先在临江县汤家镇落户，今后，我们将向沿江各县、各乡镇发展。新四军成立物资贸易公司的目的，是方便物资流通，改善人民生活。新四军百货商店将本着买卖公平、方便群众的原则，为根据地人民服务，为敌占区人民服务，为全省人民服务。

“好。”群众一片欢呼声。

蔡虹说：“现在请政委、支队长和袁先生为新四军物资贸易公司开业剪彩。

曾世雄、谭天木和袁福笑容满面，拿起了为他们准备好的剪刀，剪断了面前红绸带；然后放下剪刀，鼓掌祝贺。爆竹声和锣鼓声响起。

仪式结束，人们纷纷涌向百货商店和米店里购买物品。

赵强、俞珍分别站在百货商店和米店门前迎接顾客。

楼上的办公室里，曾世雄、谭天木和袁福坐在桌边，蔡虹为他们倒茶。

曾世雄对袁福说："新四军物资贸易公司的成立，得到了社会各界的大力支持和帮助。袁先生慷慨解囊，为贸易公司垫支铺底资金，真是十分感谢。

"这是我们应做的。"袁福说，"新四军搞活物资流通，既为抗日筹集经费，又为老百姓改善生活，真是一举两得的善事啊。"

谭天木对蔡虹说："新四军物资贸易公司既要把本地的农产品销售出去，又要把国统区和敌占区的物资采购回来，还要战胜敌人的封锁，任务非常艰巨啊！"

蔡虹把工作和打算作了简要的汇报，他说："我们已经建立了五条秘密商业渠道，敌人封锁不了我们。我们对搞好贸易公司充满信心。"

曾世雄、谭天木赞许地点点头。

袁福夸奖："蔡部长真是有办法啊，干什么成什么。"

"是啊。"谭天木说，"吴富梓就是看中了蔡虹同志的经济才能，想让他当他的上门女婿，执掌家业呢。"

曾世雄说："蔡虹同志经营的是新四军江北支队的家业，比那个更大、更有前途、更有意义，是不是？"

蔡虹说："是啊，国家，国家，先有国，后有家。"

李品仙办公室，李品仙、龙彪、廖开田在一起说事。

李品仙对廖开田说："听说新四军在汤家镇开了贸易公司，办了商店。我们对新四军实行经济封锁，他们哪来的物资流通？"

"他们可能是从日伪占领区进的货。"廖开田说。

"日本人层层碉堡，路路设卡，连人过去都很困难，怎么能运输大批物资？"

"新四军无孔不入。"

“你们派人去侦察一下。”李品仙说，“看看是怎么回事。”

“派几个人把它捣毁就是了。”龙彪说，“卧榻之旁岂容他人酣睡。安徽是我们桂系的地盘，我们不能让新四军在这里生根。”

“对，不能让新四军的商店开下去。”李品仙赞同。

“这事我派人去办。”廖开田说。

随后，廖开田打电话给马诣文，要他派几个人去汤家镇看看新四军的商店，不能让新四军的商店开下去。马诣文叫来两个国民党税务员，吩咐他们晚上去搞破坏活动。

半夜里，新四军商店十分宁静。值班老汉收拾停当，吹灭了油灯，在值班室的小床上睡下了。

突然，从墙上跳下两个黑影，一个提着小布袋，一个提着小木桶。他们来到新四军商店屋内。

“谁?”睡在小床上的值班老汉听到了动静，警觉起来。

两个歹徒躲在角落里不出声。

老汉在黑暗中摸索了一遍，听听没有动静，又睡下了。

过了一会儿，两个歹徒等老汉睡熟，偷偷摸摸地进入米店。黑暗中，一个歹徒将布袋里的沙子倒入米缸，用手搅和了几下，另一个歹徒将桶里的水倒入油缸。做完之后，两人翻墙溜走了。

他们离去时碰倒了一个扫把，发出了声响，再次惊动了值班老汉。他从床上起来，拿起一柄钢叉，四处寻查一遍，没有发现人，也没见少了东西，只好再次睡下。

第二天，新四军商店门前。人们像往常一样排队买东西。特别是妇女们，一边买东西，一边议论着：

“她大婶，你老远的到新四军商店里来买东西呀?”

“是呀，新四军商店里的价格公道，不扣称、不扣尺。”

“一点不假，我前几天来买了一石米，回家一称呀，还多了三斤呢。”

“可不是，我那天买了一丈布，回家一量哪，多出三寸多呢。”

“您今天买什么呢?”

“我今买点米回去。你呢，大妹子？”

“我今天打点油。”

“哎，到您了。”

妇女们买好香油和大米高高兴兴地回家去了。

但是，第二天早晨情况出现了变化。一大早，新四军商店前面站满了人，吵吵嚷嚷不断：

一个妇女叫：“你们新四军真坑人，我上次买的油，里面掺着水，这不是坑人嘛。”

另一个妇女说：“我上次买的米，里面有许多沙子，叫人怎么吃？”

“你们开店不到几天就搞鬼，真坑人？”

“你们放称放量是假的，东西掺假才是真的。”

“天下生意人一样黑心啊！”

“今后谁还到你们这里买东西？”

俞珍出来说：“乡亲们，我们的米、油质量都是好的，不可能在里面沙子、掺水。不信你们看嘛。”

一个中年男人用手抓了一把米，搓了搓，叫道：“你看看，这里面这么多的沙子，还说没沙子，你自己看看。”

俞珍看了看，果然有许多沙子。

另一个男人叫：“这油里这么多泡沫，还说油质量好呢，这种油能吃吗？”

俞珍过去一看傻了眼。

蔡虹听说群众有意见，连忙赶过来，亲自看看米，又看看油，对大家说：“乡亲们，今天这米和油不卖了，你们买回去的，要是质量不好，可以送回来，我们退钱。我们停止营业一天，检查一下事情是怎么弄的。”

大家说：“这才像个话。”群众的愤怒情绪很快平息了。

办公室里，蔡虹招集赵强、俞珍和店员们开会。蔡虹说：“怎么也想不到会出现这样的情况，可以说，我们这么多天的努力，前功尽弃了。大家想一想，这事是怎么出现的。是进货时没把好质量关，还是有人破坏？”

大家互相望望，不敢说。

值班员老汉说：“前天晚上，我值晚班时，好像听到有人从屋顶上下来的脚步声，我起来查看了一下，什么人也没有，看看东西，也没有少，就没有把它当回事。”

俞珍说：“准是敌人看我们的商店开得红火，来捣乱。”

“我也认为十有八九是敌人捣乱。”赵强说，“敌人对我们进行经济封锁，他们最不愿看到我们开商店、搞贸易。”

蔡虹要求：“现在，把每一件货都重新检查一下，看看质量有没有问题，有问题的一律撤掉，重新进货。大家从今以后提高警惕，发现问题，及时报告。我们将派新四军战士加强巡逻。”

赵强说：“我们要想办法抓住坏人，给老百姓有个交代。”

晚上，赵强带着几个战士来到米店，他们在一个角落里潜伏下来。一连几天，没有动静。这天夜里，有两个黑影从院墙上跳了下来，摸进店里。

值班老汉警惕地大呼：“抓贼。”

这时，躲在一边的赵强等人冲了过来。歹徒仓皇出逃，赵强随后追赶，捉住了一个，另一个逃了。

蔡虹对被捉住的歹徒进行审问：“你们是什么人？

“长官，别误会，我是良民。”

“良民，那为什么搞破坏？”

“没有，我什么也没干。”

“你们深更半夜到米店来干什么？”

“我们只是想找个地方出恭。”

“你不想说是吧。”蔡虹看向赵强：“你们明天把这个人绑到店门口示众，让大家认识认识他。”

第二天上午，歹徒被捆在米店门前的树上。来来往往的群众都围过来观看，行人议论纷纷：

“他不是国民政府的税收员吗？”

“对呀。国民党派人干这种事，真想不到。”

有的老百姓向歹徒的头上扔东西、吐口水。

歹徒被人认出，无地自容，又十分恐惧。叫道：“新四军爷爷，放了我吧，我再也不来捣乱了。”

由于新四军商店加强了警惕，此后再也没有人敢来破坏了。

这天在办公室里，蔡虹问赵强："马诣文那边的税款入库怎样？"

赵强说："税款入库很正常。现在不少人都愿意为新四军工作。"

"听说马诣文的内弟在管账，可靠吗？"

"没问题。马诣文的内弟已经成为我们的'白皮红心'战士了。"

"做得好。马诣文的利益照顾到了吗？"

"照顾到了。马诣文得了利，对我们睁一眼闭一眼。"

"国民党政府有没有感觉？"

"国民党政府税收每年逐步下降，我们的税收逐步上升。为了防止国民党政府财政厅有意见，我们让马诣文给有关人员送点好处，这事就这么摆平了。"

蔡虹满意地直点头。又问："焦县那边税收怎么样？"

"那边更没有问题。"赵强说，"税款收入增长很快。张金波工作积极，已申请加入中国共产党。"

"好。"蔡虹称赞，"赵强同志很会做工作，已经成了税收专家了。"

一切安排妥当，蔡虹决定抓紧时间到上海招商引资。临行之前，新四军江北支队召开中层以上干部会议，听取蔡虹同志的后勤工作汇报。

蔡虹说："新四军江北支队创建以来，后勤工作在支队党委和同志们的帮助下，经过了艰难创业过程。现在我们已经今非昔比了。其一，我们的经济工作取得了很大的成绩，去年我们税收收入十万大洋，今年力争达到二十万大洋，明年我们的目标是达到五十大洋的收入规模。其二，吃饭问题基本解决。我们芦苇荡庄稼收上来了，支队不仅做到粮食自给，还大大有余。我们把多余的粮食出售，换来资金购买其他物资。其三，我们成立了新四军物资贸易公司，开办了米行和百货商店。打通了五条地下运输线，特别是长江运输线的建立作用很大。我们基本上打破了敌人的层层封锁，使人们能够购买到一些急需的物资，如军用物资、生活用品、药品、医疗器械等。其四，我们的医疗保障方面有了很大的改善。新四军医院的建立，引进了一批医疗技术人才，医疗水平大大提高，不仅承担了支队救助伤病员的工作，还为附近老百姓看病治病，受到老百姓的好评。其五，新四军兵工厂建成，生产形势很好，我们除了能够生产步枪、手枪、机枪，还能生产手榴弹、地雷，并且能够生产六零小钢炮了，基本上满足了军队装备的需要。总之，我们支队短短的三年时间，已经走出了困境，已经有了良好的基础。”

大家热烈鼓掌。

曾世雄说：“不容易呀，同志们，我们是白手起家呀。后勤部的同志们克服困难，流血流汗，出生入死，难苦备尝哪!”

大家再一次热烈鼓掌。

蔡虹说：“谢谢领导和同志们的鼓励。在看到成绩的同时，我们还要看到我们面临的困难。由于国民党和日寇的封锁，我们的物资供应始终很紧张。我们的商店商品不够丰富，不能满足我们支队发展的需要，更不能满足根据地老百姓的需求。目前我们支队医药供应、枪支弹药供应、战备物资供应等看起来基本解决，但是一仗打下来，什么都缺。战争的损耗，要立刻补充。与此同时，支队要发展，要扩编，要增加装备，所以我们目前的一点点后勤保障能力，远远不能满足战争需要、发展需要。解决这些问题的关键是钱。我们生产这一点粮食，能卖几个钱？我们的这几个商店赚钱很有限。我们这一点税收，就算二十万、三十万、五十万大洋，比起飞速发展的形势需要，也是杯水车薪。”

曾世雄说：“新四军的商店主要为老百姓服务，赚钱是次要的。”

蔡虹说：“我们支队由两千多人的队伍已经发展到两万多人，后勤需求量增加十倍，并且还要成倍增加。支队党委根据军部指示，近期目标是要发展到三万至四万人，远期目标是要发展到七万至八万人。所以钱的问题是大事，没有钱就没有发展，就没有实力。我们后勤部的计划，下一步要办工厂、办企业，扩大贸易，广泛增加财源，保障供给。”

“好!”蒋锋带头叫好，大家又是一片掌声。

蔡虹继续说：“目前，江北一带老百姓最缺的是肥皂、白糖、食盐。我们要办肥皂厂、糖厂，开盐业公司。目前探明焦南山区有小型煤矿，具备开采价值。我们决定开办一到两个煤矿，一方面解决老百姓生活燃料问题，另一方面为我们支队积累资金。当然，办工厂、开煤矿需要投入巨额资金，我们已经请示支队党委同意，到上海去招商引资，请资本家来帮助我们办厂。”

“请资本家来办厂？”大家议论纷纷。

谭天木说：“大家不要对请资本家办厂感到不可理解。这没有什么不对，这些资本家是我们的民族资本家，是我们团结的对象。再说，我们没有钱，我们出资源、出劳动力，资本家出钱，赚了钱我们按股分红。这是有利于革命、有利于人民的好事，何乐而不为。”

大家鼓掌表示赞成。

散会后，郑天佐和陈枫一边走一边谈。

“蔡虹越来越不像话了，竟然还招商引资。”郑天佐说。

“现在政委为了几个钱，好多事情都听他的，这是饮鸩止渴啊!”

“政委是权宜之计。”郑天佐说，“让蔡虹表演表演。请资本家来投资，向资本家摇尾乞怜，让资本家来剥削我们的农民、工人和战士，好啊，有你的，蔡虹，等着瞧吧。”

由于政治部那边对招商引资有不同意见，支队很快流传着各种对蔡虹不利的议论。赵强听说后告诉蔡虹：“有人对招商引资说三道四，说您的坏话。说我们和敌人打交道，与地主资本家交朋友，敌我不分。说招商引资方向偏了，是和资本家同流合污。还说我们游山玩水，挥霍部队钱财。”

俞珍听了也非常生气，提醒说：“部长，您要当心有人要整您的风。”

蔡虹对此笑了笑：“我不怕，别为我担心。招商引资，是解决新四军经费问题的重要举措，是支队党委作出的决定，是政委亲自抓的大事。我不过是做一些具体工作的，难道这也错了？与敌人打交道，与地主资本家交朋友，是革命的需要。只要有利于革命、有利于新四军的建设和发展，我就敢想、敢做。我们管理支队的资金，不乱花一分钱，我们所争取的每一分钱，全部用于革命事业，我们自己一无所有，经得起检查，不怕别人说。”

# 四十八、招商引资

日本占领下的上海，一切都是那么阴森。深秋季节，蔡虹来到上海，他穿着西装，外面套一件大衣，戴着礼帽，在大街上行走。

偶尔有一队日本兵列队而过，后面跟着一队汪伪警察。

蔡虹来到潘汉年住处，敲了几下门，没有声音。他推门而入，只见人去楼空。蔡虹向街坊一位老大爷问“萧先生”的情况，老大爷告诉他：萧先生已经不住这儿了，也不知道搬到哪里去了。

蔡虹心想，潘汉年同志并没有出事，他只是转移了住处，因为像他这样的大人物，如果出事，报纸上一定会有报道，但是潘汉年同志转移到哪里了呢？他谢过老大爷，然后离去。

这时他发现有特务盯睄自己，经验告诉蔡虹，潘汉年同志的住处处在敌人的监视之中，他经常转移住处，这是斗争的需要。他装作若无其事地在街上行走，找机会摆脱后面的“尾巴”。

前面来了辆有轨电车，蔡虹乘特务不注意，突然跳上电车。特务想上车已经来不及了。过了几站，蔡虹下车，又改乘黄包车，转过几条街道，确信已经甩掉了“尾巴”后，他决定去找老师刘仁。

晚上，蔡虹来到一个平民区，在刘仁家门前敲门。

门开了，一个年轻人伸出头来问：“您找谁？”

“刘仁老师住这儿吗？”

“刘仁不在这儿，他搬走了。”

“他搬哪儿去了？”

“不知道。您是他什么人？”

“我是他的学生，分别多年，特地来看看他。”

年轻人想了想说：“我听说过他的情况。他是一个作家，经常在报纸上发表政论文章，批评时政，还带头上街游行，争人权，争民主什么的。后来被抓做牢，妻离子散。听说最近放出来了，还是秉性不改，仍旧写文章，骂当局，骂日本人。你要是找他，只有到东亚报馆里去蹲守，过不了几天，他就得去一趟，因为他现在只靠写文章生存。”

蔡虹谢了年轻人。

第二天，蔡虹来到东亚报馆，在走廊里耐心等待着刘仁老师的出现。

果然，刘仁老师出现在走廊的前面。他是一个个子不高又很瘦削的男人，但是很有精神。蔡虹上前喊：“刘老师。”

刘仁看了看蔡虹，一下子认出来了：“蔡虹，你怎么来了？是找我的吗？”

“不找您找谁？”

“好。”刘仁很高兴，有一种久逢知己的感觉，“等我办完事，到我家里去。”

傍晚，蔡虹随刘仁来到一个弄堂里，在一幢又破又旧的小楼前，刘仁用钥匙开门。进门之后，通过狭窄而陡峭的小木梯，爬上阁楼。在昏暗处，有个十分狭窄的小间，里面除了一张小床之外，就是一张小桌，连窗子都没有。

刘仁说：“真不好意思，这地方太小了。”

蔡虹问：“您过去住的房子卖了？”

“我进了监牢，老婆把它卖了，改嫁了。”

蔡虹表示理解。他问：“这里是租的吗？”

“租的。”刘仁说，“别看它小，能在上海找这么个安身之处也不容易。”

“是啊。”蔡虹坐下来说，“我在上海连安身之处也没有呢。”

“你们家原来的房子呢？”刘仁问。

“我父母遇难后，我也没心思在上海，就把它贱卖了，跑到乡下去了。”

刘仁点点头，问：“好几年不见了，你一直在乡下？”

“是啊。”

“做什么呢？”

“教几个学生度日罢了。”蔡虹说，“您这些年还好吧？”

“好什么？我现在是妻离子散、食不果腹。”刘仁叹了一口气，“你是刚回来吗？有没有找到事做？”

“没有。”

“你打算怎么办？”

“暂且还没想好。”

刘仁同情地说：“如果没想好的话，先写几篇稿子，赚点稿费混日子再说，你的文笔不是很好吗？”

“这几年在乡下荒废了。”

刘仁安慰他：“不要紧的，我有点路子，跟着我干吧。”看见蔡虹为难的样子又说：“如果没有地方住，就住我这儿，我们两个倒腿好了。这年头，只有互相帮助，才能渡过难关。”

蔡虹十分感动，他说：“谢谢刘老师！患难见真情。刘老师，我想打听一个人。”

“谁？你说说看。”

“过去有个萧先生，到我们大学里讲过课，他现在在哪里，知道吗？”

“萧先生，好久没联系了，你找他干什么？”

“我想请他帮忙，找个事情做做。”

“听说他搬了几次家，现在也不知道在哪里。”

蔡虹感到很失望。

刘仁想了一想说：“你要是想找他，我这里曾经有他一个电话号码。”他站起来在书堆里面找了一会儿，找到一个号码对蔡虹说：“这个号码我过去打过，十有八九没有人接，后来我就没有打了。”

“那太好了，我就试试吧。”他记录了电话号码。

第二天，蔡虹在电话亭里拨通了潘汉年的电话。

接电话的是一个年轻男人：“你是谁？”

蔡虹说：“我是他的学生。”

“他不在家。”年轻人说，“你有什么事，我可以转告。”

蔡虹看到了希望，他说：“我没有什么事，只是看看他，我多年没有见到他了。”

“你叫什么名字？”

“蔡虹。”

“蔡虹？”年轻人说，“我会告诉萧先生的。你明天这个时候再打来吧。”说着挂了电话。

其实，潘汉年就在电话机边，接电话的是他的秘书杨松。

“蔡虹，他回来了？”潘汉年听到蔡虹的名字，十分高兴。他对杨松说：“你明天回他的电话，让他下午三点，到黄浦公园相见。”

第二天下午三点，蔡虹早早来到黄浦公园，他左等右等，就是不见潘汉年来。

这时，那个接电话的年轻人杨松站在一边若无其事地走着，一面观察着蔡虹，一面注意着来往的行人。

蔡虹一直等到天黑也不见潘汉年到来，只好失望地离开。

他走了几条街道，跳上了有轨电车。杨松也跟着上了车，与蔡虹擦身而过。

蔡虹下车的时候，杨松也跟着下车。

在一条无人的巷子里，杨松紧上一步，跟上蔡虹说：“请问，您是找萧先生的吧？

蔡虹回头：“是呀，您是……”

“我是萧先生的秘书杨松。跟我走，萧先生在等您。”

蔡虹跟着杨松上了另一辆有轨电车。

下车之后，年轻人叫了一辆黄包车。

他们穿过几条小巷，进了一个门。

关上门，蔡虹看见潘汉年上前来迎接：“呀，果然是蔡虹同志。”

蔡虹看见潘汉年，激动得上前拥抱了他：“首长！”

潘汉年说：“因为叛徒的出卖，我搬了几次家，行动也格外谨慎了。刚才我没有亲自去，派了小杨同志去接你，看到你周围没有‘尾巴’，才敢和你接头，害得你等了几个小时，也绕了不少的路，辛苦了。”

“搞地下工作嘛，这是应该的。”蔡虹说，“不管怎么样，我见到了首长，目的就达到了。”

潘汉年招呼："坐下来歇歇。"

蔡虹坐下，杨松倒上茶。

晚上，潘汉年和蔡虹边吃边谈。潘汉年问到这几年的情况。

蔡虹说："自从与首长别后，我先到皖南新四军军部工作。后来受军部派遣，前往江北。我在江北支队，现在我担任后勤部部长。"

"好啊，你是在革命的熔炉里，一步一个脚印锻炼成长的，可喜可贺啊。喝口水。"潘汉年说。

看着蔡虹喝水的样子，潘汉年说："蔡虹同志，你现在真是像个军人了。"

蔡虹不好意思地笑了。

潘汉年问："江北支队后勤工作搞得怎么样？一定很困难吧。"

蔡虹汇报说："当时我们江北支队刚刚创立，受国民党和日伪的军事围剿和经济封锁，当地老百姓对共产党、新四军不了解，对我们很排斥，处境十分困难，没有枪炮子弹、没有经费、没有药品，连吃饭都很困难。这几年，我们争取了农民大刀会的支持，站稳了脚跟；开展大生产运动，实现了粮食自足；建立了新四军医院，生产和采购了大量的药品；建立了兵工厂，做到武器基本自给；建立了城乡税务机构，开辟了财源；开办了贸易公司、米行和百货商店，搞活了物资流通。我们支队基本上做到了财力自给。随着财力的增长，我们军队从两千多人发展到两万多人，根据地从无到有，已经建立了一万多平方公里面积，横跨六个县，有着两百万人口的根据地。除了县城，大部分乡镇农村，都掌握在我们手里。现在，无论是日寇、汪伪还是国民党军队，都不敢轻易攻打我们的根据地。"

潘汉年连连点头："真了不起呀，你们的后勤工作在这么复杂的情况下，做了这么多的大事，取得了这么大的成绩，简直是个奇迹。蔡虹同志，你虽然不是在战场上同敌人打仗，但是你的工作和打仗同样重要，其复杂性、艰巨性和危险性没有区别。我作为一个地下工作者、后勤工作者，深有体会。"

"可是，首长，"蔡虹也道出了自己的委屈，"有些同志说我和地主、资本家、国民党打交道，甚至与日寇、汪伪人员打交道，是敌我不分，混淆了阶级阵线。"

"怎么能这样说呢？"潘汉年十分生气，"与地主、资本家打交道，甚至与敌人打交道，都是对敌斗争的需要。我相信你的为人，相信你对革命事业的忠诚。”

“首长，我这样做下去，结果会怎么样？真是心中无底。所以，我还是想到前线去，战死疆场也是一个清白之身。这些话，我在部队领导面前都没有表露过，今天向首长一诉衷肠。”

“你不能这样想，蔡虹同志。我今天作为一个老党员向你说，搞后勤工作也是革命工作的需要，‘兵马未动，粮草先行’，它本身是战争的一个组成部分。与敌人打交道，斗智斗勇，没有较高的革命觉悟、党性原则和斗争艺术，是不能完成任务的。我党正是有一批大智大勇的后勤工作者、敌后工作者，才能保障我们革命队伍的财力和物质的需要，才能保证革命事业取得胜利。我们从事地下工作，出入魔窟，逢场作戏，其目的无非是从敌人的眼皮底下索取我们所需要的东西。党和革命事业需要我们这样做，需要我们这批人在特殊的环境下从事特殊的工作，这是神圣的事业，我们应该感到光荣和自豪。”

听了潘汉年的一番教诲，蔡虹心里敞亮多了，他说：“是首长指导我走上革命的道路的，我听首长的。”

潘汉年说：“这就对了，放心大胆地干吧。你下一步有什么打算，要不要我的帮助？”

蔡虹说：“目前，我们想创办几个企业，一方面是当地老百姓生活急需，另一方面也是我们开辟财源的需要。初步打算创办肥皂厂、糖厂、纺织厂、被服厂、烟厂和两个小煤矿。这次来上海，就是为了找几个资本家到我们那里投资办厂，互利共赢。”

“好，我来请几个思想进步、有经济实力的民族资本家，他们是我的朋友，到时候你和他们好好谈谈。”

“那太好了。”

上海锦江饭店，潘汉年和被邀请的三位资本家坐在沙发上聊天。蔡虹和杨松走了进来。

潘汉年指着蔡虹说：“我来介绍一下，这是我的学生蔡虹。”

蔡虹抱拳致礼说：“拜会各位长者。”

潘汉年指着一位胖胖的中年人说："这位是上海有名的民族资本家，盛茂林先生。"

盛茂林欲起身，潘汉年将他按住说："坐着，他们是小字辈，不必客气。"盛茂林只得点点头。

潘汉年指着一位瘦高个子的老者说："这位是香港的吴仲德老先生。"

吴仲德微笑地点点头。

潘汉年补充说："吴先生为新四军捐了大量的物资和药品，对我们抗日支持很大呢。"

吴仲德说："那是应当的。"

潘汉年指着潘文炳说："这位是长江运输公司经理潘文炳先生。"

蔡虹说："潘先生，我们又见面了。"

潘文炳也惊喜道："原来是蔡先生，真是缘分哪。"

潘汉年问："你们早就认识?"

蔡虹说："潘先生多次帮助过我们。"

潘文炳说："惭愧呀。"

潘汉年说："那好啊，那就是朋友了。"

"是老朋友了。"潘文炳说。

这时杨松上前说："安排好了，请餐厅就座吧。"

众人进餐厅上座。

服务生斟满酒，潘汉年举杯说："欢迎各位先生赏光，我敬各位一杯。"

大家都站起来喝酒说，谢谢潘先生盛情。

"坐下，坐下喝。"潘汉年说，"蔡虹同学此次来上海，是为新四军江北根据地招商引资，创办企业，发展经济。还请各位先生帮忙想想办法，请你们到安徽投资。"

盛茂林问："创办企业？新四军还办企业?"

蔡虹说："是啊。我们现在有一块一万多平方公里、二百万人口的根据地，当地经济落后，商品奇缺，老百姓生活条件很差。我们想办一些企业，一来为老百姓改善物资供给，活跃经济；二来也为根据地发展经济，增加财源。"

"这个想法好啊。"吴仲德点头。

盛茂林问："那你们想办些什么厂呢。"

"我们想办肥皂厂、糖厂、被服厂、烟厂等。我们那里还有煤矿，这些都是很好的项目，一投产就能收效。我们新四军没有启动资金、没有技术，请各位先生去考察考察。如果投资，可以和新四军共同办厂、共同经营、共同分利、共同发财。"

盛茂林叹道："新四军也会过日子，会创家业啊。"

"这也是给逼的。"蔡虹说，"自从皖南事变之后，国民政府取缔新四军番号，不承认新四军的存在，我们没有军需供给，只好自己找米下锅了。"

"在你们根据地，日本人、国民党不侵犯你们吗？"盛茂林问。

"日本人和国民党都和我们较量过，我们这块根据地是打出来的。他们历次的进攻，都是以失败而告终。所以我们的根据地目前相对稳固，我们建立起了人民的政权。企业的安全，绝对没有问题。"

潘汉年说："生产的原料有来源，产品有销路，都是老百姓急需的东西，办企业一点风险都没有。"

蔡虹说："老百姓需要，新四军需要，市场大得很。"

盛茂林来了兴趣："是吗？这倒是个好事。"

"请各位企业家可以去考察一下。"蔡虹邀请。

潘汉年帮腔："是啊，抽一个时间去一下，耳听为虚，眼见为实。"

"只是我最近有些忙，在上海处理一些事。"盛茂林说。

"我要到武汉去，最近没有空。"吴仲德表示遗憾。

潘汉年说："到武汉走水路正是顺道呀。"

潘文炳说："过几天有一艘美国公司的船到武汉，我和那位船长熟悉，我们一起坐船去。安徽临江县江边有一个码头。"

潘汉年连忙说："潘先生有生意，吴先生顺道，盛先生也同船去一下吧。耽误不了几天。"

盛茂林动心了，说："那就去看看吧。"

事情就这样谈妥了，就等着几位资本家安排时间动身。

这天傍晚，潘汉年和蔡虹在黄浦江边散步。

潘汉年指着日本商船说："那些来来往往、忙忙碌碌的日本商船，都是在掠夺中国的财富。数不清的金银财宝，大量的农特产品，丰富的地下矿藏，他们一船船地往日本运。看到这些，我的心里像刀剜一样痛。”

蔡虹说：“是啊。仅就安徽铜陵的铜矿，当涂黄梅山的铁矿，淮南的煤矿，日本人大肆开采，疯狂掠夺。”

“日本人靠侵略中国取得的战争赔款，靠掠夺中国的财富而强大起来。”

“是啊，日本是一个强盗国家。”

“中国就像一头生病了的大象，躺在地上，任凭虎狼在撕咬。什么时候这头大象才能站起来呢?”

两人默默地走了一会儿，潘汉年想起了一件事，他对蔡虹说：“蔡虹，我托你一件事。”

“您说。”

“我的母亲在乡下，我已经好些年没有见到她了，我很想念她。她眼睛已经瞎了，生活很不方便，我想把她接到上海来，可是我在上海做地下工作，生活很不安定，所以只好将她留在乡下。我想回家乡看望我的母亲，一是工作走不开，二是我的名声太大，到哪里都不方便，日本人、国民党都在悬赏要我的人头，我不能随便离开上海，党组织也不允许我擅自行动。你要是有时间，代我去看望一下我的母亲，好吗?”

“她老人家住在什么地方?”

“在我的老家，江苏宜兴陆平村。”

“行，他们几个资本家还得要几天才动身，同时我也要在上海购买一些药品。我利用这段时间去一下，不是很好吗?”

潘汉年说：“药品的事我帮你办好。”

“好的，那我明天就动身。”

## 四十九、造币任务

江苏宜兴乡下陆平村。秋风萧瑟，田野里一片焦黄。蔡虹向村子里走去。村头有一个中年妇女走过来，蔡虹上前问："请问大嫂，有没有一个潘奶奶住在这儿吗？他的儿子叫潘汉年。"

妇女说："潘汉年？是不是在外面做事，多年没回家的那个潘先生？他有一个母亲，眼睛已经瞎了。"

"就是。她住这儿吗？"

妇女向前方一指说："前面就是她的家。潘奶奶现在和一个侄女儿住在一起。您是谁，找她有什么事？"

"我是她儿子的朋友，她儿子托我来看看他的母亲。"

"潘先生没有回来？"

"没有。"

"你去吧，就是前面那座老屋。"

"谢谢。"蔡虹继续往前走。

这时有几个妇女从家里出来，在一起议论着："潘奶奶的儿子回来了？"

"不是，那是他的朋友。"

蔡虹来到老屋门前，看见院子里坐一个白发老人，看她的眼睛混浊，知道这就是了。上前问："老人家，这是潘汉年先生的家吗？"

这时，走出来一个中年妇女，她是潘奶奶的侄女，说："是啊，他不在家。您是谁？"

"我是潘先生的朋友，潘先生托我来看看他的母亲。"蔡虹回答说。

"是啊。请进来。"

这时，潘母听到动静，问："是不是汉儿回来了？"

蔡虹说："不是，我是您儿子的朋友，我姓蔡，叫蔡虹。我代他来看望您老人家。您还好嘛？潘先生一直惦记着您。"

"我还好，谢谢您哪！"潘母问，"汉儿现在怎么样？他在哪儿做事？怎么这么神神秘秘的，不见人影儿？我死是早晚的事，就怕见不到他了。"

蔡虹安慰她："不会的，您老人家健康长寿，会见到他的。潘先生现在打鬼子，等把鬼子赶出了中国，他就会回来的。"

"是啊，这鬼子什么时候能赶出中国去？中国人什么时候才能过上安稳的日子？一家人什么时候能团聚在一起？我大概是等不到了。"

蔡虹在潘汉年家里坐了一会儿。潘母吩咐侄女："客人大老远来的，快沏茶，在这儿吃饭。"

蔡虹说："我吃过了。"

潘母坚持说："吃过了也要吃点，我们乡下人的规矩，不留饭是对不住客人的。"

侄女也说："蔡先生就留下吃顿饭吧，老太太看到您，就像看她的儿子一样，您要多待一会儿。"

蔡虹点头说："行，行。"

侄女起身做饭去了。

蔡虹从身上取出三百块大洋，对潘奶奶说："这是您儿子托我带来的生活费。"

潘母没有接，听到蔡虹把大洋放到桌子上，她说："乡下人要钱也没处用。你们在城里用钱的地方多，你还是拿回去吧。请蔡先生带个信，叫我汉儿多保重自己，不要挂念我，我有侄女照顾，他尽管放心做事。"

蔡虹说："潘先生做的是大事，大家一时还离不了他，只要有机会，他会回来看您的。"

蔡虹说这个话的时候，他看到老太太浑浊的眼睛看着远方，好像在盼望儿子回来的那一天。蔡虹这时深刻体会到什么叫儿行千里母担忧，什么叫忠孝不能双全。

突然，蔡虹看到远处的大路上，有几个日本宪兵和汪伪警察急匆匆地朝这边走来。

狗叫了起来。有几个妇女从屋子里伸出头，又缩回去了。

“鬼子来了。”有人说。

蔡虹警觉地发现日军宪兵和汪伪警察悄悄地向这边包围过来。

“他们是冲我来的。”蔡虹不及多想，起身朝里屋走去，进了两进院子。

日本宪兵和汪伪警察封住了大门。喝问：“你家里来了什么人？”

潘奶奶的侄女见有人问，便出来说：“没有来人。”

伪警察头目叫道：“没有来人？你家来了共产党，以为我们不知道吗？”

侄女摇摇头：“没见过共产党。”

日本宪兵看到了桌上的洋钱：“这是什么，哪里来的？”

宪兵把洋钱放入自己的腰包。

侄女连忙上前去夺：“这是我的。”

头目甩开侄女的手，大声说：“给我搜人！”

宪兵和警察冲进屋里搜查起来。

蔡虹听到宪兵的脚步声，他敏捷地翻上院墙，跳到院外，进入树林，在树木的掩护下，离开了陆平村。

蔡虹回到上海，来到潘汉年的住处，进门一看，一口红漆棺材放在堂间。蔡虹大吃一惊。

潘汉年笑着说：“蔡虹同志，感到奇怪是吧？”他和杨松打开棺材，对蔡虹说：“你看看，这里面是什么？”

蔡虹伸头一看，里面整整齐齐地装满了他为新四军买的药品、发报机、雷管一类的东西，上面盖着一层厚厚的棉被，棉被上面是一幅白色的床单，床单上面放着纸钱。

潘汉年说：“为了运输方便，只好用这种办法，偷运出去了。”

蔡虹连连称赞：“首长，您考虑得多么细致、周到啊。”

“这是长期在敌占区工作的习惯。”潘汉年对蔡虹说，“已经和美国船长联系好了，明天早上装船。”

潘汉年让蔡虹坐下休息。

蔡虹汇报说：“我到了宜兴陆平村，找到了您母亲潘老太太。老太太身体很好，她的侄女在那里照顾她，老人家让您安心工作，不要担心她。”

潘汉年点点头，问："你在那里待了多长时间，有没有在我家里吃饭？"

"老太太留我，但是出了点小情况。"

"什么？"

"日本宪兵和汪伪警察来了。"

"哦，他们消息真快。你是怎么逃脱的？"

"那很容易，我翻过院墙，从树林里走了。"

潘汉年点点头，叹息一声："我是有家不能归啊。"

第二天早上，潘汉年雇了几个工人，大家抬着棺材，向黄浦江边的十六铺码头而来。蔡虹头戴麻纱孝帽，满脸悲伤。

到码头，放下棺材，潘汉年急忙登上停在码头的美国船。

这时，几个日本宪兵走过来，其中小头目叫道："这是谁家的棺材？快打开，我们要检查。"

蔡虹说："这时家父的灵柩，要到乡下去安葬，请老总行行好。"

小头目说："不行，把盖子打开。"

蔡虹嘴里说行行好，就是迟迟不动。日本宪兵催促："打开，打开，怎么还不打开？"说着就要亲自动手。

这时，船上下来几个人，潘汉年和潘文炳领着美国船长走过来。

美国船长问："这是在做什么？"

蔡虹用英语说："船长先生，这是家父的灵柩，要到乡下安葬，太君要打开检查。按照我们中国人的习俗，人已经盖棺，就不能打开，打开棺材是对先人的大不敬，而且于行程也不吉利。"

美国船长说："还是尊重他的习俗吧。再说，一个死人有什么好看的？"

"不行，这是规定，凡是上船的物品都要检查。"日本小头目坚持。

"这将耽误我开船时间。"美国船长说。

"那也没有办法，开棺检查！"日本宪兵十分骄横。

美国船长气愤地说："我要抗议！"

蔡虹用日语对开棺检查的日本兵说："太君，我父亲是得了伤寒死的，请你们在打棺盖时，要屏住呼吸。"

日本兵听说得了伤寒死的，脸有惧色。

棺盖打开了，只见里面严严地盖上了白棉被，上面放着纸钱。日本兵一个个捂着鼻子，向里面扫了一眼，盖上了棺盖，放行了。

这时潘汉年、蔡虹才松了一口气。

大家把棺材抬着上了船。盛茂林、吴仲德都在轮船上迎着。

美国轮船起航了。潘汉年在码头上挥手送行。蔡虹脱掉白麻布孝帽，在船舷上挥手向潘汉年告别。盛茂林、潘文炳、吴仲德都向潘汉年挥手。

轮船离开码头，越来越远了。

在长江北岸临江县境内的一个码头上。曾世雄、谭天木带着干部战士在码头上迎接资本家们的到来。

船靠了码头，蔡虹领着资本家们下船，并将他们一一介绍给支队领导。

曾世雄、谭天木连声说欢迎欢迎，大家亲热地握手。

接着，码头工人将棺材抬下船来。大家十分吃惊。

曾世雄问："蔡虹同志，你这是什么?"

"这是我买来的药品。"

"我知道了。"谭天木说，"不这样就不好运回来。"

李三火走过来说："这些药就交给我了。"

曾世雄、谭天木、蔡虹等人领着资本家们向根据地走去。

在支队队部，曾世雄、谭天木设宴招待来客。

盛茂林说："来到新四军驻地，我们本来还有些顾虑，生怕大家不欢迎我们，不是说共产党要打倒资本家吗？现在看来，不是那么回事，我们就放心了。"

曾世雄说："盛先生，共产党、新四军不是打倒资本家，从事的是民主革命，我们是要团结民族资产阶级，反对官僚买办阶级。对于民族资本，我们支持你们做得越大越好。我们希望你们来我们这里投资哪！"

吴仲德说："我们在香港有一个'保卫中国同盟'，是由孙夫人牵头，都是一批民族资本家参加，任务就是资助新四军的。"

谭天木说："香港的'保卫中国同盟'给新四军买的枪支弹药，我们正在用哪。真是谢谢你们了。"

"支持抗战，是我们应该做的。"吴仲德说。

盛茂林表示："我们到这里投资，不是为了赚钱，而是为了支持抗战，支持革命嘛。"

"是啊。"潘文炳也说，"支持抗战，人人有责。"

谭天木说："潘先生的长江运输公司和我们合作不是一次了，对抗日已经作出了很大的贡献了。"

"做得很不够，惭愧，惭愧呀。"潘文炳谦虚起来。

曾世雄说："各位先生住下来，明天我带你们去考察考察。"

资本家一行在江北考察了三天，与新四军谈妥了建立被服厂、糖厂、肥皂厂、小煤矿等多个投资项目。

这天，在江北根据地的一条小路上，一个商人模样的人带着两个随从在行走。他们是穿着便装的新四军后勤部部长曾山和他的两个警卫员，他们向江北支队驻地白茅山走来。

"来了，来了。"几个新四军战士迎了上来。

一个战士问："请问您是后勤部曾部长吗?

曾山说："是我。"

战士说："我们政委、支队长在山口等您哪!"

"好啊。"曾山对警卫人员说，"我们又到家了。"

向前走了不远，见曾世雄、谭天木迎了上来："首长好。"

曾山说："同志们好。"大家握过手，一起向队部走去。

曾山边走边说："听说你们支队后勤工作搞得很好呀。搞了粮食生产，收了税款，开了商店，办了工厂，不仅经济搞得很活，还办起了医院、兵工厂。不仅度过了困难时期，还支援了兄弟部队。军部首长提出，全军要以你们为榜样，把后勤工作搞上去。首长特地派我来学习取经呢。"

"后勤工作还是军部搞得好。我们只不过做了一些初步的工作。"曾世雄谦虚地说。

"嗨，不该谦虚的时候不能谦虚呀。"

大家笑了。

曾山问曾世雄："你们后勤部长叫什么?"

"蔡虹。"

“蔡虹，我知道，他本来是一团团长嘛，打仗很勇敢，是个很能干的指挥员。”

“我们是调最得力的干部搞后勤，当时我们支队长还有意见呐，是吧?”曾世雄说。他转向谭天木，证明此话不虚。

谭天木说：“是啊，当时就像砍了我的一个臂膀那样难受。”

曾山肯定地说：“你们做得对，现在你们从中亲身体会到后勤工作的重要性了吧?”

曾世雄、谭天木齐声说：“是啊。”

曾山说：“我可不是在什么山唱什么歌，自己当后勤部长，就说后勤工作重要。我要说的是，战争不仅是人力相拼，更重要的财力和物力的相拼。没有物质保障，就无从谈战争。你看，你们支队因为财力雄厚，发展很快。你们政委、支队长说话声音都比人家支队响些，腰杆子粗些，是不是?”

曾世雄、谭天木不好意思地笑了。

曾山问：“蔡虹同志在哪里呀？怎么不来见我呀?”

曾世雄说：“蔡虹同志不知道首长今天到，他到厂里检查生产去了。”

“好，我也正想到你们的工厂里去看看，带我去吧。”

他们首先来到新四军肥皂厂。机器轰鸣，一条条肥皂从流水线上下来，工人们在打包。

蔡虹正在检查肥皂的质量。

曾世雄、谭天木陪同曾山部长进了厂门。

曾世雄大声说：“蔡虹同志，曾部长来了。”

蔡虹抬头一看：“曾部长来了，怎么不事先通知一下，这老远的路。”

曾山说：“是你们政委、支队长向你封锁了消息，生怕我来打搅你的工作呀。”

“是工作没做好，怕首长批评啊。”蔡虹说。

曾山看着蔡虹认真地说：“怎么没做好，你做得很出色。我们在路上还在说你呐。”

“是啊，曾部长正表扬你来着。”曾世雄补充。

蔡虹说：“我有什么可表扬的?”

“不仅是我。”曾山说：“连少奇同志、陈毅同志都表扬你，表扬你们支队，他们是要我来向你们学习呀。”

“首长太过奖了。”

“这个肥皂厂办得不错，听说还有被服厂、糖厂。”

“是呀。”蔡虹说，“我们还开了小煤矿。”

曾山问：“你们哪里来那么多的资金？”

“我们到上海招商引资，和资本家合作办企业。”

曾世雄说：“上海的民族资本家盛茂林先生，在这里投资办了好几个大企业，对我们的支持很大。”

曾山点头说：“这个路子好，做法很超前。我们国家民族资本比较薄弱，又受到外国资本和国内买办资本的排挤，生存不容易，我们要支持民族资本的发展。你们和民族资本家合资办企业，正符合我们党的政策。”

蔡虹谦虚地说：“我们不知道做得对不对，还想听听领导指示。”

“怎么不对？”曾山认真地说，“只要对党的事业有利，对革命有利，对新四军的发展有利，就是对的。共产党和民族资本家合作，发展民族资本，建设新民主主义国家，这是毛主席在《新民主主义论》中提出的建国方略，你们的实践也证明这是一个好的办法，效果也很好嘛。”

在新四军江北支队驻地，支队召开了全体干部战士大会，听取曾山同志作报告。曾山说：“打仗是政治斗争的极端表现，也是经济斗争的极端表现。战争的胜负，既取决于人力，也取决于经济实力。新四军江北支队之所以在困难的情况下站稳脚跟，得到了快速的发展，这与你们坚强有力的后勤保障工作是分不开的。你们的后勤同志们，在险恶的环境下、在敌占区和国统区，出生入死，为部队采购药品、枪支等军需物资；你们垦荒种地，发展粮食生产，开展商业贸易，招商引资，开办工厂，建立医院，建立兵工厂，征收税款，筹集资金；你们的工作范围不断扩大，渗透到敌人的内部，取得了极大的成功。敌人封锁不了你们，打不垮你们，你们的力量一天天壮大。你们的后勤工作不仅满足了自身需要，还支援了兄弟部队。军部对你们后勤工作十分满意和高度赞扬，要求全军各个部队向你们学习。”

大家热烈鼓掌。

曾山继续说："同志们，我们虽然取得了一定的成绩，但与党中央的要求、与战争发展的要求，还有很大的差距。当前，我们在经济上遇到了一个重要的难题，就是货币问题。汪伪政权滥发纸币，国民党政府也在滥发纸币，他们通过这样的方法攫取财富，为他们的战争提供经费。货币大幅贬值，老百姓辛辛苦苦挣来的血汗钱，转眼之间成了废纸。我们党、我们军队也深受其害。我们的经济命脉控制在敌人手里，人民的经济命脉控制在敌人手里。我们怎么办？党中央决定，在相对稳固的根据地，发行我们自己的货币。稳定物价，把经济命脉掌握在自己手里。我们新四军决定发行自己的'抗日币'，军部决定首先在你们这里试点。这就是我这次来的目的。大家听懂了吗？"

大家欣喜若狂，掌声如雷。

在支队会议室，曾山同志召开支队中层以上干部座谈会。

曾世雄说："曾部长，发行货币，这个东西我们不懂，怎么发行？老百姓能不能接受？再说我们也没有银行。"

"当然要开银行。"

"开银行？这更叫我们心中无底了。"

"这个问题既深奥又简单，要有懂得银行和金融知识的同志来办。"曾山看了看蔡虹，说："蔡虹同志对经济工作很熟悉，请你谈谈想法。"

蔡虹站起来说："我听了首长的报告之后，就一直在思考这个问题。我认为，在我们的根据地发行抗日币完全可行，在发行抗日币的同时，我们可以把根据地的人民银行建立起来。我们有好的条件：我们已经建立了遍布城乡的新四军商店，通过我们的商店，进行货物交流，用抗日币作为结算工具，同时把银行兑换业务跟上去，我们的抗日币会很快推行开来，只要我们做到币值稳定，一定会受到老百姓的欢迎。"

"看看，这不是行家吗？"曾山说，"这个事就由蔡虹同志负责办，我建议你们任命蔡虹同志为新四军江北支队第一任人民银行行长。看来在你们支队开展发行抗日币的试点工作，是选对了地方。"

"首长这样一说，我心里有底了。"曾世雄说。

"目前你们要抓紧购买印刷机，购买日本富士纸，我们派人来共同设计抗日币的票面图案，经过少奇同志批准、签字，这个事就定下来。”

“这印刷机和富士纸在什么地方买呢?”

“这些东西南京有，在日本警备司令部的仓库里，就看你们敢不敢去拿。”

“我的天哪，那不是天上的月亮吗?”

“我们共产党人就是要有上天揽月的精神，再困难的事也拦不倒我们。蔡虹同志，你说是不是?”

蔡虹说：“是。”他转向曾世雄：“政委，我带赵强、俞珍同志到南京去一趟。一定想办法搞到印刷机和富士纸。”

“不入虎穴，焉得虎子。”曾山说，“蔡虹同志，你到南京找一个叫苏文的同志，她就在日本驻军南京陆军报告部工作，那个单位就是管印刷机和富士纸的。她是我们党的地下工作者，我把她的住址情况告诉你，让她帮助你们。”

“这太好了。”蔡虹大喜。

最后，曾山郑重地对大家说：“同志们，这是一场同日伪和国民党进行的经济方面的斗争，它像军事斗争一样重要。如果我们能把抗日币推行开来，稳定根据地的物价，这对货币贬值、物价飞涨的日统区和国统区是一个沉重的打击。我们要让经济渗透和军事渗透一样，迅速在国内漫延、扩张。老百姓认可了我们的抗日币，看见了我们的经济政策，也就对我们的未来有了信心和向往，这就会造成人心归附、百川归海的良好势态，它将起到我们军事上起不到的作用，对于我们扩大根据地、扩大解放区、促进革命的早日胜利，有十分重大的意义。当然，这件事情要办成是不容易的，我们怎么把印钞机和富士纸搞回来，把抗日币印制出来，怎么向社会推行，怎么样使老百姓接受，这里面有很多工作要做，搞不好，适得其反，对我们造成不利局面。你们要有充分的思想准备。推行抗日币，就像打一场战役，只准成功，不准失败。”

## 五十、敌营谋纸

蔡虹回到办公室。赵强说："这次曾部长来，对我们的后勤工作大加肯定和表扬，真让人扬眉吐气。"

"那是应该的。"俞珍说，"我们确实做得好嘛，这主要是蔡部长的功劳。"

"话不能这么说。这是大家的功劳，你们两个和后勤部全体同志都有功劳，也与支队党委的指导和支持是分不开的。"蔡虹让大家坐好，接着说，"谈谈我们的任务吧。这次我们还是三个人一起走，到南京去搞印刷机和富士纸，回来造钞票。"

"到南京？"俞珍问。

"当然到南京。"蔡虹说，"这些东西只有南京有。"

"好，我喜欢去南京。"赵强说。

"喜欢？去南京不是去玩。"俞珍提醒。

"谁说玩？"赵强说，"不是去买富士纸吗？"

蔡虹说："这种纸在日本警备司令部的仓库里，买是买不到的。我们这次就是要到日本人的仓库里搞这种纸。"

"这个难度不小。"俞珍说。

"又要和敌人周旋。"赵强看着蔡虹。

"军部对我们的工作已做了前期准备。"蔡虹说，"几个月前，就和南京地下党通了气，我们这次去南京就是找地下党。"

"找地下党？"

"对。这次小俞要深入敌人营垒中，起关键作用。"

"老板，您说什么？"

“你这次要装作一个洋学生，我们通过地下党，把你派到南京日本警备司令部去。”

“我的天。”俞珍伸了一下舌头。

“因为我们有一名地下女党员在日本警备司令部陆军报告部工作。陆军报告部是日本军队搞情报的秘密单位，他们管着日本警备司令部的军需物资仓库的钥匙。我们那位女同志几个月前就接到任务，开始装作怀孕了，她的肚子一天天大起来。你去之后，她就借口‘请产假’，你作为她的表妹去替换她上班，就在替换她‘坐月子’的一个月内，我们要把印刷机和富士纸搞出来，运回来。”

“老板，那我这次去干什么？”赵强问。

“你的任务是随时帮助小俞。”

“知道了。”

“明天就出发。”蔡虹说。

第二天一早，蔡虹他们乘上一条商船，顺水而下，下午就出现在南京城里。

在一个僻静的巷子内，他们敲开了一扇门。

一个大肚子的年轻妇女开门，把他们迎了进来。

蔡虹交给她一封信。那女子看完信，顿时客气起来，说：“您是蔡部长？请坐请坐。”

大家坐下来，女主人沏上茶，对蔡虹说：“我叫苏文。”她又看看俞珍。此时俞珍脱下了帽子，飘下一头长发。苏文问：“就是她吗？”

蔡虹说：“是。”

俞珍向苏文点点头：“我叫俞珍，叫我小俞吧。”

“好，明天我带你去，就说是我的表妹。”苏文又看向蔡虹，“我都等好几个月了，我装着这个大肚子招摇过市，办公室里的人天天问：‘什么时候生呀？’我都不敢说出确切的日期。现在我可以向他们说，我要请假生孩子了。”

说着她自己笑了，大家也笑了。

苏文又看看俞珍说：“长得很漂亮，就是头发土气一些，我帮你把头发理一下吧，搞洋气一点。”于是亲自动手为俞珍理发、烫发。一边做头发，一边说："小俞就住在我家里吧。"

蔡虹和赵强出门找住处去了。

经过一番整理，俞珍对着镜子，看着自己大变样了，简直就像一个大户人家的千金小姐，一个洋学生。俞珍十分惊讶，说："苏文姐，你真能干。"

一座古老的楼房，门上挂着"陆军报告部"的牌子，门前站着几个鬼子兵。重要机关，戒备森严。

苏文挺着大肚子，带着俞珍走过来。进门，苏文很熟练地用日语和门卫打招呼，并做了出入登记。

苏文带着俞珍穿过又长又暗的走廊，来到自己的办公室。

办公室里，苏文让俞珍坐在自己的座位上，她转身对坐在另一张桌子旁的日本电台台长平田太郎说："平田君，我上次跟您说过，我在生孩子期间，由我的表妹俞珍小姐代替一下，不太长，大概也就一个月时间，现在我把她带来了。"

俞珍站起来学着日本人的样子，向平田太郎礼貌地弯弯腰。

平田太郎五十多岁年纪，为人很和蔼。他打量着俞珍新烫的头发，再看看苏文的大肚子，点了点头。这时，总务课长三原本太郎走了进来。

三原是日军陆军报告部的头儿，他是平田的上级，与平田太郎关系不好，十次来就有九次是为了找碴。

苏文向来对平田和三原两个都不得罪，她的办法是低头忙事，不说话。

三原看着漂亮的俞珍问："这是谁呀？"

苏文说："这是我的表妹。"

"哦，苏小姐还有这么漂亮的表妹，怎么没见过呀？"

"她是乡下人，平时不怎么到南京来。"

"你怎么把她带到办公室来？"三原要起了官腔。

苏文没回答，她看看平田，意思是向平田汇报过。

三原看着平田，平田不说话，那样子是故意把三原的话不当回事。

苏文见空气很僵，就解释说："我要生孩子了，想让我的表妹来顶替我一个月。"

三原生气地说："顶替一个月，这么大的事情怎么事先没有向我报告？

我们这里是重要机关，怎么能随便让一个陌生人进来工作？胡闹!”他眼看着平田，此话是冲着他说的。

平田不予理睬，一副“我已同意，你又如何”的态度。

三原见平田不理他，气愤地走了，并在走廊里用日语叫嚷了几句。

苏文为难地看着平田。

平田说：“别理他，让他嚷去，我是台长，我有权决定。”

三原叫叫嚷嚷地向前走，他并没有去找上司，而是回到了自己的办公室，坐下之后冷静了一下，好像什么也没有发生一样。他自言自语地说：“花姑娘，真漂亮。”他高兴地哼起了日本小曲。三原就是这么一个外表狂妄、气势汹汹，但内心虚弱、没有城府的人。

夜晚的街上，苏文和俞珍往回走。

俞珍说：“苏文姐，那个三原来了大叫大嚷，我生怕事情不好办，后来怎么也不见声息?”

苏文说：“三原这个人就是大叫大嚷的，他总是想表现出自己能干，看这个不顺眼，看那个也看不惯。他和平田有矛盾，平田年纪大、资格老，不理他，他也没有办法。”

“我看平田那个老头还很和气。”

“他是个好人。他的三个儿子都是在战争中死了，他痛恨战争，所以对中国人很同情，许多事情只要跟他说，他会同意的。只是三原这个家伙喜欢找麻烦，你以后遇事尽量避开他。他还是个好色之徒，对他要当心点。”

“知道。”

“明天你就一个人去上班了，遇事要自己处理。”

第二天，俞珍一个人来到办公室。她对平田说：“我表姐生了。”

“生了?”平田说，“真巧得很。你要是来迟了，工作都接不上了。”

“是呀。”

这时候的走廊里，三原在探头探脑。

过了一会儿，平田因事离开了办公室，一直在走廊里窥视的三原走了进来。

三原问：“俞小姐，你来上班了，苏小姐呢?”

“苏小姐生孩子了。”

“生孩子了？在什么医院生的？”

“她是在家里生的。”

“在家里生的？在家里生孩子是很危险的。”

“中国人在家里生孩子很正常。”

“生了什么？是男是女？”

“是个男孩。”

“那好啊，恭喜恭喜。我要去看看的。”

“我们中国女人生孩子，没有满月，男人是不兴去看的。”

“哦，是这样。”三原想了一会儿问，“俞小姐结婚了吗？”

俞珍为防三原纠缠，就说：“结婚了。”

三原问：“有没有孩子？”

“没有。”

“想不想有个孩子？”

俞珍见他没话找话，索性不理他，站起来说：“对不起三原君，我有事先回去一下。”说完转身走了。

三原站在那里，看着俞珍的背影，恨恨地说：“别跟我装矜持，我非把你搞到手不可。”

这时平田回来，看见三原站在那里，他知道三原的心思，故意问：“三原君，有事吗？”

“没，没事。”三原支支吾吾，又故作严肃地说：“平田君，你的部下要好好地管，别在办公室里坐不住，东跑西颠的，不好啊！”

平田说：“三原君，女孩子有女孩子家的事，咱们男人管那么多干什么？她把工作做好了不就行了吗？”

“我最看不惯屁股坐不住的女子。”

平田不理他，三原讪讪地走了。

在苏文家里。俞珍把上班的情况向蔡虹、苏文报告。赵强也在场。

俞珍说：“平田不错，只是三原那家伙，有些不怀好意。”

“三原很好色，报告部的人都知道，女人都躲他三分。”苏文说。

“这很危险。”赵强故意说，“可不能让俞珍给那家伙欺负，我去收拾他。”

“胡说，你可不能添乱。”俞珍喝道。

蔡虹笑了笑说：“任何事情都有两面性：一方面，三原好色要处处提防他，使小俞增添了烦恼和工作难度；另一方面，正因为三原那家伙好色，俞珍去接替苏小姐才较为顺利，是不是？”

苏文点头称是：“这话倒不假。三原这家伙十分难讲话，就是平田同意了，他如果坚决反对，俞小姐也接替不成，毕竟他是总务课长。当他看到俞小姐之后，虽然也发了一通火，但很快就消气了，而且还显得很高兴的样子，说明他对俞小姐很是看中，心里在打另外一个鬼主意。”

蔡虹说：“我们要利用三原的好色，略施一下美人计，顺利地把印刷机、富士纸搞到手，运出去。”

“这就看我们俞小姐的魅力了。”赵强说。

“贫嘴。”俞珍嗔道。

苏文说：“陆军报告部仓库里的印刷机、富士纸要调出来，运走，要经过平田盖章、三原批准。这两个人，一个都不能得罪。俞小姐首先要取得平田的信任，同时不能得罪三原，必要的时候，给三原灌点迷魂汤，事情就好办了。”

这天俞珍在办公室。三原看平田不在里面，就溜进来说：“俞小姐，晚上我请你吃饭、跳舞。”

俞珍故意问：“有什么事吗？”

三原说：“没有事，只是娱乐。”

“不巧，我今天晚上有事。”

“有事，你不是回避我吧？”三原有些失望。

“不是，三原君，我今天晚上真的有事。”

“那你定个时间，明天晚上怎么样？”

“明天，明天也说不准哪。”

“就明天，你要是还有事，就把它推掉。你要知道，我是不会轻易请人吃饭的。”

俞珍说：“您这样说，我好像只有遵命的份了？”

三原得意地说：“那当然，我是谁，我是三原本太郎。我向来说一不二，俞小姐，你应该尊重我。”

“好吧，我答应你。”

“那就这样定了，不许改变。”三原十分高兴。

这时，平田从外面回来。看到平田回来，三原转身离去。

俞珍对平田说：“平田君，三原君要我明天晚上陪他吃饭、跳舞，这样好吗?”

平田说：“那家伙不会有好心思，你可要当心他。”

“如果我去了的话，平田君您能不能去呢？这样我就不怕了。”

平田想了一想说：“我去？好好，我去。我去了，那家伙就不方便了。”

三原回到办公室，看着墙上的大摆钟，一会儿照照镜子、理理头发，一会儿修修鼻孔下的一撮胡子，恨不得立刻到了第二天晚上。

当天晚上，俞珍向蔡虹、苏文报告说：“三原那家伙约我明天晚上吃饭、跳舞，推脱不掉，怎么办?”

蔡虹说：“你去吧，我和赵强在暗中保护你。”

“如果三原对你无理，我就把他干掉。”赵强说。

“不必要。”蔡虹说，“没那么严重。”

俞珍说：“我把情况向平田作了报告，平田答应去帮我。”

“那就更好了，我们不一定需要露面。”蔡虹说。

第二天晚上，俞珍和三原在酒店里，他们一边喝酒，一边看舞侣们在翩翩起舞。

三原站起来说：“俞小姐，我请你跳舞。”

俞珍站起来与三原走进舞池。两人翩翩起舞。三原开始还是比较规矩，后来就抱紧俞珍，把散发着口臭的嘴凑了上去。

俞珍顿时感到一阵恶心，低下头来作出腹部疼痛的样子。

三原急切地问：“俞小姐，你怎么啦?”

“我肚子疼，想上一下洗手间。”俞珍转身去了。

三原十分扫兴，说：“你快点来呀。”他只好回到舞池边等待。

这时，平田走了进来，坐在三原边上，问：“俞小姐呢?”

“上洗手间去了。”

一会俞珍走了出来，一眼看见平田，就上前邀平田跳舞，两人进了舞池。三原气不打一处来。

跳了一会儿，平田回到三原身边。三原问："俞小姐呢?"

平田说："俞小姐身体不适，先回去了，要我跟你说一声。"

三原气得暴跳如雷，追了出去。

街上，三原远远看到俞珍上了一辆黄包车，立即也叫了一辆跟上去。在即将追到的时候，一个行人横穿马路，挡住了黄包车，黄包车停了下来。

三原大怒道："混蛋，滚开!"

这个人正是赵强，他在暗中保护俞珍。不远处，蔡虹也站在一棵树下。

赵强见三原发火，假装诚惶诚恐的样子，在黄包车前点头哈腰地说："太君，对不起，太君，对不起。"

"滚开，我要枪毙你。"

赵强装出害怕的样子，挡在车前，连连赔不是。

三原眼看俞珍走得无影无踪，气得他跳下车抓住赵强就打。

赵强抓住他打过来的手腕，三原被制得动弹不得。

赵强仍一直说："对不起。"

三原看了看赵强，喝道："你是什么人?"

"我是中国人，太君，别生气。"

三原自知不是赵强的对手，摸摸身上，后悔没有带枪。

赵强赔了不是，走了。

蔡虹夹在看热闹的人群中也走了。

三原吼道："支那鬼，别让我再碰见你。"他跳上黄包车。

车夫问："太君，到哪里?"

"东方同乐馆。"

黄包车在"东方同乐馆"门前停下，三原立刻被迎上来的妓女包围了。他进了日本妓院，选中了一个日本军妓。

在密室里，三原脱得只剩下裤衩。他剥光了日本军妓的和服，把她扔倒在榻榻米上，拿起一根鞭子，狠命地抽起来，那个妓女杀猪似的惨叫。

第二天上班，俞珍和平田都在办公室。三原见平田在，不好进来，只是气冲冲地从门前走过去。

俞珍和平田会意地一笑。

这时候，就听见三原在办公室痛骂下属："怎么搞的，你难道不应该更细心努力一些吗？下次再要出错，我可要你滚回日本去。"

三原面前两个日本下属，直点头，用日语说："是，是！"

中午，三原见平田不在办公室，他送来了一叠文件，对俞珍说："把这个抄十遍。"他是有意报复。

俞珍说："这么多，什么时候能抄完，我还有许多事。"

"再忙也得抄，这是命令。"

俞珍说："我向平田君报告，我归他领导。"

三原大怒："什么，你归他领导，不归我领导？我叫你抄，你就得抄，否则，你给我滚走。"

俞珍站起来，收拾桌子。

三原问："你想干什么？"

"我走啊。"

三原呆看着她。俞珍收拾好了后，锁上了抽屉，转身走了。

三原喝道："你等一会。"

"等什么，你不是要我走吗？我真的不想在这里干了。"

"你等一下平田君。"

"为什么要等他？"

"你不是说归他领导吗？"

"是的，我是归他领导，那就等他回来吧。"俞珍坐了下来。

三原只好没趣地回到办公室。

一会儿，平田回来。俞珍说："平田君，三原叫我回去，他这样对待我，我不想干了。"

"这个流氓，你别理他。"平田气愤地来到三原办公室："三原君，这是怎么回事，俞小姐要走？"

三原说："我是跟她开个玩笑。"

"开玩笑也要注意场合，在办公室里开什么玩笑。"平田说完转身走了。

# 五十一、发行货币

下班时，俞珍在走廊里迎面遇上了三原。

三原笑嘻嘻地说："俞小姐，我向您道歉。"他向她鞠躬九十度，说："我请您吃饭。"

俞珍觉得应该适可而止，她没有拒绝，上了三原的小车。

这时，一辆黄包车跟在后面，他是赵强。

他们上了一家酒楼，在一个小桌边坐了下来。另一边，赵强也上了楼，在对面的小桌边坐了来，要了一杯咖啡。

服务生上来点菜。

三原问："俞小姐，你喜欢吃什么，尽管点。"

俞珍说："随便吃点。"

"我点一盘生鱼片，这是日本人最喜欢吃的菜。"

"我可不是日本人。"

"哦，你是中国人，中国大大的好，我喜欢在中国。"三原故作娇情。

俞珍鼻子"哼"了一声。三原没有领会，还以为这句话很得俞珍的赞同，他为自己的小聪明有些得意。

菜和啤酒都上来了。三原为俞珍斟上啤酒，自己也斟上，说："俞小姐，请。"

喝了几杯酒，说了一些闲话。一个日本兵进来，送给三原一个文件。三原看了看，签上字，来人转身走了。

俞珍问："什么急事，都送到酒店里来了？"

"没什么。"三原说，"武汉那边要送一台印刷机和几箱富士纸，要我在通行证上签个字。”

俞珍故意问：“印刷机和富士纸，那东西干什么用的？”

“用来印刷货币。”

“印刷货币？武汉也印刷货币？”俞珍故作惊讶。

“当然，现在货币不够用，只好在武汉开机。”

“印那么多货币干什么？物价又要上涨了。”

“那也没有办法，我们这是以战养战。不这样，日本国内哪有那么多资金用于战争。哦，不说这些。”

“他们什么时候动身？”俞珍问。

“什么？你怎么关心起这个？”

俞珍说：“我想乘船到武汉去一下，看看我的母亲，省点儿路费嘛。”

三原笑了：“俞小姐真会钻空子。”

“我们生活困难，不钻空子能行吗？”

“那不行，船上不能有闲人。”

“我是闲人吗，我可是陆军报告部的工作人员，为什么不可以？”

“不行，我说不行就不行。”

俞珍说：“我们中国人有一句话，叫‘一根篱笆三根桩，一个好汉三人帮’，咱既然是朋友，你就应该帮助我。”

“等我以后有空，我陪你去武汉。”三原说。

“不，我就这次去武汉，坐坐小船，看看风景，也是人生中一次美好的经历。”

“对，俞小姐还很有诗情画意。”三原也来了兴致，“好，我陪你去武汉，怎么样？”

“就坐这趟船？”

“就坐这趟船。”

“那太好了，三原君，你真是好人。来，我敬您一杯。”

三原色迷迷地说：“我不是好人，是俞珍小姐太漂亮了。”

音乐响起，三原邀请俞珍跳舞。两人双双下了舞池。

跳了一会儿，三原用日语要求舞厅熄灯。舞厅里一片黑暗，三原趁机搂抱俞珍，强行猥亵。

黑暗中，俞珍巧妙地拉过一个男子。三原不知，大行猥亵之能事，对方也以为是个女郎，积极配合。

灯光突然亮了，三原才发现上当，十分气愤地给对方一个耳光。

俞珍在一边直乐。

三原问："俞小姐，你怎么站到那里去了？"

"为了不妨碍你们呀。"俞珍笑着说。

三原气愤地说："你以为我是同性恋吗？"

"谁能说得准？可不能坏了你们的好事啊。"

"俞小姐，你的狡猾狡猾的。"他上前要求俞珍继续和他跳舞。

跳舞时，三原又想做猥亵动作。俞珍推开他说："三原君，不要急，浪漫的时光今后长着呢。"

三原想了想，天真地说："你是说我们一起去旅行？"

"对，我们一起到武汉去，那将是我们最浪漫最快乐的旅行。"

"是啊，最浪漫最快乐的旅行。俞小姐真是有心人哪！"

"那是因为你是三原君嘛。"

"对，我是三原。我三原总有桃花运的。"

俞珍收起衣服："说定了，三原君，再见！"

"俞小姐再见。"三原看着俞珍的背景，心中充满着遐想，转身快乐地吹起了口哨。

俞珍回到苏文家，将情况向蔡虹、苏文报告。赵强在场。

蔡虹笑着说："小俞，你知道这份电报是怎么来的吗？"

俞珍问："难道这份电报是假的？"

"对。"蔡虹说，"为了抢时间，苏文同志按照过去的做法，造了一份假电报，通过我们的地下电台发给了日军陆军报告部，目的是让三原及早把印刷机和富士纸调出来。"

俞珍大喜："这个办法太妙了。"

"东西调出来后，我们只要在途中把它劫获就是了。"蔡虹说。

俞珍提醒："三原要跟着一起去，他会带一些卫兵，这将会增加我们的难度。"

“不要紧。支队会多派一些人去，地点定在临江县江面，考虑到有日军巡逻艇，我们的动静不能太大。”

赵强说：“小俞，我唯一不放心的就是你在船上，你要做好自我保护，别让那家伙捞着便宜。”

俞珍嗔道：“要你多嘴。”

几天后，苏文与俞珍一起来到办公室。

平田说：“苏女士，你怎么没有满月就来上班了？”

“平田君，您忘了，我已经满月了。”苏文把喜蛋从包里掏出来说，“平田君，请吃喜蛋。根据我们中国人的习惯，孩子满月，要送喜蛋给人吃的。”

“好好，我们吃喜蛋。”

这时，三原也赶了过来，说：“你们吃喜蛋怎么不叫我？”

苏文说：“我正要送过去呢。”

三原剥开一只鸡蛋吃起来。他对苏文说：“苏女士，你在产假期间，俞小姐工作得很不错，为了奖励她，我打算带她到武汉去一趟。”

“哎呀，亏你想得出来。”苏文说，“我这么漂亮的表妹，跟您一起去武汉，我真不放心呢。”

“是她要求去的，这就应了中国一句古话：‘周瑜打黄盖，一个愿打，一个愿挨’呀。哈哈哈！”

平田说：“三原君，我早看出你不怀好意，如今总算如愿以偿了。”

三原笑着说：“我三原泡妞的本事是公认的。”

“不过你要小心哪，漂亮的女人不是好对付的。”

“平田君，这你就放心吧，你总是低估我三原的能耐。”

“当心玩昏了头，掉到长江里去了。”

“你是妒忌吧。就是掉到长江里头，也合了中国一句古话，‘牡丹花下死，做鬼也风流’嘛。”

苏文与俞珍相视一笑。

出发的日子到了。长江边，一条小轮船准备起航。

工人们抬着印刷机和一箱箱富士纸上船。

三原和船长站在岸边说话，俞珍站在边上。几个日本兵手持步枪和冲锋枪在巡逻。

三原问：“这船到武汉，要几天时间。”

船长说：“如果不出意外的话，三天就够了。”

“回来也要三天?”

“回来是下水，只要两天。”

“这么说，在船上就要待五天时间。”三原屈指盘算，心中打着鬼主意。

俞珍看着滚滚长江水，想着如何在船上收拾这个狂妄的三原和这几个日本兵。

轮船终于响起了汽笛，离开了码头。有几个日本兵下了船，船上只留下五六个日本兵。

轮船逆流而上。船长进入驾驶室。三原和俞珍站在甲板上，俨然是一对情人。

当天傍晚，轮船到达中江市码头，经过停靠岸例行检查，轮船离开码头，继续前进。到达临江县境内，天色渐渐地暗下来了。

三原对俞珍说：“俞小姐，我们回船舱里去吧，这里风大。”

“这长江的夜色多么美哟。”俞珍故意说。

“是啊，看看长江夜色也很好。可是，”三原话中有话地说，“船长把他自己休息的舱室让给了我们，一切都准备好了。”

“三原君，别这么性急，您不能等一会儿吗?”

“好，那就等一会儿吧。”三原心想，今天晚上这船上全是日本人，你还能逃了我的魔掌？等着吧，到夜深人静的时候，你就是不进船舱，也由不得你了。他心里洋洋得意。

俞珍的眼睛急切地注视着江面，江上没有任何动静。她想，难道蔡部长他们出了问题？原来说好了到临江县界就动手，现在已经到了，怎么到现在还没动静呢?

过了一会儿，她看见远远的江北岸边，有两只小船隐在芦苇荡里。她认出那是赵强他们的小船。

俞珍脸上掠出一丝微笑，她对三原说：“三原君，我们到船舱里去吧，这儿有些冷。”

三原笑了："对呀，我们早该下去了。"他搀扶着俞珍下了船舱。

船舱里，俞珍看见卫兵们坐在地上打盹。靠船前面的位置，用铁板隔了一间卧室，这就是船长卧室。

三原打开卧室门，顺手把门反锁起来，对俞珍说："俞小姐，我们早点休息吧。"

俞珍看着三原身上的手枪，对他说："你把这个东西放起来。"

三原笑了，他放下手枪，挂到墙上，迫不及待地宽衣解带。

俞珍又说："你看，这么多士兵在这儿，我们的一切动静都被他们看在眼里，方便吗？"

三原一看，笑着说："这有什么关系？"

"不行，如果他们不走，我不和你在一起。"

三原只好打开玻璃窗对卫兵们说："你们统统地上去。"

卫兵见课长叫，瑟缩着身子，很不情愿地上了甲板。

俞珍扫视了一下舱室内，除了三原的一支手枪外，还有船长留下的一柄短刀。

三原邪恶地望着俞珍，笑着说："俞小姐，人都走了。"

见卫兵们都出了船舱，俞珍对三原说："把灯关上。"

三原摇摇头："你们中国人事情真多。"他不情愿地关上灯。

就在三原关灯的同时，俞珍首先在黑暗中把三原的手枪移到自己的身后。这时，三原迫不及待地向俞珍扑过来，撕扯她身上的衣服。俞珍一缩身躲过去，三原扑了一个空，头在墙上碰了一下。三原吃了亏，大怒道："你想戏弄我？"他再一次向俞珍扑过来，俞珍再一次闪过。这时三原前去开电灯，但是他找不到电灯开关在什么地方。

就在这时，俞珍已从黑暗中抓到船长插在墙上的那把短刀，就在三原抓住她的同时，俞珍把短刀刺进了三原的身体里。三原垂死挣扎，伸手去摸枪，但是枪已不在原处。此时，俞珍抓紧时间再给三原补上几刀。三原终于倒在地板上，血流如注。

就在俞珍和三原搏斗的时候，响声惊动了在甲板上的士兵，他们听到了三原的叫声。卫兵们以为三原正进行着好事，都意味深长地笑了。其中一个日军士兵说："三原课长，动作轻点，哈哈哈！"

俞珍确信三原已死，她把三原的手枪别在身上。然后打开灯，用棉被将三原尸体盖上，对着镜子理了理头发，之后熄了灯，打开门，关上，若无其事地走了出来。

俞珍来到甲板上，对卫兵们说：“三原课长请你们到船舱里去暖和暖和。

众士兵笑着说：“好，好。”纷纷进入船舱。

众人进入船舱，就在舱里躺下休息。俞珍迅速把水密门关了起来并闩上，把日本兵都封在里面。

日本士兵感到不妙，大叫“开门”，但是水密门隔着声音，外面的人听不到。

轮船在继续航行，忽然，好像被什么东西绊了一下，轮船的推进器缠上了渔网，船停了下来。

这时有两条小船载着二十几个扮成渔民的新四军战士向轮船靠近，攀上了轮船。

船长试了几下机器，机器停了，他焦急地走出驾驶室，在黑暗中向船下探看，突然一个黑影出现在他面前。船长大吃一惊，欲掏手枪，但是已经来不及了，俞珍一枪将他打落到水中。

这时蔡虹、赵强皆已上船。俞珍对蔡虹说：“鬼子都锁在船舱里，叫大家上来搬富士纸吧。跟我来。”

蔡虹带着战士们随着俞珍进入仓库。蔡虹命大家排成一排，互相传递。一捆捆富士纸从战士们的手上流向小船。最后把印刷机也搬上了小船。

东西搬清了，俞珍带着赵强和新四军战士，来到关闭日本兵的船舱，俞珍拉开水密门，战士们冲了进去，将几个日本兵全部打死。

大家把日本兵和三原的尸体扔进了长江。之后，跳上了小船，划船离去。

回头看那轮船，仍被渔网缠在那里，安静地漂浮在水上。

一个月后，新四军抗战货币——大江币，经过图案设计和刘少奇同志签字，由江北支队新四军印钞厂正式印刷。曾山等军部首长和各兄弟部队的领导都来造币厂参观。曾世雄、谭天木等带着客人站在参观线之外，看着一板板崭新的大江币瀑布一样流出来，大家都十分激动。

大江币在一刀一刀地切割，一扎扎地打捆，崭新的钞票堆成了小山。

几天后，在一所较大的房子的门上横挂着“新四军大江银行”的牌子。新四军大江银行正式挂牌营业。

经过蔡虹等人一段时间的运作，大江币被根据地人民普遍接受，并不断向国统区和日本占领区渗透。每天在大江银行的门厅里，老百姓排队兑换大江币。

蔡虹十分关注在市场上人们对大江币的反映。在大江银行的营业厅里，蔡虹询问一位排队兑换大江币的妇女：“大嫂，一大早就来兑换大江币?”

妇女说：“是啊，用大江币不贬值，放在家里也放心。现在法币、日伪币一天天贬值。兑换成大江币，在新四军商店里买米、买商品，还是一样的。我男人一发薪水，我就赶紧来兑换大江币，要是不换，迟了一天，就损失一大截哩。”

她身后的一位男子说：“不仅是我们，据说国民党军政官员也来兑换大江币呢。”

妇女说：“还是新四军做事公道、负责，处处为咱老百姓着想呀。”

听到群众的议论，蔡虹第一感觉是：“我们成功了。”心中那种胜利的自豪感油然而生。

同样，在新四军米店和百货商店里，老百姓用大江币买米，买各种商品，排起了长队。赵强、俞珍虽然辛苦，但心情愉快，干得很起劲。

大江币推行成功了，但接下来的问题是，哪有那么多的商品供应。虽然建立了五条秘密交通线，但毕竟是秘密交通，流量受到限制。面对老百姓的信任和购物热情，还是捉襟见肘。蔡虹的心中思考着新的出路。

晚上，蔡虹召集赵强、俞珍碰头。

蔡虹说：“老百姓对新四军信任，兑换大江币积极性很高。但是，如果新四军商店没有物资供应，大江币就成了废纸。要满足供应，仅靠我们的五条秘密交通线显然不够。为了打破封锁，我们需要把生意做大，把商店开到敌占区去。”

俞珍问：“老板又有什么新想法。”

蔡虹说：“中江是长江中下游较大的商埠，我们如果在中江开公司、开商店，就可以通过长江航道，进行物资大交流，打破敌人的封锁，把生意做大。”

赵强赞成：“这是好想法。中江是重要的商品集散地，物流量大，在中江开公司、开商店，能赚大钱。”

俞珍有些担心：“中江在日本人占领下，在敌人眼皮底下开公司，开商店？能行吗？敌人能让我们开吗？”

“我们当然不能打新四军牌子，这是秘密。”蔡虹说，“我们挂上海公司的牌子。通过上海方面，搞到商品流通通行证。在国统区、日本占领区做生意，根据地只是我们兼顾的一个方面。这样我们就跳出根据地这个小圈子，在国内大市场上运行。名字我都想好了，叫‘上海隆顺贸易公司中江分公司’，下设中江米行和中江物资商店，兼开旅馆。”

赵强说：“这样搞肯定行。”

“我们的目的，一是扩大市场，增加收入，为部队广集财源；二是在中江建立一个物资转动站，搞活我们根据地的物资流通，打破敌人的经济封锁；三是以隆顺公司和中江旅馆作为中江市地下党的办事处和地下工作联络点。经济、政治工作兼顾。”蔡虹说。

“好，我去中江。”俞珍报名。

“我也去。”赵强跃跃欲试。

蔡虹说：“当然要去，还是我们三个老搭档嘛。我当隆顺公司经理，小俞当中江米行经理，赵强当中江物资商店经理兼旅馆经理。咱们各管一块。”

“根据地商贸工作怎么办？”赵强问。

“交由何力全同志负责，农业生产也由何力全同志负责；兵工厂、工商企业，交郑云泽同志负责；税收工作由李大春同志负责；‘大江银行’，我亲自兼管。我们的工作重点将转向中江。”

# 五十二、四闯中江

经过支队党委研究批准，中江隆顺贸易公司进入实质性运作。一个月后，在中江市中心米市街，一幢较大的房子门前挂出四块牌子：“上海隆顺贸易公司中江分公司”“中江米行”“中江物资商店”“中江旅馆”。门前放着花篮和彩旗。爆竹声不断，公司开张了。

许多人前来祝贺。赵强、俞珍站在门前迎接客人，他们把客人领到旅馆餐厅里坐下喝茶。

朱世贵、张云潮也来了。

朱世贵说：“这个地方不错，位于市中心，房子宽敞。楼上做公司办公室、开旅馆，楼下米市、商店，正合适，就是租金贵一些。”

“房租贵一些算不了什么。”蔡虹说，“我们要占领中江市中心，要办成中江最大的米行和物流中心。公司要达到控制长江两岸大部分米源、影响长江中游各类商品物资价格的目的。”

张云潮称赞说：“蔡部长真是大手笔、大气魄。”

这天，在中江市中心广场上，孙俊杰的部队投降日本皇军的仪式隆重举行。日本方面，受降者有吉野大队长、松井中队长和龟田小队长。汪伪方面有维持会会长王正奎、警察署长杨世才和宪兵小队长倪孝和。

孙俊杰和余克勤等人站在自己队伍的前面。

仪式开始，孙俊杰、余克勤向前走几步，向吉野行礼：“报告大佐，弃暗投明人员孙俊杰带领所属全体官兵向您报到，从此为国家服务，为皇军效劳。”

吉野答礼："欢迎孙先生弃暗投明，回到大日本皇军的怀抱，共同为大东亚共荣服务。根据上级批准，任命孙先生为中江警备司令，余克勤先生任参谋长。"

孙俊杰、余克勤同时说道："谢谢皇军栽培，谢谢大佐君关照。"

礼炮声齐鸣，松井带领大家高呼："天皇万岁！天皇万岁！中日友善万岁！"然后热烈鼓掌。双方军官们相互握手祝贺。

仪式结束后，吉野在望江楼饭店举行宴会，招待双方营级以上军官。

松井说："大家共同举杯，祝贺孙将军率部，共创大东亚共荣的美好未来。"

大家举杯同庆，气氛十分热烈。

这时王正奎举杯对孙俊杰说："孙将军，中江这块地方，战略地位十分重要，孙将军荣任中江警备司令，是皇军对你的莫大信任。"

孙俊杰说："孙某为皇军效劳，赴汤蹈火，在所不辞。"

杨世才说："孙将军，今后中江市的社会治安，还请孙将军多多协助。"

孙俊杰说："杨署长，有什么吩咐，孙某义不容辞。"

吉野十分满意地说："中江是南京的门户，历来是兵家必争之地。各位守卫中江，责任重大，使命光荣。"

众人都道："是，是，是！"

森增像往常一样，来到"战地第二十七慰安所"。他在由日本女人充任慰安妇、专门服务日本军官的馆前排队。

龟田从里面出来，一边系裤子一边得意地对森增说："森增君，你到七号房间去，那里有一个新来的美人，是东京来的，你去享受一下。"

森增也笑着说："一定，一定。"

轮到森增的时候，森增径奔七号房间。

进去之后，室内无人。森增脱了外衣，只穿了件内裤，坐在榻榻米上等待。

这时，有一个日本妓女进来，声音极低地说："先生，喝口茶吧。"

森增看到一个很瘦的身子，低着头。他发火说："我没有时间喝茶，你为什么不快一点？"

那个女人很害怕的样子说："对不起，我身体不好。"

"我可不管你这些。"森增说，"你既然来到中国，就应该讲这里的规矩。"见她有些不情愿的样子，以为是看不起自己，顿时大怒，一把把女人按倒在地，就去扯她的衣服。女人情不自禁地大叫起来。

这一叫，使森增听到了十分熟悉的声音，他停止了动作，把女人的脸翻过来仔细一看。他吃惊地问："惠子，你是惠子？"

惠子这才抬头看清了对方，她也惊呆了："森增君，是你？"

"怎么是你？惠子。"

"森增君，我的丈夫，我到中国一直在找你，我找得好苦啊！"惠子哭了。

森增愤怒了，一拳把她打倒在地，气愤地说："你不在家服侍婆婆，却到这种地方来了？"

惠子哭着说："是政府要我们来的。"

森增问："我的母亲呢？"

惠子说："妈妈死了。"

"死了？"

"家里没有吃的，妈妈是饿死的。她临死的时候还在念着你的名字。"

"我妹妹洋子呢，她好吗？"

"洋子和我一样，也被强征出国，靠卖身为国家筹集战争经费。洋子到了南洋，我到了中国，我们再也没有见过面。"

森增仰天大呼："天哪，这是怎么回事？"

惠子哭哭啼啼地说："当时政府欺骗我们，说给我们在国外找工作，有口饭吃。到了中国，就逼着我们做这种事，说是为了祖国，女人就应该献身。"

"怎么能这样？"

"都是因为战争。"

"战争，战争，这就是战争？"森增大叫。

惠子只是低头哭着。

这时外面有人在擂门叫骂："怎么到现在还不出来？是不是做了风流鬼了？"

森增冷静下来，看了看妻子，说：“惠子，你怎么瘦成这个样子？我都不认识你了。”

惠子说：“我整天生活在痛苦之中，不想活下去了。只是想在临死之前见到丈夫一面。现在我见着你了，我是多么幸福的女人啊。森增君，我对不起你。”

“别说了。”他痛苦地把惠子抱在怀里。

这时，外面的军官一脚把门踢开，看见森增正跟女子抱在一起，顿时大怒，上前来拉森增，嘴里骂道：“滚开，你来了多长时间？”

森增大怒，站起身和那个军官打了起来。

两个人一直从里面打到门外。许多日本军官认为他们为女人争风吃醋，都笑呵呵地来看热闹。见两人往死里打，这才知道不妙，都上前拉架。

这时，就听一个日本兵大声惊叫：“不好了，七号房里的那个女人跑了。

森增听说妻子跑了，转身冲进屋里喊：“惠子，惠子。”却不见人影。

众日本军官才意识到这个慰安妇与森增有特殊的关系。

那个日本兵指着通向江边的道路说：“她从这里跑走的。”

森增寻着指引的方向朝江边奔去。

江边，一座小山屹立在那里，上面满是乱石和茅草，仅有一条小路通向山顶。靠江边是悬崖绝壁。

森增远远地看见惠子拼命朝山上跑去。

森增大声呼喊：“惠子，惠子！”但是惠子越跑越快。

森增追到山顶，与惠子只有百米之遥。

惠子回头看了看森增，大声说：“森增君，我对不起你，我回日本去了。”她纵身跳下了悬崖。

森增发疯地大叫：“惠子!”他看到惠子被巨浪吞没，他瘫下去了。

众日本兵把痛不欲生的森增架了回来。

隆顺贸易公司“中江米行”和“中江物资商店”门前顾客盈门，生意十分火爆。

赵强和俞珍在门前接待。俞珍自南京回来就一直没有改变发型，显得漂亮又洋气。

警察署长杨世才和宪兵小队长倪孝和带着几个伪警察从门前走过。

杨世才看到赵强、俞珍，心里在嘀咕："这两个人在哪里见过。"

倪孝和说："怕是从江北过来的吧。"江北是新四军、共产党的代名词。

"这年头也很难说，给我盯着点。"

这时，穿着长袍马褂的中江青帮头目肖大龙也带着一帮人来了。

肖大龙叫身边的人："董六。"

董六迎上来问："老板，有什么吩咐？"

"这一男一女两个人是哪里来的？"

"不清楚。听他们的口音，好像是江北人。"

"谁让他们到中江来开米行？是你让他们开的？"

"没有，我不知道。"

"不知道？开这么大的米店，也不向堂子里送帖子？"

"他们没有。他们打的牌子是'上海隆顺贸易公司'，看样子财大气粗，有些来头。"

"上海隆顺贸易公司？没听说过。"肖大龙说，"就是上海的公司，也该和我们打个招呼。你去打听一下，看有没有什么过硬的背景。如果没有，在我们的地盘上做事，不拜码头，不送帖子，岂不是坏了规矩？"

"老板，我派弟兄们了解一下，如果没有大的背景，我们就照老规矩，给他一点教训。"

"这还要我说吗？"肖大龙说。

夜深人静。有几个黑影悄悄向米店而来，他们带着棍棒刀剑、砖头石块。来到店前，董六一声令下："给我砸。"

众歹徒一齐向店门前扔砖头、石块，一阵穷砸猛打。

正在休息的赵强和俞珍闻声赶来，歹徒四散而逃，一会儿不见了人影。

赵强从地上拾得一张纸条，上面写道："限你们明天中午前到大花园酒楼去一趟，否则关门走人。"

第二天早上，赵强、俞珍带着伙计们在米店里收拾清扫。

看到蔡虹过来，俞珍把昨天晚上遭一伙流氓砸米店的事向蔡虹作了汇报。赵强把流氓留下的纸条递给了蔡虹。

蔡虹看了说："这是黑社会所为。"

"黑社会太可恶了。"俞珍气愤地说，"我们要教训他们一下。"

"对，我到支队叫人来。"赵强说。

蔡虹想了想说："不行，我们不能和他们硬拼。"

赵强说："那怎么办？就这么忍了？"

"你去请朱世贵同志来，了解一下这些人的背景。"蔡虹说。

不一会儿，朱世贵随赵强匆匆赶到。听了情况，朱世贵看着纸条说："这是中江青帮干的。"

"中江还有青帮？"蔡虹问。

"有，而且势力还不小。"朱世贵说，"青帮头子叫肖大龙，他们开了一个大花园酒楼。那是青帮的总部，所以叫你们到那里去谈。"

俞珍站起身："赵强，咱们找他算账去。"

蔡虹连忙禁止说："不，我们不要得罪他们。赵强，你去大花园酒楼，去拜访一下这个肖大龙，就说我们初来乍到，不知道规矩，请他们关照，要交多少保护费，我们就照交。"

"那为什么，我们还怕他，让他在我们头上拉屎？"俞珍不服。

"不是这个事。"蔡虹说，"我们开商店的目的，不仅仅是为了赚钱，主要的是为支队搞物资。我们只求安稳，不想惹是生非。如果他们收了我们的钱，能够保护我们的正常经营，我们是求之不得。"

赵强说："我懂，我去尽量和肖大龙好好谈。"

朱世贵提醒："初次登门，要准备一份厚礼。"

大花园酒楼门前。赵强手提礼盒，走进酒楼大门。

楼上，肖大龙正在召开帮会，这些人都穿着黑色短衣衫，只有肖大龙穿着长袍马褂。

肖大龙坐在上面，各徒弟侍立两边。

这时一个徒弟上前报告："堂主，隆顺中江物资商店经理赵先生来拜见。"

肖大龙问："是不是那个被砸了牌子的米行？"

“正是。米行和商店是一家。”

肖大龙冷笑一声：“真是不打不成交，昨天晚上你们冲了他一下，他就乖乖地来了。”

众徒弟齐声说：“是啊。”然后交头接耳，显出得意之态。

肖大龙问：“各位听着，那个赵经理来，你们先要给他一个下马威，让他以后服服帖帖听话。”

董六说：“请堂主放心，我来修理他。”

这时徒弟报告：“客人到。”

只见赵强提着礼盒上楼，进了议事厅。

赵强见大厅里气氛严肃，青帮徒众虎视眈眈地看着他不出声。上方坐着一个穿长袍马褂的人，估计就是肖大龙，赵强上前一拱手说：“赵某拜会肖老板。”并把礼盒递了上去，“些许小礼，不成敬意。”

肖大龙不动声色，没有人上前接赵强手中的礼盒，赵强只好把礼盒放在肖大龙面前的桌上，站到一边。

肖大龙问：“你就是隆顺公司的老板？”

赵强说：“我不是隆顺公司的老板，我是隆顺中江商店的老板，隆顺公司总部在上海。”

“你们隆顺公司到中江来做生意，怎么就不打一声招呼？你好大的架子，不把我们放在眼里，是不是？”

“肖老板，我们初来乍到，还不懂你们这儿的规矩，今天特来赔礼，还望多多关照。”

“说得这么轻松，不懂规矩就行了。”肖大龙喝地一声，“徒弟们，让他懂点儿规矩。”

众徒弟一声：“是！”

董六走上前对赵强说：“赵老板，我们这儿的规矩，初见老板，要走梅花桩，只有走了七七四十九根梅花桩，才有资格跟老板说话。你不是不懂规矩吗？这就是规矩。”

赵强拱手：“入乡随俗，愿领教。”

董六说：“好。”只见他把四条腿的长凳翻过来放到地上，让板凳腿朝上，说：“你在这个上面走七七四十九步不落地，就算是过关了。”

因为板凳腿是斜角，人站上去必然翻倒，赵强知道这是故意刁难。但他急中生智，同时腾起双脚，站在板凳的两头对角的两条腿上，保持了身体平衡，板凳亦不倒，他再跳起来，站到另外两只板凳腿上，这样一左一右，引起了众人的喝彩。

但是董六不让他这样轻松过关，他在赵强跳起的一瞬间，用脚扫过去，移动了板凳。

赵强见他使坏，也就将计就计，双脚狠狠地踩到董六的脚上。董六哎哟一声。这时，赵强又腾跳起来，站在两只被移动了位置的板凳腿上。继续走梅花桩，引起众人大声喝彩。

董六恼羞成怒，一脚再将板凳踢走。赵强再次落在董六的脚上，董六大叫一声。瘫倒在地。

这时众徒弟一齐上来，要打赵强。

赵强问："肖老板看着，是谁不懂规矩?"

肖大龙沉默不语。

众人见肖大龙默许，都上来与赵强搏斗。赵强说："我来是拜访肖老板的，不是来打架的。"

众人哪里肯听，上前就打。

赵强说："那就失敬了。"于是赵强施展拳脚，一人力战数敌，打得他们一个个纷纷倒地，不一会儿，徒弟们人人喘气带伤。

肖大龙见赵强武功不凡，暗暗佩服，发话："停住。"他站起来说："人家好心好意来拜访我，你们却要为难我的客人，这像话吗，一个个给我滚下去!"

众人这才撤下。

肖大龙对赵强说："赵老板，不打不成交。你这礼我收了，往后有事找我肖大龙。"

赵强说："叨扰，谢谢肖老板。下次再来拜访，告辞了。"转身下楼。

看着赵强走后，肖大龙对着众人说，"一群笨蛋!"说完也愤愤地走了。

但此事并没有到此为止，几天后，中江米行再次遭到袭击。赵强来找肖大龙。肖大龙阴阳怪气地说："赵老板，中江的规矩，有饭大家吃，有钱大家赚。我肖大龙虽然收了你的礼，但是弟兄们没落好处，你该打点打点弟兄们吧，我想这话不用我说，你应该明白。”

赵强很生气，回来向蔡虹报告说：“肖大龙要收礼，他的徒弟们也要收礼，这样下去，我们开公司、办商店，不是为他们办的吗？”

俞珍在一旁说：“我到江北搬兵去，不教训一下他们，我们就不能安心稳稳地在中江做生意。”

蔡虹连忙说：“不，不能硬来。支队来人，我们的身份就暴露了，就更无法在中江做生意了。我们不是怕青帮，而是怕惊动了日军和伪军。且忍一忍，让我再想想办法。”

几天后蔡虹对赵强、俞珍说：“我想中江的青帮与上海的青帮可能是一家，上海一定有他们的老头子。我到上海去一趟，找找潘汉年同志，请他帮助我拜见青帮大佬黄金荣或者杜月笙，或许他们能帮助我们约束一下中江青帮。我听说杜月笙是抗日的，对抗日的事，他是支持的。”

赵强说：“对，这是个好办法。”

“潘汉年同志认识黄金荣、杜月笙吗？”俞珍表示疑问。

蔡虹说：“潘汉年同志为抗日募捐和营救我党地下工作者，曾经请杜月笙帮过忙。”

“这样说来，他们的关系不错。”俞珍说。

“是啊。为了革命需要，潘汉年同志善于团结各方面的人士。”蔡虹说。

赵强说：“我们现在的处境，和潘汉年同志在上海的情况相似啊！”

蔡虹乘上了去上海的列车，在上海找到了潘汉年同志。潘汉年留蔡虹吃饭。蔡虹汇报说：“新四军中江商店受到青帮的骚扰，无法正常开展工作，我这次来上海的目的，是想请老师帮助我找一下青帮的头目黄金荣或者杜月笙。请他们帮助约束一下中江的青帮，不知有没有困难，他们愿意不愿意帮助。”

潘汉年说：“安徽的青帮不是黄金荣、杜月笙一宗，他们是苏北青帮头子陆金昆的部下。当年陆金昆在上海与黄金荣是师兄弟，陆比黄年长，又先入道，但因性格与黄不和，被黄金荣、杜月笙排挤。陆金昆一气之下离开上海，改在江苏、安徽发展，总部设在南京。后来日本人占领南京，陆金昆便回到苏北老家。日本人为了稳定南京局势，冈村宁次还亲自把陆金昆接到南京，请他支持。陆金昆口头答应，但回到苏北老家，对南京青帮放手不管。日本人也拿他没办法。”

“呵。”蔡虹十分失望。

潘汉年说：“虽然陆金昆不管事，但他的影响力还是很大的。我建议你到苏北去找陈毅军长，陈军长与陆金昆打过交道，陆金昆很佩服陈军长，陈军长说一句话，陆金昆或许会帮助你的。我给你写一封信，你带我的信去见陈军长。”

又是柳暗花明，蔡虹喜出望外，十分激动。

# 五十三、青帮大佬

蔡虹连夜赶到苏北盐城，在新四军军部的夫子庙里，曾山部长正在办公桌上看文件，蔡虹直闯进去，一边敬礼一边大声喊："报告。"

曾山抬起头问："什么事，这么大声音?"看到蔡虹站在他的面前，他惊喜地站起来："哦，蔡虹同志，你怎么来了？怪不得声音这么大，远道来客嘛。"

蔡虹说："我从上海来。"

"从上海来？又是到上海搞物资去了?"

"没有。只是到上海走一走。特地绕道来看望首长。"

曾山笑了："从上海绕道而来，只是为了看我？你一定有重要的事情。你这个小鬼，点子不少啊！有什么事，说吧。"

曾山给蔡虹倒了一杯水，让蔡虹坐下来。

蔡虹说："为了打破敌人对根据地的物资封锁，我们以上海公司的名义，在中江成立了上海隆顺贸易公司中江分公司，并开了米行、物资商店和旅馆。"

"你真有胆量、有办法。"曾山夸奖道，"把新四军的公司和商店开到中江去了，了不起。在敌人眼皮底下做生意，你是想拆敌人的台啊!"

"可是目前打开局面还很困难，所以来请首长帮助。"

"很困难，这正常。没有困难那叫什么工作？关键是我们要想办法克服困难，开拓局面。有什么困难要我们帮助的，说。"

"我们遇到了当地黑社会青帮的干扰。"

"唔，继续说。"

“为了不惊动日伪方面，我们对青帮采取妥协忍让的方针。”

“考虑得对。”

“但是忍让不能从根本上解决问题。”

曾山点头。

“我到上海找到潘汉年同志，请他出面找一下上海青帮头子黄金荣或者杜月笙，用青帮老大来约束一下他们的徒众。”

“结果怎么样呢?”

“据潘汉年同志说，中江青帮不属于上海青帮，他们是苏北青帮头子陆金昆的部下。所以，潘汉年同志给我写了一封信，让我来找陈军长帮忙。我不认识陈军长，只好来找首长您哪。”说着把潘汉年的信交给了曾山。

曾山看了看信说：“你来得正巧，陈军长刚从前线回来，我这就带你去，陈军长一定会全力帮助你的。”

两人转身来到陈毅办公室。蔡虹向陈毅敬礼：“军长、政委好。”

陈毅性格开朗，他说：“好好好，坐坐坐。”

曾山介绍说：“这就是军长多次表扬的江北支队后勤部长蔡虹同志。”

陈毅看了看蔡虹说：“哦，蔡虹同志，你的名气大得很呐，你的后勤工作给大家做出了榜样，听说经费宽裕的时候还支援了兄弟部队，这很好啊。”

“做得不够，请首长批评。”

“批评啥子哟。我虽然好批评人，也不能乱批评人呀。你们了不起，蔡虹同志了不起。后勤工作搞得那么好，全军要向你们学习哪!”

“首长过奖了。”蔡虹不好意思了。

曾山说：“蔡虹同志是个大学生呢。”

“好啊！在我们革命队伍里，大学生可是凤毛麟角。”

“惭愧惭愧!”蔡虹说。

“陈军长，”曾山说，“蔡虹同志来有一件重要的事情，想请您出面。”

“什么事？尽管说。”

曾山递上潘汉年的信。

陈毅看了看，想了想对曾山说：“曾山同志，我写一封信，你找一个同志陪蔡虹同志到陆家集找陆先生。”转而对蔡虹说：“你有什么要求，就直接向陆金昆提，不要紧，陆先生是我们的朋友。为了抗日大业，他一定会支持我们的。”

“谢谢军长。”

“不用谢我，我应该谢谢你们哪！”

蔡虹随一名新四军战士来到陆家集。这是一个苏北小镇，陆金昆的家就在镇中间。陆家的房子高大宽敞，厚重的大门，高高的门槛。蔡虹上前敲门。

门开了，一个家人伸出头。蔡虹问：“请问陆太爷在家吗?”

家人说：“太爷不见客，你们是谁?”

蔡虹说：“我是新四军陈军长派来的，有要事请教陆太爷。”

家人进去，仍是关了门。等了一会儿，家人出来说：“太爷请你们进去。”

蔡虹和战士进门，走过花园，来到客厅，家人招呼他们坐下。这时陆金昆从里面走了出来，他穿着长衫，手里拄着一根文明棍，留着长长的胡须。

蔡虹站起来恭恭敬敬地拱手行礼说：“蔡虹拜会陆太爷。”

陆金昆说：“蔡先生别客气，坐下说话。”

蔡虹和战士坐下。陆金昆说：“陈军长派你们来有什么事?”

蔡虹递上陈毅的信。陆金昆看了一遍。

蔡虹说：“陆太爷，本人是新四军安徽江北支队的后勤部长，也是驻中江隆顺贸易公司的董事长。新四军在中江成立贸易公司，为的是筹购抗日物资，打破日本人的经济封锁，公司刚刚成立。今天来的目的，是想请陆太爷关照一下，您老在中江有很多徒弟，我们商贸公司免不了要和他们打交道，大家都是中国人，应该团结起来，一致对外，为自己国家服务。”

陆金昆说：“你一说我明白了。我的徒弟们一定给你们添了不少麻烦。”

“谈不上麻烦，只是有一些小小的误会。”

陆金昆说：“蔡先生，我现在已经金盆洗手不管事多年了。可是陈军长有交代，我是不好意思推辞。我给你写一个条子，让他们不要与你们为难，至于我这个条子能不能管用，还要看他们给不给我这个老朽面子了。”

“陆太爷的指示，在中江还是很有号召力的。”

“中江那边，我现在都不知道谁在主事。”陆金昆说。

“掌门的叫肖大龙。”

“肖大龙，哦，他是我青帮的‘大’字辈，是我徒弟的徒弟。可惜他的师父已经过世了，如果在的话，我让他去，就好说了。”

蔡虹问：“陆太爷，‘大’字辈上面是什么辈呀？”

“是‘理’字辈，就是肖大龙的师父那个辈。”

“‘理’字辈就是陆太爷的徒辈了？”

陆金昆点点头：“是啊，我当时收徒，就规定了‘理、大、通、悟、觉’五个辈，我的徒弟就是‘理’字辈。我只收了十八个徒弟就关了门，现在‘理’字辈不多了。在中江那边，是‘大’字辈和‘通’字辈俱多。”

蔡虹诚恳地说：“陆太爷，如果我要是拜您为师，您肯收我这个徒弟吗？”

“蔡先生真能说笑话。”陆金昆摇摇头说，“一来你们共产党人不信这个，二来我现在也关门不收徒弟了，三来青帮这种组织是社会动乱时期的产物，将来国家安定，它就会消亡。我之所以金盆洗手，就是基于这种考虑。你怎么还能拜我为师呢？”

蔡虹说：“陆太爷，说句实在话，我拜您老为师，不是想脱离共产党，加入青帮，而是基于抗战的需要。您想想，日本鬼子侵略中国，国家和人民生灵涂炭，我们每一个中国人，都有拯救中华民族之责任。青帮既然是一个群众性的组织，就有一定的社会基础和力量，就应该利用起来，为抗日和救国出力。岂不是于国于民大有好处，又符合您老之心旨吗？”

陆金昆看看蔡虹说：“蔡先生，你说得对，我也想在有生之年，为国为民做一点事情，但是我老了，力不从心哪。”

“您可以派您的徒弟去实践您的意愿，不也等于您亲自在操持吗。您如果收蔡虹为徒，蔡虹就可以凭着您的权威，到中江号召青帮徒众，为抗战服务，为国家为民众立功。陆太爷，您说是不是这个理呢。”

“是个好主意。”陆金昆说，“蔡先生，我欣赏你为国为民的一片忠诚，我就收你为最后一个徒弟吧，你尽管以我的名义去办事好了，我支持你。”

“陆太爷。”蔡虹说，“按照您收徒的规矩，把香案摆起来。我递上生辰帖子，请受徒弟跪拜。”

“不不不，我们不搞那一套了。我收你这个共产党人做徒弟，实际上是你蔡先生收我这个老朽为共产党的徒弟啦！我们这是一份共同抗日、献身国家的契约。”

“那么，蔡虹就向陆太爷敬一个庄重的军礼吧。”蔡虹敬礼。

陆金昆站起来握着蔡虹的手说：“有你们这些后生，国家有希望了。”

蔡虹在陆家集住了一晚，与陆金昆谈得十分投机。第二天分别，陆金昆还特意送蔡虹到扬州码头。一路上蔡虹与陆金昆边走边谈。蔡虹向陆金昆请教了一些青帮的规矩。临别时，陆金昆说：“我已派人通知肖大龙率徒弟们迎接你，把声势造大一点，好让你明明正正地去中江。”

蔡虹感激地说：“陆太爷想得太周到了。”

陆金昆又从腰里掏出一叠纸对蔡虹说：“我这里为你抄录了一些行规行话，你在船上这几天好好默习，到时候有用。另外，根据我们青帮的规矩，你的名字中间要加一个辈分，你就委屈一下叫蔡理虹吧。”

“好啊，难得师父费心，徒弟这就告辞了。”

“如果我不死的话，我们还能见面。”

“一定，一定。蔡虹会来看望您老人家。”

蔡虹登上船，轮船撤掉舷梯，离岸而去。蔡虹在船上向陆金昆挥手，陆金昆也在挥手，俨然是一对难舍难分的师徒了。

轮船在江中航行，蔡虹站在甲板上，他时不时地展开陆金昆给他的纸条，认真记诵着上面的文字。

中江市八号码头。肖大龙带着青帮的几百个徒子徒孙，来到码头迎接青帮大佬蔡理虹。他们打着巨大的条幅，上面写着：热烈欢迎蔡理虹师爷。

码头上人山人海，除了肖大龙等青帮师徒外，还有地方官员，各界名流，更多的是看热闹的民众。

吉野、松井，王正奎、孙俊杰、杨世才也来了，一个个正襟危立。

龟田、余克勤、倪孝和带着宪兵、警察维持秩序。

赵强、俞珍、张云潮也在人群中看热闹。

大家翘首半天，蔡虹的帆船才徐徐靠岸。肖大龙一挥手，爆竹震响、喇叭齐鸣。

只见蔡虹穿着长衫，手提文明棍，戴着墨镜，款步走上岸来。因为船在南京停靠了一天，蔡虹上街置了一些行装，俨然是一个青帮大佬的气派。

一看到蔡虹，俞珍差一点叫出声来："老板回来了。"

赵强连忙制止俞珍："不要乱说。"向前一看，果然是蔡虹，心中大喜。

俞珍问赵强："怎么回事，老板成了青帮老大。"

赵强说："这是老板的高明，不是老大，怎么能镇住青帮？"

船靠了岸，肖大龙首先带人迎上船去。在轮船的甲板上，肖大龙用黑话与蔡虹接头。

肖大龙上前一拱手，大声道："一对红灯亮堂堂。"

在这种场合说黑话，蔡虹脸上略显不悦之色，随口答道："照得祖师放红光。"

"江湖带充不带赖。"

"好汉做事好汉当。"

"香烟缭绕上天界。"

"江湖侠义道又长。"

"青山埋骨不足惜。"

"维护青帮理应当。"

肖大龙大喜道："师辈在上，受小徒一拜。"说着单膝拱手向蔡虹行跪拜礼。

蔡虹将他扶起。众徒弟见师父参拜，皆上前参拜。

蔡虹拱手回礼道："徒弟们不必多礼。"

肖大龙这才把日军头目吉野、松井和汪伪官员王正奎、孙俊杰、杨世才等人一一介绍。

孙俊杰一见蔡虹，十分吃惊。杨世才见到蔡虹，也觉得十分面熟。

蔡虹和吉野、松井、王正奎握手后，孙俊杰、杨世才也上前与蔡虹握手，脸上带着意味深长的微笑。蔡虹就像不认识一样同他们握手，只是在和孙俊杰握手的时候稍稍用了一下力。

随后蔡虹挥手告别日伪各方官员，在肖大龙的陪同下，上车去宾馆休息。

车上，蔡虹说："咱们见面就行了，怎么能惊动这么多政府要人，甚至还惊动了军方。"

肖大龙说："我没有请他们来，是他们自己要来的。"

董六献媚说："咱们肖老板在中江可是一呼百应哪！"

"难怪陆太爷一再说你能干。"蔡虹夸奖一句。

肖大龙听了十分得意。他说："日本驻军早就想结识青帮大佬，几次去请陆太爷请不到。听说陆太爷的关门徒弟来中江，就主动出来迎接。吉野大队长已打了招呼，今天晚上在望江楼大酒店设宴为您接风洗尘。"

蔡虹说："这真是太客气了。"

肖大龙说："政府方面也不甘落后，王正奎会长已定后天为您设宴接风。"

"那怎么好意思。我还想多留点时间，帮会里聚聚呢。"

"那是来日方长，有的是时间。哈哈哈哈！"

车到隆顺贸易公司门前，蔡虹说："停一下。"

蔡虹从车上下来，对跟在身后的肖大龙说："这是我在中江开的公司，请弟兄们常来坐坐。"

肖大龙十分吃惊："什么，这个公司是师辈开的？"

"是啊。"蔡虹故意带点上海口音说，我在全国开了几十家分公司，这是其一，刚开张还不到一个月哪。我开这个店的目的，不是为了赚钱，而是为了在中江有一个落脚之地。"

"师辈怎么不告诉我们一声？我们一点都不知道。"

"你们哪里知道。我叫下面人来这里办的，等他办好了，我才来看看，顺便告诉你们一声。这点小事，也值得我郑重其事地告诉你们吗？"

肖大龙拍着脑袋说："哎呀，真是大水淹了龙王庙，一家不认识一家人哪！"

蔡虹故作诧异："这是怎么回事呀？"

肖大龙说："师辈，说起很不应该。前些日子，我们的几个兄弟还给赵老板添了一点麻烦呢。"

蔡虹一笑："哦，那也不要紧哪，不知者不为罪呀！"

肖大龙说："现在好了，是一家人了。赵老板是个了不起的人，功夫十分了得。我们和赵老板真是不打不相识呀。"

正说着，赵强、俞珍早站在门前迎接。齐声说："老板来了？"

蔡虹指着肖大龙说："认识肖老板吗?"

赵强说："认识，认识。我们打过交道。"

肖大龙连忙上前说："赵老板，以后有什么事，就找我肖大龙好了，我们现在是一家人了。"

蔡虹说："是呀，今后是一家人了。"

肖大龙回到大花园酒楼会议厅。

董六对肖大龙说："师父，听说陆太爷早就收山不收徒了，怎么又收一个徒弟？我们前些日子砸了中江米行，今天蔡理虹说米行是他开的，是不是那个赵老板请他来糊弄我们吧？天下的事有这么巧吗?"

肖大龙说："陆太爷派人来，让我隆重迎接蔡理虹，这不可能是假的。再说我迎接蔡理虹的时候，用黑话试他一试，也对上了。"

董六说："他要是对我们指手画脚，我们可不能听他的。"

"那当然。"肖大龙说，"蔡理虹总部在上海，他不可能一直住中江，就是住中江，也不可能管我们的事。"

"陆太爷早就不管事了，蔡理虹还能管什么，谁听他的?"董六说。

"你们不懂。蔡理虹的辈分在青帮高不可攀。就是蔡理虹不管我们，我们也要请教他。"肖大龙说，"我们要用蔡理虹这块招牌，把周围三市十县的青帮拉到我们的门下，壮大我们的实力。"

众徒弟说："对，蔡理虹辈分高，我们打着蔡理虹这块招牌，就能和南京青帮平起平坐，其他地方的青帮，都不在话下了。"

肖大龙说："日本人一直想拉三市十县的青帮为他们服务。"

"怪不得吉野把蔡理虹看得那么重，军政官员全体出来迎接，还要请客呢。"董六头脑开了窍。

杨世才回到办公室。倪孝和跟进来对他说："署长，今天那个青帮老大蔡理虹，我有些面熟，好像见过他。"

杨世才假装糊涂："你在什么地方见过他?"

倪孝和说："署长，有一次在十号码头，有几个皇军将一卡车货物送上了长江公司那条船，那个皇军头头就像这个人。事后我听说军械所的军用物资被新四军劫走，而那几个新四军就是穿着日本军服作案的。我怀疑在十号码头上船的那一车物资，就是新四军劫走的军械，而这个人就是新四军。”

杨世才对倪孝和记得这么清楚有些吃惊，倪孝和的记忆力是有名的。“他是不是新四军，我们只能怀疑，无法证实；运走的那一卡车货，是不是军械所被劫的物资，我们也只能怀疑，也无法证实。没有根据的事不能乱说，说出去让皇军知道了会怀疑我们与新四军通谋，起码是失察之罪。那就给自己找来麻烦，你懂吗。”杨世才连忙制止他继续说下去。

倪孝和说：“我知道。但是我会注意这个人，发现他和新四军往来的证据，我就可以把他抓起来。”

“如果确实找到了蔡理虹是新四军的证据，我们当然可以把他抓起来交给皇军。”杨世才说，“但现在他是青帮大佬，我们不能轻易怀疑他。青帮可不是好惹的，动了他，惹得青帮闹事，日本人又要说我们了。况且皇军正在拉拢青帮，很看重蔡理虹，我们不能做煞风景的事。”

倪孝和连连点头：“我明白。”

孙俊杰回到办公室，余克勤对他说：“司令，蔡虹怎么当了青帮老大，他不当新四军了？这个人真是变色龙啊！”

孙俊杰说：“谁知道他怎么变的？他不会不当新四军。我相信他是利用青帮老大的身份搞地下工作。”

“我当时就想揭穿他，把他抓起来交给皇军。”余克勤说。

“是啊，我当时也是这样想。可是看到皇军这么隆重接待他，怎么好煞风景呢。”

“我们要向皇军报告，让皇军不要上他的当。”

“我们是可以揭穿他，但是皇军会要我们交代和他的关系，我们是不是自找麻烦？甚至引起皇军对我们的不信任，岂不是弄巧成拙。”

余克勤想想说：“这也是啊。”

孙俊杰说：“我们会有机会揭穿他的。现在我们先看看他怎么表演。”

当天，孙俊杰来见吴梦远，对她说：“你的那个同学，又在演一台好戏。”

吴梦远问：“什么好戏？”

“他呀，现在成了中江的青帮老大。从苏北坐船过来，全城青帮大小头目都到码头迎接，锣鼓喧天，鞭炮齐鸣。中江市军政要人都迎到江边，甚至连日本皇军也出来了，人山人海，好不风光，像迎接中央大员一样。”

“真的？有这回事？”

“怎么没有这事？我也是刚刚迎接他才来的。”

“你也在场？”

“当然，他这个人太会演戏了，一会儿红，一会儿黑。我可顾及你的面子，没有当面戳穿他。”

“你做得对。”吴梦远肯定说。

“他当青帮大佬的目的一定是想在中江搞地下工作。”

“新四军在中江开了一家隆顺贸易公司，下属一个米店，一个物资商店，一个旅馆，为抗日筹集资金，前几天受到了青帮流氓的冲击。大概他参加青帮，就是为了把青帮那些人管起来，至少让他们不要捣乱。”

孙俊杰点点头：“我想这就是他的目的。现在只有我知道他是新四军，你说我怎么办？要不要向皇军报告？不向皇军报告，我对皇军不忠，向皇军报告，蔡虹就得坐牢杀头。”

吴梦远连忙制止说：“你自己投降日本人还不够，还要打击抗日力量？”

“你看，我一说蔡虹你就急了。”孙俊杰说，“我正是看在你的面子，才没有向皇军报告。”

“你少在蔡虹身上打主意。如果蔡虹坐牢杀头，我饶不了你。”吴梦远警告。

“好好好，我不打主意。”孙俊杰说，“可是我负责中江防卫，责任重大。如果他在中江搞名堂，妨碍中江的安全稳定，影响到我的前程，我可就不得不把他交出来了。”

吴梦远斥道：“你有什么屁前程？你这是遗臭万年的前程。”

# 五十四、借敌生财

吉野在望江楼大酒店宴请蔡虹。坐在席座上的有吉野、松井、王正奎、杨世才、孙俊杰、肖大龙。

龟田、倪孝和、余克勤来回走动，负责安全警卫。

吉野举杯："来来来，我们为蔡先生接风洗尘，大家举杯。祝蔡先生身体健康，事业昌盛。"

大家一起站起。

蔡虹这回讲话故意带点上海口音，他说："感谢大佐先生的盛情，感谢各位。"

大家饮后坐下。

吉野问："蔡先生这次来中江，可是要多住些日子了？"

蔡虹说："蔡某在中江开一个分公司即'隆顺贸易公司中江分公司'，所以我今后在中江待的日子就多了。"

"那好啊。"吉野说，"蔡先生常住中江，我们也好合作共事。"

"那是免不了要多麻烦大佐先生，还求大佐先生多关照。"

吉野说："过去冈村宁次请陆太爷出山，陆太爷没有出来。今天是否可以说，我吉野请蔡先生代表陆太爷出山？"

蔡虹说："蔡某与陆太爷相比，一个是太阳，一个是星星，大佐先生过望了。"

宴会上，吉野竭力卖弄他的汉语文化知识，和蔡虹谈得很"投机"。

第二天王正奎请客，吉野又被邀请。吉野经过与蔡虹几次交谈，对蔡虹的知识和才能十分欣赏，觉得蔡虹大有可利用的价值。蔡虹也觉得吉野这个人不可轻视，要在中江立足，吉野非利用不可。

第三天，肖大龙召集青帮徒众，在大花园酒楼举行了隆重的拜师仪式。大厅里面的正堂上，画着一个巨大的青龙，旁边是两个大字：青帮。

肖大龙请蔡虹坐在正当中一把交椅上，接受徒弟们的参拜。赵强、俞珍站立两边。

中江市青帮七八十个骨干，附近各个县里的青帮头子都参加了这次向蔡理虹师辈跪拜仪式。吉时一到，徒子徒孙由肖大龙带领，鱼贯进入大厅。面向蔡虹排成几排，前面是“大”辈，当中是“通”字辈，再后是“悟”字辈，由司仪指挥，向蔡虹齐扎扎地跪下，齐声拜道：“师辈在上，受徒儿们一拜。”连磕三次。

蔡虹大笑道：“好好好，这就算我蔡理虹正式和徒弟们见面了，我们是一家人，大家立起，我说几句话。”

众帮徒这才站起，侍立两边。

蔡虹说：“我来的时候，陆太爷交代了几句话。他说：咱们青帮，是国家动乱时期的产物，青帮从成立那一天起，就有打家劫舍、劫富济贫的传统，有不畏强暴、保境安民的精神。我们要继续弘扬青帮的精神，立帮为民，功在国家，利在社稷。”

蔡虹说：“现在日本人占领了大半个中国，要搞大东亚共荣圈，目的是奴役我们的人民，掠夺我们的财富，所谓大盗窃国，就是这个道理。国内还有汪记国民党，蒋记国民党，还有共产党。小船靠大船，我们靠谁？中江是日本占领区，是汪记政府统治区，我们许多兄弟主张靠汪记政府、靠日本人，即所谓曲线救国，但能救得了国吗？日本人能靠得住吗？陆太爷在苏北，冈村宁次多次请他出山，他就是不理他，就是不跟日本人走，不相信曲线救国的鬼话。许多人身在汪记政府里做事，也不相信那一套，只是跟着混饭吃而已。我说的是不是事实？”

众人点头赞同：“是这么回事。”

蔡虹说：“陆太爷说，现在形势变了，青帮也要有变化，不能只是打家劫舍、吃百家饭。我们青帮要有新的帮规，青帮要办企业，做买卖，靠正当的经营赚钱，要买卖公平，不侵犯老百姓的利益；青帮政治上要保持自立。陆太爷说，我们青帮不是政治团体，不归任何一个政党派别管。但我们是中国人，我们反对侵略、反对内战，维护国家利益。同时，我们是江湖好汉，我们要惩恶扬善，路见不平，拔刀相助，同情弱者，保护老百姓。在当前的环境下，我们要善于与各种势力周旋，在复杂环境下求生存。青帮弟兄们内部要讲团结、讲义气……”

众帮徒直点头：“蔡师爷说得对，我们听蔡师爷的。”

仪式结束后，蔡虹把肖大龙、董六等留下来议事。

蔡虹问肖大龙：“中江青帮主要经济收入靠什么，活动方式是怎样？”

肖大龙说：“青帮主要收入来源是开赌场，开窑子，收保护费。”

蔡虹说：“那不行。今后中江青帮要改变，要做正当的生意。”

“做什么生意？”肖大龙问。

“开商店，开米店，开工厂，开钱庄，经营码头，航运，做大生意，赚大钱。”

“我们不懂做生意。”

“我来帮你们，给你们出主意。”

“有蔡师爷帮助，我们就干。”肖大龙说。

从此以后，蔡虹以青帮大佬的身份，对青帮施加影响，力图改变青帮欺行霸市、以强凌弱的恶习，同时帮助他们做正当的生意，合理经营，把他们引到正道上来。经过蔡虹的要求和管束，青帮在很大程度上有所收敛，对隆顺中江分公司的工作有了很大的帮助。从此，再也不必担心有人破坏捣乱了，但是要想把青帮组织成一支对革命有用的组织，还是很难。毕竟青帮成分复杂，素质太差，不是短期容易改变的。

这天，蔡虹来到吴府，和吴梦远在花园里散步。

吴梦远问：“贸易公司开得怎样？”

蔡虹说：“不容易，没有想到地痞流氓捣乱，把我们的店砸了。”

“后来你就成了青帮老大，让他们都听你的？”

“这也是被逼得没有办法，入乡随俗了。”

“现在坏事成了好事，反而扩大了你的力量，拓展了你们的生存空间。”

“是啊，利用青帮为我们服务，在这种复杂的情势下，也不失为一种救急的办法。”

“这帮子人素质太差，成事不足败事有余，你要注意他们。”吴梦远提醒。

“我的办法是，诱导、利用、改造、防备。”蔡虹说。

吴梦远点头赞同。她又提醒蔡虹说：“你还有一种危险在身边，知道吗?”

“我身边的危险是多方面的，你是指哪一方面?”

“我表哥俊杰。”

“这个我早就有思想准备，准备有一天他揭露我的身份。但他目前表现不错，我尽量与他在中江相处愉快。”

“我也在俊杰面前说了，无论如何，要保守这个秘密，不能把你出卖了。他是答应了，但他利欲熏心，保不定什么时候又会出现反复。”

“谢谢你的关照。另外，说到这里，我就顺便说一下，你要跟你表哥说，自从他投降了日本人之后，日军就开始走下坡路了。苏德战争已进入转折时期，德国法西斯战场上节节败退；日本发动太平洋战争，把美国人惹火了。双方在太平洋上摆开了战场，日军受到沉重打击，处于极其困难的时候。估计要不了多久，日本人就支撑不下去了。日本人的失败只是时间问题。汪伪政权前途也很不妙。你要劝他及早改邪归正，弃暗投明，回到抗日队伍中来，我们共产党、新四军是欢迎他的。”

“我会跟他说的。”吴梦远说，“只是他这个人投机心太重，不碰南墙不回头，没有政治主张和民族气节，迟早要吃亏的。”

“你还要告诫他不要把事情做绝，给自己留一条后路。”

正在这时，孙俊杰来了。他看见蔡虹与吴梦远一起在花园里亲切地散步，心里很不是滋味，转身走了。

这天，吉野接到南京方面的指示，要求迅速购买五百吨大米，并派人运到武汉。吉野放下电话，派人叫来了王正奎。

吉野问王正奎：“最近市场上大米供应怎么样?”

“大米还好。”王正奎回答。

“中江市有几家米行?”

“有十几家。”

“谁家的最大?”

“中江米行最大。”

“老板是谁?”

“蔡理虹。”

“蔡理虹?”

“对。”

吉野说:“南京驻华皇军司令部要求我们迅速筹集五百吨大米，供应武汉前线。这个事情就交给你来办。”

“是。”

“时间要抓紧，对外要保密。”

“明白。”

“你打算这五百吨大米交给谁来办?”

王正奎想一想:“几家米行都要分摊，但主要是隆顺中江米行了。”

“对，隆顺中江米行最大，当然他们要扛大头。蔡理虹答应和我们合作，这次要看他的了。”

“我这就去找蔡理虹。”王正奎站了起来。

“米搞好了之后，我叫孙俊杰护送。”吉野站起来说，“孙俊杰初来，该让他立点功了”

王正奎点点头。

王正奎回到办公室，叫来杨世才，两人坐着一辆小汽车，开到隆顺公司去找蔡理虹。

蔡虹在楼上办公室，见到王正奎、杨世才两人突然到来，连忙站起来迎接:“二位大驾光临，请坐请坐。”

王正奎说:“不客气，我们早就想来拜访蔡老板，只是忙，来迟了。”

“不敢不敢。伙计，沏茶。”

蔡虹问:“王会长和杨署长有何重要吩咐?”

王正奎说:“蔡老板，有一事相求，南京驻华皇军司令部下达一项任务，要迅速筹集五百吨大米。时间紧急，吉野大佐亲自抓这件事，我们想这桩生意照顾隆顺中江米行，所以就来了。”

蔡虹心想，你王正奎哪里是照顾我，是不得不有求于我，我不会让你太顺当了，否则你会把我当奴隶使唤，要让你知道，我蔡虹也不是好缠的主。就说："感谢两位的厚爱。只是这五百吨大米数量太大，一时很难筹到那么多啊。是否请其他米行也想想办法。"

王正奎本以为蔡虹求之不得，不想蔡虹并不领情，就说："蔡老板不要推辞了，其他米行也有任务，但大头子还是你们扛。"

蔡虹装作很为难的样子说："各位高抬了中江米行。不是我推辞，我们是小本生意，怎么做得了这么大宗的买卖？"

王正奎见蔡虹软的不吃，就摆出官家的派头说："蔡老板务必承担下来，此事事关大局，上面催得很急。"

蔡虹趁机提条件说："就是有五百吨大米，我们也没有那么多船装。公司只有几条小船，王会长能否给我们解决一些船呢？"

王正奎想了想说："船的问题，我们会帮助想办法，到时候请日本商人的轮船帮助运输就是了，只是米要尽快搞到。"

蔡虹又提条件说："中江米行拿不出那么多的钱进货，日本银行能否给贷点款呢？"

王正奎看了看蔡虹说："你们可以申请日本银行贷款，我给你们说说话好吧。"

蔡虹再提条件说："买大米的事不能性急，性急买不到便宜的米价。"

王正奎知道蔡虹提高要价，就说："价格上蔡老板放心，决不会让您吃亏。皇军有的是钱。"

蔡虹这才说："那好，我尽量筹集。"

王正奎奉承说："我知道蔡老板法道大，没有蔡老板办不成的事。"

"这还不是靠你们各位的支持么？"蔡虹说。

王正奎、杨世才走后，蔡虹把赵强、俞珍叫到办公室，把鬼子要买米的事告诉他们。

"给鬼子买，不能干，我们巴不得他们饿死才好哩！"俞珍首先反对。

赵强也说："让他们吃中国人的米，然后去打中国人？这事绝不能干。"

蔡虹说："我也在想这个问题，和你们一样，我也不想干，但我们是开米行的，如果我们不给日本人买大米，就暴露了我们的政治倾向，我们的生意就做不下去了。”

“宁可不做生意，也不给日本人买米。”俞珍、赵强一致意见。

蔡虹说：“我们能不能想一个两全其美的办法？分两步走：第一步，先为鬼子买米，把鬼子粮款拿过来，我们狠赚他一笔；第二步，给部队送消息，让部队在长江上把粮食劫走。这样，我们既满足了鬼子的要求，不得罪鬼子，又把粮食夺回到自己人的手中。既赚了钱，又不失粮食。”

“这是个好办法。”俞珍说。

“如果鬼子粮食被我军劫走，是谁走漏了消息，一定会怀疑到我们。”赵强担心。

“怀疑就让他们怀疑，他们抓不到证据。”蔡虹下决心说，“顾不了那么多。不能眼看着粮食运到武汉，落到日本人的手里。”

这天，蔡虹在办公室给王正奎打电话：“王会长，粮食已经准备好了，现在需要十条大船，这是我无能为力的，只好向王会长报告了。”

王正奎高兴地说：“好，这没问题，十条大船很快就会搞来。我代表吉野大佐，谢谢你。”

蔡虹说：“为皇军效劳，不用谢哪，只是这货款各家米行都等着呢。”

“那没有问题，货款很快就汇到。”

王正奎放下电话，对杨世才说：“五百吨大米终于搞到了。蔡理虹真有办法，这下吉野大佐该满意了，我们也算交了一次差。”

杨世才说：“会长，蔡理虹为什么这么神通？他的后台老板是谁？”

“就是江北的新四军。”

“江北的新四军？蔡虹做新四军的生意？”

“不仅仅是做新四军的生意，他还是新四军的人。”

“他是新四军的人？”王正奎感到意外。

杨世才说：“蔡理虹本来叫蔡虹，他是新四军派到中江的地下工作者，专门负责购买军用物资的。”

“你怎么知道的？”

“会长，您记不记得上次学生搜我的家，搜去了我们与潘文炳的生意合同的事？”

“记得，你说的那份合同落到新四军的手里，新四军要挟你帮他们运物资，就是这个蔡理虹？”

“就是他，他带着那份合同复制件到了我的家里，和我谈条件，要我帮他运送一批物资，而这批物资就是从日本的中江军械所盗出来的。”

“就是那次军械所失盗事件？连南京方面都惊动了。”

“就是。当时他要我们给他运物资，我却不知道他们是从军械所里盗出来枪械器材。”

“这个蔡理虹真是胆大包天。”

“谁说不是。想起来都很后怕，可是当时我什么也不知道。”

“日本人要是知道是你帮他们运走了军械所的物资器材，你的脑袋就要开花。”

“所以我们不敢告诉日本人。蔡理虹，不，蔡虹胆大妄为，竟然公开到中江来开公司、开商店、开米行了。”

“他不怕我们抓他。”

“我们怎么抓他？说他是新四军？日本人能相信吗？再说，把他逼急了，他会把我们做军火生意的老底兜给日本人。”

“那我们就完蛋。”

“除了我们以外，孙俊杰也知道蔡虹的底细。”

“他怎么知道？”

“孙俊杰当时是国民党团长，他们可是友军，经常来往。还有，孙俊杰的表妹吴梦远是蔡虹的老同学，为了一个吴梦远，蔡虹和孙俊杰还争风吃醋呢。”

“那孙俊杰怎么不告发蔡理虹？”

“孙俊杰也不好告发他，因为他们的关系错综复杂，孙俊杰也怕告发了蔡虹，引起日本人对自己的不信任。”

“现在蔡虹在中江，不仅为新四军搞物资，还与青帮混在一起。”

“是啊，他摇身一变，成了青帮老大。”

“不过，蔡理虹我们也能利用他一下，比如这次筹米。”

“蔡理虹要价也太高，这一次狠狠赚了一笔。知道皇军要急用，我们又没其他办法，他就拿我们一手。”

“钱的事情是小事，反正是皇军的钱，只要把事办成。”

“听吉野说，粮食装运后，要派正规军队护送到武汉。吉野选定了孙俊杰。”

“吉野要给孙俊杰一个立功的机会，事成之后，有可能还要提拔他。所以孙俊杰这次十分用心。”

杨世才说：“孙俊杰这个人野心不小，我看他经常往吉野、松井那里跑，搞得我们在吉野、松井那里倒比不上他吃香了。这样下去，岂不先长的眉毛不如后长的胡子了？”

王正奎说：“老弟，这些事情我是早看在眼里，只要我们两人团结一致，就不怕孙俊杰捣鬼。吉野对我们是信任的，还有我们与松井的关系。”

十条大木船停在码头，长长的跳板上，来来往往的装运工人在装货，这是一包包大米。吉野、松井、龟田、王正奎、杨世才、倪孝和都在码头上，足见对这批大米的重视。

蔡虹也在码头上，吉野对蔡虹说：“这批大米很及时，蔡先生，这一次你应该得到奖赏。”

蔡虹说：“大佐君，我们为皇军效劳，是出于对大东亚共荣政策的拥护，而不是需要什么奖赏。”

吉野高兴地说：“哎，该奖赏的还是要奖赏嘛。”

这时孙俊杰和余克勤带着一列队伍来到江边，向吉野辞行。

吉野说：“护送这批粮食，责任重大，武汉方面正等着我们这批大米，途中你要多加小心。”

孙俊杰敬礼：“报告大佐君，我一定完成任务。”

吉野满意地笑了：“任务完成之后，你会得到应有的奖赏。”

“谢谢大佐君。”孙俊杰带着三十几名士兵上船。

船开了，孙俊杰向岸上挥手，吉野、王正奎郑重地向孙俊杰他们挥手。

蔡虹冷眼旁观吉野、孙俊杰、王正奎那高兴劲儿，心里暗暗打着主意。大船越走越远，大家这才各自回去。

蔡虹回到公司办公室对俞珍说：“小俞，你马上回到支队去，把大米数量、行动路线、时间和押运的伪军人数等报告支队领导，务必在途中将其截获。”

俞珍站起来敬礼：“是，保证完成任务!”

赵强问：“你打算怎么过江?”

“很简单，天黑之后，游过去呗。”

深夜，长江上一片黑暗，不时有日本军舰上的探照灯从江面上扫过。

俞珍从岸边扯断一根芦苇，衔在嘴里，下了长江，钻进滔滔江水之中。

敌人的探照灯光不停地在江面扫来扫去，江面上什么也没有，只有一根芦苇竖在水中向前游去。

长江北岸，俞珍从水中冒出头来，扔掉芦苇，匆匆向前赶路。

# 五十五、被捕入狱

十条大船扬起帆在长江上航行。船上，孙俊杰十分警惕地观察两岸的动静。余克勤站在他的身边。

孙俊杰对余克勤说："再往前就是新四军活动的地方，要警惕新四军来骚扰。"

余克勤说："新四军不会知道这船里面装着大米。"

"很难说他们不知道。"

"吉野大佐采取如此严密措施，新四军怎么会知道。"

"你忘啦？"孙俊杰提醒说，"我们内部有新四军的人。"

"你说是蔡虹？"

"对，我担心的就是他。"

"他就是想通风报信，长江上封航，没有船，谁也过不了长江呀。"

"你不能低估了蔡虹他们几个人的能耐。"

余克勤说："蔡虹在中江，是皇军身边的一个定时炸弹。我们干脆把蔡虹的新四军身份告诉日本人？让日本人他抓起来算了，省得他以后生事。"

"事情不那么简单。"孙俊杰说，"如果我们告发他，日本人要问我们有什么根据？和蔡虹打过哪些交道，我们怎么回答？如日本人再问，既然知道蔡虹是新四军，为什么不早说？我们又怎么回答？事到如今，我们只好装作不知道。"

余克勤说："司令，你那个表妹向着蔡虹，也向着共产党、新四军，你对她说话要当心点。"

"哎，不说了。"孙俊杰不高兴起来。

天色暗下来了，大船继续航行。孙俊杰、余克勤警惕地望着长江两边。江边看不出什么不同，只觉得风大了，一阵阵呼啸声让人惊心动魄。

突然，只觉船体震了一下。航行停止了。

孙俊杰问："怎么回事？"

船老大说："司令，船好像碰上了什么东西。"

"搁浅了？"

"不像搁浅，像是缠上了渔网。天黑，看不见。"

其他几条船也都停止了航行。

"怎么几条船同时停了？"孙俊杰大惊，他顿时感觉不好。"有人破坏。"他吩咐余克勤，"注意警诫。"

这时候，从芦苇丛中划出来几十只小船，悄悄向大船靠拢。

孙俊杰大呼："有情况。"

说时迟，那时快，几十只小船同时开火。

孙俊杰下令还击，但小船已靠近大船，有人爬上了大船，双方展开激战。

只听俞珍高声喊道："缴枪不杀，中国人不打中国人。"

新四军人多势众，像潮水一样上了各条大船。有的伪军眼看求胜无望，只好把枪扔了过去，举起了手；有的跳水逃生，负隅顽抗的，一一被击毙。

孙俊杰见势不妙，和余克勤乘乱跳上一条小船，带着几名伪军在黑暗的掩护下逃命。小船顺水而下。

新四军很快解决了战斗。俞珍清理战场时，没有找到孙俊杰和余克勤，大声问俘虏："孙俊杰、余克勤呢？"

俘虏们都说不知道。

俞珍带人进行搜查，结果还是没有见到孙俊杰和余克勤的影子。

天亮了，新四军把船底下的渔网解开，把船驶向江北芦苇洲根据地。并组织老百姓挑米。大家喜气洋洋，分得胜利的果实。

俞珍向曾世雄、谭天木汇报："汉奸孙俊杰、余克勤逃走了。"

曾世雄说："孙俊杰、余克勤丢了粮食，怎么向他们的外国主子交代？"

谭天木说："孙俊杰知道是新四军干的，回去之后有可能把责任推到蔡虹同志身上，蔡虹同志处境就很危险了。”

曾世雄感到问题的严重，他命令：“俞珍同志，你马上赶回中江，要蔡虹同志回部队来，暂避一下，以防不测。”

“是。”俞珍急忙往中江赶路。

此时，孙俊杰、余克勤十分狼狈地坐在小船上。小船停在岸边，孙俊杰、余克勤垂头丧气地坐在船上，六神无主。

余克勤说：“司令，回去以后，我们怎么办，能见吉野大佐吗？他会骂我们太无能，甚至怀疑我们是内奸，把我们枪毙了。”

孙俊杰想了一想说：“丢了粮食，我确实不好向大佐君交代。他就是不枪毙我们，我们也没有脸混下去了。”

“怎么办？我们一切都完了。”余克勤说。

孙俊杰想了想说：“我们无路可走，只有这一条道了。”

“哪一条道？”

“找一个替罪羊。”孙俊杰说，“米是新四军劫的，我们回去就说蔡虹向新四军报的信，蔡虹是新四军。”

余克勤想了想说：“我看也不冤枉他。不过，如果大佐君问我们是怎么知道蔡虹是共产党、新四军，怎么知道是他向新四军报的信，我们怎么回答？”

“我们就说抓到了一个俘虏，俘虏说蔡虹是新四军，还是新四军的后勤部长。这是事实，不怕大佐君不信。”

余克勤连声称赞是好主意，但他担心：“大佐要问俘虏在什么地方，怎么办？”

“就说我们把俘虏枪毙了。”

“现在没有办法，只能就这么说。”

吉野一听说丢了粮食，暴跳如雷，他狠狠地把孙俊杰、余克勤训了一顿。

吉野说：“要不是看在你们是第一次执行任务，我就枪毙你们，你们要好好反省。”

孙俊杰诺诺连声：“是，是。”

待吉野训斥完了，余克勤说：“大佐先生，虽然我这次受到新四军的伏击，失掉了粮食，也几乎送掉了性命，但是也不是一无所获，我向您报告一个重要情况。”

“什么情况？”

“蔡理虹是新四军。”

“什么？蔡理虹是新四军。这情报可靠？”

孙俊杰补充说：“这是千真万确。这次我们在与新四军战斗中，抓了一个俘虏，经过审问，他供出这次我们运粮食的消息是蔡理虹派人送的信，蔡理虹本名蔡虹，是共产党，他的职务是新四军的后勤部长。”

“新四军的后勤部长？他到中江来开贸易公司，开米行、开商店？”

“是的，他的目的是为新四军筹集物资？”

“确实是这样，大佐君。”余克勤补充。

“要是这样，这个人还真了不起啊，真是胆大包天啊！”他转念一想，“不对呀，他怎么还是青帮大佬呢。”

孙俊杰说：“他这个青帮大佬是假的，目的是为了镇住青帮这一伙人。蔡理虹在贸易公司开张的时候，青帮曾经砸过他的店，就为这个，他到了一趟上海，回来就变成了青帮大佬。青帮就成了他的徒子徒孙了。”

“这真像个传奇小说。这个人要真是共产党、新四军，那共产党、新四军真是藏龙卧虎啊。”

孙俊杰说：“把他抓起来，一审就清楚了？”

吉野阴毒地点点头：“来人。”

这时松井和龟田同时进来。

松井问：“大佐君，有什么吩咐？”

“派人去把蔡理虹抓起来。”

“抓蔡理虹？”松井很诧异。

“对，就抓他。”吉野说，“他是共产党、新四军。我们这次粮食被劫，就是他向新四军报的信。”

“原来是这样。”。

龟田说：“我去！”他带着几个日本兵，急匆匆向隆顺公司而来。

蔡虹、赵强在隆顺贸易公司办公室，俞珍匆匆跨进门来说：“老板，我回来了。”

蔡虹抬头看看她问：“这么快？粮食截下去了吗？”

“截下去了。可是孙俊杰、余克勤逃了。”

赵强一惊：“孙俊杰、余克勤逃了？你们应该首先把这两个人毙了。”

“谁不想毙了他们？可是天黑，找不到他们。”

“孙俊杰、余克勤把粮食丢了，看他们怎么向日本人交代？”

“支队长说，孙俊杰丢了粮食，一定迁怒到老板身上，他可能要揭发老板，政委要您回部队回避一下。”

赵强说：“对。孙俊杰没法向日本人交代，必定要找一个替罪羊，老板赶快走。不管孙俊杰会不会把我们出卖，先躲避一下，观察动静再说。”

蔡虹想了一想说：“这完全有可能，但是我不怕。你们先走吧。”

“什么，我们先走？敌人要抓，主要是抓您哪!”俞珍说。

“是啊，老板，还是您走。”赵强催。

“我不走，你们走吧。”

“政委命令您立刻回去，不能耽误。”俞珍着急地说。

赵强力劝：“老板，您不能心存侥幸，不走恐怕就来不及了。”

蔡虹沉稳地说：“按理说，我是应该赶快离开。但是我一离开，就说明我们做贼心虚，不打自招了。我个人的生死倒不足惜，但是我们这个公司、米行就办不下去了。”

赵强说：“孙俊杰一定会把我们新四军的身份告诉吉野，吉野就会立刻派人来抓您。到时候，您不承认是新四军，鬼子也不会放过您。贸易公司、米行、商店、旅馆肯定办不了，您的生命难以保障，何苦冒这个风险呢？”

俞珍说：“你必须按照政委的要求尽快撤离，至于公司、商店办不办，我和赵强在这里坚持，坚持不下去了再说。您的生命安全更重要，有您在，今后会有办法。留得青山在，不愁没柴烧。”

但蔡虹下了决心：“不，我不走。孙俊杰可能向鬼子报告，说我是新四军，还说这次粮食被截，是我们报的信。但是，孙俊杰拿不出证据，我矢口否认，鬼子一时也不好认定，不敢把我怎么样。我们的贸易公司、米行、商店、旅馆还能照样营业，你们还可以继续为部队购买物资。如果我一走，正好印证了孙俊杰的话。我们的身份暴露了，贸易公司就会被捣毁，我们就再也不能在中江立足，我们部队后勤工作的损失就大了。”

“哎呀，这个时候您还想着后勤工作，不想一想自己的危险处境。”俞珍叫道。

“老板，您要是不走，到时候受苦受刑，还于事无补，只有走为上策。”赵强断然说。

“不，我不走。”蔡虹下定决心，“看看孙俊杰能把我怎么样，他说我是新四军、是共产党，我不承认，我说他在爱情上与我争风吃醋，他是对我的陷害，他们一时拿不到证据。我想日本人不一定会很快把我杀害。”

“这太冒风险了，您是在拿自己的生命作赌注。”

“我们坚决反对您这样做，您必须赶快走。”

无论赵强、俞珍怎么说，蔡虹坚持说：“我不走。”

这时，楼下有人喊：“蔡老板在家吗?”

赵强从窗户上向下看，急忙回头说：“日本人来了。”

“赶快，从后门走，我掩护。”俞珍拔出手枪。

“胡闹。”蔡虹站起来迎了出去。

这时，几个日本兵在龟田的带领下上了楼梯，进了办公室。

蔡虹像没事一样说：“哎呀，贵客到，请坐请坐。有什么吩咐?”

龟田冷冷地说：“蔡先生，我们就不坐了，吉野大佐请您去喝茶。”

“好，我这就去。”蔡虹看了赵强、俞珍一眼说：“你们把生意照看好。”

松井话中有话：“蔡先生真是仔细啊，出去喝杯茶还要吩咐一番，难道你去了就不回来了?”

蔡虹装傻说：“当然我是要回来的，我想吉野先生是不会留我很久的。”说着随龟田下楼。

蔡虹被带到吉野办公室。

吉野客气地说：“蔡先生，请坐。”

蔡虹坐下问：“大佐君找我来，有事吗?”

吉野也坐下来说：“蔡先生，这次我们运到武汉的粮食被新四军劫了去，你听说了吗?”他一边说一边观察着蔡虹的反应。

蔡虹装作吃惊地说：“被新四军劫去了？大佐先生不是派孙司令专程护

送的吗?"

"是啊，是派孙司令护送的，可是，孙司令没有带多少士兵，新四军却派了大部队，孙司令是寡不敌众啊。"

"新四军是怎么知道运粮的消息呢?"

"问得好。"吉野说，"新四军是怎么知道我们运粮的消息? 蔡先生，您问我，我去问谁? 您想一想，我们这次运送粮食，是极为保密的，只有我们几个人知道，这个消息泄露出去，只在我们几个人之间。"

"大佐先生的意思是，对蔡某有些怀疑?"

吉野严肃地说："岂止是怀疑。蔡理虹先生，有人告发了你，说是你泄露了这个机密。"

"大佐先生，我不知道这人是谁，他有什么根据。"

"这个人曾经和你打过交道，他告诉我们，你是共产党、新四军，而且是新四军的后勤部长，你的真名叫蔡虹，一点不会错吧?"

"大佐先生，请您不要相信这种话，我之所以请您告诉我是谁这样说的，我就知道此人的用意了。"

"好，你不承认，我叫人来和您对质。"他向松井挥挥手。

松井出去。不一会儿，他带来一个人，蔡虹一看，不出他所料，正是孙俊杰。

蔡虹说："哦，原来是你，我知道了。"

"你知道了就好。"吉野对孙俊杰，"你说，你是怎么知道他是共产党、新四军的?"

孙俊杰说："报告大佐先生，他确实是共产党、新四军。这次我们运输粮食，半途被劫，就是他泄露的消息，让我们损失了三十多个弟兄。"

蔡虹问："你是怎么知道是我泄露了消息?"

"我们在战斗中抓了一个新四军俘虏，是他告诉我们的，你不仅是共产党、新四军，而且是新四军的后勤部长，你的真实名字就叫蔡虹。"

"孙先生，您真会编哪。您抓到的俘虏在什么地方，能不能让他出来和我对质。"

"那个俘虏已经被我们枪毙了。"

"既然抓到了俘虏，又说出我是共产党、新四军，这么重要的证人，为什么把他枪毙了呢？大佐先生，孙俊杰的话不可信，他是想推卸丢失粮食的重大责任。”

吉野说：“为什么孙司令说你是共产党、新四军，而不说其他人呢？我们这次行动泄露出去，不是你还会有别人？来人，把他抓起来。”

立即上来几个日本兵，将蔡虹上了手铐。

蔡虹说：“孙俊杰，你好狠毒，你想公报私仇。大佐先生，这是孙俊杰对我的陷害，他和我有私怨，请您明察。”

松井说：“带下去。”

蔡虹被送到日本宪兵队监牢。

在行刑室，蔡虹被打得遍体鳞伤。

松井说：“老老实实地说，把共产党在中江的地下组织全部说出来。你要是不说，你就别想活着出去。”

蔡虹说：“我说，我要说。”

“好，你终于明白了。你说，哪一个是共产党，哪一个是新四军，你们的地下组织在哪里？”松井又转身对身边人说，“做好记录。”

日本士兵摊开纸张。

松井说：“蔡先生，说吧，你说了就可以免于受苦了。”

蔡虹说：“松井先生，我要说的是，孙俊杰他公报私仇，为推卸这次丢失粮食的责任，同时想借皇军的手，置我于死地。”

“孙俊杰公报私仇？他和你有什么私仇？”

“孙俊杰的表妹吴梦远小姐是我的恋人，也是孙俊杰追求的目标。我们在争夺女朋友方面产生了矛盾，他嫉恨我，所以借皇军的手除掉我。这一点务必请松井君告诉吉野大佐。”

“你要说的就是这些？”

“我要说的就是这些，说我是共产党、新四军，我是冤枉啊。”

“我看你这是故意转移我们的视线，你是迷惑不了我们的。”松井吩咐左右，“给我狠狠打，撬开他的嘴。”

“大佐君，我一心一意为皇军办事，我是冤枉哪！”蔡虹话未落音，就传来了他的惨叫声。

松井回到办公室，将蔡虹的话向吉野做了汇报。

松井说："蔡理虹不承认他是新四军，他说是孙俊杰的陷害，是公报私仇。"

"公报私仇?"

"孙俊杰有一个表妹，就是吴富梓的独生女儿吴梦远，孙俊杰很爱她，但是吴梦远不爱孙俊杰，她爱上了蔡理虹，于是，孙俊杰和蔡理虹互相仇视，这次孙俊杰就是想利用这个机会除掉蔡理虹。"

"有意思，像是一部小说。"

"我觉得蔡虹纯粹是胡说八道，想转移目标，蒙混过关。"

"这种情况也不是没有可能哪，中国人向来搞窝里斗。孙俊杰这次把粮食丢了，责任重大，他不找一个替罪羊没法回来见我。这样吧，你派一个人到焦县去找广本君，让他派人去打听一下，江北新四军中有没有蔡理虹，或者叫蔡虹这个人的，是不是后勤部长，打听清楚了，我们就好对蔡理虹进行处理。如果他是共产党、新四军，我们杀了他，是除掉中江一害。如果他不是共产党嘛，这个人倒是很能干，我们要重用他，让他为我们服务。现在停止用刑，先把蔡理虹关在那儿。"

# 五十六、投石下井

吴梦远听说蔡虹被捕，断定是孙俊杰告发的，她气急败坏地打电话给孙俊杰，要求他立即到吴府来。

孙俊杰匆匆来到吴府，跨进大门，见到吴梦远，问："梦远，你这么着急找我来，有什么事？"

吴梦远面露愠色："听说你揭发了蔡虹，吉野把他逮捕了？"

孙俊杰否认说："蔡虹是被逮捕了，但不是我揭发他的。"

"你不揭发他，日本人怎么知道他是新四军？"

"日本人怎么能不知道？他泄露了军事机密，让新四军把粮食抢走了，日本人能不知道吗？"

"日本人运送粮食，新四军把它截走，不是常有的事吗？怎么能说是蔡虹泄的密，有什么证据？"

"当然有证据，是新四军俘虏说的，还把他当后勤部长的事都说出来了，所以皇军才抓他的。"

"新四军俘虏在哪里？谁抓到的？"吴梦远质问。

"当然是我抓的，我把他枪毙了。"孙俊杰说。

"你抓的？就是说，新四军俘虏的话是从你嘴里说出来的，吉野并没有看到新四军俘虏，都是听你说的，是不是？"

孙俊杰不满地说："是我说的，怎么啦。我押运粮食，我有责任。他这样搞，不是存心让我倒霉吗？他不仁，就别怪我不义。"

吴梦远骂道："你这是在为虎作伥，是在犯罪。"

孙俊杰说："你不要为蔡虹说话，这些话如果要给日本人知道了，就是通共的大罪，你能担当得起吗？”

“这么说你也想把我揭发出去了，好吧，我就是通共、通匪，你去揭发领赏去吧。”

“我看你对蔡虹痴迷到敌我不分的程度了。”

“你的眼中，谁是敌人，谁是自己人，已经颠倒了。你要是不把蔡虹放出来，你不要来见我。”

“日本人把他抓起来，在日本人的宪兵队里，我有什么办法把他放出来？告诉你，蔡虹是不会出来了，他离死期不远了，你对他应该死心了。”

吴梦远气得直抖，斥道：“你给我滚！”

孙俊杰狼狈退出。

吉野并不完全相信孙俊杰的话，他对蔡虹是不是新四军持怀疑态度。在他看来，蔡虹既是隆顺贸易公司董事长，又青帮老大，他不可能是新四军、共产党。说蔡理虹向新四军报信，可能信不大，长江被皇军封锁，片帆不行，蔡虹也无法过江。再说在粮食被劫之后，蔡虹没有离开中江，说明蔡理虹与新四军劫粮无关。孙俊杰丢掉粮食，责任重大，找一个替罪羊，借皇军的手除掉情敌，也不是没有可能的。想到这里，吉野把孙俊杰叫到办公室，对他说：“蔡理虹一口咬定他不是共产党、新四军，说是你陷害他。你对这个事情是怎么看的？”

孙俊杰说：“大佐先生，蔡虹确实是新四军，您只要派人到江北侦探一下，一切都会明白了。”

吉野问：“蔡理虹说和你在爱情的事情上有过恩怨，有这回事吗？”

“这个事情是有的，大佐先生。”孙俊杰说，“但是公是公、私是私，蔡虹是共产党、新四军，这是千真万确，如果不是，您杀我的头。”

“你过去与蔡理虹在爱情问题上争风吃醋，当时知不知道他是共产党、新四军？”

“这个——这个，不知道。大佐先生，我当时确实不知道。”

“你当时不知道，后来粮食丢了，就知道他是共产党、新四军啦？”

“是这样，大佐先生。我们抓了一个俘虏，是从俘虏嘴里了解到的。”

“可你把俘虏毙了。”

“是啊，当时我一生气，就把那个新四军给毙了。后来一想，应该带回来，留个活口。”

“蔡理虹是不是共产党、新四军，我们不久就会弄清楚的。”吉野说。

“我相信一切会真相大白。”孙俊杰肯定地说。

吉野看着孙俊杰，看不出他是在说谎，就说：“孙司令，既然你过去和蔡理虹有过交往，你可以去劝劝他，让他承认他的真实身份，是共产党也好、新四军也好，我们都不加害他，他可以继续开他的贸易公司，继续开他的米行、商店、旅馆，只要他向皇军说实话，承认错误，痛改前非，站到曲线救国的道路上来，为大东亚共荣服务，为皇军服务，我们将一视同仁地信任他、支持他、重用他。”

“这个——”

“去吧，你去说服蔡理虹。”

孙俊杰十分为难，他说：“大佐先生，共产党是很难说得通的。”

吉野说：“你还是去试试吧。我很欣赏蔡理虹的能干，我们皇军也需要这样的人。我们对他要做到仁至义尽，如果蔡理虹拒绝和我们合作，我们是不会让他活着出去的。”

“——是。”孙俊杰无可奈何，只得硬着头皮来到监牢。

对于孙俊杰的到来，蔡虹感到很意外，但他同时也明白孙俊杰的来意，他轻蔑地看着他。

孙俊杰态度很和气，说话很委婉：“蔡虹，怎么样，你承认了吧?”

蔡虹不理他。

孙俊杰说：“蔡虹，这事不能怨我，是你先不仁，我才不义。你想，我到中江来，没有把你揭发出来吧？我还是保护你吧？你应该知道感恩才是。可是，我奉命执行这么重要的任务，你却通知新四军差一点让我丢掉了性命，让我在皇军面前丢脸，你这一招也是太狠毒了，太不讲义气了。你让我怎么向吉野大佐交代，你说这能怪我吗？再说，你在中江暴露身份也是早晚的事，吉野大佐早就对你产生怀疑，并下令对你进行监视，还派人到江北了解你的真实情况。你想，你在中江能混多久，你是躲得过今天躲不了明天。我不过是把你的身份揭露得早几天罢了，这完全在大佐君的意料之中。”他边说边看蔡虹的反应。

蔡虹还是不理他。

孙俊杰继续说："蔡虹，我看哪，你还是干脆招了吧，免得受苦受罪。我可以跟吉野大佐说，给你从轻处理。你承认是共产党、新四军，我可以担保大佐君不会杀你。如果你听我的话，站到皇军一边来，我还会让吉野大佐放了你，让你继续开贸易公司，开米行、开商店，赚大钱，发大财。甚至我还可以向大佐建议，给你一个不小于我的官职。怎么样？我还是讲义气吧？"

蔡虹不说话，但鼻子里"哼"了一声，孙俊杰明显感觉到了。

孙俊杰说："不要执迷不悟。或许这一次对你来说是一次好机会，是你命运的重大转折点。吉野大佐发现了你，看中了你，如果你幡然醒悟，改邪归正，抓住机遇，有所作为，前程不可限量。"

蔡虹终于忍不住斥道："狗屁，汉奸逻辑。孙俊杰，你认贼作父，奴颜婢膝，不知惭愧，不知羞耻，还振振有词，谈什么改邪归正，前程不可限量？你要想想你的所作所为，怎么面对中国人民？怎么面对抗战牺牲的烈士？怎么面对子子孙孙？怎么有脸活在这片土地上？你向日本人告发我，我不怕，大不了一死而已。但是，你也得不到什么，日本人并不因此对你有多大的信任，毕竟你是中国人，你对日本人再忠诚，日本人也只把你当作一条狗，用你一下，给你一块骨头啃啃，用过之后，他们就会把你一脚踢开。你不要来劝我，我倒要劝劝你，再不能这样下去，给自己留一点后路吧，把中国人的人格和骨气稍稍留一点，为祖国、为人民、为抗日做一点事，人民自有公论，历史自会公判。像你这样下去，是很危险的，当汉奸是没有好下场的。"

孙俊杰强颜笑着说："蔡虹，你讲的东西都是虚无的东西，还是看看现实吧，现实的情况是，你被关在铁笼子里面，而我却在外面自由地走着，这就是现实。你不承认你的失败吗？你要是不向我低头，不求我为你说几句好话，你的死期恐怕不远了。"

蔡虹义正气昂地说："为祖国、为人民，人虽死，精神犹在；为敌人效劳，人虽活着，但已经死了。"

孙俊杰只好说："好吧，我们倒要看看谁先死吧。"孙俊杰说不过蔡虹，只好灰溜溜地走了。

杨世才来到王正奎办公室，高兴地对王正奎说："孙俊杰到底把蔡虹抛出来了，这对我们来说是件大好事。"

王正奎说："是啊，蔡虹这次被孙俊杰揭发了，他是死是活，怪不到我们。他这一进去，吉野是不会让他活着出来的。这等于帮助我们杀人灭口了。"

杨世才说："蔡虹一死，我们做生意的事，就再也没有人知道了。"

"不过——"王正奎说，"我还是有些担心。"

"您担心什么？"

"你想一想，如果日本人不杀蔡虹呢，如果蔡虹在里面经不住拷打，把我们也交代出来了呢？"

"这完全有可能。人是经不得折腾的，何况是那些个无情的刑具。"

"你要赶快想办法，不能让蔡虹在里面待长，要尽快结束了他。蔡虹一天不死，我们一天脱不了危险。"

"我马上派人在监牢里干掉他，容易得很。"

"日本人看守森严，不让中国人接近。"

"我让倪孝和派一个和日本宪兵熟悉的人，混进去。找到蔡虹，一枪解决问题，不会弄出多大的动静。"

王正奎叮嘱："要派可靠的人去办。防止事情办不成，弄巧成拙。"

"放心吧。倪孝和派去的人，绝对没有问题。"

在吉野办公室，孙俊杰将和蔡虹谈话的情况向吉野报告。

孙俊杰说："蔡虹思想很顽固，我说了半天，没有效果。"

吉野并不意外，他说："共党分子，靠一两次游说是不行的，慢慢来吧。我再让他在里面吃些苦头，他才有可能回心转意。他这个人哪，很能干，很了不起，也很难对付。我们要想办法把他收服，就像诸葛亮收服姜维一样，成为我们的有用之才。当然啰，如果他坚持不配合，顽固到底，我们的忍耐也是有限度的。"

晚上，汪伪警察吴恭受倪孝和的派遣，来到日本宪兵队监牢。他一手提着一只烧鸡，一手提着一瓶酒，见到值班宪兵负责人小泉，满脸堆笑地说："小泉君，值班辛苦，我带瓶酒来犒劳犒劳。"

小泉一见烧鸡和酒，立刻兴奋起来，学着中国人的话说："好好好，米西米西。"

小泉放下枪，就在值班室里，两人摆开了酒菜。

这时，另一个宪兵小川闻到香味，也凑了过来，小泉对小川说："去，替我巡一会儿岗。"

小川不愿意地离去，一边走一边回头看看值班室。

监牢里是一间间牢房，里面坐满了"犯人"。小川无精打采地巡视着。

吴恭和小泉吃着，喝着。由于喝得太猛，小泉已经微醉了。

吴恭见小泉一副醉态，趁机问："小泉君，听说你们把青帮大佬蔡理虹也关进来了？"

小泉吃着鸡肉，含糊不清地说："他是共产党。"

吴恭故作好奇："共产党？他关在哪一号牢房？"

"二十号。你问这个干什么？"

"没什么，我只想见见他。"

"见他？"

"是啊。有人说共产党红头发、绿眼睛，跟俄国人一样。"

"你也相信这种话？"

"我也不相信，但是没有见过。"

"跟中国人长得一样，没有什么特别的。"

"能让我去看看吗？"

"不行，吉野大佐说了，蔡理虹要严加看管，不能让你们中国人靠近。"

"为什么，不相信我们中国人？"

"你们中国人是靠不住的。大佐说，敌中有我，我中有敌，要防止有奸细，你知道吗？"

吴恭苦笑地摇摇头说："看来，虽然为你们日本人卖命，你们还是不信任我们啊。"

"是啊，你们中国人，很复杂。"小泉摇摇头。

不一会儿，小泉吃得烂醉，倒在一边打着呼噜。吴恭见小泉醉了，就想离开。

但是小泉突然叫道："小川，小川。"

小川赶紧过来。

小泉说："你把蔡理虹看好，看好，我睡一会儿。"

小川答应着，一面抓一块吃剩的鸡肉。

吴恭想办法脱身，他对小川说："我去出个恭，您吃着。"

小川满嘴的食物，唔了一声。

吴恭沿着墙边朝前走，他没有去出恭，脱离了小川的视线，直奔二十号牢房。

在接近二十号牢房时，他掏出手枪，拉开了枪栓。

这时蔡虹一面在监牢里踱步，一面思考着问题，他的身上伤痕累累、血迹斑斑。

突然。蔡虹听到有人走步的声音，他侧眼一看，见一个汪伪警察向这边走来，他的右手插在裤腰处。根据蔡虹的经验，这是握枪的姿势。这引起了蔡虹的警惕。

吴恭朝这边走来，很快就要走到蔡虹的监牢门前，监牢没有门墙，只有铁栅栏，蔡虹立即用破毛毯把头、脸及身子盖住，睡在草铺上。

吴恭走过来，他发现有人睡在草铺上。为了验明正身，他轻声说："蔡理虹，蔡理虹，长官要我来救你，你出来，我们一起走，快。"

蔡虹第一个反应是战友来救他，但战友即使穿着警察服装，不会叫他"蔡理虹"；是青帮？也不对，青帮不称"长官"。这个人很奇怪，他手里握着枪，来者不善，可能是刺客，想杀人灭口。于是他不出声，从被缝里观察来人的动静。

吴恭见蔡虹不回答，就举起了枪。

蔡虹看清楚了，这是刺客无疑。

就在吴恭朝着蔡虹扣动扳机的一刹那间，蔡虹一个腾身跳了起来，吴恭的子弹打在草铺上。接着，蔡虹把毛毯罩向栅栏，挡住了吴恭的视线。吴恭照着蔡虹身体部位两次射击。但是，蔡虹早料到这一手，他将身子一偏，躲过了吴恭的第二颗和第三颗子弹。

枪声惊动了守卫的日本宪兵，一时枪声大作，宪兵朝这边跑过来。

吴恭以为击中了蔡虹，抽身就跑。

小川带着人冲了过来，大声喊："站住，干什么的？"并向吴恭开枪。

吴恭拼命逃跑，但是日本兵包围了过来，吴恭无路可走，只好越墙逃走。但小川一枪打中了他的腿，他掉了下来。

吴恭勉强站起来，但已经走不了了。

一个个枪口对准了吴恭。小川惊问："原来是你。"

吴恭连忙说："太君，别打枪，别打枪，自己人。"

小川把吴恭的枪缴了，带回值班室审讯。

赵强和俞珍此时在办公室一筹莫展。俞珍伏在桌子上哭泣。

俞珍问赵强："老板被捕，怎么办哪？"

赵强一脸无奈地说："劝他走，他不走，叫我们有什么办法？"

俞珍问："我们就这么看着老板被害吗？"

赵强说："我问我，我问谁？"

"平时你不是很有主意的吗？"

"我有什么主意，我现在是六神无主。"

过了一会儿，俞珍说："老板叫我们做好生意，这有什么意思？"

赵强想一想说："奇怪，鬼子这多么天没有到我们公司来捣乱，也没有查封我们的米行、商店，说明老板的身份还没有暴露，鬼子还不好贸然采取行动，是不是？"

俞珍点点头："有道理，看来老板十分坚强，敌人无法证实老板的真实身份。"

"如果是这样，事情或许有转机。"

"老板临走时叫我们做好生意，大概就是这个意思。但是老板在鬼子的监牢里，要忍受多大的痛苦啊。"俞珍又哭了起来。

赵强说："光哭有什么用？"

俞珍说："我们一定要把老板救出来。"

"怎么个救法？劫牢？老板又不同意我们这样做。张云潮去支队请示行动，到现在还没有回来，等他回来再说吧。"

正说着，肖大龙、董六等几个青帮进来。

肖大龙坐下来说："赵先生，外面有人传，师辈是共产党、新四军，而且是新四军的后勤部长。有没有这回事?"

"这怎么会呢?"赵强说，"我跟着老板十几年，我还不了解他? 他什么时候参加了共产党? 如果他是共产党，我们不也成了共产党吗?"

俞珍说："说老板是共产党、新四军，这是孙俊杰说的。孙俊杰这次护送粮食到武汉，中途被新四军截去了，孙俊杰不好向吉野交代，加上他和我们老板为了吴小姐，成了情敌，就向吉野说，是我们老板把运粮的消息告诉了新四军，一箭双雕，公报私仇。"

"原来是这么回事。"肖大龙说，"孙俊杰这人太可恶了，借刀杀人。如果蔡师辈是共产党、新四军，我们就不好说话；如果他不是，日本人无理抓人，我们青帮可不能袖手旁观，让人家笑话我们无能。"

董六说："是啊，我们要想办法救出师爷。就是救不出来，闹也要闹他一下，不能这么白白地让鬼子欺负，我们青帮也不是好惹的。"

赵强说："我赞成闹一下。一是劫牢，把蔡老板劫出来；二是上街游行，强烈要求他们放人，给日本人一点压力。两个计划同时进行。"

"行。"肖大龙对董六说，"你带几个打手，到时候冲它几个日本商店，烧他几面膏药旗。"

赵强说："我带人去救老板。"

"我们一起去。"俞珍说。

大家说定了。肖大龙和董六站起来离去。走到楼梯口，见张云潮从门口进来。肖大龙对董六说："这个人是谁?"

"他是省立中江中学的教师，叫张云潮。上次禁烟禁毒，闹学潮，抓杨署长游街的，就是他带的头。"

"怪不得有些面熟。"肖大龙说。

张云潮上楼，对赵强、俞珍说："支队领导指示，组织一次劫牢行动，一定要把蔡部长救出来，并且把他送到江北去。"

"我们想到一块儿了，刚才与青帮正是商量这事。"赵强把商量的计划告诉张云潮。

俞珍说："张老师回去后把学生组织起来，声势搞大一点。"

“行，我回去布置。”张云潮去了。

吉野办公室，松井在向吉野报告：“根据宪兵队的审问，谋杀蔡理虹的是倪孝和手下的人。”

“倪孝和？他为什么谋杀蔡理虹？”吉野感到奇怪。

“这当然是杨世才指使的，说不定背后还有王正奎。”松井说。

“这里面有什么阴谋？”吉野想一想说，“是否可以这样解释？王正奎、杨世才有把柄在蔡理虹手里，蔡理虹被抓起来，他们怕蔡理虹把他们的事交代出来，所以赶紧杀人灭口。”

松井：“完全有这种可能。如果蔡理虹是新四军，那王正奎、杨世才一定与新四军有勾结。如果不是新四军，那就是生意上与隆顺公司有联系。总之都是非法行为。”

“应该是这样。”吉野点头说。

“马上把倪孝和抓起来？”松井问。

吉野说：“不，暂时不惊动他们。先把这个警察处死，让王正奎和杨世才他们安心，今后要对他们严加监督。至于蔡理虹嘛，不允许任何一个中国人接近。”又问：“孙俊杰那边怎么样？”

“这些天没有什么动静，听说吴小姐和他大吵了一顿。”

“看来蔡理虹和孙俊杰为了吴小姐争风吃醋，应该是有这回事了。”

“应该说不假。”

“孙俊杰为什么把新四军的那个俘虏沉了江。以孙俊杰这样的聪明人，是不该把这么有力的证据毁掉的。”

“是啊，犯这样的错误，就不能简单地用‘疏忽’两个字来解释了。”

“有可能孙俊杰是在欺骗我们，他根本没抓到什么俘虏，就像蔡理虹说的，假公济私，借刀杀人。”

松井赞同地点点头。

“究竟蔡理虹是不是共产党、新四军，不要多少天，广本君就会调查清楚。”吉野说。

吴梦远自从蔡虹被捕，寝食不安。她除了痛骂一顿孙俊杰外，没有其他办法。万般无奈，她只好请求父亲去救蔡虹，尽管她知道父亲也是无能为力，但她不死心。她哭着对父亲说：“爸，您不出面救文然，文然就不能出来，说不定就会被处死。”

吴富梓说：“梦远，我何尝不想把文然救出来，他被捕后，我也是一样着急啊。可是有什么办法，文然不是一般的‘罪’，他这是与日本人你死我活的斗争，日本人能给我这个面子吗？上一次文然趁着我们宴请吉野队长的时候，用吉野和王正奎的车，把陈国宝一家送出了中江。为了这件事，吉野队长一直怀疑我窝藏共党，我这一去，不是窝藏也是窝藏，不是同谋也是同谋了。我倒不怕他们，只是得罪了日本人，你今后怎么办？”

吴梦远说：“爸，文然现在还没有承认自己是共产党、新四军，吉野一时还没有证据认定，所以人一直关在那里。您只装作不相信文然是共产党、新四军，这样好说话些。您尽管想尽一切办法把文然救出来，至于今后日本人对我们怎么样，您不要管那么远，目前救人要紧，再迟了就救不了。听说吉野已派人到江北了解文然的情况，一旦文然的身份确定，日本人就会对他下毒手。”

吴富梓叹道：“自从文然参加新四军，我就知道凶多吉少。”说着出门去了。

# 五十七、反战同盟

吉野正在办公室，一个士兵来报：“工商会长吴富梓先生到。”

吉野心想：“他来干什么？”嘴里说：“请他进来。”

吴富梓走进吉野办公室：“大佐先生。”

“哦。”吉野说，“吴先生，您坐，您坐。”

吴富梓坐了下来。

吉野假装关切地问：“吴先生，今天来有事吗？”

吴富梓说：“大佐先生，你们是不是把蔡理虹抓进去啦？”

“有这么回事。”

吴富梓说：“我想问问什么情况，他可是我女儿的男朋友。”

吉野看向吴富梓：“他是您女儿的男朋友？”

“是啊。我本来不知道，蔡理虹抓进去之后，我女儿急得没法，才把这层关系说出来。”

“很可惜，他是共产党啊，这一点您的女儿知道吗？”

吴富梓故作惊讶：“我想我女儿不会知道。他真是共产党？”

“是啊。”吉野说，“他不仅是共产党，而且还是重要人物，他是新四军的后勤部长。”

“后勤部长？”吴富梓假装很吃惊地说，“这么说他事情很大，有没有危害皇军的行动？”

“有。我们这一次让他给筹集五百吨大米，在转运途中被新四军劫去了，我们还损失了三十多个宪兵。”

“是蔡理虹干的？”吴富梓故意问。

“我们抓住了共军的俘虏，据俘虏交代，是蔡理虹报的信，俘虏告诉我们，蔡理虹是共产党，是新四军的后勤部长。”吉野说，“我们想蔡理虹是唯一知道运输大米的事，是他通风报信，应该没有疑义。”

吴富梓问：“大佐先生这个消息是从何而来？”

“是您的外甥孙俊杰，这还会有假吗？“

吴富梓说：“大佐先生，我说一句话仅供参考，我外甥孙俊杰和蔡理虹为了我的女儿双方不和，这事从他嘴说来，真实性就很难说。我想，蔡理虹应该不会是共产党、新四军。如果他是共产党、新四军，也不值得我来为他求情了。”

“好吧，我们再进一步调查。”吉野说，“如果不是，我们会放他回家的，您放心。即使他是共产党、新四军，也不要紧。看在您和我们长期合作的份上，也让他能有一个改正的机会。只要他从此为皇军服务，凭他的聪明和才干，还是很有前途的。”

吴富梓说：“大佐先生，如果他是共产党，我会叫我女儿断绝和他来往。如果不是，请您高抬贵手哇！不好意思，打搅了。”说着起身告辞。

吉野客气地把他送到门口。

街上，庞大的游行队伍在肖大龙、董六的带领下前进。学生们高呼：“坚决要求释放蔡理虹先生”“保护实业家”。

青帮徒众遇见日本商店，不分青红皂白，砸过去，有的放火烧了日本国旗。

日本宪兵和汪伪警察忙着抓人，但是游行者人多势众，宪兵和警察无能为力。老百姓把压抑在心中对日本人的痛恨发泄出来，街上一片混乱。

这时，赵强、俞珍、张云潮带着几个人来到监牢附近，他们翻墙而入。赵强、俞珍一人一个，打昏了两个看守的日军。在监牢里面，经过一番搜索，他们终于找到了蔡虹。

赵强、俞珍激动地说：“老板，我们来救你了。”

“你们怎么来了？”蔡虹很吃惊。

张云潮说：“政委、支队长指示，我们要不惜一切代价救你出去。”

俞珍带着工具撬铁门，一边说：“老板，快出来。”

“不要撬，我不出去。”蔡虹连忙制止。

张云潮说：“这是组织的决定，为了你的安全，也是为了革命事业。”

“不，我不能出去。”

“为什么？”

“我一出去，就不能在中江开公司了。”

“他们会害死您的。”俞珍说。

“不要紧，敌人到现没有抓到证据。我要再坚持一下，或许有转机。”

“你不能用自己的生命冒这个险，您现在不要想开公司的事，只要您能出去，一切都好办。”赵强说。

“我应该坚持一下。”蔡虹说，“只要组织没有暴露，日本人不好下结论，他们就没有理由不让我们开店，我们的事来还会做下去。我如果逃出去，就一切都完了。”

俞珍急得直哭说：“您不想想自己在这里有多么痛苦、多么危险。不管怎么说，我要把您救出去。”

“不，我不走。”

张云潮郑重地说：“蔡部长，我希望您服从组织安排。”

“将在外，君令有所不受，你们现在要听我的命令，赶快离开这儿。”

这时日本兵向这边跑来。

蔡虹说：“情况紧急，快走，不要管我。”

赵强、俞珍、张云潮只好离开了监牢，翻墙而去。

日本人冲过来，见蔡虹还在这里，这才放了心。

赵强、俞珍、张云潮冲出去正好遇上了肖大龙和董六。

肖大龙问：“蔡师辈救出来了没有？”

“没有，他不出来。”赵强说。

“不出来！为什么？”

“老板说，他不是共产党、新四军，怕什么？为什么要逃出来？”

“原来是这样。”

见日本人来了，几个人急忙撤离。

墙外的队伍仍在游行，抗议声一浪高过一浪。

吉野在办公室听取松井的汇报。

松井说："大佐君，上街游行的有一万多人，强烈要求释放蔡理虹，听说这一次是中江青帮干的。"

吉野点点头："看来中江青帮的能量还不小啊。"

"大佐君，我建议把肖大龙抓起来，打击一下青帮。"

"不，肖大龙不能动，青帮不能打击，会引起社会混乱。"

"难道就让青帮为所欲为?"

"青帮再闹，闹不出大的名堂。"吉野说，"我们不怕青帮闹，我们怕的是共产党、新四军闹，我最不放心的是蔡理虹。广本君很快就会把蔡理虹的情况调查清楚。如果证实蔡理虹是共产党、新四军，我就可以公开他的身份，将他处决。那时青帮也就没有话说，如果再闹事，就名正言顺地严厉打击他们。"

"大佐君，就算蔡理虹不是共产党、新四军，我们毙了他又如何？我们在南京杀了几十万中国人，我们到中江以来，也杀掉了四五千人，多杀一个蔡理虹，又有什么大不了的，何必再费那么多事情?"

"当时和现在不一样。"吉野说，"当时我们的方针，是用武力征服中国；现在我们的方针是武力和怀柔并用。实践证明，中国太大，日本的人力和物力有限，仅仅用武力难以征服中国，加上国际形势对我们不利，我们要尽快从中国战场上摆脱困境，所以要稳定局势，安抚人心，共存共荣。因此，我们对于蔡理虹，要讲究方法，做到有理有据。"

"大佐君，我处理蔡理虹，根本不要想得那么多，至于他是不是新四军，还不是在于我们嘴里怎么说？要使青帮无话可说，我们也可以制造一个蔡理虹畏罪自杀的假象，然后宣布蔡理虹是共产党、新四军，这样也能说得过去。"

"当然，中国有句古话叫'欲加之罪，何患无辞'，要给他定一个共产党、新四军的罪名容易，要杀他也很容易。各种方案，我都想过，但是不到一定的时候，我不会出此下策。"

这天，森增在办公室望着窗外流泪，窗外绿树成荫，鸟语花香，这些使他怀念起在东京那段和平安宁的日子。他思念家乡，思念亲人，更思念他的妻子。

这时福田进来，森增擦擦泪，但没有瞒过福田。

福田说："森增君，你有一个老同学来见你。"

"老同学，谁？"

"你见到就知道了。"福田手指门口。一个日本海军军官站在门前朝森增敬礼。"

"坂本君，你怎么来了？"森增感到意外。

坂本说："我刚从南京调来，担任安东舰舰长。"

森增问："南京调来几艘军舰。"

"两艘。一艘叫安东号，一艘叫安远号。安远号舰长是大内君，我兼管两个舰的指挥。"

森增说："这太好了，我们又在一起了。"

福田也感叹："真是'他乡遇故知'啊"

森增请坂本坐下，对福田说："福田君，通知一下厨房，中午做几个菜，我们要和坂本君好好喝几杯。"

餐桌上，森增、福田和坂本在一起边喝边聊。

坂本问："森增君，你离家几年了？"

"七年了。"

"家里有消息吗？你母亲、你妻子和兄弟姐妹们都还好吗？"

森增黯然，没有回答。福田向坂本使眼色，又摇手，示意叫他不要问。

坂本知道福田的意思，说："对不起，森增君。"

沉默一会儿，坂本问福田："你们一直在中江？"

"是啊。我们来到中国，就和森增君在这个地方，一待就是七年，整天守着一个军械仓库。"福田说，"坂本君，你在南京，消息灵通些？日本军队现在战绩怎么样？"

"情况不妙。"

"哦？吉野大佐天天告诉我们，皇军打了大胜仗。"

坂本说："你们在中国没有感觉到？过去我们打上海、打南京、打武汉，一路顺风，现在为什么不打呢？打不下去了。中国是一个大泥潭，日本军队像一条牛，如今陷在泥里面，已经浑身无力了。"

“是兵力不足?”

“兵力不足，财力不足。日本土地狭小，资源匮乏，后勤供应不上。为了摆脱困境，天皇批准向南洋进军，以夺取南洋的资源来支持中国战场。日本从国内强行征用几十万年轻女子到南洋当妓女，为帝国筹集资金。现在太平洋上日本的运输线又受到美国人的封锁。总部制定了以战养战的战略，从中国掠夺资源，维持中国的战争。同时又派出大量的年轻女子到中国卖身和贩毒，筹集资金。现在轴心国德国军队在战场失利，意大利已经投降，靠日本一家支撑，太平洋战场日军受挫，能支撑多久，不好说了。”

“这么说日本有失败的可能?”

“不是有可能，而是必然失败。”

“真是不敢想象。”福田摇头叹息。

森增突然唱起家乡的小调，其声音呜呜咽咽，像哭一样。

福田和坂本互相看了看，等森增唱过一段，福田说:“森增君，你去休息吧。”

福田和坂本把森增扶进房间休息，让卫兵照顾，两人走了出来。

野外，福田和坂本在散步。

福田说:“森增君全家的遭遇，使他受到了极大的打击，森增君再不是以前那个森增君了。”

坂本说:“是啊，在日本，许多平民家庭和森增君的家庭一样，这些年，我们付出了多大的牺牲啊!”

福田问:“坂本君对这场战争怎么看?”

坂本说:“不瞒老兄说，我是反对这场战争的。”

“我也是。”福田说，“我们在日本过得好好的，为什么要跑到中国来杀人?说是日本土地狭小，资源匮乏，为了拓展生存空间，就必须打中国，这种理由不能使人信服。我们与中国人平等贸易，不也可以获得我们所需要的东西，不也可以解决我们的资源不足吗?我们两个国家互通有无，不可以做到共同发展吗?‘杀人一万，自损八千’，实践证明，打中国得不偿失，对中国人是一场灾难，对日本人也是一场灾难。”

“是啊，福田君，日本国民反战呼声一浪高过一浪，当局对此进行了无情的镇压，在中国的日本军队中，也有一支秘密的反战同盟。”

“坂本君，你知道他们在哪儿?”

“你想参加吗?”

“如果有这个组织，我一定参加。”福田肯定地说。

“不瞒老兄说，就在您的身边。”坂本说。

“你?”福田不敢相信。

“是的，我就是在华日人反战同盟中江市负责人。”

“是吗，坂本君？请您收下我吧。”

“我同意收下您，如果有可能，我们还想发展一些人，我们的队伍要扩大，要发挥作用，要迫使当局早日结束这场痛苦的战争。”

“那么就把森增君也发展进来。自从他的家庭遭受种种不幸之后，森增君对战争已深恶痛绝，他一定愿意参加反战同盟。”

“好，你找一个机会和他谈谈。”

福田问：“我们下一步怎么行动?”

坂本说：“要和中江的中国政府代表联系上，尽可能地和他们采取统一行动。我刚来中江，还没有来得及去联系。”

“有目标吗？是国民党还是共产党?”

“那当然是国民党。上级组织已经告诉了我们联络的对象。”

“谁?”

“国民党中统驻中江地下工作站，站长叫丁潜。”

“他在哪里?”

“他在中江小九华山上的广济寺里，是一个假和尚，法名叫释空。”

“这个广济寺我常去，释空这个和尚我认识他。”

“你要是去和他联络，就带上这个联络暗号。”说着坂本从口袋里掏出一个手牌，递给了福田。

这天，广济寺行人不断，庙前烧香拜佛者甚多。

福田走进庙宇大门，他轻声问一个小和尚：“释空师傅在吗?”

“请您等一下。”小和尚向里面走去。

不一会儿领着一个胖和尚出来，他就是释空。

释空问："施主，您有什么事？"

福田说："我想做个法事。"

"好，后面静堂里谈。"

进入后面僧堂，两人坐下，小和尚上茶。

福田说："我是一个日本人，我想为我们即将灭亡的大日本帝国做个法事，超度它的亡灵。"

释空惊诧："先生，您这是在开玩笑吧？"

福田认真地说："我不是开玩笑，我认为日本帝国作恶太多，必然会走向灭亡。我应该为他超度，让他寿终正寝。"

释空说："对不起先生，我们寺庙里不涉及政治。"

"人生就是政治。"福田说，"你们普度众生，就是祈祷政治清明、人民得福。我虽然是一个日本人，但不是所有的日本人都是那么野蛮、那么残忍、那么好战。我是一个爱好和平和坚持正义的日本人，我们追求和平安宁幸福的生活。我要帮助中国人，和中国人一道反对日本政府这种残暴政策，你能帮助我实现这一理想吗？"

释空说："施主，我不知道你在说什么，我不能帮助你什么。"

福田说："我知道您是谁，你的真名叫丁潜，你是个国民党人，正是因为这样，我才来找你。"

"施主，你认错人了。再说我们出家人，四大皆空，脱离红尘了，请施主不要打扰我清静的生活。"

福田看他不相信自己，就从腰里掏出手牌。释空看了看说："您是'在华日人反战同盟会'会员？"

"刚刚参加，特来联系，以便统一行动。"

释空抓着他的手说："好，我们欢迎您。"

山上，释空和福田在散步。

福田说："……最近，日本的物资供应遇到了极大的困难。日本国内资源有限，太平洋上的运输船遭到盟军的阻截。日军一旦后勤供应不上，必然陷入困境，军事上就不可能再有大的作为。"

丁潜说："你刚才提供的情报很重要，我将尽快向重庆报告。"

# 五十八、“自杀表演”

这天，吉野在办公室接到日本驻上海领事馆的电话，说楠木将军即将到中江视察。吉野大感意外，又十分激动。意外的是楠木将军到小小的中江来，一定有重要公干；激动的是吉野作为一个小小的大佐，如果结识了楠木，对今后的前程会大有好处。吉野立即表示热烈欢迎，要求松井做好接待准备。

松井说：“楠木将军到中江来，一定有特殊任务？”

“当然，将军亲自来中江，绝不是游山玩水。”

这时，一个日本兵进来向吉野说：“报告大佐，广本君来信。”

吉野笑着说：“广本君一定是把蔡理虹的情况调查清楚了。”接过来信一看，果然不错。他对松井说：“孙俊杰说的对，蔡理虹就是共产党、新四军。他本名叫蔡虹，是新四军江北支队的后勤部长。”

“哟西！这个蔡理虹，真能装啊。”松井说。

“他竟然在我们的眼皮底下开公司、开商店，胆子真不小啊。”

“大佐君，既然事情已经清楚了，我们就可以公开处理蔡理虹了。”

“是啊。”吉野说，“我要在楠木将军来中江的时候，把蔡理虹处决，给楠木将军一个特殊的见面礼。”

“对，这样会加深将军对我们中江的印象。”

“我要让蔡理虹做一个‘自杀表演’，从四层楼上跳下来。我们说蔡虹是畏罪自杀，这样，中江青帮也就无话可说。楠木将军还能看到一场高空跳楼的精彩表演，让楠木将军高兴高兴。”

松井连忙赞同，说：“大佐君，这个想法太绝了。您看，前面不是一座四层大楼吗？就让蔡理虹从那上面跳下来，请楠木将军坐在办公室里观看，还真是既惊险刺激，又赏心悦目。”

一艘快艇从长江上溯流而上，到达中江港。吉野、松井、王正奎、孙俊杰、杨世才等到江边码头迎接，龟田、倪孝和、余克勤等带领日军和伪军站在码头两边列队恭迎。

快艇靠岸，楠木下船，吉野、松井大步迎了上去，向楠木行军礼。

楠木笑着说：“吉野君，干吗这么兴师动众的？”

吉野说：“将军是贵客，不得不如此。”

楠木和吉野握手，然后和松井握手。吉野介绍道：“这是松井君。”

松井说：“我们特别盼望将军来中江视察。”

楠木说：“我这次来不是视察，是来麻烦你们了。”

“怎么能说‘麻烦’呢？”吉野说，“将军有什么重要指示，属下敢不尽力。”并小声对松井说：“你去准备吧，把蔡理虹押过去，松开手铐。我在办公室做手势，你们就把他推下楼。”

松井说：“没问题。”然后招呼龟田同去。

楠木坐在车上对吉野说：“我这次来，是遵照远东司令部的命令，来搞粮食的。”

“搞粮食？”吉野有些意外。

楠木说：“上海现在最大的困难是粮食供应不上，几个战场都要求紧急调运粮食，我是焦头烂额啊！”

“有那么严重？”

“国内资源枯竭，海上航道被封锁，帝国处于极为困难的时期。我这次来，就是要紧急筹集两千吨大米运往上海，所以说，我这次来是要大大的麻烦你们了。”

“我们一定尽力办。”吉野表态说。

松井和龟田带着几个宪兵来到监牢，见到小泉。

松井说：“小泉君，蔡理虹最近交代了没有？”

“没有。他口口声声说是冤枉他，是遭人陷害。”

“他的共产党、新四军的身份已经确定，我们不要和他白费口舌了。”

“松井君，您说怎么办？”

“我今天来是奉吉野大佐的命令，要把蔡理虹解决了。

“解决了？毙了？”

“不是毙他，要是让叫他去做最后的表演，他不是很会演戏吗？”

“要他表演？”

“就是让他自杀。”

“自杀？他会自杀吗？”

“笨蛋，他当然不会自杀，我们要叫他自杀。”

“您打算怎么处置？”

“很简单，你把蔡理虹给我们，我们把他带到中江最高的大楼顶上观赏风景，然后把他推下去，就这么简单。”

“这可不叫自杀，这叫他杀，少佐先生。”

亀田看着小泉说：“你这个傻瓜，怎么杀都是杀，计较这个干什么？”

“明白。”

“行动吧。”

“是！”小泉领命。

在吉野办公室，吉野向楠木汇报了工作。

吉野对楠木说：“中江这一带大米是有的，但是一时筹集那么多就很困难，而且风险也很大。最近，我们根据南京方面的指示，在中江筹集了五百吨大米运往武汉，但是我们在押运途中遭到新四军的袭击，不仅大米被劫走，还损失了不少的士兵。”

楠木不解地问：“长江不是控制在我们手里吗？”

“是啊，长江主要是控制在我们手里，但我们不能保证时时处处的安全。我们的巡逻兵，不能不吃饭、不睡觉啊。特别是晚间，就更危险，新四军常常夜晚偷袭，防不胜防。”

“你们在船上没有派押运人员？”

“派了三十多个，结果只剩下几个军官。”

“是吗？那带队的是谁？”

“是中江警备司令孙俊杰大校。”

“孙俊杰？这个名字好像听到过。”

“就是那个从国民党军营里投诚过来的团长。”

“哦，想起来了，当时报纸上还赞扬过他，号召国民党官兵以他的榜样，弃暗投明。”

“是啊。”

“一个团长押运一次粮食都不行？”

“当然也有特殊原因。因为我们内部走漏了消息，我们的大米是隆顺贸易公司米行帮助我们购买的，而隆顺贸易公司董事长却是共产党、新四军，是他暗送消息，让新四军劫夺了这批大米的。”

“这个隆顺贸易公司董事长叫什么？”

“叫蔡理虹，我们已经把他抓起来了。”

“共产党、新四军在中江开贸易公司，在我们的眼皮底下做生意，你们都不知道？这也太麻痹大意了吧。”

“是啊，将军，这是我们的疏忽。再说，蔡理虹这个人神通广大。他的公开身份是上海隆顺贸易公司董事长，又是中江青帮大佬。隆顺米行是中江最大的米行，我们和他合作是正常的，上次购买五百吨大米，就是通过他筹集的。但谁知他一面为我们购买大米，一面又暗通新四军呢。”

“他本人怎么说？”

“他本人不承认他是共产党、新四军，也不承认是他暗送消息。”

“你们抓到了证据吗？”

“没有，但是他是共产党、新四军的真实身份已经查明。”

“你们打算怎么处理他？”

“我们决定把他处置了，作为献给将军的见面礼。”他拉开窗帘，向对面的大楼上眺望。

楠木问：“你们搞什么名堂？”

“我们请将军欣赏一个共产党人跳楼自杀的壮举。”

“你们叫他跳楼自杀？”

“对。因为蔡理虹是中江青帮大佬，为了不使青帮闹事，我们导演一个蔡理虹畏罪自杀的场面，好堵青帮的口。”

楠木点点头：“想得好。”

这时，松井，龟田、小泉、小川带着几个士兵来见蔡虹，他们打开铁门。

松井说："蔡先生，吉野大佐让我来请你。"

"吉野请我？"

"是啊，跟我们走吧，吉野大佐在等您哪。"

蔡虹觉察到松井不怀好意，怀疑日寇将秘密处决他，就说："我是无罪的，你们要公开释放我，我才能出去，我现在不出去。"

松井说："吉野大佐会公开释放你的，走吧。"

"不，我不走。"蔡虹说。

松井上前解释说："吉野大佐想和你谈谈，这是你最后一次机会。不管你是什么意见，总得要和吉野大佐见一下吧。"

蔡虹问："在什么地方？"

松井说："到地方你就知道了。"

蔡虹看不像是押赴刑场的样子，估计这一次不会有事，就同意了。

他们出了监牢，来到一座大楼下。松井说："就在上面。"他们直入大楼，沿着楼梯向上走。

大家簇拥着蔡虹上了四楼顶上的平台，这在中江算是第一高楼了。

到了楼顶，蔡虹问："吉野大佐呢？"

松井指着对面的日军司令部办公室说："请看，大佐君在那边，他马上过来。"

顺着松井指引的方向，蔡虹看到对面窗口开处，隐约可见吉野和楠木坐在办公室里。

松井在楼上向吉野做了一个手势，表明人已带到，等候命令。

吉野看到了松井的手势，朝这边做了一个下劈的动作。

这个动作逃不过蔡虹的眼睛，他立刻警觉起来。

这时龟田对小泉说："小泉君，给蔡理虹解下手铐。"

小泉向小川使了一个眼色，两人解开蔡虹的手铐。与此同时，小泉、小川突然蹲下身子，抱住了蔡虹的两条腿。

蔡虹立刻识破鬼子的阴谋：他们想把他扔到楼下去。他急忙抱住日本兵的两颗脑袋，腿上一个下蹲动作。日本兵不料蔡虹有如此神力，一下子坐倒在地上。蔡虹就势抓住两颗日本兵的脑袋，相互一撞，两个日本兵惨叫一声，倒在两边。

亀田一看不妙，下令："上！"其他日本兵围了上来。

下楼的通道已经封死，十几个日本兵上前来拿蔡虹。蔡虹一顿拳脚，日本兵纷纷倒地。

松井大怒："抓住他，把他扔到楼下去。"一场混战在楼顶上展开。

吉野见松井迟迟未把蔡虹推下楼来，十分着急。他向窗前跨了几步，发现亀田带着几个日本兵正在和蔡虹厮打。

"笨蛋，这么多人抓不住一个蔡理虹。"吉野嘴里嘀咕。

楠木上前看了看说："这就是那个蔡理虹？隆顺贸易公司董事长，中江最大的米行老板？"

"就是他。"

"我看他武功非凡，是个了不起的人啊。"

"是啊，他如果不是共产党，我都想过把他争取过来，为大日本服务。"

"你的想法很对。我看，还是不处死他吧，留着这个人有用处。"

"留着他？"

"对。我这次来的任务是紧急收购大米，这个任务靠谁？靠米行老板呀。杀了蔡理虹，我们找谁为我们购大米呢？"

"可他是共产党、新四军。"

"他不是没有承认吗？我们也就当不知道。"

"如果把蔡理虹放出来，这不就证明我们抓错了吗。"

"抓错了就放，这不很正常吗？"

"蔡理虹逃走了怎么办？"

"我们把他监控，他逃到哪里去？"楠木说，"我们现在需要有人为我们筹集粮食。放了蔡理虹，就说我们抓错了，向他赔礼道歉，然后要求他与我们合作，为我们购买两千吨大米。他敢不执行吗？"

吉野想了想说："将军，您的话我听明白了，我们把蔡理虹放出来，让他在我们的掌控之下，逼着他为大日本帝国服务，这是一个好主意。"

楠木说："等到两千吨大米筹齐了，或者到了我们不再需要他的时候，我们再处理他，不是很好吗？"

“对对对。蔡理虹掌握在我们手里，怎么利用，怎么处置，我们随心所欲。到了我们要处理他的时候，再把他共产党、新四军的身份公布出来。”

“这叫就地取材，物尽其用。”

吉野连连称赞：“高明。”他走到窗前，向松井做着停止行动的手势，但是对面战斗正在激烈时，谁也没有注意。吉野只好紧急派一个士兵，跑步到对面楼上去传话。

楼上仍在激烈地打斗，几个日本兵被打得趴在地上动弹不得，直喘粗气。

传令兵爬上四楼，气喘吁吁地喊：“龟田君，不要打了，不要打了。”

松井问：“怎么回事？”

“大佐君命令，不许伤害蔡理虹先生。”

“什么？”松井十分意外。

龟田就坡下驴，命令士兵：“停下。”

众日本兵狼狈不堪地闪到一边。

龟田对歪着头的小泉和小川说：“送蔡理虹回监牢。”

回到吉野办公室，松井向吉野报告：“要不是蔡理虹功夫好，他早就摔死了。”

“那就不得了，要误大事。”

松井问：“大佐君怎么改变了主意？”

吉野说：“不是我，是楠木将军。”

“楠木将军？”

“是我要求不杀蔡理虹的。”楠木说。

蔡虹回到监牢，发现他的待遇明显好转，日本宪兵对他也客气多了。蔡虹感觉情况有重大变化，日本人要利用自己。他开始盘算如何抬高身价，把架势做足。

这天，龟田走过来打开铁门，叫道：“蔡理虹，出来，这一回吉野大佐真的放你出去了，我带你到大佐办公室去，你要当面谢谢他。”

蔡虹却冷冷地说：“放我出去，不是说我是共产党、新四军吗？”

“没人说你是共产党、新四军了，你出去吧。”

“不，我不出去，谁把我抓进来的，谁把我请出去。”

“谁把你关进来的？当时是孙俊杰说你是共产党、新四军，现在吉野大佐说你不是，放你出去，还不便宜你？”

“事情没说清楚，孙俊杰把我关进来是陷害我，如今要叫孙俊杰来请我出去。我要他向我公开道歉，我不是共产党、新四军，是他冤枉了我。我要堂堂正正、光明正大地走出去。否则，我背上个共产党、新四军的嫌疑，太没面子，不好做人，所以，孙俊杰不来，我是不走的。”

龟田深感意外，他说：“你不出来，好吧，那你就待在里面吧。”他锁上门扬长而去。

龟田来到吉野办公室报告说：“蔡理虹他不出来。”

“什么，他不出来。他说什么了？”吉野诧异地问。

“他说，当时孙俊杰陷害他，说他是共产党、新四军，现在要他出去，必须有孙俊杰公开向他道歉，声明他不是共产党、新四军，请他出来才行。要不然，他背了个共产党、新四军的嫌疑，没有面子，不好做人。”

“哼，这个滑头，得了便宜还卖乖。”

松井说：“孙俊杰说他是共产党、新四军还冤枉他了？既然他不出来，那就让他待在那里吧。”

“不。”楠木说，“处理事情要以大局为重，我们为什么要放蔡理虹出来，难道是我们抓错了吗？不是。是因为我们不敢杀他吗？也不是。我们放他出来，是要他为我们办事。”

“对，”吉野说，“小不忍则乱大谋。”

楠木说：“蔡理虹不承认他是共产党、新四军，好嘛，我们也不说他是，就让孙俊杰向他赔礼道歉，给他面子，这总可以了吧？如果蔡理虹出来后，不和我们合作，不是共产党、新四军又是什么？这个嫌疑就是他自己加上去的。”

“将军高明。”吉野说，“我们就将计就计，放他出来，看他蔡理虹怎么表演。”

# 五十九、昂首出狱

孙俊杰正在办公室。龟田进来对他说："孙司令，吉野大佐叫你去把蔡理虹从监狱里接出来。"

孙俊杰看着龟田，不相信自己的耳朵："把蔡虹接出来，为什么？他是共产党、新四军，是杀无赦的罪，怎么能把他接出来呢?"

龟田说："吉野大佐说，没有证据说明蔡理虹是共产党、新四军。我们不应随便怀疑一个人，蔡理虹是良民大大的，应该把他放了。我们抓错了人，就应该向他赔礼道歉，把他接出来。"

孙俊杰冷笑一声："蔡理虹是良民大大的？亏你说得出来？他就是共产党、新四军，这不是怀疑，这是事实。如果他不是共产党，我敢用脑袋担保。"

"在事实面前，脑袋是不值钱的。事实要有证据，孙司令，不能用情绪说话。"

"这么说，你们不相信我的话，相信蔡理虹的话，真的认为是我说假话，陷害他了?"

"孙司令，其他的话就不说了，叫你去接他出来，你就去接他出来，这是吉野大佐的命令。"

孙俊杰说："蔡虹是你们抓的，你们关的，要放你们放，要接你们接，为什么叫我去接他?"

龟田说："本来是我去放他的，可是他不出来，你叫我怎么办？蔡理虹说，他不是共产党、新四军，是你孙司令陷害他，让他受了这份罪。现在，既然认定我们抓错了，那就让谁说他是共产党、新四军的人向他赔礼道歉，公开申明他不是共产党、新四军，这样他才能堂堂正正、光明正大地走出来，否则，他就太没面子，出来不好做人了。在这种情况下，吉野大佐才决定让你去一下。”

“他这种无理的要求你们竟然也同意。”

“这个是非我们就不说了，你就执行吉野大佐的命令吧。吉野大佐还摆了一桌宴席，要为蔡理虹道歉压惊。你把蔡理虹请出来，我还要亲自送他到吉野大佐办公室去，就这样，知道了吗？我走了。”

龟田走后，孙俊杰发火摔掉了茶杯。

余克勤进来。孙俊杰说：“这日本鬼子真是翻手为云覆手为雨，这不是存心让我难堪吗？把我搞得里外不是人。我为他们卖命真不值得。”

余克勤劝道：“司令息怒，以大局为重，想开点。”

“我就是不去放蔡虹，看他们能把我怎么样？”孙俊杰赌气说。

“司令，吉野大佐的命令，我们不能不执行。受委屈是小事，失去皇军的信任可是大事啊!”

孙俊杰想了想没有办法，只得来到监牢来见蔡虹。

蔡虹坐在草铺上不理他。孙俊杰说：“蔡虹，吉野大佐宽宏大量，要你出去，你应该高兴了吧?”

“凭什么要我出去，我不是共产党、新四军吗?”

“你是不是共产党、新四军暂且不说了，你先出去，以后好自为之吧。”

蔡虹说：“要我出去行，必须有两个条件：一、你孙俊杰必须公开声明，我蔡理虹不是共产党、新四军，是你说错了，向我赔礼道歉，恢复我的名誉；二、组织一个欢迎仪式，让我堂堂正正、光明正大地走出监牢。否则，我不会出去。”

“你真会做戏。让我公开声明你不是共产党、新四军，这我办不到。你是不是共产党、新四军，你心里有数，我心里也有数，总有一天会真相大白。”孙俊杰冷笑。

蔡虹说：“我当然心里有数，这是你对我的诬告、陷害。解铃还须系铃人，你必须道歉，恢复我的名誉。”

孙俊杰气愤地说：“你想得真好。我孙俊杰要是给你这个共产党、新四军的后勤部长公开道歉，说你不是共产党、新四军，是我诬陷了你，这不是睁着眼睛说瞎话，自打嘴巴吗？太阳从西边出来差不多。”

“你不愿道歉，我就不出去，看看太阳是从东边出还是从西边出。”

“那就让你一直待在这儿吧。日本宪兵队没有把你枪毙，你倒神气起来了，我倒要看看你能神气到哪一天。”

孙俊杰气愤地去找吉野。吉野问：“蔡理虹出来了没有。”

“他不出来。”

“他不出来，你去请他还不出来？”

“他说要我公开声明，他不是共产党、新四军，还要我组织一个欢迎仪式，请他出来。我能声明他不是共产党、新四军吗？我能组织一个欢迎仪式吗？叫我公开说这样的假话，我做不到。“

吉野和楠木互相递了一下眼色。

楠木插话说：“你说他是共产党、新四军，没有人证物证，不能成立，他自己也没有承认，怎么能说他是共产党、新四军呢？”

孙俊杰说：“我相信，大佐派人到江北新四军驻地了解一下，一切就会明白。”

“这个问题会有结果的。”吉野说，“但是我们现在不在这个问题上纠缠。蔡理虹让你公开声明，搞一个欢迎仪式，你就照他说的去做吧。我们把他放出来，不是不想杀他，而是要让他出来为皇军服务。同时，我们还会继续监视他的一举一动，蔡理虹跑不了，一切都在我们的掌握之中。一旦我们取得了有力的证据，我们就会对他采取措施。你明白了吧？”

“明白。”孙俊杰说。

“按照将军的意见办，执行去吧。” 吉野命令。

孙俊杰敬礼：“是。”

孙俊杰只好按照楠木的要求组织了一个欢迎蔡虹出狱的仪式。仪式由龟田主持，孙俊杰致欢迎词。原计划参加者尽量少些，影响尽量小些，但是青帮很快就探听到了消息，并把它传扬开了。赵强、俞珍也知道了。监牢大门前来了好几百人，有城市居民、学生、工人。

学生们打出了“热烈欢迎蔡先生凯旋”的标语。

青帮徒众打出了“大功不容抹杀，清白不容玷污”“还我师爷”的标语。

赵强、俞珍和张云潮那边，打出“保护公民权，善待实业家”的标语。

龟田只好出动日本宪兵和汪伪警察维持秩序。为了表示诚意，龟田叫人搭建了一个讲台，从监牢门口一直到讲台上都铺了红地毯。

孙俊杰、余克勤、赵强、俞珍、张云潮、肖大龙、董六、杨世才、倪孝和、龟田等都恭恭敬敬地站在那里。吴梦远也来了。

监牢门打开了，众人引颈而望，从早晨到晌午，只不见蔡虹出来。

龟田终于忍不住走上前说：“蔡先生，请出来呀。”

蔡虹说：“请你传个话，让孙俊杰把公开声明的讲稿给我看看。”

龟田只好去对孙俊杰说：“孙司令，蔡先生要你把公开声明的讲稿给他看看。”

“什么？还要讲稿，我没有。”孙俊杰没好气地说。

龟田说：“孙司令，不见讲稿，蔡先生是不出来的。”

“他不出来吓着谁？让他在里面待着好了。”

“可吉野大佐和楠木将军中午在望江楼请蔡先生吃饭，耽误这事——”

吴梦远站在孙俊杰身边，哼了一声对孙俊杰说：“你这是脚上的泡，自己走的，怪谁？还不快去写，耽误了大事，没有你的好果子吃。”

孙俊杰没有办法，只好对身边的余克勤说：“参谋长，去给我写一个声明稿子来。”

余克勤很不情愿地去了。

不一会儿，余克勤把声明稿递到孙俊杰手里，孙俊杰扫了一眼，交给了龟田。龟田急忙前去递给了蔡虹。

龟田说：“蔡先生，声明稿已写出来，请你过目。”

蔡虹接过声明稿粗粗地看了看，突然把声明稿撕得粉碎，扔到地上。

龟田连忙上前问：“蔡先生，你怎么把声明稿撕了？”

“上面没有‘蔡理虹不是共产党、新四军’的话，没有这句话，不能证明我的清白，我不出去了。”蔡虹愤愤地说。

龟田无奈，只得跑过来对孙俊杰说：“孙司令，你这是给我为难呀。你看，大家都在等着呢。”

孙俊杰气愤地说："笑话，蔡虹不出来，反倒怪到我头上来了？"

龟田问："你说我能怪谁？"

孙俊杰没有办法，只好对余克勤说："你去重写一个，加上刚才说的那句。"

余克勤为难地说："这——"

孙俊杰叹口气说："去吧，'小不忍则乱大谋'，来日方长嘛。"

余克勤只好去写。

又等了一会儿，只见一个日本兵跑过来对龟田说："松井中佐问，蔡理虹出来了没有，中佐说，这点事情怎么都办不好，楠木将军等得着急了。"

"你看，又怪到我的头上了。"龟田对孙俊杰说。

这时，余克勤终于来了，他照例把稿子给孙俊杰过目，孙俊杰看也不看，就气愤地交给了龟田。龟田看了一下，这才把稿子交给了蔡虹。蔡虹认真地看了一下，脸上露出一丝微笑，把稿子还给了龟田。

"蔡先生，现在你满意了吧。"龟田转身把稿子还给了孙俊杰。

这时，蔡虹在监牢门口整整衣服，用五指梳梳头发。

龟田见状，立刻把讲台上的闲人驱赶开来，并用手势要求孙俊杰上台，然后和倪孝和带着日本宪兵和汪伪警察，列队恭迎蔡虹出来。

学生和青帮徒众放起了鞭炮，吹起了洋号。

这时，蔡虹站在监牢门前，微微一笑，春风满面、大摇大摆地走了出来。满场掌声四起，蔡虹向大家招手致意，健步登上讲台。用目光扫视了一下吴梦远、孙俊杰、杨世才等人，并对台下的肖大龙、赵强、俞珍、学生、青帮徒众亲切地招手。顿时满场一片欢腾。

蔡虹站定之后，龟田安排孙俊杰讲话。

孙俊杰就着稿子照本宣科地念："各位朋友，各位同志，各位同仁，今天，我们在这里举行隆重仪式，无罪释放蔡理虹先生。对于蔡先生蒙冤收监，我们深表遗憾。经查实，蔡先生不是共产党、新四军，而是一个守法良民和对社会有功之实业家，故遵照皇军之命令，给予举办隆重的出监仪式，以表歉意。我本人曾经对蔡先生有过误解，亦向蔡先生表示道歉。希望蔡先生出监后，以大局为怀，抛弃个人恩怨，继续为国家富强出力，为东亚共荣作出新的贡献。"

接着蔡虹讲话，他说："各位朋友，各位弟兄，今天，大家前来参加蔡某的出监仪式，我深表感谢。这么多天，蔡虹身受不白之冤，精神上和肉体上都受到了极大的创伤。这件事情的起因，则完全是出于个人恩怨，而其结果，是造成了对一个正直的国人的侮辱，和对一个守法实业家的打击与迫害。这是我们中国人窝里斗的一种表现，此种行径亦为邻邦所不齿。蔡某承蒙大家的关心与声援及皇军的明察，终得出监，不白之冤终得洗清，我们为社会所作的贡献，亦得到社会各界的肯定，从这个意义上说，坏事变成了好事，为此我由衷地高兴。出监之后，过去的一切不再重提，过去恩怨一笔勾销，本人将一心一意致力于实业救国之善举，把我们的隆顺贸易公司办好，让我们的事业有更大的发展。"

掌声和欢呼声不绝。

这时一辆小轿车鸣着汽笛开过来，车上下来一个日本兵，他用中国话说："报告蔡先生，吉野大佐请您去赴宴。请上车吧。"

"好。"蔡虹上车，大家热烈欢送。

孙俊杰气得无处可诉。

吴梦远看着孙俊杰说："俊杰，你想想，你不是蔡虹的对手，你做了一件多大的蠢事啊。"

在望江楼饭店的大餐厅里，丰盛的酒宴摆开了。出席的有楠木、吉野、松井、王正奎、杨世才和孙俊杰等人。

龟田陪着蔡虹来到大厅，所有的客人都站起来。

吉野说："欢迎蔡先生。"

大家鼓掌。

吉野对楠木说："将军，这就是我向您介绍的蔡理虹先生。"又向蔡虹介绍，"蔡先生，这是大日本楠木少将。"

蔡虹上前与之握手。

楠木说："蔡先生大名，敝人已久仰。"

蔡虹说："我也久仰楠木将军。"

"不好意思，我们让蔡先生受了一些委屈。"吉野说，"现在终于真相大白，我向蔡先生表示道歉。"

“事情是由我们中国人之间的恩怨造成的，大佐先生不必客气。”蔡虹轻描淡写地说，同时眼睛瞄了一下孙俊杰，孙俊杰气得把脸扭向一边。

大家坐下。楠木说：“中国有句古话叫‘不打不相识’，我觉得经过这一次误会，我们增进了彼此的了解，将来一定有更好的合作。”

“是啊。”吉野说，“蔡先生可是很有能量的人哪!”

蔡虹说：“大佐先生过奖，本人也只是草民一个，力量有限。今后许多事情还望大佐先生和楠木将军多多扶持。”

“好说，好说。”楠木说，“你们之间的谅解和合作，充分体现中日之间的互利共荣。我提议，为了我们的谅解和友谊，干杯!”

大家一起响应举杯。

酒过三巡，楠木说：“蔡先生，我们虽然素未谋面，但我早就对先生的才华和胆识十分欣赏。”

蔡虹说：“楠木先生过奖了。”

“蔡先生，”楠木说，“我虽然是军人，但也是做生意的人，我们来合作一下好不好?”

“愿为楠木先生效劳。”

“好，说得痛快。蔡先生，比如中国盛产大米，组织货源想是蔡先生轻车熟路的吧?”

“楠木先生，我是做小本生意的。”蔡虹说。

“不对。”楠木说，“蔡先生是做大生意的人，上次五百吨大米，蔡先生不是说筹就筹到了吗?”

蔡虹说：“楠木先生，那是吉野大佐下的硬任务，王会长、杨署长鼎力帮助。再说，如此重要的任务，不完成不行哪!”

“蔡先生。”楠木郑重地说，“我楠木能不能给蔡先生下一个硬任务呢?”

“当然，楠木先生下达的任务，更是义不容辞。”蔡虹表态。

“好，蔡先生有你这句话，我们就合作定了。”

蔡虹说：“楠木先生，做大生意要大本钱，就眼前来说，中江贸易公司的生意之所以做不上去，主要是我们缺少资金，也没有船队，如果日本银行能给我们贷款，我们增加几条铁船，生意就大不相同了。”

“蔡先生，钱的问题、船的问题，都是没有问题的，只要有货源，一切都好办。”楠木爽快地说。

“好，有楠木先生这样的话，我的胆子就大了。”

“我就需要蔡先生这样的话。”楠木举杯。

大家共同干杯。

楠木轻声地试探蔡虹说：“蔡先生，新四军那边的生意你敢不敢做?”

蔡虹正色说：“那个风险太大，搞不好有通敌嫌疑，得不偿失呀。楠木先生，我辈可是良民大大的呀。”

“蔡先生。”楠木说，“我说的不是假话，我真希望能和新四军做生意。我们和重庆国民党在做生意，为什么不能和新四军做生意呢?”

“不知道做些什么？怎么个做法?”蔡虹假装糊涂。

“新四军占领广大的农村，农业产品在他们那里有优势，我们就是要和新四军做粮食生意，做农产品生意。”

“新四军会和我们做生意吗？他们不怕皇军只要货不给钱?”蔡虹故意问。

“不会，我们做生意公道公平，讲究信用，一手交钱，一手交货。”

“这个风险太大，如果皇军到时说我是通共通匪，我就是跳到黄河里也洗不清了。”蔡虹假装有些动心。

“政治是政治，生意是生意，两者不能混同。”楠木说，“蔡先生如能打通与新四军的贸易渠道，这对我们来说，是一件大好事呀。”

吉野见楠木与蔡虹谈得十分投机，说：“看来，楠木将军与蔡先生一见如故，真是有缘，你们可别只顾着谈话，忘了喝酒啊。”

楠木说：“好好好，喝酒喝酒。”

饭后，楠木、吉野把王正奎、杨世才召到办公室，分别给他俩布置了任务。最后，楠木严肃地说：“筹集大米的任务，时间紧急，必须限期完成。如果一个月以内不把大米筹集，到时候我们就要治蔡理虹的罪，你们也有连带责任哟。”

蔡虹回到隆顺贸易公司，赵强、俞珍摆酒一番庆贺。

蔡虹说：“日本人把我放出来，是急于要我们给他们买粮食，说明日本鬼子日子越来越不好过。”

“老板，我们又要给日本人买粮食吗?”俞珍问。

“买了粮食，我们还能夺回来?”赵强也担心。

“走一步看一步吧。”蔡虹说，“我们如果拒绝给日本人买粮食。他们就会翻脸，我们在中江就待不下去了，但是给日本买到了粮食，就有一个夺回来的问题。”

“敌人买粮食往哪里运?”俞珍问。

“这次是往上海。”

“上海是下水，日本对江面上控制更严，我们不好夺。”赵强说。

“车到山前必有路，再困难也不会让日本人把粮食运到上海。”蔡虹想了一想继续说，“现在第一步，我们要将计就计，趁着机会提高要价，把家业壮大。”

“怎么壮大?”赵强问。

“一是要钱，二是买船。”

“要钱，买船?”俞珍也感到新鲜。

“对。赵强，你打一个报告，要求贷款五千万元。”

“五千万，我的天，老板，我们贷这么多钱做什么?”

“买它十条大铁船。”

“十条大铁船?!”

“对。”

“日本人会贷款给我们吗?”赵强问。

“日本人急于取得粮食，完全有可能贷款给我们。”

“我们怎么还?连利息也付不起。”俞珍说。

“不要怕，我们只顾狮子张大口。贷款是一回事，还贷又是一回事。只要把日本人的钱弄到手，把船买回来，就是胜利。”

“日本人逼我们还贷怎么办?”俞珍问。

“那我们就请日本人再贷款，用贷款还贷。”

“这不是滚雪球吗?债务越背越重。”

“对，就是滚雪球，把债务越背越重，重到我们无法还清的时候，日本人对我们也束手无策了。”

“日本人会查封我们，逼我们破产的。”赵强说。

“放心吧，只要日本人想要我们继续给他们买大米，他们就会继续支持我们，不会让我们破产。所以，只要我们能贷到款，就尽量贷，数额越大越好，超出了我们的偿还能力，我们就和日本人绑在一起了。”

赵强、俞珍互相望望，感到蔡虹的计划深奥又新奇。

蔡虹说：“我的想法是，表面上我们为日本人办事，实际上我们是为自己部队办事。我们用为日本人买大米作掩护，用日本人发给的特别通行证，加紧购买和运输部队紧缺物资。”

“这么说，我们本来有王正奎、杨世才这个合作渠道，现在又增加了与楠木、吉野的合作渠道。”赵强说。

“对，我们的路子更加宽阔，我们的实力更加壮大，我们能发挥的作用也就越来越大。”

“这叫敌中有我，我中有敌。‘明修栈道，暗度陈仓’。”赵强说。

“不错。但是敌人也很狡猾，我们要警惕鬼子到时候‘卸磨杀驴’，我们也要准备随时‘弃船登岸’，但在这之前，我们要狠狠地捞他一把。”

“老板，您真是对敌斗争的高手。”俞珍说。

# 六十、大米交易

江边码头，十艘大铁船开了过来。这是利用日本人的贷款买来的，由赵强亲手操办。船靠了码头，赵强兴奋地在船上向蔡虹招手："老板，船买来了。"

俞珍赞道："好大的船呀！这一下我们真是家大业大了。"

蔡虹察看了一遍，对赵强说："赵强，从今以后，你就是我们中江船运公司经理了。"

"船运公司？"

"对，这么一个大的船队，不成立船运公司行吗？"

俞珍故意说："老板，你怎么把什么好事都给赵强？"

赵强很得意地对俞珍说："你不服气吗？"

蔡虹说："赵强搞船运，商店、旅馆加米行这一摊子，就会由小俞负责。"

"赵强不干的事，才轮到我，我不干。"俞珍撒娇道。

"哪能不干呢。"蔡虹说，"你们两个，一个组织货源，一个运输，我们的生意就配套了。"

俞珍说："老板，王正奎派人送话，说我们款也贷了，船也买了，现在要抓紧买大米了。"

"别急。"蔡虹说，"让王正奎来找我。我到时候还要和他谈条件，哪能轻易为他们买大米呢。"

正说着，王正奎、杨世才来了。

王正奎急切地说："蔡先生，大米什么时候能买到？"

"别急，我正在想办法。"

“蔡先生，皇军催得很紧，能不能再快一点？”

“我也是想快一点，可是，事情不能你想怎么样就怎么样，剃头挑子一头热不行啊。”

“还有什么问题吗？”

“我最近各个地方跑了一下，现在不仅大米缺货，而且米价也在涨呀。”

“米价涨一点倒是小事，就是能不能保证到货？”王正奎说。

“那谁也不能保证呀，况且不是小数字，两千吨哪！”

王正奎叹道：“要是一个月之内大米办不齐，我们都要倒霉了。”

“那也没有办法，只好请皇军另请高明吧。”

“蔡先生，您可不能说这样的话。”王正奎说，“吉野大佐和楠木将军给了您那么大的支持，贷款、买船，把过去一个小小的贸易公司变成了一个大公司了。如果大米不能及时买到，就辜负了他们的希望啊！”

“俗话说‘心急吃了不了热豆腐’”。蔡虹说，“我难道不想快一点，可是货源不足，‘巧妇难为无米之炊’，你们也要为我想一想。再说，我们买大米的钱还有缺口，我正在焦头烂额呢。”

“皇军不是批了你五千万贷款吗？”

“那怎么够呀？五千万大都买铁船用了，现在大米又涨了价。”

王正奎想了想也无奈，说：“这样，我向吉野大佐汇报，再给你贷点款行吧？但是蔡老爷，你这买米的事千万不能耽误，如果误了大事，我们都要掉脑袋家。”

蔡虹淡淡一笑：“如果掉脑袋能筹到两千吨大米，我也愿意为皇军贡献一颗脑袋，可是这不是掉脑袋就能解决的事，不是吗？”

杨世才说：“楠木将军说了，江北新四军那边是产粮区，听说新四军还有一大片开垦农田，粮食是大丰收了，能不能和新四军联系联系，做做新四军的粮食生意。”

蔡虹哼了一声：“杨署长，你是在出主意呢，还是支我上当？新四军是敌对军队，能和人家沾吗？”

“这是楠木将军说的。”杨世才说，“天地良心，我想帮你都无从下手，我怎么会支你上当的呢？”

蔡虹说：“楠木将军要买大米，什么话都可以许诺，找新四军，找国民党他都会同意，但是将来大米买成了，他突然翻脸，要追究我们通匪之罪，我能洗得清这个罪名吗?”

“那是不会的，这您放心。”王正奎连忙说，“楠木将军是有身份的人，讲话是算数的。”

“是啊，毕竟你是为皇军做好事啊。”杨世才也帮腔。

“那也很难说。”蔡虹说，“日本人翻手为云、覆手为雨、卸磨杀驴的事多着呢。”

王正奎左右看看，生怕有人听到这样的话。

看着蔡虹一幅无所谓的态度，王正奎真拿他没办法，只好说：“蔡先生，就算我和杨署长找您帮忙了，看在我们这么多年的交情，您可不能见死不救呀。”

杨世才说：“是啊，我们在日本人手下混口饭吃，也是没有办法呀。”

蔡虹假装同情他们说：“你们这个忙我是要帮的，至于日本人，我管他什么？大不了不在中江干，拍屁股走人，哪个地方的生意不是做啊，你们说是不是?”

见话有转机，王正奎、杨世才连忙说：“是啊，是啊。蔡先生是有办法的人，您帮我们的忙，我们是记在心里的。”

蔡虹叹一口气说：“不瞒你们说，我急得没有办法，也投石问路，派人找过新四军。可是他们要价太高，我一气之下，一口就把他们回绝了。”王正奎与杨世才互相看了看。

“什么？蔡老板和新四军联系过?”王正奎问。

“谁说不是？你们以为我不急吗?”

“他们要价太高?”杨世才问。

“只要有大米，要价高一点也可以商量嘛。”王正奎急于成事。

蔡虹说：“新四军是有一批大米，如果把这批大米搞到手，我们的任务就解决了一大半。但是，新四军的大米不是好拿的。”

“新四军怎么说？看，我们商量一下，有没有挽回的余地。”王正奎问。

蔡虹说：“他们不仅仅是要价高，而且还有另外的要求。”

“什么要求?”

“要求用物资交换。”

“物资交换，他们要什么物资？”

“那还用问，他们缺什么，不就是枪炮子弹吗？”

王正奎和杨世才互相看了看，心里明白了，这就是蔡虹的真实目的。

过了一会儿，王正奎说：“枪炮子弹，皇军严格控制，怎么能给他们，岂不是与虎谋皮吗？”

“皇军是绝对不会用武器交换。”杨世才肯定地说。

蔡虹叹息一声说：“我也是这样想。但是，如果不满足新四军的要求，这批大米就买不成了。”

王正奎、杨世才呆坐了一会儿。

蔡虹说：“你们能不能跟吉野大佐报告一声，看看他的意见呢。”

“这个我们不好说，只有蔡先生去说。我们一说，也脱不掉与新四军来往的嫌疑。”王正奎为难。

蔡虹说：“你们知道怕，我就不怕吗？我看哪，买大米的事，就泡汤了。我们就等着让日本人杀头吧。”

王正奎和杨世才互相看看，表情很复杂。

王正奎和杨世才忧心忡忡地往回走。路上，杨世才一边走一边对王正奎说：“这个蔡理虹，装得真像。新四军要价高，不就是你蔡理虹要价高吗？你蔡理虹不就是共产党、新四军吗？你瞒得了谁？”

王正奎说：“这家伙自以为聪明，好像别人不知道他的底细似的。别急，只要大米一到位，皇军就会抓他，要他的脑袋。”

杨世才问：“新四军这种过分的要求，要不要向皇军报告？”

“不报告也没有办法，大米买不到，是大事呀。”过了一会儿，王正奎对杨世才说，“还是你跟吉野大佐说吧。”

“我？！”

“你说，我补充，是我们共同的意思。”

杨世才点点头。

在吉野办公室，吉野、楠木、松井、王正奎、杨世才在场。

吉野问王正奎：“大米什么时候筹集到？”

王正奎说：“将军，蔡理虹要求宽限几个月。”

楠木不悦：“宽限几个月，不行，我马上就要大米，上海方面催得很急，一个月内如果大米不能运到上海，我们都要受到军纪处治。”

吉野说：“通知蔡理虹，限他二十天内必须完成。如果完不成。我们将逮捕枪毙他。”

楠木制止他说：“不，逮捕蔡理虹于事无补。如果枪毙蔡理虹，能搞到大米，一千个蔡理虹，我也不怜惜。留着蔡理虹，对我们有用。但如果买大米的事误了期限，要追究的不只是蔡理虹，同样有你王会长、杨署长，懂吗?”

王正奎、杨世才低下了头。

王正奎用胳膊催杨世才说话，表明他们已经商量过。杨世才说：“报告将军、大佐先生，蔡理虹那边，我们催过多次。他说目前有一批大米掌握在新四军手里，新四军要价太高。”

楠木说：“新四军?”

吉野说：“蔡理虹这是要挟我们。”

“要价高一点，你们可以答应他，只要大米能及时弄到。”楠木说。

杨世才继续说：“还有，蔡理虹说，新四军还要求用物资交换，因此蔡理虹不敢答应。”

“什么物资?”楠木问。

“新四军要枪炮子弹。”

吉野哼了一声：“这简直是无理要求，要是这样，我们倒不如派一支军队，把新四军那边扫荡一下，把他们掌握的大米夺过来。来人!”

龟田进来：“大佐君有何指示?”

吉野说：“你们派几个人到江北侦察一下，新四军的后勤仓库在什么地方，大米囤在什么地方，了解情况后，我们采取一次军事行动。”

“不，打仗是以后的事，用战斗来解决当前筹集大米的问题，既没有把握，也来不及了。既然新四军有大米，又要用枪炮子弹兑换，好吧，我们就成全他们一次。”楠木制止。他对王正奎说：“你们去谈吧，他们有什么要求，尽量满足。我唯一的要求，二十天内，大米装到中江码头。”

王正奎、杨世才领命离开后，松井说：“将军，新四军是我们的敌人，我们给他们枪炮子弹，把他们武装起来打我们，这不是为虎添翼吗。”

楠木笑了笑：“新四军那只老虎太小，背上添两根羽毛，也飞不上天。

给他们一点枪弹，他们不足以与皇军抗衡。”

吉野说：“将军高见。按照中国人先内后外的处理法则，我们给他们一点武器，他们只会留着打国民党军队。从某种意义上说，是武装了新四军，牵制了国民党，国民党军队更不敢与皇军作战了。因此，适度武装新四军，对我军不仅无害，反而有利。长远来看，只要国民党军队被我们打垮，共产党军队就不足为虑了。”

楠木用欣赏的眼光看着吉野说：“吉野君，你说得非常对。”

松井说：“将军，我们的武器装备都是按计划供应，按项目核销，将来如果上级查问武器的去向，我们——”

楠木说：“这个问题，你们不必多虑。你们最近几个月没有打大仗了，每月运来那么多的武器，不都是库存在那里吗，你们再打一个报告，就说和新四军打了一仗，到时候我亲自给你们核销不就得了。”

吉野说：“按照将军的指示办。”

楠木补充说：“这个事是不得已而为之，要做得绝对保密。”

吉野、松井领命。

蔡虹和赵强、俞珍在办公室。

俞珍说：“老板，想用大米换日本人的武器，这事能成吗?”

蔡虹说：“完全有可能。”

“王正奎他们做不了主，楠木、吉野能同意吗?”

“楠木求米心切，如果在限期内筹不到两千吨大米，楠木不仅要受批评，而且在日军总部要大失面子，所以他是要铁打碎锅，完全有可能同意拿武器换大米。我正是摸透了鬼子的心里，才提出这个要求。”

“老板，您怎么想到这一招？我们想都不敢想啊！”

“我说过，在非常时期，不可能的事都将成为可能。现在是他们急，我们不急，我们要一步步地逼他们上套。”

在王正奎办公室，杨世才说：“这个蔡虹太奸诈，知道我们急于要粮食，他提出要用军火来换。”

“那有什么办法，我们现在是找他办事，他处于主动的地位。我们急，他不急。大米买不成，楠木将军没面子，吉野大佐没法交代，我们更要倒霉，他正是看到了这一点，才逼我们上套。”

“用武器换大米，如果给外界知道了，将是重大新闻，日本总部一定要追查严办。”

“我们可以不必担心，这是楠木将军同意的，有吉野大佐和松井中佐作证，责任不在我们。”

“我想蔡虹这个人，诡计多端，十分可怕。日本人迟早会除他的。”

“当年周瑜见诸葛亮借来了东风，就想着这个人不好对付，决定东风一到，就杀诸葛亮。现在楠木、吉野也一定是这样的心情。”

“我想也是。我们的任务是买到大米就万事大吉。”

王正奎说：“走，催蔡虹去。”

两人来到隆顺公司办公室。王正奎对蔡虹说：“蔡先生，楠木将军又在催了，问什么时候把大米筹齐呀？”

蔡虹说：“现在其他地方的大米陆续到达，只有新四军这边还没动，人家的条件你们答应还是不答应呢？”

王正奎说：“蔡先生，皇军已同意用一部分武器换粮食，但是大米要尽快到位，不能耽误时间。”

蔡虹笑了：“这我知道。皇军打算用多少武器兑换大米呀？新四军的要价可是很高哟。看，这是新四军派人送来的货单。”说着把一张纸递给王正奎。

王正奎、杨世才看了看，齐声念着：“步枪五千支，子弹一千万发；轻机枪八百挺，子弹八百万发；重机枪三百挺，子弹一千万发……”

“蔡老板真是狮子大开口，您是知道的，黑市上，一支三八大盖子，就要卖四五担米！一颗步枪子弹，能换好几块大洋！何况是这些精良的武器。”王正奎、杨世才齐声叹道。

“那有什么办法。”蔡虹双手一摊说，“这是新四军开的价，我只能照转过来。不过，皇军军火库里有的是枪支弹药，能计较这么一点东西吗？”

王正奎与杨世才互相看看，一副无可奈何的样子。

过了一会儿，王正奎说：“蔡先生，新四军的要求，我们只能转达给皇军。相信皇军会给予考虑，一定会使你们物有所值，等价交换。”

“但愿如此，新四军那边是不见兔子不撒鹰啊。”

王正奎、杨世才只得来到吉野办公室。

王正奎递上蔡虹给的那张纸说：“这就是新四军开出的货单。”

吉野接过去看了一下，递给楠木，楠木看了一下，松井接过去。

松井气愤地说：“这太不像话了，两千吨大米，要换这么多的武器，这简直是讹诈。”

楠木和吉野对视了一下。吉野说：“这个蔡理虹，不仅是胆大包天，而且是手段凶狠。”

楠木笑了：“我很欣赏这样的人，如果他为皇军所用，倒是个大才。”

“是啊，”吉野说，“蔡理虹是我见到的最厉害的支那人。”

“那我们怎么办，答应他吗？”松井问。

“答应他。但是要快，一手交大米，一手交武器。”楠木说。

“将军。”吉野出了一个鬼主意，“我们要给他制造一个麻烦。”

“什么麻烦。”楠木看着吉野。

“我们把枪支的撞针拆下来，留着。”

楠木点头：“对，把撞针拆下来，让他们得到枪支，但用不上。”

“等到大米一到手，我就发动一次对江北新四军的全面进攻，把他们消灭掉，这批武器不还是我们的吗？”

楠木笑了：“好主意。到那个时候，蔡理虹就会发现，皇军也是不好糊弄的，他就是再狡猾，吉野大佐的手段更高妙。”

吉野得意地笑了。

王正奎、杨世才再次到蔡虹办公室。

王正奎说：“蔡先生，皇军已经同意了新四军的条件，但有一个要求，就是新四军必须把大米运来，在中江港交接，一手交大米，一手交武器。”

蔡虹摇头说：“王会长，这恐怕不行，新四军的粮食在江北，我们必须把武器运过去，经过他们的验收之后，他们才肯把粮食让我们运过来。”

“但是，皇军可要先验收大米，然后才发武器。”

“先验收大米也行，但新四军要求把武器装运过去，在验收大米的同时，卸下武器装大米，一趟成功。我认为这是很好的安排。”

“这。不知道皇军是否同意。”

“如果不放心，皇军可以派人随船监督嘛。”

王正奎只得说：“好吧，我们再向皇军报告。不过，我还是担心大米能不能按时交付。”

“放心好了，只要日本人的枪支一支不少，大米就会一斤不差。”

王正奎说：“蔡先生放心，这点武器在皇军来说不算什么。”

蔡虹说：“你们警察署的军械库里面不是也有很多的枪炮子弹和各种物资吗？那些东西放在那儿，不能当饭吃。你们何必不趁这个机会也卖它一批，发一笔财呢。”

杨世才说：“蔡先生，我们哪敢干这种事？”

“为什么不敢干？皇军做在前面，你们跟着做一点，有什么事？”

“蔡先生。”王正奎说，“皇军做什么，那是他们的事，我们要是做，叫皇军知道了，那是要杀头的。”

“现在干什么不是杀头的事？”蔡虹说，“人的一生，发财的机会稍纵就逝，不抓住它，真是太可惜了。”

“失去发财的机会当然可惜，但是失去脑袋，那就更可惜了。”

“这是两回事，这年头，不发财也不等于就能保住脑袋。楠木和吉野都能同意用武器换大米，你们不趁机会做一笔，岂不太傻了？”

“蔡先生，我们没有那么大的胆子。”杨世才说。

蔡虹揭他们的老底说：“不要谦虚了，和新四军做军火生意跟和重庆做军火生意，不是一样的事吗？而且和新四军更方便、挣钱更快啊。”

王正奎和杨世才互相看看，无言以对。

回到王正奎办公室，杨世才说：“会长，蔡虹的话值得我们考虑一下。这次皇军用武器换大米，也是我们发财的好机会，我们可以趁机卖一批武器，挣点外快。”

王正奎说：“蔡虹的话，是为我们好吗？他是为新四军搞武器，多多益善。他的话，我们要警惕。他点出我们与重庆做生意的事，我已经很难堪了，还能继续留把柄给他抓吗？”

杨世才说：“重庆的事情，虽然蔡虹知道，但他到现在没有告发我们，就是在皇军的牢房里，他也没有出卖我们，我看他说话还是讲信用的。再说，与重庆做生意的把柄既已在他手里，现在再加个与新四军做生意的把柄，也没有坏到哪里去。”

“他真厉害。”王正奎感叹说，“逼皇军拿出武器，又来诱我们。他是无孔不入，我总觉得与蔡理虹打交道，命运叵测。”

“会长，今后的形势还不知道会怎么样，您能保证日本人在中国就能坐稳江山吗？一旦形势变化，我们为日本人卖命，背了一个汉奸的罪名，什么好处也没有落下，岂不是不值得吗？”

“这可是个刀口上舔血的事，一旦被皇军知道，我们就没命了。”

“只要我们做好了保密工作，一般不会出问题的。”

王正奎想了想：“那就依你说的办，这事你要亲自操作。我们卖给新四军的武器要单独和蔡虹结账。”

“我知道。”

“事情要保密，千万小心。”

“请会长放心。”

丁潜在中江的活动，日军有所察觉。这天，龟田带人在街上探测到无线电电波，结果发现这神秘的电波来自广济寺方向。龟田将此事向吉野报告，吉野即命龟田带人侦察。经过侦察，龟田确定释空和尚有重大嫌疑。吉野下令，以请吃饭的名义，把丁潜请出来，并对广济寺进行突击搜查。

丁潜和他的助手正在发报。丁潜念着电文：“刚刚收到情报，楠木少将来到中江，迫切要求采购两千吨大米。说明日军物资供应紧张，南洋大米运不过来，盟军已经控制了太平洋航道。”

这时，龟田带着一小队日军悄悄向广济寺而来。丁潜发完电报后，回到殿堂。正遇龟田他们进来。

龟田向丁潜敬礼说：“释空大师，今奉吉野大佐之令，请您到队部喝酒。”

丁潜一惊，推辞说：“大佐请我喝酒？我是一个和尚，是不喝酒的。”

“不喝酒也不要紧，大佐君请您去坐坐。”

“大佐先生有什么事情？”

“您到那里就知道了。请吧。”

丁潜不得已，只好随着龟田一起上车。

龟田向同伙使了一个眼色。丁潜走后，几个日本士兵冲进广济寺，如狼似虎地搜查起来。小和尚们纷纷回避。

龟田把丁潜带到日军司令部小食堂，在餐厅里，吉野和松井等在那里，龟田、丁潜进来，吉野和松井客气地站起来。

吉野笑着说："禅师请。"

丁潜双手合拢道："大佐君，打扰了。"

大家坐下。吉野说："我们同在一座城市，由于工作繁忙，未能及时拜会禅师，今日略备薄酒，相邀叙话，乃是平生一大快事。我们日本人是很信佛的。"

丁潜说："大佐先生太客气了。贫僧学识浅薄，道行不深，恐有负大佐先生之雅意。"

吉野说："不必谦虚，喝酒喝酒。"

"大佐先生，贫僧自从皈依佛门，就戒酒了。"丁潜推辞。

"好，我们尊重佛门的规矩，那喝一口汤吧。"

厨子端上一个瓦罐。

吉野说："禅师，这是我特别喜欢吃的羹汤，里面是人参、木耳、香菇和十多种食物、中草药和香料调配而成，全是素的，营养丰富，味道鲜美，您尝一尝。"

丁潜说："大佐先生如此盛情，贫僧担待不起。"

松井说："吉野大佐一贯好客，喜欢交朋友。每当有贵客来临，他总是向客人推荐这道他最喜欢的羹汤，如果客人喜欢，他就太开心了。"

丁潜不好拒绝就喝起来。吉野和松井相视一笑。

不一会儿，丁潜突然感到头昏肚子痛。他知道自己中毒了，放下筷子，看着一群狂笑的日本鬼子，倒在地上。

松井命令："把他拉出去。"

几个日本兵架起丁潜往外拖。这时龟田进来，他报告说："我们查到了丁潜的电台，还有向重庆方面发出的电文，一本密码本和一个笔记本。"

吉野命令："好好查一下他的笔记本。"

# 六十一、换枪案件

在码头上，工人们将一袋袋的货物向船上扛运。倪孝和、龟田在监运。倪孝和不停地催促工人："快一点，快一点。"

一个工人摔倒了，他肩上的麻袋向前滚了出去，麻袋破裂，有一支枪管伸了出来。工人们纷纷停下工作，围过来看，一时议论纷纷：

"这船是到江北装大米的，怎么会有枪支？"

"运枪支用麻袋装？是偷运吧？"

"难道是拿武器换粮食？"

"真是胆大包天，谁敢这么干？"

倪孝和赶过来驱散工人："看什么，看什么？快快装船。"他瞅了瞅从麻袋里脱颖而出的枪支。命令那个工人："扛一边去。"

龟田也走过来，很诧异地看了看那个装有枪支的麻袋。

作为一个重要事件，倪孝和赶紧向杨世才报告："署长，这批船是发往临江县的吧？"

"是啊。"

"装上船的是什么。"

"不知道。你问这个干什么？"

"麻袋里发现了枪支。"

"枪支，不可能吧？"杨世才故作惊讶。

倪孝和说："我亲眼所见。我想临江县是新四军根据地，发往那里的船怎么会有枪支。这里面是不是有问题？"

杨世才看了倪孝和说："那是日本人干的事，你管他干什么。"

“我觉得这很奇怪。”

“世界上奇怪的事多着呢，你就像没看到一样。”

倪孝和走后，杨世才急忙来见王正奎，把枪支事件向他报告。

“啊，有人看到了？”王正奎问。

“工人们都看到了，一时议论纷纷。”

“你听谁说的？”

“倪孝和来说的。”

“你要告诉倪孝和，这是日本人的事，要保密。”

“我已经跟他说了。”

“说了就好。我当时就知道这事很危险，没有不透风的墙。”

“好在我们的枪支和皇军的枪支一起装运，谁也不知道有我们的私货，出了事有皇军顶着。”

“就是皇军用枪支换粮食，传出去也很麻烦。”王正奎说。

那边，龟田也来到吉野办公室报告：“将军、大佐君，隆顺米行大船上货的时候，发现里面是枪支。”

楠木、吉野互相看看。吉野问：“你看清楚啦？”

“看清楚了。”

“工人们也知道了？”

“知道了。人们议论纷纷，说是拿武器和新四军换粮食。”

“胡说，哪会有这种事？”吉野严词否认。

“不要声张，不要惊动任何人。”楠木说，“等这次大米买到之后，我们再认真调查。”

“听到了吧？”吉野叮嘱龟田。

“是。”龟田转身离去。

楠木看着龟田出门，然后对吉野说：“看来，这个秘密是保不住了，南京方面知道了可是不好办。”

吉野想想说：“我们要找一个替罪羊，比如王正奎或杨世才。”

楠木点点头：“对，只等大米一装船，就采取行动。先抓蔡理虹，后抓杨世才，把勾结共匪，私卖枪支的罪名加到他们的头上。”

装着枪支弹药的十只大船到达临江县汤家镇码头，新四军战士穿着便衣，在蔡虹、赵强、俞珍的指导下卸货验货。

一队日本鬼子和伪军在龟田、倪孝和的带领下监督大米装船。

双方心照不宣，一派繁忙景象。

这时，俞珍突然来到蔡虹身边，满脸通红地对蔡虹说："老板，鬼子做鬼，把枪支里面的撞针下掉了。"

这时赵强也来了，说："老板，我们受骗了，赶快中止装米。"

蔡虹看了看日本兵和伪军，对他们说："冷静，鬼子有备而来，如果我们停止装船，他们可能要采取强制行动，后果不堪设想。现在我们只装作不知道，使对方放松戒备。等回到中江，我们找机会把撞针弄回来。"

枪械卸完，大米装上船，大船列队向中江开来。

在中江港，楠木、吉野、松井、王正奎、杨世才、孙俊杰、余克勤一起来到码头迎接，并一起登上了大船。蔡虹迎了过来。

楠木十分兴奋地握蔡虹的手说："蔡先生，你是劳苦功高啊。"

吉野也和蔡虹握手说："蔡先生就是有办法。"

蔡虹说："为皇军效劳，力尽所能。"

楠木开玩笑问松井："松井君，你说人是什么东西做的？"

松井想了想说："传说人是泥做的。"

"不对，人是米做的。"

"人是米做的？"松井不解。

"人没有米吃就瘫下去了，有了米吃，腰就挺起来，请问，人是不是米做的？"

众人顿悟，都哈哈大笑起来。

楠木说："米是好东西，我们打仗，看起来是打枪弹，实际上是打大米。有了大米，我们就能够打败中国国民党军队，打败中国共产党军队，打败世界上所有的军队。"

众人附和地点头。

回到办公室，楠木对吉野说："大米是买来了，下一步是运输的事情，要加强戒备，这一次可不能给新四军劫去了啊。”

吉野说：“将军，我们这一次派两条军舰护送，万无一失。”

楠木说：“你把两个舰长叫来。”

不一会儿，两个舰长出现在吉野办公室门口，一个是坂本，一个是大内。他们举手向楠木和吉野敬礼。

楠木说：“这次护送大米到上海的重担就落到你们的肩上。可不能轻视这次任务，长江虽然在我们的掌握之中，但沿江也有国民党军队，有共产党军队活动。我们现在急需要粮食，上海方面已经催好几次了。这粮食是我们花大价钱买来的，你们要特别的小心。”

“请将军放心，我们一定会把大米安全运到上海。”两位舰长齐声答道。

楠木走到坂本面前，拍拍他的肩膀说：“这次护送粮食由你全权负责，责任重大哟。”

坂本说：“不完成任务，不回来见将军。”

“很好，我就是要你这种态度。”楠木满意地说，“你们两位舰长都很优秀，我很放心。”

吉野说：“完成任务后，回来有奖。”

“谢谢大佐。”两位舰长离去。

楠木松了一气说：“看来，这次筹米工作终于完成了。”

吉野说：“将军决策英明，工作一切顺利。”

蔡虹回到办公室与赵强、俞珍、张云潮、王福根召开紧急会议。

蔡虹说：“鬼子这次做了鬼，卖给我们的武器都卸了撞针，只有警察署卖给我们的枪支是完整的。大家想办法，看看这撞针在什么地方。我估计，这撞针很有可能放在军械所。”

王福根说：“对。前几天我看到军械库送来一卡车货，神神秘秘地卸在军械所的仓库里。”

蔡虹说：“你进一步了解一下，如果确定在那里，我们要不惜一切代价，把撞针劫夺出来，送到江北。”

“是。”王福根点点头。

蔡虹对张云潮说：“这次大米运往上海，我们要了解是谁负责押运。孙俊杰的可能性不大，可能性最大的是军舰，军舰舰长是谁，对他们的情况要尽可能地多掌握些。”

张云潮说：“我去摸摸。”

在吉野办公室。吉野对楠木说：“将军，大米已经到位，是不是把蔡理虹抓起来？”

楠木说：“别急，蔡理虹已是只死老虎，他现在被我们养在笼子里。等到大米离开中江，再抓他不迟。我们现在首先要抓的是杨世才。”

“杨世才？”

“我估计，用武器换大米的事，南京方面很快就会知道。我们只有争取主动，先把杨世才抓起来，让他们供出了我们需要的证词，就表明我们与此事无关，让南京方面无话可说。”

“将军高明。”吉野连连称赞，“不过，南京方面会怀疑，杨世才一个警察署长能有这么大的神通吗？”

“那当然要牵涉王正奎，但我们现在不能抓王正奎，一抓就显得假了。抓了杨世才，让他供出王正奎，这就合乎情理了。”

这时电话铃响，松井去接电话。他放下电话说：“大佐君，南京方面问用武器换粮食是怎么回事？”

吉野说：“消息传得真快，将军估计得对。”

“我来和总部通话。”楠木接过电话说，“我是楠木。关于用枪弹换粮食的事，我们正在追查，已经有了眉目。这件事是警察署他们干的，他们私通新四军，贩卖军火，罪大恶极，我们将严肃惩处。请总部放心，我在中江把这件事处理好了之后，亲赴南京向总部报告。”

吉野对松井说：“立刻去把杨世才抓起来。”

杨世才在办公室。龟田带着几个日兵进来。

杨世才问：“龟田君有事吗？”

龟田说：“吉野大佐叫你去一趟。”

“我这就去。”

龟田和杨世才赶到吉野办公室。

杨世才向吉野敬礼。吉野问："杨署长，你们和蔡理虹配合得很好，顺利完成了筹集两千吨大米的任务，功劳大大的。"

杨世才说："我们是遵照大佐君和将军的指示办的，不好意思说功劳。"

吉野问："蔡理虹提出用武器换大米，有这事吗？"

"是啊。蔡理虹说，不用武器兑换，新四军不同意，大米就买不成，所以我们请示大佐君和将军——"

"胡说。"吉野打断他的话，"你们什么时候请示过我们，我们什么时候同意用武器与新四军换大米的。"

"这？"杨世才糊涂了。

"蔡理虹是共产党，你知道吗？"吉野声高八度。

"不知道。"杨世才轻声说。

"新四军是我们的敌人，他们最缺的就是武器，你们怎么能用武器与他们换大米呢？"

"这——"杨世才此刻明白了鬼子是在推卸责任，但他有苦说不出。

"你们是怎么运出武器的？运出了多少？卖了多少钱？"

杨世才无法回答。

"当然，我知道你们也有苦衷，为了完成任务嘛。不能完全怪你，一定还有人指使你这么干。"吉野假惺惺地问，"他是谁？你只要把事情讲清楚，正确认识这个错误，让我们向上级有个交代，就没你的事了。"

龟田给杨世才戴上手铐。

杨世才大惊，他哀求说："大佐君，我是按照皇军的要求办事，忠诚为皇军办事的。"

吉野不想听他申辩，挥挥手示意让人把他带走。

杨世才被关进了监牢，他大喊："龟田君，我有什么错？"

龟田拿出一份写好了的材料递给杨世才："你先看看这个。"

杨世才看了一遍，突然大哭道："不是这回事，怎么能说用武器换粮食是我的主意？说我私通新四军，贩卖军火？这不公平呀。龟田君，我做得了这个主吗？我调得出军火吗？这不是事实呀。"

龟田奸笑说："这个事情总得有人顶罪，如果不是你，也有其他人。你只要把他交代出来，你的罪过就减轻了。总之，你必须认账，必须顶罪。"

“不，不，我就是死，也不当冤死鬼。”

“你想不想尝尝刑具的滋味?”

杨世才大哭：“吉野大佐，你不能这样对待一个忠心耿耿为皇军效力的人呀。”

龟田下令给杨世才上老虎凳。杨世才大哭喊冤，接着就是阵阵惨叫。

不一会，遍体鳞伤的杨世才被推进了囚室。

王正奎家中，王安匆匆过来对他说：“会长，杨署长被皇军抓起来了。”

王正奎一惊：“哦。怎么回事?”

“听说南京方面在追查用军火换大米的事。”

王正奎明白了，这是楠木、吉野在推卸责任。

王安说：“据内部情报，下一步可能要抓您，您必须尽快离开。”

王正奎点点头。

吉野、楠木在办公室。龟田进来：“报告，杨世才拒不认罪，宁死不在材料上签字。”

楠木问：“他没有供出王正奎?”

“没有，他只是喊冤枉。”

楠木看看吉野说：“他不供出王正奎，我们也要抓王正奎，否则这个案子不好结。”

吉野命令龟田：“快去抓王正奎。”

火车站检票处。装成老头老太婆的王正奎夫妇，带着两个孩子和一个保姆向前挤去。王安将他们送到车站。

检票员一边检票，一边报：“香港五个，三个大人，两个小孩。”

王正奎检票进站，向王安感激地挥挥手。

一家人急匆匆地上了火车。

王安看了看周围情况，回去了。

车上，王正奎在找到座位之后，注意观察左右，没有情况，他才卸掉伪装，掏出手帕擦擦头上的汗。

龟田带人来到王正奎家，见空无一人。只好回来向吉野报告：“王正奎不见了。”

“逃走了？他怎么知道我要抓他？”吉野感到意外。

楠木说：“可能是抓捕杨世才惊动了他。”

“他家里还有其他人吗？”吉野问。

“全家都走了，连保姆也不见了。”龟田说。

“说明他心中有鬼，早就有心理准备，真是一个老滑头。”吉野命令，“派几个人去找，找到了把他押回来，他如果不回来，就地处决。”

龟田答：“是。”

这时松井进来，吉野对他说：“松井君，王正奎逃了。”

“逃了？”松井吃惊。

吉野说：“维持会和警察署一事，你让倪孝和暂且管一下。”

“是。”松井向吉野递送了一个笔记本说，“大佐君您看，皇军内部出现了一个反战组织，叫‘在华日人反战同盟’，丁潜的笔记上记着。”

吉野问：“有些什么人？”

“目前只知道一个人的名字：‘福田’。”

“福田？就是军械库的福田？”

“除了他，还有哪个福田？”

“福田是个知识分子，从来不问政治，真是看不出来啊！”

楠木说：“‘在华日人反战同盟’是个很危险的组织，对他们要坚决打击，不能手软。”

吉野命令：“松井君，派人去把福田抓起来。对与福田关系密切的人，要进行监视。”

楠木说：“注意，对外不要声张，尽可能地减少范围，秘密行动，防止在将士们中间引起震动。”

松井领命。

这时报务员送来一个电报。吉野看了一下，交给了楠木说：“将军，南京方面请您去开会。”

楠木说：“我这就去。买大米的事情已经完成，只是运输的事了。吉野君，我去开会，这事就拜托你了。”

“请将军放心。”吉野说，“我们一定按时把粮食运到上海。”

“好，我开完会，就在上海等着。”楠木想了想又说，“那个杨世才要想办法让他认罪。还有那个蔡理虹，只要大米船一起航，就把他抓起来。”

吉野点头：“知道。您放心！”

行刑室，遍体鳞伤的杨世才昏了过去。松井走了过来，士兵用一桶凉水朝杨世才浇过去。杨世才醒了，他摆了摆头，睁开眼，看到了松井，呆呆地望着他。

松井故意说：“你们怎么这样对待杨署长？放下来，放下来。”

士兵把杨世才从刑具上放了下来，杨世才瘫倒在地上。

松井命令：“给杨署长洗澡换衣。”

在一个小餐厅里，一张小桌上放着几盘菜、两杯酒。松井坐在桌边等杨世才。

不一会儿，杨世才穿着干净的衣服来了。

松井招呼：“坐坐坐。”杨世才坐下，奇怪地看着松井。

松井叹一口气说：“杨署长，何必吃这么大的苦呢，承认了不就没事了吗。”

杨世才说：“松井君，您是知道的，用武器与新四军换大米，是吉野大佐和楠木将军的主意，为的是尽快搞到大米，怎么能怪到我的头上，岂不是天大的冤枉。吉野大佐和楠木将军不同意，我怎么能搞到枪支弹药，又怎么能与新四军换大米？”

松井打断他的话说：“你别说了，这些情况，我都知道，吉野大佐、楠木将军心中有数。但是这事被传出去了，上面来追查，总得有人顶罪，你能让楠木将军和吉野大佐顶罪吗，当然要有一个人顶一下了。”

“他们自己做的事叫别人顶罪，这也太不厚道了。”

“杨署长，你不要认死理，不承认对你有什么好处。你们中国有句话叫‘君叫臣死，臣不得不死’，吉野大佐和楠木将军有难处，你帮助他们顶一下罪名，他们心中有数，不会亏待你的。难道吉野大佐真能治你的死罪吗？”

杨世才问：“吉野大佐真不会治我死罪？”

“当然。”松井说，“你本身就没罪嘛。吉野大佐说了，你在材料上签个字，倘若上面来追查，吉野大佐好交差。其实这是为了维护楠木将军的荣誉，懂吗?”

杨世才说：“如果我签了字，罪名就落到我头上。松井君，这不是玷污了我的名声吗，我是忠心耿耿为大日本服务呀，我是清白的呀。”

松井说：“吉野大佐知道你为人清白，对帝国忠心耿耿。等这一段时间过去，吉野大佐会恢复你的名誉。不仅如此，大佐还会重用你哪。”

“原来就这么简单。”

“是呀，就这么简单。”

“那你们为什么不早说，害我吃了这么多的苦。”

“这都怪我没讲清楚，所以我来请你喝酒，向你道歉呢。”

杨世才说：“那倒不必，只要吉野大佐知道我一片忠心就行了。”

“好，那就签字吧。”松井说，“签字之后，你就什么事也没有了，你还当你的警察署长。”

“松井君这样说，我就签了。”

松井拿出材料，杨世才在上面郑重地签了字。松井收回材料客气地说：“杨署长，你继续喝酒，我向吉野君报告去。”

杨世才奇怪地看着松井离去。这时两个日本兵走过来把他押到门外。杨世才本以为是让他回家，却看到门外停着一辆卡车，问：“你们干什么，我要回去。松井君说了，没有我的事了，让我回去。”

士兵浪笑道：“杨署长，还想去当警察署长吗？下辈子吧。”

杨世才恍然大悟，大叫：“你们是骗子、强盗。”

卡车开到一座小山边。龟田站在那迎接。杨世才知道，这是枪毙人的地方，方知不好，大叫道：“我冤枉哪，我对皇军是忠诚的。”

“地下也有许多对皇军忠诚的战士，你与他们为伍不是很好吗?”

刚说完，只听一声枪响，龟田一枪结束了杨世才的性命。

# 六十二、营救福田

日本刑讯室。福田浑身是血，他受到过严刑拷打。

松井、龟田走进刑讯室。松井说：“福田君，你我都是东京人，是老乡，你告诉我，是谁介绍你参加反战同盟？是谁让你去找中国国民党特务？你说了，就没有你的事。你是一个知识分子、科技人员，我们相信没有人指引，你是不会这样做的。只要你说了实话，吉野大佐保证让你平安地回国，和你的家人团聚，好不好？”

福田说：“是我自己要求参加反战同盟，是我自己找的中国国民党特务，与他人无关。”

“你自己参加反战同盟，没人介绍怎么参加？一个人也叫同盟？你的上级是谁？你们还有哪些人，在什么地方？”

“我不会告诉你，你杀了我吧。”福田很坦然。

“杀了你，没那么便宜。”松井露出了狰狞面目，“你要是不交代其他人，可是要受苦了。”

福田冷冷地看着他。

松井见硬的不行，就来软的，他说：“我真想不到，一个日本人能为中国人效劳。你的祖国在日本，你的家人在日本，你和大日本帝国的命运紧密相连。你的父母、兄弟、姐妹，他们在等着我们胜利的消息，等着我们打败中国，统治中国，奴役中国，把中国取之不尽的财富，源源不断地运往日本。他们希望我们为他们创造奇迹，创造大东亚共荣的辉煌！而你却成了民族的败类，你有脸去见他们吗？”

福田愤怒了，他说：“够了，闭了你那臭嘴！日本人民是爱好和平的。

日本人民向往美好的生活，但是美好的生活靠辛勤劳动所得，靠智慧创造，而不是掠夺别国，不是杀戮别人，不是战争。可是你们这些狂妄的帝国主义者、法西斯分子，为了一己之私利，不惜把日本民族推向战争，把人民推向灾难。你们侵略朝鲜，侵略中国，侵略东南亚各国，肆意杀人，摧毁人类的文明，犯下滔天罪行。我们的国家究竟怎么样？我们的人民得到了什么？在国内，我们的兄弟上前线当了炮灰，我们的姐妹被派到南洋去当妓女，我们白发苍苍的父母，他们在垃圾堆上找食物吃，多少人饿死。这就是你们给日本人民带来的美好生活？这就是大东亚共荣？见鬼去吧。你们这些人一天不被消灭，日本就没有和平，没有幸福，世界就不得安宁，这就是我要参加反战同盟的原因。”

松井被骂傻了，愣在那里一时说不出话来，突然，他咆哮道：“好吧，如果你顽固不化，就只好让你尝尝我们对付中国人的刑具了。”

松井走出刑讯室，在室外来回踱步。刑讯室里传来用刑的惨叫声，松井想了想，离开刑讯室。

森增和坂本在一起闷闷地喝着咖啡。

坂本沉痛地说：“福田君被抓进去了，他受到了严刑拷打。他是好样的，他没有把我交代出来，但是，我要去自首，和他一起坐牢。”

森增劝说：“你不要这样想。”

坂本擂着桌子说：“是我让他加入反战同盟的，是我让他去和国民党特务联系的，我应该和他一起去，承受刑罚，一起去死。”

“坂本君，你不要失去理智。”森增用手抚着坂本说，“福田君既已被捕，你去了也不抵事，我们现在要做的，就是设法把他救出来。”

“怎么把他救出来？”坂本看着森增。

森增说：“我们当然没有办法，但是有人有办法。”

“找谁？”坂本无奈地问，“丁潜被毒死了，国民党的特务组织被摧毁了，难道去重庆找国民党？”

“找国民党不行。”森增说，“只有去找共产党、新四军。”

“找共产党、新四军？他们会插手这件事吗？我们是与国民党联系的。”坂本提出疑问。

“那不要紧。福田君是反战的，这同共产党目标一致。”

“他们能行？”坂本十分怀疑。

“他们在我的眼皮底下把军械所的机器运走，把我的技术人员带走，还用了吉野大佐和王正奎会长的汽车。我想他们也一定能够救出福田君。”

“你能找到共产党地下组织？”

“能够找到。”

“怎么联系？”

“我给你们介绍一个人，你去和他谈谈，他能够把你的要求转达给共产党的。”

“好的，这事要快。”坂本看到了希望。

森增带坂本来到军械库，此时王福根在低头做活。森增指向王福根：“你看他像共产党吗？”

坂本摇摇头：“看不出来。”

森增说：“他就是共产党，至少与共产党有联系。”

“你能确定？”

“能确定。新四军在我们军械所盗走器材、带走了技术人员，他是参与的。”

“你没有对他采取措施？”

“本来是要逮捕他，但是吉野大佐要求留着他诱捕新四军，要求我们严密监视他。”

“我与他联系，你的人会不会向上面告密？”

“向上面告密，要报到我这儿，我把它截住就是了。”

森增和坂本走了过去，王福根诧异地看着他们。

森增说：“王师傅，这是坂本君，他想找你谈个事。”

坂本招呼王福根：“跟我来吧。”

王福根猜不透他们要干什么，莫名其妙地跟着去了。

在一间房间里，坂本让王福根坐下，给他泡了杯茶，然后坐在他面前，对他说：“王师傅，你听说没有？福田君被捕了。”

王福根脸上毫无表情，好像与己无关的样子，其实他已经知道了。

坂本见王福根没有明显的反应，重复说：“福田君是参加‘在华日人反战同盟’，向中国国民党特务递送情报被捕的。”

王福根还是没有表情。

坂本有些失望。他说：“我们想救他。可是国民党已无能为力，只有找共产党想想办法，你能帮助我们找一找共产党吗？”

王福根问：“坂本先生，这话是什么意思？”

“照直说吧，”坂本说，“我想通过你与共产党地下组织接上头，我想和他们见面谈一谈。”

王福根连忙说：“坂本先生，你找错了人，我不是共产党，也从来不与共产党联系。”

“你不是共产党？”坂本大失所望。

“不是，森增太君误会了我。”

坂本想了一想说：“你总该是中国人吧？”

“这是。”王福根承认。

“我们反战是对中国有利的事，你不能帮我一下吗？”

王福根说：“坂本先生，我是想帮助您。但是，我一个小小老百姓，与共产党、新四军没打过交道。再说，这是杀头的事，我家里有老有小，这个险，我不能冒呀。”

坂本郑重地说：“王先生，我是‘在华日人反战同盟’中江市负责人，我来中江的目的，就是要组织反战组织，福田君是我发展的第一个成员，他现在被捕，我不能不救。请相信我。”

“我不是不相信您，但是，我无能为力。”王福根说。

“王师傅。”坂本再次强调，“福田君如果救不出来，我就要去自首，去追随他一起去死，因为他是我介绍加入反战同盟的。你如果能想到一点办法，能忍心让两个反战的战士作无谓的牺牲吗？”

王福根见坂本说得诚恳，想了想说：“坂本君，我可以帮你找一些人问问，让大家一起想想办法找共产党。”

“好，这个办法好，只是，要快点行动，晚了就来不及了。”

“有消息我就给您回话。”王福根说。

“谢谢！”坂本站起来握着王福根的手。

晚上，王福根向蔡虹报告。赵强、俞珍、张云潮在座。

王福根说："坂本是日本海军安东舰舰长，不久前调来中江驻守。他来之后，与森增、福田经常来往。据他自己说，他是'在华日人反战同盟'中江市负责人。"

张云潮说："'在华日人反战同盟'，据我们了解，是有这么个组织。"

王福根说："坂本说他派福田与国民党中江地下工作站站长丁潜接触。丁潜被害，福田被捕。福田坚贞不屈，没有暴露坂本，坂本想去自首，与福田一起去死，森增劝住了他，他现在正设法营救他。"

俞珍问："他们为什么不找国民党?"

赵强说："国民党的工作站被端，他找谁去?"

蔡虹问王福根："坂本怎么找到你呢?"

王福根说："坂本通过森增介绍找我谈，要我帮助他找到共产党。我担心这是鬼子在试探我，没有向他暴露真实身份。最后看他态度十分诚恳，只答应帮他找找看。我不知道究竟要不要回应坂本，所以特来请示。"

蔡虹说："从我们掌握的情况看，丁潜被害，福田被捕，这是事实，坂本是不是反战同盟，还要进一步观察。如果说日本人费这么大的周折来试探你是不是共产党，通过这个途径把我们引出来，可能性不大。他们也知道我们不会轻易上当。从一连串的事件上分析，坂本说的可能是实话。如果中江有一个'反战同盟'，我们不能袖手旁观，要抓住这个机会，加以利用，把我们的触角伸进鬼子队伍里面，瓦解他们。"

"这么说坂本这边我们不拒绝他?"王福根问。

"对。"蔡虹说，"你和坂本保持联系，只说正在寻找共产党。我们这边抓紧了解一下坂本的情况。"

张云潮说："我派人调查坂本这个人。"

蔡虹说："要是确定坂本的'反战同盟'负责人身份之后，我们就可以采取行动，帮助他。"又问王福根："森增最近对你怎么样?"

王福根说："森增最近态度好多了。自从他妻子跳江自杀后，他好像换了一个人。我发现他工作不像以前起劲，有厌战情绪，对我基本上不监视、不限制了。"

"战争教育了他们日本人。"蔡虹说，"我们都要谨慎行事。几方面工作可以同时进行：一是我们研究一套救福田的方案，把福田救出来送到江北去；二是条件成熟的时候我直接和坂本面谈。”

几天后，一切调查清楚，坂本说的话是可信的，蔡虹决定抓紧营救福田，他让赵强去找肖大龙。”

肖大龙来了，蔡虹和他在江边散步，

蔡虹问：“上次做生意赚的钱，大家怎么花的？”

肖大龙说：“钱一到手，兄弟们就赌博、喝酒、逛窑子，花得差不多了，大伙说，跟着蔡师爷，赚钱有办法。”

蔡说虹：“这钱来得也不容易，而且风险很大。你告诉大家，赚了钱要用到老婆孩子身上，好好过日子，不能乱花钱。”

肖大龙答应着：“是啊。”

蔡虹谈了一会儿生意，蔡虹话锋一转，说：“有一件事情，你叫弟兄们办一下。”

肖大龙说：“师辈吩咐。”

蔡虹说：“有个日本人，叫福田，现在给吉野抓起来了，你知道吗？”

“听说，不知为什么事。”

“福田参加了‘在华日人反战同盟’，专门反对战争，支持中国抗战。”

“支持中国抗战？日本还有这样的好人？”

“对，日本人民深受战争之苦，越来越多的日本人反对这场战争。”

“福田的行动暴露了？”

“是啊。福田本来是与国民党中江特务工作站站长丁潜取得联系，向他们提供情报。丁潜身份暴露，被吉野毒死了。日本人查抄了国民党工作站，查到丁潜的日记，发现了福田的名字，就把福田抓了起来。福田经过严刑拷打，拒不交代反战同盟组织名单。现在，日本反战同盟急着想救福田，就是没有办法，只好找到我们。你说，人家日本人为了我们受苦受刑，不怕牺牲，我们中国人能坐视不管吗？”

肖大龙说：“那当然，如果不把他救出来，显得我们太不是中国人了。”

蔡虹说：“以一个中国人的良心，我们要帮这个忙，想办法把福田救出来，把他送到江北去。”

“送到江北，交给新四军?”

“对，这个任务就交给你们办，行吗?”

“行。”肖大龙拍着胸脯。

晚上，福田在看守所独自愁思。

日本兵小川和另一个士兵在铁栅栏外巡逻。

当小川和那个士兵经过一个拐弯时，突然上来两个黑影，一人一个，用木棍将他俩打昏，夺下他们的枪，把他们拖到一个隐蔽处，脱下他们的军装，穿到身上，并从小川的腰里找到钥匙。

这是董六和另一个青帮会员，他们穿着日本军装来到牢门边，拿钥匙打开门。福田吃惊地看着他俩。

董六问福田：“你是不是福田先生?”

福田说：“我是。”

董六说：“快，快走，我们是来救你的。”

福田只得随着出来，向前跑去。

出了监牢，一路有青帮接应，迅速将福田转移到居民家中，并从居民房舍中间穿行。

小泉走过来看到小川倒在地上，大叫：“来人哪，来人哪。”

日本兵从四面八方奔过来，看着被打昏的小川，叫着：“小川，小川。”

这时又有人喊：“福田跑了。”

小泉急忙放下小川，来到监牢，里面不见了福田。

小泉打电话跟亀田汇报了情况，亀田下令全城戒严。

街上响起了警笛声，日本宪兵和汪伪警察在街上奔跑，街道被封堵。

福田被人领着，从这个房子钻到那个房子，从这一家走到那一家，全是内部通道。他们就这样来到江边，混上了一艘正待起航的商船。

帆船离岸拉着满帆向上游驶去。

日本宪兵和汪伪警察仍在城里大搜捕，他们想不到福田这么快就离开了中江。

亀田把福田被人劫走的事报告给吉野。吉野还不大相信，他说：“你们戒备森严，怎么就这么容易被劫走了呢?”

亀田说：“有两个人，他们打昏了小川和另一个士兵，穿着他们的衣服，拿了钥匙，打开了牢房的门，把福田带走了。这两个人是中国人。”

吉野说：“因为福田是日本人，你们就放松了戒备是不是?”

“是的，我们没有想到中国人会来救他。”亀田承认。

“要注意日本人和中国人勾结起来。”吉野想了想说，“把森增叫来。”

在望江楼大酒店的一间密室里，蔡虹、赵强、俞珍和张云潮在座。王福根带着坂本进来。

王福根介绍：“这就是坂本先生。”

蔡虹上前同坂本亲切握手。

王福根对坂本说：“这是新四军驻中江负责人蔡虹同志。”

蔡虹说：“坂本先生，欢迎你参加到中国的抗战队伍中来。”

坂本看了看蔡虹说：“你不是中江贸易公司董事长，中江青帮大佬吗?原来你就是共产党、新四军?”

蔡虹笑着说：“是啊，你恐怕想不到吧。”

坂本说：“吉野把你关起来一个多月，要你交代自己共产党、新四军的身份，你受尽酷刑，至死不承认。最后吉野不得不把你放出来，向你道歉。真是了不起，我对你在如此困难的情况下坚持地下工作，表示敬佩。”

蔡虹淡然一笑：“这是我们应该做的事。坂本先生作为一个日本人，能坚持正义，投身反战，确实要有很高的思想境界，不简单哪!”

坂本说：“蔡先生，请你们帮助尽快救出福田君。他现在正在吉野的监牢里受刑哪!”

“坂本先生，我告诉你最新的消息。”蔡虹笑着说，“福田先生已经被我们救出来了。他现在正平安地走向新四军驻地，参加抗战队伍了。”

坂本睁大眼睛：“是吗?真是不敢想象，感谢你们，感谢你们。”

张云潮说：“坂本先生，当时你要是让福田先生与我们联系，就没有这个插曲了。”

“是啊，没想到共产党、新四军这样有办法。”坂本说，“看来，我也要参加共产党，参加新四军了。

“我们欢迎你，坂本同志。”蔡虹说。

“同志，对。”坂本说，“我们是同志了。首长，给反法西斯战士坂本下任务吧。”

“好呀。”蔡虹说，“既然坂本先生成为我们的一员，我们就不客套了。坂本先生。”

坂本纠正：“不，坂本同志。”

“对，坂本同志，这次我们为上海方面购买的两千吨大米，即将起航，听说这次是您带军舰护航，是吧?”

“是的，一共两艘军舰。”

“我们想，这批大米不能运到上海，我们要在中途把大米劫下来，送到新四军驻地，你有什么办法?”

“这很简单，到时候你们把装粮食的船队开往江北，我们军舰不干涉就行了。”

“你的军舰怎么办?”

“我们军舰给运粮船队护航。”

“好，要是那样，就简单多了。但是，你最好把军舰带过去，把你手下的士兵都带过去，新四军正需要军舰，需要操纵军舰的人啊。”

“好，我们就临阵起义，带领全体官兵，参加新四军。”坂本很干脆。

“那太好了!”蔡虹嘱咐，“对舰上的官兵，要做好工作，防止出现意外。”

“我会注意的，没问题。”坂本说，“只是另一艘军舰是安江号，舰长叫大内。到时候我命令对安江号发动攻击，把它击沉。”

“不。”蔡虹说，“要想办法把那一艘军舰也带过来，争取安江号官兵起义，或者投降。”

“这很困难，因为大内是顽固的军国主义分子。”

“我们现在就这些问题，仔细研究一个方案，目的是逼迫安江号投诚。”

坂本点点头。

蔡虹又说：“还有，吉野这次用武器换大米，他要了一个花招。”

“什么花招?”

“他把武器的撞针都拆下来了，据我们了解，这批撞针放在军械所的仓库里。我们要想办法把它带走。”

“这事要和森增商量，必须由森增同意才成。”

“森增有没有参加‘反战同盟’?”蔡虹问。

“没有。但他反对战争，不干预我们的工作。”

“最好能动员森增参加‘反战同盟’。如果他不参加，能给我们的武器放行也好。不行，我们再想其他办法。总之无论如何也要把撞针带走，否则，我们用大米换到的武器，就只是一堆废铁。”

“我一定想办法。”坂本保证说。

# 六十三、日军起义

坂本来到军械所，在森增对面坐下，舒坦地喝了一口水。

森增看出坂本情绪很好，问："跟共产党联系上了。"

"联系上了。"坂本点点头。

"王福根是共产党吧？"

"是共产党。"坂本说，"通过王福根，我见到了共产党在中江的地下组织负责人。你猜这个人是谁。"

"谁？"森增好奇地问。

"就是中江青帮老大，中江贸易公司董事长，蔡理虹。"

"果然不出我所料。"森增说，"上次他以青帮老大的身份从江苏过来，吉野大佐到江边迎接，我一看就觉得面熟。他曾化装成我军军官，到我们仓库盗窃过物资，就是他。"

"你当时没有向吉野报告？"

"当时我还不能确定，再说吉野大佐那么隆重接待他，我怕给吉野大佐难堪。"

"后来呢？"坂本好奇地问。

"后来吉野和他合作采购粮食，打得火热。再后来粮食被新四军劫走，蔡理虹被抓。到这个时候，就不需要我插嘴了。"

"现在你知道王福根是共产党，你可抓他？"坂本问。

森增说："现在我不会抓共产党了。"又问："福田君现在怎样？"

"福田君被共产党救出来了，已经到了江北，参加了新四军。"

"我说共产党有办法吧？那个蔡理虹，真有通天好本事。"森增说。

“所以我参加了共产党，共产党就在你的面前了。”坂本笑着说。

森增问：“坂本君，你们参加共产党，打算今后怎么办?”

“把这一批粮食护送到江北，投奔新四军，再也不回来了。”

“你真有决心。”森增说。

“森增君，蔡虹要我带信，请你也参加反战同盟，参加共产党、新四军?”坂本说。

“我不参加，我哪儿也不去。”森增说。

“为什么？你怕?”

“谈不上怕，我是心如死灰。”

坂本想了一想，表示理解。他说：“森增君，虽然你不参加我们的队伍，但我还要请你帮个忙。”

“帮什么忙，你说。”

“你的军械所有一批军用物资，您能让我带走作为我投奔共产党、新四军的见面礼吗?”

“你说是哪一种军用物资?”

“就是那些撞针，从枪械上拆下来的撞针。”

“是在我这里，你怎么知道?”

“是新四军告诉我的。”

“新四军真是信息灵通。”他想了想说，“坂本君，我不是不给，只怕吉野、松井知道，还有那个龟田，鼻子比狗都尖，不好运走啊。”

“我们用军舰运送物资，这很正常，不会引起别人的怀疑，吉野、松井根本不知道。龟田最近忙得很，也顾不到这边。”

“好吧。你们去拉吧！我不阻拦就是了。”森增说。

“这样，你要承担很大的责任，处境就危险了。”坂本提醒。

“无所谓的。”森增摇摇头。

坂本站起来鞠躬：“我代表共产党、新四军向你致谢!”

码头上，王福根带着工人们向军舰上装物资，坂本在指挥。

安江号舰长大内看到安东号在装物资，走过来问：“坂本君，你们在装什么?”

坂本说："大内君，上海方面要求把这些物资带过去，有些枪械、器材需要修理。"

"只有听说从上海方向装物资来，没有听说从这里将物资装到上海去，这些东西既然坏了，就应该扔掉，何必还要修理呢？难道大日本帝国还缺这些破铜烂铁吗？"

"大内君，咱们是当差的，上面有命令，咱们就执行，管他干什么？过去大米从上海运来，现在大米不也是往上海运吗？"

"这真是反常现象。"大内摇摇头。

"物资都在往东流，说明大日本的圣战打胜了嘛。"

大内听到坂本这句俏皮话，哈哈大笑起来。

吉野办公室。松井从外面进来："大佐君，装运大米的船队一切准备好了，军舰也升火待发，只等您的命令起航。"

"好，那就传我们命令，起航。"

"是。"松井转身欲去。

吉野说："等等，我要亲自去江边送行。"

吉野和松井向江边走去，龟田等日本军人跟在后面。

吉野说："你们要把蔡理虹看住，不能让他逃了。"

龟田答应："是。"

松井问："大佐君是不是要赏蔡理虹一碗特制的羹汤？"

"是啊。国民党的特务喝了我的羹汤，共产党的特务也应该喝嘛，要不然，一碗水就没有端平啊！"吉野幽默地说。

江边。蔡虹、赵强、俞珍站在船上。

吉野、松井来到江边码头。看见蔡虹，上前和他握手。

蔡虹说："大佐先生，这次我要亲自把大米送到上海。"

"不，蔡先生，你不能走啊。"吉野说，"押送大米，由我们坂本中佐和大内中佐开军舰护送，万无一失，请蔡先生放心。楠木将军打电话来，要我们好好请您吃一餐酒，还要对您进行特殊的奖赏。"

"不客气，为皇军效劳，是我们应该做的。"蔡虹知道吉野不怀好意，转身对赵强、俞珍说："大佐君留我吃酒，我就不随船去了，你们可要当心，无论如何，要确保大米平安到达目的地。"

赵强、俞珍一怔，但在吉野当面，不好说话，只好说："请老板放心，我们一定完成任务。"

蔡虹转身对吉野说："大佐先生，为了赴宴，我回去换一下衣服。"

"好，我等着您。"

蔡虹随手招了一辆黄包车，上车去了。

吉野对身边的龟田说："跟上去，把隆顺中江公司包围起来，别让蔡理虹跑了。"

那边，军舰即将起航。森增来送坂本，两人告别。

坂本轻声说："跟我一起去江北吧，一走了之。"

森增说："不，我不去。"

"你打算怎么样？"

"到时候你会知道的。"

"森增君。等到战争结束的时候，我来接你。"

"谢谢，不必了。"

坂本和森增深情拥抱，然后登上军舰，升火出发。

同时，粮食大船在赵强、俞珍的指挥下，也出发了。但赵强、俞珍有些不安地看着岸边，他们担心着蔡虹。

蔡虹回到中江公司办公室，他换掉外衣，穿上早已准备好的日本军服。他从窗帘的缝隙中朝楼下看去，见日本宪兵和警察向这边包抄过来。

蔡虹临危不惧，把手枪子弹上了镗，别在腰间，下楼，从边门而出。

前面来了一个日军士兵，蔡虹机灵地转过身，面向贸易公司办公楼，把枪举在手里，装作伏击大楼的样子。

那个日本兵用日语问："看到了蔡理虹吗？"

蔡虹也用日语回答："没发现，我正在观察。"

日本兵朝前走了。这时，一个汪伪警察冲过来，蔡虹用日语骂道："妈的，怕死鬼，给我上！"汪伪警察不懂日语，但知道是在骂他，赶忙冲到前面去了。

蔡虹一跃过墙，离开了现场。

这边，龟田、倪孝和带人紧张地向前移动。

蔡虹离开后，立即叫了一辆黄包车，向江边奔去。

蔡虹来到江边，正赶上安东号军舰离岸，蔡虹一跃而上，登上了安东舰。

舰上的日军见上来了一个陆军军官，十分诧异，但也没说什么，只当他是搭便船的。

蔡虹走到军舰指挥台，见到坂本说："坂本君，我搭一个便船。"

坂本一见蔡虹穿着军服，明白了。

龟田、倪孝和指挥宪兵和警察慢慢向贸易公司大楼合围，大家都知道蔡虹枪法准，十分害怕，前进十分缓慢。好不容易到了楼梯边，还没人敢上楼。

龟田大怒，对一个日本兵狠狠一脚，这家伙才冒死冲了上去，后面纷纷跟上。楼上什么人也没有，龟田左看右看，不见蔡虹，大失所望。这时他大叫一声："蔡理虹跑了，全城戒严。"

街上再次出现宪兵和警察奔跑的身影，街道被封堵，禁止任何人通行，市民们吓得东躲西藏。

长江上，十条大船和两艘军舰顺流而下。赵强和俞珍站在甲板上，看着中江城越来越远了。

坂本在驾驶室里，蔡虹站在他的身边。他们注视着前面的运粮船。

经过一段航程，运粮船开始向江北方向偏去，直插玉水河口。

坂本和蔡虹对视了一下，脸上是不易察觉的微笑。

一名军官心神不安起来，他向坂本报告："报告中佐，运粮船好像偏离了方向。"

坂本慢腾腾地拿起望远镜，好一会儿才放下望远镜说："不会吧。

蔡虹用日语说："那是他们在绕过浅滩。"

坂本说："对，那是他们在绕过浅滩。"

军官不敢说话，又观察了一会儿，再次提醒说："中佐，他们确实偏离了方向，好像朝江北开去，要不要发出警告。”

坂本说：“我们只负责保护运粮船的安全。”

军官说：“如果到了江北，我们就无法保护它们的安全了。”

“江北也是大日本皇军的控制区。”

“可是，江北有新四军经常活动。”

坂本不悦道：“我们两艘军舰，还怕新四军吗?”

军官连忙说：“是。”

这时，安江号那边叫叫嚷嚷，向运粮船发出警告。

运粮船上，赵强命令信号员发出旗语：“我船漏水，需要靠岸修理。”

安江号才停止叫嚷，各船舰继续航行。

安江号军舰上，舰长大内说：“怎么搞的，刚刚出港就漏水?”

不一会，前面的运粮船靠上了江北玉水河码头。接着，其他运粮船也靠了岸。等运粮船停靠好了之后，蔡虹对坂本说，我们也靠岸吧。

安东号靠岸。同时给安江号发出旗语：“暂靠码头休息。”

大内在指挥室里看到安东号发来的信号，不解地说：“胡闹。”只好下达靠岸的命令，安江号也徐徐靠岸。

坂本命令信号兵向安江号发出旗语，全体官兵到岸上集合。

与此同时，安东号首先响起了集合铃声。安江号不知何意，也响起了集合铃。

日本军人都走下了军舰。

大内来到坂本面前问：“坂本君，为什么集合。”

坂本说：“休息一下，我说几句话。”

坂本让大家在码头上坐下来休息。官兵陆续下舰，七八十个日本官兵整整齐齐地坐在码头上。

赵强、俞珍等一些船员身藏武器，站在日军后面。这时俞珍发现了穿着日本军服的蔡虹向她和赵强示意，惊喜得差一点叫出声来。

这时，几百名农民模样的年轻人上了运粮船和军舰，没有人制止。这是蒋锋带着新四军战士，前来迎接运粮船和军舰。

日军官兵奇怪地看着这些农民。

坂本走到日军官兵前面说：“兄弟们，我们到中国来，已经八年了。八年来，我们杀了多少中国人，现在我们得到什么？我们的亲人，饿死在家里，没有饿死的，在垃圾堆上找东西吃；我们兄弟，战死了，我们姐妹在南洋做妓女，在中国做慰安妇。兄弟们，这就是我们的所谓圣战，现在，这个圣战已到了关键的时刻，德国佬已经打败了，意大利也打败了，日本军队在太平洋战场上也失败了，东京已经被炸得面目全非。各国军队已经在向日本本土行进。这就是天皇号召的圣战，这就是那些战争狂妄分子鼓吹的圣战。我们还能这样战下去吗？我们还要为这些战争狂人卖命吗。他们通过这次战争升了官发了财，过着豪华的生活，而我们有什么，我们得到什么？是死亡，是贫困，是耻辱。兄弟们，现在中国人民起来反抗，他们为了保卫自己的国家，为了正义、为尊严而战。我们难道还应该向这些有尊严、有骨气的中国人开枪吗？我们难道还应该向这些热爱祖国、勤劳善良的中国人开枪吗？

码头上立刻沸腾了。

“坂本，你胡说!”大内叫道。他正要掏枪，被站在身后的赵强一把抓住，用枪顶在他的腰间。

突然，一个日本军官大叫：“不许侮辱天皇，不许破坏圣战。”被俞珍一枪当场击毙。与此同时，那些上了运粮船的青年农民，都脱下外套，露出了新四军军装，全部掏出了枪，威武地站在日本兵的周围。

日本士兵一阵骚动

坂本继续说：“我坚决反对这场战争，我宣布，从现在起，投向中国人民，投向中国共产党、新四军，和他们一起战斗，以此来救赎我们自己，来救赎我们的良心。”

蔡虹脱下日军军服，穿上了新四军军装，站在前面用日语讲话：“我向你们宣告：安东号、安江号两艘军舰，从现在起属于新四军。愿意向新四军投诚的，我们欢迎，不愿意投诚的，我们会宽待俘虏，战争结束后送你们回日本。我们欢迎大家参加新四军。反法西斯战争没有国界，没有国籍，没有种族之分，只要是爱好和平的，就是我们的同志、我们的朋友。大家团结在一起，为和平而战。”

一名日军军官说：“我参加新四军，为中国抗战效力。”

众日军齐说：“我们愿意参加新四军。”

突然，大内摆脱了赵强的控制，向安江舰跑去，赵强一枪将他击毙。大内掉入长江，再也没有冒头。

日军全体投诚。新四军得到两艘军舰和十船大米，码头上老百姓敲锣打鼓，一片欢腾。曾世雄、谭天木、福田都来了，他们亲切地和坂本握手，福田与坂本激动地拥抱。

龟田、倪孝和没有抓到蔡虹，只好回来向吉野报告。

吉野生气地说："笨蛋，去了这么多人，连个蔡理虹都抓不到。难道他飞了？"

"不知道，我们已布置全城戒严。"

"戒严，戒严！"吉野火了："你们戒严了多少次了，哪一次抓到了蔡理虹？"

"是。卑职无能。"龟田肃立在那里低着头。

"蔡理虹，蔡虹，这个人真神了。"吉野突然说，"是不是躲在青帮那里？"

"青帮我们也去了。"龟田说，"蔡理虹不在他们那里。"

"这不可能，你们继续搜查，一个可疑的人也不放过。"

这时松井进来说："大佐君，有人看见，运粮船开到江北去了。"

"哪里？"

"江北。"

"这不可能。我们有两条军舰护航。"

"两条军舰也去了江北。"

"他们到江北干什么？"吉野心想，可不能再出问题，他命令派两艘快艇去看看。

江边，两艘快艇迅速离岸，向江北开去，激起了高高的浪花。

快艇经过一阵子航行，远远看见两条军舰停在那里，快艇向军舰靠拢。

舰上有新四军在坚守，新四军用日语喊："喂，你们是来干什么的，参加新四军吗？"

艇上日军喊："吉野大佐问你们怎么停在这儿，不是到上海去吗？"

舰上新四军说："安东号、安江号全体官兵参加新四军了，你们也参加吧，如果参加，就靠码头；如果不参加，我们可要开炮啦!”

日军士兵喊：“我们要见坂本君和大内君。”

新四军回答：“坂本君参加了新四军，大内在长江里喂鱼呢。”

舰上一炮打了过来，差一点把艇打翻。快艇急忙转头，狼狈逃了回去。

这时，吉野和松井在办公室等消息。

艇长进来报告：“大佐君，坂本投降了新四军，把军舰带走了，大内舰长被新四军打死了。”

“什么?”吉野如闻晴天霹雳。

这时龟田进来报告：“大佐君，蔡理虹走了，他上了安东号，把我们的两艘军舰都带到了江北。”

吉野一阵眩晕，松井连忙扶着他。定了定神，他咬牙切齿地说：“都是这个蔡理虹，太狡猾、太可怕了。”

这时又有一个军官来报：“大佐君，坂本临走时，把军械库的撞针全部搬上了军舰，带给了新四军。”

“谁给他搬的?”吉野咆哮，“快把森增叫来!”

吉野气得再也平静不下来，他对松井说：“楠木将军一番心血，筹了两千吨大米，花了很多钱，这些全被蔡理虹带走了，我们怎么向将军交代。从孙俊杰护粮被劫，到这一次贷款买粮送粮，我们全被蔡理虹骗了，更可恨的是还把我们的两艘军舰都带走了。这真是天大的耻辱。”

不一会儿，森增被叫了过来。

吉野质问：“谁让你把军械库的武器给坂本带走了?”

森增装作不知轻重地说：“坂本君说他要带到上海去修理。”

“什么，要修理? 那是我们拆下来的枪支撞针，你不知道?”吉野叫道。

“我不知道。”森增装傻。

“你不知道? 就是枪械要修理，也要请示我，是吧?”

“是我疏忽，对不起。”

“这是疏忽吗，这是犯罪。”吉野大声说。

“对不起。”森增淡淡地说。

“对不起?”吉野大叫，“你作为一个日本人，一个军人，你犯了同谋和怂恿之罪，要被处死的，你知道吗?”

森增平静地说：“知道。”

吉野对森增平静的态度感到很奇怪。他问：“你也反战吗?”

森增点点头。

吉野大怒，对龟田说：“把他关起来。”

龟田把森增带走了。

吉野气恨难消地对松井说：“我要打败新四军，抓到蔡虹、福田、坂本，一起枪毙。”

“是，大佐君。”

“怎么会这样?”吉野坐在桌上，以手支着头，不解地问。

松井说：“国内反战同盟活动十分猖獗，我们的军队里反战同盟的人越来越多。帝国现在是人心不稳，内外交困哪!”

“太平洋战争形势不利。松井君，你想一想，我们的这个战争是不是要失败，日本是不是要战败。”吉野问松井，又像是问自己。

“是啊，我也是这么想啊。再说，军队中许多人都在思考这个问题。”

吉野站起来说：“克尽厥职吧。”转过身又恶狠狠地对松井说：“我对江北新四军恨透了，过去我们对他们不了解，他们比国民党厉害，这一次我要全军出动，一举把江北新四军消灭。不消灭新四军，我决不收兵。”

松井赞成说：“大佐说得对。目前我军在中国战场上几乎没有多大的动作，我们要搞出一个动静来，振作一下军威。”

# 六十四、中江受降

中日战争即将结束时，日本军队还要作最后的挣扎。吉野为了抓到蔡虹，报一箭之仇，他决定倾巢出动，对江北新四军进行一次大扫荡，务求把江北新四军彻底消灭。

一九四五年八月十五日，中江日本军队和汪伪军队在大操场上集合。吉野、松井、孙俊杰站在队伍前面，龟田、余克勤在喊口令。

队伍集合完毕，松井请吉野训话。

吉野说："大家知道最近我们为什么没有大的战斗，是因为中国战场已经到了最后的时刻。中国军队不堪一击，我们的最后胜利即将到来。但是，我们的目的不是打败中国的军队，而是实现大东亚共荣，所以我们对一切愿意投降皇军的中国军队都表示欢迎，这对国民党的军队是这样，对于共产党的军队也是这样，但我们的仁慈并不能得到中国军队的响应。最近，江北新四军频繁攻击我军炮楼和据点，并从内部盗窃我们的物资，甚至开走了我军的军舰。江北新四军是大日本皇军最危险的敌人，我们必须对他们进行严厉的打击，把他们全部消灭。我希望这是对中国军队的最后一战。出发!"

松井下令："部队前进!"

龟田和余克勤分别跑到自己的队伍面前。龟田喊道："立正，扛枪。"官兵们刷地把枪背上了后背。

突然，一匹战马从远方飞奔来，下马后，日本骑兵慌慌张张地奔跑到吉野面前，递上一份电报。吉野接过来一看，只见上面写着："天皇下令，一切海上陆上之皇家军队，停止战斗，接受盟国条件，向当地政府、军队交出武器。”

吉野呆立在那里。

大家都呆立着。

松井上前接过电报，看了一遍说：“这岂不是投降?”

吉野说：“不是投降，是停止战斗。”

松井于是下令：“停止行动，各部队回原地待命。”

龟田、余克勤十分诧异：“什么，原地待命?”

吉野和松井钻进车里，头也不回地向中江驰去。

孙俊杰见状，也钻进小汽车，走了。

部队像桩一样立在原地。

回到办公室，吉野和松井呆坐着。

吉野叹息一声：“真没想到，这么快。”

松井说：“是啊，我们战败了。”

吉野忽然想起一件事，他对松井说：“快派人去抓倪孝和。”

松井问：“大佐君，抓倪孝和干什么?”

“立即除掉他。”

“除掉他？大佐君，你是不是搞错了，倪孝和与王正奎、杨世才不一样，对大日本皇军是绝对忠诚的。”

“我知道，可是他跟了我们这么多年，知道的东西太多了，而且他的记忆力也特别好。”

“明白。”

不一会儿，倪孝和被松井带到吉野面前，小泉、小川押着他。

倪孝和一见吉野，大叫：“大佐，我倪孝和对皇军一片忠心。”

吉野皮笑肉不笑地说：“我知道，对不起了。”他向小泉、小川使了一个眼色。小泉、小川使用了日本式的擒拿术，当场把倪孝和抹死了。

这时，龟田带领着几十个日本官兵，齐刷刷地站到吉野办公室门前。

龟田歇斯底里地大叫：“为什么要停战？为什么要投降？我们愿意为战斗而死。”

几十个官兵齐声大叫：“我们不投降，我们要为圣战而死。”

接着这些日本官兵席地而坐，他们解开上衣，用刺刀刺进了自己的胸膛，一面大声痛叫着："天皇万岁! 大日本万岁，啊——"

吉野和松井以及闻讯而来的许多官兵，环立在他们的面前，看着他们死去。吉野脱下了自己的军帽，松井也学着他的样子，垂头着，对龟田他们的行动表示敬佩和哀悼。

大街上，到处都是狂欢的中国人民，不管是军人、商人、职员、工人和农民，大家互相拥抱、热泪盈眶。鞭炮声和锣鼓声齐鸣，彩旗和歌舞翩跹。从白天到夜晚，人们沉浸在胜利的喜悦和欢乐的海洋之中。

日本兵营里炸了锅，官兵们纷纷打点行李，准备回国，秩序一片混乱。

一群衣衫零乱的日本军妓和军人家属尖叫着向吉野办公室围过来："我们要求回国!""我们要回国!"她们跪在吉野办公室门口，哭声一遍。

吉野安慰大家说："大家不要乱，做好准备，等待命令。"

众妇女七嘴八舌："中国人不让我们回去怎么办? 中国人强奸我们怎么办? 中国人把我们杀了怎么办?"

吉野说："我们会和中国人交涉，大家不要惊慌，都回去，等候命令。"

但是妇女们不走，哭嚷着要回国。

吉野恼了，命令："把她们拉回去。"

妇女们哭叫着瘫在地上，众士兵强拉硬拽地把她们往回拖，最终一个一个地被拖走了。

松井对吉野说："大佐君，不仅是妇女们，连军士们都很紧张，人心不稳哪!"

吉野想了一想问："你紧张吗?"

松井点点头。

吉野平静地说："告诉大家，不要紧张。"

"我们怕回不了国，见不了爹娘。"

"等待命令，上级会有安排。"

"大佐君，我认为无论如何，我们不能放下武器。"松井提醒说。

"日本战败了，不放下武器行吗?"

"放下了武器，如果中国人报复怎么办? 他们会像南京大屠杀一样屠杀我们，或者把我们扔进大海，或者把我们带到沙漠里去做苦力？让我们像狗一样在那里痛苦地死去?”松井说得声音都颤抖了。

吉野哈哈大笑：“放心吧，中国人不会这样做。”

“您认为中国人不会屠杀我们?”

“不会。”吉野很有把握地说，“以我对中国人的研究，中国人不会那样对待我们。”

“有恩报恩、有仇报仇、以牙还牙、以血还血，这本是人之常情。大佐君不要自我安慰了，这在世界战争史上屡见不鲜，每一个战败国家，都要付出高昂的代价。我们会不会被杀，美国和中国会不会占领我们的国家，政府会不会被推翻，天皇会不会被处死，毕竟我们在中国杀人太多，罪恶深重。”由于担心和恐惧，松井与吉野的谈话，已经失去了往日的恭卑态度。

吉野已有感觉，他严厉地说：“松井君，不要胡思乱想，不要扰乱军心。我们在中国杀了那么多的人，我们也该死了。到中国来之前，我们就做好了为天皇尽忠的准备，就算前面是一条通往死亡之路，对于一个应该死了的人，又有什么可怕?”

松井不敢再说了，他低着头说：“对不起，大佐君。”

吉野停了一会儿，平静地对他说：“你的顾虑是多余的，那种结局不会出现，至少在中国，你放心。”

“您真的了解中国政府和中国人吗?”

“在中国这几年，我一直在研究这个国家和人民。我得出的结论是，我们不仅能平安地回到祖国，而且还会受到优待。”

松井睁大了眼睛，觉得不可思议。

吉野继续说：“首先，中国是一个爱好和平的民族，您看中国的历史就知道了。中国花了巨大代价修万里长城，为了什么？那不是为了侵略，而是为了防御。中国的郑和下西洋，到达东南亚、中东和非洲，不是为了开辟殖民地，掠夺那里的财富，而是传播友谊。他们带了大量的宝贝送给各国，为什么？为了显示中国的富强。中国人没有侵略野心，不觊觎别国的财富，他们的眼睛不是看着海外，而是低头看着脚下的土地。他们认为只要拥有了这片土地，就能满足他们不太奢侈的愿望。”

“说得有道理。”松井说，“但是大佐君，真叫我想不透，您作为一个对中国人有如此好感的日本军人，在中国杀人越货，犯下那么多的罪恶，这怎么解释?”

“松井君，这很好解释。我们在中国所做的一切，都是代表了上帝的旨意，遵循了自然法则，弱肉强食，优胜劣汰。”

“弱肉强食，优胜劣汰，好一个侵略者的逻辑。”

“中国历来有‘地大物博，人口众多’之说，但内战不断，中国在历史上多次被周边的小国侵占、吞并。如果日本的政策不出错，如果没有美国人参与，日本占领和统治中国是完全可能的。可惜海军军部那一帮愚蠢、狂妄的家伙，他们对中国发动大屠杀，失去了民心；他们发动太平洋战争，惹怒了一个西方巨人，最终的失败就命定了。”

“大佐君，您说这些能证明我们侵略中国是自然法则，弱肉必遇强食，就是日本人不打中国，也会有另外一个国家会打中国。这是对的，但是您还不能说服我，中国人会忘记日本屠刀下的中国人鲜血吗?”

“对，中国人很快就会忘记仇恨。中国人奉行儒家思想，崇尚‘宽容’‘仁厚’‘过往不咎’‘以德报怨’‘得饶人时且饶人’。在我们看来，这种不讲是非，没有血性的精神和理念，在强者至上、弱肉强食的丛林法则面前，是多么愚蠢和可笑。”

“如果日本人处在中国人目前的位置，将会怎样对待侵略我们的人?”

“如果是我们，那一定会把进入中国的日本人，全部沉入海底，不让一个侵略者活着回去，以此来教训胆敢进犯中国的一切侵略者，而且还要打到日本，奴役日本人，让日本人赔偿自甲午战争以来的一切损失。”

“大佐君，尽管您说得很有道理，但我还是害怕。”

“不必害怕，日中一旦停战，他们的目光很快就会转向国内。中国国内几股政治势力，为了争夺对民众的统治权，必然会有一场你死我活的战争，将更加猛烈和残酷。”

“比和我们的战争更加猛烈和残酷？我想不明白。”

“你知道吗？中国军队和我们打仗的时候，他们没有做到全力以赴，各个派别都在保存实力，以备今后的内战。他们最怕的就是对方占了上风，即所谓‘宁与外邦，不予家奴’。所以，他们不仅不会杀害我们，不会占领我们的国家，而且有可能会和我们友好，请我们帮忙呢。”

“找我们帮忙？”松井大惊，“我们能帮他们什么忙？”

“首先，我们向谁投降？我们的武器、军用物资，交给谁？这都是他们要争夺的。其次，我们的军事情报、战争资料，也是他们进行国内战争需要的。”

“这就是中国人？真是想不明白。”

“我说的不是凭空想象，我已注意到，中国的各种政治势力，在我们没有投降之前，就已作出了友好姿态，采取行动和我们联系合作之事了。”

“在我们日本，这简直不可思议。”

对于日本投降的新形势，江北支队立即召开中层以上干部会议，研究对策。会上，曾世雄说：“国民党已经下令，侵华日军，只能向国民党军队投降。要求国民党军队迅速进驻各大中城市，并派员接收日军和汪伪财产，原汪伪军队和警察维持秩序，听候命令；要求我军原地驻守，等候命令，不得擅自行动。”

谭天木说：“蒋介石这明显是要和我们争夺抗战果实。”

曾世雄说：“延安指示，我军必须尽快接受驻地日本军队和汪伪军队的投降，如果不向我军投降，则坚决予以消灭之。当前两大任务，一是收缴日伪武器，二是占领城市，扩大我们的根据地。”

蔡虹建议：“中江是安徽重要城市，交通枢纽，对我军今后发展有重要意义，必须尽快派军队去接收。”

谭天木赞成：“我建议部队过江。”

蒋锋也要求派部队占领中江。

曾世雄说：“我军力量有限，江北几个县城都要派人去接收。如果我们占领中江，国民党军队有可能与我军发生战争，我们不可能顶得住。一旦失败，我们前有强敌，后有长江，进不能，退不得，将会处于十分危险的境地。”

郑天佐说：“政委说得对，夺取中江，影响太大，国民党不会善罢甘休，我们只能占领一些小城市。至于中江，可以派江南游击队去占领，江东县有一支两千多人的队伍。”

谭天木不同意："那怎么行？大部队去中江都顶不住，两千多人的游击队能抵什么事。"

曾世雄明显赞成郑天佐的建议，他问蔡虹："你认为江南游击队去中江接收，行不行?"

"如果大部队不能去，我们只好派游击队冒险占领中江。"蔡虹说："至于能不能成功，也很难说。但是要快，赶在国民党军队到来之前。"

曾世雄说："好。蔡虹同志，还是请你去执行这项任务，任命你兼任皖南游击队司令员兼政委，到江东县去找陈浩雨同志，宣布支队党委的任命。江东县的游击队归你指挥，陈浩雨同志为副司令员兼副政委。"

"坚决执行命令。"

"你还是带赵强、俞珍两位同志过去。如果解决了中江日伪军的受降问题，你们就考虑在中江建立革命政权。"曾世雄又说，"如果国民党来了，你们能守得住就守。"

会议一结束，蔡虹立即和赵强、俞珍坐船向中江进发。这一次过江不必偷偷摸摸了。在船上，大家看着风平浪静的长江，不禁感慨万千。

赵强说："老板，过去我们过长江冒着多大的危险，现在我们可以大摇大摆地过江了。"

蔡虹说："是啊，现在才感觉到这是我们自己的长江。"

想起过江的任务，俞珍担忧说："老板，我们去接收日伪投降，他们如果不向我们投降怎么办?"

"这是完全有可能的。"蔡虹说，"日伪不向我们投降，我们就要同他们斗争，逼着他们向我们投降。"

"如果日伪跟我们打起来怎么办?"

"日本人既已投降，一般不会打仗。汪伪军那边要做工作，不到万不得已时不动武。"

"孙俊杰当时向日本鬼子告发您，想致您于死地，这一次咱们要好好收拾他了。"

"在大局面前，不讲私仇。我们还要注意团结孙俊杰。上级有指示，只要汪伪军队参加革命队伍，我们欢迎。"

“欢迎他们？他们可是汉奸！”

“不管什么人，我们都要争取，要尽可能团结一切力量，壮大自己。”

当天晚上，他们赶到了江东县，在一条山沟里，蔡虹等人见到了江东游击队负责人陈浩雨。陈浩雨才二十几岁，显得十分干练。他热情欢迎蔡虹等人，吩咐安排吃饭。

饭桌上，蔡虹问：“最近国民党军队有什么新动向？”

陈浩雨说：“听说顾祝同已经派特务头子郭玉锦去中江，与日本驻军商谈投降缴械事宜。同时从徽州抽三个团的兵力，由国民党中央军旅长吴昊良带队，向中江开进，行动很快。”

“我们要和他们抢时间，谁先到中江，谁就主动。”蔡虹问，“你这里有多少部队？”

“一千多人。”

“不是说有两千多人吗？”

“宣南游击队还有八百多人。”

蔡虹说：“你把这一千多人迅速集合，我要带走。为了和国民党军队抢时间，今晚，部队要连夜行军，争取在天亮之前到达中江。你带宣南的八百人在界山口阻截国民党军队，只要坚持一天一夜，我们就胜利了。”

陈浩雨表示：“一定完成任务。”

当天夜里，蔡虹、赵强、俞珍带着部队匆匆赶路。

天快亮的时候，部队来到中江城南门，城门外是一条护城河，河上架着一座浮桥。城门口大门紧闭，在昏黄的汽油灯下，日本军队和汪伪警察来往巡逻，制止一切行人过往。

新四军游击队列队向城门前走去。

日本兵和汪伪警察突然见到这么多持枪武装人员，大吃一惊，立即拉开枪闩，大声喝道：“站住，什么人？”

蔡虹走在前面说：“我们是中国军队，是来接受你们日本军队投降的。”

“什么？”日本兵立即卧倒，做出了瞄准射击的准备。

蔡虹大声说：“不许开枪。日本天皇已经宣布无条件投降，你们要放下武器，向中国军队缴械投降，我们接受了上级的命令，来中江接受日本军队投降的。”

日本兵喊：“你们是哪一部分的？”

“我们是新四军。”

“新四军？”日军兵说，“站住，不许动，没有上级命令，我们不会放你们进城，你们要再前进一步，我们就开枪了。”

“好吧，我和你们吉野大佐谈谈。”

蔡虹对俞珍说：“小俞，你带着同志们在这儿等着，我和赵强进城面见吉野。”

蔡虹和赵强向前走去。

日本士兵看着两人向前走来，没有带部队，便没有制止。

蔡虹走到城门边对日本士兵说：“快带我去见吉野大佐。”

“什么，要见吉野大佐？”日本士兵有些迟疑。

蔡虹大声呵斥道：“战争结束了，日本投降了，你们不知道吗？耽误了时间，你们就回不了日本，要掉脑袋的。”

“是，是。”日军小头目连连哈腰，“请。”

蔡虹和赵强在日本兵的带领下向日军指挥部走去。

这几天，孙俊杰在惶惶不安中度日。

余克勤问：“司令，日本投降了，我们怎么办？”

孙俊杰一屁股坐到沙发上，双手抱头，痛苦地说：“这么强大的日本军队怎么说垮就垮了。”

余克勤也沮丧地说：“谁能想得到。”

沉默了一会儿，余克勤说：“我们逃吧。”

“往哪里逃，哪里有世外桃源？”

“那怎么办？不能等着上法庭，等着被枪毙吧？”余克勤由于害怕，声音有些颤抖。

孙俊杰问：“其他降日部队有什么动静？”

“有的部队长官被逮捕了，部队解散了，也有的投奔了共军。”

孙俊杰不说话，眼睛定定地看着墙壁，想着心思。

这时通讯员进来递上一封信："报告，新四军江南游击队司令员兼政委蔡虹来信。"

"蔡虹，江南游击队司令员兼政委?"孙俊杰拆开一看，递给了余克勤。

余克勤边看边念道："孙司令，日本人已经投降，你和你的部队何去何从，都在你一念之间。希望你认清国内形势，对国家、人民和对你自己负责，选择正确的道路，我们共产党人欢迎你。"

余克勤再翻过一页纸说："这里还有一张《任命书》。任命书：经中国人民解放军华东野战军第二十五军第七师政治部、司令部研究决定，任命孙俊杰为中国人民解放军第七师第五团团长，所属部队，原地待命，听候调用。师长：谭天木，政委：曾世雄。"

余克勤说："司座，蔡虹、共产党想拉拢您了。"

孙俊杰问余克勤："你说怎么办?"

"我们不能投奔共产党!"余克勤坚定地说，"我们和共产党有仇，投降了共军，将来没有好日子过。"

"你说得对，不到万不得已，我们不能投降共产党。"孙俊杰想了想，命令说，"你马上以我的名义给上官长官发个电报，自我检讨几句，请示下步行动，看看国民党这边的态度。"

余克勤有些为难："上官长官当时对我们投降日本人十分恼火，现在我们怎么好求他?"

"我们现在是走投无路，顾不了那多了。"孙俊杰像个没头的苍蝇，急得两边窜。

不一会儿，余克勤进来说："司令，发给上官长官的电报，不见回音。"

孙俊杰心里一沉："哦，如果国民党不接受我们，我们无路可走，只好投降共产党了。"

余克勤建议："司座，我们直接发份电报给顾长官，看看他的态度。"

"对，发给顾长官，死马当活马医了!"

过了一会儿，余克勤喜冲冲地进来说："司令，顾长官回电了。"

孙俊杰急问："顾长官他说什么?"

"顾长官任命您为中江市警备司令，命令我们维持好中江的秩序，坚守待命。”

孙俊杰高兴地说：“那太好了。把顾长官的电报，向全体弟兄们传达。”

余克勤很是兴奋，大声说：“是！”

吉野和松井在办公室，卫兵进来：“报告，新四军江南游击队司令员兼政委蔡虹到。”

“蔡虹？”吉野感到意外，“蔡理虹，江南游击队司令？”

卫兵回答：“蔡虹声称代表新四军，接受皇军的缴械投降。”

“向他缴械投降？”吉野对松井说，“这个蔡虹，简直是个变色龙。几年来他一直在中江活动，他骗了我们的钱，骗了我们的武器，骗走了我们的人，骗走了我们的军舰。我虽然早就看穿了他，可就是拿他没有办法。回想过去的一幕幕，我们完全让他玩弄于股掌之中。他是中国人当中最难对付的人，我真是恨死他了。”

松井说：“是啊，国民党那个丁潜和现在的这个郭玉锦，和蔡虹相差太远了。”

“共产党比国民党厉害十倍。”

“我深有同感。”

“我要看看，蔡虹又怎么表演。”吉野对士兵说，“让蔡虹进来。”

这时，蔡虹和赵强大踏步走了进来。

蔡虹说：“大佐先生，几日不见，还好吗？”

“蔡先生，是你呀？”吉野表情复杂地看着蔡虹说。

“是我。大佐先生，有点意外吧？”

“既在意料之外，也在意料之中。”

“是吗？”蔡虹轻松地笑着。

吉野对蔡虹说：“蔡先生，我很佩服你。你在我们的眼皮底下做生意，在我的监视下从事地下活动。两次把我们的大米劫走了，还劫走我们的两条军舰和几十名日军官兵，你真了不起呀！”

“大佐先生！”蔡虹纠正吉野的话，“我不是在你的眼皮底下活动，我是在我们自己的国家做事情，大米也是我们自己的。军舰嘛，虽然是你们的，但也是用中国人的银子造的。现在归还中国，也算是物归原主嘛。”

“蔡先生。”吉野说，“其实，我早就知道你是共产党、新四军了，只是一直没有对你采取措施。如果我当时将你处决，还有你的今天吗？”

“承蒙关照。”蔡虹说，“可是大佐先生，当时你已经对我采取了不少措施，我的身上还留有伤痕。至于为什么没有把我处决？怕也是形势所迫，由不得您吧？”

吉野语塞。

蔡虹说：“大佐先生，以前的事情我们就不说了，今天，我的身份是新四军江南游击队司令员兼政委，我代表中国政府和中国军队，前来受降。我们公事公办，希望你尽快向我们新四军缴械投降。”

“蔡先生。”吉野懒懒地说，“很遗憾，我们的上级只要求我们向国民党军队投降，没有要求向新四军投降。”

“不对！”蔡虹大声说，“大佐先生，你们天皇诏告，是向中国政府和中国军队投降，请问我们是不是中国政府领导下的中国军队？”

吉野假装为难地说：“蔡先生，不是我们不向你们投降，因为我们和国民党有约定，如果我们不向他们投降，他们会不满意的。”

“大佐先生，你向国民党军队投降，我们同样不满意，而且我们先来到这里，如果你们不投降，我们完全有权对你们采取迫降措施。至于国民党军队嘛，他们一时还不能来，而你们的时间是有限定的，如果耽误了投降时间，耽误了你们回国的行程，一切后果只好由你们自己承担了。”

正在这时，卫兵进来：“报告，中国国民党军队代表郭玉锦先生到。”

吉野说：“看，国民党军队来了。”

蔡虹说：“国民党军队没有来，我们的军队已经来了，在城外等候呢。”

“什么，你们的军队来了？”吉野大为意外。

这时郭玉锦进来，他向吉野说：“大佐先生，我代表中国国民党军队来接受你们的投降，请把您的军队管制好，原地待命。”

蔡虹说：“郭先生，吉野大佐已向新四军投降了，我们的军队，已经在城门外等候多时了，你们的军队在哪里？”

“我们的军队也在城外。”郭玉锦说。

“不对吧，你们的军队还不知道在哪里呢。我比你先到，我们的军队比你们的军队先到，你说吉野大佐应该向谁投降？”

“这样吧，你们都是中国政府和中国军队的代表，我们都不好得罪。”吉野转脸对松井说，“松井君，你到城门上看看，谁的军队在城门外等候，我们就向谁缴械投降。”

“好，一言为定。”郭玉锦很有把握地说。

“一言为定。”蔡虹胸有成竹。

松井说：“大佐君，我们说什么也不能向新四军投降。”

吉野说：“你看看谁的军队在城外再说。我们现在不是向谁履行承诺的问题，我们的任务是保护我们日本人的安全，早日回日本。”

松井坐车急匆匆地赶到南门城墙根，上了城楼向下一看，黑压压的都是新四军，哪里有国民党军队的影子？

松井回来报告：“城外都是新四军，不见国民党军队。”

吉野问郭玉锦：“郭先生，你们国民党军队呢？”

郭玉锦说：“我们的军队三天前就已经出动，很快就到。”

蔡虹说：“你们的军队还有三天也来不了。”

吉野对郭玉锦说：“对不起，郭先生，你们的军队没有来，共产党的军队已经来了，我们只好向新四军投降了。”

郭玉锦叫道：“我要抗议。”

吉野命令：“通知打开城门，让新四军进城。”

# 六十五、坚守中江

界山分界口，陈浩雨带领游击队死守阵地。

陈浩雨站在岗头上对大家喊话："同志们，一定要把国民党军队阻住，让我军在中江顺利接受日本军队的投降。只要我们阻住一天一夜，中江城就是我们的了。

游击队员们齐声高呼："誓死保住阵地，夺取中江城!""人在阵地在，坚决完成阻截任务!"

被任命为中江市保安司令的蒋军旅长吴昊良，用望远镜看着小山头说："没想到几个共军游击队员这么顽固。"

参谋长宋林报告："司令，郭玉锦来电，新四军已经进城。"

吴昊良不解："新四军还在江北，怎么会那么快就进城?"

"谁知道?"宋林感叹。

报务员又送来电报，宋林接过看了一下对吴昊良说："孙俊杰来电，请求指示。"

"孙俊杰？他不是当了汉奸吗？怎么回来啦?"吴昊良说。

"是啊。"宋林说，"孙俊杰在电报中自称是中江警备司令。"

"这个变色龙。"吴昊良骂道，"回电：命令他把新四军赶出中江城，我军明天到达。"

"是。"报务员答。

吴昊良下令："给我冲。"

冲锋号再次响起。

在中江，城门大开，新四军列队向城里走来，守在城门口的汪伪军队互相议论。

“这是一支什么军队?”

“没穿军装，是忠义救国军吧?”

“不像，好像是新四军游击队。”

“新四军游击队怎么进来了?

“谁知道?”

孙俊杰得知新四军进城的消息。惊问：“什么，新四军进城了?”

卫兵报告：“新四军不仅进城，而且马上就要举行受降仪式。江南游击队司令员兼政委蔡虹派人送信来，要求我们以新四军团长的名义，参加对日军的受降仪式。”

孙俊杰冷笑一声：“蔡虹他想得真美。”又对余克勤说：“我们是要参加受降仪式，但不是代表新四军，而是代表中央军。通知日本人，我孙俊杰以国民革命军中江市警备司令长官的名义，参加对日受降仪式。”

界山，陈浩雨完成任务，带领游击队员撤退。

国民党军队越过界山口，向中江赶来。

吴昊良对宋林说：“参谋长，离中江城还有多远?”

“还有一百来华里。”

吴昊良命令：“队伍加速前进，做好进城准备。”

在中江市中心广场上，受降仪式开始。

日本军队列队站立在广场上，日本军官吉野、松井站在队伍前面。他们的对面是排列整齐的新四军游击队员，蔡虹立在正中。

孙俊杰带着他的队伍站在一边，明显受到冷落。

吉野上前向蔡虹行礼说：“蔡虹司令员，驻中江市皇军第十八师团第五大队大队长吉野大佐奉命率部向中国政府、中国军队投降。

蔡虹命令：“放下武器，原地待命。”

吉野和松井回到军队队列中，在他们的带领下，日军官兵一个个从蔡虹面前走过，把枪支和东洋刀放在地上。

俞珍对身边的赵强说："孙俊杰应该向我们投降，怎么让他站在受降的行列?"

赵强说："国民党已任命他为中江警备司令。"

俞珍鄙夷地说："这个人变得真快。"

这时，余克勤悄声对孙俊杰说："司令，吴司令指示，要我们开展对新四军的攻击，把新四军赶出中江城。吴司令大军很快就到。"

孙俊杰说："你去准备，等日本人一走，我们就对新四军动手。"

"是。"余克勤带着一部分国民党军队离去了。

赵强敏锐地观察了这一细节，他低声对俞珍说："余克勤可能图谋不轨，你在这儿，我带一部分人去，看看他们想干什么?"

"我也去。"

"不，你在这儿陪着老板，我见机行事。"

这时，日军全部交出了武器，立到了一边。

蔡虹问吉野："怎么不见森增?"

松井上前答道："森增关在监牢，已经派人去放他了，一会儿就来。"

监牢里。两个日本兵匆匆打开铁门，对森增说："森增君，战争结束了，皇军向中国军队投降了。

森增喃喃："战争结束了，日本投降了?"

士兵说："等过了投降仪式，我们就可以回国了。你难道不想早日见到家里的亲人?"

森增自语："我家里的亲人?"

森增随两个士兵来到中心广场。森增把手枪和指挥刀交给了蔡虹。他看了看蔡虹这张熟悉的面孔，感慨万千。

蔡虹说："森增先生，你受苦了。你们那个军械所、军械仓库里还有东西吗，要全部交给新四军啊。"

森增说："都交给你们，你们去清点吧。"

吉野对蔡虹说："蔡先生，你们能保证我们安全回国吗?"

"我保证把你们送上火车。"

火车站，成群的日本军人、妇女、小孩向车上涌去。

吉野和松井检查了他们的部队和家属，确信没有遗漏。

吉野对松井说："松井君，准备给我和蔡虹照个相。"

上车之前，吉野突然对蔡虹说："蔡先生，我在中国这么多年，使我印象最深的是您，使我最害怕的是您，使我最钦佩的也是您。"

蔡虹冷冷地说："谢谢夸奖。"

吉野说："不管我们是仇人还是朋友，我都对您很感兴趣，你是一个最厉害的中国人。我们这一别，怕是永远见不到了。我想和您照一张相留个纪念好吗?"

"没有必要。"蔡虹拒绝说，"在我心里，永远记着你这么一个侵略者。"

"尽管我是一个侵略者，一个有罪之人，但是我对中国并没有坏感，相反，我很喜爱中国和中国人民，中国是一个伟大的国家，中华民族是一个善良的民族。侵略中国，屠杀中国人民，是彻底的错了，我们要深刻反省。如果我们再能见面，我可能变成一个中日友好使者，一个慈善家。"

"马善被人骑，国弱遭人欺，我们也要反省。"蔡虹自语。

"什么?"吉野这个中国通一时还没有听懂。

这时，松井拨动快门，照下了一张相片。

吉野说："以后冲洗出来，我一定寄给您。"

蔡虹说："我不需要。"

吉野和松井走向火车。

这时，一个日本兵来报告："大佐君，森增君没有来。"

"森增没来，他为什么不来。"

"我去找他一下。"松井说。

吉野叮嘱："快一点。"

松井带着几个人，驱车来到森增住处，没人。

来到森增办公室，也没人。

有一个行人告诉松井："你们找一个日本军官吗？他到山上去了。"

松井好像意识到什么，下令快开车。

车到山边，松井下车向山上奔去，一路喊："森增君，森增君。"

这时他发现森增站在一个石头上，面向着长江。

松井一个劲地喊："森增君，森增君。"一面向山上奔去。

只见森增望着长江站了一会儿，突然大叫一声："惠子！我们回家了!"向江中跳去。

滚滚江水淹没了他。松井呆呆地看着，无可奈何地回去了。

回到火车站，松井对吉野说："森增他死了。"

吉野心中似乎有预感，他没说话，直接跳上了火车。

松井和其他几个日本兵也跳上了火车。

吉野伪善地从窗口向蔡虹挥手。

蔡虹没有理他，他看着火车开动，隆隆离去。

车上的人太多，吉野和松井只好站在车门边。松井拨弄着相机说："大佐君，你和蔡虹照这张像是什么用意，你真的喜欢他这个人吗?"

吉野神秘而又阴险地说："我这是杀死蔡虹的最后一招。"

松井不解地看着他。

送走了日本人，蔡虹回到吉野办公室。俞珍跑过来对他说："老板，孙俊杰的军队向我方阵地逼近，打不打?"

"赵强呢?"蔡虹问。

"赵强已经做好了准备，他问打不打?"

蔡虹说："先喊话，如果他们打枪，我们就还击，记住，我们绝不打第一枪。"

火车在行驶，吉野和松井坐在火车的餐厅里，忽然听到激烈的枪声。

松井问："怎么有枪声?"

吉野显得轻松愉快地说："没什么奇怪的，中国人和中国人打起来了。"

松井摇摇头说："这个民族，我是看不明白。"

吴昊良带领军队到达中江城外，派士兵去探中江城里的情况。士兵回来报告：孙俊杰部队被新四军赶出了城，现驻扎在小洲，城中新四军在修筑工事。

吴昊良大骂孙俊杰无能。命令部队在城外安营扎寨，一面传话："叫孙俊杰来见我。"

孙俊杰本来没有把蔡虹那一千多人的游击队看在眼里，可是一经接战，游击队员个个勇敢，再加上蔡虹用从日本人手里缴获的枪支和火炮武装起来，战斗力大大增加，把孙俊杰的部队打得犬奔狼突，抱头鼠窜。

孙俊杰不敢拼光自己的一点本钱，只得退到小洲，以待吴昊良的军队到来。这时，报务员送来电报："司座，吴司令要您过去见他。"

"吴昊良要我去见他?"孙俊杰从内心看不起吴昊良，他对余克勤说："吴昊良本来级别比我低，应该主动来见我，叫我去他那儿，好大的谱啊，我不去，你去吧。"

余克勤说："司座，吴昊良现在升任旅长，又是顾祝同的亲信，顾祝同派他来镇守中江，我们是协助，要归他领导。大丈夫能屈能伸，先委屈一下，以后再说。"

"这么多年，他一枪都没放过，官倒是一升再升。"

"有什么办法，人家运气好，跟主子后面沾光。要是日本人不倒，哪有他吴昊良传话的份儿，该是司座去传他了。"余克勤说。

孙俊杰想了想，叹了一口气："人能不抵命运，凤凰落毛不如鸡呀。好吧，我就去见他。中江已被新四军占领，看他有什么高招吧。"

吴昊良在临时指挥所接见了孙俊杰。尽管孙俊杰看不起吴昊良，但是出于礼貌，他还是上前向吴昊良行了军礼，吴昊良还礼，居高临下地笑着说："孙司令，今天咱们又走到一起来了。当年你突然失踪，我还以为你'光荣'了呢，结果看了报纸才知道，你是改换门庭，另攀高枝了。"

一句话说得孙俊杰羞愧无地，孙俊杰只好说："惭愧！孙某相信了'曲线救国'的宣传，走了弯路了。"

吴昊良摆摆手说："过去的事情不提他了。蒋委员长说，革命不分前后，救国不分形式嘛，好在今后为党国立功的机会多着呢。"

孙俊杰说："是啊，还是吴司令高瞻远瞩，今后我就听吴司令的了。听说您来中江，我心里特别高兴，如果高攀一点，咱们是老朋友了，今后孙某还请司令多多关照。"

"咳，别客气啦。过去咱们不是在一个锅里舀饭吃吗？现在也一样。孙司令这样说就见外了。吴某不才，暂忝其位，今后，还要您多多帮衬呀。”

孙俊杰立正说：“只要吴司令一声令下，孙某赴汤蹈火，在所不辞。”

吴昊良笑着说：“好啊，有孙司令这句话，吴某就放心了。眼下，咱们合力把这一小股新四军消灭掉，把中江城夺回来。我希望孙司令能有所作为呀。”

孙俊杰表态：“孙某自当尽力。”

吴昊良说：“你在中江也有些日子了，你说说，这中江新四军究竟是什么情况。”

孙俊杰说：“中江城这股新四军本是江东游击队，有一千多人。虽然人不多，但他们的指挥员是新四军的一位著名团长，叫蔡虹，作战经验丰富。同时，他们又缴了日本人的武器，战斗力很强，现在又占领了有利的地形，想攻下中江城，很不容易呀。”

“孙司令，如果这个小小的中江城我们攻不下来，这股名不见经传、连番号都没有的新四军游击队都消灭不了，怎么有脸去见顾长官，更无法向蒋委员长交代呀。中江城只能属于中央军，不可属于新四军。新四军和中央军，有他无我，有我无他。明天，我要用重炮把中江城门轰掉，让新四军那几个土包子，尝尝美国重炮的厉害。”

“吴司令下这么大的决心，攻下中江城，应该是没有悬念的。”

“我的决心是下了，但要人去执行呀。孙司令，明天这个仗，还请你部打个头阵啊。”

“这?”孙俊杰面呈难色。

吴昊良怕他推辞，就说：“顾长官要我全权指挥，我就不客气了。”

“遵命。”孙俊杰气得满脸通红地离开了吴昊良。

炮声隆隆，国民党军队开始攻城。一声令下，万炮齐发，雷声震地，烟雾腾腾。

蔡虹、赵强、俞珍带着游击队员在一边休息，有的在擦枪。

蔡虹十分镇定地对大家说：“国民党军队打仗是老一套，别管他，等他们打完了再进入阵地不迟。”

炮声一停，蔡虹命令：“进入阵地。”战士们立即架好重机枪，封锁了交通要道。

国民党军队冲了上来。在接近阵地之前，蔡虹把手一挥："打！"

几挺重机枪同时开火，国民党军队倒下一片，剩下的趴在地上不敢抬头，等枪声稍稀，都慌慌张张地逃走了。

余克勤用望远镜看着说："司令，新四军用清一色的日本武器，厉害得很，我们的人员伤亡很大。"

孙俊杰说："吴昊良是想让新四军把我的人打光。"

"是啊司令，我们不能把老本赔上了。没了军队，我们什么也不是了。"

"少上去一些人，不能上吴昊良这个老鬼的当。"

那边，吴昊良也在用望远镜观察。他看了一会儿，摘下望远镜对宋林说："人称孙俊杰能干，我看不过是绣花枕头，一个中江城都攻不进去。"

宋林说："孙俊杰舍不得下本钱，只用小股部队进攻。"

"他是想保存实力，这个滑头。"

"靠孙俊杰攻城，是攻不下来的。"

"把我们的部队拉上去，我们要亲自进攻了。"吴昊良说。

"我们军队的伤亡怎么办？"宋林问。

"顾不得那么多，中江城攻不下，顾司令不满意，我无法交代。"

"是！"宋林传令，"进攻中江城。"

军号吹响，国民党军队向城门口冲去。

城门边，蔡虹对大家说："吴昊良的军队上来了，大家做好准备，等他们靠近了，狠狠地打。"

中央军冲到近前，只听蔡虹一声喊："打！"重机枪喷出火舌，中央军倒下一片，经过激战，剩下一些人仓皇逃了回去。

吴昊良在望远镜里看得清楚，他下令："再冲。"

不一会儿，中央军又冲上来。这一次他们格外小心，慢慢向前移动，但是新四军游击队更是不动声色。直到近前，新四军的机枪才发出呼叫声。中央军被打倒的打倒，逃跑的逃跑，战场指挥员控制不了局势，只好随败兵逃下阵去。

吴昊良放下望远镜，气得直跺脚。他说："没想到这新四军游击队这么厉害。如果三天之内不把中江城攻下，外界舆论又要说我们无能了。"

中央军大炮再次猛烈地向中江城轰炸。随后，军队黑压压地攻来了。

等敌人到了阵地前沿，蔡虹一声命令：“打。”机枪、步枪一齐发射，喷出一道道火舌，敌人又倒下一片。

这一次敌人反复冲锋，新四军坚守阵地，有几个国民党士兵突破了阵地，游击队员蜂拥而上，用刺刀把他们一个个解决了。战斗打到了关键时刻，蔡虹、赵强、俞珍都冲上去与敌人拼起了刺刀。

敌人终于被打下去了，吴昊良的进攻失败了。

吴昊良这才知道新四军确实有战斗力，他在临时指挥所里十分着急。

宋林说：“司令，我们要向战区报告，说新四军来了大部队，如果要拿下中江城，必须增加部队”

吴昊良点点头说：“对，不这样说，我们不好向顾长官报告了。”

孙俊杰见吴昊良停止了进攻，他对余克勤说：“吴昊良现在该知道新四军厉害了。”

余克勤说：“至少他不好再说我们无能了。”

一连几天，吴昊良和孙俊杰都没有动静。战斗停下来了。

蔡虹对赵强、俞珍说：“吴昊良吃了亏，必然要求增兵。蒋介石要回南京，必然力争中江，更大的战斗还在后头，大家不要松懈。”蔡虹带领大家日夜修筑工事，准备迎接新的更大的战斗。

没有想到，支队来了紧急电报，要求蔡虹速回支队开会。

接到开会的通知，大家都不理解。赵强说：“当前战局这么紧张，敌人随时都会攻打中江城，支队开会真不是时候。”

“支队还不如将大部队开到中江来，打败了国民党，建立起以中江为中心的革命根据地，江南江北连成一片，然后再开会不迟。”俞珍说。

“也可能有重要情况。”蔡虹说，“你们先守住阵地，我到支队去一下，如果没有新的情况，明天就赶回来。”

# 六十六、弃城北撤

在支队驻地，曾世雄召开重要会议，参加会议的是支队中层以上干部。

曾世雄说："根据毛主席和蒋委员长在重庆谈判签订的'双十协定'，国民党中央迁回南京，共产党领导的江南和江北抗日根据地，都让给国民党，部队向山东、河北方向集结。中央指示，新四军尽快北撤。"

"北撤?"众将士不敢相信自己的耳朵。

曾世雄继续说："是啊，北撤。日本人投降了，国内外要求中国和平建国的呼声很高，美国、苏联都赞成中国停止内战，建立联合政府。中央为表示对和平建国的诚意，决定做出让步。"

"让步？我们好不容易建立起这个根据地，就这样让了？我们刚刚建立了政权，农民分了田，我们一走，岂不是又还给地主了？国民党、地主反攻倒算怎么办？部队一撤出，革命的军属烈属和老百姓受到迫害怎么办？生命安全谁来保障?"大家议论纷纷。

曾世雄说："我们党中央和国民党进行了交涉，我军北撤后，国民党不得算旧账，不得迫害共产党人和抗日军属，不得迫害曾经支持过共产党的民主进步人士。国民党对此都做出了庄重承诺。"

"这种承诺能算数吗？这简直把人的生命当儿戏，这是对革命烈军属和根据地人民不负责任嘛!"会场像炸了锅。

曾世雄连忙制止，说："大家安静，党中央是从大局考虑，这是争取和平解决国内问题的需要，我们不让步，就显得我们没有诚意，我们让一步，争取了主动，国内国际人士支持我们，就完全有可能争取和平建国，不发生战争。那么对于中华民族来说，是一件大好事。北撤是党中央的命令，我们现在要讨论的问题是执行，不是发牢骚。”

曾世雄说：“目前我们要抓紧做以下工作：首先，发一份《告根据地人民同胞书》，说明我们为什么北撤，我们党对和平建国的态度和诚意。第二，做好部队、地方干部、各阶层人士和群众的宣传解释工作。第三，做好部队的转移工作，愿意跟着走的尽量走。第四，做好抗日烈士亲属和伤残军人的安置工作。第五，做好大江币回收工作，回收不了的打借条，到革命胜利后归还。第六，做好所征用的农民物资器材的归还工作。第七，兵工厂、造币厂、医院、纺织厂、服装厂、印刷厂等要随部队迁移，不能迁移的炸掉或者埋掉。第八，征收军粮、布匹等物资，征用车辆、船只、骡马等运输工具，征用民夫。第九，留下一部分同志组建地下党组织和敌后游击队，坚持敌后斗争。第十，中江的江南游击队主力要尽快撤出，渡江北上。”

会后，曾世雄专门和蔡虹进行了一次谈话。

曾世雄说：“听说你们在中江接受日本人投降，很成功，叫国民党的接受大员靠了边，把国民党的军队赶出了中江城，真是了不起。你们才两千多人的游击队，干出了这么惊天动地的大事情，使国民党和国内外人士刮目相看。”

“那有什么用。”蔡虹发起了牢骚，“马上不是要撤出来，让给国民党吗?”

“我知道，你肯定是舍不得。”

“给谁也舍不得，中江的地位何等重要，如果我们有了中江这个革命根据地，我们就占领江南大片地方。我们的物资供应就有了保障，经济上将大大加强。再说，这也是战士们用鲜血和生命换来的胜利果实呀。”

曾世雄点点头表示理解，他说：“吴昊良在中江吃了亏，请示顾祝同，顾请示蒋，蒋就和朱德总司令通了电话，要求新四军尽快撤出中江。总司令答应了蒋的要求。总司令说，中江是南京的南大门，我们不撤出来，蒋介石睡觉都不踏实，我们只好忍痛割爱啦。”

“中央既然定了，我们只有执行了。”蔡虹叹口气说。

“回去做好思想工作吧，游击队嘛，愿意跟新四军走的，你带着过江，到焦湖口集合，乘船北上。愿意留下来的，继续留在皖南山区，开展敌后工作。”

“我想把中江的物资尽量多带一些走。”

“不必，东西多了不好走路。你只把银圆、粮食、枪支弹药带着就行了。时间紧迫，三天之内离开中江，第五天赶到焦湖口结合，乘船北上。”

回到中江办公室，蔡虹召集陈浩雨、赵强、俞珍、张云潮、王福根、朱世贵等开会，传达支队会议精神，要求三天之内撤出中江。大家都很吃惊，表示无法理解。

“江北根据地都撤出？”赵强问。

“都撤出。”蔡虹说，“支队正在做北撤的各项工作，五天内赶到焦湖口集合。”

“中江放弃太可惜了。”俞珍惋惜道。

“但这是党中央的决策,我们不得不执行。”蔡虹说。

陈浩雨问部队怎么办？

蔡虹说：“游击队愿意跟我们走的，一起走；不愿意走的，留下来转入地下。”

蔡虹对张云潮、王福根、朱世贵说：“日本人留下的枪支弹药我们要带走，还要带走一批粮食。布匹也带一些，防止到北方去天冷没有寒衣。你们征集一批大船，雇用一些民工，明天着手装运，要快。”

张云潮、王福根、朱世贵表示尽力办好。

大家又商讨撤退工作的具体细节，最重要的是人员问题。蔡虹把人员排了一下说：“凡是过去出头露面，暴露了共产党、新四军身份的，能走的尽量走，不愿走的自己想办法隐藏起来。游击队的伤病员和共产党人的家属要转移，不能转移的也要隐藏起来。共产党的组织活动转入地下，实行单线联系，严守保密纪律。又对王福根、朱世贵说：“我们走后，中江的党组织就由福根同志负责，世贵同志协助。”

王福根、朱世贵答应着。

赵强问：“青帮那边怎么办，要不要说一下？”

蔡虹说：“青帮自从知道我的真实身份之后，我们的来往就少了，可以通知一下，就说我们走了。”

蔡虹又对王福根、朱世贵说：“青帮只知道我和赵强、俞珍同志是共产党、新四军，其他人他们不知道。你们不要暴露身份，防止他们坏我们的大事。”

王福根、朱世贵点点头。

张云潮见蔡虹没有让他负责中江地下党组织工作，而让王福根负责，有些意外，以为自己一定要随军北上了。但蔡虹对他说：“你的共产党员身份没有暴露，可以在中江继续潜伏下来。国民党‘光复’后，必然要恢复建立各级党政机关，扩充军队。我们要选一批有文化、有觉悟的青年，打入国民党政府机关和军队内部，做地下工作，我考虑你最合适。国民党正需要像你这样的有文化、有才能，比较成熟的青年，比一般年轻人，更容易得到他们的信任。”

张云潮想了想说：“革命工作需要我潜伏到敌人营垒里去，我服从。”

蔡虹说：“去了之后，暂且不要出头露面，只埋头踏踏实实的工作，显示出你的忠诚和才华，等到我们需要你发挥作用的时候，党组织会通知你。”

江边十几只大船一字摆开。工人们正在将武器弹药、粮食、布匹往船上装。赵强在指挥。

俞珍站在城楼上警惕地注视着国民党军队的动静。

办公室里，蔡虹在整理文件，打点包裹。

船队起航了。蔡虹、赵强、俞珍与张云潮、王福根、朱世贵握手告别，依依不舍。王福根说：“盼你们早些打回来。”

蔡虹说：“要不了几年，我们一定会打回来的。

不一会儿，船队渐渐远去，蔡虹他们站在船板上向大家挥手，看着远去的中江城，心中无限感慨。

国民党军队举行了隆重的入城仪式。

吴昊良、宋林和孙俊杰、余克勤坐敞篷小车，后面的军官骑着马，再后面是步兵，浩浩荡荡地向中江城开来。中江城门大开，几千群众和旧官僚，绅士穿着长袍马褂，站在路边，挥动着小小的青天白日旗表示欢迎，张云潮和一批青年学生也夹在其中。

市中心广场，正在举行隆重的庆祝大会。

站在台上的有吴昊良、宋林、郭玉锦、孙俊杰、余克勤等人。

宋林主持会议，他说："各位女士、各位先生，各位同志，大家安静。今天，我们在这里隆重举行中江市光复庆祝大会，这标志着我们终于打败了日本侵略者，中江市又回到了中央政府的管辖之下，回到了中国革命军事委员会的保护之下，回到了中江人民自己的手里。"

台下一片欢呼。

宋林继续说："现在，我们请中江市保安司令，中江市军事接管委员会主任吴昊良将军讲话。"

吴昊良带着一份讲稿，他一手拿着扩音筒，大声说："各位女士，各位先生，各位同志，今天，我能够在这里讲话，庆祝国民政府光复，是因为有蒋委员长的英明指挥，有中国国民党的坚强领导，有三百万中央军的浴血奋战，才有了中江市人民胜利的今天。这么多年，我们中央军打了多少仗，流了多少血，才战胜了世界上最强大的帝国军队——日本侵略军。这说明，我们的军队是战无不胜的，我们中国民众是战无不胜的，中国国民党是战无不胜的，领袖的精神更是战无不胜的。"

群众欢呼。

吴昊良继续说："政府光复之后，我们要做的事情，就是抓好社会治安，发展中江经济，改善人民生活。对于日伪的财产，要一律冻结、查封，听候处理。有贪污、占用、盗窃、变卖日伪资产的，一经查获，从严定罪，严惩不贷。总之，只要大家齐心协力，中江市今后一定会有更美好的明天。"

军士鸣枪鸣炮庆祝，军队打起了洋鼓、吹起了洋号，百姓放鞭炮。然后开展了军民大游行。

焦湖口，新四军江北支队集合，百余艘大船包括两艘军舰停在岸边，准备渡湖北上。岸上的新四军以各团、营为单位，有的在排队，有的坐在地上休息，有的在走来走去忙着搬运物资。

临时指挥部里，曾世雄、谭天木、蒋锋、项启龙、任从虎、夏长龙和一些参谋、干事在忙着，电报机在嘀嘀嗒嗒地响。

这时通讯员进来，"报告，蔡部长他们到了。"

曾世雄说："好，我们正等着他们出发哪！"

大家向湖面看去，只见十几条大船开了过来，蔡虹、赵强、俞珍向大家招手。

岸上的战士们欢呼起来，像是见到了的英雄，大家对许久未见的蔡虹他们，有一种久别重逢的亲切感。

蔡虹他们停船上岸，在众人的簇拥下向指挥部走来，曾世雄、谭天木等人迎了出去。

曾世雄说："蔡虹同志，我们就等着你们哪！"

谭天木说："好家伙，开来了十几条大船，真不愧是后勤部长啊。船上还有些什么？"

"枪支，弹药，布匹，大米。"

"看来我们征途中是不会饿肚子了。"

蔡虹和蒋锋、项启龙、任从虎、夏长龙等见面，亲切握手。

曾世雄指着前面一棵大树对蔡虹说："你们后勤部的同志们在那里。"

蔡虹带着赵强、俞珍去了后勤部。

后勤部的郑云泽、何力、李三火、袁老七等见蔡虹回来，都很高兴地站起来。郑云泽说："部长，我们把你的行李都捆扎好了，你看。"

蔡虹提了提行李说："你帮我捆扎了这么多的东西，我能背得动吗？"

"我们是减了又减，把您心爱的书都丢了好几捆。"

"胡闹，其他东西都可以丢，唯独书不能丢呀！"

大家哈哈笑起来了说："您还说东西多哪！"

这时，郑天佐从临时指挥所出来，手里拿着一份电报走到曾世雄身边说："政委，军部来电，情况有变化。上级要求我们重新调整留守人员名单，增加留守人员的力量，选调一批具有丰富工作经验的同志留下来，以便开展地下工作。我对留守人员作了重新安排，你看这些人行不行？"

曾世雄看了看名单说："怎么还有蔡虹？"

郑天佐说："蔡虹同志对情况熟悉，有丰富的地下工作经验，他留下来有利于领导江南江北广大地区的地下斗争。这么艰巨的工作，其他人难以胜任。"

“蔡虹的身份已经暴露，留下来是很危险的。”

“我相信蔡虹能够应付各种复杂的局面。”

谭天木走了过来。听说要把蔡虹留下来，他说：“郑天佐，你简直胡来，蔡虹留下来怎么行，他是高山打鼓，名声在外。脱离了大部队，他没有了安全保障。你是想让蔡虹去送死吗？必须换人。”

郑天佐说：“我是从留守队伍的力量上考虑，这是军部的要求。”

经过考虑，曾世雄还是同意了郑天佐的意见。

郑天佐离开曾世雄，抓紧时间去找俞珍。

郑天佐知道俞珍对他有看法，但是他觉得这不过是女孩子一时之气，并不是什么根本性的矛盾。他为了抓住俞珍，趁着北撤时人员调整的档儿，把俞珍调到了支队政治部，成了自己的下属，但是俞珍不知道。郑天佐准备告诉她这个重要变动。

郑天佐找到了俞珍，问：“准备好了吗？”

俞珍冷着脸，没有搭理。

郑天佐说：“你调到政治部了，快去那边集合吧。”

俞珍眼睛瞥了一下郑天佐，心想：“你又在搞名堂，休想！”

“有东西吗？我叫人来给你拿。”郑天佐小献殷勤。

俞珍没好气地说：“请一边去！”

郑天佐好像没听见，他继续说：“蔡虹不走了，他要留下来。”

“为什么？”俞珍忍不住问道。

“我们需要有一批经验丰富的干部留下来坚持斗争。”

俞珍看着郑天佐质问：“你是不是想借刀杀人？”

“这不是我的意见，是军部的指示。”

“狗屁，这完全是你的阴谋。”俞珍斥道，说着转身离去。

郑天佐跟在后面喊：“俞珍同志，俞珍同志。”

军号响起，新四军都站起来，大家各归各的部队，然后按次序排队上船。

蔡虹背上被包，提起行李。这时，赵强带着两个战士过来说：“把蔡部长的背包行李带上。”战士接过蔡虹的行李。

赵强对蔡虹说："俞珍调到政治部去了。"

"哦，那好啊。"

"这一定是郑天佐的主意。"

"她在后勤部工作时间长了，可以换一换环境。"蔡虹说，"下一次有机会，让你也换一个岗位。"

"不，我就在后勤部了，除非部长不要我。"赵强说。

"哪能不要你，就怕你不跟我了。"

"您到哪里，我就跟到哪里，您可不能烦我，哈哈哈。"说着赵强去了。

这时，有人来喊："蔡部长，政委在找你。"

蔡虹看着曾世雄过来，连忙迎过去。

曾世雄说："蔡虹同志，有新情况了。"

"什么情况？"

"刚才军部来了指示，考虑到敌后工作的需要，组织上决定再留一部分干部下来，这批干部要有丰富的地下工作经验，有一定的群众基础。考虑到中江的地下工作无人负责，组织上研究，让你留下来，怎么样？"

"服从组织安排。"蔡虹爽快地表态。

"好。"曾世雄说，"本来，你在中江身份已经暴露，是不适合留守的。但是，中江这个地方十分重要，我们又没有更适合的人选，最后决定还是你留下来。陈浩雨、袁老七同志也留下来。一共留三百名同志，你把这些同志组成地下党组织和地方游击队，你任书记兼队长，再留下一批武器，主要是短枪。你以中江为中心，开展地下斗争，等待时机。"

"没有问题。"蔡虹说："我一定带好队伍，做好地下工作，迎接大部队回来。"

曾世雄嘱咐："你本人要隐姓埋名，指挥其他同志，不是特殊情况，不要亲自出面。"

"我会把掌握好的。"

"我们这里有一个留守人员名单。我们走后，你们开一个会议，然后就分散活动。祝你们顺利，大部队马上就要动身了。"

"请首长放心。"

曾世雄走了。蔡虹立即去找赵强，对赵强说："把我的行李丢下来。"

赵强问："怎么回事?"

"我不走了，组织上要我留下来，从事地下工作。你们走吧。"

"您怎么能留下来，您的名字在江南江北妇孺皆知，您留下来，怎么能开展工作? 那是很危险的。"

"不要紧，我会注意的。"

"这又是郑天佐的鬼主意，想把您送入虎口，借刀杀人。我去找政委反映，就是让郑天佐留下来，也不能让您留下来。"

"你胡闹。"蔡虹说，"这是党委的决定，工作的需要，我要服从。能因为危险，就不执行组织的决定吗?"

"如果您留下来，我也留下来。"赵强说。

"为什么?"

"我刚才不是说过了，您到哪里我到哪里，要和您一起战斗。"

"不需要，地下工作不要很多人，这份名单里没有你。"

"我不管，但是您不去山东，我去山东也没意思。"

"去山东不是玩的，要去打仗。"

"去山东是打仗，留下来也是打仗。"

"不行，这是军事纪律。"

"我去向政委要求。"他向前面跑去。

不一会儿，赵强回来了，他高兴地告诉蔡虹："蔡部长，政委同意我留下来了。"

"你真是胡闹。"蔡虹责备道。

"我不是胡闹，敌后工作也很重要。"赵强调皮地说。

蔡虹吩咐："那你把行李留下来，再写一个牌子，告诉留下来的同志到大树下面集合。"

人流向船上涌去，赵强手里持着一个牌子，上书："留下来的同志到大树下面集合。"走到大树下面插上。留下来的干部战士三三两两向大树下走去，蔡虹站在大树下面等着。

郑天佐到处找俞珍，他逐个船上喊："俞珍同志，俞珍同志!"又问别人，"看见了俞珍同志吗?"被问的人都摇摇头。

北上的部队扬帆远去。

曾世雄、谭天木、郑天佐站在军舰上。郑天佐心神不定地四处张望，他显然没有找到俞珍。

蒋锋、项启龙、任从虎、夏长根等分别站在各个大船上。

大家向蔡虹挥手告别，蔡虹也向战友们挥手告别。

大树下，三百多名干部战士看着远去的部队，远去的战友，留恋不已。想想自己未来的处境，年轻的战士们哭了起来。几个老战士也在擦眼泪，人们一边挥手一边说，你们要早点打回来啊。好久才得以平静。

蔡虹见大家静下来了，就说："看到大部队和战友们离我们而去，谁心里都很难受，谁知道今后我们还能不能见面。战争是残酷的，随时都可能有人牺牲。我们留下来的同志，也面临着更加严峻的形势。过去我们有大部队，有根据地，遇到困难可以找部队，遇到危险可以往根据地跑。现在，我们失去了这一切，我们的部队走了，我们的根据地将被敌人占领，我们要在国民党的统治下求生存，大家要充分估计到这种新的形势。"

蔡虹接着说："我们要把军装脱下来，到群众中去。我们的党组织要转入地下，我们的工作方式要改变，要单线联系，秘密进行。凡是容易暴露身份的工作，暂时不要做。我们当前的任务是保存和发展党的组织，照顾好烈属、军属和伤残人员，保护人民群众。敌人有可能会对我们进行清查和追捕，可能对我们进行诱降和迫害，大家要严守纪律，保守秘密，深入潜伏下来。要经受住敌人的政治攻心和残酷打击，要尽量保存地下联络站，有什么情况互相通报。"

蔡虹还说："我们的宣传工作不能停止，我们要告诉群众，新四军并没有全走，还有一部分留下来了，要相信大部队不久就会回来的，不要听信国民党反动派的污蔑和恫吓。我们要揭露国民党假团结、真独裁的阴谋，揭露国民党政府的腐败和残暴；要组织开展反独裁、反内战、反迫害、反饥饿斗争。经过一段时间的巩固和稳定之后，我们就要发展党组织，发展我们的游击队。我们的人要潜入国民党的政府和军队中去，为今后迎接大部队南下，推翻国民党反动政府，解放全中国做好一切准备。"

干部战士脱下了军装，穿上了便衣。

蔡虹命令："袁老七同志，你带队回到白茅山活动。"

袁老七敬礼，带着部分战士去了。

蔡虹命令：“陈浩雨同志，你带人回到江东县活动。”

陈浩雨敬礼。

蔡虹说：“其余同志跟我到中江市。”

正准备出发，一个女战士跑了过，原来是俞珍：“蔡部长，我跟您一起留下来。”

赵强问：“你怎么没有走，郑天佐到处找你。”

“我听说老板留下来了，就躲了起来，等他们走了之后再出来。”俞珍调皮地说。

蔡虹批评说：“你这是违反纪律，知道吧，别人还以为你是逃兵呢。”

“逃兵就逃兵。”俞珍说，“我就是要逃回来从事地下工作，和你们在一起。”

蔡虹无可奈何地说：“好吧，部队走了，不留也得留了。走。”

# 六十七、“五子登科”

在中江城一所豪华的公馆里，吴昊良的姨太太张氏、宋林的姨太太刘氏和另外两个姨太太在打牌。

刘姨太对张姨太说：“听说南京市场上卖日货，东西多得不得了。”

“卖日货？日货是国家控制的物资，能随便卖吗？”张姨太惊讶地说。

“说是不能随便卖，可南京市场上那么多，是谁卖出来的？卖出的钱，都上了私人腰包。”

张姨太叹道：“这些人的胆子真大。”

“什么叫发国难财，这就叫发国难财。”刘姨太说，“机不可失，时不再来。张太太，中江也有不少日伪财产。我们不能守着金库受穷啊！你回去跟你当家的说说，现在物价这样涨下去，手头没有一点值钱的东西，往后的日子可怎么过呀。”

这时对家和了牌，张姨太把牌一推说：“不打了，回去找当家的要钱去。”

刘姨太笑着说：“是呀，没有钱，我们想玩什么也玩不成。”

在国民党中江军事接管委员会的办公室里，吴昊良和宋林坐对面说话。昨天晚上，吴昊良被灌了不少枕头风，把他的心也激活了。同样，宋林的心也被姨太太煽得痒痒的。

吴昊良问宋林：“南京那边情况怎样？听到什么消息了吗？”

宋林说：“听说南京街上日货多得很。”

“这些日伪资产是国家控制的，能随便买卖吗？”

“谁说不是，可就有人在买卖。从哪里来，谁在买卖，不用问都知道。”

“政府应该严厉打击。”

“法不责众。只是老实人吃亏。”

吴昊良问：“中江的日伪资产情况怎样？”

宋林说：“也有不少，都封存在那里。”

“有账吗？”

“有账。日本人留了资产登记账。”

“还留下资产登记账？这鬼子做事也太认真了。”宋林听出吴昊良有松口的意思，又说，“不过想动也容易。”

“什么办法？什么理由？”吴昊良问。

宋林说：“人是活的，账是死的。把日本留下的账目毁掉，重新登记做账。或者把日本人的账目抽掉一部分，就说账实不符，难道上头还去日本查账去？”

“那倒也是。”

“要用钱就虚列经费开支，要卖物资就报损耗。事在人为，关键是要有胆量。”

“说得对。”吴昊良点点头。

“还有。”宋林说，“日本人占用的资本家资产，居民资产，我们都可以作为敌伪资产没收变卖。这些资产没有账，完全是我们说了算。”

“老百姓的资产也能没收变卖？老百姓不告状？”

“谁告状，谁就是汉奸，让他尝尝坐牢的滋味。”宋林恶狠狠地说。

吴昊良大喜，说：“不研究不知道，一研究，这赚钱的名堂还多着呢。”

“所以说当接收大员是好差事，是‘五子登科’呢。”

“什么叫“五子登科”？”吴昊良好奇地问。

“就是帽子，车子，房子，票子，女子。”

“怎么还有女子？”

“接收大员有了钱就娶姨太太，听说有一个连长娶了十二个。”

“看来革命先烈的鲜血真是没白流啊！”吴昊良大笑。

在吴昊良的支持和合谋下，宋林恃强凌弱、欺上瞒下，干了变卖和侵吞日伪资产、强占民房等一系列中饱私囊的罪恶活动。

这天，宋林从一幢漂亮的洋房门前走过。他看了看房子说：“这座房子是谁的？很漂亮嘛。”

随行说：“这所房子是一个有钱的商人的。日本人来时，房子被日本人占用了，日本人走了，房主的后人才搬了回来。”

宋林打定主意要把它霸占。他拿着官腔问：“谁住在里面呀？”

这时，屋子里出来一个中年男人问：“有什么事？”

宋林板着脸说：“这所房子是日伪财产，政府要收回。”

“什么？”中年男人傻了，“这房子是我家祖祖辈辈的财产，怎么是日伪的财产呢？”

宋林拿出一个文件夹在房主面前一晃说：“这文件上明明写着，这是日本人的房产。”

中年男人说：“那是日本人强行占用，我们才收回来的。”

“你有什么证据？”

“我有房地产证。”

“拿来看看。”宋林说。

中年男子从屋里把房地产证取出来，递给宋林。

宋林把它放进了文件夹：“我们要带回去，看是不是假的？”

第二天，宋林用政府接管委员会的名义给户主发了一份通知，说证是假的，已经销毁，限定住户二十四小时搬家，如果不搬走，政府将采取强制措施，一切后果自己负责。”

就这样，宋林霸占了好几处房产，也送了吴昊良几处。两人都把房产卖了，钱装进了自己的腰包。

宋林又给吴昊良出主意说：“司令，中江最大的资本家吴富梓可是家大业大啊！”

“什么意思？”吴昊良问。

“我们不能在他身上放点血吗？”

吴昊良想了想说：“有道理。咱们流血抗战，他出点血犒劳我们也应当。”

宋林立即给吴府打来电话，要去“拜访”吴富梓。

吴富梓在家恭候。宋林进门，笑哈哈地说：“吴会长，不好意思，来打搅您了。”

吴富梓说：“宋参谋长亲自登门，老朽有失远迎。”

宋林说：“您是中江德高望重的工商界巨头，宋某早就十分敬仰，一直想来拜访，只是近来公务缠身，没有抽出时间，请勿见怪。”

“参谋长太客气了。”吴富梓说，“有什么事情，叫老朽去一趟不就是了。”

“那怎么敢哪！”宋林坐下说，“吴会长，我今天是受吴司令的委托，来讨教一件事情。”

“不客气，请说。”

“听说日本人来了之后，你们的电厂、火柴厂、米厂和纺纱厂是和日本人合资经营，是吧？”

“有过这事。”

“当时日本人是怎么和您合资的？”

吴富梓说：“日本人是强盗，他们先是没收了我的几个工厂，自己经营，以为可以为他们创造财富。结果他们不善经营，弄得严重亏损。后来他们改变了政策，推行什么大东亚共荣，假惺惺地把厂子还给了我，要和我合作，取名为日中合资企业。”

“日本人出了多少资金和您合资的呀？”

“日本人空口一句话，他们哪里出什么资金啊。他们没有出一分钱，只说了一句合资的话，派了几个人进来，就算合资了。他们的目的，是要控制厂里的生产，攫取厂里的利润。”

宋林郑重地说：“吴会长，根据中央精神，日伪的财产一律充公。日本人和您合资办企业，日本人那部分要成为国家财产。现在国家困难，这些财产要变现充作军费，请吴会长想办法变现一部分，我们要急用。”

吴富梓十分吃惊：“参谋长，刚才我已说过，日本人合资，只是一句话，他们没有一分钱的投入，难道这也叫合资吗？”

“吴会长，日本人投资多少，我们不知道，但是社会上都知道您和日本人合资办企业。您现在说日本人没有投入，空口无凭，叫人怎么能相信？”

“参谋长，日本人当时气焰嚣张之时，他说合资，你敢不合资。我能让他出一个没有实际投资的字据吗？”吴富梓说。

“吴会长，日本人在这里的时候，您老和日本人配合很默契，国民政府回来了，您老也要很好的配合呀。”宋林说。

“宋长官这话什么意思。”吴富梓不悦地说，“我和日本人配合默契，这就是说我是汉奸了？宋长官查一查，我和日本人是配合默契，还是不默契。”

“我宋林没有说您是汉奸，这话是您自己说的。我只说您和日本人合资的事。这事啊，您说了不算，我说了也不算，要经过调查，由军事接管委员会说了算。”

“你们调查吧，”吴富梓气愤地说，“所谓军事接管委员会不就是你们吗？”

“好吧，请吴会长好好回忆一下，我们下次再来。”说着就出了门。

这时，吴梦远走下楼来。

吴富梓气愤地说：“日本人是强盗，中央军也是强盗。”

吴梦远把父亲扶到床上休息。

吴富梓说：“你把俊杰叫来，我要问问，他们中央军究竟要干什么？”

孙俊杰来了，他见躺在床上的姑父，问：“姑父，您找我？”

吴富梓指着旁边的椅子说：“俊杰呀，你坐坐。”待孙俊杰坐下，吴富梓说，“刚才，宋林来过。他问我，我的几个企业是不是和日本人合资的。宋林说，按照中央精神，日本人合资部分，是日伪资产，要卖掉变现，他们要急用。我告诉他，日本人说合资，只是一句话，他们没出一分钱。日本人的目的，就是控制企业生产，攫取企业的利润。实际上不存在合资的事。宋林说，日本人有没有合资，不是我说了算，也不是他说了算，而是要经过调查，由政府说了算。这就是说，还是他们说了算。我看他们的目的，就是要分出部分资产变成钱，装入他们的腰包。你说，这不是强盗吗？”

孙俊杰说：“吴昊良、宋林太不像话了，最近他们到处查封、变卖日伪财产，抢夺老百姓的房子，中饱私囊，搞得人心惶惶。老百姓说‘想中央，盼中央，中央来了更遭殃。’”

吴富梓叹道：“这不是腐败吗，这样下去，老百姓能拥护你们吗？”

“姑父，你不要急，我会把这些事情反映到中央去。”孙俊杰劝慰。

国民政府中江市军事接管委员会门前排着长队。墙上张贴着一张《布告》，许多人站在下面阅览。这是国民党中江市政府和驻军招收新人的布告。

在一间会议室里，几十个青年正在考试。张云潮也在其中。

考试结束，考生们排着队把考卷交给前面的监考人员，然后走了出去，大家互相议论着。张云潮也交了考卷，走在参考人员之中。

吴昊良在办公室，宋林向他汇报考试录取情况：“第一名，张云潮，男，二十八岁，大学毕业，在省立中江中学当教师。”

吴昊良显然来了兴趣，问：“家庭情况。”

宋林看看登记表，一面说：“家庭出身嘛，是政府官员家庭，父亲是安徽省政府教育厅厅长，母亲管理家务，有五百亩良田，主要靠收租生活。”

“好!”吴昊良说，“他和我们是同一个阶级，这样人最可靠。你明天叫他到我办公室来，我要和他当面谈谈。”

宋林在张云潮的考卷和登记表上打一个勾，放到显目位置。

第二天吴昊良在办公室接见了张云潮。他要亲自考考张云潮。

吴昊良问：“你为什么参加革命?”

张云潮说：“为了实践总理的三民主义理想。”

“现在宣称实践三民主义的人多得很，你怎么知道谁是真三民主义，谁是假三民主义?”

“三民主义不是说在嘴上，而是落实在行动上。只有实实在在地为民众谋利益的三民主义，才是真的三民主义。”

“怎么才能做到实实在在地为民众谋利益?”

“多做实事，少说空话。不怕苦，不怕难，不怕死。”

“你认为解决中国当前最棘手的问题是政治问题，还是军事问题。”

“是政治问题。”

“你愿意在政府里供职吗?”

“不，我想在军队里供职。”

“为什么?你不是认为当前中国最棘手的问题是政治问题吗?你不敢从事最棘手的工作?”

“我认为解决当前中国的政治问题，必须从军事入手。只要解决了军事问题，政治问题就迎刃而解了。军事问题是政治问题的表现，军事是第一政治。”

“哦，这个说法很新颖。”吴昊良满意地点点头，对张云潮说，“好，你说得很好，你被录取了。”

“我很高兴能在司令身边工作。”张云潮说。

“不是在我身边工作，我把你推荐到顾长官那里。”吴昊良顺手在桌上拿一张纸，写了一个便条，然后对张云潮说，“你拿了我的信去南京见顾长官，他会安排你的工作。”

“谢谢司令。”张云潮转身离去。

吴昊良看着张云潮离去的背影说：“真是一个不错的年轻人。”

宋林问：“司令，为什么把他推荐到顾长官那里去?”

吴昊良说：“顾长官曾经跟我讲过，这次招收工作人员，要替他挑选几个出身好，有文化，很精明，有培养前途的青年。”

“这小子一步登天了。”宋林感叹。

吴昊良说：“非常时期，革命的需要嘛。”

这天，顾祝同在办公室把一摞文件掼到桌上，气愤地说：“吴昊良太不像话了。”

秘书问：“长官怎么回事?”

顾祝同说：“你看看这封信，这是老头子叫人转到我这儿的。”

“信里面说些什么?”

“揭发吴昊良和宋林私分日伪存款，变卖日伪财产，强占民房，以权谋私的事。”

“现在这种情况相当普遍。”秘书不以为怪。

顾祝同说：“问题是有人告到老头子那里去了。老头子要我派人查处啊。这叫我怎么办？不查是不行的。去查吧，就要伤及我老部下的感情。”

“这只能怪他们自己太贪财。”

顾祝同说：“这样，派一个懂经济的人去查一查，要求要快，老头子催得紧，说中江的问题不及时处理，可能起连锁反应。老头子要抓典型，杀一下贪腐之风。”

秘书建议说：“有个叫马诣文的，在我们这里帮忙，此人曾留学日本，懂经济，懂财务。”

顾祝同说：“行，就叫马诣文以中央监察专员的名义去检查，再配一个副专员。”

原来马诣文在临江县当税务局长，新四军北撤后，有人把马诣文与新四军“勾结”的事捅了出去，廖开田要处分他，他得到消息就逃走了，来投靠这个在顾祝同身边当秘书的同乡。这次，同乡把他推荐给了顾祝同。

吴昊良听说战区要派人来调查他们贪贿的事情，十分恐慌。问：“这些事是谁捅出去的?”

宋林说：“谁知道？这事除了你我，没人知道。”

“怕不是孙俊杰吧?”

“完全有可能。吴富梓是孙俊杰的姑父，我们逼吴富梓交出部分资产，孙俊杰一定是为他的姑父打抱不平。”

“那怎么办?”吴昊良很紧张。

“不过也不要紧。”宋平安慰他，“既然是从钱上出的事，也就可以从钱上解决。”

“钱上解决，你的意思是?”

“到时候看谁来检查。我们只要在这个人身上下点功夫，不也可以大事化小，小事化了吗?”

吴昊良说：“有道理。这事就交给你办，一定要办好。事过之后，我们再好好整整这个孙俊杰。”

# 六十八、夜半枪声

马诣文和他的同事王遂乘火车到达中江。吴昊良、宋林、孙俊杰到车站迎接。马诣文和王遂下车。吴昊良迎上去说："欢迎马专员、王副专员，一路辛苦啦！"并吩咐宋林，"快快安排马专员、王副专员吃饭，休息。"

宋林说："两位专员，跟我来。"

孙俊杰见到马诣文暗暗吃惊，心想："这家伙不是在廖开田部下吗，怎么跑到顾祝同那里去了？"他装作不熟悉，和马诣文握了手。马诣文和孙俊杰在龙彪那里见过两次面，但当时马诣文主要是听龙彪的指示，没有注意孙俊杰，故对孙俊杰没有多少印象。

马诣文被送到旅馆，稍事休息，早有一顿丰盛的晚餐在等着他。吴昊良、宋林、孙俊杰虽然官都比马诣文大，但人家代表上级来检查，见官大三级，大家只好殷勤接待。

吴昊良带头举杯说："我们以地主之谊，先敬马专员三杯。"

马诣文摆手拒绝说："我来时，已向顾司令保证，事情未查清，任务未完成，我是不喝酒的，请大家让我随便吃点饭吧。"

大家愕然，吴昊良与宋林不禁互相看了一眼。

宋林劝王遂，王遂也摇摇头说："我们不喝酒。"

宋林却说："喝酒洗尘，人之常情，两位专员不喝酒，我们做主人的也过意不去呀。岂不是怠慢了客人吗？"

马诣文说："非常时期，不讲究这些礼节。当前国家和老百姓都很困难，我们当官的少喝点酒，节约点经费，也是为军政建设做点贡献嘛。"

吴昊良脸上飘出一丝不快，连忙说："有道理。马专员的觉悟和境界就是高于我们，不愧是顾长官身边的人。我们全国上下各级官员，要是都像马专员这样严于律己，什么事情就都好办了。”

宋林也凑着笑脸说：“见贤思齐，我们只好按照马专员的要求办了。撤酒，撤酒，哈哈哈哈。”

第二天，稽查工作正式开始。马诣文在旅馆里租了一个房间，调来了敌伪留下的一切档案资料和银行账簿，和王遂紧张地工作起来。中江市的日伪财产档案和账目，经过宋林指使人重新做了手脚，已经面目全非，稽查工作十分困难。但是难不倒对经济工作精通的马诣文。他通过以账对证、以证对账、实地侦察等措施，终于把情况大致弄清，让吴昊良、宋林的贪赃行为暴露了出来。马诣文认定吴昊良、宋林擅自出售日伪财产，贪污公款数额巨大，并指出他们账目做假，票据缺乏，要求财务人员交出原始账据。

消息传到吴昊良那里，吴昊良十分不安，他把宋林叫到自己的办公室，对他说：“看来，这个马诣文不是等闲之辈，我很担心他会把我们的事都捅上去。”

宋林安慰说：“司令放心，我自有办法，钱上的事情钱来解决。”

吴昊良说：“事情不要想得太简单，看起来马诣文是个刀枪不入的主儿，你看他酒不喝，烟不抽，色不贪，礼不收，你有什么办法?”

“我不相信马诣文拿不下来。人为财死，鸟为食亡，马诣文是贪财的，他不是不收礼，他是胃口大，不收小礼。只要我们的赌注下到位，就有可能把他拿下。”

“就依你，说什么也要把马诣文拿下。只要我们渡过这一关，人还在位，以后就有发财的机会。留得青山在，不愁没柴烧。”吴昊良下了决心。

晚上，马诣文和王遂在房间里清理账单，宋林进来，提了一个大箱子。

宋林说：“马专员、王副专员，听说你们工作快结束了，我们吴司令安排了一点路费，不成敬意，望乞笑纳。”

马诣文严肃地说：“这怎么可以，快拿回去。”

“一点小意思，身边有一点零花钱，总比没有好。”

“你这不是叫我犯错误吗?”

“哪里，今后还要马专员关照呢。”说着离开了。

马诣文和王遂打开箱子一看，里面全是金条，他们傻眼了。

王遂问马诣文：“这怎么办?”

马诣文说：“他们想买通我们。这不行，明天我们要把它退回去。”

“退回去，那是要得罪人了。”王遂手里拿着金条，依依不舍地说。

“干这行本来就是要得罪人的。”

“吴昊良也不是好对付的，他可是顾长官的红人。”

“我们是按照顾长官的命令来办事，如果我们贪贿徇私，就辜负了顾长官的信任，辜负了党国的栽培。”

王遂叹道：“古人有‘千金重贿，拒之不祥’之说。千金以上的重贿，如果拒收，今后会有麻烦。”

马诣文慷慨陈词：“为了党国的利益，我义无反顾。”

王遂只好把金条放下，把箱子盖好，推到床下面。

夜晚，王遂翻来覆去睡不着，他不时地看看床下的箱子，又注视着马诣文的动静。他的手边，有一把锋利的匕首。

马诣文也没有睡着，他打定了主意除掉王遂，带着箱子远走高飞。但他假装睡着了，还不时地打两声呼噜。他的手边，有一支手枪。

箱子在床下安静地放着。

王遂几次想起身行动，但他每次起来，马诣文总是在床上动弹一下，弄得王遂不敢下手。后来他终于困了，睡着了。

这时，马诣文悄悄睁开眼睛，他提着手枪站起来，悄悄走到王遂身边，观察王遂的动静。见王遂真的睡着了，他突然把手枪伸进王遂的被子里面，对着王遂的胸口，扣动了扳机。王遂睁眼看看马诣文，挣扎了一下，死了。

由于枪声被被子裹着，声音很小。马诣文迅速收拾行李，然后把所有的账据付之一炬。临走时，他用被子把王遂的头蒙上，这时他发现王遂的手边有一把匕首，庆幸自己下手在先。最后，他戴上墨镜，背起行李，提起那个装有金条的大皮箱，出了门。

在火车站广场，马诣文急忙付了车钱，匆匆奔向售票处。

马诣文抓住从窗口递出来的火车票，向检票口走去。

突然，他听见有人轻声叫他："马专员。"

马诣文大吃一惊，回头一看，认得是宋林。

"先生，你认错人了。"马诣文说。

"别多心。"宋林说，"我是来送您上车的。"

马诣文看看左右，轻声答："谢谢。"

宋林问："账据能否留下?"

"销毁了。"

"真的销毁了?"

"收人钱财，为人消灾。"

"够意思。"宋林微笑地点点头。

马诣文一挥手，上了火车。

火车开动了，宋林神秘地一笑。

宋林连夜来向吴昊良报告："司令，马诣文逃走了。"

"逃走了?"吴昊良正在睡梦中被宋林叫醒，头脑里还是迷迷糊糊。

宋林兴冲冲地对他说："逃走了，马诣文把王遂杀了，独自一个人提着箱子，买了火车票，到香港去了。"

"到香港去了？这么说他是携款潜逃了，那账目单据呢?"

"全烧了。我刚才到旅馆检查了一遍，他确实是烧了账据。"

吴昊良想了想说："这么说，我们没事了?"

"没事了。"宋林说，"司令放心吧。人走账毁，'死'无对证了。"

吴昊良夸奖说："好！参谋长，你干得好哇！我明天将情况向顾长官报告，就说旅馆里发生了杀人案，王遂被杀，马诣文不知去向，请上级派人来侦查。"

"估计顾长官也不会派人来了。"宋林笑着说。

顾祝同在办公室。秘书向他汇报说："接到吴昊良的报告，赴中江检查组两个人，一个被杀，一个不知去向。"

顾祝同一惊，问："被杀的是谁?"

"王遂。"

"那不知去向的就是马诣文了?"

"是的。吴昊良要求我们派人去侦查。"

"派人侦查？他吴昊良不知道是谁干的?"

"我想也是，吴昊良的问题一定不小。"

顾祝同说："你代我发个电报给戴老板，请他派人去抓马诣文；我向委员长汇报，把吴昊良和宋林，调出中江。不然这事不好收场。"

"那中江的事?"

"中江的事嘛，暂且由孙俊杰负责。"

吴昊良、宋林被调离中江，他们带领着部队，装着满车满箱的财物离开中江，向南行进。吴、宋两人坐在一辆小轿车的后排。

宋林说："司令，这次顾司令对我们还算有情。"

吴昊良说："是啊，我可是顾长官的老部下啦。要不是孙俊杰告状，老头子批下来调查，都没有什么事。"

宋林叹道："还是让孙俊杰占了便宜。"

吴昊良气愤地说："孙俊杰这个人一贯滑头。顾长官从大局考虑，让他暂时负责，我估计不会久的。他上次脱离中央军，倒向日本人，这是他的污点，顾长官对他是不会信任的。"

宋林却说："不过，有时也很难说。投靠日本人回来的，现在得到重用、青云直上的，也大有人在。"

"有道理。"吴昊良叹道，"历史功过是非，谁能分得清楚。"

孙俊杰代理中江守备司令一职。他踌躇满志，在中江召开军政会议，会上他说："吴昊良来到中江，眼睛只看到日伪财产，急于搞'五子登科'，而在肃清共党、稳定秩序、发展经济这三件大事上，没有像样的行动，更谈不上做出应有的成绩。现在我们就是要把这三件大事一件件地做好，做出成绩，把中江建成模范城市，让顾长官和中央看看。"

大家互相议论，众官员很受鼓舞。

孙俊杰继续说：“我们要成立一个肃清匪党办公室，由余参谋长亲自负责，抽调得力的干部办公。起草清党公告，布置开展清共党、清户籍、清人口、清财产工作。对过去参加共党的，或者未参加共党但为共党做过事情的，要主动到政府自首，政府将给予宽大处理。如果有情况不报，一经查实，就要严肃处治。对于自己的亲戚、朋友、熟人参加过共党，或者为共党做过事的，要主动到政府去检举揭发，政府将给予奖励，如知情不报，将以同谋罪或同情罪处理。城乡居民一律实行连保边坐制度，有一人涉足共党，全家必须揭发并帮助政府将其捉拿归案；如果包庇，藏匿，知情不报，以窝藏罪论处。对于抗战前不是中江人，而现在在中江居住，无论是做工的、经商的、暂住的，都要到政府去登记，接受审查。如果不登记，被查出来的，要进行处罚。全市要进行拉网试地搜查，一定要使中江的共党无处藏身，斩尽杀绝。”

余克勤插话：“司座，利用共党内部的叛变分子帮助我们消灭共党，更为有效，这是我们的经验。”

“对。”孙俊杰说，“对于帮助我们揭发、查捕共党有功之人，要给予金钱奖励，还可以给他们官做，让他们有职有权，绝不歧视他们。这些人一旦出卖了他的上级和同志，他就成了共党的仇敌，就会死心塌地地为我党工作，我们完全可以大胆地使用他们。”

众人点头赞同。

警报拉响，街上警察和军队在挨门挨户追捕抓人，居民区里鸡飞狗跳。共产党人和革命积极分子被一串串地捆绑，投进了监狱。

监狱里，警察对被捕者行刑，不时传出凄惨的惨叫声。

小山边，枪毙共产党员和进步人士的秘密行动天天都在进行。枪声中，“共产党万岁”“新四军万岁”的口号声，或者喊“救命”“冤枉”的叫声时有所闻。

老百姓吓得关门闭户，不敢出去。街上空荡荡的，一片恐怖肃杀之气。

王福根的家在一条僻静的小巷里。晚上，王福根和妻子在家，突然听到有人敲门。王福根警惕地听了听，又到通过门缝朝外看。门外有人小声叫：“老王，是我们。”

“蔡部长回来了。”王福根又惊又喜，赶忙打开门，见蔡虹、赵强、俞珍三人进来。王福根一面招呼大家进屋坐下。一面把妻子从里屋喊出来对她说：“蔡部长他们回来了，快做饭。”

大家坐下之后，蔡虹说：“我们被派到中江做地下工作。”

“那太好了。”王福根说，“国民党到处搜捕共产党，全市进行地毯式的清查、追捕，街道里弄实行了连保连坐制，加上国民党政府的反动宣传，一些干部群众对理想和前途发生了动摇，胆小怕事的人纷纷向政府自首。国民党掌握了不少情况，逮捕了大批共产党员和骨干分子，少数人经不住拷打，叛变投敌了，反过来又帮助敌人追捕我们的同志，我们的党组织遭到了极大的破坏；抗日军属、烈属和伤残军人受到了迫害；不少同志英勇不屈，壮烈牺牲了，目前相互联系已经中断。”

蔡虹认真听了王福根的报告，说：“出现这种形势我们早就估计到了。国共成立联合政府是不可能的。现在国民党已公开与共产党决裂，大举进攻我们的解放区，国共大决战已经拉开了序幕。”

王福根担心地问：“我们能不能打败国民党军队？听说胡宗南打到了延安，共产党打败了，毛主席跑到苏联去了。”

“那是国民党的反动宣传。”蔡虹说，“当年我们共产党那么弱小，都没有被国民党打败，现在就更不会被打败了。我们的军队正在东北、华北和国民党军队激战，很快就会打回来的。”

“共产党并没有失败，那同志们就放心了。”

“现在是黎明前的黑暗，一定要挺住。”蔡虹对王福根说，“你通知几个党员骨干到这里开个会，我们商量一下今后的工作。”

“好。同志们要是听说您回来了，别说多么高兴了。有蔡部长和我们一起战斗，大家有了主心骨。”

深夜，二十几个地下党员在王福根家里开会，大家从各人了解的角度，把情况作了汇集。最后蔡虹说：“共产党新四军北撤之后。国民党回到了南京，自以为形势对他们有利，就翻脸不认账，《双十协定》墨迹未干，就公然发动全面内战。这并不奇怪，他们根本就不打算建立和平民主政府，他们的最终目的是要消灭共产党、八路军和新四军。他们承诺的所谓不算旧账，和衷共济，不迫害共产党人及其亲属等等全是骗人的鬼话。现在我军在东北、华北和西北与国民党军队的战斗已全面展开。我们在敌后要准备度过最黑暗、最困难、最血腥的时期。我们不要畏惧，不要等待，我们要恢复和发展我们党的组织，建立和发展我们的游击武装，与国民党展开各种形式的斗争。我们要在工人、农民、学生和市民当中宣传我们党的政策主张。做好各种准备，迎接我军打回来、解放中江的那一天。”

蔡虹继续说：“具体分工：俞珍同志负责宣传工作，赵强同志负责武装队伍建设，王福根同志负责地下党组织建设，朱世贵负责建立地下联络网建设。我全面负责，兼顾江北、江南广大农村地区。我们每月交流一次情况，重要问题，及时向我报告。”

赵强问：“要不要利用青帮的力量?”

“可以利用青帮的力量。”蔡虹说，“但要内外有别，我们的地下党组织，不能让青帮知道，共产党员和进步人士避免和青帮接触。我、赵强和俞珍同志身份已经暴露，可以与青帮联系。当年日本人在中江，我们也是利用青帮，给日本人制造麻烦，现在国民党统治，我们也同样利用青帮，给他们找乱子。”

朱世贵提醒蔡虹：“要注意安全，青帮这些人很不可靠。”

“放心吧，我们会把握的。”

王福根说：“孙俊杰扬言要把中江建立模范城市，把共产党斩尽杀绝。吴昊良搞‘五子登科’，孙俊杰搞‘反共模范城市’，比吴昊良还坏十倍。”

蔡虹说：“他别高兴得太早了，我们不会让他在中江建立模范城市的。”

这天，赵强装扮成一个花白胡子的老人，戴着一顶破草帽，来到大花园酒店，对柜台上的当班说：“我要找肖大龙。“

当班的看了看赵强说：“肖会长不在，你是他什么人?”

“我是他乡下叔叔，多年不见，我从乡下来看他，他到哪去了?”赵强问。

“他出去了。一两天不一定回来，找他有事吗?”

“无事不登三宝殿，俺大老远的进城，当然有事。他不在家，你给找个地方，我歇下来等他。”

“好，您老先歇着。”当班的见赵强是肖大龙的叔叔，不敢怠慢，只好把赵强安排下来，转身去见肖大龙。

肖大龙躲在大花园酒店里的一层夹墙里。这几天从国民党警察内部透露出消息：要抓肖大龙。因为青帮曾与新四军蔡虹来往密切，要通过肖大龙深挖中江的共产党。于是肖大龙就躲了起来，对外说他出远门了。

当班的到了楼上，见左右没人，在一面墙上轻轻敲了几下，顿时墙开了一条缝，当班的把头伸进去说："老板，有人找您。"

肖大龙说："不见，什么人都不见，不是告诉你说我出远门了吗？"

"一个乡下老头，自称是您叔叔，多年没来过，有重要事情找您。"

"乡下人，一个老头？不像是警察派来的探子？"肖大龙问。

"不像是。"当班的说，"他说乡里土话，年纪也不小了。"

肖大龙想了想说："好吧，我见他一面，你安排一个房间。"

当班的开了一个房间，肖大龙进去，当班的把门关上，来见赵强。

不一会儿，赵强随当班的进了肖大龙坐等的那个房间。

进了门，肖大龙问："多年不见，面生得很，您是哪一位？"

赵强用手指指当班的，意思是不便说。

当班的出去了，赵强关上门，肖大龙一看，说："原来是赵经理，你们没有走？"

"我们走了，又回来了，蔡老板也回来了。"赵强说。

"什么，蔡师爷也回来了？"肖大龙大感意外。

赵强说："我们回来做地下工作，就像当年日本人在时一样。蔡老板要见您。"

肖大龙说："现在国民党到处抓人，听说还要抓我，我出去很危险。"

"光躲是不行的，我们要跟他们斗争，要给他们制造麻烦，让他们日子也不好过，那样，我们才得到安全。"

"蔡师爷在什么地方？"

"我带您去。"

赵强重新伪装好，肖大龙跟着一起出了门。

# 六十九、潜入中江

蔡虹在一个秘密的房间里会见了肖大龙，俞珍在场。肖大龙对蔡虹在这种情况竟敢回到中江，既钦佩又担心，他问："共产党现在怎么样？外面在传：共产党被国民党打败了，延安'收复'了，毛主席逃到苏联去了。"

"那是谣言。"蔡虹说，"共产党主动放弃延安，到华北去打国民党军队，不要多久就会打回来。"

肖大龙将信将疑："国民党到处追捕共产党，师爷您要千万小心啊。"

"我不怕他们。当年日本鬼子我都不怕，我还怕国民党？只要我们团结一心，总有办法对付他们。孙俊杰很疯狂，要给他一点颜色看看。"

肖大龙问蔡虹打算怎么办。蔡虹说："现在国民党不是在庆祝'收复延安'吗？听说还要组织大游行，放映'收复延安'的纪录片，我们就利用这次大游行，搞一个反宣传，打乱他们的计划。一来宣传延安不是胡宗南收复的，是共产党主动放弃的这一真相；二来要让中江老百姓知道，共产党还在中江，共产党还是有实力的。"

蔡虹问国民党来了，青帮的境遇怎么样。

肖大龙长叹一声说："国民党一来，搞所谓整治社会秩序，打击社会丑恶现象，就拿我们青帮开刀，已经被他们杀了好几个弟兄了。这一次清查共党，矛头又指向青帮，说我们与共党关系密切，要抓我。"

蔡虹说："人善被人欺。不给孙俊杰制造一些麻烦，他越来越不像话。还想搞什么'反共模范城市'，能让他得逞吗。这次青帮要好好冲他一下，出一口恶气。"

"好。师爷，听您吩咐。"

“我们制定了一些标语口号和传单，也组织一些学生和工人参加，到时候你们青帮要有人领头。”

“我让董六领头。”

“你叫他听俞珍指挥，到时统一行动。”

肖大龙同意。赵强送肖大龙出去。

这天，孙俊杰组织的庆祝“收复延安”大游行开始了，赵强、俞珍、董六等人夹在其中，上街游行。

一个国民党人士振臂高呼：“热烈庆祝国军收复延安。”

队伍中响应者寥寥无几。

他再一次呼喊：“国军必胜，共军必败！”还是没有什么人应声，他感到很奇怪。

这时，就听赵强喊道：“反对内战！”

大家一齐喊：“反对内战！”

“反对独裁！”

“反对独裁！”

“反对涨价。”

“反对涨价!”这一喊引起了游行群众的共鸣，都跟着喊了起来。

“反对饥饿！”

“反对饥饿!”人们的喊声更高了，国民党人士喊出的口号没有人应了。

几个政治嗅觉灵敏的警察过来厉声问赵强：“你是什么人?”

俞珍带着一批女学生人挡在前面：“干什么，干什么?”

警察无法抓到赵强，游行队伍大乱。

那边，有人散发着传单。传单上面写着：“延安战事实况：共军主动撤出，胡宗南得到一座空城”“为报战绩，胡宗南用国军假扮共军蒙骗记者”“国军第三十一军被共军全歼”，等等。

这时有人喊：“东方大剧院在放‘收复延安’的电影快去看看。”于是人们向东方剧院走去。

东方大剧院正在放映纪录片《收复延安》。游行队伍冲了进去，剧院里挤满了人。有人冲到台上，把银幕拉了下来，有人去砸放映机，顿时影剧院一片混乱。不知道什么东西爆炸了，一声巨响，血肉横飞。停电了，人们纷纷向门外挤出逃命，电影放映停止。

警察冲进来抓人，但剧院里漆黑一片，谁也抓不到，只好离开。

孙俊杰听说旅行队伍中出现“反动口号”和“反动传单”，又听说东方大剧院被砸，气得拍着桌子：“游行队伍中混进了共产党，我们的人还不知道。要把呼喊反动口号的人、砸大剧院的人，统统抓起来。”

余克勤说：“司座，当时人太多，乱得很，警察分不清谁是共党分子。”

“宁可错杀，也不能让他们跑了。”

“听说这次砸剧院有青帮参加。”余克勤说。

“青帮过去就和蔡虹打得火热，他们里面一些人，就是共产党。”

“司座放心，我们已盯上了青帮，正在抓捕肖大龙、董六。”

“只要抓了肖大龙、董六，共产党在中江的地下组织就能被牵出来。”

“是。”余克勤报告，“司座，还有一个重要情况：听说蔡虹回来了。”

孙俊杰一惊，说：“他回来了？新四军不是北上了吗？”

“好像蔡虹被派回来了。”

孙俊杰想了想：“共产党计划得好啊，他们派一部分人藏在我们身边，好在将来搞里应外合。我们决不能让他得逞，一定要把他们全部清出、消灭。不然，我们的反共模范城市就建立不起来。”

余克勤献计说：“司座，蔡虹如果真的回来，你表妹一定知道。”

“说得对。”孙俊杰点点头，一边从腰间摸出手枪，“只要我见到他，就用这支枪送他上西天。”

蔡虹和赵强、俞珍来到吴府，俞珍上前敲门。

吴府管家吴盛从窗口向外看，见是蔡虹，十分吃惊，连忙向吴梦远禀报：“蔡先生来了。”

吴梦远出来迎接。见到蔡虹又惊又喜，问：“你们怎么回来了？不是到山东去了吗？”

“我们几个人不去了，”蔡虹说，“组织上要我们留下来。”

“那太好了，我还以为很难再见到你们呢。”她招呼着大家。

俞珍说：“又给你添麻烦了。”

“说哪里去了。”吴梦远向里面喊，“周妈，来客人了，多做点饭。”

“知道了。”周妈在里面应着。

大家坐下。吴梦远说：“你们回来是很危险的，国民党在搜捕共产党、新四军，到处都在抓人。不过，你们住我这里可以放心。”

蔡虹说：“我们有地方住。”

吴梦远问：“中江是国民党统治区，你们回来做些什么？”

“中江的共产党不能这么垮下去。我们要发展我们的党组织，壮大我们的队伍，要与国民党进行地下斗争，直到我们的军队打回来。这是上级给我们的任务。”

“俊杰要搞反共模范城市，你们在中江搞地下活动，不正和他对着干吗？”

“我们希望他不要跟我们对着干。他搜捕共产党、新四军，迫害革命家属，太过分了。”

“你们各为其主，叫我说什么好呢。”吴梦远为此很是忧虑。

这时吴盛报告：“老爷回来了。”

吴梦远连忙站起来，蔡虹也站起来迎出去。

令大家意外的是，吴富梓的身后跟着孙俊杰。

蔡虹没有回避，上前叫：“吴伯伯。”

吴富梓见蔡虹一惊：“文然来啦。”

吴梦远说：“文然刚到。”

“坐坐坐。”吴富梓说。

蔡虹和孙俊杰抵面。孙俊杰翻翻眼皮问：“你还没走？”

蔡虹一笑：“我不走了。”

“想在中江搞地下斗争？”

“不是，是做联合政府的准备工作。”

“做联合政府的准备工作，做梦吧。”孙俊杰掏出手枪。

“俊杰，你干什么，不许你打他。”吴梦远连忙上前挡住了蔡虹。

蔡虹也拍拍腰间的手枪说：“不要这样，老朋友了嘛。再说，你那玩意儿，我这里也有。只是在吴府，玩这个东西不是地方。”

孙俊杰恶狠狠地说：“你又是来捣乱，中江的共产党已经被我抓得差不多了，我迟早会抓到你的。”

蔡虹心平气和地说：“我劝你不要和共产党人作对，收敛一些，杀的人越多，反抗者越多，共产党人是杀不完的，不要断了自己的后路。”

“走着瞧吧。”孙俊杰说。

吴富梓制止：“俊杰，不要说了。”

“姑父，你们不能留他们，他们是共产党，是来搞破坏、搞赤化活动的。蒋委员长已下令在全国围剿共产党。共产共匪，人人得而诛之。中江不能容忍他们的存在。”

吴富梓责备道：“俊杰！胡说什么？到我这里就是客人，你们两党的斗争，不要斗到我这里来。”

孙俊杰说：“姑父，你今天不把蔡虹驱逐出去，我就要出去了，我不能和共产党人在一起吃饭。”

“蔡虹是远客，我怎么能把远道的客人赶走？”

“吴伯伯，我们就走。”蔡虹说。

“文然不要走。”

“好，他不走，我走。”孙俊杰气呼呼地出门去了。

蔡虹对吴富梓：“对不起，吴伯伯，让您不愉快。”

吴富梓说：“我就不理解，这国民党与共产党有多大的仇恨，非要争得你死我活！”

孙俊杰回到办公室，余克勤见孙俊杰脸色不好，问：“司座，什么事让您不高兴？”

孙俊杰说：“见到蔡虹了。”

“什么？”余克勤问，“他在什么地方？”

“在吴府。”

“我马上带人去。”余克勤站起来。

“且慢。”孙俊杰说，“我刚才就准备毙了他，可是我姑父保着。你们也不要进吴府抓人，只守在门外。发现蔡虹出来，立即抓捕。如果反抗，就将他击毙。”

“是。”余克勤带人匆匆出去了。

吴府室内，蔡虹说："吴伯伯，我们还是走吧。"

"走，往哪儿走。"吴富梓说，"你以为俊杰会让你们走，外面早就布置好了。"

"不能走。"吴梦远说，"就住下来，看他孙俊杰敢怎么样。"

"好吧，那就暂住一宿。"蔡虹说。

第二天早饭时，吴富梓说："文然，我今天到办公室有点事，你们就在这里，哪儿也不要去。"

蔡虹说："吴伯伯，我们要出去有事，不能待在这里。"

"你们怎么出去，这四周都是警察。"

"如果吴伯伯方便的话，我们跟您的车子出去。"

"方便是方便，我的车是空的。可是，你们去哪儿？有什么地方能躲避警察的搜查？"

"我们有地方，请吴伯伯放心。"

吴梦远劝止道："俊杰抓到你，他会打死你的。"

"你放心，孙俊杰抓不到我们。"蔡虹说。

吴梦远不放心地问："要是你遇到俊杰，你会打死他吗？"

"不会，除非万不得已。"

吴富梓看了看蔡虹说："好吧，你真的要出去，我就带你们出去，但是，出去要注意安全，不能大意。"

吴富梓的轿车从车库里开了出来。守候了一夜的余克勤连忙上前，他们看了看前面坐着吴富梓，道："吴老先生好！"然后用眼睛往后排看了看，后排光线黑暗，看不清楚，似乎是没有人。

吴富梓不满地问："我的车还要检查吗？"

余克勤忙说："哪里哪里，老爷子是例外。"

吴富梓开车离去。余克勤眼珠子一转，对身边的几个警察说："你们几个，继续在这儿守着；另外几个，跟我来。"他带着警察，坐上黄包车，尾随在吴富梓的车后。

吴富梓在倒车镜中看到余克勤跟在后面，他让司机加快了速度，在街上七转八转，甩掉了警察。

半道上，吴富梓的车停了一下，蔡虹他们从车里钻了出来。

吴富梓说："遇到麻烦，打个电话或捎个信给我。"

"知道了，谢谢吴伯伯。"蔡虹他们三人消失在了人群之中。

吴富梓的车继续向前开。这时余克勤他们的黄包车开了过来。

车到办公室，吴富梓下车，关上车门，头也不回地上楼去了。

余克勤和警察围住小车，左看右看，车上只坐着一名驾驶员，没有其他人。

余克勤急忙说："快到吴府。"众警察又匆匆赶到吴府，余克勤指挥把吴府重新围了起来。

吴梦远在楼上看见余克勤，知道蔡虹已经摆脱了警察，脸上露出一丝宽慰的笑容。

余克勤折腾了一上午，没有抓到蔡虹，只好回到办公室复命。

孙俊杰问："怎么样，蔡虹抓到了吗?"

"没有。"余克勤说，"他逃不了，我们已把吴府围个水泄不通。"

孙俊杰问："昨晚到现在，吴府没有人出来?"

"没有，只是早晨老爷子出来，开车上班去了。"

"老爷子的车子你们检查了吗?"

"检查了。我们一直跟踪他到办公室，老爷子一人下车，车上没其他人。"

"蔡虹一定不在吴府了。"孙俊杰说。

"不会吧。我们一直监视着。" 余克勤说。

"全城戒严，搜捕蔡虹。"孙俊杰命令。

顾祝同在办公室里翻阅秘书送来的讲话稿。这时秘书进来对他说："司座，吴昊良向您推荐一个大学生，说是给您当秘书。"

顾祝同说："他们倒会在关键时刻献殷勤。"

秘书说："人已经来了，那么就叫他回去?"

"不，我要看看怎么样。我曾在一次会议上说过，各地在这次招收新人的时候，给我留意一下，遇到出身好、有文化，精明能干的，给我推荐几个，我这里需要人。前几天，有人给我推荐一个叫孙俊海的青年人，他是孙俊杰的堂弟，很不错。可惜不是大学生，只读了几年私塾，我让他去学军事去了；现在吴昊良推荐的这个，叫什么来着?"

“叫张云潮。”

“他的情况知道吗?”

“他的父亲是安徽省教育厅厅长，母亲做家务，哥哥是我们中央军的一名团长。他从小读书，大学毕业后在省立中江中学任教。”

“很好。”顾祝同满意地说，“我就是要这样的人，出身好，受过高等教育，你传他进来让我看看。”

秘书出去，转身带着张云潮进来。张云潮向顾祝同敬一个军礼：“报告司令，张云潮向您报到。”

顾祝同上下打量着问：“你第一次见我，为什么行军礼呀?”

张云潮说：“回答长官，司令是军事长官，我想做您的一个小兵，自以为行军礼最能表达我对长官的敬意。”

“这么说，你到我这里来，是想当兵打仗了。”

“是，我以为当前的中国，只有枪杆子才能最后解决问题。所以，在和平还没有到来之前，决不能放下枪杆子。”

“好，年轻人就是要有打仗的思想准备，要有不怕死的精神。但是，你先在我这里做一些文职工作，有机会我会让你上前线打仗。”

“遵命!”张云潮又行了一个军礼。

顾祝同说：“我马上要开一个重要会议，你随我来做个记录吧。”

顾祝同转身进了一个会议室。张云潮拿起秘书递给他的纸和笔，跟随顾祝同进了会议室。会议室的军官们见顾祝同进来，一齐起立。顾祝同招呼大家坐下。

这时，张云潮看见了孙俊杰，一愣，心想：“不要怕，孙俊杰并不认识我。”于是低头做着记录。

孙俊杰也看了看张云潮，觉得在哪儿见过。

顾祝同开始讲话。“各位。我们这次会议，主要研究经济问题，在座的既是军事长官，也是地方政府的首脑。这不奇怪，军事管制时期嘛。委员长要求，鉴于当前复杂的形势，以军代政，还要持续一段时期。当前首要的事情，是做好经济工作，安定民心，把物价稳定下来。孔部长指示，中央银行决定抛出一部分黄金，收回一部分货币，减少市场上流通的货币总量，已经通知各地银行运回一部分黄金，大家回去之后，要把这项工作抓好。只有稳定物价，安定民心，才能打倒共产党，才能进行经济建设，才能改善人民的生活，要严防共党在经济上进行破坏和捣乱。”

顾祝同在说话期间，孙俊杰始终注视着张云潮，但张云潮就是不抬头。

会场结束了，各位党政官员纷纷离去。

孙俊杰坐上自己的轿车，上车前还不忘回头看看离去的张云潮，对司机说：“开车。”

抛售黄金行动很快在全国展开。中江市银行门前排着长队，银行柜台上，一箱箱金条被买走，不几天，金条卖完。营业员向窗前挂了一个“黄金售完”牌子。

余克勤巡查了一下市场，回去向孙俊杰报告。“司座，上级拨来的黄金全部售完。”

“全部售完，卖得挺快呀？市场上的物价有没有下降？”

“没有哇，物价还在涨呢。”

“抛出这么多的黄金，物价怎么还不下降。”

“老百姓手里的法币太多了。”

“你赶紧将这一情况向南京报告，请他们再拨一批黄金来。”

“是。”余克勤又说，“司座，我们的军费不够了，是不是打个报告请战区追加一些。”

“当然，要金条的和要军费的，两个报告一起，还要派人去人催，不然是拨不下来的。”

“明白。”

“还有。”孙俊杰问，“物价下不来，不会是共产党在捣乱吧？”

“也很难说。”

“抓捕蔡虹还没有线索？”

“蔡虹没抓到，我们把青帮头子董六抓来了。”

“抓董六有用吗？”

“我们要从董六嘴里找到肖大龙，找到了肖大龙就找到了共产党的地下组织。”

孙俊杰点点头。

# 七十、青帮叛变

董六被抓到警察局，余克勤对他进行了重点审讯。董六开始不想把肖大龙交代出来，但是经不住严刑拷打，几套刑具下来，满身血污的董六就开口了。

“我说，我说还不行吗?”董六哀求。

“想明白啦?”行刑头目奸笑着，“早点说，哪要吃这么大的苦呢。你说，肖大龙在什么地方?”

“肖大龙在大花园酒楼。”说着就昏过去了。

行刑头目来到余克勤办公室报告：“参谋长，董六说话了。”

“说话了，那好啊，我来问问。”余克勤进了行刑室，见董六昏倒在那里。

余克勤命令：“拿桶凉水来。”

行刑警察提来一桶凉水，朝董六浇过去。

董六被浇醒，摇了摇满头的水。

余克勤问：“董六，肖大龙藏在什么地方？你说出来，马上带你洗澡、换衣、养伤。”

董六眼神呆呆地看着余克勤，把知道的情况一一交代了。

第二天，董六变了样。他洗了澡，换上了干净衣服，带着余克勤等人来到大花园酒楼，他问伙计：“肖老板呢?”

伙计看见董六带着警察，知道情况不妙，只说：“不知道，他早就走了。”

董六想了想说：“跟我来。”朝楼上走去。

伙计连忙上前拦阻："老板不在楼上。"

余克勤把伙计推到一边："滚开！"

伙计大叫："老板不在家。"目的是让楼上的肖大龙听到。

肖大龙在楼上听到伙计的叫声，往下一看，明白了。他连忙躲进了墙壁的夹层里面。

董六带着余克勤上楼，逐个房间搜查，没有发现肖大龙。

最后，董六朝夹墙上敲了三下，又敲了三下。

肖大龙没有开门。

董六说："就躲在里面。"

警察强行冲开门，把肖大龙拖了出来。

肖大龙看着董六说："你这个没良心的。"

董六无奈地说："对不起，我实在没有办法，我不想死。"

余克勤把肖大龙押着往楼下去。

正在这时赵强来找肖大龙。他走进门厅看见余克勤下楼，他迅即背过脸去，转身就走。

董六大叫："抓共党。"

余克勤也大叫："别让他跑了。"

赵强迅速离开，飞也似的出门上街，融入人流之中。

余克勤提着枪在街上追了一阵，没有发现，他只好押着肖大龙往回走。

肖大龙进去很快就叛变了，他交代了与蔡虹经常碰头的几个地方。余克勤按照肖大龙的指引，到各个地点搜查了一遍，毫无所获。因为蔡虹与肖大龙碰头的地方，总是选择饭店和一些公共场所，这些场所本来就是从事接待服务，很难说与共产党有什么关系。

赵强很快把董六叛变、肖大龙被捕的情况报告了蔡虹，并通知了地下党。

余克勤要求肖大龙动用青帮打听，遍城侦探蔡虹行踪，自己派便衣警察整天巡查各大饭店旅馆。

为了安全，王福根把蔡虹他们带到自己家里。王福根院子里有一个地下室，上面用一个水缸盖上。这是当年躲避日本鬼子的避难所，正好此时派上了用场。这天，蔡虹在王福根家里开会，王福根的妻子在窗边望风。突然听到狗叫和警察的脚步声。王妻立刻警觉起来，走到窗前看见远处街头，一队警察朝这边过来，看样子是挨家挨户搜查。

大家立刻来到院子里，搬开水缸，躲进了地下室。王福根用水缸盖住入口，叫妻子从井里提水往水缸里面倒。

“开门，开门。”警察在外面擂着门。

王福根装作睡觉才起床，嘴里嘟噜着：“什么事，这么急?”他打开了大门。

余克勤进门叫道：“在家里干什么，为什么到现在才开门？家里藏了谁?”

王福根说：“我正在睡觉，谁知你们这么急?”

余克勤一个房间一个房间地查，最后查到后院。只见一个石滚，一个水缸，一堆柴草，柴草边还有一个粪窖。

余克勤用刺刀向草里捅了捅，没有感觉有人。他看着王妻往水缸里倒水，若有所思：“她怎么这个时候往水缸里倒水?”

余克勤用手制止王妻，自己去搬水缸，但是搬不动。几个警察见状，都来帮忙。

王福根上前说：“长官要用水缸吗，我来把缸里水再舀出来吧，他向妻子使了一个眼色。

王妻会意，走到屋子里，顺手推倒了一个木桶，哗啦一声响。

余克勤见木桶倒了，以为有人藏在木桶里，放下水缸，过来仔细看了看木桶，木桶里面什么也没有。

这时，王福根瞅着警察没注意，将一块砖头扔到墙外的巷子里。巷子里顿时有几声砖瓦撞击的声音。

余克勤听到巷子里的声音，以为隔壁有人逃跑，急忙出门往巷子里追去。警察见余克勤走了，也跟着追了出去。

王福根这才松了一口气。

直到天黑，王福根才把水缸里的水舀起，把水缸搬开。

蔡虹他们出来，拍拍身上的泥土。

蔡虹说：“我估计，肖大龙叛变了。”

这天，孙俊杰心情很好，因为他接到顾祝同来电，嘉奖他在清党中取得的成绩，晋升他为上校旅长。

余克勤等部下都来祝贺，孙俊杰自得地说："这只是小试牛刀，如果能把蔡虹抓起来，就能把中江共党一网打尽，那才算是为党国立功啊。"

余克勤说："司座治理有方，党国官员如果都像司座这样忠诚为党国工作，共产党还能翻天吗？"

这时肖大龙进来说："报告，望江楼的掌柜朱世贵可能是共产党。"

孙俊杰问："你怎么知道的？"

"蔡虹经常在望江楼吃饭，和朱世贵来往密切。"

孙俊杰眼睛一亮，说："有道理，这是一条重要线索。"

"把朱世贵抓起来？"余克勤请示。

"当然。"孙俊杰说，"你们办完这件事，回来我请客。"

"好，回头喝司座升官的喜酒！"余克勤笑颠颠地去了。

审讯室里，朱世贵被铐在椅子上，余克勤和几个警察坐在他的对面。余克勤带着肖大龙、董六进来。朱世贵见肖大龙、董六都穿着国民党军服，肖大龙佩带中尉肩章，董六佩带少尉肩章。

余克勤问："认识他们吗？"

朱世贵摇头道："不认识。"

"不认识？"余克勤说，"他们可是认识你。你是共产党，你的望江楼饭店是共产党的地下窝点，你还敢狡赖吗？"

朱世贵说："长官，你弄错了，我朱世贵从来不问政治，我只是开饭店，赚钱养家而已。"

"共产党的头目、新四军的后勤部长蔡虹，经常到你那里去，你和他们打得火热，你还敢说你不是共产党？"

"长官，我不认识什么蔡虹，到我饭店里吃饭的人很多，去多了就有些面熟，但我不知道谁叫什么，也不打听。"

"装得倒很像个局外人哪！"他回头对肖大龙，"你跟他说说。"

肖大龙说："朱掌柜，你还是老老实实地说吧，狡赖是赖不过去的。我和你一样，开始也不想说。蔡虹是我的师辈，我们关系很好，师徒感情很深。但是，到了这里不由得我不说，不说是要受苦的，真是比死还难受。

咱们都是父母所生，肉体凡胎，不是铁打的金刚。再说，人生也只有一次，父母把我们养大也不容易，家里还有父母妻子儿女，他们都得靠我们为他们挣钱糊口，何必为了别人葬送了自己的性命。再说，蔡虹是共产党，何必与他们为伍，为他们卖命？我劝你也早点说出来为好。”

余克勤说：“你听到了吧？肖先生说了，不说出来是要吃苦头的，就是想死也不容易，想活更是不能。现在肖先生回心转意，不仅不再受苦，还当上了军官，反而比过去风光多了，这一反一复，地狱天堂。你是明白人，应该能体谅得出来。”

“长官，我要是和这位先生一样，和共产党打过交道，那我还可以交代出来，领一笔赏钱，没准还捞个军官当当。”朱世贵说，“可我没有和共产党打过交道，凭空也编不出来，蔡虹是谁，我不知道，叫我怎么交代呢？”

余克勤恶狠狠地说：“看来你跟他们一样，不吃点苦，不知痛；不见棺材，不掉泪。我懒得和你再费口舌，尝尝我们对付共产党的刑具，你就知道了。拉走！”

几个警察把朱世贵拉了出去。

朱世贵大叫：“长官，我冤枉，我冤枉哪！”

听到朱世贵被捕的消息，蔡虹迅即和赵强、俞珍、王福根商量解救办法。俞珍、赵强建议去劫狱。蔡虹说：“不能这样做。我们人少，很难成功。朱世贵的真实身份，孙俊杰和余克勤不知道，肖大龙和董六也不知道，他们只知道朱世贵和我们有来往，怀疑我们是一路的。但是朱世贵作为大酒店的老板，结交的人多，也是正常现象。只要朱世贵坚持不承认自己是共产党，孙俊杰就不会杀害他，起码目前不会杀害他，我们就有可能把他救出来。”

“怎么救他？”俞珍急切地问。

蔡虹想了想说：“我们先请吴老爷子出面试试。”

“请吴老爷子？这是个好办法。”王福根认为可行。

朱世贵能否挺得住，这是大家最担心的。

经过半天刑审，余克勤来见孙俊杰。孙俊杰问：“朱世贵交代了没有？”

余克勤说：“没有，我们对他动了大刑，他昏死过去好几次，但他就是不承认是共产党，也说不认识蔡虹，只是一个劲地叫冤枉。”

“他这是死硬。他不认识蔡虹，这真是开玩笑。蔡虹常在望江楼吃饭，他不认识？”

“他说他开饭店，接触的人多，许多人他都面熟，可不知道叫什么名字。”

“这话说起来似乎有些道理。肖大龙怎么说？”

“肖大龙说，他只知道朱世贵和蔡虹打过交道，怀疑他们是一伙的，至于是不是共产党，他不敢肯定。”

“这么说，肖大龙只是怀疑吗？”

“是这么回事。”余克勤点点头。

“先把他关在那儿，严密看守。”孙俊杰嘱咐说，“看看共产党会不会救他，如果共产党来救，他就是共党无疑。如果不救，到时候再说。”

蔡虹、赵强、俞珍来到吴府。吴梦远说：“你来得正好。俊杰到处抓你，我都担心死了。我家周围布满了密哨，只是这几天才撤了。”

蔡虹很轻松地笑着说：“不要担心，孙俊杰是抓不到我们的。”

吴梦远问：“你们都藏在什么地方？”

“我们藏在群众之中。”

“听说青帮头子肖大龙被抓？”

蔡虹点点头。“是啊。他经不住酷刑，投降了，但他不是共产党员。”

“听说他把望江楼的朱掌柜交代出来了，朱掌柜是共产党员吧。”

“也不是。他只是同情革命的进步人士。”

“你说谎，朱掌柜一定是你们的人。你告诉我，我也不会告诉俊杰的，请放心好了。”吴梦远微笑着说。

蔡虹告诉她：“朱掌柜虽然不是共产党员，但是他对我们的工作帮助很大，我们要把他救出来。我今天来，就是想请伯父为我们想想办法。”

“好，今天我爸正好回家吃饭，你跟他说说。”吴梦远总是很爽快。

正说着，吴盛来报：“老爷回来了。”

吴梦远、蔡虹等人都站起来迎接。

吴富梓见面就问：“这些天躲在什么地方？”

“刚才我跟梦远也说了，地点不一定，我们生活在群众之中。”

吴富梓一边坐下一边问："听说不少人被抓，连青帮头子肖大龙都被抓起来了？"

"是啊，正因为肖大龙被抓，牵连了不少的人。连望江楼朱掌柜都被怀疑，抓进去了。"

"朱掌柜也是共产党？"

"他不是，但是我们到望江吃饭较多，相互之间熟悉，所以肖大龙就认为他是我们的人，这不是把人家冤枉死了。我们觉得对不住人家，请吴伯伯为朱掌柜说个情，让孙俊杰把他放出来。"蔡虹说。

"朱掌柜这个人不错，和我也熟悉。好，我就给俊杰打电话。"他摇起了话机。

接通电话，吴富梓说："俊杰，听说望江楼的朱掌柜也被抓起来了，他是共产党吗？"

孙俊杰说："目前他还没有承认，但我们怀疑他是。"

"我认为朱掌柜不会是共产党。朱掌柜跟我是朋友，他家里人找到我，要我为他说个情，我想先要问问他是不是共产党，如果是，我就不好说话了，如果不是，你们就给我一个面子，把人家放了吧。"

孙俊杰拿着电话筒："姑父，是不是蔡虹找到您啦？"

"哪里是蔡虹找我呀？我不是说了吗，朱掌柜和我是朋友，他家里人找我，要我说情。这事我如不帮忙，说不过去，就答应了人家。"

孙俊杰说："好吧，既然姑父答应了人家，我放人。"

吴富梓放下电话对蔡虹说："好啦，俊杰答应了，把朱掌柜放了。"

蔡虹心里的一颗石头落了地，感激地说："我代表朱掌柜全家谢谢吴伯伯。"

张云潮正在为顾祝同赶写材料，顾祝同的秘书走到他身边对他说："张云潮，顾长官叫你。"

张云潮放下手中的活，急忙来到顾祝同办公室。

顾祝同让他坐下，语调亲切地说："云潮，你在这里干得不错。我本来是要留你在我身边长期干下去，但现在我留不住你了。蒋主任要调你去。"

"蒋主任？"

“就是蒋经国主任，委员长的大公子。”顾祝同的眼里放着光，“他要调你到三青团中央工作，那里需要一批年轻有为的干部。你看，我只好忍痛割爱了。你马上准备一下，去三青团中央报到。”

张云潮却说：“司令，我不能留下来吗？司令还答应送我上前线与共军作战呢？”

顾祝同笑了说：“与共军作战，暂时还不要你。将来派你去的时候，你可能就是我军重要将领了。你这一次去，在太子身边工作，好好干，你的前途大得很呐！”

“就怕不能胜任。”

“不要紧，边干边学，我相信你很快就会熟悉新的工作。我知道，你是一个很可造就的青年。”

“谢谢司令的鼓励和夸奖。”

顾祝同满意地笑了：“唔，去吧。”

张云潮敬礼退出。

蔡虹、赵强、俞珍和王福根来到望江楼酒店。他们点了几个菜，在一个包厢里面边吃边等朱世贵。

赵强对伙计说：“朱掌柜回来，叫他到我们这里来一下。”

伙计答应着向厨房去了。

蔡虹对赵强、俞珍说：“蒋介石一方面出售黄金，企图收缩银根，减少流通货币，平抑物价；另一方面呢，为了打国内战争，大量向美国佬借贷，同时又大量增发货币，这样下去，市场上流通货币并没有减少，反而继续增加，物价怎么能平抑下去呢？”

赵强说：“买黄金的人都是有钱的人，有钱的人他们这一部分存款，本来就不在市场上流通，而是存在银行，买了黄金仍然存到银库，对市场上流通货币没有多大影响。所以说，抛售黄金，并不能平抑物价。”

俞珍说：“国民党要大量征兵，增加兵员就要增加经费开支、增加生活必需品供应，只要扩军备战，物价是平抑不了的。”

蔡虹看看俞珍说：“看来，我们的小俞也懂经济了。”

俞珍笑着说：“这不是跟老板学的吗？”

正说着，朱世贵进来了。蔡虹站起来握着朱世贵的手说：“世贵同志，你受苦了。”

“没什么，肖大龙进去后，我早就有了思想准备。”

“身体怎么样?”蔡虹关切地问。

“还好。”朱世贵故作轻松。

“好好休息，把伤养好。”大家嘱咐。

“是。谢谢蔡部长救了我。”朱世贵加上一句。

俞珍问：“你怎么知道是蔡部长救你的?”

朱世贵说：“余克勤问我与吴老爷是什么关系，我说是朋友关系。我想，一定是蔡部长托老爷子出面救我的。”

“你说得对，”蔡虹说，“吴老爷子也是这么说的。但最重要的是，你很坚强，在酷刑之下没有暴露自己，否则谁也救不了你。”

朱世贵说：“这是应该的。”

# 七十一、抢米风潮

张云潮来到一幢大楼前，这个大楼门边挂着一个“中国三青团中央总部”的牌子，张云潮走了进去。但是门卫挡住了他，要他出示证件。

张云潮把证件取出，门卫看了看，立即向他敬礼道：“上三楼。”

张云潮到了三楼，只见走廊里人来人往。他看到一个会议室，门上新挂着一个牌子“新生报告处”。张云潮朝里面一看，已经有上百人了，大家安静地等着，没有说话的声音。

这时一个工作人员走了过来，对张云潮说：“你叫什么名字?”

“张云潮。”

“先找个地方坐下来。”工作人员说。

张云潮就近找了一个地方坐了下来。

工作人员来到另一间办公室，这是一间宽大的办公室，工作人员走过去对坐在办公桌边的年轻人道：“报告主任，人员都到齐了。”

这就是蒋经国，他说：“那就上车吧。”

工作人员来到会议室，对大家说：“大家都到门口上车。”

于是大家都出了门，下楼来到大门前，门前停了几辆大卡车。大家上车后，车子就开动了。

一路上警察向他们敬礼。

车子拐了几个弯，来到一个学校，只见校门口的门楣上一个大牌子，上书“青年军政干部培训班”。汽车驶进学校操场，大家下车，站好队。张云潮看操场上有一千多人，都是这次培训班的学员。

这时，一辆小轿车开进校园，来到学校的操场上停了下来，车上下来的是蒋经国。只见他派头十足地走到列队的青年人面前，站在那里不说话。

工作人员大声说："大家站好，现在请蒋主任讲话。"说着鼓掌，大家跟着鼓掌。

有人小声议论："了不得，皇太子亲自来了。"

又有人说："我们是皇太子选来的，将来我们就是皇太子的嫡系，他如何不来?"

张云潮这时才知道，这个年轻人就是蒋委员长的儿子蒋经国。

只听蒋经国说："各位，你们是从全国各地精选出来的中国青年精英，你们将成为中国三青团组织的骨干力量，你们将肩负起践行三民主义、振兴中华民国的重任。希望你们不要辜负党国的希望，不要辜负领袖的希望。好好在这里学习集训三个月，然后再分配到各个工作岗位。"

他停了停又说："你们要从严要求，遵守纪律，按时作息，不允许离开学校外出，不允许向外面写信、打电话，不允许会朋友。除了每天完成军训任务之外，每天晚上写一篇心得，写对训练的感受，对中国局势的分析，写自己的志向和未来努力的方向。对学习不努力，成绩不合格的，将予以淘汰；对学习认真、刻苦，成绩优异者，将给予奖赏。"

工作人员带头鼓掌，大家跟着鼓掌。

工作人员说："刚才蒋主任的讲话，大家要记住，要深刻领会。我们将严格训练，严格要求，以优异的成绩，向蒋主任汇报。不辜负蒋主任的栽培和希望。"

在狭小的宿舍里，学员们忙着整理和放置自己的东西。突然，军号吹响，有人喝道："快点快点，集合了。"

大家迅速穿衣、出门，来到操场。在领队的带领下，进行跑步训练。

上午在野外，训练打枪，练擒拿格斗，练跨越障碍。下午上课，学习政治、军事知识。晚上，大家在教室里正襟危坐写心得。

白天大院喊声不断，晚上会议室、阅览室，灯火通明。外界之人，不知道这是一支什么队伍，执行什么任务，一切是那么严肃和神秘。

蒋经国每天晚上批阅学生心得，当看到张云潮的心得之后，蒋经国对张云潮这个年轻人大为赏识。他按了一下桌边的电铃。

工作人员进来问："主任，有事吗?"

蒋经国说："这个叫张云潮学员很不错，结业后，将他分配到中央直属团部。"

三个月集训很快结束了。这天，学员们整齐地站在操场上，举行结业典礼。讲台上打着横幅："中央三青团中央第一批学员结业典礼。"

喇叭里播放着音乐。两辆小轿车开进了操场。蒋经国陪着他的父亲蒋介石下车来到学员面前。大家十分激动，热烈地鼓掌。

工作人员喊着口令："立正。"然后，转身跑步向蒋经国说："报告主任，学员集合完毕，请您训话。"又回到原地喊："请稍息。"

蒋经国向前跨了几步说："同学们。大家经过了三个月的紧张集训，今天都以优异的成绩结业了，我向大家表示祝贺。我上次说了，你们是从全国选拔来的青年精英，是我们三青团的骨干，你们将担负着践行三民主义、振兴中华的历史重任。党中央和英明领袖对你们寄予殷切希望。大家要自重、自省、自强、自立，在今后的工作中做出成绩，做出贡献，不辜负党国的希望，不辜负领袖的栽培。今天，我给大家请来了蒋主席，请大家欢迎。"

大家鼓掌欢呼："蒋主席万岁，蒋主席万岁!"

蒋介石高兴地招手说："好，好，好。刚才经国已经说了，我就不再说了，我今天来一是看看大家，二是给大家带来一件礼物，现在赠送给大家。"

工作人员抬出一个大箱子，打开之后，里面用一面面红绸包裹，解开之后，是一把把闪光的宝剑。这就是"中正剑"。

这时，工作人员点名，点到谁，谁就上台在蒋经国手里领取宝剑，之后，单独与蒋介石照相。每照一张相，大家都热烈鼓掌。

在与张云潮照相的时候，蒋经国特意对父亲说："这个学员很优秀。"

蒋介石也很注意地看了看张云潮，点点头。

"咔嚓"，张云潮手捧"中正剑"与蒋介石合影的照片定格了。

孙俊杰在办公室，余克勤兴冲冲地跑进来。"司座，肖大龙提供了一个重要线索。"

“什么线索。”

“国立中江中学有一个教师，叫张云潮，这个人和蔡虹打过交道，他搞过学生运动。日本人在时，汪伪政府禁烟禁毒，砸鬼子烟馆，绑架警察署长杨世才游街，就是他领头干的。肖大龙怀疑张云潮是共产党。”

“又是怀疑，没有证据的事。不过，宁有信其有，不可信其无。把他抓起来，宁可错杀一千，不可遗漏一个。”

“这个张云潮已不在中江。”

“不在中江，管他干什么？”孙俊杰很失望。

“这里面有一个情况，”余克勤神神秘秘地说，“当年吴昊良招收工作人员时，张云潮前去报名，被吴昊良看中，作为人才，推荐给了顾长官，现在张云潮正受到顾长官的信任。如果这个人是共产党，他就是我们内部的一大隐患。”

“对，对，对。”他想了想说，“怪不得我在顾长官那里看到了一个熟悉的面孔，一时想不起来这个人在哪里见过，原来就是他。你马上让肖大龙写一份举报材料，我派人送到顾长官那里去。”

顾祝同在办公室看文件。秘书进来说：“司令，孙俊杰打来报告，要求再拨一批黄金。”

顾祝同说：“哪有那么多的黄金？中江抛售黄金后，物价稳住了没有？”

“没有，物价还是在涨。”

“再多的黄金也是肉包子打狗。”顾祝同失去信心。

“只要中央银行还在发钞票，物价哪里能降下来？”

“不发钞票怎么行？扩军备战，没有钱不行呀。”顾祝同说。

“司令说得完全对。您看，孙俊杰又打来报告，要求增加军费。”

“摆那里，这类要钱的报告太多了。”顾祝同眼睛回到桌面，一面说，“你看，中央来了文件，承认抛售黄金失败，决定发行金圆券，用金圆券换回洋元、法币，同时禁止黄金、白银在市场上流通。”

“变化真是太快，但中央这一手很厉害。”

“你通知孙俊杰，停止抛售黄金，做好发行金圆券的一切准备。”

“我写上就办。”秘书出去了。

印钞机在飞转，大量的金圆券像瀑布一样在机器里流出来。

银行里，成捆的纸币从外面运进来。银行门前，人们排着长队，柜台上，成堆的洋元、法币兑换成金圆券。

蔡虹、赵强和俞珍在江边，边走边谈。

蔡虹说："蒋介石抛售黄金的办法不灵，改为发行金圆券了。这一块钱的金圆券兑换三百块法币，这金圆券真的那么值钱?"

赵强说："我看哪，蒋介石用这一手搜刮民财，大量的法币收回去，黄金也收回去，发出来的是一张纸，如果国民党大量发行这种纸，老百姓的钱就成了纸了。"

俞珍说："金圆券到手就不值钱了。现在老百姓不想拿工资，想直接支付大米，不然这日子没想过。"

蔡虹想了想说："老百姓的这个愿望我们可以利用。我们组织一次工人和机关职员罢工，要求用大米支付工资。赵强、小俞，你们分头去通知朱世贵、王福根同志，我们开一个碰头会。"

地下室里，蔡虹、赵强、俞珍、朱世贵和王福根在开会。

蔡虹说："金圆券刚上市，就贬值，而且贬值得很快。市场上物价飞涨，民不聊生。人们拿了薪水，第一件事就是买米，工人们强烈要求工厂用大米支付工资，机关人员也有这样的要求。因此，我们要及时组织一次要求大米支付工资的大游行，这对揭露内战阴谋，反对涨价，反对饥饿，是有好处的。"

王福根说："对，现在老百姓怨声载道，不满情绪就像干柴，点火就着。"

蔡虹说："就像上次反游行一样，大家分头准备，准备好了之后，我们再确定一个时间，统一行动。"

大街上，游行队伍高举着"反对饥饿，反对内战""我们要吃饭，我们要大米""强烈要求用大米支付工资"的标语。警察如临大敌，前前后后围堵，但是挡不住汹涌人流。

军事接管委员会办公楼前，人们在门前静坐，不让官员们出入，要求答复用大米支付薪水的要求。

孙俊杰坐在办公室里不得出去。

余克勤引着孙俊杰从后门逃走，正好上车，不知道消息怎么泄漏了，人们围堵上来，车子开不动。警察强行驱赶工人，用棍棒乱打，工人被激怒，与警察展开了搏斗。余克勤下令开枪。警察枪响，几个工人应声倒地，血流满地，一时大乱。余克勤趁机保护着孙俊杰离开了。

愤怒的人群冲到街上，这时赵强喊了一句："米又涨价了，到米店里枪米去。"大家一齐涌向米店。

米店关门，门前挂着一个牌子："今日大米售完。"

"大米给藏起来了，等着涨价，这样下去，老百姓还活不活?"俞珍叫道。

"开门，开门!"工人们大叫。

还有人叫道："把门砸开，看看有没有大米。"

"把门砸开！把门砸开!"众人起劲地砸门，"轰，轰，轰!"

老板从窗口喊："干什么，干什么？你们想造反哪?"

众人说："今天不卖米，我们就砸门。"

"对，就砸门。"大家齐声应着。

老板急忙派伙计去找警察，伙计从后门飞也似的去了。这时大门已被砸开，人们涌向后面的仓库。仓库里堆满了大米。

众人呼喊："谁说没有米，这是什么?"

"抢他娘的。"

"饿死不如闯祸。"

众人爬上了米堆，一场抢米风暴拉开了。

米店老板上前制止，被人群推倒在一边。人群用各种盛米器具装米，有的扛起麻袋，有的用箩筐，有的用脸盆、木桶，有的人什么也没有，就把长裤脱下来装米。街上的人越来越多，米店老板和老板娘号啕大哭。

这时，王福根带着一些人在街上喊："抢米了，抢米了，快去抢米啊!"居民纷纷带着麻袋、布袋向米店方向跑去。警察赶到，见已是人山人海，只得朝天开枪，也制止不住。

孙俊杰来到办公室，余克勤迎上来对他说："城里人都在抢米，警察已无能为力了。”

孙俊杰说：“派军队去，对带头闹事、抢得狠的，毙死他几个。”

余克勤带着军队向米店方向跑步而去。到了米店门前，首先朝天开枪。但是不能驱散民众，余克勤下令：“打！”军队一阵射击，许多人倒在血泊中。米在流淌，血在流淌，但是抢米的人更疯狂了。

余克勤回来报告：“军队打死许多人，但是也制止不了他们抢米。这场风暴来得很猛啊！听说县城、农村都在抢米了。”

孙俊杰说：“这一定是共产党从中鼓动的。”

“但是，这金圆券一天天贬值，大米一天天涨价，抢米也是迟早的事。这不是一个中江市的问题，是全国性的问题。”

“对于带头抢米，或者抢得多的人，要记下来，事后找他们算账。看看有没有共产党的背景。同时，要全城搜捕蔡虹，一定要把蔡虹找到。他是动乱之源。”孙俊杰咬牙切齿。

余克勤正要离开，孙俊杰叫住了他：“等等。这次这么大的抢米活动，我们总得要杀几个共产党头目，不然，不好向上面交待。”

“司座。你说怎么办，到哪里找共产党的头目？”

“肖大龙和董六不是和共产党打过交道吗？”孙俊杰诡谲地说。

“是啊。可他们不是共产党。”余克勤显得有些无奈。

“我们就说他们是共产党，而且是中国共产党的重要头目，抓起来枪毙掉，也好向上面交待。”孙俊杰面授机宜。

“是啊。”余克勤大悟，“留着他们，也没有什么用处了。”

“这事就交给你办，先把他们抓起来。”孙俊杰命令。

蒋经国在办公室，部下送来一份信件说：“主任，这是顾长官派人送来的，是一封来自中江市的举报信。”

蒋经国问：“什么内容？”

“是举报张云潮的。”

“张云潮？张云潮有什么问题？”

“信中说张云潮曾经在中江市当教师期间，曾经组织过学生运动。日伪期间，有一次开展禁烟禁毒运动，把中江市的警察署长杨世才抓起来游街，就是张云潮组织的。另外，据说张云潮与共产党地下负责人蔡虹来往密切，怀疑他参加了共产党。”

“张云潮不是顾祝同推荐来的吗?”

“是啊。据说他们最近抓到了共产党的头目，叫肖大龙、董六。这是他们交代出来的。”

“张云潮现在已经是三青团总干事长，我党的高级干部了，这事要注意保密，不要让外人知道。我们要注意观察。把材料放我这儿。”

部下走后，蒋经国看了看材料，自语道：“张云潮。”他按了一下电铃，叫来办公室秘书。蒋经国对他说：“最近张云潮的工作怎么样?”

“不错，这个人很有才能，主任选用的人是选对了。”

“我这里有人送来一个举报材料，你看一看。”

秘书坐下来认真看了一遍，说：“材料没有肯定张云潮就是共产党，只是一个怀疑。”

“是啊。但是我们这里是重要机关，决策中枢，不容得共产党打进我们的内部，虽然张云潮十分优秀，但是我们用人，政治上还是要严把关。”

“主任说的是啊。”

“你给我……”他把脑袋凑近秘书，如此如此吩咐了一番，秘书连连点头。蒋经国说：“有什么情况，及时向我汇报。”

这天上班，张云潮来到办公室，看到桌子上一份传阅文件，上面赫然标题：“共产党中江头目肖大龙、董六被捕。”再看内容，上面写道：“据肖大龙、董六交代，共产党中江地下组织负责人叫蔡虹，此人是新四军江北支队的后勤部长，长期潜伏在中江。中江军管会正在对蔡虹实行抓捕。”

张云潮先是十分吃惊，但转念一想，这份送阅材料内容有些奇怪：一、肖大龙不是共产党中江地下组织的“头目”。二、蔡虹是新四军江北支队的后勤部长，长期潜伏在中江，这已经不是什么新闻，在中江城里是公开的秘密。三、孙俊杰一直在搜捕蔡虹，并不是现在要抓蔡虹。张云潮感觉这份材料有明显的做作痕迹。他想到蔡虹对他说的话，首先在国民党内部要站稳脚跟，取得敌人的信任。暂时不要从事任何情报活动，经受住敌人对你的考验。他想，这一定是有人反映自己在中江的情况，有关与蔡虹的交往引起了当局的怀疑，这份材料，就是敌人对自己的一次投石问路，看看自己对抓捕蔡虹有什么反应，是对自己政治上的考验。想到这里，他若无其事地在自己批阅的地方签上名。

这时，有一双阴锐的目光在一边注视着他。

下班时，张云潮像往常一样，什么地方也不去，直接回到宿舍，吃饭后坐在窗边看书，显得十分悠闲的样子。同时，他也敏锐地发现，无论是在办公室、路上还是宿舍周围，都有无数的眼睛在盯着自己，这使他更加坚信，这是敌人上演的一场试探戏，是在考验他。他暗暗好笑，这样的考验似乎太不高明了。

这天，蒋经国在办公室，秘书向他报告："主任，根据几天的观察，张云潮在获悉抓捕蔡虹的消息之后，并没有表现出惊恐、焦虑的神情，他也没有向外打电话，写信或者用什么其他的办法给蔡虹通风报信，他似乎满不在乎，仍然正常地工作和休息。"

蒋经国说："这么说，他对抓捕肖大龙和蔡虹无动于衷?"

"应该是这样。"

蒋经国想了想说："你通知孙俊杰。叫他把共产党中江市的头目肖大龙、董六带到南京，由我们来处理。这几个共产党头目嘛，叫张云潮来解决了他们。"

"这是好主意，张云潮能不能亲手枪毙肖大龙、董六，这是个试金石。"

在一座小山边，余克勤把肖大龙、董六押到刑场。

董六叫屈道："长官，你们不能过河拆桥呀？我们帮助你们抓到了多少共产党，应该论功行赏才是，怎能这样对待我们，我死不瞑目呀。"

余克勤冷笑道："对不起了，当时需要你们为我们挖共产党，现在需要你们的脑袋向上报功，都是因为需要，你们就自认倒霉吧。"

董六大哭："长官，救命哪！"

"董六，哭有什么用，我们不讲信用，死就死了；他们不讲信用，也会不得好死，这是天地报应，谁也逃脱不掉。"肖大龙很是恼火。

余克勤说："现在让你们先死，是为了我们过得更好些，知道吧?"

"呸，没那么便宜！"肖大龙骂道。

“动手。”余克勤下令。

肖大龙和董六被推到山边，警察向他们举起了枪。

突然，一个警察骑着摩托跑过来大声叫：“枪下留人。”

余克勤问：“怎么回事?”

警察说：“孙司令指示，把肖大龙和董六押到南京处理。”

“押到南京处理?”

“对，南京方面来人，要带走肖大龙、董六。”

# 七十二、抗粮抗丁

这天，张云潮在办公室，他的直接上司陶仕平对他说：“今天我们要执行一项特殊任务。”

张云潮问：“什么任务？”

“走吧，到时候你就知道了。”

他们坐上汽车，来到一所秘密的房子。陶仕平让张云潮先进去，然后复身出来，对埋伏在两边的人说：“等一会儿，我叫你们抓谁就抓谁；我不说，就当没事一样。”

交代好之后，陶仕平追上了张云潮，两人一直往前走，前面是一个大操场，张云潮看见有两个人被绑在柱子上，看样子是执行枪决。张云潮仔细一看，认得是肖大龙、董六。心想：怎么把他俩带到南京来了？好家伙，又是试探。这两个叛徒也该死了，就让我来执行吧。他打定了主意。

只听陶仕平对他说：“这里面绑着的是共产党中江地下组织头目，一个叫肖大龙，一个叫董六。你认识他吗？”

张云潮说：“不认识，没打过交道。他们不是中江有名的青帮头子吗？”

“他们表面上是青帮头目，暗里是共产党。还有一个重要头目叫蔡虹，我们正在追捕他，你一定认识他。”

“蔡虹我认识他。”张云潮承认。

“你和他打过交道？”陶仕平问。

“当年汪伪政府号召禁烟禁毒运动，我们上街游行，打击日本人的烟馆，见到过这个人。”

“蔡虹是共产党中江市地下党总头子，你知道吗？”

“是吗?”张云潮故作惊讶，“这我可不知道。”

陶仕平说：“蔡虹不久就会被我们抓到，主任对抓捕这几个共党头目十分重视，特地把肖大龙和董六押到南京来审问，并下令就地处决。我为了练一练实战枪法，就和看守所的负责人说好，让我们来执行枪决，你有兴趣吗?”

“让我们来枪毙人?”

“不是简单地枪毙人，而是把他们放了，让他们逃跑，然后在追捕中击毙他们，你看这不是更有意思，更具有实战性吗?”

“真是个好主意。”张云潮说。

陶仕平走到肖大龙、董六面前问：“你们认识我吗?”

肖大龙、董六摇摇头。

陶仕平指着张云潮说：“你们认识他吗?”

肖大龙、董六同样摇摇头。

肖大龙和董六本来就跟张云潮不太熟，只知道张云潮在顾祝同那里，更想不到张云潮在南京。而这个身穿国民党军官服，长得比以前高大壮实，很有派头的年轻军官就是张云潮。

陶仕平笑了笑。他对看守的士兵说：“放他们回去吧。”

士兵不解地看着上司。

陶仕平命令：“放了。”

士兵帮肖大龙、董六解开绳索。

肖大龙、董六被解开绳索，下跪道：“谢谢不杀之恩。”

但是，当看到陶仕平从身上抽出手枪。肖大龙、董六明白了这并不是放他们，于是赶紧爬起来往前跑，一边跑一边往后看，当看到陶仕平和张云潮的手枪瞄准他们时，他们跑得更快了。

“砰。”陶仕平一枪打倒了董六，肖大龙跑得更快了。

陶仕平看着张云潮。

张云潮对陶仕平说：“长官的枪法真准，把这一个让给我吧。”

“好，看你的。”

张云潮瞄准着肖大龙，正当肖大龙跑到场地边上，爬上围墙即将跳下去的时候，张云潮扣动扳机，肖大龙应声倒在了墙内。

陶仕平上前看去，肖大龙的胸膛流着血。

陶仕平夸奖说："还是你的枪法准。"

陶在平将张云潮打死肖大龙的情况向蒋经国报告，蒋经国满意地笑了。

这天，孙俊杰在办公室接到顾祝同亲自给他打来的电话："孙老弟呀，"顾祝同称孙俊杰"老弟"还是第一次。"我向你传达中央军委的指示，根据战争的需要，你们中江市担负筹集五千吨大米，一万名新兵的任务，一个月内完成。有困难吗？"

孙俊杰心里一怔。本来顾祝同亲自给他打电话，已经是前所未有，够给面子了。照正常的情况，二话不说，执行就是了。但现在是非常时期，要很快筹集五千吨大米，一万个新兵，确实困难很大。当然，要不是有困难，顾祝同能亲自打电话吗？孙俊杰回话说："司令，中江市刚刚闹了场枪米风潮，市区粮食供应非常困难，附近农村由于战争，劳动力不足，加上水灾，粮食歉收；再说，安徽境内现在有四五十万大军和各级党政机关，都要粮食供应，再征集五千吨大米，实在太困难呀。征兵我们先是采取了三丁抽一，后来是两丁抽一，把壮劳力都抽走了，现在已经没法征了。如果再征，恐怕就没有劳动力种庄稼了。"

顾祝同说："老弟呀，我知道很困难，现在是非常时期，谁不困难？没有困难要执行，有困难也要执行，这是委员长的命令，知道吗？"

"是，我们执行。"孙俊杰只好放下电话。

余克勤说："现在顾长官对司座真是恩宠有加，在电话里和司座称兄道弟了。"

孙俊杰笑了笑："我就怕他客气，顾长官越是客气，越不是好事情。我现在是天不怕地不怕，就怕顾长官打电话。"

余克勤问："顾长官要你做什么？"

"难题啊！"

"要粮食、要兵？"

"谁说不是呢？你抓紧组织，下乡搜粮。"

一队队士兵、警察进入一个个村庄，他们到农民家挨门挨户搜粮，发现粮食就抢。

一户农民仅有的一袋大米被士兵搜出来抢走，身穿破衣烂衫的农妇抱着米袋不让抢走，警察粗暴地将她一脚踢开，几个饥饿的孩子吓得躲在一边哭泣。

村头，士兵和警察把从各个农户家抢来的粮食装上板车。农民围上来，有的哀求，有的反抗，有的咒骂，闹成一片。

与此同时，在另一个村庄，士兵和警察挨家挨户抓捕壮丁，男人们吓得不敢回家。

士兵和警察还在道路两旁埋伏，偷袭行人，见到四肢健全，十五岁以上五十岁以下的男人，统统抓起来带走。

在大路旁，警察躲在路边袭击行人，一个农民背着行囊走路，突然，从草丛窜出几个警察，将农民擒获带走。

一队队的男人被荷枪实弹的士兵和警察看押，用绳子串起来，送往军营。狗在叫，父母在呼号，孩子们在哭泣。

孙俊杰在办公室里，余克勤进来说："司座，闹了这么多天，粮食征集不及两千吨，离五千吨，一半也没有。兵员更是不行，连抢带逼，老少不拘，不到三千人，离一万人也差得很远。"

孙俊杰说："听说其他地方都完成任务了，他们怎么那么快?"

"司令，许多地方弄虚作假，其实也没有完成。"

"怎么弄虚作假?"

"比如粮食吧，本来没有那么多，他们就买通了接收大员，把粮食过磅之后，不是送进仓库，而是挑着转一圈再回来过磅。这样反复过磅，粮食数字自然多了，但实际没有那么多。"

"兵员呢?"

"也是一样，征集的兵员进入兵营之后，买通了带兵的，睁一眼闭一眼，让他们中途脱逃。然后再把他们抓来，再算兵额。有的人专门为不愿当兵的壮丁报名，从中索取好处费。听说有一个兵员报了名就逃，逃了再报，一连反复了十多次，还赚了不少钱呢。"

孙俊杰摇头叹道："真是各显神通。问题是上面催得急，我们的任务完不成怎么办，你们有什么招数尽管用，只要把这档子事应付过去。”孙俊杰给余克勤开了口子。

此时，蔡虹和赵强、俞珍、王福根、朱世贵在一起研究抵制征粮抓丁问题。蔡虹说：“孙俊杰抓兵、抢粮，闹得民不聊生，我们现在的任务就是要阻止他们，带领农民与他们斗争。”

商量的结果是俞珍到农村去，把老百姓组织起来，阻止警察抢粮。赵强去报名当兵，在新兵中利用大家的不满情绪，组织暴动。

俞珍首先到临江县，与袁老七取得了联系，然后到江东，找到陈浩雨，要求每个村庄组织抗征抗捐队伍，村民轮流值班，探听国民党征粮队行动情况。见大路上征粮队到来，就迅速把消息传递到各地，村民们立即来到村头，敲起铜锣，堵住了通往村庄的道路。各村听到铜锣声，都出来围堵征粮队。成千上万的农民，其中不乏老人、妇女，与国民党征粮队僵持在路上，常常使得征粮队无功而返。

赵强回到临江县立即当上了壮丁，随着一队队新兵被国民党士兵押着，来到玉水镇。几千壮丁集中在一起，赵强在壮丁中散布前方打败仗的消息，提出“不当炮灰，不为蒋家王朝卖命”的口号。并秘密串联，得到无数壮丁的响应。

这天从玉水镇出发，已有两天了，壮丁们又累又饿，十分疲劳，到第二天更显步履艰难。临近中午，有几个壮丁叫着肚子饿，他们一叫，许多人都跟着嚷起来。赵强见机会来了，趁机说：“老子们上战场卖命，为什么不让我们吃饱饭?”

壮丁们说：“是呀，就是打死了，也不能当个饿死鬼呀!”

带队的是一个国民党军队连长，说：“别嚷，到前面就休息做饭。你们才走了几步路，就要吃饭了。”

壮丁们说：“肚子饿了，走不动呀。”

大家磨磨蹭蹭，有的甚至瘫坐在地上不起来，连长见大家吵得厉害，只好下令：“就地休息做饭。”

饭熟了，大家争着上前抢饭吃，一会儿就把饭吃个精光。

壮丁们吃完饭，原地休息。连长带着他的士兵们开始吃饭，他们把枪架在一边。赵强发现机会来了，一声暗号，大家同时行动，首先去抢士兵的枪支，双方扭打了起来，由于壮丁人多，不一会就把枪支抢到自己手里。有的壮丁向士兵开枪。带兵的连长提着枪过来，赵强一个箭步上前把连长扑倒，缴了他的枪。一枪把他打死，其余士兵也随即被壮丁们解决了，然后大家向四面八方逃去。

事件发生后，在孙俊杰办公室，余克勤报告："我们征的三千多个壮丁，在押送途中发生了暴乱，带兵的连长和士兵全被打死了。"

孙俊杰大吃一惊："我们好不容易征了这点兵，让他们跑了。这算谁的？是算我们征兵没征到，还是算他们接兵没接好呢？"

"接兵方面传来话说，壮丁没有到部队，是征兵方面的问题。"余克勤说。

"放他狗屁。"孙俊杰说，"我们将壮丁交到了他们的手里，他们没带好兵怪谁，还赖到我们头上。"

"司令。"余克勤说，"道理是在我们一方，可是人家比咱们地方军嘴巴大。上级指示，要我们把逃跑的壮丁全抓回来，送过去才算完成任务。"

"真是有理无处说，官大一级压死人。"孙俊杰想了想说，"这样办，你把各乡镇长、保长找来，给他们下任务，挨村挨户查，凡是壮丁逃回来的，一律抓起来。逃到外地的，罚款、拆房子，跑得了和尚逃不了庙。要完成任务，不残酷点不行。"

这时，报务员进来，手里拿了一份电报。

余克勤看了看说："司令，顾长官来电。"

"什么内容，又是要兵、要粮吧？"

"这次不是。电报说，桂系安徽驻军将从江北移驻江南，军委任命龙彪为中江守备司令，廖开田为守备副司令。"

"守备司令、副司令，那我们算什么？"孙俊杰大为不满。

"电报还说由龙彪、廖开田、孙俊杰、郭玉锦组成城防指挥组，龙彪为组长。"

"这么说，中江要在桂系龙彪的领导下了。

"好像是这个意思。"

孙俊杰一甩手，说："我刚才说的事就不办了，等龙彪来，听他的吧。"

这时电话响起，余克勤去接电话，转身对孙俊杰说："顾长官电话。"

孙俊杰心有余悸地接过电话说："我是孙俊杰。"

顾祝同说："俊杰老弟呀，委员长把中江到武汉一段江防，交由李长官和白长官负责，龙彪接管中江，你协助他工作。这是从全国大局考虑的，我特意打一个电话给你，希望你能正确对待。与兄弟部队要搞好团结，共同对敌。有什么困难，可以直接打电话给我。"

"是，我听顾长官的。"孙俊杰放下电话，发牢骚说，"桂系在江北，不去打共军，跑到江南干什么。"

余克勤说："李品仙为了保存实力，把主力部队放到江南，自己暂驻合肥，一有风吹草动，他迅速逃往南京。"

孙俊杰气愤地说："大敌当前，各打各的小算盘，委员长对桂系总是一再忍让。"

几天后，桂系军队渡江南下。江面上，万船竞发。孙俊杰带领官员在江边迎接。龙彪从大船上下来，与孙俊杰握手。

孙俊杰说："龙司令，早就盼你们来啦。"

龙彪说："好啊，今后咱们可是同舟共济呀。"

廖开田故作亲热和孙俊杰拥抱："咱们老朋友又走到一起了。"

孙俊杰带着他们进城，余克勤指引他们进入一所大房子，说："这就是我为龙司令、廖副司令准备的办公和住宿的地方，条件是差了些，不过这可是中江最好的房子，当年日本大队长吉野和中队长松井，还有中央接收大员吴昊良司令，就是在这所房子里办公和住宿的。"

龙彪说："好啊，换了和尚不换庙，铁打的营盘流水的兵。"

一九四八年三月，国民党中央宣布推行"民主宪政"，筹备召开第二届国民代表大会，简称"国大"。此次大会的主要内容之一，是要选举中华民国总统和副总统。首先各地要选出出席会议的"国大代表"。桂系进驻中江之后不久，这项工作便部署下来，代表选举工作全面展开。龙彪到合肥参加了安徽省国大代表选举筹备会议，回来后向廖开田、孙俊杰、郭玉锦等人传达了会议精神。

龙彪说："中央分配我市一名国大代表名额。中央规定，参选国大代表的候选人，必须是忠于党国、功勋卓著的国民党员、军政官员和有影响力号召力的社会名流。凡是符合上述条件的都可以报名参加国大代表的竞选。选举的程序是个人报名或组织推荐，经过资格审查，确定五名候选人，最后从中公开竞选一名正式国大代表。中央要求务必把这件工作办好，具体工作由廖开田同志负责。"廖开田点点头。

龙彪看看大家问："在座的有没有人报名参加国大代表的竞选啊？"

没有人回答。

廖开田说："司令，中江的国大代表名额，非您莫属，谁还有资格跟您竞争哪。报名也好，资格审查也好，不过是个程序而已，龙司令不参加国大，中央也不会答应。"

龙彪说："那可不一定，现在是讲民主、讲宪政时期，总不能戴帽子、定调子。一切工作还是要按民主程序来，这样民众才服气嘛。我龙彪倒是无意来争这个国大代表，但是从政治责任这个角度来说，我龙彪也是义不容辞呀。"

廖开田带头鼓掌。

几天后，龙彪在办公室问廖开田："现在有没有人报名参加国大代表选举呀？"

廖开田说："有啊。我们通过资格审查，同意以下五人报名参加国大代表竞选。除您之外，还有四个人。"

"都是些什么人哪？"

"第一个叫周发仁，法学博士，中江市人，海外留学，学贯中西，思想新潮，其弟现任中央军第五十军军长，有洋务和军队背景；第二个叫赵成龙，江东县人，现任江东县县长，在地方有一定的号召力，其弟为中央教育部部长，有过硬的政治后台；第三个叫余得水，临江县企业家，经营矿产，富甲一方，在民国三十六年长江发生水灾时，捐款数十万大洋救济灾民，民间声誉很好；第四个是孙俊杰。"

"孙俊杰？"这引起了龙彪的警觉。

"是啊。"廖开田说，"其他人我们还能做做工作，让他们放弃竞选，只是孙俊杰，不大好办。”

“孙俊杰能怎么样?”龙彪不经意地说。

“孙俊杰是蒋家嫡系，有顾祝同这个后台。”廖开田说了孙俊杰的优势。

“不管有什么后台，总得要老百姓投票才行。”龙彪显得很有信心。

但廖开田又说：“孙俊杰是当地人，他的姑父吴富梓是中江市工商会会长，很有财力和人脉。”

龙彪强调说：“不管有多大的困难，这次我参加国大代表竞选是一定要成功的，这关系到我们桂系在国民大会代表中的比例，关系到李老板能否当上副总统的大问题。”

廖开田连忙点头：“是啊。不过——”

“又‘不过’什么?”龙彪对廖开田瞻前顾后的态度有些不满。

“竞选要花钱，不知司令有何考虑。”廖开田问。

“花钱?”龙彪显然没有想到。但转念一想，现在干什么不花钱，钱是一切工作开始的前提，他说：“该花的钱是要花的。你先做个预算，我将向李主席请示一下，必要时我亲自找财政厅厅长，请他拨些竞选活动经费。先借，以后还。”

孙俊杰在办公室里和余克勤也在讨论竞选的事。余克勤说：“司座，这次竞选国大代表，听说五个人参加竞选，都是有后台、有经济实力的人。”

孙俊杰说：“其他三个人都不足虑，我只考虑一个龙彪。”

余克勤说：“是啊，龙彪是中江最高长官，一呼百应，司座要和龙彪竞选，确实难度很大。但话又说回来，国大代表不过是个空名，何必要和龙彪争那个东西呢，倒不如做个人情，让他一回。”

孙俊杰说：“不行啊，顾长官打来电话，要我参加国大代表竞选。这是贯彻蒋委员长的政治意图，国大代表有投票选举权，桂系在中央代表多了，局面就难以控制。”

“照这样说，是非争不可了。”余克勤说，“可是竞选要有经济支持，龙彪可以向省财政厅借钱，用政府的钱为他自己拉票，我们怎么办?”

孙俊杰想了想说：“向我姑父借点钱吧，以后想办法还他。”

# 七十三、军火交易

孙俊杰来到吴府，和吴富梓、吴梦远在一起吃饭。孙俊杰向他们宣传参加国大代表竞选的重要性。他说：“竞选国大代表，是顾长官的要求，蒋委员长的意图，这个代表非争不可。如果选不上，我就要在顾长官面前丢面子。”

吴梦远说：“竞选是要花钱的。龙彪可以动用财政资金，你怎么办?”

孙俊杰迟迟疑疑地说：“是啊，我想向姑父借点钱。”

吴富梓对孙俊杰竞选国大代表没有兴趣，也不赞成，他认为这种政治游戏十分滑稽，是政客们的作秀，与老百姓有什么相干？但是孙俊杰既然开口，他也不能不回应，他问：“你要多少?”

“起码一个亿。”

“要这么多?”吴梦远也很吃惊。

“要是算一下，还远不够。”孙俊杰说。

“你都花到哪些地方?”吴富梓问。

“在选举之前，要请各县乡的名人官绅下馆子、送礼，让他们帮助宣传、拉选民。选举那天，要请选民吃饭，给他们发路费……”

“这不是贿选吗?”吴富梓问。

“都这么做，你不做行吗?”

“这样搞的结果，是谁贿赂多，谁的选民就拉得多，票就多。哪能代表真正的民意。”

“哪有什么民意，老百姓管你谁当代表，与他有什么关系？你以为选出的国大代表能为老百姓说话吗。只是因为顾长官的要求，我推卸不掉。”

吴富梓终于开口："我只能给你五千万。这种事情我本来就不想支持。你是在为他人作嫁衣裳，得不偿失。"

孙俊杰叹了一口气说："人在江湖，身不由己。"

吴富梓继续说："你为了竞选，得罪了龙彪，有你的好吗，你以为顾祝同、蒋介石会赏识你?"

"是啊，蒋介石自己还不知道江山能不能坐稳。"吴梦远也说。

"尽人事而听天命罢了。"孙俊杰无奈地摇摇头。

不久，中江市国大代表竞选活动正式拉开。

大街上，一条大红横幅悬挂在一幢房子上，上书"周发仁先生竞选投票站"，只见宣传员手提扩音筒喊："选民们，请投周发仁先生一票吧，周先生是留洋博士，懂政治、懂法律，参加国民大会，上达民情，反映民意，对中江是有好处的。"

选民中有工人、农民、市民、机关工作人员，有男有女有老有少，大多数是在看热闹。有好奇者问宣传员："有吃的吗，我们到现在还没有吃东西呢。"

宣传员说："投了票，到那边去，每人领两张大饼。"

还是大饼吸引人，选民们领了票，在周发仁的名字下面打个钩，投进了票箱，朝那边去了。在一个商店的窗口，选民们在排队领取大饼。有的领到之后，迫不及待地吃起来。

另一条大街上，一条大红横幅上书"赵成龙先生竞选投票站"，宣传员手提扩音筒在叫喊："选民们，请投赵成龙县长一票，赵县长当县长，为民办事，爱民如子，这样的好县长，我们不选他选谁?"

选民们没等宣传员说完，就迫不及待地问："有吃的吗?"

宣传员说："凡是投赵县长票的，赏一碗面条，三块红烧肉。"选民们高兴地投了票，顺着宣传员指的方向去了。在一个小吃店门前的空地上，选民们在一口大锅里打捞着面条，把碗堆得高高的，然后领三块红烧肉，蹲在地上吸溜地吃着。

又一条大街上，一条大红条幅上书"余得水先生竞选投票站"，宣传员手提扩音筒在叫喊："选民们，请投余得水老爷一票，余老爷对地方贡献大，那年发大水，余老爷慈悲为怀，捐款捐物，救民于水火，此恩不能忘哪。”

选民们直奔领票处，领了票，打个钩，就去街边的一个饭店。那边有人喊：“投余老爷的票，赏大米饭一碗，再加一只烤鸡腿。”

选民们蹲在地上吃饭，饭店伙计给每个吃饭的人发一只烤鸡腿。

龙彪的竞选投票站设在守备司令部门口，一条大红条幅上书“龙彪先生竞选投票站”。国民党军队打起锣鼓，穿着军装的宣传员高声叫喊：“选民们，请投龙司令一票。凡投龙司令票的，进饭店吃饭，吃饱了回家。”选民们欢天喜地，向票箱里投了票，进饭店去了。

饭店里，选民坐了一桌又一桌，饭店伙计一面上菜，一面高声吆喝着：“上菜啦，上饭啦。”选民们大吃一顿，把肚皮撑得圆圆的离去。

孙俊杰的竞选投票站自然没在警备司令部门前，同样是一条大红条幅上书“孙俊杰先生竞选投票站”。士兵吹起了洋号，引起了老百姓的好奇。都围了过来。穿着军装的宣传员高声叫喊：“选民们，请投孙司令一票，投孙司令票的，到饭店吃饭，每人还发三百块钱路费。”

选民们欣喜若狂，纷纷投票，涌进饭店。吃过饭，打着饱嗝，走到门边，有专门的士兵守在那里，给吃过饭的选民分发路费。

几天后，选举结果出来了。余克勤高兴地向孙俊杰报喜：“司令，投票的结果，您得了三千一百二十五票，当选为国大代表。”

孙俊杰大喜，又问：“龙彪得票多少？”

“龙彪得了两千九百七十五票，足足少了一百五十张，其他几个人就更少了，两千张也没有。”

“这下可以向顾长官交代了。”孙俊杰松了一口气，又说，“参谋长，好好总结一下这次成功的经验。”

余克勤说：“我看哪，还是那三百块钱的路费起作用。那天许多人听说咱们这里有吃有喝还发路费，都跑到咱们这边来投票了。”

“金钱是胜利的保证。”孙俊杰感叹。

“龙彪没想到我们有发路费这一手，要是想到了，我们也拼不过他，毕竟他的经济实力比我们强。”

"我们这是出其不意。"

龙彪在办公室听说自己没有当选，十分生气，对廖开田说："孙俊杰是怎么搞的，这里面是不是有鬼。我们不是很早就请客送礼打招呼了吗?"

廖开田说："主要是孙俊杰临时搞了送路费这一手，吸引了那些狗屁不懂、见钱眼开的老百姓。"

"孙俊杰哪有那么多的钱?"龙彪问。

"这就是我们大意了。我们本来以为孙俊杰没有钱，不会有什么花样，谁想到他竟然向他姑父要赞助。"

"哼!"龙彪说，"这里面不公平。"

"我想不通，孙俊杰为什么要花那么大的本钱竞选国大代表?"

"还不是顾祝同要他选上，好到国大上为老头子摇旗呐喊。"

"这次李老板一定对我们很失望。"廖开田叹息。

龙彪说："我要到南京告状去，说孙俊杰舞弊。你组织一些人，我们去南京闹他一闹。"

"对。司令抗日有功，他孙俊杰算个什么东西。"廖开田说，"汉奸、卖国贼，这样的人当国大代表，简直是党国的耻辱。司令不当国大代表，天理不公。"

各地选举一结束，矛盾随即反映到南京。南京街头顿时热闹起来，一队队杂乱的队伍打着一幅幅标语，上书"贿选舞弊，选举无效"。过了一批又一批，龙彪、廖开田的队伍也在其中，他们打的标语，除了申讨"贿选"之外，还有"汉奸当代表，谁是支持者"，矛头直指蒋系。

孙俊杰在办公室听余克勤说："龙彪派人到南京告状，政府不接纳，他们就在街上游行，还在新街口静坐，堵塞交通，南京各大报纸纷纷报道。"

孙俊杰说："龙彪太不像话，选不上国大代表就要赖。"

"他敢这样做，就仗着背后有李宗仁的支持。"

孙俊杰"哼"了一声，说："让他们闹吧，委员长一定会采取措施，我们等着好消息。"

正说着，电话铃响。余克勤一看，对孙俊杰说："司令，是顾长官电话。"

"我说的对吧，一定有好消息。"孙俊杰笑着接过电话。

只听顾祝同在电话里说："俊杰老弟呀，国大代表选举的事，桂系闹得很厉害，其他派系跟着起哄。南京街上整天有人游行，搞得鸡犬不宁。委员长考虑，为稳定大局，叫你把国大代表让给龙彪。"

"什么，让给龙彪？"孙俊杰呆了。

"是啊，你作为'退让代表'出席国大会议，只是没有选举权。懂了吗？"

"这——懂了。"孙俊杰放下电话。

余克勤问："顾司令说什么？"

"要我把国大代表让给龙彪？"

"让给龙彪，怎么能这样？"

"是啊，我说委员长对桂系总是一让再让嘛。"

几乎同时，龙彪得到李品仙的电话，告诉他这个好消息。龙彪喜滋滋地对廖开田说："我们闹得好，在南京的其他派系，本来就对老头子一肚子意见，我们闹起来，他们也跟着起哄，闹得老头子不好办，只好让步。蒋介石这个人哪，你跟他来软的不行。"

可是廖开田并没有像龙彪那样高兴，因为龙彪不当代表，与他关系不大，但当了代表，反而给他带来了工作麻烦，因为筹钱的任务将会落到他的身上。他对龙彪说："可是司令，国大代表不是好当的。上面来了通知，要司令您带四十亿的金圆券到南京，为李老板拉票。"

"四十亿，要这么多？"龙彪十分吃惊。

廖开田说："是啊。听说现在到南京的公路上，一辆辆的卡车，都是装钞票的。南京城里现在是官多、军警多、妓女多、钞票多。"

龙彪无可奈何地说："为了李老板能当选副总统，我们不能办也得办。不知道合肥那边怎么样？"

"据说李主席几个月之前就开始筹钱。目前送到南京的，光钞票就装了四大卡车。蒋系那边，正紧急从上海调钱，还有孙系、陈系，都忙得不亦乐乎。"廖开田说。

"这哪里是在选举，是人力财力的大比拼啊！"龙彪叹气说。

孙俊杰正在为失去正式代表生闷气，余克勤对他说："司令，龙彪从银行提出大量的现钞，装了满满两卡车。"

"干什么?"孙俊杰问。

"到南京去参加国大。"

"去贿赂代表?"

"不贿赂代表还能干什么?"

这时孙俊杰的心里才有些安慰，"不当代表也好，省得又要筹钱。"刚说完，报务员送来一份电报。

余克勤接过电报看了一下，对孙俊杰说："司令，这南京要求带二十亿金圆券去。"

孙俊杰发牢骚说："我又不是正式代表，带什么钱?"

余克勤说："如果不带钱去，就怕顾长官不高兴。"

"税收是龙彪他们管，物资也是他们管，我只有几杆枪，几发子弹。我哪有钱带?"

这时报务员又进来说："电报。"

余克勤看了电报说："催得真急呀。司令，要你三天之内把钱准备好，第四天带钱到南京，在第三战区驻京办事处报到。"

孙俊杰说："顾长官以为我是一个贪官，要我带二十亿金圆券，这真是天文数字。其实我是一无所有，我竞选的经费还是借的。不，我不去参加会议了。"

"不去开会怕是更不行呢。"余克勤说。

"如果筹不到款，我有什么脸去南京开会?"孙俊杰叹气。

晚上，吴梦远请蔡虹、赵强、俞珍在吴府吃饭。谈到孙俊杰，吴梦远对蔡虹说："俊杰现在焦头烂额。"

"怎么啦?"

"他当上了'退让国大代表'，顾祝同要他带二十亿金圆券去。"

"他有没有呢?"

"他哪里有那么多的钱哟！他竞选的经费，还是我爸借给他的。"

“要想当代表，就得要花钱。”蔡虹笑着说，“不过，大多数代表花的都是财政的钱，像孙俊杰这样，算是贴钱代表。”

“是啊，纯粹是为他人作嫁衣裳。”

“当贴钱代表不是他一个，”赵强说，“听说有些国大代表变卖了家产。”

蔡虹问：“孙俊杰有家产么?”

吴梦远说：“他有什么家产？要有，也就是一些枪支弹药。”

蔡虹一听，来了精神，说：“枪支弹药好啊，值钱啊。孙俊杰要是肯卖枪支弹药，我们成全他。”

“他胆子不小，敢卖枪支弹药?”吴梦远笑笑。

“为什么不敢?”蔡虹说，“他军火那么多，卖一些有谁知道？再说，卖军火的也不是他一个。跟孙俊杰说一下，我给他准备二十亿的金圆券，他用枪支弹药换。”

吴梦远想了想说：“这倒不失是一个救急的办法，不知道他有没有那么大的胆子。

“俗话说‘胆大才把高官做’。他要是想得到金圆券，不胆大哪行啊。”蔡虹极力促成。

俞珍也说：“吴姐，卖枪支弹药的人多着呢，也不算稀奇事。”

通往南京的路上，龙彪、廖开田坐着一辆小轿车在前面带路，后面两辆装满钞票的大卡车随后，卡车上几个荷枪实弹的士兵押运，向南京方向驶去。

南京城里热闹非凡。南京飞机场竖着大幅标语，上书“热烈欢迎国大代表”。客机徐徐降落，各地代表从飞机上走下，一大群接机工作人员就拥了上去，他们当中有官员、学生、妓女。官员们上前打招呼，握手，拥抱。小学生上前献花，妓女们则上前揽着代表的胳膊，不由得代表同意不同意，就往他们指定的车子上拉。

南京火车站的大幅标语也很显目：“热烈欢迎国大代表”。在出站口，代表们刚走出车站，接站人员便蜂拥而上，握手，献花，挽胳膊。妓女们一人一个，把客人拉走了。

各旅馆门前，都有十分醒目的大红幅标语：“热烈欢迎国大代表下榻我馆”，车水马龙，每一辆车子停下来，就会受到穿着西装和军装的接待人员欢迎。如果代表身边没有女性伴侣，则立刻补上一位身材窈窕、娇声娇气的妓女，将代表拥进旅馆。

孙俊杰在办公室像热锅上的蚂蚁。余克勤说：“司座，南京方面催你尽快到南京参加会议，说各地代表都到得差不多了。”

孙俊杰说：“我不参加会议，我哪有那么多钱?”

“不去不行吧？会场有纪律。”

“不去不行，不带钱也不行。你说我这怎么办?”

“不去，顾长官他——”

孙俊杰垂头丧气，焦恼不安。

这时电话铃响了。余克勤接过电话说：“司令，你表妹叫你到她那里去一下。”

孙俊杰心想，恼死人，这时候有什么事？但转念一想，在办公室也是焦头烂额，不如出去换换空气。

孙俊杰来到吴府，坐在客厅里喝茶。吴梦远问：“到南京开会，你怎么还没去?”

孙俊杰说：“哪有钱去？我正在急着呢。”

“不去行不行？反正你是‘退让代表’。”

“那也不行，”孙俊杰无奈地说，“顾长官一定又要说我无能了。”

吴梦远启发他说：“我听说有的代表变卖了家产参加会议，你现在手里有什么？能不能变卖一些，救个急?”

“我有什么?”孙俊杰很泄气，“除了几杆枪，几颗子弹，我有什么?”

“枪支弹药不是也能卖钱吗?”

“卖军火，谁敢啊。”孙俊杰睁大眼睛，“再说，就是卖，卖给谁？哪里有这么大的买家?”

“大买家是有的。”

“二十个亿哩!”

“卖给新四军不就得了。”吴梦远建议。

“你说卖给蔡虹？这是杀头啊?”孙俊杰立即明白了吴梦远的意思。

吴梦远说："眼下中央军、桂系，为了筹钱，卖军火给新四军的，大有人在。"

"是有些人铤而走险。"孙俊杰也承认，"可我不敢。我就是卖军火，也不能卖给新四军呀。

"那你卖给我好啦。"吴梦远说。

孙俊杰看着吴梦远说："你呀？为了蔡虹，什么都敢做！"

"没良心的。"吴梦远说，"我这是帮你呀！你不是说不去开会不行吗？要是别人，我才不管这种事呢。"

孙俊杰默然。"一分钱难倒英雄汉"，他心动了。

吴梦远迅速把孙俊杰的态度用电话转告蔡虹。吴梦远说："俊杰同意卖武器了。只是不卖给新四军，可以卖给我。"

蔡虹笑道："让他掩耳盗铃去吧。"

"你们尽快把钱准备好。"

"没问题，最迟明天到账。"

"这一下你满意了吧？"

"是啊。"蔡虹说，"我们要谢谢你呀。新四军、共产党都要谢谢你。"

吴梦远笑着说："为了共产党、为了新中国。"

蔡虹指示俞珍："连夜调运金圆券。"又对赵强说："你设法通知陈浩雨、袁老七来取武器。"

第二天，几条大船停在码头上，工人们将武器秘密搬运上船。蔡虹、赵强、俞珍、陈浩雨、袁老七在船上检点。

蔡虹对陈浩雨、袁老七说："有了这批武器，你们江东、临江两个游击队就有了样子了。"

陈浩雨说："部长，这是雪中送炭哪！"

袁老七笑着说："国民党开大会，咱们捞油水。"

那边，孙俊杰押着运钞车向南京开去。

# 七十四、“国大”闹剧

在第三战区驻京办事处门前，孙俊杰受到上官云相的热烈欢迎。孙俊杰向上官云相敬了个军礼。上官云相拉他到一边说：“顾长官在等你，要你到他办公室去一下。”

他们来到顾祝同办公室，顾祝同说：“俊杰呀，本来，你们‘退让代表’是没有选举权的。现在，委员长有意让你们在会上发挥作用，这就是说让你们有选举权。但是，委员长说过的话要改变，得要转一个弯子。我想你们得去闹一下，由委员长出来转这个弯子。”

孙俊杰心领神会，立正说：“请长官放心，我一定办好这件事。”

顾祝同叮嘱：“要掌握火候，不过闹过火了，让委员长不好收场。”

大街上，孙俊杰、余克勤领着他的部下穿着便衣，又从街上聘用了一些市民群众，高举着大红标语，上书“未经选举的代表不合法”“退让代表是合法代表，我们不退让”“我们要有选举权”等等。

但是他们行进不远，遇上另一支游行队伍，他们的标语是：“退让代表是贿选代表!”“退让代表是地痞恶霸!”两队相遇，互不相让，相互指责，互相漫骂。一边说：“你们是假代表，滚回去。”一边说：“你们是贿选代表，是地痞恶霸。”双方拉拉扯扯，争争吵吵，打了起来，街上一片混乱。军警连忙出动干涉，又不敢强硬镇压，围观者越来越多，堵塞了交通，好一个热闹场面。

这样的局面一直闹了几天。

三月二十九日，由国民党一党主持召开的第二届国民代表大会终于在南京开幕了。大会会场上方悬挂着巨幅孙中山画像，两边是国旗、党旗。会议开始前，代表们胸佩“代表证”，陆续进场。但是矛盾并没有解决。双方代表一经见面，像是乌眼鸡似的互相指责起来，会场吵吵嚷嚷，乱成一团。会议主持人连声叫喊：“大家静一静，大会马上就要开始了，大家静一静。”但是代表们越吵越凶，会场静不下来。

突然有一名代表手持一把匕首，跳上桌子，大叫：“不公正，毋宁死!”说着就要自杀。人们急忙抢下他的匕首，把他救了下来。

这时又见会场门口突然响起了哀乐，有几个人抬着一口棺材进来，一人站在棺材上大叫：“今日王某人决心讨个公道，就是血溅会场，睡着棺材回家也在所不惜。”

人们又上前劝阻，会场大乱，主持人再也无法让大家安静下来了。

眼看会议无法按时召开。突然有人大声喊：“不要吵了，委员长有指示!”

吵嚷声戛然而止。只见一个大个子官员径直走到台上，站到讲话桌前，神情严肃地摘下了白色手套，从上衣口袋取出了一张纸条，摊到桌子上，语调庄重地说：“委员长刚才指示：‘吵什么，无非不就是一个代表资格吗？个人的代表资格与国家大事，哪个重要？这样吵吵嚷嚷，像个什么样子。共产党正在向我们进攻，他们现在是要我们的人头。我们内部在抢位子，互相吵架。内部不团结，怎么能消灭共产党，怎么建设新国家。别吵了！是正式代表也好，退让代表也好，都有选举权，大家要精诚团结，把这次会议开好，这才是我们的大事。’”大个子官员收起纸条说：“委员长马上就到，安静。”然后，脸转向主持人示意会议开始。

会场这才真正安静下来。

“国民代表大会”结束后，国共两党几百万大军在淮海战场上厮杀。大战结束，国共局势发生了有利于共产党方面的逆转，国民党军队向南溃逃。

一支国民党军队逃至临江县。他们步伐匆匆，衣冠不整，队伍零乱。有不少人包着头，吊着绷带，拄着拐杖，他们都是从淮海战场上下来的残兵败将。

他们看到一个较大的村庄，一窝蜂地冲过去。村庄里顿时鸡飞狗跳，猪突牛奔。士兵遇到什么就抢什么，鸡、猪、羊、牛，有的士兵冲进农家，抢财物，甚至抢粮食、抢蔬菜。有的士兵看见女人，不分老幼抱着亲吻，往屋子里面拖。嘴里说，慰劳慰劳我们吧，我们在战场上死里逃生，也不知道能活几天啦。只听屋子里面传出哭叫声、咒骂声。有的士兵对反抗激烈的村民开枪射击。有的干脆把民房烧了，歇斯底里地狂叫、发泄。村子里火焰腾空，枪声不断。

带领这支队伍的是国民党某军军长徐邦魁，他身后跟着参谋长周先臣和一群军官。他们骑着马，来到村庄，下马看了看村中的乱象，并没有阻止士兵们的抢劫行为。

徐邦魁看抢得差不多了，就对身边的周先臣说：“参谋长，今晚我们到哪里宿营?”

周先臣说：“前面就是临江县。”

“驻守临江的是什么部队?”

“这一带是桂系地盘。”

徐邦魁看看天说：“就要下雨了，野外没法露营，今晚要住临江城。”

周先臣说：“是啊。弟兄们伤残劳顿，需要到城里休整休整。”

“出发。”徐邦魁下令，一面翻身上马。

军号吹了起来，士兵们抱鸡牵羊，抬猪赶牛，牛背上驭着粮食，向前走去。前面又是一个村庄，士兵们好像早有命令一样，放下抢劫的物品，又是一窝蜂地冲了进去。鸡飞狗叫声，人们的哭叫声和咒骂声，间或还有枪声。大火燃起，浓烟升腾。

又走了一段路程，徐邦魁下令就地野炊。士兵们搭起了临时帐篷，让军长等军官进去休息。炊事人员则杀猪宰羊，淘米做饭。

一阵忙碌之后，士兵们大碗喝酒，大块吃肉。猜拳行令，乱成一团。

徐邦魁和周先臣等军官在帐篷里席地而坐，心事重重地喝着酒。

徐邦魁问：“此地到临江县城还有多远?”

“还有五十多华里。”周先臣回答说。

正说着外面噼里啪啦地下起雨来。士兵们赶紧搭起帐篷，但帐篷太少，不能满足需要。士兵们只得朝仅有的帐篷里躲，帐篷都快挤倒了，也容纳不下，多数人只好蹲在雨中吃着。

徐邦魁对周先臣说："今晚一定要进临江城。如果淋一夜雨，大家都要生病。"

周先臣说："我已派人到临江城去打前站了。"

此时，国民党临江县县长王季玉和驻军团长冯士蕃得到消息，两人正在办公室议论。

王季玉说："一下子来五六万军队，吃什么？我们城里存米不多，也有几千人吃饭。他们要是进了城，岂不是要闹饥荒。"

冯士蕃说："中央军嘛，就应该到中央去嘛。打了败仗，直接去南京复命好了，为什么还要在江北停留？"

"听说这是南京的意思，要他们守在江北，作为向北进攻的桥头堡。"

"大片土地都丢失了，留个桥头堡有何用。我知道这是老头子的意思，对我们桂系不放心。"

"怎么办？团长，您要拿一个主意呀。"

"要我说，就不让他们进城。"

"也只有这么办，就推说我们没接到命令。"冯士蕃说，"要是他们进了城，请神容易送神难哪！"

王季玉又担心说："他们会不会攻城呢。"

"我估计他们不敢。岂不是国民党打国民党了？再说我们把守城门，他们一时也攻不进来。"

黑夜里，大雨滂沱。国民党军队冒雨行进，人人都成了落汤鸡。

军队来到临江县城外，一个军官骑马来报："军长，临江县城门不开，兄弟们进不去。"

"什么，不是早就通知他们了嘛？"徐邦魁说。

"是啊，他们把住口子，不让我们进城。"

"不让我们进城，他们打的什么主意？"徐邦魁愤然道，"老子们在前方卖命，他们住在城里倒舒服，再派人去和他们交涉。"

派出的人去了，部队原地休息。天降大雨，大家也没地方躲，士兵们站在雨水中，瑟缩着头，冷得直哆嗦。

士兵焦急地喊：“开门，开门。”

城楼上的士兵喊：“你们是哪一部分的，我们没接到命令，不好开城门。”

“我们是国民革命军，是从徐蚌战场上过来的，我们需要休整，有不少伤病员。”

“不行哪，形势复杂，没有上面的命令，我们不能擅自做主。”

城下骂开了：“妈的巴子，再不开门，老子就不客气了。”

城上也骂：“你们打了败仗，还抖什么威风？有本事把共军打败呀。”

周先臣对徐邦魁说：“军长，看来桂系是有准备的，不让我们进城。”

“不进城怎么行?”徐邦魁说，“这几万弟兄是国家的财富，如果淋雨生病，不仅不能打仗，连看病也没有药啊。

“那怎么办?”

一些军官嚷道：“打进去，打进去！把桂系一锅端掉。”

徐邦魁想了想说：“发电报给老头子。”

周先臣问：“这深更半夜的，给老头子发电报?”怕不要触霉头。

“那怎么办？这不能怪我们。发!”

“是。”周先臣进了由帆布支撑的电报室。

发报机达达达响个不停。士兵们在雨中瑟瑟发抖。

这时一个士兵坐在雨中打顿，另一个士兵的一只手朝他的口袋里摸去，拿走了一块银圆。那个士兵惊醒，力图抢回来，两人在地上打了起来。这时，有人传话：“临江县城门开了，准备进城。”

众官兵激动高呼：“蒋委员长万岁!”

徐邦魁说：“老头子不发话，我们今晚就得冻死。”

“是啊。”周先臣焦急万分。

见两人在打架，周先臣命令“停下来”。但是两人不听，仍然打个不停。周先臣掏出手枪，给了他俩一人一枪。

突然，一个士兵大哭着跑过来，抱着其中一个士兵道：“弟弟呀，你怎能死呀。”

徐邦魁问：“怎么回事?”

周先臣说：“他们两个人抢东西还打架，说了不听。”

那个士兵说："银圆是我弟弟从村子里搜来的。被他偷过去，我弟弟舍不得。我家有七十岁老母没人养老。我弟弟又死了，这可怎么办哪？"

徐邦魁说："我和你一样，家里也有七十岁老母，十几年都没有见过面了。我教你一个彻底忘记老母亲的方法。"

士兵说："长官，您教教我吧。我家里有老母亲，我们弟兄俩都是被抓壮丁抓来的，一直没有回家，我放心不下啊。"

"你站好，我成全你。"徐邦魁说。

士兵乖乖地站着，不知军长要说什么。

徐邦魁向他举起了手枪。

士兵大惊："长官，长官，您不能这样，我家有七十岁老母。"

"砰"地一枪，士兵应声而倒。

徐邦魁吹了吹枪口的烟硝说："我们每个人都有父母，都有痛苦，只有眼睛永远闭上，痛苦才会彻底消除。"然后他下令"出发"。

丢下了三具尸体，部队继续冒雨前进。

黑暗的城楼下，大雨如注，国民党官兵进了临江城。

就在此时，一队解放军战士在黑夜中行进。这就是北上刚刚几个月的新四军江北支队，他们胜利回来了。现在是人民解放军先遣部队某师，服装改变了，装备也比以前整齐多了。不仅有大量的马匹，而且还拖着大炮。骑马领队的仍是曾世雄、谭天木。他们的后面跟着蒋锋、郑天佐、夏长龙等军政干部。军官们都骑着马，比以前威风多了。

一匹快马飞奔过来，马上坐着侦察员。侦察员下马敬礼："报告师长、政委，我们离临江县城还有五十里。"

"知道了。"曾世雄对蒋锋说，"蒋团长，部队停止前进。"

谭天木看看天上的雨说："前面有一个村庄，大家去躲躲雨。"

曾世雄嘱咐："就站在屋檐下，不要惊动老乡。"

战士们向村庄走去。到了村庄，蒋锋看村里没有人，就轻声喊："老乡，老乡。"见没有回音，就站在屋檐下躲着雨。

这时曾世雄、谭天木也来了，和蒋锋一起站到屋檐下。

一个小窗轻轻打开一条缝。曾世雄见有一位老人，就说："老乡，我们是人民解放军，就是当年的新四军啊。”

老人说：“新四军，你们真是新四军？”

“是啊，我是老曾，我们回来了。”

老人惊喜地打开门，“你是曾政委。快进来，快进来。”

曾世雄、谭天木等人进屋。老汉端来凳子让大家坐下，一面说：“我开始还以为是国民党军队呢。看见你们进村没啥动静，就感到奇怪，想不到是自己人。”

曾世雄问：“国民党军队来过？”

“昨天经过这里。”老人说，“一路抢劫、强奸，跟日本兵一个样，老百姓都逃走了。”

曾世雄说：“应该是战场上败下来的国民党军队，我们正追剿他们呢。”

老人问：“国民党真被你们打败了？”

“那还用说？”曾世雄告诉老人，“华北、华中、东北都解放了。国民党的精锐部队被我军打得差不多了。”

老人叹道：“真了不起啊！我早就说过，共产党得人心，一定得天下。”又问：“这次回来就不走了吧？”

“不走了。我们首先要解放江北，解放临江城。然后，做好渡江作战的准备，打倒蒋介石，解放全中国。”

“好啊。不过，你们的人太少了，临江城里有好几万国民党军队。”

“我们的大部队就在后头，我们是先遣部队。”谭天木说，“国民党军队现在是惊弓之鸟，兵力再多也不抵事了，就是我们这些人，也照样能够拿下临江城。”

“这我相信。”说完转身朝屋里喊，“老伴，新四军回来了，烧水做饭。”

一个老婆婆在里面答应着：“好，我这就去做。”

曾世雄对两名战士说：“你们马上到中江去，尽快找到蔡虹同志，告诉他，我们回来了。让他到江北来，我们商量一下攻打临江城的事。”

黑夜的长江上。蔡虹、赵强、俞珍和两个战士穿着便衣，划着一艘小船，向长江北岸而来。小船进入一条小河，行不多远，在岸边停了船，早有郑云泽等人带了几匹马在岸边等候。

蔡虹上岸，和郑云泽等人握手。郑云泽说：“曾政委和谭师长派我来接你们，上马吧。”蔡虹等人翻身上马，朝部队奔去。

路上，蔡虹问起支队情况。郑云泽说：“师长、政委，还是以前的支队长、政委，蒋锋还是一团团长，郑天佐是政治部主任，夏长龙转入地方工作，任皖中地区行政专员，也随部队回来了。项启龙、任从虎编入兄弟部队，据说项启龙在战场上牺牲了，任从虎情况不清楚。”

蔡虹叹息一阵。

说到后勤部，郑云泽说：“后勤部还是我们几个人，没有分开。”

蔡虹说：“没有分开好，否则大家又难见到面了。”

天色黎明，蔡虹他们回到了部队。见政委、师长站在路边。蔡虹翻身下马，上前行礼，然后与曾世雄、谭天木握手。多久不见，百感交集。郑天佐、夏长龙也与蔡虹见了面。

蔡虹说：“政委，师长，日夜盼望着你们早点回来。”

曾世雄握着蔡虹的手问：“你们在敌占区的情况怎么样？同志们还好吗？”蔡虹叹了一口气说：“大部队走后，国民党反动派反攻倒算，清政、清党，大量逮捕共产党人和进步人士，迫害抗日伤残军人和烈属。一时白色恐怖，血雨腥风，好多同志被杀害了，许多人叛变了，党组织受到了严重摧残。但是我们改变策略，坚持斗争，发展了队伍，现在的情况大为改观了。国民党对我们无可奈何，老百姓对共产党的向心力和凝聚力更强了。”

曾世雄说：“当时的牺牲是免不了的。你们在那种环境中能生存下来，坚持斗争不容易呀。你们干得很出色，历史要为你们记上一功。”

蔡虹说：“听说我军打了胜仗，我们有多么高兴啊！”

曾世雄说：“淮海战役我军消灭了国民党主力，国民党已经日暮途穷，我们的大部队正在向南进军。我们师是先遣部队，任务是迅速消灭江北残余的国民党军队，迎接大部队南下，为渡江作战做好一切准备。”

谭天木说：“当前，我们要尽快拿下临江县城，解放江北。”

蔡虹说：“好啊，把江北的国民党军队消灭，建立解放区，把江北地区建成渡江战役的物资供应基地，战争的大后方。”

曾世雄笑了笑说：“蔡虹同志首先想到的是后勤工作，这是对的。你迅速带领地下党组织和敌后游击队，潜入临江县城，保护城里的粮食、物资，保护工厂、仓库、码头、桥梁，我军近日将攻打临江城，到时候你们从城里配合，我们内外夹攻，一举拿下临江城。最重要的是不让敌人运走粮食，不让敌人破坏生产设施。我们部队这么多人要吃饭，解放的临江城要生产哪。”

蔡虹敬礼：“是，我一定完成任务！”

在临江城里的一间密室里，蔡虹召开游击队骨干会议。赵强、俞珍和袁老七等五十多人参加。

蔡虹说：“同志们，我们的大部队打回来了。“

大家听了非常激动，交头接耳议论着。

袁老七问：“打回来了？在哪里？”

“部队已到了白茅山。”

“还是老部队？”

“老部队。曾政委和谭支队长都回来了，现在不叫新四军，叫中国人民解放军。政委还叫政委，支队长改称师长了。衣服也换了，装备也换了，人也多了，和以前大不一样了。”

袁老七兴奋地说：“太好了，我们的苦日子熬出头了。什么时候打临江城？”

“马上就打。”蔡虹说，“今天我们研究的就是攻打临江城的事。”

袁老七急着问：“给我们什么任务？”

蔡虹说：“我们的任务，就是在临江城里把守住所有的粮库、米店，不让敌人运走或者毁坏一粒粮食，我们要保证大部队进城有饭吃。要保护临江城里的工厂、商店、桥梁、码头等基础设施不受破坏，保证临江城一解放就能生产，支援大军渡江。我们要在部队攻城的时候，把游击队拉出来，内应外合，打败国民党军队。”

袁老七卷起袖子，“如今咱们游击队人也多了，枪支也多了，就等着解放临江城的这一天，部长，你说怎么干，下命令吧。”

蔡虹说：“大家把所有的游击队员动员起来，穿上便衣，带上武器，分成四路，秘密潜入临江城各个地点。具体任务：老七同志带领一支队伍，守卫粮站、米店，日夜巡逻，不允许国民党军队动用一粒粮食。赵强同志带领一支队伍，保卫商店和物资仓库。不允许任何人破坏正常的经营，或者搬运任何物资。俞珍同志带领一支队伍，保护工厂、桥梁、码头，发现有人破坏，坚决予以打击。我带领一支队伍，监视敌军的行动。战斗打响后，直捣敌人的司令部，切断敌人的联系，从敌人背后展开攻击，配合解放军攻城。”

任务布置下去，游击队员们开展行动。他们装作老百姓，带着枪支，在人群中走来走去，眼睛警惕地注视着街上的一切动静，只等大部队攻城的冲锋号。

# 七十五、解放临江

临江县城国民党驻军司令部门外卫兵站岗，戒备森严。在室内，军长徐邦魁、参谋长周先臣和县长王季玉、团长冯士蕃正在喝酒。

王季玉举杯敬徐邦魁说："军长，我敬您一杯，历年征战，劳苦功高。"

徐邦魁说："不敢当，连进城人家都不让，哪里谈得上什么劳苦功高。"

王季玉连忙解释："实在不好意思，我们没有接到上级指示。"

徐邦魁说："没有接到指示也不能把我们放在雨里淋。当前国难当头，各军都要精诚团结，互相帮助，怎能那样无情无义呢？"

王季玉尴尬地说："是呀，这里给军长道歉，赔不是了。"

冯士蕃把话扯开说："军长，徐蚌战事失利，中央有什么新的打算？"

徐邦魁的心里窝着火。要是照他平时的脾气，非把这桂系的军队缴了械，把县长、团长两个人赶出门。但现在是非常时期，且自己的部队来到临江，还指望地方政府供吃供喝，只好打住忍下这口气，便说："谁知道？军人以服从命令为天职，走到哪儿算哪儿。"

王季玉还是说出了他的忧虑："临江城里也只有十来天的存粮。我怕时间一长，就难以为炊了。"

徐邦魁说："要把所有的粮食都控制起来。城里的居民要定量供应，军队要到周围老百姓家里去搞粮食。"

"周围十里八乡的老百姓都逃走了。"王季玉说。

"人走粮食带不走，挖地三尺，也要把粮食挖出来。"

这时一个士兵进来报告："据侦察，共军前头部队已经到达白茅山。"

王季玉和冯士蕃一惊："什么，共军来了？"

周先臣说："那不可能，徐蚌战役刚刚结束，共军死伤惨重，没有一个多月的休整，是不会来的。"

王季玉问："临江能守得住吗?"

徐邦魁说："守不住也要守。徐蚌战场暂时失利，我军主力退守江南。临江是我军江北最后一块阵地，是我军进行战略反攻的桥头堡。上级要求，务必严防死守。我本人发誓，人在城在人亡城陷，不成功便成仁。"

冯士蕃终于有了奉承的机会，连忙说："军长忠诚党国，精神令人敬佩。"

徐邦魁说："凭借我们坚固的城防工事，与共军周旋一两个月，没有问题。战斗一打响，我军驻守在江南的部队就会来支援。我们现在的任务是要把粮食储备好，只要有饭吃，人心就不慌，临江城就能守得住，共军就奈何不得我们。"

众人说："军长说得极是。"

解放军向临江城开来。

谭天木在马上用望远镜望着前方，他放下望远镜对曾世雄说："敌人正在修建防御工事。"

曾世雄说："敌人不会轻易放弃临江城，他们将凭借着五六万兵力、坚固的工事，负隅顽抗。"

郑天佐说："政委，临江城工事坚固，易守难攻，我军兵力有限，不如围而不打，困死他们。不到十天，他们的粮食就会消耗掉，到时候他们不战自乱。"

谭天木说："让他们把城里的粮食吃完了，我们进城吃什么?"

这时侦察员来说："报告师长、政委，这是蔡虹同志的信。"

曾世雄接过信看了看，递给谭天木，说："蔡虹同志说，城中只有十天的存粮，如果不尽快攻城，粮食就会耗光。"

谭天木说："我建议今晚攻城，打他个措手不及。"

"同意!"曾世雄表态，"让大家准备。"

解放军在城边休息，有的擦枪，有的喂马，有的调试大炮，还有的就地做饭，等着进攻的冲锋号响起。

临江城里，王季玉接到龙彪的电话。龙彪说："中江的粮食不多了，临江是鱼米之乡，希望运一些粮食到中江。"王季玉十分为难，与冯士蕃商量，冯士蕃也觉得不好执行，两人来找徐邦魁和周先臣商量。

徐邦魁反对向芜湖运粮，他说："临江城里现有的粮食也只够十来天，哪有粮食运中江？"

王季玉说："龙司令还说，共军就要过来了，不能把粮食让共军夺了去。"

"这是什么话？司令是要我们放弃临江城吗？弟兄们已下了决心，与临江城共存亡，不成功便成仁。没有粮食，守城就是一句空话。"徐邦魁坚决不同意运粮。王季玉和冯士蕃也借口徐邦魁不同意，回了龙彪的话。

周先臣私下里对徐邦魁说："司令，龙彪说不要把粮食让共军夺了去，说明南京方面对守卫临江城没有信心了。老头子让桂系守卫南京到武汉的广大地区。他真的是那么信任桂系吗？是不是先让他们顶一顶，自己好撤退呢？报纸上透露上海那边，用军舰向台湾运黄金，不是空穴来风啊。"

周先臣说："要是这样，我们在江北，就等于是扔给狼吃的一块肉，死了也是白死。"

"想想也是。"徐邦魁说，"你去给王季玉、冯士蕃说，如果龙司令要运粮食，我们也同意，只是我们也要到中江。看他们怎么答复。"

周先臣把徐邦魁的意见告诉了王季玉和冯士蕃。王、冯两人也没有主意。他们想说徐邦魁走可以，但不能带走粮食。但徐邦魁能同意吗？就是徐邦魁同意不带粮食，中央军一走，临江能守得住吗？

于是他们把徐邦魁的意见上报给龙彪。龙彪很快答应派大船来运粮，却不提徐邦魁到中江的事。在龙彪看来，你中央军到哪里，不是我定的事，先拿了粮食再说。

徐邦魁决定借龙彪调粮为由，大军撤到江南。龙彪的大船很快就靠了岸，徐邦魁下令运粮。

茂盛米行是临江县最大的米行，国民党军官带着搬运工来到米行门前，遇上了穿着便衣巡逻的袁老七和游击队员。

米行大门锁着。国民党军官问："怎么大门锁了，老板呢。"

米行老板在窗子里向外喊："长官，我出不去呀。"

“你怎么被锁在里面？”

米行老板指着袁老七他们说：“是他们不让我出去。”

军官问袁老七：“你是谁？”

袁老七答：“我们是临江城里的老百姓。”

“老百姓？”军官说，“你们为什么把老板锁在里面，我们是来提米的，快打开。”

“不行哪。”袁老七说，“共军包围了临江城，我们不能没饭吃，你们不能提米，这些米是我们的命根子呀。”

“屁话，快打开，不然我毙了你。”

“你毙了我，你敢？”袁老七口气也硬。

“什么，你要造反？”

“你敢动一粒米，我就造反。”

军官朝天开枪。袁老七和游击队员也都掏出了枪。

军官明白了：“你们是共产党？”

“对。”袁老七说，“我们是共产党、解放军。”

“什么，解放军进城啦！”他撒腿就跑，其他人也跟着逃走了。

这时，万炮齐鸣，解放军攻城开始了。临江城头烟雾腾腾，双方展开激战。

未料到解放军这么快就攻城，徐邦魁在办公室打电话：“给我顶住，任何人不准撤退。后退一步，我枪毙你们。”他放下电话对周先臣说：“共军攻城了，我们要把他们顶住，确保粮食装船。”

这时士兵来报告：“军长，共军已经进城了。”

“什么？”徐邦魁叫道，“你动摇军心，我枪毙你！”

周先臣说：“赶快运粮食！”

蔡虹带着游击队员向敌军指挥部摸去，遭到敌人抵抗，游击队员开枪射击，双方展开激战。

徐邦魁在指挥部，听到枪声就在自己身边响起。他不解地说：“共军是怎么打进来的？我们可是有六七万人的军队。”

周先臣说："军长，这是共军城内游击队，没有什么可怕的。"

徐邦魁命令："急调军队保卫司令部。"

周先臣急忙外拨电话，发命令。一部分国民党军队向司令部而来，与蔡虹他们进行激烈的巷战。

那边，赵强与国民党军队也在巷战，国民党军队不知道共军游击队究竟有多少人，人心惶惶，一片混乱。

俞珍带人守住城里的几座桥梁，对过桥的敌人开枪射击。使国民党军队调动受阻，信息阻隔。

袁老七带着一队游击队员，抵抗着前来夺粮的国民党军队，战斗打得很激烈。打退了国民党军队的一次次冲锋。

徐邦魁见情况不妙，下令说："如果粮食运不走，就把它烧掉，我们得不到，也不能留给共军。"

袁老七那边顶不住了。国民党军队像疯子一样，上前烧粮，袁老七不顾个人安危，哪里有火情，他就扑向哪里。

敌人朝袁老七开枪。袁老七被枪击中，倒在血泊中。

这时，蔡虹带人冲了过来，敌人的进攻被打退。蔡虹看到袁老七受伤，让游击队员把袁老七抬着护送去医院。

袁老七说："蔡部长，别管我，快去看看粮食，敌人要烧粮。"

蔡虹一边跑，一边说："老七同志，你要挺住，战斗马上就要结束了，我们胜利了，临江解放了。"

冲锋号在响，解放军已经打进了城里。国民党军队无心战斗，兵败如山倒，一齐向江边涌去。

长江边，有几条大船，国民党军队一齐向船上爬去，场面一片混乱。周先臣把徐邦魁护送上了大船，他站在船上喊："船已满载，不能上人了，上人必沉。"但命令无效，他开枪打死了几个正在爬上船的士兵，但也无法阻止其他人向船上爬。

县长王季玉和团长冯士蕃也来到江边，但是他们上不了船，被官兵挤了下去。

这时解放军朝他们包围过来，高叫："解放军宽待俘虏，缴枪不杀。"

眼看船开不走了，国民党官兵无心抵抗，纷纷举手投降。徐邦魁、周先臣、王季玉、冯士蕃也都举起了手。

按照解放军的要求，国民党官兵纷纷下船，依次将长短枪放在岸边，形成了一支俘虏大军。

临江解放了。曾世雄、谭天木、郑天佐、夏长龙带人来到国民党临江县衙门，夏长龙上前摘下了临江县政府的牌子。换上“中国人民解放军军事管制委员会”的牌子。

蔡虹带人赶了过来。曾世雄说：“蔡虹同志，解放临江这么顺利，我们不到两万人，打垮了国民党六七万人的军队。俘虏的敌人比我们军队人数多两倍，是你们游击队在城里进攻，瓦解军心，起了很大的作用。”

这时，曾世雄吃惊地发现蔡虹身上有很多血。

蔡虹说：“是袁老七同志受了重伤，他生命垂危。我把他到医院，他们是用鲜血和生命保住了粮食、物资、工厂、码头和桥梁的。”

“老七是个好同志，一定要想办法把他救过来。”

“我们尽一切努力。”蔡虹说，“袁老七同志在保护粮食的战斗中，立了大功，值得表彰。”

“对，我们要上报军部，给予表彰。”曾世雄说。

在龙彪办公室。廖开田对他说：“临江的战斗已经停止，军长、参谋长、县长、团长都当了俘虏。”

龙彪说：“笨蛋，一个军对付一个师，凭着坚固的工事，守一个临江城都守不住。”

廖开田说：“现在共军的战斗力不比以往，他们是得胜之师，锐气正盛，而我军人心散了。”

“早知道守不住，就该早点把粮食运过江来，也不至于落到共军手里。”这是龙彪感到唯一可惜的。

“我们通知他们运粮食的时间也太迟了。”廖开田说。

“我以为共军一个月以后才会来，谁知他们这么快就来了？而且，徐邦魁只守了一天，就当了俘虏。”提起临江一战，龙彪又来了气。

廖开田想了想说："司令，我军在东北战场、徐蚌战场、京津战场，都失利了，三百万正规军，打一百万的土八路，打一仗败一仗，国军三百万人打成了一百万人，共军一百万人打成了两百万人，您说，这仗是怎么打的?"

龙彪说："还不是老头子指挥得好吗，要是李老板指挥，哪会弄成今天这个局面。"

"老头子把长江防线交给李老板、白长官守卫，这以后的军事局面，会不会有所改观。"廖开田问。

"当然。"龙彪信心十足地说，"长江防务，从武汉到南京一带，都是白长官指挥。共军要想打过长江，不是那么容易。"

"司令对守住长江防线很有信心。"廖开田看着龙彪。

龙彪反问："你没有信心吗?"

廖开田连忙说："龙司令有信心，属下自然就有信心了。"

龙彪说："我军有精良的装备，坚固的江防工事，加上我们誓与长江共存亡的决心，守住长江天堑，没有多大问题。"

但是廖开田可没有龙彪那么乐观。他说："听说老头子用军舰把黄金、白银都运到台湾去了，是不是想着退路?"

"退守台湾可能性不大。"龙彪不相信地说，"我们还有半壁江山，怕什么? 老头子一面放出和平空气，请美国人、苏联人出面调停，一面抓紧时间增兵备战。退一步，就和共产党划江而治。"

"划江而治，共产党会同意吗?"廖开田表示疑问。

"不是没有可能。"龙彪信心满满地说，"中国历史上划江而治的局面多次出现过，共产党那土包子王朝，得了那么一大片土地，也应该满足了。再说，苏联人也同意划江而治，不想打下去。最关键是美国人不愿支持我们继续打下去了。"

"如果共产党硬要打过长江呢?"廖开田问。

"那样，他们就会失去苏联的支持，渡江作战也很难成功。"

"如果苏联支持共产党渡江作战呢?"

"那美国人不会容忍，就可能爆发第三次世界大战。如果那样，倒是大好事，老头子就想打第三次世界大战，把美国人和西方国家都卷进来，那样，国际共产主义运动可能就要在这场战争中最后被消灭。”

“经过司令的精辟分析，属下茅塞顿开。无论是划江而治，还是第三次世界大战，局势是在朝着有利于我方的方向发展。”廖开田连忙奉承说。

“是啊，我认为，尽管国军打了败仗，失去了江北大片土地，但中国的回旋余地大，又有美国的支援，最后的胜利肯定是我们的。”龙彪豪情满怀地说。

廖开田装作十分赞同地点点头。

龙彪想了一想又叹道：“蒋介石打仗无术，治国无方，美国给了我们那么多钱，装备了那么多的军队，都没有起到作用，导致美国不愿再多拿钱。这次蒋夫人到美国求助，美国人态度冷淡，连起码的面子都不给了，真此一时彼一时啊。”

“那国民政府就不想想其他办法了。”

“有什么办法，无非是滥发钞票，弄得物价飞涨，经济要崩溃了。”

“战争是一架烧钱的机器。可是共产党没有多少国外援助，又处在中国最穷的广大农村，他们怎么能养活那么多的军队，怎么有那么多的钱买枪买炮买子弹，怎么有那么多的钱发动战争。”廖开田表示不可理解。

龙彪说：“共产党主要是依靠老百姓养活他们，老百姓自带干粮，自带武器，自带性命参加共军。”

“老百姓怎么就那么听共产党的话，那么拥戴共产党，对国民政府和国军就那么仇恨，我就是想不通。”廖开田思索着。

“共产党让祖祖辈辈没田没地的农民有了土地，让农民跟地主结了深仇大恨。农民怕地主反攻倒算，就要跟着共产党，就像滚雪球一样，一下子把中国几亿农民都卷进去了。这种政策我们学不了，我们虽然也搞减租减息，缓和一下矛盾，但是不能满足农民的愿望。因为得到土地，那是子孙万代的好处。”龙彪显得很内行的样子。

“司令说的一点不错。”廖开田附和，“我们那个家乡就是这个样子，凡是分到田地的农民都跟着共产党走。参加共军的军属，分好田；烈属，分最好的田。不仅青壮年参军，连老头老太和儿童都心甘愿意地为共产党效力。新四军来了，供吃供喝。国军来了，他们把粮食藏起来跑了。”

廖开田继续说：“司令，您还记得云盘山一仗，我们五千多人的正规军，被新四军两千多人的游击队打败了。听说当时参战的老百姓就有一万多人。我们的军队在山上饿饭，新四军在山下吃大饼。与其说共产党搞人海战术，倒不如说共产党搞的是人心战术。”

“是啊，共产党蛊惑和挟持老百姓，确实有一手，我们自愧不如。我们打仗靠政府给钱，靠外国老板支援，不然就打不了仗。”龙彪承认。

“共产党官兵平等，当官的不乱花一分钱，一点钱都用在刀刃上。”

“是啊，国军是大少爷作风，花钱如水，更严重的是贪污腐败，简直就是无底洞。国家的税收，发行的钞票，再加上美国大老板的援助，大都落到私人腰包里了。自从光复以来，多少人发了国难财，养了多少姨太太，有多少人卷着钱跑到国外去了。”

“一点不假，弄得我们现在为国卖命，还要自己筹钱，贴老本。”龙彪与廖开田的看法高度一致。

说到这里，廖开田建议说：“司令，我们既要为党国卖命恪尽职守，还要想一想后路，不能到头来一无所有，流浪街头，就是不考虑自己，也要想想父母兄弟、老婆孩子。”

龙彪叹了一口气：“是啊，你说怎么办？”

“中江市不也有一些财主吗，趁着咱们现在有权有枪，借几个钱花花。”

“你指的是向资本家捞钱。”

“是啊，各地大员都在捞，不捞一点，一旦战争失败，我们战死了也罢，没战死呢，怎么活？老婆孩子靠什么？”

“这么说吴昊良他们还真有远见。你说到哪儿去捞？”

廖开田早已心有所属，他说：“吴富梓不是很有钱吗，几乎中江市的主要工厂都是他办的。”

龙彪冷笑道：“这就是孙俊杰与我们较劲的资本。”

“您是指他竞选国大代表？”廖开田笑笑。

“是啊，这一笔账是到了该算的时候了。”龙彪有些恼怒地说。

# 七十六、渡江准备

这天，在中江市裕民纺纱厂的大门口，几个国民党军警匆匆过来，在大门上贴封条。工人们感到十分奇怪，大家议论开了：

“怎么工厂封了，老爷犯了什么事？”

“谁知道，这不叫咱们失业了吗？”

一个军警高声宣布：“大家听着，裕民纺纱厂涉嫌非法经营。政府下令停产审查。”

工人们上前嚷：“凭什么停产？我们没有工作，没有饭吃怎么办？”

“去去去，我们是奉命行事，你们吃饭不吃饭，不关我们的事。”军警贴完封条，扬长而去。

吴富梓在家里接到厂长的报告十分吃惊，问什么理由。厂长说：“军警说我们违法经营，要停产审查。没有说别的。”

吴富梓明白了：“这是龙彪、廖开田的阴谋。不知道哪一炷香没有烧到，得罪了他们，如今来敲竹杠。”

吴富梓驱车来到中江市政府去找龙彪。卫兵挡住不让进。吴富梓大声说：“我是吴富梓，要见龙司令。”

“龙司令不在里面。”卫兵骗他说。

“怎么不在？他的汽车在这里，他肯定在里面。”吴富梓坚持说。

卫兵见骗不了他，只好说：“龙司令有话，今天不见客。”

“不行，我非要见他不可。”吴富梓来了韧劲。

卫兵还是不让进，吴富梓喊起来：“龙司令，我有话跟你说！”

龙彪在里面不出声。不一会儿廖开田出来说："原来是吴会长呀，有什么事?"

吴富梓质问："为什么封我的企业?"

"别生气，有话好好说。来，到我办公室。"廖开田说着把吴富梓拉进了自己的办公室，假情假意地奉上茶。

吴富梓问："廖司令，我们企业有什么违法经营？你们没有证据就说我违法经营吗?"

廖开田说："吴会长，是这么回事，我们接到有人举报，所以才采取了这么一个措施。"

"举报你们就信？这企业一停，工人还要不要吃饭，社会还要不要安定?"吴富梓追问。

"等事情查清了，不就可以恢复生产了嘛。"廖开田油滑地说。

"为什么冻结我的银行存款?"吴富梓又问。

"这也是为了有利于清查，防止您老转移资金嘛。"

"笑话，我自己的钱，为什么要转移，你们这样做是违法的。"吴富梓指着廖开田。

"别急，到时候自然有说得清楚的时候。"

"工厂停产，这损失谁负责?"

"当然由政府负责，不过如果查出了有违法经营，那就是您老负责了。"廖开田开导说，"其实，也没有什么大不了的。吴会长就是有点事，我们还不包涵吗？到时候象征性地罚一点款，也就过去了。"

"罚款？你们的目的就是罚款?"吴富梓一针见血。

"我说要是有问题的话。您老不是有钱嘛！还在乎这么一点。我听说上次孙司令竞选国大代表，从您那里拉了一卡车钞票，是不是?"廖开田阴阳怪气地说。

"我明白了，你们这是在报复。"吴富梓站起来。

"那倒不是，咱们现在是办公事。"廖开田要官腔。

"你们这是在敲竹杠，我要到南京控告你们。"说着转身离去。

"别生气，您老好走啊。"廖开田假意把吴富梓送出大门。

回到自家门口，吴富梓已经步履蹒跚，由司机扶着。吴盛见情况不对，连忙把他扶住，一面叫："小姐，小姐！"

吴梦远赶紧下楼，连忙问："爸，您怎么啦，哪儿不舒服？"大家把吴富梓放到床上躺下。吴梦远把热毛巾敷到父亲的额头上。大家忙活了一会儿离开了，只有吴梦远留在父亲的身边。

吴富梓叹气："日本人走了，国民党来了，一样的世道，都是土匪！"

吴梦远问："到底怎么回事？"

"龙彪查封了裕民纱厂，冻结了我的银行存款。"吴富梓说。

"他们这是为什么？"吴梦远很惊异。

"龙彪跟吴昊良一样，想在我身上敲诈。我去找龙彪。龙彪避而不见，廖开田代他说话，说我的裕民纱厂非法经营。我问他有什么证据，他说有人举报。具体情况，要等查清楚之后才能定。这就是说，他一天不说查清楚，我的厂就一天不能生产，资金就一天不能周转。他就是想罚我款，逼着我给他们行贿。"

"他们怎么这么卑鄙。"

"还有，我支持俊杰当选国大代表，让龙彪落选，龙彪记恨在心。"

"这真是小人心态。"吴梦远说，"爸，我早就看出来了，国民党已经腐化了。他们不是在执政，是在鱼肉人民。"

吴富梓想了一想问："知道文然在哪里吗？"

"不知道。"吴梦远说，"他一会儿在江北，一会儿在中江。"

"你打听一下，他要是在中江，叫他来一下。"

"爸，为什么不叫俊杰来。"

"叫俊杰来没有用。龙彪既然敢对我动手，就是不把俊杰放在眼里，敲打我，也就是敲打俊杰呀。"

"您是要让文然来对付他们吗？"

"不是，我有话要对文然说。"

蔡虹得到消息，来到吴府看望吴富梓。吴富梓让蔡虹坐在身边说："文然，最近常在什么地方？"

蔡虹说："现多数时间在江北，有时来中江。"

“听说国民党与共产党要谈判，划江而治，是吗?”

“有这种说法，这是国民党提出的方案，美国人、苏联人也赞同。”

“你说划江而治有没有可能?”

“没有可能，共产党不同意划江而治。”

“这么说共产党还是要过江的了。”

“共产党一定会过江，我们现在就是在做大军渡江的准备。”

“看来共产党夺取政权是不可阻挡了!”吴富梓说，“国民党太腐败了。现在国人已把希望寄托在共产党身上了，我也希望共产党渡江。”

蔡虹点点头。

吴富梓问：“如果全国解放了，不打仗了，你打算做什么?”

“搞经济建设，办实业。”蔡虹不假思索地说。

“是啊，搞经济建设，办实业，为国家创造财富，让老百姓过上好日子，才是正道。”吴富梓点点头。

“伯父说得对!”蔡虹赞同。

吴富梓亲切地抓住蔡虹的手说：“文然，我不行了，这一下倒了，恐怕不能站起来了。我想把企业都交给你。”

“不，伯父，您不是有梦远吗?”蔡虹提醒他。

“梦远是个女孩子，交给她我是不踏实的。”

“梦远是个很有主见、很能干的女孩子，她一定能撑起您的这份家业。再说，我们也会帮助她的。”

“我想把企业和女儿一起托付给你?”吴富梓加重语气。

“伯父，您言重了。您的身体会好起来的。”蔡虹说。

“不，我的身体我知道。我死了之后，最不放心的就是梦远。梦远是独女，没有兄弟姐妹，她虽然有一个姨妈，在美国，但那太远了，也照顾不了她，她需要你的帮助。”吴富梓认真地说。

“我一定会帮助她的，况且还有俊杰呢。”

“俊杰这孩子有点漂浮。梦远对俊杰看不惯，对你特别的信任。”

“帮助梦远是我义不容辞的责任，伯父放心，我一定把她当作自己的亲妹妹一样，您知道，我父母双亡，也没有兄弟姐妹。”蔡虹由衷地说。

“你如果不嫌弃梦远的话，就和她结婚，梦远就有了依靠，这事我就放心了，你能答应我吗?”吴富梓恳切地说。

“伯父，您的身体会好起来，等您好起来时，再说这些吧。”蔡虹连忙安慰他说。

“不!”吴富梓固执地说，“我要你现在就答应我，我要在临死之前，看到你和梦远结婚，这就是我现在最大的心愿。”

“伯父，还不知道梦远有什么想法，这个事情以后再说吧。”蔡虹觉得有些仓促。

“梦远是爱你的，这我知道。”吴富梓郑重地说，“你要是答应，我要你们现在就准备结婚，赶在我去世之前，能满足我这个要求吗。”

“伯父，您要注意身体。”蔡虹想把话跳开。

“你答应我吗?”吴富梓认真又充满期待地看着蔡虹的眼睛。

“我答应，伯父，您对我恩重如山。”蔡虹郑重地说。

“你爱梦远吗?”吴富梓亲切地问。

“我很爱她。”蔡虹点头承认。

“哦，那就太好了，我就放心了。”吴富梓笑了，“今天我真开心。”

“伯父，您好好休息一会儿。”蔡虹欲起身。

吴富梓抓住蔡虹的手不放：“不要再叫伯父，要叫爸爸。”

“爸爸，我愿您长寿!”蔡虹亲切地说。

吴富梓满意地点点头，眼里含着泪光。

门外，吴梦远偷听了他们的讲话，也流着眼泪走开了。

长江边，蔡虹和吴梦远在一起行走。

吴梦远说：“我父亲和你说的话我都听到了。”

蔡虹看着吴梦远的眼睛。

吴梦远说：“父亲有他的想法，你不要当真。”

蔡虹惊异地问：“为什么?你是怎么想的?”

吴梦远说：“婚姻是双方的事，不是一方所能要求。我的意思是，你可以不必照我父亲的话去做，只是，在他弥留之际，给他一个安慰就行了。”

“你是不是信不过我?”蔡虹问。

“你在我父亲面前说的话，是你的真心?”

“当然是我的真心，一诺值千金，我会爱你一辈子的。”蔡虹认真地说，“我马上赶回江北，向组织打个报告，要求和你结婚。”

“向组织打个报告?”吴梦远感到诧异。

“是啊，我们党员结婚，必须要向组织报告。”

“组织会同意我们结婚吗?”吴梦远想起孙俊杰曾经说过的话，心头飘过一丝阴影。

“会的，我已经够了条件，申请结婚，没有问题。”蔡虹坚信。

“什么条件?”吴梦远好奇地问。

“二八五团。”蔡虹说，“年龄二十八岁，工作五年以上，团级干部，简称二八五团。”

吴梦远说：“原来共产党还有这么多的规矩。”

“战争年代，总不能大家都去结婚哪，是吧。”

“好吧。”吴梦远说，“那你回江北申请，速去速回。”

“我会抓紧时间的。”蔡虹说。

江边，一条小船离开江岸。吴梦远站在江边，朝小船上挥手。蔡虹和赵强、俞珍也在船上向她挥手。船渐渐远了。

蔡虹回到在临江城的师部。曾世雄正在办公室里看文件，见到蔡虹回来，高兴地站起来和他握手：“蔡虹同志，你回来得正好。”他让蔡虹坐在自己前面，急切地说，“国内形势发展很快，超过了我们的预期。我军在各个战场上，取得了全面胜利。国民党的主力部队基本上被打光了。蒋介石现在是秋后的蚂蚱，蹦不了几天啦。现在，人民解放军大部队正在向长江边行进，军部指示，我们师的主要任务，就是后勤保障工作。这样一来，你们部的工作压力就更大了。我们要开一个后勤保障工作会议，你考虑一下，在会议上把工作布置下去，时间很紧。”

大路上，人民解放军大部队大踏步地向南推进，形成了一股阵容浩大的洪流。许多老百姓站在路边观看，举着小旗欢迎。

师部后勤工作会议在曾世雄主持下召开，曾世雄、谭天木、郑天佐、夏长龙、蔡虹坐在主席台上。坐在第一排的有赵强、俞珍、郑云泽、何力全、李三火、袁老七等人。

曾世雄讲话，他说："同志们，中国人民解放军经过辽沈、平津、淮海三大战役，打败了国民党军队对我解放区的进攻，消灭了国民党两百多万主力部队，我军由战略防御转为战略进攻。现在，我军三百万大军汇集长江北岸，准备打过长江去，解放全中国。这是对国民党统治集团的最后一战，也是建立民主、自由、强盛的新中国的最后一战，我们的斗争是伟大而光荣的，我们的工作是伟大而光荣的。"

大家十分兴奋。

曾世雄继续说："同志们，黎明之前，天色还很黑暗，胜利之前，任务还很艰巨。我军三百万大军来到长江北岸，其中就有五十万大军驻扎在我们这里。很明显，我军将要把中江一带作为渡江作战的突破口。中江一突破，南京就失去了屏障，可以直捣南京。同时可以直插杭州，形成对上海的战略性包围。向南亦可以进攻福建、广东，这是一条战略性通道，自古兵家必争之地。现在我们的重要任务是，这五十万大军的后勤保障工作由我们师负责，后勤保障部的同志们，你们任务非常艰巨，同时也十分光荣。我们全力配合，你们一定要打好后勤保障这一仗。具体任务：一、为了保证部队行军打仗的需要，必须赶制一百万双军鞋，每户要做十双军鞋。二、为了救护伤员和运送物资需要，要抽二十万民工。每户要抽一到两人，自带十天的干粮，自带担架、扁担、箩筐，组成担架队和物资运送队。三、要征集五百万斤粮食。每户要出两百斤粮食，自带一辆独轮车。推着独轮车，装着粮食，跟着部队走。部队打到哪里，独轮车就推到哪里，粮食就运到哪里。四、为了大军渡江的需要，还要赶造一万只木船。先把老百姓现有的船只全部集中起来，再根据村庄的大小，每个村庄要造两到三只木船。五、为了把小船隐藏在内河，又要方便进入长江，要动员民众挖通运河。河水浅了要挖深，小河不通长江的，要挖断江堤。总之，要保证到时候大小船都能进入长江。"

会上夏长龙代表地方政府讲话，他说："江北地区解放后，我们地方政府当前紧迫的任务：一是尽快恢复和建立各级地方政府办事机构，开展工作；二是尽快组织开展土地改革，调动农民积极性；三是组织农民支援解放军，配合部队搞好后勤供应工作；四是全力以赴做好大军渡江的一切准备工作。"

蔡虹也在会上讲了话，并对工作做了具体分工：赵强负责造船工作，俞珍负责赶制行军鞋工作，袁老七负责粮食征集工作，郑云泽负责组织农民运输队，李三火负责组织农民担架队，何力全负责农民挖河……

会后，蔡虹又专门召开了一个会议研究讨论任务的落实，曾世雄亲自坐镇，夏长龙等地方领导参加，足见对后勤工作的重视。在讨论时，大家纷纷低声议论，觉得这任务太重了。

因为觉得任务太大了，简直没有办法完成。于是，俞珍说："一百万双军鞋，要多少布？我们有钱买布吗？老百姓有布吗？"

蔡虹怕曾世雄不好回答，就说："用旧衣，破布也能凑合，只是鞋帮子必须用新布，否则一走就会破。我们想办法买一些布，也动员老百姓捐献一些。"

赵强跟上去说："造一万只木船，怕没有那么多的木材。因为临江县多数地方是圩区，有山区的地方，树木也不多。"

曾世雄说："一是动员老百姓把家里储存的木材都拿出来，如房料、棺材板、门板等都可以使用。二是动员民众砍树，村子里没有树就上山砍，回来用火烤干了使用。如果有毛竹，也可以扎竹排。"

袁老七说："现在是春荒时节，五百万斤的粮食很难筹集，老百姓家里存粮不多。"

曾世雄说："重点是地主、富农要多出粮，再就是农民也要出一部分。"

夏长龙及时表态说："任务是重了点，困难是有的，但这是政治任务，战争需要，必须完成。我们共产党人不怕困难，国民党三百万大军都被我们都打败了，这点困难还怕么？我们政府保证配合后勤部门，就是脱几层皮、搭几条命，也要坚决完成任务。"

夏长龙的讲话正合曾世雄的意，曾世雄十分满意。

# 七十七、圆木棺材

为了做好渡江作战的准备工作，江北地区广大农村都行动起来了。

这天俞珍陪着蔡虹到各村检查做军鞋的情况。他们进入一个村庄，看到一群妇女坐在一起纺纱、做军鞋，一派忙碌景象。有几个婴儿在摇床里躺着，几个孩子在一边玩耍。有一个男孩跌倒在地上哭了，他的母亲放下手中的活计把他拉了起来，又坐到原处继续做她的鞋。

蔡虹看到这种情形非常满意，他对俞珍说："渡江战役很快就要打响，你们做军鞋的工作要抓紧更抓紧啊!"

俞珍说："大家都知道时间紧，都在日夜赶制。"

"有没有问题?"蔡虹说。

"主要是缺少布和麻线。有的妇女把自家的破被单和旧衣服都用上了，但是鞋面的布要新布，否则不结实。"俞珍说。

"一定要用新布，要结实，不然跋山涉水经不起踹。我们仓库里还有没有布了?"

"仓库里的存货早就拿出来了，还是不够。"

"想办法买一部分。"

"没有那么多的钱。"

"我们财政上没有钱了?"

"钱不多了。您想一想，五十万人一天要开支多少，好在之前还积累了一些底子，不然就更困难了。"

蔡虹也没有办法，只好说："还是动员老百姓想想办法，把家里的存布拿出来，实在穷的家庭，就互相调剂，革命离不开群众的支持呀。"

蔡虹告别俞珍，来到另一个村庄，见许多农民在造船。三条大船躺在架子上，有一条已经成形，一条半坯，一条只摆出了一个船底。村民们有的在船上钉钉，有的在锯木料，有的在搬运木材。

见蔡虹过来，正在拉大锯的赵强松了手，迎上来。

蔡虹说："船造得挺快嘛。"

赵强说："农民都动员起来了。各家存放的木料都拿出来了，村子里大树砍了一些，已经派人到山上砍树去了。"

"要做好工作，让老百姓自觉自愿地捐献，不能强迫啊。"蔡虹叮嘱。

"农民说，打倒蒋介石，解放全中国，让老百姓都过上好日子，谁不积极？有一位老人捐出了自己的棺材板说：'共产党给我分了田，让我的子孙受禄，我死了没有棺材睡，也是高兴的。'"

蔡虹满意地点点头。

正在这时，何力全急匆匆地赶过来说："部长，袁老七那边出事了。"

"怎么回事？"蔡虹十分吃惊。

何力全说："袁老七带人挨家挨户征粮，有一个富农说家里没有粮食，袁老七不信，说他抗征抗捐，把他吊起来打了一顿，不想这个富农到后半夜死了。我们派人去了解一下，这家因为是富农，每次捐款捐物都少不了他，已经捐了多次，确实没有粮食了。现在人死了，有人煽动说，共产党来了，征粮征款，逼死人命了，比国民党还厉害。这个家族就闹起来，许多人围住了乡政府，还有许多农民害怕征粮，携儿携女准备逃走他乡，被我们劝回来了。"

"袁老七怎么能这样搞？"蔡虹直啧嘴。

何力全说："老七怕完不成任务，心里急躁，他的出发点是好的，但这事出格了。"

蔡虹说："胡闹，那也不能蛮干，这事怪我没有向老七交代清楚。政委知道不？"

"还没敢向政委报告。"何力全说。

"快，我们去师部。"蔡虹急匆匆地去了。

在师部门口，曾世雄严肃地站在那里，看着蔡虹和何力全朝他走过来。蔡虹说："报告政委，出了一件事。"

“不用你们报告，我早就知道了。”曾世雄脸色严峻地说，“这事闹得这么大，使我们的工作十分被动，老百姓谣言四起，说共产党逼粮，比国民党还厉害。为了挽回影响，我已经把袁老七关起来了，派郑主任去死者家里慰问，对死者妥善安葬，对家属进行经济补偿；老百姓强烈要求惩治袁老七。怎么能把富农当敌人对待？这事你们说怎么办吧？如果上面追究责任，袁老七犯法，你蔡虹受处分也是免不了。”

蔡虹说：“我甘愿受处分，想办法挽回影响。”

此时在南京，顾祝同正在召开军事会议。顾祝同说：“中国历史上，多次出现以长江为界的南北分治局面。目前，美国、苏联都倾向于中国南北分治，蒋总统也同意就这个问题和中共谈判。”

众军官议论：“那太好了，就不要打仗了。”会场一片轻松气氛。

有军官不放心地问：“中共会同意吗?”

顾祝同说：“这完全有可能，中共是听苏联的。如果中共执意要打过长江，那么就得罪了苏联，失去了苏联的支持，同样也得罪了美国，中共就孤立了。中共要想取得渡江战斗的胜利，是很难的。当然不排除中共一意孤行打过来，那就有可能会引发第三次世界大战。蒋总统说，争取谈，立足于打，中共是一伙好战分子，不要对他们心存幻想，要做好一切打的准备，不能有丝毫的松懈。”

大家情绪又紧张了。

顾祝同说：“加强防守，长江防线是重点，中江的地位极其重要。根据蒋总统命令，为了加强中江江防，决定成立中江江防指挥部，指挥部由龙彪为司令，廖开田、孙俊杰为副司令。”

顾祝同又说：“现在你们的任务，就是储备好粮食及战备物资，修好江防工事，做好一切战斗的准备。考虑到你们的军事力量，总部要求，给你们调一个加强团，布置在小洲，作为长江防御的第一道防线。”他指着一个年轻的军官说，“这位就是加强团团长段志平上校。”

“同时还调二十艘军舰，到中江港驻守，作为封锁长江的水上力量。”他指着另一位年轻军官说，“这位就是舰队司令员孙俊海大校。”

孙俊海站起来，坐下。他同时向孙俊杰投了一眼，孙俊杰看到孙俊海，十分惊讶。

龙彪说：“那太好了。”

顾祝同说：“你们要团结一心，精诚报国，把中江变成金城汤池，打不破的防线。”

龙彪、廖开田、孙俊杰、段志平、孙俊海等站起来说：“团结一心，精诚报国。”

顾祝同说：“最后，我还宣布一项任命，授予孙俊杰少将军衔。”

大家议论纷纷。孙俊杰也十分意外，他站起来向顾祝同敬礼说：“感谢党国栽培!”

散会了，军官们走出会场。廖开田对龙彪说：“孙俊杰没有做出什么成绩，而且还有过当汉奸的历史，凭什么晋升少将，比我还高一级?”

龙彪说：“这是老头子的一贯手段。孙俊杰虽然当过汉奸，但还是蒋家嫡系。你看，那些不是蒋家嫡系的，当过汉奸后，不是坐牢就是枪毙，孙俊杰非但没有受处分，还照样升官。咱们功劳再大，也是外人，老头子不放心。提升孙俊杰，为的是让我不好对他发号施命，好互相制约。”

廖开田不服地摇摇头说：“好吧，那中江就靠孙俊杰去坚守吧。”

孙俊杰和孙俊海同车回中江。在车上，孙俊杰问：“俊海，你是怎么到上饶的。”

孙俊海说：“当时我回到军营，把关在屋子里的廖司令放出来，廖司令走了，我想想没处去，就去了上饶，找到顾长官。顾长官夸奖我们忠于党国，就让我们留在了他身边工作。后来国防部要加强海军，顾长官就派我到美国学习，回来后我就成了海军军官，当了舰长。”

孙俊杰说：“你走得对，我是一时糊涂，走了弯路，后悔莫及呀。”

“大哥，那是过去的事了，还提它干什么?”孙俊海安慰他。

“俊海，你在关键时刻倒很有主见，我想听听你对当前局势的看法。”

孙俊海压低声音说：“大哥，国民党恐怕撑不下去了。”

“国共正在谈判。划江而治，有没有可能?”孙俊杰存着幻想。

“我看国共谈判也不会有结果。”孙俊海说。

“美国、苏联都有意建立南北朝。”孙俊杰不死心。

“共产党势头正猛，愿意停下来吗？”

“如果共产党一意孤行，会不会打第三次世界大战？”

“可能性不大。美国、苏联能为中国的事大动干戈吗？”

“这倒也是。”孙俊杰叹了一口气说，“时局的发展，总是出人意料。”

袁老七的问题由于农民闹事，处分升级了。这天曾世雄把蔡虹叫到办公室，对他说：“袁老七的事情影响太大，影响到新解放区的稳定和巩固。老百姓的传统观念，以命偿命。上级决定挥泪斩马谡，处以袁老七死刑。考虑到他一直以来所做的贡献，决定在枪毙后，进行厚葬。”

“真的要枪毙袁老七？”蔡虹呆了。

“是啊，组织上已经通知了他。”

“他怎么样？”蔡虹再问。

“他开始不服气，最后他知错认命了。”

“可惜，一个好同志。”蔡虹极为不忍，“袁老七固然做事出格，但我们的任务压力太大了，也是一个原因。我请求组织对我处分。”

“你负有领导责任，组织上决定给你党内警告和行政警告处分。”曾世雄不客气地说。

临江县召开万人大会，地方政府领导和驻军首长坐在主席台上。袁老七被押在台上，站在一边。解放军和民兵维持秩序。

曾世雄宣布命令，他说：“同志们，今天我们在这里召开万人大会，对袁老七同志实行公判。袁老七同志，男，三十七岁，临江县人，一九四五年参加革命工作，历任战士、班长、排长、连长、营长之职。袁老七同志思想进步，作战勇敢，表现突出，多次冲进敌阵，打死打伤多名鬼子和汉奸，为抗日做出了一定的贡献。在解放战争中，他同样表现突出。新四军北撤，他带领导部分同志坚守在白茅山根据地，从事地下工作，发展了党的组织和武装力量，多次挫败敌人对根据地的清剿。特别是在解放临江城的战斗中，他不怕牺牲，身中枪弹，以自己的鲜血，保护了粮食和物资，受到了军部党委的表彰。”

说到这里，曾世雄话锋一转，沉痛地说："但是，袁老七同志在执行征粮征款工作中，没有很好地执行党的政策，作风粗暴，致使被征对象受到误解和致命的伤害，犯下了严重错误，令人十分痛心。为重申党的征粮征款的政策，经师党委研究，给予袁老七同志执行死刑的决定。考虑到他对革命有功，决定给他实行厚葬。现在，把袁老七同志押赴刑场。"

袁老七被押下台，走到前面的一块空地上。临刑前，袁老七还看了看那副用红漆漆好的棺材。

蔡虹突然冲上前，声音哽咽地说："老七，你的错误我有责任，我对不起你呀!"

袁老七显然有了思想准备，他平静地说："蔡部长，这事不怪你。我不怨天，不怨地，只怪我老七没文化，水平差。人总是有一死，我在战场上没有死，现在才死，算是便宜我了。组织上给我睡这么好的棺材，我这辈子不亏了。"

蔡虹上前握住袁老七的手说："我们会永远记住你，记住你为革命胜利所做出的贡献。"

袁老七说："蔡部长，你是个好人，我很敬仰你，要是有缘，二十年之后我们还能见面。"

"能见面，一定能见面。"蔡虹连忙安慰说。

袁老七说："蔡部长，还记得吗。我们第一次见面，在袁老爷家，你和我喝酒，我喝醉了，多么痛快啊。现在，在我临死前，能再和我喝一次酒吗?"

蔡虹说："老七，我的好兄弟，我要喝酒为你壮行。"他高声叫，"拿酒来。"

这时，郑云泽急忙拿来一瓶酒，交给袁老七。袁老七仰头咕了半瓶，交给了蔡虹，蔡虹一仰脖子把它喝干了。

蔡虹和袁老七两人拥抱，两人都流泪了。

一声枪响，袁老七倒地。众人把他抬到棺材里，盖上棺盖。

八个男人抬起棺材，曾世雄、谭天木一左一右扶着，蔡虹托着袁老七的遗像在前面领路，干部群众和解放军官兵排着长长的队伍，神情庄重，一步一步走向灵山墓地。

蔡虹回到办公室，赵强匆匆过来对他说："蔡部长，吴小姐派人送来口信，吴老爷子病情加重，要你赶快去中江。"

"啊，知道了。"蔡虹说，"老爷子在临死前要看到他的女儿举办婚礼，我准备向组织报告，请示批准我们的婚姻。回来以后，工作任务紧张，我一直不好意思向组织提个人的事。"

"工作问题和个人问题可以两不误，况且你这又是特殊情况，可以向组织上说明，我想，组织上会理解的。"

"我现在就向组织打报告。"他打开抽屉，掏出一张纸，写了一份《关于要求结婚的报告》。写好报告，蔡虹急忙来到曾世雄和谭天木的办公室。递上报告说，"政委，我个人有一件事，请组织批准。"

曾世雄看了一眼，随手放到桌子上说："哦，你想结婚了，和谁?"

"就是吴富梓的女儿吴梦远小姐。"

谭天木插话："喜事啊，祝贺你!"

蔡虹说："是啊，我曾经发过誓，不打败日本鬼子，我不结婚，现在日本鬼子打败了，全国也将解放了，我也可以考虑个人的事情了。"

曾世雄看了看蔡虹，为难地说："先放这儿，我们研究一下。"然后看向郑天佐说，"蔡虹同志的结婚报告先放你那儿，在开党委会议的时候，提出来研究。"

蔡虹说："政委，时间比较紧，我希望能尽快批下来。不瞒首长，吴小姐的父亲生病，处在生命垂危之际，他要求在世时看到他的女儿结婚办喜事，我已经承诺了，希望能满足他的愿望。"

"好吧，我们尽快研究。但是蔡虹同志，我们是共产党员，结婚是大事，组织上要慎重研究。个人要求，不等于组织上就同意，你要有两种思想准备，这不是感情用事的时候。"

"——是。"蔡虹心里咯噔一下。

师部党委开会研究蔡虹的结婚报告。郑天佐在会上说："关于蔡虹同志要求结婚的事，我们政治部的意见是：不予同意。"

谭天木问："为什么?"

郑天佐说："蔡虹同志要求结婚的对象，既不是工人阶级子女，又不是贫下中农子女，更不是革命先烈的后代，而是大资本家吴富梓的独生女儿。蔡虹怎么能跟资产阶级小姐谈情说爱呢，这岂不是混淆了阶级阵线。我很奇怪，蔡虹同志怎么连这觉悟都没有。如果蔡虹同志成为吴富梓的女婿，岂不成了资产阶级的孝子贤孙。我们认为，他们结婚是不妥当的，应不予批准。"

谭天木说："吴小姐虽然出身于资本家的家庭，但她属于倾向革命、同情革命的民主人士。况且，在我们支队十分困难的时候，她支持蔡虹同志在中江从事地下工作，她和她的父亲慷慨解囊，为我们捐赠了大量的资金，为我们要回枪支、购买药品，保护我党地下工作者，支持我们与日伪和国民党的斗争，做出了重要贡献，应该说，她是我们的同路人，她的心是倾向共产党的，她之所以选择蔡虹同志结婚，也是对共产党人有感情的表现。蔡虹同志为什么不能和她结婚？"

郑天佐说："吴梦远是为我们做了不少事，对我们有很大的支援，但是她主要还是出于对蔡虹的私人感情。她的思想、观点、生活习惯，都不是无产阶级的，说严重一点，与我们革命党人是格格不入的。蔡虹同志和她结婚，将来要受到她不良思想的影响。这对他的前途、进步十分不利，为了对他本人负责，为了纯洁我们的革命队伍，我们的意见请领导考虑。"

曾世雄为难地说："是啊，蔡虹同志是个好同志，有能力、有水平，怎么在婚姻问题上这么糊涂。革命者要有革命的伴侣，不能与资产阶级小姐生活在一起，这很不适合，组织上不能同意。"

谭天木说："如果这样看待蔡虹同志的要求，这将对蔡虹同志来说是一个很大的打击。蔡虹同志能接受吗？"

曾世雄还是当年选后勤部长时的那句话："我来找他好好谈谈。"

曾世雄约蔡虹在江边散步。曾世雄说："你要求结婚的报告，党委会作了认真研究。我们认为，你的结婚条件够了，但是你要求和资本家的女儿结婚，这一点你要慎重考虑。她的家庭出身，她的思想，你了解吗？"

蔡虹说："我对她完全了解，她虽然出身资本家家庭，但她同情革命，有正义感、有同情心，热爱共产党，是一个政治上可靠的人。"

"你就那么肯定？她同情革命，仅仅是同情而已，革命者的伴侣，当革命需要的时候，随时可以为之贡献一切，她能做到吗？她如果不能做到，到时候她不会拖你的后腿吗？同时，你有一个资本家的小姐做妻子，你的前途、命运都要受到影响，你考虑过吗？"

"她为革命做了不少的贡献，我们多次在困难的时候，她伸出了援助之手。她政治上绝对没问题，我敢向组织保证。"

"这你不能保证，不能以感情代替理智。那她为什么不参加革命，如果她能参加革命，倒可以考虑你们的结合。"

"她没有参加革命，并不是她不想参加，而是因为她是独生女儿，她父亲创办的家业需要有一个人继承，所以她才听从父亲的意见，没有参加革命。我认为，她迟早是要参加的。这一点我有这个把握。"

"蔡虹同志，考虑问题不能凭感情用事，要冷静。"曾世雄不无批评地说。

"我已经很冷静了。吴梦远早在几年前就有意和我在一起，但是我由于考虑事业，回避了这个问题，经过这么多年的交往，特别是她对我们新四军事业的支持，我认为她是可靠的，是值得信赖的。"蔡虹强调。

"不是你想的那么单纯，我们听说她在中江既和国民党打交道，也和日本人打交道，在这个复杂的时代，她们左右逢源。"

"她和日本人打交道，与国民党打交道，并不等于她与他们同流合污。那是她协助父亲，保全家业发展和民族经济的需要。政委，我认为我了解她，我会为我自己的前途负责，也为她负责。"蔡虹竭力争取。

"你不要感情冲动，过于自信，还是冷静地想一想。组织上要对你个人负责。"曾世雄严正告诫。

"这么说，组织上没有批准？"

"蔡虹同志，这完全是为你好。"

"我请组织上再考虑，我必须和她结婚。"蔡虹坚定地说。

这时，曾世雄很严肃地说："蔡虹同志，你作为一名老共产党员，作为一名党的中高级干部，说这样的话，把党性原则放哪里去了？"

# 七十八、虎穴婚礼

回到宿舍，蔡虹一个人在喝闷酒。

赵强、俞珍第一次看到蔡虹情绪如此低落。知道与吴小姐的结婚申请组织上没有批准，都表示同情和不可理解。

赵强说："我看很多领导干部不都找了资本家小姐吗，为什么你就不可以？'出身不由己，道路可选择''人是可以改造的'，这句话不是我们常说的吗？"

俞珍问："老板，您打算怎么办？"

"不管怎么样，我不能辜负他们父女的希望。"蔡虹说，"我马上动身去中江，我要赶在老爷子去世前举行婚礼。"

"要是吴老爷和吴小组问您有没有得到组织上的批准，您怎么回答？"俞珍问。

"我就说组织上批准了。"蔡虹说。

"可是将来组织上知道了，那会影响您的前途。"

"人要讲良心。老爷子父女，为了我们抗日，为了我们新四军的生存和发展，做了多大的贡献？现在革命胜利了，我们能忘记他们吗？再说，他们父女对我一片真心，我怎么能辜负？至于前途命运，顾不了那么多了。"蔡虹主意已定，义无反顾。

"我陪您去。"赵强自告奋勇地说。

"我也去。"俞珍也主动要求。

吴富梓躺在床上，病情一再加重。吴梦远坐在她的身边抹着眼泪。

吴富梓焦急地问："文然回来了吗？"

"文然很快就要到了。"吴梦远安慰他。

"他回来就让他到我这里来。"吴富梓说。

正说着，家人吴盛喊："蔡先生回来了。"

蔡虹带着赵强、俞珍匆匆赶到楼上，来到吴富梓的床前。

吴梦远看到赵强、俞珍也来了，十分感激。俞珍走到吴梦远身边，亲切地拉住她的手。

蔡虹上前问候："爸，您怎么样？"

吴富梓精神立刻好了起来，他向蔡虹伸出了手，蔡虹紧紧握住。

吴富梓说："文然，我不行了。"

"爸，您会好的。您不是要看我们结婚吗？我和梦远一结婚，这就叫冲喜。一冲喜，您的病就好了。"蔡虹说。

"好啊，这么说，你和梦远结婚的事，你们的组织上批准了？"

"批准了。"蔡虹故作轻松地说。

"好，这真是大喜事啊！"吴富梓高兴地说，"梦远，你听着，共产党批准了你们的婚姻。好，抓紧办，我要看看咱们梦远穿婚纱漂亮不漂亮。"

"爸，您的愿望一定会实现，梦远穿婚纱一定很漂亮。您好好休息。"蔡虹说罢和吴梦远退了出去。

在吴梦远的房间里。吴梦远问："组织上真的同意你和我结婚？"

"怎么，你不相信？"蔡虹反问。

"我昨天晚上做了一个梦，梦见你们组织同意了我们的结婚报告，我是多么高兴啊！"

"是啊，你梦中都做到了，咱们梦想成真了。"

"人们说，做梦都是相反的。我真不敢相信这是真的。"

"那是迷信，不可相信。"蔡虹说，"放心吧，共产党倡导自由，尊重个人的意愿，况且这是我们自己的事，关键是：我爱你。"

"我终于听你说出了这三个字。"吴梦远甜蜜地笑了。

"这三个字一直埋在我心里多年。"蔡虹很认真地说。

"你刚才进门就叫爸爸，爸爸真高兴。"

“我早就这样叫了。”

“是吗？你什么时候叫的?”吴梦远故意问。

“你忘了，你父亲找我谈话的时候，他让我叫他爸爸，我就叫了。”

“那我怎么知道?”

“你不知道？不是在门外听着吗?”

吴梦远用拳头幸福地打着蔡虹。

蔡虹和吴梦远结婚的宴席在望江楼大酒店里摆开了，大厅里布置得富丽堂皇，朱世贵忙前忙后。宾客们纷纷入席。孙俊杰、孙俊海等人也来了。人们纷纷互相打听，吴富梓老爷子的女婿是谁?

佳时一到，音乐响起，吴富梓被人用小四轮车推了进来，他虽然身患重病，但精神很好。宾客们纷纷起身上前问好。吴富梓频频点头，和一些老先生互相拉着手。大家把吴富梓推向中心位置，车子停下来，这时灯光闪烁，音乐又起，一对新人在伴郎赵强、伴娘俞珍的簇拥下，进入宴会厅，大家纷纷鼓掌。参加宴会的人终于见到了这对珠联璧合的新人。

孙俊杰看在眼里，别有一番滋味在心头。

这时人群中有人议论：“这个新郎不是青帮大佬蔡理虹吗?”

“是呀，他是上海隆顺贸易公司中江分公司董事长。”

“他不是共产党、新四军吗?”

“吴家小姐怎么嫁给了共产党、新四军呢?”

孙俊杰、孙俊海等人不动声色地听着人们议论。

蔡虹发现孙俊海站在孙俊杰身边，眼睛一亮，孙俊海点头会意。

国民党特务发现了蔡虹他们，匆忙离开了会场。

特务小头目来见郭玉锦：“站长，吴富梓的女儿结婚了，女婿是共产党的头头，就是那个接受日本人投降的新四军江南游击队司令员蔡虹。”

“我知道。”郭玉锦说，“蔡虹还是江北新四军的后勤部长，中共中江地下党组织的负责人。他终于露面了。”

“我们把他抓起来。”特务建议。

“别急。”郭玉锦摆摆手说，“你们给我盯着他，看看有哪些人和他来往，今后好一网打尽。”

那边，廖开田来见龙彪。还没来得及说话，龙彪兴奋地让廖开田坐下，说：“廖司令，你来得正好，我正要告诉你一件喜事。”

“什么喜事?”

“蒋介石下野了，由李老板当代总统。”

“好事啊。”廖开田也很高兴。

“我看他蒋介石也不好意思当下去了，军事上一败涂地，经济上一塌糊涂，只好让咱们桂系来收拾残局了。”

“蒋介石怎么舍得放下权杖?”廖开田问。

“国民党提出与中共和平谈判，划江而治。美国一心促成此事，苏联也很赞成。但共产党提出和谈条件，说要逮捕发动国内战争罪犯，头一个点名的就是蒋介石。蒋介石不下台，国共就不能和谈，所以国内外都逼蒋介石，蒋介石只好下野。”

“共产党这一手厉害。”

“李老板现在是人心所向，由李老板出面，可以把中共拉回到谈判桌子上来，国内和平或许有希望。”

“这一下我们桂系可以大显身手，扬眉吐气了。”

“是啊。几十年蒋系桂系之争，现在总算桂系胜利了。”龙彪很得意。

“这么大的喜事应该喝酒庆祝一下。”

“好，庆祝一下。”龙彪说，“参谋长，通知厨房，加几个菜，备几瓶酒，今晚我要请客。”

廖开田龙彪：“司令请客，要不要请孙俊杰、郭玉锦?”

“请他们干什么?”龙彪不屑地说，“他们是蒋系的人，是在中江制约、监督我们的。我龙彪不想拉他们的关系，他们来了我们也不能畅快说话。”

席间，廖开田说：“司令，我今天来告诉您一件重要的事。”

“什么事?”

“吴富梓的女儿结婚了。”

“那与我们有什么相干?”龙彪笑了。

“他的女婿是个共产党。”廖开田提醒。

“什么，吴富梓把女儿嫁给了共产党?”龙彪惊异地问。

“不仅是共产党，而且是共产党的重要头目。”

“谁?”

“就是长期在中江搞地下活动的新四军后勤部长，还和我们打过仗的蔡虹。”廖开田说，“今天在婚礼上，有人见到他。”

“那还不把他抓起来?”龙彪催促说。

“我已经派人盯住他了，他跑不了。”

龙彪说：“蔡虹这个人，神通广大。我们的‘共产党地下人员档案’里，头一个就是他的名字，只是一直没有抓到他，原来吴富梓是他的保护伞。我早就听说吴富梓与共产党有勾结，这下真相大白，他竟然把女儿嫁给了共产党。我们把他的女婿抓起来，看他怎么说。”

“抓到了蔡虹，中江的地下共产党就会一网打尽。”

“说不定郭玉锦他们已经盯住他了。”龙彪说。

“我想我们要赶在郭玉锦动手之前抓到蔡虹。那样郭玉锦就被动了。”

“对。只要抓到了蔡虹，就是为党国立一大功，也让郭玉锦丢一次脸。这家伙只知道监视我们，却不监视共产党，太不像话。不过——”龙彪想了一想说，“要观察郭玉锦的人在干什么?现在国共两党谈判，我们桂系正在摆脱蒋系，向共产党示好，不能因为我们抓了共产党的头目，影响大局，所以要隐忍几天，以观时局，先盯住他，但不能让郭玉锦抢了先机。”

“明白，我们的人既要盯住蔡虹，又要盯住郭玉锦。”廖开田说。

蔡虹、吴梦远的婚礼正在进行。

这时，蔡虹、吴梦远向吴富梓走去，他们向吴富梓深深地鞠了一躬。然后，他们一左一右站在吴富梓两边，吴富梓一手牵着一个，向众宾客致谢道：“各位来宾，我今天当着大家的面，把我心爱的独生女儿，嫁给蔡文然先生。我希望他们，志同道合，互相帮助，恩恩爱爱，相伴到老，永不分离，幸福美满。我感谢各位的光临，请大家为他们的幸福干杯吧。”

众人齐声：“祝新人幸福美满，祝吴老先生健康长寿，干杯!”

宴会结束，吴富梓、蔡虹、吴梦远、赵强、俞珍等分别乘车回到吴府。

这时，郭玉锦的特务已经等在吴府门前，同时廖开田的部下也来到吴府门前。中江地下党组织的便衣卫队同样在门前，大家都在等着蔡虹。

两辆轿车开来了，第一辆，吴盛扶着吴富梓下车。

第二辆开来了，蔡虹、吴梦远下车。

军统特务对头目说："抓蔡虹吧？"

"等一等，没有接到行动命令。"头目说。

廖开田的士兵对带队的军官说："抓蔡虹吧？"

"等一等，没有接到行动命令。"军官说。

中江地下党组织的便衣队簇拥着吴富梓、蔡虹、吴梦远、赵强、俞珍进了吴府，关上了大门。

蔡虹和吴梦远回到新房里。墙上挂着一幅结婚照，桌上左角小镜框里一张蔡虹照片，右角小镜框里一张吴梦远照片。

蔡虹和吴梦远站在房间中央，相互拥抱在一起。

蔡虹和吴梦远结婚几天后，吴富梓去世了。他的追悼会在一所大礼堂里举行。

吴梦远、蔡虹、孙俊杰胸前戴着白花，胳膊上套着黑色的袖章站在吴富梓的灵柩边。龙彪、廖开田、郭玉锦、孙俊海等也来参加追悼会。

追悼会开始，主持人带领大家向吴富梓的遗像三鞠躬。

礼毕，主持人宣读悼词说："今天，我们大家来送别吴富梓老先生，吴老先生一生致力于民族企业的发展和民族经济的振兴，在极其困难的历史条件下，吴先生以非凡的毅力，远见卓识，为发展民族经济，做出了卓越的贡献。吴先生为人宽厚，处事正直公正，富有仁爱之心，他资助穷人，赞攘革命，功在社会，利在党国，为人敬仰，令人怀念。我们永远不会忘记他，大家要关心中江企业的发展，实现吴先生未尽之意愿。"

前来吊唁的人群依次从吴富梓灵柩前走过，向吴富梓的遗容告别，并向吴梦远、蔡虹、孙俊杰问候。龙彪、廖开田同蔡虹握手时，都意味深长看了看蔡虹。孙俊海与蔡虹握手时，向蔡虹向他的手心里塞了一个小纸条。

龙彪回到办公室，接到一份电报，他看了看对廖开田说："李老板来电，加强战备，对共产党不要存在任何幻想。"

"这么说国共谈判失败了？"

"还没有确切消息，但估计不会成功。李老板说，共产党会谈的先决条件，是惩办蒋介石；我方谈判的前提条件，是不追究蒋介石个人的责任。

都不让步，和谈不会成功。”

“共产党提出惩办蒋介石，是明知不可为而为之，说明共产党强人所难，毫无和谈的诚意。”

“谁说不是呢，明显是城下之盟嘛。所以李老板说，派张治中去谈，也是过过场而已。我们要利用谈判的时间，做好准备。对共产党人，该抓的要抓，该关的要关，不能让他们捣乱。”

“那蔡虹怎么处理？”

“先抓起来再说，抢在郭玉锦前头。蔡虹现在在哪里？”龙彪问。

“他送吴富梓的灵柩到墓地去了，我们的人跟着在。”

“就在墓地抓捕蔡虹，不要让郭玉锦抢了先机。”

“是！”廖开田转身出去了。

郭玉锦也决定在墓地抓捕蔡虹，为了万无一失，他亲自带领特务，坐着小车，向墓地出发。

在通往墓地的路上，军统特务和桂系互不相让，汽车在路上发生了堵塞，双方僵持着。

特务小头目说：“主任，我们每次抓蔡虹，都有桂系的人在阻挠，不知什么意思。”

郭玉锦说：“他们想讨好共产党。现在知道了共产党不会和谈，所以现在也来抓蔡虹，又想和我们军统争功了。你们听着：等吴老爷子一入土，就把蔡虹逮捕。可不能让桂系抢了先。”

车子动不了了，郭玉锦下车问桂系军官：“你们是来干什么的？我们有特殊任务，让我们先走。”

桂系军官说：“长官，我们也有特殊任务。”

“你们有什么特殊任务？”郭玉锦质问。

“我们奉命来抓蔡虹。”士兵不卑不亢地回答。

“你们也抓蔡虹？这不是你们的事，是我们的事。”

“我们执行上级命令。”

“胡闹！”郭玉锦对这些士兵无可奈何，气得无话可说。

蔡虹他们的车队来到墓地，早已有一队海军士兵在树林里等候。

赵强问："老板，怎么有海军士兵？"

"一定是来抓人的。"俞珍说，"老板，你赶快走，我带着同志们掩护。"

蔡虹轻声说："他们是来保护我的，等葬礼结束后，跟着他们走。

"跟着他们走？"

"对，海军是我们的人。"

赵强、俞珍惊喜："明白了。"

吴梦远看了看周围对蔡虹说："你们设法先走，军统特务封锁了大路，还有桂系。他们要逮捕你们，你们不能回城。"

"我知道。"蔡虹说。

松树林里，吴富梓的棺材被放到墓坑里，大家给它盖上土，立上一座墓碑。蔡虹和吴梦远等向墓碑拜了三拜。

这时，海军士兵向墓地走来，他们把蔡虹围在当中。其中一个士兵从包里拿出几套海军军官服装。蔡虹、赵强、俞珍在众人遮掩下，将军装穿上了身。蔡虹与吴梦远告别，互嘱保重，然后他们随着海军士兵离开了树林，向江边走去。

吴梦远带着家人上了轿车，朝着来路，往回开去。

那边，国民党中统和桂系为争夺头功，互不相让，看到吴梦远的汽车过来，连忙上前查看。吴梦远坐在车里岿然不动。

特务们和士兵们问吴梦远："蔡先生呢？"

吴梦远淡淡地说："蔡先生没有来。"

特务和士兵们感到莫名其妙："明明看到蔡虹去了墓地，怎么没来？"

"快，别让他跑了。"国民党官兵朝墓地跑去。赶到墓地，只见一些闲人之外，哪里有蔡虹的影子。

长江岸边，蔡虹、赵强、俞珍等人随着海军士兵登上了军舰。孙俊海在军舰上迎接大家。军舰起航，停泊在江心。

舰仓里，蔡虹、赵强、俞珍和孙俊海在一起说话。

孙俊海向蔡虹汇报，准备组织海军起义的事。

蔡虹要他做好准备，等待时机，并交代说："现在国民党军统特务无孔不入，要多加小心，到时候我通知你，统一行动。"孙俊海领命。

蔡虹还交代孙俊海一个重要任务，就是动员孙俊杰弃暗投明。孙俊海对蔡虹的宽宏大量、不记前仇表示感谢，并表态要尽最大的努力去做孙俊杰的工作。

夜里，孙俊海在军舰上放下一只小船，在夜幕的遮掩下，悄悄地把蔡虹他们三人送到了长江北岸。

# 七十九、血腥前夜

国民党败局已定，解放军渡江在即，国民党军统下令对共产党人开展大屠杀。街上，警报齐鸣，军队和警察在街上奔跑捕人，一片肃杀之气。许多共产党人和青年学生被捕。被捆着押着暴打着，一串串地推进了监狱。监狱行刑室里，不时传出凄惨的叫声。郭玉锦经常视察监狱，亲自指挥对共产党人刑讯。

监狱长向郭玉锦报告："监狱里人满为患。"

郭玉锦说："对于拒不交代或者已经交代，但已经没有新的线索的，就把他们毙掉。"

"现在老百姓都知道，听到枪声，就是我们在杀人。"

"那就活埋。"郭玉锦恶狠狠地说。

"我们人手不够。"

"我来跟龙司令说，叫他们抽调两百个士兵，白天挖坑，夜里埋人。"

过了几天，监狱长又向郭玉锦汇报说："弟兄们天天晚上加班，眼睛都熬红了。"

"可以发一点补助。"郭玉锦说，"但埋人的时候，士兵要分期分批参加，不要让他们知道一共埋了多少人。"他还不放心，亲自来到树林里的屠杀现场，指挥着大屠杀。

这天晚上，月光明亮，士兵们奉命活埋一批学生。学生有男有女，特别是十几个女学生，在月光的照耀下，面如银花，体如雕玉，她们被捆绑着，推进了早已挖好的沟壕里。

监狱长指挥向坑里面填土。突然，一个士兵冲上前去，把一个十分漂亮的女学生从土坑里拉了上来。

“你想干什么?”监狱长质问。

“长官，我要她做老婆。”

“混蛋，推下去。”郭玉锦叫道。

又有几个士兵下去把几个女学生从坑里往上拉。他们说：“长官，这么漂亮的妹子埋了太可惜，给我们做老婆吧。”

郭玉锦喝道：“你们同情共产党吗?”

士兵们都哭了，他们向郭玉锦跪下了：“她们不能埋，不能埋，太年轻、太漂亮了，留给我们做老婆吧。”

郭玉锦阴毒地说：“好，你们既然要她们做老婆，那我就成全你们。”他向周围的特务使了个眼色。

几个特务冲上前，把这几个士兵捆了起来，投入到坑里。士兵们大叫救命，不一会儿就和女学生一起被活埋了。

回去的车上，郭玉锦对监狱长说：“完成任务之后，作为奖赏，我给你办一张去台湾的飞机票。”

“谢谢长官。”监狱长说，“为了党国利益，万死不辞。”

长江上，一艘轮船向中江驶过来。中江码头上，龙彪、孙俊杰、廖开田、郭玉锦、孙俊海、段志平站在那里。他们身后是中江市的文武官员，他们在迎接顾祝同的到来。

廖开田对龙彪说：“顾长官亲自到中江视察，一定有重要情况通报。”

“是啊，但愿是好消息，不是坏消息。”

“如果是好消息，他就不会亲自来了。”廖开田说。

这时轮船靠岸，顾祝同站在船头，向大家招手，显得比平时客气多了。

龙彪对廖开田说：“你说得对，一定是坏消息。顾祝同态度那么亲切，是要我们为党国卖命呢。”

说话间船已靠岸。顾祝同下船，龙彪等人依次迎了上去。

龙彪说：“欢迎顾长官来中江视察。”

顾祝同说：“哪里是什么视察。我是来看看大家，问一声辛苦啊。”

“谢谢长官的关心。”廖开田上前说。

顾祝同指着身后的张云潮说："我来介绍一下，这位是三青团中央办公厅主任，张云潮少将。"

众官员齐声："欢迎张将军。"大家相互握手。

在小会议室，大家正襟危坐。顾祝同神情凝重地说："各位，告诉大家一个不好的消息，张治中被中共扣留在北平，国共和谈破裂了。"他停了停继续说："这也是蒋总统意料之中的事。和谈破裂，责任不在我方。蒋总统要求我们加强战备，固守长江防线，坚决歼灭敢于来犯之敌，确保长江南岸的安全与巩固。"

他看了看大家继续说："我来的时候，蒋总统对中江的防守作出了重要的指示。总统说，共匪渡江，很可能从中江开始，从现在起，中江要进入一级战备状态。为了加强中江防务的领导，总统指示成立中江长江防务领导小组，小组由张云潮、龙彪、孙俊杰、廖开田、郭玉锦五人组成，以张云潮为组长。希望大家精诚团结，共赴国难，为国尽忠。"

五人站起齐声道："是。"

顾祝同进一步说："现在中江的江防要继续按照高标准、高质量要求进行建设，要作长期固守的打算。第三次世界大战一触即发，很快就会到来，大家要对胜利充满信心。总统说，过去北伐战争，我们是什么形势，什么力量，革命不是也胜利了吗。我们现在虽然小受挫折，但是仍然比北伐时期力量大得多，条件好得多，国际形势有利得多，我们完全有能力打赢这场战争，我们是正义之师。大家不要被中共的气势汹汹所吓倒，不要被中共暂时的胜利所吓倒，不要妄自菲薄，不要思想动摇，要敢于同中共作最后的较量，人在阵地在，成仁取义，视死如归。大家有没有决心？"

五人又站起："有！人在阵地在，誓与中江共存亡，不成功，便成仁。"

顾祝同最后说："好，中江就交给你们了。另外，总统还有一个要求，为了防止共党渗透，要对共党分子和追随共党的积极分子，进行一次清查、清剿。宁可错杀一千，不可放过一个。凡是与共党有牵连的人，不论是谁，一律格杀勿论，任何人不得从中说情。"他看了看郭玉锦。

郭玉锦站起来说："我们已经接到了上级通知，对共匪分批解决。"

顾祝同赞扬说："好。蒋总统说，我们这些年来最大的教训，就是对共党太仁慈了。”

顾祝同走后，龙彪发起了牢骚：“这个顾祝同搞什么名堂，他是代表谁来的？蒋介石下野，李代总统主政，他开口一个蒋总统指示，闭口一个蒋总统指示，只字不提李代总统，明显不把李代总统放在眼里。”

廖开田说：“是啊，蒋介石虽然下野，但他还是控制着权力不放，这叫李代总统不好办哪。”

“与中共的战争失败，与北平的和谈失败，哪一件事不是他蒋某人造成的。事情到了这个地步，还占着权力不放。”龙彪气哼哼地说。

“那有什么办法。”廖开田摇摇头。

过了一会儿，龙彪情绪平息下去了。廖开田问：“司令，郭玉锦要求我们派兵配合抓共党分子，要不要配合？”

“要配合。”龙彪说，“这一点老头子与李代总统意见是一致的。不把这些人抓起来，斩尽杀绝，国家不得安宁。凡在册的共党分子，包括共党分子的家属、亲戚、朋友和一切与共党有联系的人，全部抓起来，宁可错抓，不可漏网。”

廖开田问：“要不要向张云潮报告？”

龙彪火气又上来了：“报告就报告吧，看他怎么说。顾祝同对我们不放心，派这么一个年轻人来管我们。”

廖开田纠正说：“这个人不是顾祝同派来的，他是三青团中央办公厅主任，应该说，是蒋经国派来的。”

“是啊。现在我们处在上下两难的境地：李代总统主政，我们当然要做出成绩为代总统争气；蒋介石、顾祝同又插手中江，派来了张云潮。将来中江守不住，是我们的责任还是他张云潮的责任？要不是为了李代总统，我管他干什么？”

“顾全大局，顾全大局啊。”廖开田劝他说，“如果江南守不住，我们无处藏身啊。”

晚上，吴梦远独自在花园里散步。父亲已逝，爱人不见，自己孤身寂寞，想到这些她对月长叹。

这时管家吴盛进来，小声说：“小姐，孙司令来了。”

吴梦远走到门边，见孙俊杰匆匆跨进门来。

吴梦远问："俊杰，有什么事吗？"

"梦远，你赶快走。"孙俊杰神色紧张。

"为什么？"吴梦远不解地问。

"国共谈判破裂，共产党大军要过江。"

"那有什么关系？我就等着这一天呢。"吴梦远坦然地说。

"郭玉锦要派人抓你。"孙俊杰面色严峻。

"郭玉锦，他想干什么？"

孙俊杰急促促地说："上面有指示，国民党撤退之前，要对共产党进行一次报复性的屠杀。凡是与共党有牵连的人，一律格杀勿论。你是共党家属，已经列在抓捕名单中。你赶快走，我是冒着风险来通知你的，要是晚了，就来不及了。"

"你能送我到江北吗？"吴梦远问。

"不行，江面早已封航，连一片木板都不许飘过去。你只有往南边走。"

"往南边走？让我考虑一下。"吴梦远说。

"我回去了，时间长了会有人发现。下半夜，我开车来送你出城。"孙俊杰说着转身去了。

吴梦远感到事态严重，她急忙上楼，找到皮箱，打开柜子，收拾好衣服、细软。她看着与蔡虹的结婚照，把它放到箱子里，想了想，坐到桌前给蔡虹写了一封信：

"文然，由于国民党实行大搜捕、大屠杀，我不得不暂时离开中江。又因为长江封航，不能去江北。现在国内特务多如牛毛，很不安全，我只得暂避海外，到我姨妈家去。等革命胜利后，你去美国找我，这是我留下的地址。文然，你是我唯一的爱，我等你，等你一辈子。"

吴梦远把信封好，下楼交给了吴盛说："我要出一趟远门，蔡先生来时，你把这封信交给他。"

在夜幕之下，吴梦远提着皮箱从车库后门出来。一辆小汽车停在巷口，孙俊杰亲自驾车。

到了火车站，孙俊杰帮吴梦远提着皮箱，两人匆匆奔向车站检票口，进入站台。站台上，孙俊杰对吴梦远说："梦远，一路平安，我们等着你回来。"

“俊杰，国民党大势已去，投奔共产党吧。去找文然，文然会帮助你的。”吴梦远诚恳地说。

孙俊杰不置可否。

吴梦远转身上了火车，向孙俊杰挥挥手。

孙俊杰看着火车离去，站着发愣。

张云潮正在召开第一次领导组办公会议。龙彪、孙俊杰、廖开田、郭玉锦在座。会议正在进行中，一个军统特务闯了进来，他向郭玉锦报告：“吴梦远跑了。”

“跑了?”郭玉锦感到意外，“她怎么知道我要抓她? 我看，一定是有人通风报信。”他目光转向孙俊杰。

孙俊杰装聋作哑，其他人也不作声。

张云潮问郭玉锦：“你们抓了多少人?”

“两千多人。”

“两千多人?”张云潮暗暗吃惊。

龙彪说：“抓了两千多，杀了一千多，监狱里还有一千多。”

张云潮质问：“都是共产党吗?”

“有共产党，也有共党分子。”

“共党分子?”张云潮说，“抓人要注意证据，要把真正的共产党人抓到，不能错抓了老百姓，错杀了良民百姓。”

“错不了。”郭玉锦底气十足，“我们侦破了共党地下组织，顺藤摸瓜，一个一个把他们抓起来。”

“中江有两千多个共产党?”张云潮不相信地说，“可不能行刑逼供，屈打成招啊。”

“宁可错杀一千，不可漏掉一个。这是蒋总统的指示。”郭玉锦亮出尚方宝剑。

龙彪插话说：“现在的老百姓也该杀，杀一批也不冤枉他们。他们以为我们国民党要垮台，要改朝换代了，跟着起哄、捣乱，巴不得共产党早一天来，不杀他们，就稳定不了局面。”

张云潮发火说：“枉杀老百姓我们成了什么革命党，什么国民政府?

自己站到了民众的对立面。水可以载舟也可以覆舟，这个道理大家应该懂吧？”

郭玉锦反问：“张组长，依您说怎么办？”

“按照总理的要求，对于民众要多做宣传教育工作。蒋总统要求我们，大力推行民主政治和新生活运动。树立起民众对我们党、对我们国民政府的信心，民众自然不会跟着共产党闹事了。”

龙彪冷笑了一声，然后说：“张组长，道理是这样讲，可现在是非常时期。”

“非常时期也不能乱来。”张云潮强调说。

“我们是按照上级的指示办的。”郭玉锦毫不在乎。

张云潮说：“我们做事，处理问题，要从党国的根本利益上考虑。顾长官要我来中江主持，我要为顾长官负责，为党国负责。”他提高声调，“从现在起，没有确凿证据，不准乱抓人；处理共党分子，必须向我报告，经过我的批准才能实行。”

郭玉锦不语，其他人也不出声。

会后，郭玉锦向顾祝同打电话诉说委屈说：“顾长官，我们处置共产党的事，遇到了阻力？”

“阻力？你说是哪一方面的？”顾祝同问。

“张云潮组长不许我们抓共产党，不许处置共党分子。一切都得向他报告，由他批准。”

“他怎么关心起杀共产党的事来，他是怎么想的？”顾祝同问。

“谁知道他怎么想的？我觉得他很不正常。”郭玉锦话中有话。

顾祝同放下电话，心想：“张云潮不让抓共产党，也不让杀共产党？怎么会呢？不会的，他这是为了抓权。”

蔡虹在小河边检查下水的每一条小船。七八千条小船和竹排一字儿排列，十分壮观。

这时曾世雄、谭天木走过来。曾世雄说：“蔡虹同志，你们后勤方面都准备好了吗。”

蔡虹敬礼：“报告政委、师长，一切都准备好了，只等一声令下了。”

曾世雄说："渡江战斗就在这几天打响。为了确保万无一失，你抓紧到中江去办四件事，一是了解国民党军队中江防务情况；二是策动国民党军队起义，分化瓦解国民党在中江的力量；三是动员地下党的武装和群众，保护中江的工厂、仓库、码头、桥梁和建筑，争取接收一个完整无损的中江城；四是把中江的粮食仓库和商店要保护好，大军一过江就要安排生活，物价要稳定，居民的生活也要不受影响。

当天晚上，蔡虹、赵强和俞珍三人来到长江边，他们急于过江。但国民党军队封锁长江几个月，宽阔的江面上，一只船影也没有。

蔡虹说："敌人对长江封锁，船是过不去了。我们只有潜水过去了。"

蔡虹找来一根两米长的粗毛竹。外面捆上稻草，做成一个漂浮物状。然后三人下水，手搭着毛竹上借一点浮力，头藏在稻草里面，借着夜色向对岸游去。因为春季江水上涨，江面上的漂浮物很多，敌人不会在意。

到了中江，蔡虹在王福根家里，召开地下党员骨干会议。

王福根汇报说："这几天，国民党搜捕共产党和进步人士，逮捕学生，像疯子一样，监狱里人满为患。看这个架势，国民党是在进行撤退之前的大屠杀。"

"这是在垂死挣扎。"蔡虹恨恨地说。

"听说最近顾祝同来到中江，进一步加强中江的防卫，还组成了一个中江江防领导组，由国民党三青团中央办公厅主任张云潮少将为组长。张云潮是不是当年的张老师?"

"应该是他，这是好消息。"蔡虹说，"当年我叫张云潮打进敌人的内部，就是要他在关键时刻发挥作用，现在这个时候到了。小俞，你设法通知张云潮，约他到望江楼见面。"

蔡虹还告诉大家："解放军就在这几天要渡江了，我们的共产党员和地下武装潜伏多年，现在是发挥作用的时候了。现在我们根据上级的布置，大家迅速行动起来。"

大家正在开会，王福根的妻子在门口望风。她发现有几个人探头探脑地朝这边走来。

她立即回来报告："好像有人过来了。"

蔡虹站起来从窗口朝外看，见郭玉锦戴着墨镜，带几个人朝这边走来。

王福根迅即招呼大家钻进地窖里。

这时郭玉锦敲门。王福根开门。郭玉锦带着几个特务进来。

郭玉锦问："你家里几个人？"

王福根答："我家里四个人？"

"哪四个人？"

"我们夫妻俩，还有两个孩子。"

郭玉锦看看王福根的妻子，问："孩子呢？"

"在乡下外婆家。"

"孩子多大啦？

"一个十二岁，一个十岁。"

"你家里有没有人来过？"

"没有。穷得要命，哪有人来呀。"

"你要是不讲真话，我就枪毙你。"

"是，不敢讲假话。"王富根故作害怕地说。

郭玉锦用鼻子嗅了嗅，转身走了。王福根搬开水缸，蔡虹他们出来。

蔡虹问郭玉锦来的情况，王福根作了回答，并说郭玉锦用鼻子嗅了嗅。

蔡虹说："郭玉锦的鼻子比狗都尖，他一定会再来，我们赶快走。"

果然，蔡虹他们走后不一会，郭玉锦就带人冲了进来。对王福根家进行了彻底搜查，没有发现什么，只得一声不响地离去。

王福根这才松了一口气。

# 八十、江防情报

晚上，蔡虹抽个空匆匆来到吴府。吴盛对他说："姑爷，小姐她走了。"

"走了?"蔡虹感到突然。

"这是她留给您的一封信。"吴盛递上信说。

蔡虹接过信迅速看了一遍，愣了。

吴盛说："她刚走，警察就来抓她，幸亏早走一步。"

蔡虹急忙来到楼上，人去楼空。睹物思人，他心情极为失落和沉重。看到吴梦远带走了他们的合影和一张自己的照片，留下一张她的照片，他把这张照片珍藏在身上。想了想，坐下来按照吴梦远留下的地址，给妻子写了一封信。

"梦远，我的妻子，我的爱人。我作为丈夫，没有保护你，没有陪伴在你的身边，我感到深深的愧疚，我祝你一路平安到达美国。我军渡江战役很快就要打响，解放全国的日子不会很长，少则一年，多则两年。等革命胜利后，我就去找你，迎接你回祖国参加社会主义建设，我们将在人民当家作主的新中国度过幸福美好的时光。我将经常给你写信，愿你也常给我来信，通报你的情况。文然。"

写好之后。蔡虹来到楼下，对吴盛说："我有事，必须离开。你把这封信按照这个地址发出去。"

"是，姑爷。"吴盛接下信封。

解放军渡江在即，国民党人心浮动，兵营里也乱成一团。街上，一伙国民党士兵冲进居民家里抢劫、强奸。士兵说："共军要渡江了，弟兄们不知道能活几天，让我们快活一次吧。”

几个士兵抢夺一个老汉的包袱，老汉追过去，被士兵一枪托打倒在地。士兵说：“蒋委员长到台湾了，我们也该捞一点路费，准备走路了。”

街上，有几个壮丁，被捆起双手，押着往前走。

在一个大操场上，被抓的壮丁坐在地上。周围是军警包围着。一个军官在讲话：“保卫中江，抵抗共军侵犯，是每个人的责任，每个人都要发誓，与共党战斗到底。”停了停军官又说，“当然啰，我们对大家也不强迫，如果你们真的不想打仗，想回家，也行。我们都是通情达理的人嘛，决不阻拦。有没有人想回家的？有，现在就可以走了。”

壮丁们面面相觑。不知这是真话还是假话。

军官再一次喊：“有没有？没有，我们可是要上前线去了。”

终于有一个青年站了起来：“我要回家，我家里有父母亲，还有弟弟妹妹，我不想打仗。”

军官说：“那你就可以走嘛。”

青年怯怯地站起来，走开了。又有一个青年站起来，走开了。

但他们走到操场边，被军警拦住：“我们送你回家。”两人被押回来，站到人群当中。青年知道不好，哭着说：“我要回家，让我回家。”

军官冷笑着说：“就是让你回家嘛。”

只见军警举起枪，两个青年应声倒在了血泊中。

“看到了吧？这就是回家。还有没有人想回家的？”军官大声喝道，“还有没有人想回家的？”

众人无声，都把头低着，不敢仰视。

军官说：“好，各位都是党国好公民，都是反共义士。根据你们的表现，我代表国民党中江党部，同意你们集体参加国民党。现在履行入党手续。”

这时一个国民党士兵手上拿着表格，一张张地发给大家。

军官说：“同意参加国民党的，在你们名单后面签字，不会写字的就划个十字。不同意参加国民党的，你们就回家。”

众壮丁只好签字画押。事毕，军官说：“好，大家踊跃参加国民党，誓为党国效力。起立，出发！”

众壮丁起来，被军警押走了。

孙俊海来见孙俊杰，两人坐在办公室里说话。

孙俊海说："大哥，我见到蔡虹了。"

孙俊杰一惊："蔡虹，你也熟悉?"

"怎么不熟悉?"孙俊海说，"大哥，你忘了？那一年蔡虹到我们团要枪支，不是我帮他搬上船的吗?"

"对，他又来中江了?"孙俊杰问。

"来了。"孙俊海说，"共产党要过江了，他是奉命来做接受中江的准备工作。"

"他想得倒好。"孙俊杰问，"你为什么不把他抓起来?"

"大哥，现在时局明摆着，我们还得罪共产党?"

"你是不是想投靠共产党?"孙俊杰问。

"正在考虑，但没有决定。"孙俊海故作坦诚地说。

孙俊杰问："蔡虹对你说了些什么?"

"他劝我们举行起义，站到共产党一边去。"孙俊海一边说一边观察孙俊杰的反应。

"不是起义，是投降。"孙俊杰纠正他。

"是起义，不是投降。"孙俊海重申，共产党鼓励我们这么做。

孙俊杰想了想说："起义，你是可以，我不行。"

"为什么?"孙俊海问，"国民党大势已去，长江是守不住的。蒋总统已经派陈诚到台湾去了，他是为自己考虑退路。桂系想退守西南，我们难道跟着到台湾，或者到西南?"

孙俊杰说："我投奔共产党？共产党能要我？我们和共产党打了多年的仗，杀了多少共产党人。"

孙俊海说："蔡虹说了，往事不究。只要我们站到共产党这边，率部起义，保护中江城市不受损失，立功赎罪，痛改前非。共产党是欢迎我们的，蔡虹也是欢迎我们的。"

"共产党不会放过我的。"孙俊杰摇摇头。

"哥，你要相信共产党，相信蔡虹。"孙俊海说，"现在很多国民党军队起义，共产党都一律欢迎，他们转身就变成了解放军，掉转枪头，参加解放战争，成了共产党的一员。”

“蔡虹他不会报复我？”孙俊杰思想在斗争。

孙俊海见有戏，就说：“大哥，跟你说实话吧。就是蔡虹让我来劝你的，如果蔡虹不原谅你，怎么会要我来劝你？他让解放军把我们消灭，不是很解恨吗？再说，你毕竟是吴小姐的表哥，吴小姐临走的时候留下话，要他保护你。”

孙俊杰最后表态：“你起义不起义，我管不了，但是我不可以。”

大街上，学生和市民开展了声势浩大的游行。高举着“反对独裁”“反对物价上涨”“反对饥饿”的标语。国民党派大批军警上街镇压，抓人。枪声不断，警棍挥舞，一片混乱。

张云潮在望江楼饭店的包厢里与蔡虹、赵强、俞珍见面。

张云潮说：“蒋经国、顾祝同派我来中江，是对龙彪不放心，让我来钳制他，因为我是蒋家嫡系嘛，他们不知道我是共产党。龙彪虽是桂系，与蒋系不是一条心，但他是国民党死硬派，对于固守长江，反苏反共，他是不变心的。”

蔡虹说：“从我们的分析看，国民党战争失败，经济崩溃，蒋介石只好下野，让李宗仁出面做挡箭牌。桂系也想利用蒋的下野，实现称王的美梦，所以他们固守长江特别积极，龙彪是桂系的骨干力量。我军渡江战斗，对象主要是桂系的二十八军。”

张云潮说：“龙彪的部队十万人驻守在城外，主要担任长江防御。孙俊杰的部队五千人驻守在城里，主要负责守城和治安，长江上有二十条军舰巡航，小洲驻扎了蒋系的一个加强团，这两个部队是蒋系的。”

“小洲加强团的团长叫什么？”蔡虹问。

“叫段志平。”

蔡虹说：“小洲的位置很重要，你设法把小洲的军事和火力部署情况了解一下，最好能弄到江防图纸，我们想办法送到江北指挥部。”

“我一定办到。”张云潮说。

蔡虹又问：“听说郭玉锦在中江大肆抓人，残害共产党人？”

“是啊。”张云潮说，“我来中江，郭玉锦已经抓了两千多人，秘密杀害了一千多人。我听了十分震惊，严厉要求他从现在起，抓人、杀人都要向我报告，由我批准。但只是这样说说而已，如果他真的报上来，我只能拖延几天，却不能完全制止，因为屠杀共产党人是上级的命令。”

“是啊，敌人在撤退之前，搞大屠杀来泄愤，我们要赶快行动，必须赶在郭玉锦行动之前，把同志们救出来。”蔡虹说。

接着四人又商量了解救狱中共产党人的行动方案。

张云潮走后，蔡虹又约见了孙俊海。孙俊海汇报说：“我哥哥的思想有些活动，但他顾虑较多。他当过汉奸，也杀了不少共产党人，犯下的罪行太多，而且与您有私仇，他不敢转到共产党这边来。”

蔡虹说：“我早料到了。我们不指望一次谈话就能使他转变。我这里给他写了一封信，告诉他革命不分前后，过去的恩恩怨怨，都是各为其主，我不会计较，共产党也不会计较。解放军就在这几天渡江，不容他再考虑了。希望他珍惜最后一次机会，率部起义，反戈一击，为打败国民党军队，解放中江城，做出贡献。只有这样，才能将功赎罪，得到共产党和人民的宽恕和接受。否则，大军一到，玉石俱焚，悔之晚矣。”

孙俊海说：“我一定把意见带到，尽最大努力让他回心转意。”

蔡虹强调：“时间不能拖了，他明天必须做出答复。如果同意起义，我这里给他的具体任务是：一、配合我们解救监狱里的共产党人，阻止郭玉锦进行的大屠杀；二、从侧面攻击龙彪，阻止龙彪部队进城，支援解放军渡江作战；三、配合共产党地下武装，保护中江城一切生命财产安全，维护社会治安。如果他不起义，我们就是另一套行动方案了。”

“如果他不起义，我将设法把他控制起来。”孙俊海说。

“好。最后的时刻就在今晚或者明晚。你心里有数，到时候我派人和你联系，统一行动。”

孙俊海领命，敬礼离去。

第二天下午，一辆军用小车向小洲开去，张云潮到小洲防区视察。独立团团长段志平带领全团官兵列队迎接。

张云潮问段志平说："共军南侵日趋临近，你们战备搞得怎么样了？"

段志平汇报说："防御部署已完成，我们正在进行防御工事的建设和部队作战训练。"

张云潮在段志平的陪同下来到江边，看到战士们正在挖战壕。

段志平介绍："前沿分三个重点阵地，战壕相通，为第一道防线。后面也有三个阵地，为第二道防线，团部集中三分之一的兵力机动，这就是我们摆设的三三制阵容。"

张云潮称赞说："好，看来你对战术很有研究呀。"

"不敢，请组长指正。"段志平说。

张云潮来到炮兵阵地。

段志平说："一共有二十四门大炮，分三个阵地。"

张云潮问："这大炮能打多远？"

"五千米。"

"能打到江北吗？"

"能。"段志平说，"我们可以打到江北共军阵地。如果发现共军在江岸上结集，或者共军小船从内河里出来，我们就可以用炮射击，不仅可以封锁长江，还可以封锁江北内河通向长江的河口。"

张云潮说："但你要记住，蒋总统说过，只要和平有一线希望，绝不会放弃和平。所以，你们不要随便向江北打炮，知道吗？如果打炮，事先要向我报告。否则，出了事情咱们都担不起那个责任。"

"是。属下谨记。"

"你把'江防图'给我一份，我带回去看看。"张云潮说。

段志平喊："参谋长，把'江防图'复制一份拿来。"

参谋长说："团长，龙司令说'江防图'任何人都不能借阅。"

"胡说！是听龙司令的，还是张组长的？"

"当然听张组长的。"参谋长说。

张云潮说："龙司令不知道我要，知道了他也不会说这样的话。但我要提醒你们，龙司令毕竟是李宗仁的部下，与咱们中央军还是有区别的。为什么蒋主任和顾长官让我来中江负责？为什么把你们也派来了中江？你们要明白。"

段志平说："张组长说得对，我们只听张组长的。"

这时参谋长将"江防图"送来，张云潮叫秘书放进包里。

张云潮临走时说："我很忙，就回去了，这小洲的江防就交给你了。"

在一个工厂的仓库里，蔡虹召开中共中江市地下党秘密会议。布置迎接解放军过江的一切准备工作。会场有党的地下武装人员把守门口，检查每个人的证件。这是一次大型会议，有三百多人参加，其中有学生、工人和商店职员，大家心情都十分激动。

蔡虹宣布说："同志们，解放军就在这几天要过江了，我们迎接革命胜利、迎接中江解放的时刻到来了。"

与会人员十分激动，热烈欢呼。

蔡虹说："现在，上级要求我们组织起来，武装保卫工厂、码头、桥梁、仓库、商店，防止敌人破坏。特别要保护中江的仓库粮食、商店物资的安全，为解放军进驻中江，做好后勤保障工作。现在我分三个小队：第一小队由赵强同志带领，负责保护工厂、码头、桥梁；第二小队由俞珍同志带领，负责保护粮食物资仓库、商店；第三小队由王福根同志带领，在街上巡逻，保护市民的安全，打击抢劫、偷盗等犯罪活动。我们已经画出了保护重点和行走路径图，你们按照图上的要求去做。如果遇到敌人搞破坏，不管是军人还是什么人，都要坚决打击，确保中江城一切物资和建筑物不受损失。"

会议结束，地下党员陆续离开会场，分赴各个战斗岗位。

这几天，龙彪和廖开田到某防区检阅部队，给官兵打气。龙彪说："弟兄们，共军就在长江对岸，他们随时都有可能过江，我们要做好充分的准备，准备打一场大仗，打一场恶仗，坚决消灭来犯之敌。共军没有什么了不起，他们没有大船，更没有军舰，又是北方的旱鸭子。长江天堑是我们的天然屏障，当年东吴三万人马，打败了曹操八十万大军。我们精良的装备，坚固的防御工事，一定能够把共军葬身于长江波涛之中。"

廖开田带头鼓掌，官兵跟着鼓掌。

龙彪高呼口号："誓死保卫中江，誓死保卫江南，共军必败，国军必胜。"

官兵们也跟着喊口号。

回来的车上，龙彪对坐在身边的廖开田说："张云潮最近在忙些什么？"

"也是忙于到部队视察，检查战备。"

龙彪笑着说："我看他就是个绣花枕头，到中江来这么些天，除了说些空话，什么事也没有做。学生闹事，他不让抓人，还说搞什么民主政治、新生活运动，真是空谈误国啊。"

"我看问题不是那么简单。他可能有他的想法。"

"什么想法？"龙彪歪头问。

廖开田想了想，摇了摇头不想说。

"你是说他同情学生，保护共产党？"龙彪说，"对。听说他以前就是中江的学生运动头子。"

廖开田叹一声："现在谁是什么心思，都很难说。"

龙彪对廖开田的态度有些不满意。他说："怎么，你还有什么想法？"

廖开田连忙说："不，不，我没有什么想法，跟着龙司令，与中江共存亡。"

"我们现在只能一条胡同走到黑了。"龙彪强调说。

段志平站在江边，警惕地看着江面，这时参谋长过来说："段团长，电话。"段志平来到指挥所，拿起电话，里面是张云潮的声音："段团长，听说长江里春天出刀鱼，你是不是让渔民给搞一点来吃吃呀？"

段志平说："张组长，长江最近封航，不允许渔船下江，所以市场上一时没有刀鱼卖，张组长既然想吃，我派渔民到江里捕一些上来。"

"好，那我就等着吃刀鱼。"

段志平放下电话，对参谋长说："你到江边上看看，有没有渔民，让他们下江捕点刀鱼来。"

参谋长说："长江封航，谁敢下江捕刀鱼？"

"张组长想吃，弄一点上来给他。"

参谋长跑到江边，只见江边空空的，渔船都被龙彪封在小河里。找了半天，好不容易发现一个小木盆在江边，盆上有一个渔民模样的人从盆里向外戽水，那是赵强。他是蔡虹和张云潮安排向江北送"江防图"的。

参谋长过来问："有刀鱼吗？"

赵强说："没有，现在封江，谁还敢到江里捕鱼，不要命了啊。"

“你能捕到刀鱼吗?”参谋长问。

“我捕了几十年的鱼，怎么捕不到刀鱼?”赵强说。

“你去为我们捕点刀鱼来吧?”

“您不是骗我吧。”赵强故意说，“我家里有老有小。”

“哪能呢?我们不仅保护你，而且只要你捕到刀鱼，还有重赏。”

赵强看着参谋长，装出不相信的样子。

“快去吧。”参谋长向他挥手。

赵强从盆里理了理渔网，操着两片小桨，向江中划去。

在江中，赵强装模作样地下网，边敲着盆边，梆梆地响，催鱼上网。

参谋长看着赵强动作熟练的样子，十分满意。

下了一道网，再下第二道，赵强渐渐地将网向江北牵去，已经接近江北的芦苇荡边。

参谋长喊：“不要接近江北，那边有共军。”

赵强不理他，继续认真地下着网。

天渐渐暗了，参谋长不放心，朝江上喊：“打鱼的快回来。”黑乎乎的江面上不见小木盆的影子。

赵强已经来到江北，巡逻的解放军战士发现了他，问：“干什么的?”

赵强说：“快，这是情报，是蔡部长派我送来的，快送到师部去。”战士接过情报，赵强转身回到盆里，向江中划去。

参谋长在江边等着，看到小盆渐渐向南岸划来，并在江上起着渔网。

不一会儿，赵强把小盆划了回来，从盆里提出一串刀鱼。

参谋长接过刀鱼问：“你刚才到哪里去了?”

“我的盆漏水，在芦苇荡里修了一下。”

“我以为你要投奔共军呢。”

“那哪能呢。”赵强说，“我可是中江市人。”

参谋长提着刀鱼就走了。

赵强故意急喊：“长官，还没有付钱呢。”

参谋长头也没回。

# 八十一、策动起义

国民党官兵人心惶惶。虾走虾路，鳖走鳖路，每个人都在谋划着自己的出路，但他们却深藏不露，互相提防。

廖开田愁眉不展，在司令部走来走去，忽然对秘书说："备车，我到孙司令那里去一下。"

在车上，廖开田对秘书说："对面街上那个修鞋的，好像以前没见过呀?"

秘书说："八成是郭玉锦派来监视我们的。"

"军统的人像鬼一样。"廖开田提醒，"我们以后的行动要保密，防止被他们抓住把柄。"

车进中江城，司机故意在街上绕了几圈，然后开到孙俊杰办公楼下。孙俊杰见廖开田来，连忙说："欢迎廖司令，真是稀客呀!"

廖开田："哎，这不是非常时期么？暴风雨之前的宁静，真叫人窒息得受不了啊。偷得浮生半日闲，到你这里散散心。"

"好啊，我也正愁着没人说话呢，坐坐坐。"孙俊杰也很高兴。

两人坐下，卫兵倒茶。孙俊杰说："听说你们的江防工事十分了得，真是固若金汤呀。"

"固若金汤，共军一冲就垮了。"廖开田一脸不屑。

"怎么这样说呢？难道廖司令对固守长江天堑信心不足?"

廖开田反问："你孙司令信心足吗？事情明摆着，三百万现代化军队，打不过几十万的共军土八路，还能靠长江天堑挽回危局?"

孙俊杰怕廖开田是来探他的口风的，故意说："也不能这么看，还要看国际形势，看人心所向。"

“什么国际形势？美国佬在中国花了那么的钱，也没能挽救危局，还想来帮助中国打仗？人心所向？老百姓都盼着改朝换代，人心思变，谁还看不出来？”

“照这么说，我们划江而治，也不可能了吗？”孙俊杰假装天真地问。

“完全没有可能。”廖开田说，“我们天天给将士们打气，说长江天堑，固若金汤，共军打不过来，第三次世界大战即将暴发，自欺欺人罢了。”

孙俊杰赞同他的分析：“形势是十分严峻，但是军人以服从命令为天职，效忠党国，共赴国难，明知不可为也要为之呀。”

“明知不可为而为之，明知不当死而死之，是不是值得呢？”廖开田开诚布公地说。

孙俊杰淡淡一笑：“你老兄还说这样的话？蒋总统下野，李老板代总统，你们桂系正是大展宏图的时候啊!”

“桂系大展宏图与我何干？长江一旦失守，他们要回广西老家，我辈安徽人，还能跟着他们走吗？”

孙俊杰笑了笑说：“桂系若能保住中国半壁河山，未尝不是一件好事。到时候如有好处，老兄可不能忘了我啊。”

“老弟啊，你真是开玩笑了。”廖开田对孙俊杰只拿官话搪塞，有些不满地说，“你老弟是年轻有为，蒋系的大红人。战争胜利了，还是老蒋坐江山；战败了，可以跟着老蒋去台湾，进退有余。桂系到哪里去，到广西，到海南岛？老弟呀，患难见知交，看在安徽老乡的份上，你该帮我出个主意呀!”

“哎呀，廖老兄，你太抬举我了。”孙俊杰说，“我现在是天空中的柳絮，随风飘荡，还不知道命落何处呢。”

“老弟，你是有办法的人。”廖开田认真地说，“你一定把未来计划好了！有门路可不能忘了我啊!”廖开田想探问孙俊杰与共产党那边有没有接触，但又不好直说。

孙俊杰怕孙俊海劝他起义的事被廖开田察觉，连忙说：“老兄，我孙俊杰你不是不知道，这么些年我是怎么过来的？要不是中央留我一条命，我能活到今天？士为知己者死，我这后半辈子呀，唯一的一条路，就是跟着中央走到底。倒不是我人格多么高尚，我是无路可走哇。”

廖开田想了想，觉得孙俊杰当过汉奸，又在中江杀了不少共产党人，投奔共产党的可能性不大，也许他说的是真话。

这时，秘书来报告："廖司令，龙司令来电话，要您到他那儿去一下。"

廖开田说："你说我病了，正在医院看病哩。"说着站起来辞别孙俊杰，"我得去医院，要是龙彪知道我在你这里，又要起疑心了。"

孙俊杰笑了笑将他送到门口。

孙俊海来到蔡虹的秘密办公室，说："首长，孙俊杰同意起义了。"

"好啊。我们欢迎他。"蔡虹说。

"他想来见您，只是怕特务盯梢，不方便。"

"见不见面，不要紧。"蔡虹说，"我和张云潮研究了一个营救监狱同志们的计划，你带给他，让他参与这次行动，同时举行起义。"

孙俊海看了一下说："这是个好计划，有我们的任务吗?"

蔡虹说："你到时候把海军战士带到张云潮办公室，保护我和张云潮。"

孙俊海告诉蔡虹，廖开田去了孙俊杰办公室之后，现在住进医院了。"

蔡虹敏锐地感觉到廖开田思想开始活动，决定把廖开田拉过来。

廖开田刚刚住进医院的病房，龙彪的秘书就到了医院，表面上是来探病，实则是探听廖开田生病的虚实。非常时期，每一件事都很敏感。

廖开田急忙躺到床上，轻轻地呻吟起来。

龙彪秘书进来问："廖司令，身体怎么样? 龙司令公务繁忙，派我来看看您，并表示慰问。"说着把一些礼品放到廖开田身边的桌子上。

廖开田轻轻地呻吟一下说："谢谢龙司令。你看，在这么重要的时刻，我却生病住院，真是不争气啊。"

龙彪秘书说："看您说的，人生病怎么还能选个时候，那是由不得您呀。龙司令说，让你好好养病，如果能起来，就去部队里看看，现在是非常时期，人心浮动，长官不在，军心不稳哪。"

"是啊，我知道，有劳龙司令操劳，真是过意不去啊。只要能起来，我就一定到部队去，责任在身，休息也是心神不宁啊。"

这时门外有人报告："司令，郭站长来看望您。"

“请他进来。”廖开田心想这郭玉锦这条恶狗，鼻子真灵。

龙彪秘书告辞出去，郭玉锦进来。对廖开田说：“廖司令，听说您生病了，特地来看看，怎么样？”

“没有什么大病。”廖开田说，“只是最近忙了一些，吃不好，睡不好，身体吃不消，头痛，医生劝我休整一下。”

“现在可是非常时期，身体很重要呢。”

“是啊，一旦好一些，我就出院。”

郭玉锦说：“你们驻在城外，生活不方便，有什么事情就告诉我，我在城里替您办，省得你们来回跑，再说孙司令也可以帮助您。”

廖开田说：“谢谢郭站长。”

正说着，门外卫兵报告：“廖司令，您老乡听说您病了特地来看看您。”

“好，让他进来吧。”廖开田心想，我在中江哪里来的老乡？但是为了打发郭玉锦，他爽快地回应着。

郭玉锦见来人，就起身说：“廖司令好好休养，我告辞了。”

廖开田欠了欠身子：“身体不适，恕不远送。”他让秘书送郭玉锦。

郭玉锦在走廊里，看到一个头发花白的老头迎面从他的身边走过去。郭玉锦对身边的特务说：“廖开田是江北人，这时候来了老乡，是不是共产党派来的？看着这个老头子。”

特务说：“是。”跟随在老头的后面。

卫兵把老头引进了病房，廖开田朝他摆摆手。卫兵会意，转身出去，随手房门关上。特务想朝病房里看，可是卫兵不让并迎上来说：“你是中统的吧，这边坐坐，喝点茶。”

特务答应着，坐在走廊的椅子上，眼睛盯着廖开田病房的门。

病房里，老头看秘书关上了房门，就脱下了头上的假发，拔掉胡子，挺直了腰板，原来是赵强。

“你是谁？”廖开田十分吃惊。

赵强说：“我是蔡虹司令派来的，有一封信要交给您。”说着递上了蔡虹写的信。

廖开田看了看赵强，又看看信，信上说：“廖司令，解放军最近几天就要过江，国民党大势已去，蒋介石、李宗仁的王朝坚持不了几天了。识时务者为俊杰，希望你审时度势，为自己和部下的生命安全着想，率部投降，放下武器。如能易帜反戈，协助解放军渡江作战，为解放中江、解放全中国立功，我们表示欢迎。时不等人，机不可失，如果执迷不悟，继续顽抗，则大军一到，玉石俱焚，悔之晚矣。请予三思。”

廖开田问：“你是共产党？”

赵强点点头

不料廖开田突然发怒，一拍桌子说：“大胆，汉贼不两立，你想到我这里劝降，想找死啊？来人。”

赵强见说，连忙戴起了假发、假胡须。秘书送走了郭玉锦，闻声进来，特务也跟着进来。

廖开田说：“把我这个老乡关起来。”

秘书问怎么回事？廖开田说：“他是来为共产党当说客的，把他关起来，听候处理。”

“是。”秘书命士兵把赵强推推搡搡地架走了。

特务见廖开田关了人，只得回去复命。

廖开田起身穿上军装，对秘书说：“备车，我要回司令部。”

原来廖开田也想和蔡虹取得联系，但苦于没有人牵线。他对赵强不熟，既希望来人是蔡虹派来的，又怕是郭玉锦的探子。当时中统特务站在门外，廖开田只好来这么一手，先把人抓起来，把中统特务打发走了再说。

回到司令部，廖开田对跟随在身后的秘书说：“你给我调一份共匪档案。”

秘书问：“司令要哪一本？”

“就是有关蔡虹的。”

秘书到了资料室，不一会捧了卷宗过来。

廖开田把蔡虹的档案翻开，把赵强给他的蔡虹亲笔信与档案中蔡虹的笔迹进行对照，确定是蔡虹的亲笔字无误，廖开田顿时大喜。

廖开田收起卷宗，对秘书说：“把刚才抓起来的那个人送到我这里来。”

不一会，赵强被带进来。廖司令对秘书说：“没有你的事了，去吧。”

秘书关上门出去了。

廖开田说：“对不起，刚才误会了，您能告诉我您是谁吗？”

“我是蔡虹的手下赵强。”赵强回答。

“哦，原来您就是赵先生？得罪得罪。”

“廖司令做事真是小心谨慎哪!”

“特殊环境，不得不如此。我一直想见蔡先生，只是没有机会。”

“那马上跟我去见蔡先生。”

“蔡先生在哪里?”

“就在城外的松树林里面。”

“好。”他叫来秘书，“备车，我要出去走走。”

汽车开到松树林里，蔡虹已经站在那里。廖开田急忙朝蔡虹走去。

蔡虹笑了说：“廖司令，想好了吗?”

廖开田说：“蔡先生，我是早就有心归顺解放军，今日得见蔡先生，是我廖某从黑暗中见到了光明。”

“我们也是老熟人了。”蔡虹说，“正因为这样，不忍心看到你全军覆没。解放军即将渡江，这是最后的机会。”

“全在蔡先生关照。再造之恩，永世不忘。”廖开田说，“蔡先生有什么指示，我完全照办。”

蔡虹说：“一、在大军渡江之前，你们要集中军队，原地待命。二、在大军渡江之时，你率部起义，配合解放军从龙彪军队的后面攻占江滩和山头阵地，使解放军顺利登陆，占领南岸。如果龙彪逃跑，你们要配合解放军进行阻截，歼灭龙彪的部队，能做到吗?”

廖开田说：“好，我一定做到。”

廖开田回到办公室，郭玉锦打来电话，说：“廖司令，听说你抓了一个共产党说客，交给我怎么样?”

廖开田说：“郭站长，那是我的老乡，他讲了一些不该说的话，我教训了他一顿，放他回去了。”

“放了?”郭玉锦感到意外。

“放了。如果郭站长要找他的话，我可以派人去找。”

“人放了，哪能那么容易找啊。算了吧。”郭玉锦无奈地说。

廖开田放下电话，骂道：“这个鬼!”

那边，郭玉锦放下电话，又拨通了顾祝同：“顾长官，我想请示对中江的共党分子处置的意见。”

顾祝同问：“多少人？”

郭玉锦说：“还有一千多人。”

“不是说处理掉了吗？怎么，你们还没有处理？”顾祝同说，“共军一旦渡江，就没有时间处理了。”

“张组长说，抓捕、处置共产党要经过他批准。”郭玉锦发牢骚说。

“你报给他批准就是了，他不就是为抓个权吗？”

“我已经向他打了报告，一直压在他那里，没有批。不知什么意思。”

“那为什么，我来跟他说。”顾祝同随即打一个电话给张云潮说，“云潮啊，中江的共党分子还有多少没有处置呀？”

“报告长官，有一千多人。我想进行核实一下，把不是共党分子的老百姓放了，把真正的共党分子集中处置掉。”

顾祝同说：“云潮呀，你的想法很好，但是书生气太重了。共党分子都是又臭又硬，死不开口，哪有那么好核实的。现在时间很紧，不容再拖下去了。如果共军突然过江，我们还有什么时间处置这些共党分子？蒋总统的想法是，在我们撤退之前，把这些共党分子全部处置掉。宁可错杀一千，不可放过一个。说明总统的心头那个恨哪，我们都能体会到的。让玉锦同志打一个报告，你批准一下，两天内把共党分子全部处置干净，然后向我报告，好吗？”

“是。我一定照办。”张云潮假意说。

“云潮呀。”顾祝同又说，“这个时候，我就不向你保密了。你抓紧把共党分子处置完，就和玉锦一起到南京来。我已经为你和玉锦弄到两张去台湾的飞机票。我们一起去台湾，你不要跟任何人讲，包括俊杰、龙彪、开田他们，毕竟亲疏有别嘛。这两张去台湾的飞机票可不是好弄的，这是蒋主任特意为你们留的，懂了吧。话就说到这里。”

张云潮连忙说：“是。谢谢长官关照。”

顾祝同又打电话给郭玉锦，把刚才与张云潮的话跟郭玉锦说了，叫郭玉锦把事情办好之后，和张云潮一起坐飞机去台湾。

郭玉锦感激涕零，说了一些感谢的话，表示一定把事情处理好。又问，如果张云潮还不批准怎么办？

“那是不可能的。”顾祝同说，“张云潮怎么会不同意杀害共产党？他曾经亲手杀死两个共产党嘛。怎么，你怀疑他是共产党？”

“顾长官，我觉得他最近有反常表现。”郭玉锦索性把话挑明。

“这次处置共党分子，对他又是一个考验，如果他执行我的命令，你的怀疑就是多余的；我给了他两天的期限，如果过了两天不同意杀共产党人，你就可以把他抓起来，带到南京，交给蒋主任处理。”顾祝同说。

“我知道了。”郭玉锦来了精神。

夜里，蔡虹、赵强、俞珍、王福根秘密来到张云潮办公室。

“我们今晚必须把同志们营救出来。”蔡虹对张云潮说，“按照我们的计划，开始行动吧。”

张云潮立即给监狱长打电话：“监狱长吗，我是张云潮，郭站长给我打了一个报告，关于你们监狱共党的事情，我想了解一下你们那里的情况，你到我办公室来一下。”

不一会儿监狱长来到张云潮办公室。张云潮让他坐下，问：“最近监狱里关了多少共党分子？”

监狱长说：“一千五百六十二人。”

“监狱里现有狱警多少？”

“一百三十三人。”

张云潮说：“我想马上到监狱视察，你打一个电话给值日官，叫他通知全体狱警到门前大操场集合，我要讲话。”

“是，我回去通知。”监狱长转身欲去。

“就在这儿打电话。”张云潮说，“我们马上一起去。”

“打电话？”监狱长不解。

“对。打电话。”张云潮强调。

监狱长说：“我得向郭站长报告一下。”

“不必了，我已经和他说了。”张云潮说。

监狱长见张云潮态度强硬，越发知道有情况。他说：“张组长，郭站长的脾气您是知道的，我不敢这样做。”

“你必须这样做。”张云潮说，“这是我的命令。”

“要是郭站长知道了，我就没命了。”

“你要是不执行，你马上就没命了。非常时期，我有特别处置权，你要胆敢不执行我的命令，我就执行战场纪律？”张云潮掏出手枪。

监狱长见张云潮动怒，连忙说：“张组长，别，别。”

张云潮命令：“打电话，监狱里的全体狱警到门前操场集合。”

监狱长连忙说：“我打，我打。”他摇起电话，“喂，我是监狱长。”

“我是值日官，监狱长有什么事？”电话里问。

“张组长指示，全体狱警到门前大操场集合。”

“集合？”

“对，集合。张组长马上到监狱视察。”

张云潮接过电话说：“我是张云潮，通知全体狱警到门前操场集合，我和监狱长回来开会。”

就在值日官通知全体狱警集合的时候，在监狱里的中统特务，打电话报告了郭玉锦。郭玉锦对这一反常行动立刻警觉起来，他打电话找监狱长，得知监狱长在张云潮办公室，他急忙带着十几个特务赶到张云潮办公室楼下，只见大门紧闭。赵强、俞珍带领地下游击队员控制了大门前面，不让任何人进去。

郭玉锦大声说：“我是郭玉锦，放我进去，我要见张组长。”

“不行。”赵强说，“张组长指示，未经同意，任何人不得进入。”

这时，监狱长听说郭玉锦来了，大喜道：“好啊，郭站长来了。”转身就往楼下跑。张云潮身边的警卫员立即将他控制起来，监狱长把头伸出窗外大声叫道：“郭站长快来呀。张云潮是共产党，快把他抓起来。”

张云潮提枪将他击毙，尸体从楼梯上滚下楼去。

郭玉锦听到监狱长的呼叫，下令特务攻门，活捉张云潮。赵强、俞珍他们与国民党特务展开了激战，双方正在打得不可开交之时。只见孙俊海带着一队海军官兵跑步过来。郭玉锦一见大声说：“孙舰长，快来抓共党分子张云潮。”

# 八十二、解放中江

使郭玉锦意想不到的是，海军战士迅速上前把特务分别控制起来。孙俊海厉声说：“郭玉锦，把枪交了。”

郭玉锦大吃一惊：“什么？你也是共产党？”

“说得对。”孙俊海说。

郭玉锦还要反抗，战士们扑上去缴了他的枪，并把他捆住。各个特务也都被缴了枪。

这时，蔡虹、张云潮下楼。赵强打开大门，大家走了出来。

蔡虹对郭玉锦说：“郭玉锦，认识我吗？”

郭玉锦奇怪地说：“你，你怎么在这里？”

“想不到吧，我一直在中江。你不是一直在抓我吗？今天你被我抓着了。”郭玉锦看着张云潮说，“好个张云潮，我早就怀疑你是共产党。”

张云潮轻蔑地说：“你怀疑得对。你这条国民党的恶狗。”他命令，“把这个罪恶累累的特务头子带走。”

海军战士把郭玉锦和他的几个特务押着往前走。

这时，在监狱门口的操场上，监狱警察集合在那里，等着张组长来视察。与此同时，孙俊杰带领队伍开了进来，控制了监狱。

狱警们正在惊诧、发愣，只见蔡虹、张云潮、赵强、俞珍、孙俊海押着郭玉锦过来。大家看到郭玉锦被押着，不知出了什么事。

蔡虹上前和孙俊杰握手。孙俊杰不好意思地笑着。

忽然，隆隆的炮声震响，大家驻足倾听。解放军渡江战役打响了。

蔡虹站到高台上，发表讲话：

“国民党官兵们，同志们。大家听到了炮声了吗？这是中国人民解放军渡江作战的炮声，是解放中江、解放全中国的炮声，国民党完蛋了。我们这里的国民党官兵们，你们也想跟着国民党完蛋吗？不，命运掌握在你们自己手里。只要你们宣布脱离国民党，站到共产党、解放军一边，你们就不仅不会为国民党的失败殉葬，而且你们会获得新生。如果你们协助解放军，为解放中江、解放全中国立功，共产党是欢迎你们的。你们如果不想参加战斗了，也可以回到自己的家乡，和亲人团聚。一句话，中江即将解放，你们何去何从，只有两条路，一条路是死亡，一条路是新生。”

张云潮说：“弟兄们，我们不要再为国民党作无谓的牺牲了，我们宣布起义。加入解放军，解放全中国。”

孙俊杰说：“对，我们起义，加入解放军，解放全中国。”

突然，余克勤高声叫道：“我不投降共产党。”他掏出手枪朝蔡虹开枪。情况突然，当时站在蔡虹身边的俞珍本能地去保护蔡虹，她被子弹射中，倒在了血泊中。

赵强大怒，朝奔逃中的余克勤，一枪结束了他的性命。

蔡虹把俞珍抱在怀里喊道：“小俞，小俞。”

俞珍说：“蔡部长，我没事。”

蔡虹吩咐赵强：“快，把俞珍送医院。”

赵强把俞珍抬上了小汽车，向医院开去。

孙俊杰大声说：“现在我命令，释放所有监狱在押人员。部队开往城南作战，保护中江城，迎接解放军。”

官兵高呼：“保护中江城，迎接解放军。

监狱里，共产党人和民主进步人士纷纷从监狱里走出来，加入了保卫中江的队伍中，孙俊杰带领他的部队离开操场向城南走去。

蔡虹令人把郭玉锦关进监狱，然后和张云潮、孙俊海到江边。他们上了军舰，蔡虹命令军舰起锚向江北开去。

江北万炮齐鸣，千万道火线向空中射去，江南龙彪部队的阵地顿时成了一片火海。

紧接着，千万只小船从内河里被拖起来，越过长江大堤，放进了长江。解放军战士和农民纷纷上船，划起桨，扯起帆，一时千帆竞发，黑压压地向江南而来。战士们在船头用麻包、棉被架起的防弹掩体，举枪向南岸射击。国民党军队拼命抵抗，用机枪、大炮向江中射击，江中一颗颗水柱冲天而起。战斗中，有的战士被子弹击中。有的船被炸翻，战士们掉到水里，活着的便抓起浮木，继续顽强地向南岸游来。

龙彪在指挥部打电话："坚守阵地，不许退让。"他放下电话，急忙用望远镜观望，天黑只看到火线从江中飞射，看不清楚船只，但是从飞射的火线可以看出，满江都是船只。

龙彪说："奇怪，共军哪来这么多船。"他忽然想起，"廖开田呢，他们的阵地怎么没有枪声？"

参谋长说："廖开田的阵地根本就没有抵抗，部队不知道去哪了。"

"这个廖开田，一到关键时刻就弄鬼，昨天我打电话，还说生病，生他妈的什么病，是怕死吧？"

"不仅仅是怕死，说不定已经投降了共军。"参谋长说。

"不可能吧。"龙彪说，"你给我打电话，让廖开田到我这里来。"

参谋长摇起电话。"喂，喂，喂。"他放下电话说，"司令，电话不通。"

"那就打电话给张云潮。"

参谋长又摇电话，"喂，喂，喂。"他放下电话说，"司令，张云潮办公室电话没人接。"

龙彪发了火："怎么回事？打电话给孙俊杰。"

参谋长再摇起电话："喂，喂，喂。"他放下电话说，"司令，也是没有人接。"

龙彪骂道："他妈的，关键时刻找不到人，打电话给段志平，怎么小洲也听不到炮声？"

参谋长再摇电话，这回通了："喂，喂，你是段团长吗？龙司令问你们那里怎么样？"

段志平说："共军不从我们这里渡江，我们的炮弹够不着。"

参谋长握着电话说："段志平说他们的炮弹够不着，没办法支援。"

龙彪说："这就怪了，共军怎么知道炮兵阵地的情况。"

又问："海军，海军的军舰到什么地方去了，不能开过来吗？这些蒋家嫡系部队，关键时候全用不上。"

突然，电报员来了说："龙司令，来电报了，是张组长发来的。"

龙彪说："终于有了信号啦，张云潮怎么说？"

参谋长看了一看，不出声。

"什么内容，你快说呀，都什么时候了，还磨磨蹭蹭的。"龙彪急道。

"司令。"参谋长说，"张云潮、孙俊海都是共产党。电报说，蔡虹、张云潮、孙俊海代表解放军，要我们放下武器投降。"

"原来他们是共产党？"龙彪恍然大悟，"怪不得张云潮来中江就不准杀共产党。这个张云潮，还是蒋经国的大红人呢！孙俊海也是顾祝同的大红人，我一见他们就知道不是自己人。蒋家就看中这些人，不失败到哪里去!"

这时段志平也收到张云潮的电报，电报说：蔡虹、张云潮、孙俊海代表解放军，要他临阵起义，加入解放军，并告诉他孙俊杰、廖开田都起义了，龙彪逃跑了。

段志平大悟："怪不得张云潮来要江防图；怪不得海军军舰停在长江上不打炮，一切都完了。"

参谋长问："我们怎么办？"

"回话给张组长，我们也起义吧。"段志平无奈地说。

这时解放军前头部队已登上南岸，龙彪决定退守中江城，等待援军，带领军队往中江城里溃逃。

来到城门前，见上面插着红旗，一个军官用话筒喊："国军兄弟们，我们已经起义了，你们也起义吧，不要再为国民党卖命了。"

参谋长说："孙俊杰的部队投降了？"

龙彪命令："打，打进城去。"

国民党军队展开了冲锋，但孙俊杰的部队占领了有利的地势，一阵枪声，冲在前面的倒地而亡，其余的逃了回去。

龙彪再次下令冲锋，但还是冲不进去。

参谋长说："司令，共军大部队过江了，我们即使打下了中江城也守不住，不如走吧。"

龙彪说："我们没有接到指示，往哪儿走？"

参谋长说："打电报请示白长官。"

龙彪说："快。"

报务员架起电报机，不一会果然来电。

参谋长接过电报对龙彪说："司令，各部队都走了，白长官要我们向南昌方向撤退，退守西南。"

这时孙俊杰的部队追杀过来。

龙彪带领部队狼狈逃窜。行了二十多里，前面有军队挡住了去路。

龙彪问："什么人挡路。"

参谋长说："司令，是廖开田的部队。"

龙彪骂道："廖开田，他不是生病了吗？这个鬼，他投降共军了？"

参谋长问："怎么办？"

"冲过去。"

军号响起，龙彪的军队向前冲锋。一阵冲杀，终于冲出了廖开田的防线。

参谋长喜道："司令，我们冲过来了。"

龙彪命令："集合部队，向南昌方向急进。"

急走了一阵，队伍在山边集合。参谋长清点人数，对龙彪说："司令，没有多少人啦。"

"还有多少？"

"看样子也不过两万人。"

"什么，我十几万大军，没打就损失了十之八九？"

参谋长说："司令，不是打的，人心散了，都趁天黑当了逃兵哪。"

龙彪说："下命令，发现逃跑的，一律枪毙。要是我们到了南昌，没有几万人，还有什么脸去见白长官。"

部队在行进中。突然参谋长报告说："司令，前方发现共军。"

"什么？"龙彪大惊，"共军速度这么快，都跑到前头去了？散开散开，准备战斗。"

部队散伏在地上。等了一会儿，不见动静。

参谋长站起来登到高处向前望去，见一大队解放军列队向前走去。

参谋长说："司令，共军走了。"

龙彪感到奇怪："走了，他们没有发现我们？"

"应该是发现了。"

"他们怎么不打？"

"不知道。他们向南方去了。"

部队继续行军，忽然一个士兵送来了一张传单。

参谋长问："在哪里弄来的？"

士兵说："路上捡的。"

参谋长接过传单，递给龙彪。

龙彪看了看上面写道："龙彪，不要急，如果走不动，就向驻地解放军投降，如果还有气力走路的话，我们在南昌等你——中国人民解放军。"

参谋长说："司令，到南昌的路已被共军堵死。"

龙彪想了想说："走，我们到杭州。"

大军从山区转向平原，又一个士兵送来一张传单。

参谋长问："又是路上捡的？"

士兵手一指："在那树上贴着的。"

参谋长递给龙彪。

龙彪一看，上面写着："龙彪，不要急。如果走不动，就向驻地解放军投降。如果还有气力走路的话，我们在杭州等你——中国人民解放军。"

龙彪泄了气，他把传单递给参谋长。

参谋长问："司令，到处都是解放军，我们往哪里走？"

龙彪一言不发，垂头丧气地对参谋长说："你们带着队伍休息，我去前面看看。"

参谋长看着龙彪向前面的树林里走去。

突然，他听到树林里一声枪响。

参谋长急忙带着人跑过去，只见龙彪倒在地上，手里还握着那只冒烟的手枪，头上一个洞，血往外直流。

山坡上，参谋长和众官兵抬着龙彪的尸体打着白旗向山下走去。

山下，解放军立在山口接收国民党投降的官兵。

国民党官兵放下枪，在解放军的指引下，抬着龙彪的尸体往前走去。

中江解放了。大街上人山人海，老百姓都涌到街上，手里挥着小红旗，等待着解放军入城那一刻。蔡虹、赵强、俞珍、张云潮、孙俊杰、廖开田、孙俊海、段志平都站在欢迎的队伍里。

俞珍胳膊上吊着绷带，她说："老板，我们应该站到进城队伍里面，接受人们的欢迎。现在我们成了人民群众了，真没劲。"

赵强说："你把自己看成了人民的功臣，是吧？"

"不是功臣，也算是有功之人呀。"

赵强笑着看了看蔡虹。

蔡虹说："谁为革命做了什么，人民是看得到的，党组织是看得到的。我们的目的是为人民立功，而不是为自己争功。"

赵强看着俞珍，笑道："怎么样，挨批评了吧？"

俞珍撇撇嘴说："我没有表功的意思。我这是革命的荣誉感嘛。"

赵强点点头说："这样说还有一点道理。"

这时，人们骚动起来。赵强说："来了来了，快快看。"

人民解放军来了，前面的军官骑着高头大马，后面的战士迈着整齐的步伐走了过来。锣鼓响起，鞭炮齐鸣，红旗挥舞。

走在前面的是曾世雄、谭天木、蒋锋、郑天佐等人。

曾世雄、谭天木一看到蔡虹，立刻下马过来。

"蔡虹同志，你们辛苦了。"曾世雄、谭天木上来握手，蒋锋、郑天佐也下马来。

蔡虹说："首长们辛苦了。"

曾世雄大声说："同志们，中江解放了！"

大家一起喊："解放啰！"

曾世雄同赵强握手，看到了俞珍，他眼睛一亮说："小俞，你受伤了？"他扭过头说："看，天佐同志也来了，你们将共同建设新国家了。"

俞珍听了曾世雄的话不知所措。

赵强看了看俞珍，然后打破尴尬："政委，您就是关心别人，可就是我没有老婆。”

大家都笑了。

曾世雄拍拍赵强的肩膀说：“会有的，革命胜利了，什么都会有的。”

赵强调皮地敬礼说：“服从组织安排。”

大家又笑。

俞珍指着赵强：“这家伙就是坐享其成。”

谭天木对蔡虹说：“你们三个人了不起，了不起。”

这时蔡虹把孙俊杰、廖开田、段志平介绍说：“政委、师长，这是孙俊杰同志，这是廖开田同志，这是段志平同志。”

曾世雄说：“欢迎你们站到革命队伍中来。”

孙俊杰、廖开田、段志平向曾世雄敬礼。

蔡虹介绍张云潮、孙俊海说：“政委，张云潮同志、孙俊海同志归队了。”

“好啊！”曾世雄说，“你们在国民党队伍中潜伏，关键时刻起到了正面战场起不到的巨大作用，历史会记下你们的功劳。”

蔡虹说：“政委，一切都安排好了，我先让赵强带你们去操场休息。”

“好啊，我们现在是到家啦。”曾世雄高兴地说。

于是，曾世雄、谭天木、蒋锋、郑天佐他们重新上马，由赵强领着朝前走去。

大部队继续前进……